Manfred Bornhofen · Martin C. Bornhofen

Buchführung 1
DATEV-Kontenrahmen 2019

Grundlagen der Buchführung für
Industrie- und Handelsbetriebe

31., überarbeitete und aktualisierte Auflage

Studiendirektor, Dipl.-Hdl.
Manfred Bornhofen
Koblenz, Deutschland

WP, StB, CPA, Dipl.-Kfm.
Martin C. Bornhofen
Düsseldorf, Deutschland

ISBN 978-3-658-25678-4
DOI 10.1007/ 978-3-658-25679-1

ISBN 978-3-658-25679-1 (eBook)

Die Deutsche Nationalbibliothek verzeichnet diese Publikation in der Deutschen Nationalbibliografie; detaillierte bibliografische Daten sind im Internet über http://dnb.d-nb.de abrufbar.

Springer Gabler
© Springer Fachmedien Wiesbaden 2019
Das Werk einschließlich aller seiner Teile ist urheberrechtlich geschützt. Jede Verwertung, die nicht ausdrücklich vom Urheberrechtsgesetz zugelassen ist, bedarf der vorherigen Zustimmung des Verlags. Das gilt insbesondere für Vervielfältigungen, Bearbeitungen, Übersetzungen, Mikroverfilmungen und die Einspeicherung und Verarbeitung in elektronischen Systemen.
Die Wiedergabe von Gebrauchsnamen, Handelsnamen, Warenbezeichnungen usw. in diesem Werk berechtigt auch ohne besondere Kennzeichnung nicht zu der Annahme, dass solche Namen im Sinne der Warenzeichen- und Markenschutz-Gesetzgebung als frei zu betrachten wären und daher von jedermann benutzt werden dürften.
Der Verlag, die Autoren und die Herausgeber gehen davon aus, dass die Angaben und Informationen in diesem Werk zum Zeitpunkt der Veröffentlichung vollständig und korrekt sind. Weder der Verlag, noch die Autoren oder die Herausgeber übernehmen, ausdrücklich oder implizit, Gewähr für den Inhalt des Werkes, etwaige Fehler oder Äußerungen. Der Verlag bleibt im Hinblick auf geografische Zuordnungen und Gebietsbezeichnungen in veröffentlichten Karten und Institutionsadressen neutral.

Lektorat: Irene Buttkus
Korrektorat: Inge Kachel-Moosdorf
Layout und Satz: workformedia | Frankfurt am Main

Gedruckt auf säurefreiem und chlorfrei gebleichtem Papier

Springer Gabler ist Teil von Springer Nature
Die eingetragene Gesellschaft ist Springer Fachmedien Wiesbaden GmbH
Die Anschrift der Gesellschaft ist: Abraham-Lincoln-Strasse 46, 65189 Wiesbaden, Germany

Vorwort zur 31. Auflage

Die **Buchführung 1** erscheint im **Juni** eines jeden Kalenderjahres mit dem aktuellen Rechtsstand des **laufenden** Jahres. Zusammen mit der **Buchführung 2** deckt das Werk die grundlegenden Inhalte der Buchführung und des Jahresabschlusses ab.

Während die **Buchführung 2** die Abschlüsse nach Handels- und Steuerrecht (inklusive eines Vergleichs zu Abschlüssen nach IAS/IFRS) sowie deren betriebswirtschaftliche Auswertung behandelt, erläutert und erklärt die **Buchführung 1**
die **Grundlagen der Buchführung für Industrie- und Handelsbetriebe**.

Die 31., überarbeitete Auflage der Buchführung 1 berücksichtigt den **aktuellen Rechtsstand** des Jahres **2019**. Rechtsänderungen gegenüber dem Vorjahr bzw. Änderungen, die sich erstmals ab 2019 ergeben, sind durch senkrechte Randlinien gekennzeichnet. Darüberhinaus sind sämtliche in dieser Auflage berücksichtigte Rechtsänderungen (z.B. das GKV-Versichertenentlastungsgesetz, Qualifizierungschancengesetz, RV-Leistungsverbesserungs- und -Stabilisierungsgesetz sowie aktuelle BMF-Schreiben und sonstige Änderungen) in Anhang 1 tabellarisch mit ihren Fundstellen zusammengefasst. Sollten sich nach dem Erscheinen noch Rechtsänderungen für 2019 ergeben, können diese kostenlos unter

www.springer.com/springer+gabler/bornhofen

über den Service-Link „**Online Plus**" auf der Produktseite des Buches abgerufen werden.

Damit wird bei der Buchführung 1 der **vollständige Rechtsstand** des Jahres 2019 garantiert. Außerdem werden unter dieser Internetadresse kostenlos als Lehrerservice Schaubilder zur Herstellung von Folien für registrierte **Dozenten** zum Download bereitgestellt.

Ihr Mehrwert: eBook inside! Die Buchführung 1 erscheint mit eBook inside, um Lehrenden und Lernenden das **digitale Arbeiten** mit dem Unterrichts- und Lernstoff zu erleichtern. Ausgewählte **Verlinkungen** zu z.B. Gesetzestexten und BMF-Schreiben ermöglichen ein **innovatives Lernerlebnis**, das analoge und digitale Inhalte praxisrelevant miteinander verknüpft.

Zahlreiche erläuternde **Schaubilder**, **Beispiele**, **Wiederholungsfragen** und zu lösende **Übungsaufgaben** – basierend auf dem aktuellen Rechtsstand – unterstützen den Lernerfolg.

Zur Erleichterung der Erfolgskontrolle wird in umfangreichen Kapiteln bereits nach einzelnen Abschnitten unter dem Stichwort „**Übung**" auf die entsprechenden Wiederholungsfragen und Übungsaufgaben hingewiesen.

Die „**Zusammenfassenden Erfolgskontrollen**" bieten die Möglichkeit, auch Inhalte vorhergehender Kapitel in die laufende Erfolgskontrolle einzubeziehen.

Aufgrund der vielen **Vernetzungen**, die sich zwischen dem **Steuerrecht und** dem **Rechnungswesen** ergeben, wird mit einem **besonderen Symbol** (siehe Seite VI) auf Schnittstellen mit den Werken **Steuerlehre 1** und **Steuerlehre 2** sowie zur **Buchführung 2** und innerhalb der **Buchführung 1** hingewiesen. Somit wird ein optimaler Lernerfolg im Kontext Steuerrecht und Rechnungswesen auf stets aktueller Rechtslage gewährleistet.

Der Buchführung 1 liegen die DATEV-Kontenrahmen **SKR 04** und **SKR 03**, **gültig ab 01.01.2019**, zugrunde. Diese sind die in der Praxis am häufigsten verwendeten Kontenrahmen und zu anderen Kontenrahmen (z.B. GKR und IKR) kompatibel.

Beide Kontenrahmen sind mit Zustimmung der DATEV eG am Ende des Buches abgedruckt.

Für die Lösungen der Übungsaufgaben und für zusätzliche Aufgaben mit Lösungen ist ein **Lösungsbuch** erhältlich (ISBN 978-3-658-25680-7).

Manfred Bornhofen†
Martin C. Bornhofen

Hyperlinks

Diese eBook-Ausgabe bietet Ihnen **sorgfältig ausgewählte Verlinkungen** zu Gesetzestexten, BMF-Schreiben u.v.m. Sie erkennen die Links an der blauen Einfärbung des Textes.

Alle Verlinkungen wurden bei Redaktionsschluss (15. Mai 2019) sorgfältig überprüft und waren zu diesem Zeitpunkt aktuell und valide.

Für Veränderungen, die die Betreiber der angesteuerten Webseiten nach dem 15. Mai 2019 an ihren Inhalten vornehmen oder für mögliche Entfernungen solcher Inhalte übernehmen der Verlag und die Autoren keinerlei Gewähr.

Zudem haben der Verlag und die Autoren auf die Gestaltung und die Inhalte der externen gelinkten Seiten keinerlei Einfluss genommen und machen sich deren Inhalte nicht zu eigen.

Wir freuen uns über Ihre Hinweise und Anregungen an customerservice@springer.com.

Erläuterungen zu den in diesem Buch verwendeten Symbolen

| Die mit einer senkrechten Randlinie versehenen Seiten kennzeichnen die Rechtsänderungen gegenüber dem Vorjahr bzw. Änderungen, die sich ab 2019 ergeben.

B 1 Das Symbol **B 1** verweist auf die **Buchführung 1**, 31. Auflage.

B 2 Das Symbol **B 2** verweist auf die **Buchführung 2**, 30. Auflage.

S 1 Das Symbol **S 1** verweist auf die **Steuerlehre 1**, 40. Auflage.

S 2 Das Symbol **S 2** verweist auf die **Steuerlehre 2**, 39. Auflage.

A L Das Symbol **A L** verweist auf das **Lösungsbuch** zur **Buchführung 1**, 31. Auflage, und darin enthaltene zusätzliche Aufgaben mit Lösungen.

Inhaltsverzeichnis

Grundlagen der Buchführung für Industrie- und Handelsbetriebe

1 Einführung in das betriebliche Rechnungswesen	1
1.1 Begriff	1
1.2 Aufgaben des betrieblichen Rechnungswesens	2
1.3 Buchführung als Teilbereich des betrieblichen Rechnungswesens	3
1.3.1 Begriff	3
1.3.2 Aufgaben der Buchführung	4
1.3.2.1 Selbstinformation	4
1.3.2.2 Rechenschaftslegung	4
1.3.2.3 Besteuerungsgrundlagen	5
1.3.2.4 Gläubigerschutz	5
1.3.2.5 Beweismittel	5
1.4 Erfolgskontrolle	5
2 Buchführungs- und Aufzeichnungsvorschriften	7
2.1 Handels- und steuerrechtliche Buchführungspflicht	7
2.1.1 Handelsrechtliche Buchführungspflicht	7
2.1.2 Steuerrechtliche Buchführungspflicht	9
2.1.3 Grundsätze ordnungsmäßiger Buchführung	13
2.1.4 Verstöße gegen die Buchführungspflicht und mögliche Folgen	14
2.2 Aufzeichnungspflichten	17
2.2.1 Originäre Aufzeichnungspflichten	17
2.2.1.1 Umsatzsteuerliche Aufzeichnungen	17
2.2.1.2 Aufzeichnung des Wareneingangs	18
2.2.1.3 Aufzeichnung des Warenausgangs	18
2.2.1.4 Aufzeichnung bestimmter Betriebsausgaben	19
2.2.1.5 Aufzeichnung geringwertiger Wirtschaftsgüter des Anlagevermögens	19
2.2.2 Abgeleitete Aufzeichnungspflichten	20
2.2.3 Folgen bei Nichterfüllung der Aufzeichnungspflichten	20
2.3 Aufbewahrungspflichten der Buchführungs- und Aufzeichnungsunterlagen	21
2.4 Erfolgskontrolle	23
3 Grundlagen der Finanzbuchführung	25
3.1 Inventur und Inventar	25
3.1.1 Inventur	25
3.1.2 Inventar	27
3.1.3 Zusammenfassung und Erfolgskontrolle	30
3.2 Bilanz	33
3.2.1 Form und Inhalt der Bilanz	33

Inhaltsverzeichnis

3.2.2 Gliederung der Bilanz	36
3.2.2.1 Bilanzgliederung der Kapitalgesellschaften	36
3.2.2.2 Bilanzgliederung der Nicht-Kapitalgesellschaften	36
3.2.3 Zusammenfassung und Erfolgskontrolle	40
3.3 Bestandsveränderungen	42
3.3.1 Aktiv-Tausch	43
3.3.2 Aktiv-Passiv-Mehrung	44
3.3.3 Passiv-Tausch	45
3.3.4 Aktiv-Passiv-Minderung	46
3.3.5 Zusammenfassung und Erfolgskontrolle	47
3.4 Bestandskonten	49
3.4.1 Eröffnung der Bestandskonten	49
3.4.1.1 Eröffnung der Aktivkonten	50
3.4.1.2 Eröffnung der Passivkonten	50
3.4.1.3 Eröffnung der Aktiv- und Passivkonten	51
3.4.2 Buchen auf Bestandskonten	52
3.4.2.1 Buchen auf Aktivkonten	52
3.4.2.2 Buchen auf Passivkonten	52
3.4.3 Abschluss der Bestandskonten	54
3.4.4 Buchungssatz	56
3.4.5 Erfolgskontrolle	60
3.5 Erfolgskonten	64
3.5.1 Betrieblich verursachte Eigenkapitaländerungen	64
3.5.1.1 Betrieblich verursachte Eigenkapitalminderungen	64
3.5.1.2 Betrieblich verursachte Eigenkapitalmehrungen	65
3.5.2 Buchen auf Erfolgskonten	66
3.5.3 Abschluss der Erfolgskonten	69
3.5.4 Zusammenfassung und Erfolgskontrolle	71
3.6 Kontenrahmen und Kontenplan	77
3.6.1 Zweck der Kontenrahmen	77
3.6.2 Aufbau der Kontenrahmen SKR 04 und SKR 03	77
3.6.3 Zusammenfassung und Erfolgskontrolle	82
Zusammenfassende Erfolgskontrolle	84
3.7 Abschreibung abnutzbarer Anlagegüter	85
3.7.1 Ursachen der Abschreibung	85
3.7.2 Berechnen der Abschreibung	86
3.7.3 Buchen der Abschreibung	88
3.7.4 Abschluss des Anlagekontos und des Abschreibungskontos	89
3.7.5 Zusammenfassung und Erfolgskontrolle	90
Zusammenfassende Erfolgskontrolle	94
3.8 Warenkonten	95
3.8.1 Wareneinkauf, Warenverkauf und Abschluss der Warenkonten	95
3.8.1.1 Wareneingang	95
3.8.1.2 Erlöse	96
3.8.1.3 Bestand Waren und Bestandsveränderungen der Waren	97

3.8.2	Ausweis der Warenkonten	105
3.8.3	Erfolgskontrolle	106

Zusammenfassende Erfolgskontrolle ... 109

3.9	Umsatzsteuerkonten	110
3.9.1	System der Umsatzsteuer	110
3.9.2	Buchen auf Umsatzsteuerkonten	112
	3.9.2.1 Buchen der Vorsteuer	112
	3.9.2.2 Buchen der Umsatzsteuer	121
	3.9.2.3 Buchen der Umsatzsteuer-Vorauszahlungen	126
3.9.3	Abschluss der Umsatzsteuerkonten	130
3.9.4	Erfolgskontrolle	131

Zusammenfassende Erfolgskontrolle ... 134

3.10	Privatkonten	136
3.10.1	Privatentnahmen	136
	3.10.1.1 Entnahme von Gegenständen	137
	3.10.1.2 Private Nutzung betrieblicher Gegenstände	140
	3.10.1.3 Andere unentgeltliche sonstige Leistungen	143
3.10.2	Buchen der Privatentnahmen	144
	3.10.2.1 Buchen der Entnahme von Gegenständen	144
	3.10.2.2 Buchen der privaten Nutzung betrieblicher Gegenstände	145
	3.10.2.3 Buchen der anderen unentgeltlichen sonstigen Leistungen	151
3.10.3	Privateinlagen	152
3.10.4	Buchen der Privateinlagen	153
3.10.5	Abschluss der Privatkonten	154
3.10.6	Zusammenfassung und Erfolgskontrolle	155

Zusammenfassende Erfolgskontrolle ... 160

3.11	Hauptabschlussübersicht	162
3.11.1	Aufbau und Inhalt der Hauptabschlussübersicht	162
3.11.2	Zusammenfassung und Erfolgskontrolle	166

4 Beschaffung und Absatz ... 170

4.1	Warenbezugskosten	170
4.1.1	Überblick über die Bezugskosten	170
4.1.2	Bedeutung der Bezugskosten	171
4.1.3	Buchen der Bezugskosten	172
4.1.4	Abschluss der Bezugsnebenkostenkonten	176
4.1.5	Zusammenfassung und Erfolgskontrolle	176

Zusammenfassende Erfolgskontrolle ... 180

4.2	Warenvertriebskosten	182
4.2.1	Überblick über die Vertriebskosten	182
4.2.2	Bedeutung der Vertriebskosten	182
4.2.3	Buchen der Vertriebskosten	183
4.2.4	Abschluss der Vertriebskostenkonten	184
4.2.5	Zusammenfassung und Erfolgskontrolle	184

Zusammenfassende Erfolgskontrolle ... 187

4.3	Warenrücksendungen und Gutschriften	189
	4.3.1 Buchen der Rücksendungen und Gutschriften auf der Einkaufsseite	189
	4.3.2 Buchen der Rücksendungen und Gutschriften auf der Verkaufsseite	190
	4.3.3 Zusammenfassung und Erfolgskontrolle	192
Zusammenfassende Erfolgskontrolle		194
4.4	Preisnachlässe und Preisabzüge	195
	4.4.1 Begriff und steuerliche Bedeutung der Rabatte, Skonti und Boni	195
	4.4.2 Buchen der Preisnachlässe und Preisabzüge auf der Einkaufsseite	196
	4.4.2.1 Erhaltene Rabatte	196
	4.4.2.2 Erhaltene Skonti	197
	4.4.2.3 Erhaltene Boni	199
	4.4.3 Buchen der Preisnachlässe und Preisabzüge auf der Verkaufsseite	200
	4.4.3.1 Gewährte Rabatte	200
	4.4.3.2 Gewährte Skonti	201
	4.4.3.3 Gewährte Boni	202
	4.4.4 Zusammenfassung und Erfolgskontrolle	204
Zusammenfassende Erfolgskontrolle		208
4.5	Handelskalkulation	209
	4.5.1 Kalkulationsschema	209
	4.5.2 Kalkulationszuschlag	210
	4.5.3 Kalkulationsfaktor	211
	4.5.4 Handelsspanne	212
	4.5.5 Erfolgskontrolle	213
4.6	Besonderheiten der Industriebuchführung	215
	4.6.1 Kauf von Roh-, Hilfs- und Betriebsstoffen	215
	4.6.2 Bestand Stoffe und Bestandsveränderungen der Stoffe	218
	4.6.3 Bestandsveränderungen der unfertigen und fertigen Erzeugnisse	219
	4.6.4 Erfolgskontrolle	221
Zusammenfassende Erfolgskontrolle		224
5	**Personalwirtschaft**	**226**
5.1	Überblick über die Personalkosten	226
5.2	Buchungsmethoden für Personalkosten	228
5.3	Gesetzliche Unfallversicherung	233
5.4	Geringverdiener (Auszubildende)	234
5.5	Vorschüsse	235
5.6	Vermögenswirksame Leistungen	238
5.7	Geringfügige Beschäftigungen	242
	5.7.1 Geringfügig entlohnte Beschäftigung	242
	5.7.1.1 Geringfügig entlohnte Beschäftigung in Unternehmen	242
	5.7.1.2 Geringfügig entlohnte Beschäftigung in Privathaushalten	244
	5.7.1.3 Mehrere geringfügig entlohnte Beschäftigungen bei einem Arbeitgeber	245
	5.7.1.4 Mehrere geringfügig entlohnte Beschäftigungen bei verschiedenen Arbeitgebern	246
	5.7.1.5 Geringfügig entlohnte Beschäftigung neben einer versicherungspflichtigen Hauptbeschäftigung	247
	5.7.2 Kurzfristige Beschäftigung	248

5.8 Gleitzone bei Arbeitsentgelten zwischen 450,01 € und 850,00 € (ab 01.01.2019: 1.300 €) 250
5.9 Sachzuwendungen an Arbeitnehmer 252
    5.9.1 Wohnung und Unterkunft 252
    5.9.2 Verpflegung 256
    5.9.3 Gestellung von Kraftfahrzeugen 258
    5.9.4 Bezug von Waren und Dienstleistungen 260
5.10 Zusammenfassung und Erfolgskontrolle 262
Zusammenfassende Erfolgskontrolle 272

6 Finanzwirtschaft 274
6.1 Kaufmännische Zinsrechnung 274
    6.1.1 Zinsberechnung 274
        6.1.1.1 Berechnung von Jahreszinsen 274
        6.1.1.2 Berechnung von Tageszinsen 274
        6.1.1.3 Berechnung der Zinstage 275
    6.1.2 Berechnung von Kapital, Zinssatz und Zeit 276
        6.1.2.1 Berechnung des Kapitals 276
        6.1.2.2 Berechnung des Zinssatzes 276
        6.1.2.3 Berechnung der Zeit 276
    6.1.3 Summarische Zinsrechnung 277
    6.1.4 Erfolgskontrolle 278
6.2 Zahlungsverkehr 281
    6.2.1 Geldverrechnungskonten 281
    6.2.2 Personenkonten 282
        6.2.2.1 Buchen mit Debitoren 283
        6.2.2.2 Buchen mit Kreditoren 285
        6.2.2.3 Abschluss der Personenkonten 286
    6.2.3 Erfolgskontrolle 287
6.3 Darlehen 288
    6.3.1 Darlehensaufnahme 288
    6.3.2 Darlehensrückzahlung 290
    6.3.3 Erfolgskontrolle 292
6.4 Leasing 294
    6.4.1 Begriff des Leasings 294
    6.4.2 Zurechnung des Leasinggegenstandes beim Leasinggeber 294
    6.4.3 Zurechnung des Leasinggegenstandes beim Leasingnehmer 296
    6.4.4 Erfolgskontrolle 298
6.5 Wechselverkehr 300
    6.5.1 Buchen der Besitzwechsel 300
        6.5.1.1 Besitzwechseleingang 300
        6.5.1.2 Besitzwechseleinzug 301
        6.5.1.3 Besitzwechselweitergabe 302
        6.5.1.4 Besitzwechseldiskontierung 303
    6.5.2 Buchen der Schuldwechsel 305
        6.5.2.1 Schuldwechselausgang 305
        6.5.2.2 Schuldwechseleinlösung 306
    6.5.3 Erfolgskontrolle 307

6.6 Wertpapiere ... 309
    6.6.1 Buchmäßige Einteilung der Wertpapiere ... 309
        6.6.1.1 Wertpapiere des Anlagevermögens ... 309
        6.6.1.2 Wertpapiere des Umlaufvermögens ... 310
    6.6.2 Buchen von Dividendenpapieren (Aktien) ... 311
        6.6.2.1 Kauf von Dividendenpapieren (Aktien) ... 311
        6.6.2.2 Dividendenerträge ... 312
        6.6.2.3 Verkauf von Dividendenpapieren (Aktien) ... 315
    6.6.3 Buchen von festverzinslichen Wertpapieren ... 318
        6.6.3.1 Kauf von festverzinslichen Wertpapieren ... 318
        6.6.3.2 Erträge aus festverzinslichen Wertpapieren ... 320
        6.6.3.3 Verkauf von festverzinslichen Wertpapieren ... 323
    6.6.4 Erfolgskontrolle ... 325
Zusammenfassende Erfolgskontrolle ... 329

7 Anlagenwirtschaft ... 330
7.1 Sachanlagenverkehr ... 330
    7.1.1 Überblick über die Sachanlagegüter ... 330
    7.1.2 Buchen der Anschaffung von Sachanlagegütern ... 330
    7.1.3 Buchen der zu aktivierenden Eigenleistungen ... 334
    7.1.4 Buchen der Veräußerungen von Sachanlagegütern ... 337
        7.1.4.1 Bruttomethode ... 337
        7.1.4.2 Inzahlungnahme von Sachanlagegütern ... 339
    7.1.5 Geringwertige Wirtschaftsgüter ... 340
        7.1.5.1 Steuerrechtliche Behandlung ... 340
        7.1.5.2 Geringwertige Wirtschaftsgüter nach HGB ... 345
    7.1.6 Anlagenspiegel ... 345
    7.1.7 Geleistete Anzahlungen und Anlagen im Bau ... 347
7.2 Erfolgskontrolle ... 349
Zusammenfassende Erfolgskontrolle ... 355

8 Buchungen im Steuerbereich ... 357
8.1 Steuern und steuerliche Nebenleistungen ... 357
    8.1.1 Betriebssteuern ... 357
        8.1.1.1 Abzugsfähige Betriebssteuern ... 357
        8.1.1.2 Nicht abzugsfähige Betriebssteuern ... 360
    8.1.2 Privatsteuern ... 362
    8.1.3 Steuerliche Nebenleistungen ... 363
8.2 Steuerliche Sonderfälle ... 363
    8.2.1 Export – Import ... 363
        8.2.1.1 Innergemeinschaftlicher Erwerb ... 363
        8.2.1.2 Innergemeinschaftliche Lieferung ... 366
        8.2.1.3 Ausfuhrlieferung ... 368
        8.2.1.4 Leistungen im Sinne des § 13b UStG ... 369

	8.2.2	Nicht abzugsfähige Betriebsausgaben	371
		8.2.2.1 Art und Umfang der nicht abzugsfähigen Betriebsausgaben	371
		8.2.2.2 Buchmäßige und steuerliche Behandlung von nicht abzugsfähigen Betriebsausgaben	372
	8.2.3	Reisekosten	379
		8.2.3.1 Buchung anhand von Einzelbelegen	381
		8.2.3.2 Buchung nach Pauschalbeträgen	382
8.3	Erfolgskontrolle		384
Zusammenfassende Erfolgskontrolle			390

Anhang 1 Aktuelle Rechtsänderungen – Übersicht 392

Anhang 2 DATEV-Kontenrahmen-SKR 04 394

Anhang 3 DATEV-Kontenrahmen-SKR 03 429

Stichwortverzeichnis 465

Bornhofen – das Konzept 471

Abkürzungsverzeichnis

A	=	Abschnitt
AB	=	Anfangsbestand
AfA	=	Absetzung für Abnutzung
AG	=	Aktiengesellschaft
AktG	=	Aktiengesetz
AK	=	Anschaffungskosten
aLuL	=	aus Lieferungen und Leistungen
AN	=	Arbeitnehmer
ANK	=	Anschaffungsnebenkosten
AO	=	Abgabenordnung
AR	=	Ausgangsrechnung
AV	=	Anlagevermögen/Arbeitslosenversicherung
B	=	Berichtigungsschlüssel
BA	=	Bundesanzeiger/Betriebsausgaben
BdF	=	Bundesminister der Finanzen
BFH	=	Bundesfinanzhof
BGA	=	Betriebs- und Geschäftsausstattung
BGB	=	Bürgerliches Gesetzbuch
BilMoG	=	Bilanzrechtsmodernisierungsgesetz
BMF	=	Bundesministerium der Finanzen
BpO	=	Betriebsprüfungsordnung
BStBl	=	Bundessteuerblatt
BuG	=	Betriebs- und Geschäftsausstattung
BV	=	Betriebsvermögen
BWA	=	Betriebswirtschaftliche Auswertung
DATEV	=	Datenverarbeitungsorganisation des steuerberatenden Berufes in der Bundesrepublik Deutschland eG
DB	=	Der Betrieb
Eh.	=	Einzelhandel
e.K.	=	eingetragener Kaufmann
EK	=	Eigenkapital
ER	=	Eingangsrechnung
ESt	=	Einkommensteuer
EStDV	=	Einkommensteuer-Durchführungsverordnung
EStH	=	Amtliches Einkommensteuer-Handbuch
EStG	=	Einkommensteuergesetz
EStR	=	Einkommensteuer-Richtlinien
EU	=	Europäische Union
EUSt	=	Einfuhrumsatzsteuer
EV	=	Eigenverbrauch
FA	=	Finanzamt
FK	=	Fremdkapital
GewSt	=	Gewerbesteuer
GKR	=	Gemeinschaftskontenrahmen der Industrie
GmbH	=	Gesellschaft mit beschränkter Haftung
GoB	=	Grundsätze ordnungsgemäßer Buchführung

GoBS	=	Grundsätze ordnungsgemäßer DV-gestützter Buchführungssysteme
GoS	=	Grundsätze ordnungsgemäßer Speicherbuchführung
GuVK	=	Gewinn- und Verlustkonto
GuVR	=	Gewinn- und Verlustrechnung
GWG	=	geringwertiges Wirtschaftsgut
H	=	Hinweise/Haben
HAÜ	=	Hauptabschlussübersicht
HB	=	Handelsbilanz
HGB	=	Handelsgesetzbuch
HK	=	Herstellungskosten
HR	=	Handelsregister
IDW	=	Hauptausschuss des Instituts für Wirtschaftsprüfer
IKR	=	Industriekontenrahmen
INSO	=	Insolvenzgeldumlage
K	=	Kontokorrent
KG	=	Kommanditgesellschaft
KiSt	=	Kirchensteuer
KSt	=	Körperschaftsteuer
KV	=	Krankenversicherung
LFZG	=	Lohnfortzahlungsgesetz
LSt	=	Lohnsteuer
LStDV	=	Lohnsteuer-Durchführungsverordnung
MwStSystR	=	Mehrwertsteuer-Systemrichtlinie
m.Z.	=	mit Zinsschein
ND	=	Nutzungsdauer
OFD	=	Oberfinanzdirektion
OHG	=	offene Handelsgesellschaft
o.Z.	=	ohne Zinsschein
PflegeVG	=	Pflegeversicherungsgesetz
PV	=	Pflegeversicherung
PublG	=	Publizitätsgesetz
R	=	Richtlinie
rkr.	=	rechtskräftig
RV	=	Rentenversicherung
Rz.	=	Randziffer/Randzahl
S	=	Soll
SachbezV	=	Sachbezugsverordnung
SB	=	Schlussbestand
SBK	=	Schlussbilanzkonto
SKR	=	Spezialkontenrahmen
sL	=	sonstige Leistung
SolZ	=	Solidaritätszuschlag
SolZG	=	Solidaritätszuschlagsgesetz
StB	=	Steuerbilanz
StBereinG	=	Steuerbereinigungsgesetz
StEntlG	=	Steuerentlastungsgesetz 1999/2000/2002
StEuglG	=	Steuer-Euroglättungsgesetz
SV	=	Saldovortrag

Abkürzungsverzeichnis

Tz.	=	Textziffer/Textzahl
U 1	=	Umlage 1
U 2	=	Umlage 2
USt	=	Umsatzsteuer
UStAE	=	Umsatzsteuer-Anwendungserlass
UStDV	=	Umsatzsteuer-Durchführungsverordnung
USt-IdNr.	=	Umsatzsteuer-Identifikationsnummer
USt-IdNrn.	=	Umsatzsteuer-Identifikationsnummern
UV	=	Umlaufvermögen
vBP	=	vereidigter Buchprüfer
VermBG	=	Vermögensbildungsgesetz
VoSt	=	Vorsteuer
VSt	=	Vermögensteuer
vwL	=	vermögenswirksame Leistungen
VZ	=	Veranlagungszeitraum
WG	=	Wechselgesetz
WoBauFG	=	Wohnungsbauförderungsgesetz
WoPG	=	Wohnungsbau-Prämiengesetz
WP	=	Wirtschaftsprüfer
WStG	=	Wechselsteuergesetz
ZM	=	Zusammenfassende Meldung

Grundlagen der Buchführung für Industrie- und Handelsbetriebe

1 Einführung in das betriebliche Rechnungswesen

1.1 Begriff

Das **betriebliche Rechnungswesen** ist ein System zur Ermittlung, Verarbeitung, Speicherung und Abgabe von Informationen über ausgewählte wirtschaftliche und rechtliche Vorgänge eines Betriebes für Zwecke der Planung, Steuerung und Kontrolle.
Nach dem Buchführungserlass aus dem Jahre 1937 wird das betriebliche Rechnungswesen in **vier Teilbereiche** gegliedert:

1. **Buchführung** (Zeitraumrechnung),
2. **Kalkulation** (Stückrechnung),
3. **Statistik** (Vergleichsrechnung) und
4. **Planung** (Vorschaurechnung).

zu 1. Buchführung

Die **Buchführung** ist eine **Zeitraumrechnung**. Sie erfasst die Vermögens- und Kapitalbestände und deren Veränderung zum Zwecke der Ermittlung des Erfolges eines Rechnungszeitraumes (Jahr, Monat). Vermögen und Kapital werden nach Art, Menge und Wert aufgezeichnet. Der Erfolg kann Gewinn oder Verlust sein.
Die Buchführung wurde erstmals 1494 durch den Franziskanermönch **Luca Pacioli** zusammenfassend dargestellt.

zu 2. Kalkulation – Kosten- und Leistungsrechnung

Die **Kalkulation** wird in der modernen Literatur als **Kosten- und Leistungsrechnung** bezeichnet. Die Kosten- und Leistungsrechnung ist eine **Stück- bzw. Leistungseinheitsrechnung**.
Die **Kostenrechnung** erfasst den in Geld bewerteten Gütereinsatz zur Herstellung von Erzeugnissen, zur Bereitstellung von Waren oder Dienstleistungen. Ihr Zweck ist die Ermittlung der Selbstkosten des hergestellten Produktes bzw. der Leistungseinheit.
Die **Leistungsrechnung** hat die Aufgabe, die betrieblichen Leistungen, gemessen an den Umsatzerlösen, Bestandsveränderungen und innerbetrieblichen Eigenleistungen, zu erfassen und sie den Kosten gegenüberzustellen.

zu 3. Statistik

Die **Statistik** ist eine **Vergleichsrechnung**. Sie besteht in der zahlenmäßigen Erfassung von immer wiederkehrenden Vorgängen (Umsätze, Auftragseingänge, Zahlungsströme, Laufstunden von Maschinen). Als Quelle der Statistik dient die Buchführung mit ihren Belegen und Erhebungen durch unmittelbare Mengenfeststellung mittels Zählung.

zu 4. Planung

Unter **Planung** ist eine **Vorschaurechnung** zu verstehen. Sie ist eine auf die Zukunft gerichtete Rechnung und besteht in der Aufstellung und Vorgabe von Sollzahlen für begrenzte Zeiträume oder Projekte.

1.2 Aufgaben des betrieblichen Rechnungswesens

Aufgaben des betrieblichen Rechnungswesens sind

1. die Ermittlung von Prognoseinformationen zur Unterstützung der betrieblichen Planung (**Entscheidungsvorbereitung**),
2. die Ermittlung von Vergangenheitsinformationen für Zwecke der Rechenschaftslegung (**Dokumentation**),
3. die Ermittlung von Informationen über Soll-Ist-Abweichungen (**Überwachung, Kontrolle**) und
4. die Steuerung fremden Verhaltens in Richtung auf betriebszielerfüllende Handlungsweisen (**Steuerung, Lenkung**).

Das betriebliche Rechnungswesen dient mit seiner **Informationsfunktion** vor allem der **Unternehmensführung** als Entscheidungsgrundlage und Frühwarnsystem. Die im betrieblichen Rechnungswesen vorhandenen Informationen stellen eine fundierte Basis für betriebswirtschaftliche Entscheidungen (z.B. Investitionen) dar und zeigen beim Abweichen von vorgegebenen Werten der Unternehmensführung frühzeitig Handlungsbedarf an.

Das betriebliche Rechnungswesen hat aber auch die Aufgabe die **Außenwelt zu informieren**. So sind z.B. große Kapitalgesellschaften (z.B. Aktiengesellschaften) verpflichtet, ihre **Bilanz**, **Gewinn- und Verlustrechnung**, ihren **Anhang** und **Lagebericht** im elektronischen Bundesanzeiger bekannt machen zu lassen (§ 325 Abs. 2 HGB).

Ebenfalls informiert das betriebliche Rechnungswesen über wesentliche **Besteuerungsgrundlagen** (z.B. **Umsatz**, **Gewinn**). Die Finanzverwaltung (**Finanzamt**) hat das **Recht nachzuprüfen**, **ob** die in den Steuererklärungen angegebenen **Besteuerungsgrundlagen stimmen**. Bei einer Prüfung wird mithilfe des betrieblichen Rechnungswesens festgestellt, ob die Steuern in der gesetzlich geschuldeten Höhe entrichtet worden sind.

Bei der Erfüllung der Aufgaben ist das betriebliche Rechnungswesen als **dynamisches System** anzusehen. Die relevanten Informationen werden zunächst **erhoben** (z.B. Belege), **gespeichert** (z.B. kontiert), **verarbeitet** (z.B. gebucht) und **erneut gespeichert** (z.B. Bilanz), bevor sie an interne (z.B. Unternehmensführung) oder externe Adressaten (z.B. Aktionäre) **abgegeben** werden.

Das betriebliche Rechnungswesen als dynamisches Informationssystem

Belege	Kontierung	Buchung	Bilanz	Führung/Aktionäre
Informations-erfassung	Informations-speicherung	Informations-verarbeitung	Informations-speicherung	Informations-abgabe

Aufgaben:
- Entscheidungsvorbereitung
- Dokumentation
- Überwachung (Kontrolle)
- Steuerung (Lenkung)

1.3 Buchführung als Teilbereich des betrieblichen Rechnungswesens

1.3.1 Begriff

Die wirtschaftlichen und rechtlichen Vorgänge, die das betriebliche Rechnungswesen umfasst, verändern ständig **Vermögen und Schulden** eines Unternehmens, und zwar durch

- Einkäufe,
- Lagerungen,
- Nutzung und Verbrauch von Gebäuden, Maschinen, Werkzeugen, Werkstoffen,
- Inanspruchnahme von Dienstleistungen und
- Verkäufe.

Diese Vorgänge bezeichnet man als **Geschäftsvorfälle**. Die planmäßige, lückenlose und ordnungsmäßige **Erfassung der Geschäftsvorfälle** eines Unternehmens mit ihrem wesentlichen Inhalt und ihrem Geldwert mithilfe von Belegen bezeichnet man als **Buchführung**.

Die **Art der Geschäftsvorfälle** ist davon abhängig, welchem **Wirtschaftszweig** (**Industrie oder Handel**) ein Unternehmen angehört.

Damit **alle Arten der Geschäftsvorfälle** dargestellt werden können, wird im Folgenden von einem **kombinierten Industrie- und Handelsbetrieb**, der J & L Möbelfabrik GmbH, ausgegangen, der neben **industriellen Erzeugnissen** (Tische), die **selbst hergestellt** werden, noch **Handelswaren** (Stühle) führt, die ohne Be- oder Verarbeitung weiterverkauft werden:

	J & L Möbelfabrik GmbH		
	Einkauf	**Produktion**	**Verkauf**
Industrie	**Betriebsmittel** z.B. Gebäude Maschinen Werkzeuge		
	Werkstoffe **Rohstoffe** (z.B. Holz) **Hilfsstoffe** (z.B. Leim) **Betriebsstoffe** (z.B. Treibstoffe für Maschinen)	→ Zuschneiderei Hobelei Montage →	Fertig-erzeugnisse (**Tische**)
Handel	**Waren** (Stühle)	—————————→	Waren (**Stühle**)

	Buchungsrelevante Vorgänge (**Geschäftsvorfälle**) der **J & L Möbelfabrik GmbH**	
	Beispiele	
Industrie	Kauf einer Kreissäge auf Ziel (auf Kredit)	3.000 €
	Kauf einer Fräsmaschine durch Banküberweisung	5.000 €
	Barkauf von Holz für Tische	500 €
	Zielkauf von Schrauben für Tische	50 €
	Zielkauf von Farben für Tische	250 €
	Barkauf von Schmieröl für die Fräsmaschine	110 €
	Verkauf von Fertigerzeugnissen (Tischen) auf Ziel	2.500 €
Handel	Kauf von Stühlen durch Banküberweisung	650 €
	Zielverkauf von Stühlen	1.200 €

1.3.2 Aufgaben der Buchführung

Die **Buchführung** bildet mit ihrem Zahlenmaterial heute eine **wichtige Grundlage** für das **gesamte betriebliche Rechnungswesen**. Die **Buchführung dient** vor allem:

1. der **Selbstinformation** des Unternehmers,
2. der **Rechenschaftslegung** gegenüber den Gesellschaftern,
3. dem Nachweis der **Besteuerungsgrundlagen**,
4. dem **Gläubigerschutz** und
5. als **Beweismittel**.

1.3.2.1 Selbstinformation

Anhand der **Buchführung** kann sich der Unternehmer darüber **informieren**:

- wie sich sein Vermögen und seine Schulden zusammensetzen und verändern,
- welchen Gewinn oder Verlust er innerhalb eines Zeitraums erwirtschaftet hat,
- welche Aufwendungen und Erträge seinen Erfolg im Einzelnen nach Art und Höhe beeinflusst haben,
- wie hoch seine Privatentnahmen sind.

1.3.2.2 Rechenschaftslegung

Oft ist ein **Einzelunternehmer nicht** in der Lage, das erforderliche **Eigenkapital allein aufzubringen**. Andere beteiligen sich an dem Unternehmen, das dann in der Form einer **Gesellschaft** betrieben wird.
Die kapitalmäßige Beteiligung ist nicht immer mit einer Beteiligung an der Geschäftsführung verbunden, sodass Kapital**geber** und Kapital**verwalter verschiedene Personen** sind. Dies gilt z.B. für die stille Gesellschaft, die Kommanditgesellschaft (KG), die GmbH und die AG.

Wer fremdes Kapital verwaltet, schuldet dem **Kapitalgeber Rechenschaft** über seine **Verwaltung**. Dieser allgemeine Grundsatz gilt auch im **Gesellschaftsrecht**.
Grundlage der **Rechenschaftslegung** ist die **Buchführung**.

1.3.2.3 Besteuerungsgrundlagen

Wesentliche **Besteuerungsgrundlagen** ergeben sich aus der **Buchführung** (z.B. **Umsatz, Gewinn**).

Das **Finanzamt** hat das **Recht**, die **Besteuerungsgrundlagen** zu **überprüfen**.

Bei einer Prüfung dient die **Buchführung** als Kontrollmittel. Mit ihrer Hilfe kann festgestellt werden, ob die Steuern in der gesetzlich geschuldeten Höhe entrichtet worden sind.

1.3.2.4 Gläubigerschutz

Die **Buchführung** dient **direkt** und **indirekt** auch dem **Gläubigerschutz**.

Der **direkte** Gläubigerschutz besteht z.B. darin, dass sich eine Bank anhand geprüfter Buchführungszahlen vor der Gewährung eines Kredits ein Urteil über die Kreditwürdigkeit des Kreditnehmers bildet und sich während der Laufzeit des Kredits Kenntnisse über dessen wirtschaftliche Lage verschafft.

Indirekt dient die Buchführung dem Gläubigerschutz, wenn sie den Unternehmer davor bewahrt, die eigene wirtschaftliche Lage falsch zu beurteilen, falsche unternehmerische Entscheidungen zu treffen und durch zu hohe Privatentnahmen die Haftungsmasse (= das Vermögen) zum Nachteil der Gläubiger zu verringern.

1.3.2.5 Beweismittel

Schließlich können Handelsbücher in einem Prozess als **Beweismittel** dienen. Das **Gericht** kann die Vorlegung der Handelsbücher anordnen (§ 258 Abs. 1 HGB).

Welche Beweiskraft den vorgelegten Büchern beizulegen ist, entscheidet der Richter nach dem prozessualen Grundsatz freier Beweiswürdigung; ggf. zieht er einen vereidigten Buchprüfer bzw. Wirtschaftsprüfer als Sachverständigen hinzu.

1.4 Erfolgskontrolle

WIEDERHOLUNGSFRAGEN

1. Was versteht man unter dem betrieblichen Rechnungswesen?
2. Was bezeichnet man als Buchführung?
3. In welche Teilbereiche kann das Rechnungswesen gegliedert werden?
4. Welche Aufgaben hat das betriebliche Rechnungswesen zu erfüllen?
5. Welches Interesse hat das Finanzamt an der Buchführung?

AUFGABEN

AUFGABE 1

Welcher der nachstehenden Arbeitsbereiche gehört nicht zu den Teilbereichen des betrieblichen Rechnungswesens? Kreuzen Sie die richtige Lösung an.

(a) Kalkulation
(b) Statistik
(c) Werbung
(d) Buchführung

1 Einführung in das betriebliche Rechnungswesen

AUFGABE 2

Setzen Sie die gesuchten Aufgaben der Buchführung in die richtigen Zeilen ein.
Die Buchstaben in den unterlegten Feldern ergeben das Lösungswort.

Wenn die Buchführung die ihr gestellten Aufgaben erfüllt, dann kann
1. sich der Unternehmer selbst einen Überblick über die Zusammensetzung seines Vermögens und seiner Schulden verschaffen,
2. ein Gesellschafter des Unternehmens die Geschäftsführung kontrollieren,
3. sie auch vor Gericht verwertet werden,
4. das Finanzamt prüfen, ob der in der Steuererklärung ausgewiesene Gewinn stimmt,
5. die Hausbank die Kreditwürdigkeit prüfen.

Lösungswort:

1	2	3	4	5	6	7	8	9	10
						K			

AUFGABE 3

Welche der nachstehenden Aktionen führt in der Buchführung des Unternehmers Paretzki, Mannheim, zu einem Geschäftsvorfall? Kreuzen Sie die richtige Lösung an.
(a) Paretzki erhält von dem Hersteller Weber, Stuttgart, ein Angebot.
(b) Paretzki schließt mit Weber einen Kaufvertrag ab.
(c) Paretzki erhält die erste Warenlieferung.
(d) Paretzki erhält die Eingangsrechnung über die Warenlieferung.

2 Buchführungs- und Aufzeichnungsvorschriften

2.1 Handels- und steuerrechtliche Buchführungspflicht

Ob Bücher zu führen sind, ist **nicht** in das Ermessen des Unternehmers gestellt. Der Unternehmer ist vielmehr **gesetzlich verpflichtet**, Bücher zu führen, wenn bestimmte Voraussetzungen erfüllt sind. Buchführungsvorschriften sind sowohl im **Handelsrecht** als auch im **Steuerrecht** enthalten.

2.1.1 Handelsrechtliche Buchführungspflicht

Die **handelsrechtliche** Buchführungspflicht knüpft an die **Kaufmannseigenschaft** an. Nach § 238 Abs. 1 Satz 1 HGB ist jeder **Kaufmann** verpflichtet, Bücher zu führen. **Kaufmann** ist, wer ein **Handelsgewerbe** betreibt (§ 1 Abs. 1 HGB). **Handelsgewerbe** ist jeder **Gewerbebetrieb**, es sei denn, dass das Unternehmen nach Art oder Umfang einen in kaufmännischer Weise eingerichteten Geschäftsbetrieb (kaufmännische Organisation) **nicht** erfordert (§ 1 **Abs. 2** HGB). Ob ein **Gewerbebetrieb** vorliegt, richtet sich nach den Merkmalen des **§ 15 Abs. 2 EStG**.
Ein **Gewerbebetrieb** liegt nach § 15 Abs. 2 EStG vor, wenn folgende Merkmale erfüllt sind:

- Selbständigkeit,
- Nachhaltigkeit,
- Gewinnerzielungsabsicht,
- Beteiligung am allgemeinen wirtschaftlichen Verkehr und
- keine Land- und Forstwirtschaft, keine freie Berufstätigkeit und keine andere selbständige Arbeit.

Unternehmer, die einen **Gewerbebetrieb** im Sinne des § 15 Abs. 2 EStG führen, bezeichnet man als **gewerbliche Unternehmer**.

> **BEISPIEL**
>
> Der ehemalige Kellner Hans Müller pachtet eine Gastwirtschaft, die er auf eigene Rechnung bewirtschaftet. Er beschäftigt keine Angestellten. Die Wareneinkäufe erfolgen durch Barzahlungen.
>
> Hans Müller ist **gewerblicher Unternehmer**, weil er einen Gewerbebetrieb führt, bei dem alle Merkmale des § 15 Abs. 2 EStG erfüllt sind.

Gewerbliche Unternehmer, deren Unternehmen nach Art oder Umfang einen in kaufmännischer Weise eingerichteten Geschäftsbetrieb **nicht** erfordern (**Kleingewerbetreibende**), sind **keine Kaufleute**.
Anhaltspunkte für einen in kaufmännischer Weise eingerichteten Geschäftsbetrieb (**kaufmännische Organisation**) sind z.B.:

- ein hoher Umsatz,
- eine hohe Mitarbeiterzahl,
- ein umfangreiches Warenangebot,
- vielfältige Geschäftskontakte sowie
- ein hoher Bestand an Forderungen aLuL oder Verbindlichkeiten aLuL.

2 Buchführungs- und Aufzeichnungsvorschriften

BEISPIEL

Bei dem gewerblichen Unternehmer Hans Müller (Beispiel zuvor) liegen keine Anhaltspunkte für eine kaufmännische Organisation vor.

Hans Müller ist als Kleingewerbetreibender **kein Kaufmann** und damit nach § 238 HGB **nicht buchführungspflichtig**.

Gewerbliche Unternehmer, deren Unternehmen nach Art oder Umfang einen in kaufmännischer Weise eingerichteten Geschäftsbetrieb (**kaufmännische Organisation**) **erfordern**, sind **Kaufleute** und damit **verpflichtet, Bücher zu führen** (§ 238 Abs. 1 Satz 1 HGB).

BEISPIEL

Franz Wichtig hat in diesem Jahr einen Supermarkt in Bonn eröffnet. Er beschäftigt 15 Arbeitskräfte. Wichtig rechnet in diesem Jahr mit einem Umsatz von 600.000 € und einem Gewinn von 80.000 €. Die Wareneinkäufe erfolgen regelmäßig „auf Ziel".

Franz Wichtig ist **Kaufmann** und damit **buchführungspflichtig**, weil sein Gewerbebetrieb eine kaufmännische Organisation erfordert (hoher Umsatz, hohe Mitarbeiterzahl, umfangreiches Warenangebot, vielfältige Geschäftskontakte).

Handelsrechtlich buchführungspflichtig ist **jeder gewerbliche Unternehmer**, dessen Unternehmen nach Art oder Umfang einen in kaufmännischer Weise eingerichteten Geschäftsbetrieb erfordert, **unabhängig** von der **Eintragung** in das Handelsregister (HR); die Eintragung hat insoweit nur **deklaratorische (rechtsbezeugende) Wirkung**. Das Handelsregister wird **elektronisch** geführt (§ 8 Abs. 1 HGB).

Für **Kleingewerbetreibende** besteht die Möglichkeit, die **Kaufmannseigenschaft freiwillig** durch **Eintragung** in das Handelsregister zu erlangen.

Ein gewerbliches Unternehmen, dessen Gewerbebetrieb nicht schon nach § 1 Abs. 2 HGB Handelsgewerbe ist, **gilt als Handelsgewerbe i.S.d. HGB, wenn** die Firma des Unternehmens in das Handelsregister **eingetragen** ist (§ 2 HGB). In diesem Fall kommt der Eintragung in das Handelsregister eine **konstitutive (rechtsbegründende) Wirkung** zu.

Mit der Erlangung der **Kaufmannseigenschaft** durch die freiwillige Eintragung ins Handelsregister wird der **Kleingewerbetreibende** handelsrechtlich **buchführungspflichtig**.

BEISPIEL

Der gewerbliche Unternehmer Hans Müller, dessen Unternehmen **keine** kaufmännische Organisation erfordert, lässt sich **freiwillig** in das Handelsregister eintragen und firmiert in Zukunft als „Hans Müller e.K.".

Hans Müller ist durch Eintragung **Kaufmann** und damit **buchführungspflichtig**.

Land- und Forstwirte und Handelsgesellschaften (z.B. AG, GmbH, KG, OHG), die keine gewerblichen Unternehmen sind, werden ebenfalls **durch Eintragung** in das Handelsregister zum **Kaufmann** und damit **buchführungspflichtig** (§§ 3 und 6 HGB).

Eine **Ausnahme** von der handelsrechtlichen Buchführungspflicht besteht für Einzelkaufleute, die an **zwei aufeinander folgenden Abschlussstichtagen** die **beiden** folgenden Schwellenwerte **nicht überschreiten** (§ 241a HGB):

• Umsatz	600.000 Euro und
• Jahresüberschuss	60.000 Euro.

Bei **Neugründung** kann bereits auf eine Buchführung verzichtet werden, wenn die Schwellenwerte am **ersten** Abschlussstichtag nach der Neugründung nicht überschritten werden. Mit dieser Befreiungsregelung soll es Einzelkaufleuten, die unter die Schwellenwerte fallen, ermöglicht werden, ihren Gewinn durch eine **Einnahmen-Überschuss-Rechnung** i.S.d. §4 Abs. 3 EStG zu ermitteln.

Zusammenfassung zu Abschnitt 2.1.1:

2.1.2 Steuerrechtliche Buchführungspflicht

Die **steuerrechtliche** Buchführungspflicht ist in den §§ 140 AO und 141 AO geregelt. Dabei wird zwischen der derivativen (abgeleiteten) und der originären Buchführungspflicht unterschieden.

Die **abgeleitete** Buchführungspflicht ist in **§ 140 AO** geregelt und lautet:

„Wer nach anderen Gesetzen als den Steuergesetzen Bücher ... zu führen hat, die für die Besteuerung von Bedeutung sind, hat die Verpflichtungen, die ihm nach den anderen Gesetzen obliegen, auch für die Besteuerung zu erfüllen."

Unter **§ 140 AO** fallen alle nach HGB **buchführungspflichtigen Kaufleute**, denn sie sind nach „**Nichtsteuergesetzen**" (z. B. nach dem **HGB**) verpflichtet, Bücher zu führen.

Darüber hinaus werden **Gewerbetreibende sowie Land- und Forstwirte**, soweit sie nicht buchführungspflichtige Kaufleute sind und damit bereits durch § 140 AO erfasst werden, nach **§ 141 AO** buchführungspflichtig, wenn sie bestimmte Grenzen überschreiten (= **originäre** Buchführungspflicht).

Gewerbetreibende sowie **Land- und Forstwirte**, die nach den Feststellungen der Finanzbehörde für den einzelnen Betrieb die folgenden Grenzen überschreiten, sind nach **§ 141 AO** buchführungspflichtig:

1. **Umsätze** von mehr als **600.000 Euro** im **Kalenderjahr** oder
2. selbstbewirtschaftete land- und forstwirtschaftliche Fläche mit einem **Wirtschaftswert** (§ 46 BewG) von mehr als **25.000 Euro** oder
3. **Gewinn aus Gewerbebetrieb** von mehr als **60.000 Euro** im Wirtschaftsjahr oder
4. **Gewinn aus Land- und Forstwirtschaft** von mehr als **60.000 Euro** im Kalenderjahr.

Selbständig Tätige mit Einkünften im Sinne des § 18 EStG (z. B. Ärzte, Rechtsanwälte, Wirtschaftsprüfer, Steuerberater) **fallen nicht unter § 141 AO**.

Während die **handelsrechtliche** – und damit auch die **abgeleitete steuerliche** – Buchführungspflicht **grds. ab Erfüllung der Kaufmannseigenschaft** besteht, hat bei der **originären** steuerlichen Buchführungspflicht die **Finanzbehörde** den Steuerpflichtigen auf den **Beginn der steuerlichen Buchführungspflicht hinzuweisen**. Die steuerliche Buchführungspflicht besteht **erstmals** für das Wirtschaftsjahr, **das auf die Bekanntgabe** der Mitteilung durch das Finanzamt **folgt** (§ 141 Abs. 2 Satz 1 AO).

Diese Mitteilung soll dem Steuerpflichtigen **mindestens einen Monat** vor Beginn des Wirtschaftsjahres bekannt gegeben werden, von dessen Beginn ab die Buchführungspflicht zu erfüllen ist (AEAO zu § 141, Nr. 4 Sätze 1 und 2).

> **BEISPIEL**
>
> Der Kioskbesitzer Albrecht, Koblenz, der Einkünfte aus Gewerbebetrieb erzielt, ist gemäß § 1 Abs. 2 HGB **kein Kaufmann**. Anhand seiner Einkommensteuer- und Umsatzsteuererklärung für das Wirtschaftsjahr 2018 stellt die Finanzbehörde in 2019 folgende Beträge fest:
>
> | | |
> |---|---|
> | **Umsatz** | 150.000 €, |
> | **Gewinn aus Gewerbebetrieb** | 62.000 €. |
>
> Nach **§ 140 AO** ist Albrecht **nicht buchführungspflichtig**, weil er als Nichtkaufmann keine Bücher führen muss. Nach **§ 141 AO** ist Albrecht jedoch **buchführungspflichtig**, weil er die Betragsgrenze des § 141 Abs. 1 Nr. 4 AO (Gewinn aus Gewerbebetrieb) überschreitet.
>
> Sofern die Finanzbehörde Albrecht bis November 2019 über die steuerliche Buchführungspflicht informiert, hat Albrecht **ab dem Wirtschaftsjahr 2020** nach § 141 AO Bücher zu führen.

Die steuerliche Buchführungspflicht endet mit dem **Ablauf des Wirtschaftsjahres**, das auf das Wirtschaftsjahr folgt, in dem die Finanzbehörde das Unterschreiten der Grenzen des § 141 AO feststellt (§ 141 Abs. 2 Satz 2 AO). Im **Gegensatz** zur Befreiung von der **handelsrechtlichen** Buchführungspflicht müssen die Grenzen des § 141 AO nicht an zwei aufeinander folgenden, sondern nur am Ende eines Wirtschaftsjahres unterschritten werden.

2.1 Handels- und steuerrechtliche Buchführungspflicht

BEISPIEL

Der gewerbliche Unternehmer Erhard Rieß, Leipzig, dessen Unternehmen eine kaufmännische Organisation erfordert, hat in den Wirtschaftsjahren 2016 bis 2018 folgende Werte erzielt:

Wirtschaftsjahre	Umsatzerlöse €	Jahresüberschuss (= Gewinn) €
2016	620.000	70.000
2017	450.000	40.000
2018	470.000	35.000

Rieß war in 2016 **handelsrechtlich buchführungspflichtig**, da er wegen der erforderlichen kaufmännischen Organisation ein **Kaufmann** im Sinne des HGB war.

Steuerlich war er in 2016 aufgrund der **abgeleiteten** Buchführungspflicht des § 140 AO **ebenfalls buchführungspflichtig**. Das Gleiche gilt für die Wirtschafts- bzw. Geschäftsjahre 2017 und 2018.

Handelsrechtlich ist Rieß **ab 2019** von der Buchführungspflicht **befreit**, weil er als **Einzelkaufmann** an den beiden aufeinander folgenden Geschäftsjahren **2017 und 2018** die **Schwellenwerte** des § 241a HGB **unterschritten** hat.

Mit dem Ende der handelsrechtlichen Buchführungspflicht ist Rieß auch auf Basis der **abgeleiteten** steuerlichen Buchführungspflicht des § 140 AO ab 2019 **nicht mehr steuerlich buchführungspflichtig**.

Die **originäre** steuerrechtliche Buchführungspflicht des § 141 AO besteht aber **frühestens nicht mehr für das Wirtschaftsjahr 2020**, weil das Finanzamt frühestens für 2017 die **Unterschreitung der Grenzen des § 141 AO** feststellen und Rieß in 2018 mitteilen kann. Entsprechend endet die originäre steuerliche Buchführungspflicht erst **mit Ablauf des Wirtschaftsjahres 2019** (das Wirtschaftsjahr, das dem Jahr der Feststellung der entfallenen steuerlichen Buchführungspflicht folgt).

ÜBUNG →
1. Wiederholungsfragen 1 bis 5 (Seite 23),
2. Aufgaben 1 bis 3 (Seite 23 f.)

2 Buchführungs- und Aufzeichnungsvorschriften

Zusammenfassung zu Abschnitt 2.1.1 und 2.1.2:

2.1.3 Grundsätze ordnungsmäßiger Buchführung

Sowohl das **Handelsrecht** als auch das **Steuerrecht** verlangen vom Buchführungspflichtigen, dass er bestimmte **Buchführungsgrundsätze** beachtet.

§ 238 Abs. 1 HGB verpflichtet jeden **Kaufmann**, in seinen Büchern seine Handelsgeschäfte und die Lage seines Vermögens nach den **Grundsätzen ordnungsmäßiger Buchführung (GoB)** ersichtlich zu machen. Nach den Vorschriften der **§§ 140 und 141 AO** gelten die Grundsätze ordnungsmäßiger Buchführung (**GoB**) auch für den **steuerrechtlich** zur Buchführung Verpflichteten.

In den **Ordnungsvorschriften** der §§ 238, 239 und 257 HGB sowie in § 146 AO ist bestimmt, wie eine ordnungsmäßige Buchhaltung beschaffen sein muss. Eine Buchführung ist **ordnungsgemäß**, wenn

- die für die kaufmännische Buchführung **erforderlichen Bücher** geführt werden,
- die **Bücher förmlich in Ordnung** sind und
- der **Inhalt sachlich richtig** ist [H 5.2 (GoB) EStH].

Das Bundesfinanzministerium hat darüber hinaus mit den Grundsätzen zur ordnungsmäßigen Führung und Aufbewahrung von Büchern, Aufzeichnungen und Unterlagen in **elektronischer** Form sowie zum Datenzugriff (**GoBD**) **ergänzende Regelungen** getroffen. Das BMF ist dabei auch auf die Nutzbarkeit der **modernen Speichermedien** ausführlich eingegangen und regelt den **elektronischen Datenzugriff der Finanzverwaltung** im Rahmen von Außenprüfungen (BMF-Schreiben vom 14.11.2014; IV A 4 – S 0316/13/10003).

Die GoBD haben die Grundsätze ordnungsmäßiger DV-gestützter Buchführungssysteme (GoBS) zum 01.01.2015 abgelöst und umfassen beispielsweise folgende Anforderungen:

- Die buchungsmäßigen Geschäftsvorfälle müssen richtig, vollständig und zeitgerecht erfasst sein sowie sich in ihrer Entstehung und Abwicklung verfolgen lassen (**Beleg- und Journalfunktion**).
- Die Geschäftsvorfälle sind so zu verarbeiten, dass sie geordnet darstellbar sind und ein Überblick über die Vermögens- und Ertragslage gewährleistet ist (**Kontenfunktion**).
- Die **Buchungen** müssen einzeln und geordnet nach Konten und diese fortgeschrieben nach Kontensummen oder Salden sowie nach Abschlussposten dargestellt und jederzeit lesbar gemacht werden können.
- Ein **sachverständiger Dritter** muss sich in dem jeweiligen Verfahren der Buchführung in angemessener Zeit zurechtfinden und sich einen Überblick über die Geschäftsvorfälle und die Lage des Unternehmens verschaffen können.
- Das Verfahren der DV-Buchführung muss durch eine **Verfahrensdokumentation**, die sowohl die aktuellen als auch die historischen Verfahrensinhalte nachweist, verständlich und nachvollziehbar gemacht werden.
- Das in der Dokumentation beschriebene Verfahren muss dem in der Praxis eingesetzten Programm (Version) voll entsprechen (**Programmidentität**).

ÜBUNG → Wiederholungsfrage 6 (Seite 23)

2.1.4 Verstöße gegen die Buchführungspflicht und mögliche Folgen

Gegen die **Buchführungspflicht verstößt, wer** entweder

- **keine Bücher führt**, obwohl er dazu verpflichtet ist, oder
- seine **Bücher mangelhaft führt**.

Bei mangelhafter Führung der Bücher ist zwischen **formellen** und **sachlichen** Mängeln zu unterscheiden.

Beispiele für **formelle Mängel**:

- Abkürzungen, Ziffern, Buchstaben oder Symbole werden nicht eindeutig verwendet (z. B. Abkürzung „Ba" bedeutet einmal bar, dann Bank, dann Büroausstattung, dann Barscheck usw.);
- eine Buchung wird so verändert (z. B. durch Überschreiben oder Durchstreichen), dass ihr ursprünglicher Inhalt nicht mehr feststellbar ist;
- Buchungen werden in Bleistift vorgenommen;
- Buchungen werden mit Tintenex oder auf andere Weise (elektronisch) entfernt;
- Kasseneinnahmen und Kassenausgaben werden nicht täglich, sondern in größeren Zeitabständen festgehalten;
- Buchungen werden nicht in der Zeitfolge, sondern zeitlich ungeordnet vorgenommen;
- die Buchführung ist durch viele Stornobuchungen, Umbuchungen und Nachtragsbuchungen nicht mehr so klar und übersichtlich, dass sie einem sachverständigen Dritten innerhalb angemessener Frist einen Überblick über die Geschäftsvorfälle und die Vermögenslage ermöglicht.

Beispiele für **sachliche Mängel**:

- Ein buchungspflichtiger Geschäftsvorfall (z. B. der Barverkauf von Waren) ist nicht gebucht;
- ein fingierter (d. h. nicht existierender) Geschäftsvorfall (z. B. Privateinlage des Inhabers) wurde gebucht;
- ein Geschäftsvorfall wurde unvollständig gebucht (z. B. von einer Tageskasseneinnahme über 3.500 Euro wurden nur 3.200 Euro gebucht);
- ein Geschäftsvorfall (z. B. ein Kreditkauf von Waren) wurde im falschen Abrechnungszeitraum gebucht.

Ein **Kaufmann** kann **nicht unmittelbar** zur Erfüllung seiner **handelsrechtlichen** Buchführungs- und Bilanzierungspflicht **gezwungen werden**.

Die **Nichterfüllung** dieser Pflichten führt jedoch zur **Bestrafung**, wenn der Kaufmann seine Zahlungen eingestellt hat oder über sein Vermögen das Insolvenzverfahren eröffnet wurde (Fälle des einfachen und betrügerischen **Bankrotts**, §§ 283 und 283b Strafgesetzbuch).

2.1 Handels- und steuerrechtliche Buchführungspflicht

Hat ein **steuerrechtlich** zur Buchführung Verpflichteter **keine Bücher geführt**, kann die Finanzbehörde die Erfüllung der Buchführungspflicht durch Auferlegung eines **Zwangsgeldes** erzwingen (§ 328 AO).

Das einzelne **Zwangsgeld** kann bis zu **25.000 Euro** betragen (§ 329 AO).

Bei fehlender Buchführung hat das Finanzamt die **Besteuerungsgrundlagen zu schätzen** (§ 162 AO).

Bei **formellen Mängeln** wird die Ordnungsmäßigkeit der Buchführung grundsätzlich **nicht** berührt, wenn die formellen Mängel so **gering** sind, dass das sachliche Ergebnis der Buchführung nicht beeinflusst wird (R 5.2 Abs. 2 EStR 2012).

Schwere und gewichtige formelle Mängel, die das Wesen der kaufmännischen Buchführung berühren, können dagegen zur **Verwerfung der Buchführung** führen.

Enthält die Buchführung **materielle Mängel**, so wird ihre Ordnungsmäßigkeit dadurch **nicht** berührt, **wenn** es sich um **unwesentliche** Mängel handelt, z.B. nur unbedeutende Vorgänge sind nicht oder falsch dargestellt. Derartige Fehler sind dann zu **berichtigen** oder das Buchführungsergebnis ist durch eine **Zuschätzung** (Ergänzungsschätzung) richtigzustellen (R 5.2 Abs. 2 EStR 2012).

Enthält die Buchführung dagegen **wesentliche**, also **schwerwiegende materielle Mängel**, so ist die Buchführung **nicht mehr ordnungsgemäß**. In diesem Fall ist eine **Vollschätzung** erforderlich (R 4.1 Abs. 2 Satz 3 EStR 2012).

Eine **Vollschätzung** nach § 162 AO ist vorzunehmen, wenn die Buchführung so schwerwiegende formelle und/oder materielle Mängel enthält, dass das ausgewiesene Bucherbnis auch durch eine Zuschätzung nicht richtiggestellt werden kann.

Die Inanspruchnahme von Steuervergünstigungen ist **nicht mehr von dem Vorliegen einer ordnungsmäßigen Buchführung abhängig**.

Werden buchungspflichtige Geschäftsvorfälle leichtfertig oder vorsätzlich nicht oder falsch gebucht und wird dadurch eine Verkürzung der Steuereinnahmen ermöglicht, liegt eine

- **Steuergefährdung** (= Ordnungswidrigkeit) vor, die mit einer **Geldbuße bis zu 5.000 Euro** geahndet werden kann (§ 379 AO).
- Bei einer **Steuerverkürzung** im Sinne des § 378 AO kann die **Geldbuße** sogar **bis zu 50.000 Euro** betragen.
- Liegt der Tatbestand der **Steuerhinterziehung** vor (§ 370 AO), können **Geldstrafen oder Freiheitsstrafen bis zu fünf Jahren**, in besonders schweren Fällen **bis zu zehn Jahren** verhängt werden.
- Wer **gewerbsmäßig Einfuhr- oder Ausfuhrabgaben hinterzieht** oder gewerbsmäßig durch Zuwiderhandlungen gegen Monopolvorschriften **Bannbruch** begeht, wird mit Freiheitsstrafe von **sechs Monaten bis zu zehn Jahren** bestraft.

In **minder schweren Fällen** erfolgt eine Freiheitsstrafe **bis zu fünf Jahren** oder eine **Geldstrafe** (§ 373 Abs. 1 AO).

Das **Schaubild** auf der folgenden Seite gibt einen Überblick über die **Verstöße gegen** die steuerrechtliche **Buchführungspflicht und mögliche Folgen**.

Verstöße gegen die Buchführungsvorschriften und mögliche Folgen

Verstöße gegen steuerrechtliche Buchführungsvorschriften	mögliche Folgen
Verpflichteter führt **keine Bücher**	• Zwangsgeld bis **25.000 Euro** • Vollschätzung • bei Steuergefährdung Geldbuße bis **5.000 Euro** • bei Steuerverkürzung Geldbuße bis **50.000 Euro** • bei Steuerhinterziehung Geld- oder Freiheitsstrafen
Verpflichteter **führt Bücher mit** geringfügigen formellen oder unwesentlichen sachlichen Mängeln	Berichtigung durch Zuschätzung
Verpflichteter **führt Bücher mit** schweren und gewichtigen formellen oder sachlichen Mängeln	• Verwerfung der Buchführung • Vollschätzung • bei Steuergefährdung Geldbuße bis **5.000 Euro** • bei Steuerverkürzung Geldbuße bis **50.000 Euro** • bei Steuerhinterziehung Geld- oder Freiheitsstrafen

2.2 Aufzeichnungspflichten

Im **Steuerrecht** wird unterschieden zwischen **Buchführung und Aufzeichnungen**.
Die **Buchführung** erfasst **alle** Geschäftsvorfälle nach einem bestimmten **System** (z.B. doppelte Buchführung).
Aufzeichnungen erfassen **nur bestimmte steuerlich** bedeutsame Sachverhalte.
Die **Buchführung** ist also **umfassender als** die **Aufzeichnungen**.

Aufzeichnungen sind so vorzunehmen, dass der **Zweck** erreicht wird, den sie für die Besteuerung erfüllen sollen. Die **Ordnungsvorschriften** des § 146 AO gelten sowohl für die **Buchführung als auch** für die **Aufzeichnungen**.

Bei den **Aufzeichnungspflichten** sind zu unterscheiden:

1. die **originären** Aufzeichnungspflichten und
2. die **abgeleiteten** Aufzeichnungspflichten.

2.2.1 Originäre Aufzeichnungspflichten

Unter **originären** steuerrechtlichen **Aufzeichnungspflichten** sind solche zu verstehen, die sich **unmittelbar** aus Steuergesetzen ergeben.
Die wichtigsten **originären** Aufzeichnungspflichten werden im Folgenden erläutert.

2.2.1.1 Umsatzsteuerliche Aufzeichnungen

Der **Unternehmer** ist nach **§ 22 UStG** verpflichtet, zur Feststellung der Umsatzsteuer und der Grundlagen ihrer Berechnung Aufzeichnungen zu machen.

Aus den Aufzeichnungen müssen u.a. zu ersehen sein:

1. die vereinbarten bzw. vereinnahmten **Entgelte für die vom Unternehmer ausgeführten** Leistungen. Dabei ist ersichtlich zu machen, wie sich die Entgelte auf die steuerpflichtigen Umsätze, **getrennt nach Steuersätzen**, und auf die **steuerfreien Umsätze** verteilen;
2. die **vereinnahmten Entgelte** für **noch nicht ausgeführte** Leistungen. Dabei ist ersichtlich zu machen, wie sich die Entgelte auf die steuerpflichtigen Umsätze, **getrennt nach Steuersätzen**, und auf die **steuerfreien Umsätze** verteilen;
3. die **Bemessungsgrundlagen** für ausgeführte **unentgeltliche Leistungen**;
4. die **Entgelte** für **empfangene** Leistungen (Vorumsätze);
5. die **Bemessungsgrundlage** für die **Einfuhr** und
6. die **Bemessungsgrundlagen** für **innergemeinschaftlichen Erwerb** und die hierauf entfallenden **Steuerbeträge**.

Buchführende Unternehmer erfüllen diese Aufzeichnungspflichten in der Regel dadurch, dass sie in ihrer Buchführung die **Konten den Anforderungen des § 22 UStG** entsprechend gliedern.

2.2.1.2 Aufzeichnung des Wareneingangs

Gewerbliche Unternehmer müssen nach **§ 143 AO** den Wareneingang gesondert aufzeichnen. Die Pflicht, den Wareneingang gesondert aufzuzeichnen, gilt für **alle gewerblichen** Unternehmer.
Land- und Forstwirte fallen **nicht** unter die Vorschrift des **§ 143 AO**.
Aufzuzeichnen sind alle Waren, Rohstoffe, unfertigen Erzeugnisse, Hilfsstoffe und Zutaten, die der Unternehmer im Rahmen seines Gewerbebetriebs zur Weiterveräußerung oder zum Verbrauch erwirbt (§ 143 Abs. 2 AO).
Nach **§ 143 Abs. 3 AO** müssen die Aufzeichnungen folgende **Angaben** enthalten:

1. den **Tag des Wareneingangs** oder das **Datum der Rechnung**,
2. den Namen oder die Firma und die Anschrift des **Lieferers**,
3. die handelsübliche **Bezeichnung** der Ware,
4. den **Preis** der Ware,
5. einen Hinweis auf den **Beleg**.

Eine bestimmte **Form** ist für die Aufzeichnung des Wareneingangs **nicht vorgeschrieben**.
Buchführende Gewerbetreibende erfüllen die Aufzeichnungspflicht des § 143 AO, wenn sich die geforderten Angaben aus der **Buchführung** ergeben.
Nichtbuchführende Gewerbetreibende erfüllen ihre Aufzeichnungspflichten nach § 143 AO in der Regel durch Führen eines **Wareneingangsbuchs**.
Die Aufzeichnung des Wareneingangs kann nach § 146 Abs. 5 Satz 1 AO auch in der **gesonderten Ablage von Belegen** bestehen (z.B. Offene-Posten-Buchführung) **oder** auf **Datenträgern** (z.B. Festplatten, CD-ROM) erfolgen.

2.2.1.3 Aufzeichnung des Warenausgangs

Gewerbliche Unternehmer, die nach Art ihres Geschäftsbetriebs Waren regelmäßig an **andere gewerbliche** Unternehmer zur Weiterveräußerung oder zum Verbrauch liefern, müssen nach § 144 AO den Warenausgang gesondert aufzeichnen.
Die Pflicht, den Warenausgang gesondert aufzuzeichnen, gilt demnach **nur für bestimmte** gewerbliche Unternehmer.
Buchführungspflichtige Land- und Forstwirte, **die gewerbliche** Unternehmer (z.B. Obst- und Gemüsehändler) beliefern, müssen ebenfalls den Warenausgang gesondert aufzeichnen (§ 144 Abs. 5 AO).
Die Aufzeichnungen müssen nach § 144 Abs. 3 AO die folgenden **Angaben** enthalten:

1. den **Tag** des Warenausgangs oder das **Datum** der Rechnung,
2. den Namen oder die Firma und die Anschrift des **Abnehmers**,
3. die handelsübliche **Bezeichnung** der Ware,
4. den **Preis** der Ware,
5. einen Hinweis auf den **Beleg**.

Eine bestimmte **Form** ist für die Aufzeichnung des Warenausgangs **nicht vorgeschrieben**.

Bei **buchführenden** Unternehmern können die Aufzeichnungspflichten im Rahmen der **Buchführung** erfüllt werden.
Nichtbuchführende Steuerpflichtige erfüllen ihre Aufzeichnungspflicht in der Regel durch Führen eines **Warenausgangsbuches**.
Die Aufzeichnung des Warenausgangs kann ebenfalls durch die **geordnete Ablage der Belege** ersetzt werden **oder auf Datenträgern** erfolgen (§ 146 Abs. 5 AO).

2.2.1.4 Aufzeichnung bestimmter Betriebsausgaben

Land- und Forstwirte, Gewerbetreibende und selbständig Tätige sind nach § 4 Abs. 7 EStG verpflichtet, bestimmte Betriebsausgaben **einzeln und getrennt** von den anderen Betriebsausgaben aufzuzeichnen.
Zu den **aufzeichnungspflichtigen Betriebsausgaben** gehören nach **§ 4 Abs. 5 EStG** z.B. **Aufwendungen für Geschenke** an Geschäftsfreunde und **Aufwendungen für Bewirtung** von Geschäftsfreunden. Diese Aufwendungen sind z.T. bei der steuerlichen Gewinnermittlung **abzugsfähig** (z.B. Geschenke bis 35 Euro), z.T. sind sie **nicht abzugsfähig** (z.B. Geschenke über 35 Euro).
Soweit diese Betriebsausgaben nicht bereits nach den Vorschriften des EStG vom Abzug ausgeschlossen sind, dürfen sie bei der Gewinnermittlung nur berücksichtigt werden, wenn sie **besonders aufgezeichnet sind** (§ 4 Abs. 7 Satz 2 EStG).
Wie diese Aufzeichnungspflicht im Einzelnen zu erfüllen ist, ergibt sich aus den Einkommensteuer-Richtlinien (R 4.11 EStR 2012).

2.2.1.5 Aufzeichnung geringwertiger Wirtschaftsgüter des Anlagevermögens

Für geringwertige Wirtschaftsgüter (GWG) besteht eine steuerrechtliche Aufzeichnungspflicht, falls die Anschaffungs- oder Herstellungskosten (AK/HK) **netto 250 Euro** (bis zum 31.12.2017: 150 Euro) **übersteigen** (§ 6 Abs. 2 Sätze 4 und 5 EStG).
Geringwertige Wirtschaftsgüter i.S.d. § 6 Abs. 2 EStG müssen folgende Voraussetzungen erfüllen:

1. Die Wirtschaftsgüter müssen zum **beweglichen** abnutzbaren Anlagevermögen gehören.
2. Die Wirtschaftsgüter müssen einer **selbständigen Nutzung** fähig sein.
3. Die **AK/HK**, vermindert um einen darin enthaltenen Vorsteuerbetrag, oder der nach § 6 Abs. 1 Nr. 5 oder Nr. 6 EStG an deren Stelle tretende Wert dürfen für das einzelne Wirtschaftsgut **800 Euro (bis zum 31.12.2017: 410 Euro)** nicht übersteigen.

Die Aufzeichnungspflicht für GWG kann durch Aufzeichnung in einem gesonderten Verzeichnis oder durch Erfassung auf einem gesonderten Konto in der Buchführung erfolgen. Hierzu sehen die DATEV-Kontenrahmen spezielle Konten für die buchhalterische Erfassung vor.
Die neuen Wertgrenzen (800 Euro und 250 Euro) gelten erstmals für Wirtschaftsgüter, die **nach dem 31.12.2017** angeschafft, hergestellt oder in das Betriebsvermögen eingelegt werden (§ 52 Abs. 12 Satz 2 EStG).

| Einzelheiten zur steuerlichen und handelsrechtlichen Behandlung von GWG erfolgen in der **Buchführung 2**, 30. Auflage, Seiten 101 ff. | |

2.2.2 Abgeleitete Aufzeichnungspflichten

Aufzeichnungspflichten, die **nach anderen** als steuerrechtlichen Vorschriften bestehen, sind nach § 140 Abs. 1 AO auch für die Besteuerung zu erfüllen, wenn sie für diese von Bedeutung sind.

Von den vielen so genannten **außersteuerlichen** Aufzeichnungspflichten sind z.B. betroffen:

• Apotheker	Herstellungsbücher,
• Banken	Depotbücher,
• Bauträger und Baubetreuer	Bücher nach der Gewerbeordnung,
• Fahrschulen	Fahrschüler-Ausbildungsbücher,
• Gebrauchtwagenhändler	Gebrauchtwagenbücher,
• Handelsmakler	Tagebuch nach HGB,
• Heimarbeiter	Entgeltbücher,
• Hotel-, Gaststätten- und Pensionsgewerbe	Fremdenbücher,
• Reisebüro	Bücher nach der Gewerbeordnung,
• Winzer	Kellerbücher und Weinlagerbücher nach dem Weingesetz.

2.2.3 Folgen bei Nichterfüllung der Aufzeichnungspflichten

Die **Erfüllung** der steuerrechtlichen **Aufzeichnungspflichten** kann nach § 328 Abs. 1 AO **erzwungen** werden.

Verstöße gegen die steuerrechtlichen **Aufzeichnungspflichten** werden wie Verstöße gegen die Buchführungspflicht behandelt.

> **ÜBUNG →**
> 1. Wiederholungsfragen 7 bis 11 (Seite 23),
> 2. Aufgaben 4 und 5 (Seite 24)

2.3 Aufbewahrungspflichten der Buchführungs- und Aufzeichnungsunterlagen

Buchführungs- und Aufzeichnungsunterlagen müssen sowohl nach **Handelsrecht** (§ 257 HGB) als auch nach **Steuerrecht** (§ 147 AO) **aufbewahrt** werden.

Nach **Handelsrecht sind nur Kaufleute verpflichtet**, ihre Handelsbücher, Inventare, Eröffnungsbilanzen und Jahresabschlüsse (= Bilanzen und Gewinn- und Verlustrechnungen), Lageberichte sowie die zu ihrem Verständnis erforderlichen Arbeitsanweisungen und sonstigen Organisationsunterlagen, empfangene Handelsbriefe, Wiedergaben der abgesandten Handelsbriefe und Buchungsbelege geordnet aufzubewahren (§ 257 Abs. 1 HGB).

Die weitergehenden steuerrechtlichen Vorschriften verpflichten **alle Buchführungspflichtigen** zu den in § 257 Abs. 1 HGB aufgeführten Unterlagen noch **sonstige Unterlagen, soweit sie für die Besteuerung von Bedeutung sind** (z.B. Abschreibungsunterlagen), geordnet aufzubewahren (§ 147 Abs. 1 AO).

Nach § 257 Abs. 3 HGB und § 147 Abs. 2 AO können alle aufzubewahrenden Unterlagen, mit Ausnahme der Eröffnungsbilanzen und Jahresabschlüsse, als Wiedergabe auf einem **Bildträger** (z.B. Mikrofilm) oder auf anderen **Datenträgern** (z.B. Festplatten, CD-ROM) aufbewahrt werden, wenn dies den Grundsätzen ordnungsmäßiger Buchführung entspricht und sichergestellt ist, dass die Wiedergabe oder die Daten mit den aufzubewahrenden Unterlagen übereinstimmen, wenn sie lesbar gemacht werden (§ 147 Abs. 2 Nr. 1 AO).

Die **Aufbewahrungsfrist** für Bücher, **Inventare**, **Buchungsbelege** (z.B. Rechnungen), **Jahresabschlüsse** sowie die zu ihrem Verständnis erforderlichen **Arbeitsanweisungen** und sonstigen Organisationsunterlagen beträgt **zehn Jahre**.

Empfangene **Handelsbriefe**, **Wiedergaben** der abgesandten Handelsbriefe und die **sonstigen Unterlagen**, soweit sie für die **Besteuerung von Bedeutung** sind, müssen grundsätzlich **sechs Jahre** aufbewahrt werden (§ 257 Abs. 4 HGB und § 147 Abs. 3 AO).

Die Aufbewahrungsfrist **beginnt** handels- und steuerrechtlich mit dem Schluss des Kalenderjahres, in dem die letzte Eintragung in das Buch gemacht, das Inventar aufgestellt, der Jahresabschluss festgestellt, der Handelsbrief empfangen oder abgesandt, der Buchungsbeleg entstanden ist sowie die sonstigen Unterlagen zustande gekommen sind (§ 257 Abs. 5 HGB und § 147 Abs. 4 AO).

Handelsrechtlich endet die Aufbewahrungsfrist nach Ablauf von **zehn bzw. sechs Jahren**.

BEISPIEL

> Herr Münstermann ist eingetragener Kaufmann. Seinen Jahresabschluss für das Jahr **2017** hat er im **November 2018** fertiggestellt.
>
> Die Aufbewahrungsfrist für die den Jahresabschluss 2017 betreffenden Unterlagen **beginnt** mit Ablauf des Jahres **2018**, in dem der Jahresabschluss fertiggestellt wurde, und **endet** mit Ablauf von zehn Jahren **am 31.12.2028**.

Bei abweichenden Wirtschaftsjahren beginnt die Aufbewahrungsfrist ebenfalls mit dem Ende des jeweiligen Kalenderjahres.

2 Buchführungs- und Aufzeichnungsvorschriften

Steuerrechtlich ist für das **Fristende** – anders als im Handelsrecht – die **Ablaufhemmung** nach § 147 Abs. 3 Satz 5 AO zu beachten.

Nach **§ 147 Abs. 3 Satz 5 AO** läuft die Aufbewahrungsfrist von zehn bzw. sechs Jahren **nicht ab, soweit** und **solange** die Unterlagen **für Steuern von Bedeutung** sind, für welche die allgemeine **Festsetzungsfrist** des § 169 Abs. 2 Satz 1 AO **noch nicht abgelaufen** ist.

> **S 1** Einzelheiten zur Festsetzungsfrist und Ablaufhemmung werden im Abschnitt 6.3 der Steuerlehre 1, 40. Auflage 2019, Seiten 90 ff., dargestellt.

Zusammenfassung zu Abschnitt 2.3:

> **ÜBUNG →** 1. Wiederholungsfragen 12 und 13 (Seite 23),
> 2. Aufgaben 6 und 7 (Seite 24)

2.4 Erfolgskontrolle

WIEDERHOLUNGSFRAGEN

1. Wer ist nach § 1 Abs. 1 HGB Kaufmann?
2. Was versteht man unter einem Handelsgewerbe?
3. Wer ist handelsrechtlich verpflichtet, Bücher zu führen?
4. Wer ist handelsrechtlich ausnahmsweise von der Buchführungspflicht befreit?
5. Wer ist steuerrechtlich zur Buchführung verpflichtet?
6. Wann ist eine Buchführung ordnungsmäßig?
7. Wer verstößt gegen die Buchführungspflichten?
8. Zwischen welchen Mängeln ist bei mangelhafter Buchführung zu unterscheiden?
9. Welche Folgen hat die Nichterfüllung der steuerrechtlichen Buchführungspflicht?
10. Welche Aufzeichnungspflichten kennen Sie?
11. Welche Folgen hat die Nichterfüllung steuerrechtlicher Aufzeichnungspflichten?
12. Welche Unterlagen müssen nach dem Steuerrecht aufbewahrt werden?
13. Wie lange müssen diese Unterlagen aufbewahrt werden?

AUFGABEN

AUFGABE 1

Prüfen und begründen Sie bei den Sachverhalten 1 bis 4 die handelsrechtliche Buchführungspflicht.

1. Der Landwirt Ohlig betreibt in Maisborn (Hunsrück) einen Getreideanbaubetrieb. Er erzielt aus seinem Betrieb Einkünfte aus Land- und Forstwirtschaft nach § 13 EStG. Sein Betrieb erfordert eine kaufmännische Organisation; eine Eintragung in das Handelsregister erfolgte nicht.
2. Heinz Boden betreibt in Köln ein Tapetengeschäft und erzielt damit Einkünfte aus Gewerbebetrieb nach § 15 EStG. Sein Betrieb erfordert keinen in kaufmännischer Weise eingerichteten Geschäftsbetrieb.
3. Dr. med. Claus betreibt in Düsseldorf eine Facharztpraxis; er erzielt aus seiner Praxis Einkünfte aus selbständiger Arbeit nach § 18 EStG. Aufgrund der Betriebsgröße ist eine kaufmännische Organisation erforderlich.
4. Dieter Daumen betreibt in Bonn ein Sportartikelgeschäft. Sein Betrieb erfordert keine kaufmännische Organisation. Der Umsatz betrug im Jahr 2018 210.000 €, der Überschuss der Betriebseinnahmen über die Betriebsausgaben betrug –15.000 €. Im August 2019 wurde er vom Finanzamt aufgefordert, künftig seinen Gewinn durch Betriebsvermögensvergleich zu ermitteln.

AUFGABE 2

Prüfen und begründen Sie bei den Sachverhalten 1 bis 4 die steuerrechtliche Buchführungspflicht.

1. Jessica Hahlbrock betreibt in Stuttgart eine Fachbuchhandlung; sie ist Kaufmann im Sinne des HGB.
2. Der selbständig tätige Steuerberater Raymond Bothe betreibt seine Kanzlei in Bremen. Im Jahr 2019 betragen sein Umsatz 360.000 € und sein Gewinn 150.000 €.
3. Der Textileinzelhändler Daniel Kühlenthal hat zu Beginn des vergangenen Jahres in München seinen Betrieb eröffnet; der Betrieb erfordert keine kaufmännische Organisation. Sein Umsatz betrug im vergangenen Jahr 610.000 € und sein Gewinn 28.000 €.

4. Eva Gusterer hat in diesem Jahr in Köln einen Supermarkt eröffnet; aufgrund der großen Anzahl von Lieferanten ist eine kaufmännische Organisation unbedingt notwendig. Frau Gusterer rechnet in diesem Jahr mit einem Umsatz von 300.000 € und einem Gewinn von 24.000 €. Sie verzichtet auf die Anwendung des § 241a HGB.

AUFGABE 3

Karl Listig betreibt in Mannheim einen Kiosk. Er ermittelt seinen Gewinn zulässigerweise durch die Einnahme-Überschuss-Rechnung, weil sein Geschäft keinen in kaufmännischer Weise eingerichteten Geschäftsbetrieb benötigt. Das Betriebsfinanzamt stellt im August 2019 fest, dass Listig in den Jahren 2017 und 2018 jeweils Umsätze in Höhe von 650.000 € und Gewinne von 75.000 € erzielte.

1. Nach welcher Rechtsvorschrift wird eine Buchführungspflicht begründet?
2. Ist das die originäre oder die derivative Buchführungspflicht?
3. Ab welchem Wirtschaftsjahr muss Listig die Buchführungspflicht erfüllen?

AUFGABE 4

Der buchführungspflichtige Gewerbetreibende Dieter Schwabe, Heilbronn, hat im Rahmen seiner Buchführung u.a. folgende Vorgänge erfasst:

1. Bei der Buchung der Geschäftsvorfälle verwendet Schwabe die Abkürzung „BA" einmal für „bar", dann für „Bank" und schließlich für „Büroausstattung".
2. Einige Buchungen hat Schwabe durch Überschreiben so verändert, dass ihr ursprünglicher Inhalt nicht mehr lesbar ist.
3. Eine Tageseinnahme in Höhe von 5.000 € hat Schwabe nur mit 4.500 € gebucht.
4. Die Bilanz zum 31.12.2019 erstellt Schwabe aufgrund eines unvollständigen Inventars.

Prüfen Sie, ob bei den angeführten Vorgängen Verstöße gegen die Buchführungsvorschriften in Form von formellen oder sachlichen Mängeln vorliegen.

AUFGABE 5

Der Gewerbetreibende Kliensmann, München, ist nicht Kaufmann i.S.d. HGB; Umsatz, Betriebsvermögen und Gewinn überschreiten nicht die Grenzen des § 141 AO.
Kliensmann will von Ihnen wissen, welche Bücher und Aufzeichnungen er führen muss.
Welche Auskunft geben Sie ihm?

AUFGABE 6

Wie lange hat der buchführungspflichtige Gewerbetreibende Werner Neuhofer, Dresden, folgende Unterlagen aufzubewahren?

1. Buchungsbelege (z.B. Rechnungen, Lieferscheine, Bankauszüge usw.)
2. Angebote an Kunden
3. Bilanzen

AUFGABE 7

Dieter Schwabe (aus Aufgabe 4) hat die Buchführungsvorschriften sehr nachlässig erfüllt, sodass in seiner Buchführung viele schwere und gewichtige formelle und materielle Mängel vorhanden sind.
Wie wird die Finanzverwaltung reagieren?

3 Grundlagen der Finanzbuchführung

3.1 Inventur und Inventar

Jeder **Kaufmann** ist nach Handelsrecht und nach Steuerrecht **verpflichtet**,

1. zu **Beginn** eines Handelsgewerbes (§ 240 **Abs. 1** HGB) **und**
2. für den **Schluss** eines **jeden** Geschäftsjahres (§ 240 **Abs. 2** HGB)

eine Bestandsaufnahme (= **Inventur**) durchzuführen (§ 240 HGB und § 141 AO).

Eine **Ausnahme** von der Pflicht zur Aufstellung eines Inventars besteht – wie auch bei der Buchführungspflicht – für **Einzelkaufleute**, die an **zwei aufeinander folgenden Abschlussstichtagen** die **beiden** folgenden Schwellenwerte **nicht überschreiten** (§ 241a HGB). [BEFREIUNG V. DER PFLICHT]

- Umsatz < 600.000 Euro und
- Jahresüberschuss < 60.000 Euro.

Bei **Neugründung** kann bereits auf ein Inventar verzichtet werden, wenn die Schwellenwerte am **ersten** Abschlussstichtag nach der Neugründung nicht überschritten werden.

Steuerlich haben **Gewerbetreibende** und **Land- und Forstwirte**, die nur nach **Steuerrecht** buchführungspflichtig sind, ebenfalls **Bestandsaufnahmen** zu machen. Für sie gelten die **handelsrechtlichen** Inventurvorschriften entsprechend (§ 141 AO).

> **MERKE →** **Buchführungspflichtige** sind auch **inventurpflichtig**.

3.1.1 Inventur

Durch die **Inventur** sollen alle **Vermögensgegenstände** (z.B. Grundstücke, Waren, Forderungen aus Lieferungen und Leistungen) und alle **Schulden** (z.B. Schulden aus Lieferungen und Leistungen, Schulden gegenüber Banken) **mengenmäßig und wertmäßig** erfasst werden.

> **MERKE →** Die **Inventur** ist eine mengen- und wertmäßige **Bestandsaufnahme** aller Vermögensgegenstände und Schulden (zu einem bestimmten Zeitpunkt).

Die **handelsrechtlichen** Begriffe „**Vermögensgegenstände**" und „**Schulden**" entsprechen dem **steuerrechtlichen** Begriff „**Wirtschaftsgut**":

Steuerrecht	Handelsrecht
Positive und negative Wirtschaftsgüter	Vermögensgegenstände
	Schulden

Wird eine vorgeschriebene **Inventur nicht durchgeführt**, ist die **Buchführung** als **nicht ordnungsgemäß** anzusehen (R 5.3 Abs. 4 EStR 2012).

Nach der **Art der Durchführung** unterscheidet man

1. die **körperliche Inventur** und
2. die **Buchinventur**.

zu 1. körperliche Inventur

Das HGB enthält keine ausdrückliche Vorschrift, dass die Inventur zum Bilanzstichtag **körperlich** durchzuführen ist. Es kann jedoch davon ausgegangen werden, dass der Gesetzgeber die **körperliche** Aufnahme aller Vermögensgegenstände als eine **Voraussetzung** angesehen hat.

Bei der **körperlichen Inventur** werden die körperlichen Gegenstände (wie z. B. Rohstoffe und Waren) durch **Zählen**, **Messen**, **Wiegen** und **Bewerten** aufgenommen.

Auf eine jährliche **körperliche** Bestandsaufnahme der beweglichen Gegenstände des **Anlagevermögens** (z. B. Maschinen, Kraftfahrzeuge) **kann verzichtet werden**, **wenn** jeder Zugang und jeder Abgang dieser Gegenstände laufend in ein **Bestandsverzeichnis** (**Anlagenverzeichnis**) eingetragen wird und aufgrund dieses Verzeichnisses die am Bilanzstichtag vorhandenen Gegenstände ohne Weiteres ermittelt werden können (§ 241 Abs. 2 HGB; R 5.4 Abs. 4 EStR 2012).

Dieses Verzeichnis kann auch in Form einer **Anlagenkartei** geführt werden.

zu 2. Buchinventur

Nicht alle Vermögensgegenstände lassen sich durch eine **körperliche** Inventur erfassen. Der Wert der körperlich **nicht** erfassbaren Wirtschaftsgüter wird durch eine **Buchinventur** ermittelt.

Bei der **Buchinventur** werden die Vermögensgegenstände und Schulden (= **Wirtschaftsgüter**), wie z. B. Forderungen und Verbindlichkeiten, mithilfe von Belegen und buchhalterischen Aufzeichnungen aufgenommen.

Ein **weiteres Kriterium** zur Unterteilung der Inventurverfahren ist der **Zeitpunkt der körperlichen Bestandsaufnahme**. Danach unterscheidet man folgende **Inventurverfahren**:

Die als **Stichtagsinventur** bezeichnete körperliche Bestandsaufnahme **für** den Bilanzstichtag (z. B. 31.12.) ist das herkömmliche Inventurverfahren. Es ist das **sicherste Verfahren** und überall dort anzuwenden, wo es wirtschaftlich geboten und wegen Fehlens geeigneter buchmäßiger Unterlagen notwendig ist.

Die Inventur **für** den Bilanzstichtag (z. B. 31.12.) braucht nicht **am** Bilanzstichtag vorgenommen zu werden. Die Inventur muss aber **zeitnah** sein, d. h., in der Regel innerhalb einer Frist von **zehn Tagen** vor oder nach dem Bilanzstichtag durchgeführt werden. Dabei muss sichergestellt sein, dass die **Bestandsveränderungen** zwischen dem Bilanzstichtag und dem Tag der Bestandsaufnahme anhand von Belegen oder Aufzeichnungen **ordnungsgemäß berücksichtigt werden** (R 5.3 Abs. 1 EStR 2012).

3.1.2 Inventar

Vermögensgegenstände und Schulden, die durch **Inventur** (Bestandsaufnahme) festgestellt worden sind, werden nach Art, Menge und unter Angabe ihres Wertes in einem **Verzeichnis**, dem **Inventar**, aufgeführt.

> **MERKE →** Das **Inventar** ist ein **Verzeichnis**, das alle Vermögensgegenstände und Schulden nach Art, Menge und Wert ausweist.

In das **Inventar** sind grundsätzlich **alle Vermögensgegenstände und Schulden** aufzunehmen.

Die **Werte** aller Vermögensgegenstände und Schulden sind zu **addieren**. Der **Unterschiedsbetrag** zwischen der Summe des Vermögens und der Summe der Schulden ist das **Reinvermögen** (= **Eigenkapital**).

```
        I.   Vermögen
    -   II.  Schulden
    =   III. Reinvermögen
```

Für das Inventar gibt es keine Gliederungsvorschriften. Gliederungsgrundsätze und Gliederungsvorschriften gibt es jedoch für die Bilanz.

Im Hinblick darauf, dass das **inventarisierte Vermögen** und die **inventarisierten Schulden** in die **Bilanz** übernommen werden, haben sich in der Praxis für die **Gliederung des Inventars** bestimmte **Regeln** gebildet.   *I. VERMÖGEN*

Das **Vermögen** wird nach seiner „**Flüssigkeit**" (**Liquidität**) geordnet, d.h. nach dem Grad, wie es in Geld umgesetzt werden kann. Die **weniger flüssigen** Vermögensgegenstände (z.B. Grundstücke) werden im Inventar **zuerst** und die **flüssigsten** Vermögensgegenstände (z.B. Kassenbestand) **zuletzt** aufgeführt.

Das **Vermögen** wird nach der **Flüssigkeit** unterteilt in

1. **Anlagevermögen** und
2. **Umlaufvermögen**.

① Zum **Anlagevermögen** gehören alle Gegenstände, die am Bilanzstichtag dazu bestimmt sind, dem Geschäftsbetrieb dauernd (regelmäßig länger als ein Jahr) zu **dienen**, z.B. Grundstücke, Bauten, Maschinen, Betriebs- und Geschäftsausstattung (§ 247 Abs. 2 HGB).

Bebaute Grundstücke (Grund und Boden **und** Gebäude) stellen nach dem **BGB eine Einheit** dar.

Nach Handels- und Steuerrecht liegen **zwei Gegenstände** vor, und zwar der **nicht abnutzbare Grund und Boden** (auch **Grundstücke** genannt) **und** das **abnutzbare Gebäude** (auch **Bauten** genannt).

BGB	HGB
Grundstücke	Grundstücke *nicht* (Grund und Boden) *abnutzbar*
	Bauten *abnutzbar!* (Gebäude)

Zum **Umlaufvermögen** gehören alle Gegenstände, die am Bilanzstichtag dazu bestimmt sind, dem Geschäftsbetrieb **nur vorübergehend** zu dienen, z.B. Waren, Roh-, Hilfs- und Betriebsstoffe, Forderungen aus Lieferungen und Leistungen, Kassenbestand.

Die **Schulden** werden nach ihrer **Fälligkeit** unterteilt in

1. **langfristige Schulden** und
2. **kurzfristige Schulden**.

Zu den **langfristigen Schulden** gehören z.B. Schulden gegenüber Banken und Sparkassen (= Kreditinstituten) mit einer **Restlaufzeit** von mehr als einem Jahr.

Zu den **kurzfristigen Schulden** (in der Regel solche, die innerhalb von 90 Tagen fällig werden) gehören z.B. Schulden aus Lieferungen und Leistungen.

Die **langfristigen** Schulden werden im Inventar **zuerst** und die **kurzfristigen** Schulden **zuletzt** aufgeführt.

Folgende **Gleichungen** lassen sich aus dem **Inventar** ableiten:

Reinvermögen	=	Vermögen	−	Schulden

Vermögen	=	Reinvermögen	+	Schulden

Enthält das **Inventar** in formeller oder materieller Hinsicht nicht nur unwesentliche **Mängel** (z.B. ein erheblicher Teil des Warenbestandes ist im Inventar nicht ausgewiesen), so ist die **Buchführung nicht** als **ordnungsmäßig** anzusehen (R 5.3 Abs. 4 EStR 2012).

Das **Inventar** ist vom Kaufmann **nicht zu unterzeichnen**.

Das **Inventar** muss jedoch nach wie vor **zehn Jahre** lang **aufbewahrt** werden (§ 257 **Abs. 1** in Verbindung mit § 257 **Abs. 4** HGB).

Auf der nächsten Seite (Seite 29) folgt ein **Beispiel** für ein **Inventar**.

Inventar
der Getränkehandlung Karl Müller, Koblenz, zum 31.12.2018

	€	€
I. Vermögen		
1. Anlagevermögen		
1.1 Grundstücke und Bauten		
Grundstücke: Koblenz, Löhrstr. 1-3	50.000	
Geschäftsbauten: Koblenz, Löhrstr. 1-3	300.000	350.000
1.2 Betriebs- und Geschäftsausstattung		
1 Lkw	12.000	
1 Pkw	4.000	
Sonstige Betriebs- und Geschäftsausstattung lt. besonderem Verzeichnis	3.500	19.500
2. Umlaufvermögen		
2.1 Vorräte		
Waren		
200 Kästen Pils zu je 7,50 €	1.500	
100 Kästen Export zu je 5 €	500	
40 Kästen Limo zu je 5 €	200	2.200
2.2 Forderungen		
Forderungen aus Lieferungen und Leistungen lt. besonderem Verzeichnis		3.200
2.3 Kassenbestand, Guthaben bei Kreditinstituten		
Kassenbestand	500	
Deutsche Bank Koblenz	8.000	8.500
Summe des Vermögens		**383.400**
II. Schulden		
1. Langfristige Schulden		
1.1 Schulden gegenüber Kreditinstituten		
Darlehen Sparkasse Koblenz		140.000
2. Kurzfristige Schulden		
2.1 Schulden aus Lieferungen und Leistungen		
Königsbacher Brauerei, Koblenz	3.000	
Rhenser Brunnen, Rhens	2.000	5.000
Summe der Schulden		**145.000**
III. Ermittlung des Reinvermögens		
Summe des Vermögens		383.400
− Summe der Schulden		−145.000
= **Reinvermögen (Eigenkapital)**		**238.400**

Koblenz, 08.01.2019

3.1.3 Zusammenfassung und Erfolgskontrolle
3.1.3.1 Zusammenfassung

3.1.3.2 Erfolgskontrolle

WIEDERHOLUNGSFRAGEN

1. Was versteht man unter einer Inventur?
2. Wer ist verpflichtet, Inventuren durchzuführen?
3. Für wen greift die Befreiung von der Inventurpflicht nach § 241a HGB?
4. Wann sind Inventuren nach § 240 Abs. 1 und Abs. 2 HGB durchzuführen?
5. Was soll durch die Inventur erfasst werden?
6. Unter welchen Voraussetzungen kann auf eine jährliche körperliche Bestandsaufnahme der beweglichen Anlagegüter verzichtet werden?
7. Was versteht man unter einem Inventar?
8. Wie wird das Reinvermögen rechnerisch ermittelt?
9. Welche Vermögensgegenstände werden dem Anlagevermögen zugeordnet?
10. Welche Vermögensgegenstände werden dem Umlaufvermögen zugeordnet?

3.1 Inventur und Inventar

AUFGABEN

AUFGABE 1

Welche Aussage ist richtig? Kreuzen Sie die richtige Lösung an.
Die Stichtagsinventur

(a) muss innerhalb eines Monats vor oder nach dem Bilanzstichtag durchgeführt werden.
(b) ist jeweils genau am Bilanzstichtag durchzuführen.
(c) kann irgendwann im Geschäftsjahr erfolgen; die Bestände müssen dann fortgeschrieben werden.
(d) muss innerhalb von 10 Tagen vor oder nach dem Bilanzstichtag erfolgen.

AUFGABE 2

Der Gewerbetreibende Lutz Listig war bisher nicht buchführungspflichtig und ermittelte zulässigerweise seinen Gewinn durch Einnahme-Überschuss-Rechnung (EÜR). Im August 2019 forderte ihn das Finanzamt auf, gemäß § 141 AO den Gewinn durch Betriebsvermögensvergleich zu ermitteln, weil er die Grenzwerte des § 141 AO überschritten hat.

Stellen Sie fest, zu welchem Stichtag Lutz Listig seine erste Inventur durchführen muss.

AUFGABE 3

Der Gewerbetreibende Müller (Spielzeugfabrik) hat die nachstehenden Vermögensgegenstände und Schulden durch Inventur erfasst. Ordnen Sie zu:

Vermögensgegenstände/Schulden	Anlagevermögen	Umlaufvermögen	Schulden
1. Unbebautes Grundstück			
2. Bankdarlehen			
3. Lkw			
4. Produktionsmaschine			
5. Bankguthaben			
6. Kassenbestand			
7. Schreibtisch für das Büro			
8. Warenbestand			

AUFGABE 4

Der Autohändler Meier, Heilbronn, erwirbt im Oktober 2019 einen Pkw vom Hersteller Mercedes-Benz, Stuttgart. Der Pkw wird als Vorführwagen genutzt und steht potenziellen Käufern für Probefahrten zur Verfügung. Üblicherweise veräußert Meier solche Pkws innerhalb von 6 bis 9 Monaten nach dem Kauf mit einem deutlich niedrigeren Preis als dem Listenpreis.

Gehört der Pkw, der im Oktober 2019 angeschafft wird, am 31.12.2019 (Bilanzstichtag) zum Anlage- oder Umlaufvermögen?

AUFGABE 5

Ein Inventar ist ordnungsgemäß erstellt. Welche Gleichungen sind richtig?

1. Anlagevermögen + Umlaufvermögen + Schulden = Reinvermögen
2. Vermögen – Schulden = Reinvermögen
3. Reinvermögen – Schulden = Vermögen
4. Reinvermögen + Schulden = Anlagevermögen + Umlaufvermögen

3 Grundlagen der Finanzbuchführung

AUFGABE 6

Die inventurpflichtige Unternehmerin Inge Neis, Münster, ermittelt durch Inventur zum 31.12.2019 folgende Bestände:

Guthaben bei der Sparkasse Münster	23.900 €
Schulden aus Warenlieferungen lt. besonderem Verzeichnis	18.500 €
Grundstück Münster, Hauptstraße 5	10.000 €
Geschäftsbauten Münster, Hauptstraße 5	52.200 €
Darlehensschuld bei der Commerzbank, Münster	35.000 €
Kassenbestand	7.600 €
Lkw Mercedes	16.400 €
Pkw Audi	16.400 €
sonstige Betriebs- und Geschäftsausstattung lt. besonderem Verzeichnis	10.800 €
Forderungen aus Lieferungen lt. besonderem Verzeichnis	21.100 €
Warenbestand lt. besonderer Liste	35.700 €

Erstellen Sie das Inventar zum 31.12.2019.

AUFGABE 7

Wie lange muss das Inventar aufbewahrt werden? Kreuzen Sie die richtige Lösung an.

(a) 6 Jahre
(b) 2 Jahre
(c) 10 Jahre
(d) 30 Jahre

AUFGABE 8

Die Textilgroßhändlerin Sabine Arenz, Bielefeld, hat folgende (verkürzte) Inventare erstellt:

		31.12.2018	31.12.2019
	Vermögen	200.000 €	210.000 €
−	Schulden	− 40.000 €	− 20.000 €
=	Reinvermögen	160.000 €	190.000 €

Interpretieren Sie die Veränderung des Reinvermögens unter der Voraussetzung, dass Frau Arenz weder Privatentnahmen noch Privateinlagen getätigt hat.

AUFGABE 9

Welche Antwort ist richtig? Die Inventur ist

(a) eine mengenmäßige Bestandsaufnahme aller Vermögensgegenstände und Schulden.
(b) eine wertmäßige Bestandsaufnahme aller Vermögensgegenstände und Schulden.
(c) eine mengen- und wertmäßige Bestandsaufnahme aller Vermögensgegenstände und Schulden.
(d) für steuerrechtliche Zwecke durch einen Kaufmann freiwillig durchzuführen.

AUFGABE 10

Nach welchem Kriterium wird das Vermögen im Inventar geordnet?

(a) nach der abnehmenden Liquidität
(b) nach dem Wert der Vermögensgegenstände
(c) nach der zunehmenden Liquidität
(d) nach der Fälligkeit

3.2 Bilanz

Jeder **Kaufmann** ist **verpflichtet**,

1. zu **Beginn** seines Handelsgewerbes eine **Eröffnungsbilanz** und
2. für den **Schluss** eines **jeden** Geschäftsjahres eine **Schlussbilanz**

aufzustellen (**§ 242 Abs. 1 HGB**).

Eine **Ausnahme** von der handelsrechtlichen Pflicht zur Aufstellung einer Bilanz besteht für **Einzelkaufleute**, die an **zwei aufeinander folgenden Abschlussstichtagen** die **beiden** folgenden Schwellenwerte **nicht überschreiten** (§ 242 Abs. 4 i. V. m. § 241a HGB):

- Umsatz < 600.000 Euro und
- Jahresüberschuss < 60.000 Euro.

Bei **Neugründung** kann bereits auf eine Bilanz verzichtet werden, wenn die Schwellenwerte am **ersten** Abschlussstichtag nach der Neugründung nicht überschritten werden.

Für **Gewerbetreibende** sowie **Land- und Forstwirte**, die steuerlich nach § 141 AO buchführungspflichtig sind, gilt § 242 Abs. 1 HGB sinngemäß, d. h., auch diese Steuerpflichtigen haben eine **Eröffnungsbilanz** und **Schlussbilanzen** aufzustellen.

Das **Inventar** ist **Grundlage** für die Aufstellung der **Bilanz**.

3.2.1 Form und Inhalt der Bilanz

Im **Inventar** werden alle Vermögensgegenstände und Schulden einzeln **untereinander** in Listenform aufgeführt. Am Schluss des Inventars wird das Reinvermögen (Eigenkapital) ermittelt.

Die **Bilanz** ist eine kurz gefasste Gegenüberstellung von Vermögen und Kapital; in ihr werden das **Vermögen** auf der **linken Seite** und das **Eigenkapital** sowie die **Schulden** auf der **rechten** Seite erfasst. Das Eigenkapital steht vor den Schulden.

Aus der Bilanz lässt sich auch die **Gleichung** ableiten:

Vermögen = Eigenkapital + Verbindlichkeiten.

Die **linke Seite** der Bilanz heißt **Aktiva**. Auf der **Aktivseite** wird das **Vermögen** in seinen **unterschiedlichen Formen** ausgewiesen. Die **Aktivseite** der Bilanz gibt Auskunft darüber, welche **Vermögensformen** in einem Unternehmen stecken.

Aktiva	=	Vermögensseite

Die **rechte Seite** der Bilanz heißt **Passiva**. Auf der **Passivseite** stehen das **Eigenkapital** und die **Verbindlichkeiten**. Die **Passivseite** gibt Auskunft darüber, **wer** das **Kapital** (= die Mittel zur Finanzierung des Vermögens) **aufgebracht hat**.

Passiva	=	Kapitalseite

Das **Kapital**, das der Unternehmer aus **eigenen Mitteln** zur Finanzierung des Vermögens aufgebracht hat, wird als **Eigenkapital** bezeichnet.

BEISPIEL

Die Gesellschafter J & L haben Anfang 2019 eine Möbelfabrik in Koblenz in der Rechtsform einer GmbH gegründet. J & L haben aus **eigenen Mitteln** folgende Gründungseinlagen geleistet:

ein **Grundstück** im Wert von 10.000 €,
ein **Fabrikgebäude** im Wert von 100.000 € und
Bargeld in Höhe von 20.000 €.

Die **130.000 €** stellen **Eigenkapital** dar, weil die Gesellschafter die Wirtschaftsgüter aus eigenen Mitteln aufgebracht haben.
Die GmbH ist verpflichtet, zu **Beginn** ihres Handelsgewerbes eine **Eröffnungsbilanz** aufzustellen (§ 242 Abs. 1 HGB).

Die **Eröffnungsbilanz** der J & L Möbelfabrik GmbH sieht wie folgt aus:

Aktiva	Bilanz der J & L Möbelfabrik GmbH zum 31.01.2019		Passiva
A. Anlagevermögen:		**A. Eigenkapital:**	
I. Sachanlagen:		I. Gezeichnetes Kapital	130.000,00
1. Grundstücke und Bauten	110.000,00		
B. Umlaufvermögen:			
I. Kassenbestand	20.000,00		
	130.000,00		130.000,00
16.02.2019 J & L			

Haben **Fremde** die Mittel zur Anschaffung von Vermögensgegenständen zur Verfügung gestellt, werden diese Mittel als **Fremdkapital** bezeichnet.

3.2 Bilanz

Allgemein gilt für alle **Bilanzen**, dass das **Vermögen** gleich dem **Kapital** sein muss:

Aktiva	Bilanz	Passiva
Vermögen		**Kapital** (Eigenkapital und Fremdkapital)

Vermögens**formen** (Mittelverwendung/Investition) — Kapital**quellen** (Mittelherkunft/Finanzierung)

Die Summe aller Aktivposten sowie die Summe aller Passivposten (hier: 130.000,00 €) nennt man **Bilanzsumme**; sie stellt eine wichtige bilanzielle Kennzahl dar. Die Bilanzsumme kann Aufschluss über die **Größe des Unternehmens** geben.

Bilanz und **Inventar unterscheiden sich** nicht nur in ihrer **Form**, sondern auch in ihrem **Umfang**.

Im **Inventar** werden alle Vermögensgegenstände und Schulden mit ihrer Bezeichnung und ihrem Wert **einzeln** ausgewiesen.

In der **Bilanz** werden gleichartige Vermögensgegenstände und Verbindlichkeiten **gebündelt** und ihre Werte **postenweise** zusammengefasst. Durch diese Zusammenfassung ist die **Bilanz übersichtlicher** als das Inventar, das meistens viele Seiten umfasst. Die **Bilanz** zeigt das **Vermögen**, das **Eigenkapital** und das **Fremdkapital** „auf einen Blick".

Das **HGB** enthält zur **Form** und zum **Inhalt** der **Bilanz** eine Reihe von Vorschriften, die sinngemäß auch für die nach § 141 AO Bilanzierungspflichtigen gelten (§ 141 Abs. 1 Satz 2 AO):

Die Bilanz ist nach den **G**rundsätzen **o**rdnungsmäßiger **B**uchführung (**GoB**) aufzustellen.	§ 243 Abs. 1 HGB
Die Bilanz ist innerhalb einer **angemessenen Frist** nach dem Stichtag aufzustellen.	§ 243 Abs. 3 HGB
Die Bilanz ist in **deutscher Sprache** und in **Euro** aufzustellen.	§ 244 HGB
Die Bilanz muss **klar** und **übersichtlich** sein.	§ 243 Abs. 2 HGB
In der Bilanz sind das Vermögen, das Eigenkapital und die Schulden sowie die Rechnungsabgrenzungsposten gesondert auszuweisen und **hinreichend aufzugliedern**.	§ 247 Abs. 1 HGB
Die Bilanz ist vom Kaufmann unter Angabe des **Datums** zu **unterzeichnen**.	§ 245 HGB

Einzelheiten zu den Grundsätzen ordnungsmäßiger Buchführung (GoB) erfolgen im Abschnitt 2.1.3 der **Buchführung 2**, 30. Auflage, Seiten 24 ff.   B 2

3.2.2 Gliederung der Bilanz

Die **Gliederung der Bilanz** ist **abhängig** von der **Rechtsform** einer Unternehmung.
Für die **Bilanzgliederung** ist deshalb zwischen **zwei Gruppen** von Bilanzierenden zu unterscheiden:

1. **Kapitalgesellschaften** (z. B. AG, GmbH) und Personenhandelsgesellschaften, die **wie Kapitalgesellschaften** behandelt werden (z. B. GmbH & Co. KG),
2. **Nicht-Kapitalgesellschaften**
   2.1 Einzelkaufleute,
   2.2 Personenhandelsgesellschaften **mit** einer natürlichen Person als Vollhafter (z. B. OHG, KG),
   2.3 Personen, die ausschließlich nach § 141 AO buchführungspflichtig sind.

3.2.2.1 Bilanzgliederung der Kapitalgesellschaften

Kapitalgesellschaften sind verpflichtet, die Bilanz aufzustellen, die der **Gliederung** des § 266 HGB entspricht.
Personenhandelsgesellschaften **ohne** eine natürliche Person als Vollhafter (z. B. **GmbH & Co. KG**) haben nach § 264a HGB **wie Kapitalgesellschaften** Rechnung zu legen.
Große und mittelgroße Kapitalgesellschaften und diesen gleichgestellte Gesellschaften haben die im Gliederungsschema des § 266 Abs. 2 und 3 HGB genannten **Posten** der Aktivseite und der Passivseite **gesondert und in der vorgeschriebenen Reihenfolge** auszuweisen (§ 266 Abs. 1 **Satz 2** HGB).

> **B 1** Die **Bilanzgliederung** für **große** und **mittelgroße Kapitalgesellschaften** und diesen gleichgestellte Gesellschaften wird auf der Seite 37 dargestellt.

Kleine Kapitalgesellschaften können die Bilanz in **verkürzter Form** aufstellen, in die **nur** die mit **Buchstaben und römischen Zahlen** bezeichneten **Posten** des Gliederungsschemas (von Seite 37) gesondert und in der vorgeschriebenen Reihenfolge aufgenommen werden (§ 266 Abs. 1 **Satz 3** HGB). **Kleinstkapitalgesellschaften** können nach § 266 Abs. 1 **Satz 4** HGB eine **verkürzte Bilanz** aufstellen, die **nur** die mit **Buchstaben** bezeichneten Posten umfasst (Wahlrecht).

3.2.2.2 Bilanzgliederung der Nicht-Kapitalgesellschaften

Für **Nicht-Kapitalgesellschaften** schreiben das HGB und die AO **keine bestimmte Bilanzgliederung** vor.
Nicht-Kapitalgesellschaften haben die **Bilanz** nach den **Grundsätzen ordnungsmäßiger Buchführung** (**GoB**) aufzustellen (§ 243 Abs. 1 HGB).
In der Bilanz sind das **Anlage- und Umlaufvermögen**, das **Eigenkapital** und die **Schulden** sowie **Rechnungsabgrenzungsposten** gesondert auszuweisen und hinreichend zu gliedern (§ 247 Abs. 1 HGB).
Beim gesonderten Ausweis und der Gliederung ist der **Grundsatz der Klarheit und Übersichtlichkeit** zu beachten (§ 243 Abs. 2 HGB).
Nicht-Kapitalgesellschaften erfüllen diese Voraussetzungen, wenn sie die Gliederung ihrer Bilanz dem Gliederungsschema der **Kapitalgesellschaften** anpassen.

> **B 1** Seite 38 zeigt die **Bilanz** einer **Nicht-Kapitalgesellschaft**, die diesen Anforderungen entspricht.

3.2 Bilanz

| A | **Bilanzgliederung** für große und mittelgroße **Kapitalgesellschaften** | P |

A. Anlagevermögen:
  I. Immaterielle Vermögensgegenstände:
   1. Selbst geschaffene gewerbl. Schutz-rechte u. ähnliche Rechte u. Werte;
   2. Entgeltlich erworbene Konzessionen, gewerbl. Schutzrechte u. ähnliche Rechte u. Werte sowie Lizenzen an solchen Rechten und Werten;
   3. Geschäfts- oder Firmenwert;
   4. geleistete Anzahlungen;
  II. Sachanlagen:
   1. Grundstücke, grundstücksgleiche Rechte u. Bauten einschl. der Bauten auf fremden Grundstücken;
   2. technische Anlagen und Maschinen;
   3. andere Anlagen, Betriebs- und Geschäftsausstattung;
   4. geleistete Anzahlungen und Anlagen im Bau;
  III. Finanzanlagen:
   1. Anteile an verbundenen Unternehmen;
   2. Ausleihungen an verb. Unternehmen;
   3. Beteiligungen;
   4. Ausleihungen an Unternehmen, mit denen ein Beteiligungsverh. besteht;
   5. Wertpapiere des Anlagevermögens;
   6. sonstige Ausleihungen.

B. Umlaufvermögen
  I. Vorräte:
   1. Roh-, Hilfs- und Betriebsstoffe;
   2. unfertige Erzeugnisse, unfertige Leistungen;
   3. fertige Erzeugnisse und Waren;
   4. geleistete Anzahlungen;
  II. Forderungen u. sonst. Vermögensg.:
   1. Ford. aus Lieferungen und Leistungen;
   2. Ford. gegen verb. Unternehmen;
   3. Forderungen gegen Unternehmen, mit denen ein Beteiligungsverhältnis besteht;
   4. sonstige Vermögensgegenstände;
  III. Wertpapiere:
   1. Anteile an verb. Unternehmen;
   2. sonstige Wertpapiere;
  IV. Kassenbestand, Bundesbankguthaben, Guthaben bei Kreditinstituten und Schecks.

C. Rechnungsabgrenzungsposten.

D. Aktive latente Steuern.

E. Aktiver Unterschiedsbetrag aus der Vermögensrechnung.

A. Eigenkapital:
  I. Gezeichnetes Kapital;
  II. Kapitalrücklage;
  III. Gewinnrücklagen:
   1. gesetzliche Rücklage;
   2. Rücklage für Anteile an einem herrschenden oder mehrheitlich beteiligten Unternehmen;
   3. satzungsmäßige Rücklagen;
   4. andere Gewinnrücklagen;
  IV. Gewinnvortrag/Verlustvortrag;
  V. Jahresüberschuss/Jahresfehlbetrag.

B. Rückstellungen:
  1. Rückstellungen für Pensionen und ähnliche Verpflichtungen;
  2. Steuerrückstellungen;
  3. sonstige Rückstellungen.

C. Verbindlichkeiten:
  1. Anleihen, davon konvertibel;
  2. Verbindlichkeiten gegenüber Kreditinstituten;
  3. erhaltene Anzahlungen auf Bestellungen;
  4. Verbindlichkeiten aus Lieferungen und Leistungen;
  5. Verbindlichkeiten aus der Annahme gezogener Wechsel und der Ausstellung eigener Wechsel;
  6. Verbindlichkeiten gegenüber verbundenen Unternehmen;
  7. Verbindlichkeiten gegenüber Unternehmen, mit denen ein Beteiligungsverhältnis besteht;
  8. sonstige Verbindlichkeiten, davon aus Steuern, davon im Rahmen der sozialen Sicherheit.

D. Rechnungsabgrenzungsposten.

E. Passive latente Steuern.

3 Grundlagen der Finanzbuchführung

Aktiva	Bilanzgliederung einer **Nicht-Kapitalgesellschaft**	Passiva

A. Anlagevermögen:
  I. Immaterielle Vermögensgegenstände:
    1. entgeltlich erworbene Software;
    2. Geschäfts- und Firmenwert;
  II. Sachanlagen:
    1. Grundstücke und Bauten;
    2. technische Anlagen und Maschinen;
    3. Betriebs- und Geschäftsausstattung;
  III. Finanzanlagen:
    1. Beteiligungen;
    2. Wertpapiere des Anlagevermögens.
B. Umlaufvermögen:
  I. Vorräte:
    1. Roh-, Hilfs- und Betriebsstoffe;
    2. fertige Erzeugnisse und Waren;
  II. Forderungen u. sonst. Vermögensgegenst.:
    1. Forderungen aus Lieferungen und Leistungen;
    2. sonstige Vermögensgegenstände;
  III. Wertpapiere:
    1. sonstige Wertpapiere;
  IV. Kassenbestand, Bundesbankguthaben, Guthaben bei Kreditinstituten und Schecks.
C. Rechnungsabgrenzungsposten.
	A. Eigenkapital:
	(bei Personengesellschaften mit einer natürlichen Person als Vollhafter gegliedert nach Vollhaftern und Teilhaftern)
	B. Rückstellungen:
	  1. Rückstellungen für Pensionen;
	  2. Steuerrückstellungen;
	  3. sonstige Rückstellungen.
	C. Verbindlichkeiten:
	  1. Verbindlichkeiten gegenüber Kreditinstituten;
	  2. Verbindlichkeiten aus Lieferungen und Leistungen;
	  3. Verbindlichkeiten aus der Annahme gezogener Wechsel und der Ausstellung eigener Wechsel;
	  4. sonstige Verbindlichkeiten.
	D. Rechnungsabgrenzungsposten.

Auf der folgenden Seite 39 befindet sich eine **Bilanz**, die auf der Grundlage des **Inventars** von Seite 29 dieses Buches erstellt wurde.

Inventar
der Getränkehandlung Karl Müller, Koblenz, zum 31.12.2018

	€	€
I. Vermögen		
1. Anlagevermögen		
1.1 Grundstücke und Bauten		
Grundstücke: Koblenz, Löhrstr. 1-3	50.000	
Geschäftsbauten: Koblenz, Löhrstr. 1-3	300.000	350.000
1.2 Betriebs- und Geschäftsausstattung		
1 Lkw	12.000	
1 Pkw	4.000	
Sonstige Betriebs- und Geschäftsausstattung		
lt. besonderem Verzeichnis	3.500	19.500
2. Umlaufvermögen		
2.1 Vorräte		
Waren		
200 Kästen Pils zu je 7,50 €	1.500	
100 Kästen Export zu je 5 €	500	
40 Kästen Limo zu je 5 €	200	2.200
2.2 Forderungen		
Forderungen aus Lieferungen und Leistungen		
lt. besonderem Verzeichnis		3.200
2.3 Kassenbestand, Guthaben bei Kreditinstituten		
Kassenbestand	500	
Deutsche Bank Koblenz	8.000	8.500
Summe des Vermögens		**383.400**
II. Schulden		
1. Langfristige Schulden		
1.1 Schulden gegenüber Kreditinstituten		
Darlehen Sparkasse Koblenz		140.000
2. Kurzfristige Schulden		
2.1 Schulden aus Lieferungen und Leistungen		
Königsbacher Brauerei, Koblenz	3.000	
Rhenser Brunnen, Rhens	2.000	5.000
Summe der Schulden		**145.000**
III. Ermittlung des Reinvermögens		
Summe des Vermögens		383.400
- Summe der Schulden		-145.000
= Reinvermögen (Eigenkapital)		**238.400**

Koblenz, 08.01.2019

Bilanz zum 31.12.2018

Aktiva	€	Passiva	€
A. Anlagevermögen		**A. Eigenkapital**	238.400
I. Sachanlagen			
1. Grundstücke und Bauten	350.000		
2. Betriebs- und			
Geschäftsausstattung	19.500		
B. Umlaufvermögen		**B. Verbindlichkeiten**	
I. Vorräte		I. Verbindlichkeiten gegenüber	140.000
1. Waren	2.200	Kreditinstituten	
II. Forderungen		II. Verbindlichkeiten aLuL	5.000
1. Forderungen aLuL	3.200		
III. Kassenbestand und Guthaben			
bei Kreditinstituten	8.500		
	383.400		**383.400**

08.04.2019 *Karl Müller*

3 Grundlagen der Finanzbuchführung

3.2.3 Zusammenfassung und Erfolgskontrolle
3.2.3.1 Zusammenfassung

- Die **Bilanz** wird auf der **Grundlage des Inventars** erstellt.
- Die **Bilanz** ist eine kurz gefasste Gegenüberstellung des Vermögens und des Kapitals eines Unternehmens.
- Auf der **linken Seite** der Bilanz (**Aktiva**) werden die **Vermögensgegenstände**, unterteilt in Anlage- und Umlaufvermögen, auf der **rechten Seite** der Bilanz (**Passiva**) das **Kapital**, unterteilt in Eigenkapital und Verbindlichkeiten, dargestellt.
- Für **Kapitalgesellschaften** und diesen gleichgestellte Gesellschaften ist die Bilanzgliederung **gesetzlich vorgeschrieben**.
- **Nicht-Kapitalgesellschaften** orientieren sich an der Bilanzgliederung der Kapitalgesellschaften.

3.2.3.2 Erfolgskontrolle

WIEDERHOLUNGSFRAGEN

1. Wer ist verpflichtet, Bilanzen zu erstellen?
2. Für wen gelten die Befreiungsvorschriften des § 242 Abs. 4 HGB?
3. Was versteht man unter einer Bilanz?
4. Was wird auf der Aktivseite der Bilanz ausgewiesen?
5. Was wird auf der Passivseite der Bilanz ausgewiesen?
6. Wodurch unterscheiden sich Inventar und Bilanz voneinander?
7. Welche zwei Gruppen von Bilanzierenden sind hinsichtlich der Gliederung der Bilanz zu unterscheiden?

AUFGABEN

AUFGABE 1

Welche Aussagen sind richtig?

1. Die Bilanz ist eine Stichtagsbetrachtung.
2. Die Bilanz ist eine Zeitraumbetrachtung.
3. Die Bilanz ist ein Teil des handelsrechtlichen Jahresabschlusses.
4. Die linke Seite der Bilanz heißt Passiva.
5. Die linke Seite der Bilanz ist die Investitionsseite.

AUFGABE 2

Welche Aussage ist richtig?

Aktiva abzüglich Passiva sind

1. immer negativ.
2. das Anlagevermögen.
3. das Reinvermögen.
4. immer null.
5. das Umlaufvermögen.

3.2 Bilanz

AUFGABE 3

Ergänzen Sie die nachstehende (vereinfachte) Bilanz:

A	Bilanz zum 31.12.2019		P
Anlagevermögen	600.000,00	Eigenkapital	?
Umlaufvermögen	500.000,00	Verbindlichkeiten	800.000,00
	?		1.100.000,00

AUFGABE 4

Erstellen Sie aus der Lösung der Aufgabe 6 (Abschnitt 3.1.3.2, Seite 32) die entsprechende Bilanz.

AUFGABE 5

Stellen Sie fest, welche der nachstehenden Kaufleute im Sinne des HGB die Bilanzgliederung des § 266 HGB beachten müssen. Gehen Sie davon aus, dass alle buchführungspflichtig sind. Kreuzen Sie die richtige Lösung an.
(a) Eduard Müller e.K.
(b) Eduard Müller KG
(c) Eduard Müller OHG
(d) Eduard Müller GmbH

AUFGABE 6

Der buchführungspflichtige Eduard Müller e.K., Heilbronn, erstellt im Juni 2019 seine Bilanz zum 31.12.2017.

Beurteilen Sie diesen Sachverhalt im Hinblick auf die Bilanzvorschriften des HGB.

AUFGABE 7

Sachverhalt wie in Aufgabe 6 mit dem Unterschied, dass es sich um die „mittelgroße" Eduard Müller GmbH handelt.

Beurteilen Sie diesen Sachverhalt im Hinblick auf die Bilanzvorschriften des HGB.

AUFGABE 8

Der Einzelunternehmer Willi Flott e.K., Frankfurt, erstellt rechtzeitig die Schlussbilanz seines Betriebes für das Wirtschaftsjahr 2019. Die Verbindlichkeiten betragen 500.000 € und das Eigenkapital 300.000 €. Das Anlagevermögen wurde mit einem Wert von 600.000 € korrekt ermittelt.

Mit welchem Wert wurde das Umlaufvermögen angesetzt?

AUFGABE 9

Der bilanzierende Einzelunternehmer Rudi Merisch, Karlsruhe, hat aufgrund einer Warenlieferung vom 11.12.2019 an den US-amerikanischen Kunden Jack Daniels eine Forderung in Höhe von 400.000 US-$. Die Forderung wurde mit diesem Wert in der Bilanz zum 31.12.2019 gesondert im Umlaufvermögen ausgewiesen.

Prüfen Sie, ob diese Vorgehensweise zulässig ist.

3.3 Bestandsveränderungen

Die **Bilanz** wird für einen bestimmten **Zeitpunkt** aufgestellt. Unmittelbar **nach** diesem **Zeitpunkt ändern sich** die **Bestände** des Vermögens und/oder des Kapitals durch **Geschäftsvorfälle**.

Das **Bilanzgleichgewicht**, d.h. die summenmäßige Übereinstimmung von Aktiva und Passiva, **bleibt auch nach den Änderungen erhalten**, da jede Änderung eines Bestandes durch eine entsprechende Änderung eines anderen Bestandes ausgeglichen wird.

Es gibt **Bestandsveränderungen**, die das **Eigenkapital berühren** und solche, die das **Eigenkapital nicht berühren**.

In diesem Kapitel werden nur **Bestandsveränderungen** dargestellt und erläutert, die das **Eigenkapital nicht berühren**.

Folgende **vier Arten** der **Bestandsveränderungen** sind zu unterscheiden:

1. **Aktiv-Tausch,**
2. **Aktiv-Passiv-Mehrung,**
3. **Passiv-Tausch,**
4. **Aktiv-Passiv-Minderung.**

Diese **vier Arten** der **Bestandsveränderungen** werden anhand der **Eröffnungsbilanz** der J & L Möbelfabrik GmbH, Koblenz, erläutert.

Die **Eröffnungsbilanz** (Gründungsbilanz) der J & L Möbelfabrik GmbH, Koblenz, sieht wie folgt aus (siehe Seite 34):

Aktiva	Bilanz der J & L Möbelfabrik GmbH zum 31.01.2019		Passiva
A. Anlagevermögen:		**A. Eigenkapital:**	
I. Sachanlagen:		I. Gezeichnetes Kapital	130.000,00
1. Grundstücke und Bauten	110.000,00		
B. Umlaufvermögen:			
I. Kassenbestand	20.000,00		
	130.000,00		130.000,00

15.02.2019 J & L

3.3.1 Aktiv-Tausch

Beim **Aktiv-Tausch** ändern sich **zwei Aktivposten** der **Bilanz**. Ein Aktivposten wird **vermehrt**, ein anderer Aktivposten um den gleichen Betrag **vermindert**. Die **Bilanzsumme** ändert sich **nicht**.

BEISPIEL

1. Geschäftsvorfall:

Die J & L Möbelfabrik GmbH **kauft** am 18.02.2019 eine **Fertigungsmaschine** für **10.000 €**, die sie **bar bezahlt**.

Aktiva	Bilanz **vor** dem 1. Geschäftsvorfall		Passiva
A. Anlagevermögen:		A. Eigenkapital:	
I. Sachanlagen:		I. Gezeichnetes Kapital	130.000,00
1. Grundstücke und Bauten	110.000,00		
B. Umlaufvermögen:			
I. Kassenbestand	20.000,00		
	130.000,00		130.000,00

15.02.2019 J & L

Aktiva	Bilanz **nach** dem 1. Geschäftsvorfall		Passiva
A. Anlagevermögen:		Eigenkapital:	
I. Sachanlagen:		I. Gezeichnetes Kapital	130.000,00
1. Grundstücke und Bauten	110.000,00		
2. Maschinen	**10.000,00**		
B. Umlaufvermögen:			
I. Kassenbestand	10.000,00		
	130.000,00		130.000,00

18.02.2019 J & L

Es hat ein **Tausch zwischen zwei Aktivposten** stattgefunden. Durch den Geschäftsvorfall **vermehrt** sich der Bilanzposten **Maschinen** um 10.000 € und der **Kassenbestand vermindert** sich um 10.000 €.

3.3.2 Aktiv-Passiv-Mehrung

Bei der **Aktiv-Passiv-Mehrung** ändern sich **ein Aktivposten** und **ein Passivposten**. Sowohl ein Aktivposten als auch ein Passivposten der Bilanz werden **vermehrt**. Die Bilanzsumme nimmt um den gleichen Betrag zu („**Bilanzverlängerung**").

BEISPIEL

2. Geschäftsvorfall:

Die J & L Möbelfabrik GmbH kauft am 20.02.2019 **Holz** für **5.000 €** auf **Ziel** (= Kredit).

Aktiva		Bilanz vor dem 2. Geschäftsvorfall		Passiva
A. Anlagevermögen:			A. Eigenkapital:	
I. Sachanlagen:			I. Gezeichnetes Kapital	130.000,00
1. Grundstücke und Bauten		110.000,00		
2. Maschinen		10.000,00		
B. Umlaufvermögen:				
I. Kassenbestand		10.000,00		
		130.000,00		130.000,00

16.02.2019 J & L

Aktiva		Bilanz nach dem 2. Geschäftsvorfall		Passiva
A. Anlagevermögen:			A. Eigenkapital:	
I. Sachanlagen:			I. Gezeichnetes Kapital	130.000,00
1. Grundstücke und Bauten		110.000,00		
2. Maschinen		10.000,00		
B. Umlaufvermögen:			B. Verbindlichkeiten:	
I. Vorräte			1. Verbindlichkeiten aus Lieferungen und Leistungen	5.000,00
1. Rohstoffe		5.000,00		
II. Kassenbestand		10.000,00		
		135.000,00		135.000,00

20.02.2019 J & L

Durch diesen Geschäftsvorfall **vermehren** sich die **Rohstoffe** und die **Verbindlichkeiten aus Lieferungen und Leistungen um 5.000 €**.

Verbindlichkeiten aLuL sind Verpflichtungen bzw. Schulden aus Kaufverträgen, Werkverträgen, Dienstleistungsverträgen, Miet- und Pachtverträgen, bei denen die **Zahlung** vom Bilanzierenden **noch zu erbringen** ist.

3.3.3 Passiv-Tausch

Beim **Passiv-Tausch** ändern sich **zwei Passivposten** der **Bilanz**. Ein Passivposten wird **vermehrt**, ein anderer Passivposten wird **vermindert**. Die **Bilanzsumme** ändert sich **nicht**.

BEISPIEL

3. Geschäftsvorfall:

Die **Verbindlichkeit aLuL** in Höhe von **5.000 €** wird am 21.02.2019 mit einem aufgenommenen **Bankkredit** bezahlt.

Aktiva		Bilanz vor dem 3. Geschäftsvorfall		Passiva
A. Anlagevermögen:		A. Eigenkapital:		
I. Sachanlagen:		I. Gezeichnetes Kapital		130.000,00
1. Grundstücke und Bauten	110.000,00			
2. Maschinen	10.000,00			
B. Umlaufvermögen:		B. Verbindlichkeiten:		
I. Vorräte		1. Verbindlichkeiten aus Lieferungen und Leistungen		5.000,00
1. Rohstoffe	5.000,00			
II. Kassenbestand	10.000,00			
	135.000,00			135.000,00

20.02.2019 J & L

Aktiva		Bilanz nach dem 3. Geschäftsvorfall		Passiva
A. Anlagevermögen:		A. Eigenkapital:		
I. Sachanlagen:		I. Gezeichnetes Kapital		130.000,00
1. Grundstücke und Bauten	110.000,00			
2. Maschinen	10.000,00			
B. Umlaufvermögen:		B. Verbindlichkeiten:		
I. Vorräte		**1. Verbindlichkeiten gegenüber Kreditinstituten**		**5.000,00**
1. Rohstoffe	5.000,00			
II. Kassenbestand	10.000,00	2. Verbindlichkeiten aus Lieferungen und Leistungen		0,00
	135.000,00			135.000,00

21.02.2019 J & L

Es hat ein **Tausch** zwischen **zwei Passivposten** stattgefunden. Durch den Geschäftsvorfall **vermehrt** sich der Bilanzposten **Verbindlichkeiten gegenüber Kreditinstituten** um 5.000 €, während sich die **Verbindlichkeiten aLuL** um 5.000 € **vermindern**.

3.3.4 Aktiv-Passiv-Minderung

Bei der **Aktiv-Passiv-Minderung** ändern sich **ein Aktivposten** und **ein Passivposten**. Sowohl ein Aktivposten als auch ein Passivposten der Bilanz werden **vermindert**. Die **Bilanzsumme** nimmt um den gleichen Betrag ab („**Bilanzverkürzung**").

BEISPIEL

4. Geschäftsvorfall:

Das **Bankdarlehen** in Höhe von **5.000 €** wird am 22.02.2019 durch **Barzahlung** getilgt.

Aktiva		Bilanz **vor** dem **4. Geschäftsvorfall**		Passiva
A. Anlagevermögen:		A. Eigenkapital:		
I. Sachanlagen:		I. Gezeichnetes Kapital		130.000,00
1. Grundstücke und Bauten	110.000,00			
2. Maschinen	10.000,00			
B. Umlaufvermögen:		B. Verbindlichkeiten:		
I. Vorräte		1. Verbindlichkeiten gegenüber Kreditinstituten		5.000,00
1. Rohstoffe	5.000,00			
II. **Kassenbestand**	10.000,00	2. Verbindlichkeiten aus Lieferungen und Leistungen		0,00
	135.000,00			135.000,00

21.02.2019 J & L

Aktiva		Bilanz **nach** dem **4. Geschäftsvorfall**		Passiva
A. Anlagevermögen:		A. Eigenkapital:		
I. Sachanlagen:		I. Gezeichnetes Kapital		130.000,00
1. Grundstücke und Bauten	110.000,00			
2. Maschinen	10.000,00			
B. Umlaufvermögen:		B. **Verbindlichkeiten:**		
I. Vorräte		**1. Verbindlichkeiten gegenüber Kreditinstituten**		**0,00**
1. Rohstoffe	5.000,00			
II. **Kassenbestand**	**5.000,00**	2. Verbindlichkeiten aus Lieferungen und Leistungen		0,00
	130.000,00			130.000,00

22.02.2019 J & L

Durch diesen Geschäftsvorfall **vermindern** sich der **Kassenbestand und die Verbindlichkeiten gegenüber Kreditinstituten** um 5.000 €.

3.3.5 Zusammenfassung und Erfolgskontrolle
3.3.5.1 Zusammenfassung

- **Geschäftsvorfälle ändern** die **Werte der Bilanzposten**.
- Man unterscheidet **vier Arten** dieser Änderungen:
  Aktiv-Tausch = Änderung von zwei Aktivposten,
  Passiv-Tausch = Änderung von zwei Passivposten,
  Aktiv-Passiv-Mehrung = Zunahme eines Aktiv- und eines Passivpostens,
  Aktiv-Passiv-Minderung = Abnahme eines Aktiv- und eines Passivpostens.
- Das **Bilanzgleichgewicht** bleibt nach diesen Änderungen **erhalten**.

3.3.5.2 Erfolgskontrolle
WIEDERHOLUNGSFRAGEN

1. Wann liegt ein Aktiv-Tausch vor?
2. Wann liegt ein Passiv-Tausch vor?
3. Wann liegt eine Aktiv-Passiv-Mehrung („Bilanzverlängerung") vor?
4. Wann liegt eine Aktiv-Passiv-Minderung („Bilanzverkürzung") vor?

AUFGABEN

AUFGABE 1

Der Unternehmer Fritz Arnoldi, Hannover, hat zum 31.12.2019 folgende vereinfachte Bilanz (ohne Posten-Überschriften) erstellt:

Aktiva	(vereinfachte) Bilanz zum 31.12.2019		Passiva
Waren	50.000,00	Eigenkapital	60.000,00
Forderungen aLuL	5.000,00	Verbindlichkeiten aLuL	10.000,00
Kassenbestand und Guthaben bei Kreditinstituten	15.000,00		
	70.000,00		70.000,00

Geschäftsvorfälle:

1. Arnoldi kauft eine gebrauchte Fertigungsmaschine für 5.000 €, die er bar bezahlt.
2. Arnoldi begleicht eine Verbindlichkeit aLuL von 1.000 € durch eine Darlehensaufnahme bei einer Bank.
3. Arnoldi kauft einen Lkw für 15.000 € auf Lieferkredit.
4. Arnoldi bezahlt eine Verbindlichkeit aLuL in Höhe von 5.000 € durch Banküberweisung aus einem Bankguthaben.

Stellen Sie nach jedem Geschäftsvorfall eine (vereinfachte) Bilanz auf.

AUFGABE 2

Berechnen Sie aufgrund der nachstehenden Daten die Höhe des Anlagevermögens und die Bilanzsumme des Unternehmens:

(a) Verbindlichkeiten: 300.000,00 €,
(b) Eigenkapital: 200.000,00 €,
(c) Umlaufvermögen: 150.000,00 €.

3 Grundlagen der Finanzbuchführung

AUFGABE 3

Um welche Art Bestandsveränderung handelt es sich in folgenden Fällen:

Nr.	Geschäftsvorfall	Aktiv-Tausch	Passiv-Tausch	Aktiv-Passiv-Mehrung	Aktiv-Passiv-Minderung
1.	Unser Kunde begleicht eine Forderung aLuL bar.	X			
2.	Pkw-Kauf auf Ziel			X	
3.	Begleichung einer Verbindlichkeit aLuL durch Banküberweisung Das Bankkonto weist ein Guthaben aus.				X
4.	Kauf von Grund und Boden durch Barzahlung	X			
5.	Postbanküberweisung zur Begleichung einer Verbindlichk. aLuL. Das Postbankkonto weist ein Guthaben aus.				X
6.	Eine Verb. aLuL wird durch Banküberweisung beglichen. Das Bankkonto weist eine Verbindlichkeit aus.		X		
7.	Rückzahlung einer Darlehensverbindlichkeit durch Banküberweisung. Das Bankkonto weist ein Guthaben aus.				X

AUFGABE 4

Welche Arten der Bestandsveränderungen verändern die Bilanzsumme?

AUFGABE 5

Der Unternehmer Bernd Bieger, Stuttgart, hat zum 31.12.2019 folgende vereinfachte Bilanz (ohne Posten-Überschriften) erstellt:

Aktiva	(vereinfachte) Bilanz zum 31.12.2019		Passiva
Waren	30.000,00	Eigenkapital	40.000,00
Forderungen aLuL	10.000,00	Verbindlichkeiten aLuL	10.000,00
Kassenbestand	5.000,00		
Guthaben bei Kreditinstituten	5.000,00		
	50.000,00		50.000,00

Geschäftsvorfälle

1. Ein Kunde überweist zur Begleichung einer Forderung aLuL auf das Bankkonto von Bieger 8.000 €.
2. Bieger begleicht eine Verbindlichkeit aLuL in Höhe von 5.000 € durch Banküberweisung.
3. Bieger hebt 1.000 € vom Bankkonto ab und legt das Geld in die Geschäftskasse.
4. Bieger begleicht eine Verbindlichkeit aLuL von 500 € bar.

Erstellen Sie nach diesen vier Geschäftsvorfällen eine neue (vereinfachte) Bilanz.

3.4 Bestandskonten

Um nicht **nach** jedem Geschäftvorfall eine **neue Bilanz** erstellen zu müssen, werden in der Praxis die **Bestandsveränderungen** auf **Konten** erfasst.

Die **Konten** sind Einzelabrechnungen der verschiedenen Bilanzposten.

Aus methodischen Gründen werden im Folgenden **Konten** geführt, die die Form eines **großen T's** haben; sie werden deshalb **T-Konten** genannt.

Wie die Bilanz hat auch das **Konto zwei Seiten**. Die **linke Seite** des Kontos heißt **Soll** (**S**) und die **rechte** Seite des Kontos heißt **Haben** (**H**):

Konten, die die Bestände der **Bilanz** aufnehmen, heißen **Bestandskonten**.
Konten, die die Bestände der **Aktivseite** der Bilanz aufnehmen, heißen **Aktivkonten**.
Konten, die die Bestände der **Passivseite** der Bilanz aufnehmen, heißen **Passivkonten**.

Für jeden **Posten der Bilanz** wird **mindestens ein Konto** geführt.

ÜBUNG → Aufgabe 1 (Seite 60)

3.4.1 Eröffnung der Bestandskonten

Zu Beginn des Geschäftsjahres werden die **Bestände der Bilanz** auf einzelne **Konten** übertragen (= **Eröffnung der Konten**).

Bei der **Eröffnung der Bestandskonten** bleibt das **Bilanzgleichgewicht** (Aktiva = Passiva) **erhalten**. Das bedeutet, dass jeder Geschäftsvorfall mindestens doppelt (zweimal) gebucht werden muss. Dabei ist der Betrag auf der **Sollseite gleich** dem Betrag auf der **Habenseite**.

3.4.1.1 Eröffnung der Aktivkonten

Die Bestände des Vermögens stehen in der **Bilanz** auf der **linken Seite** (Aktiva).

Die **Anfangsbestände des Vermögens** werden deshalb auf den entsprechenden **Konten** auch auf der **linken Seite** (Soll) vorgetragen („eröffnet").

Die **Gegenbuchung** erfolgt auf der **rechten Seite** (Haben) des Kontos

9000 (9000) **Saldenvorträge (SV).**

BEISPIEL

Bei jeder Eintragung auf einem **Konto** ist das **Gegenkonto** anzugeben, damit die Buchung später besser nachvollzogen werden kann.

B 1 Einzelheiten über die **Kontennummern** erfolgen im Abschnitt 3.6 „Kontenrahmen und Kontenplan", Seite 77 ff.

3.4.1.2 Eröffnung der Passivkonten

Die **Bestände** der **Verbindlichkeiten** und des **Eigenkapitals** stehen in der Bilanz auf der **rechten Seite** (Passiva). Die **Anfangsbestände** dieser Posten werden deshalb auch auf der **rechten Seite** (Haben) der entsprechenden Konten vorgetragen.

Die **Gegenbuchung** erfolgt auf dem Konto **Saldenvorträge (SV)** im **Soll**.

BEISPIEL

3.4 Bestandskonten

3.4.1.3 Eröffnung der Aktiv- und Passivkonten

Zu Beginn des Geschäftsjahres sind **alle Bestände der Bilanz** auf die **Aktiv-und Passivkonten** zu buchen.

Alle **Gegenbuchungen** erfolgen auf dem Konto „**Saldenvorträge**" (**SV**).

BEISPIEL

Die **Bestände** der J & L Möbelfabrik GmbH, Koblenz, (Eröffnungsbilanz von Seite 34) werden auf den **Konten** wie folgt eröffnet.

Der Bilanzposten „**Grundstücke und Bauten**" mit **110.000 €** wird auf die Konten „**Bebaute Grundstücke**" mit **10.000 €** und „**Geschäftsbauten**" mit **100.000 €** aufgelöst.

Aktiva	Bilanz der J & L Möbelfabrik GmbH vom 31.01.2019		Passiva
A. Anlagevermögen:		A. Eigenkapital:	
I. Sachanlagen:		I. Gezeichnetes Kapital	130.000,00
1. Grundstücke und Bauten	110.000,00		
B. Umlaufvermögen:			
I. Kassenbestand	20.000,00		
	130.000,00		130.000,00

15.02.2019 J & L

Aktivkonto → **Passivkonto** →

S	0235 (0085) Bebaute Grundstücke	H	S	2000 (0800) Eigenkapital	H
SV	10.000,00			SV	130.000,00

S	0240 (0090) Geschäftsbauten	H
SV	100.000,00	

S	1600 (1000) Kasse	H
SV	20.000,00	

S	9000 (9000) Saldenvorträge (SV)		H
Eigenkapital	130.000,00	Bebaute Grundstücke	10.000,00
		Geschäftsbauten	100.000,00
		Kasse	20.000,00
	130.000,00		130.000,00

3.4.2 Buchen auf Bestandskonten

Sind die **Konten eröffnet**, können die **laufenden Geschäftsvorfälle** gebucht werden.

Auch bei der **Buchung** der **laufenden Geschäftsvorfälle** bleibt das **Bilanzgleichgewicht** (Aktiva = Passiva) **erhalten**, sodass der **Betrag** auf der **Sollseite** gleich dem **Betrag** auf der **Habenseite** ist.

Die **Sollbuchung** wird auch als **Lastschrift** und die **Habenbuchung** als **Gutschrift** bezeichnet.

3.4.2.1 Buchen auf Aktivkonten

Alle **Erhöhungen** des Bestandes eines **Aktivkontos** werden auf der **Sollseite** gebucht, weil durch sie das **Vermögen** vergrößert wird.

Alle **Minderungen** des Bestandes eines **Aktivkontos** werden auf der **Habenseite** gebucht, weil durch sie das **Vermögen verringert** wird.

BEISPIEL 1

Die J & L Möbelfabrik GmbH **kauft** einen gebrauchten **Pkw** für 10.000 €, den sie **bar bezahlt**.

Durch den Kauf des Pkws **erhöht** sich das **Aktivkonto** „Pkw" um 10.000 €, und das **Aktivkonto** „Kasse" **vermindert** sich um 10.000 € (**Aktiv-Tausch**).

Buchung:

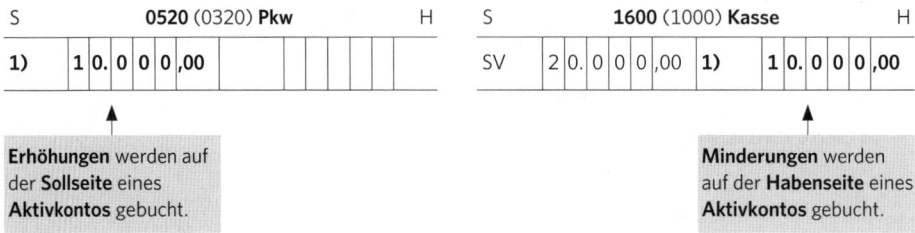

Erhöhungen werden auf der **Sollseite** eines **Aktivkontos** gebucht.

Minderungen werden auf der **Habenseite** eines **Aktivkontos** gebucht.

3.4.2.2 Buchen auf Passivkonten

Alle **Erhöhungen** des Bestandes eines **Passivkontos** werden auf der **Habenseite** gebucht, weil durch sie das **Kapital vergrößert** wird.

Alle **Minderungen** des Bestandes eines **Passivkontos** werden auf der **Sollseite** gebucht, weil durch sie das **Kapital verringert** wird.

3.4 Bestandskonten

Für **Passivkonten** gelten damit genau die **entgegengesetzten Grundsätze wie für Aktivkonten**.

BEISPIEL 2

Die J & L Möbelfabrik GmbH **kauft** einen **Pkw** für 15.000 € **auf Ziel**.

Durch den Kauf des Pkws **erhöhen** sich das **Aktivkonto „Pkw"** und das **Passivkonto „Verbindlichkeiten aLuL"** um 15.000 € (**Aktiv-Passiv-Mehrung**).

Buchung:

S	0520 (0320) Pkw	H	S	3300 (1600) Verbindlichkeiten aLuL	H
2)	15.000,00			2)	15.000,00

Erhöhungen werden auf der **Habenseite** eines **Passivkontos** gebucht.

BEISPIEL 3

Die J & L Möbelfabrik GmbH **tilgt** das **Bankdarlehen** in Höhe von 5.000 € durch **Barzahlung**.

Durch die Barzahlung **vermindern** sich das **Passivkonto „Verbindlichkeiten gegenüber Kreditinstituten"** und das **Aktivkonto „Kasse"** um 5.000 € (**Aktiv-Passiv-Minderung**).

Buchung:

Minderungen werden auf der **Sollseite** eines **Passivkontos** gebucht.

  1. Wiederholungsfragen 1 bis 4 (Seite 60),
2. Aufgaben 2 und 3 (Seite 60 f.)

3.4.3 Abschluss der Bestandskonten

Zum Schluss des Geschäftsjahres werden die **Bestandskonten** abgeschlossen.
Der **Abschluss** vollzieht sich in **drei Schritten**:

① die **wertmäßig größere** Konto**seite** wird **addiert**,

② die **Summe** dieser Seite wird auf die **andere** Seite **übertragen**,

③ die **Differenz** auf der wertmäßig kleineren Seite wird errechnet.
Diese Differenz nennt man **Saldo**. Der Saldo stellt den Bestand des Abschlussstichtages (**Schlussbestand**) dar.
Alle Schlussbestände werden auf dem Schlussbilanzkonto (**SBK**) gegengebucht.

BEISPIEL

Soll		1600 (1000) **Kasse**		Haben
SV (Anfangsbestand)		20.000,00	Ausgabe	7.000,00
Einnahme		1.000,00	Ausgabe	6.000,00
Einnahme		5.000,00	Ausgabe	42.000,00
Einnahme		8.000,00	SBK	③ 2.000,00
Einnahme		23.000,00		
	①	57.000,00	②	57.000,00

Soll	9998 (9998) **Schlussbilanzkonto (SKB)**	Haben
► Kasse	2.000,00	

Das Schlussbilanz**konto** ist ein **Abschlusskonto**. Dieses Konto ist Bestandteil der Buchführung und fasst alle Schlussbestände zusammen.

Anhand des **Abschlusskontos** wird die **Bilanz** entwickelt, die nach einem bestimmten Schema gegliedert ist. Dabei werden in der Regel **mehrere Schlussbestände** des Schlussbilanzkontos (z. B. Lkw, Pkw) zu **einem Bilanzposten** (z. B. Betriebs- und Geschäftsausstattung) zusammengefasst.

Da die Summe der Schlussbestände aller Aktivkonten genau so groß ist wie die Summe der Schlussbestände aller Passivkonten, ist das Schlussbilanzkonto **ausgeglichen**.

1. Wiederholungsfrage 5 (Seite 60),
2. Aufgaben 4 und 5 (Seite 61)

Zusammenfassendes Beispiel:

A. Eröffnungsbuchungen

B. Laufende Buchungen:

1. Wir begleichen eine Lieferrechnung über 500 € durch Banküberweisung.
2. Ein Kunde begleicht eine Rechnung über 1.000 € durch Banküberweisung.
3. Eine Verbindlichkeit aLuL über 4.000 € wird in ein Bankdarlehen mit einer Laufzeit von fünf Jahren umgewandelt.

3.4 Bestandskonten

C. Abschluss der Konten

Aktiva	(vereinfachte) **Bilanz**		Passiva
Waren	19.000,00	Eigenkapital	19.500,00
Forderungen aLuL	5.000,00	Verbindlichkeiten aLuL	10.500,00
Kassenbestand und Guthaben bei Kreditinstituten	6.000,00		
	30.000,00		30.000,00

Soll	**9000** (9000) **Saldenvorträge (SV)**		Haben
Eigenkapital	19.500,00	Waren	19.000,00
Verbindlichkeiten aLuL	10.500,00	Forderungen aLuL	5.000,00
		Kasse	1.000,00
		Bank	5.000,00
	30.000,00		30.000,00

S	**1140** (3980) **Bestand Waren**		H
SV	19.000,00	SBK	19.000,00

S	**2000** (0800) **Eigenkapital**		H
SBK	19.500,00	SV	19.500,00

S	**1200** (1400) **Forderungen aLuL**		H
SV	5.000,00	2)	1.000,00
		SBK	4.000,00
	5.000,00		5.000,00

S	**3300** (1600) **Verbindlichkeiten aLuL**		H
1)	500,00	SV	10.500,00
3)	4.000,00		
SBK	6.000,00		
	10.500,00		10.500,00

S	**1600** (1000) **Kasse**		H
SV	1.000,00	SBK	1.000,00

S	**3160** (0640) **Verb. g. Kreditinstituten**		H
SBK	4.000,00	3)	4.000,00

S	**1800** (1200) **Bank**		H
SV	5.000,00	1)	500,00
2)	1.000,00	SBK	5.500,00
	6.000,00		6.000,00

Soll	**9998** (9998) **Schlussbilanzkonto (SBK)**		Haben
Waren	19.000,00	Eigenkapital	19.500,00
Forderungen aLuL	4.000,00	Verbindlichkeiten aLuL	6.000,00
Kasse	1.000,00	Verbindlichkeiten gegenüber Kreditinstituten	4.000,00
Bank	5.500,00		
	29.500,00		29.500,00

Zusammenfassung zu Abschnitt 3.4.1 bis 3.4.3:

3.4.4 Buchungssatz

Im Rahmen der **doppelten Buchführung** wird jeder Geschäftsvorfall **zweimal** (doppelt) gebucht, nämlich einmal auf der **Sollseite und** einmal auf der **Habenseite** eines Kontos.
Der **Buchungssatz** gibt kurz und eindeutig an, auf welchen Konten ein Geschäftsvorfall im Soll und im Haben zu buchen ist. Im Buchungssatz wird **zuerst** das Konto genannt, auf dem im **Soll** zu buchen ist und **dann** das Konto, auf dem im **Haben** zu buchen ist.

Soll- und Habenbuchung werden durch das Wort „**an**" verbunden.

> **BEISPIEL**
>
> Ein Kunde begleicht unsere Forderungen aLuL über 500 € durch Banküberweisung.
>
> Buchungssatz:
>
> | Soll | | Haben | Betrag |
> |---|---|---|---|
> | Bank | an | Forderungen aLuL | 500,00 € |
>
> Buchung:
>
> S **1800** (1200) **Bank** H   S **1200** (1400) **Forderungen aLuL** H
>   500,00   500,00

3.4 Bestandskonten

Die **Buchungssätze** sind im sog. **Grundbuch** (auch **Journal** bzw. Tagebuch genannt) in **zeitlicher** Reihenfolge (**chronologisch**) anhand von Belegen zu erfassen [§ 239 Abs. 2 HGB und H 5.2 (Zeitgerechte Erfassung) EStH].

Bei der **EDV-Buchführung** wird das **EDV-Journal** (mit Fehlerprotokoll) automatisch erstellt. Außerdem wird bei der Erfassung der Geschäftsvorfälle für den Nachweis der Buchungen eine **Primanota** (ein Erfassungsprotokoll) angefertigt.

Aus methodischen Gründen wird die **grundbuchmäßige Erfassung** der Buchungssätze im Folgenden in einer **Buchungsliste** dargestellt.

Als **Grundbuch** wird eine **Buchungsliste** eingesetzt, die vier Spalten hat, nämlich **Tz.** (= Textziffer/Textzahl), **Sollkonto**, **Betrag** und **Habenkonto**.

BEISPIEL

Sachverhalt wie oben

Buchungssatz:

Tz.	Sollkonto	Betrag (€)	Habenkonto
1.	**1800** (1200) **Bank**	500,00	**1200** (1400) **Forderungen aLuL**

Ein Buchungssatz, bei dem nur **ein** Sollkonto und **ein** Habenkonto angesprochen werden, wird als **einfacher Buchungssatz** bezeichnet.

Ein **zusammengesetzter Buchungssatz** liegt vor, wenn bei einem Buchungssatz **mehrere** Soll- bzw. Habenkonten angesprochen werden.

BEISPIEL

Ein Kunde begleicht unsere Forderungen aLuL in Höhe von **1.000 €** durch
Banküberweisung 700 €
und **Postbanküberweisung** 300 €

Buchungssatz:

Tz.	Sollkonto	Betrag (€)	Habenkonto
1.	**1800** (1200) **Bank**	700,00	
	1700 (1100) **Postbank**	300,00	
		1.000,00	**1200** (1400) **Forderungen aLuL**

Buchung:

S	**1800** (1200) **Bank**	H	S	**1200** (1400) **Forderungen aLuL**	H
1)	700,00		SV	1.000,00	1) 1.000,00

S	**1700** (1100) **Postbank**	H
1)	300,00	

Im Rahmen der **EDV-Buchführung** muss **direkt kontiert** werden: Zusammengesetzte **Buchungssätze** werden **in mehrere** EDV-gerechte **einfache Buchungssätze aufgelöst**.

3 Grundlagen der Finanzbuchführung

> **BEISPIEL**
>
> Sachverhalt wie oben
>
> Buchungssatz:
>
> | Tz. | Sollkonto | Betrag (€) | Habenkonto |
> |---|---|---|---|
> | 1 a | **1800** (1200) **Bank** | 700,00 | **1200** (1400) **Forderungen aLuL** |
> | 1 b | **1700** (1100) **Postbank** | 300,00 | **1200** (1400) **Forderungen aLuL** |
>
> Buchung:
>
> | S | **1800** (1200) **Bank** | H | | S | **1200** (1400) **Forderungen aLuL** | H |
> |---|---|---|---|---|---|---|
> | 1 a) | 700,00 | | | SV | 1.000,00 | 1 a) 700,00 |
> | | | | | | | 1 b) 300,00 |
> | | | | | | 1.000,00 | 1.000,00 |
>
> | S | **1700** (1100) **Postbank** | H |
> |---|---|---|
> | 1 b) | 300,00 | |

ÜBUNG → Aufgaben 6 bis 9 (Seiten 61 ff.)

Bei EDV-Buchungen im **DATEV-System** (und dazu kompatiblen Systemen) werden in einer Kontierungszeile **zwei Kontennummern** angegeben. Eine Kontonummer in der Spalte „**Konto**" und die andere Kontonummer in der Spalte „**Gegenkonto**".

Die Eintragungen in der Soll- oder Habenspalte (**Betragsspalte**) beziehen sich stets auf die Spalte „**Konto**" (**nicht** auf die Spalte „**Gegenkonto**").

> **BEISPIEL**
>
> Barkauf eines Pkws für 10.000 € von einem deutschen Privatmann.
>
> | Soll | Haben | B | USt | K | Gegenkonto Nr. | Beleg Nr. | Beleg Datum | Konto Nr. |
> |---|---|---|---|---|---|---|---|---|
> | 10.000,00 | | | | | **1600** (1000) | | | **0520** (0320) |
>
> Da der **Betrag** in der **Soll-Spalte** angegeben ist, wird er im Soll des **Kontos** (Pkw) gebucht. Da jeder Betrag doppelt zu buchen ist, wird er automatisch auf dem **Gegenkonto** (Kasse) im **Haben** gebucht.
>
> Buchung:
>
> | S | **0520** (0320) **Pkw** | H | | S | **1600** (1000) **Kasse** | H |
> |---|---|---|---|---|---|---|
> | | 10.000,00 | | | | | 10.000,00 |

Das **gleiche Ergebnis** wird erreicht, wenn **Konto und Gegenkonto** bei der Dateneingabe **vertauscht** werden **und** der **Betrag** in der **Haben-Spalte** angegeben wird.

3.4 Bestandskonten

BEISPIEL

Sachverhalt wie oben

Soll	Haben	B	USt	K	Gegenkonto Nr.	Beleg Nr.	Beleg Datum	Konto Nr.
	10.000,00				0520 (0320)			**1600** (1000)

Da der Betrag in der **Haben-Spalte** angegeben ist, wird er im **Haben** des **Kontos** (Kasse) und automatisch auf dem **Gegenkonto** (Pkw) im **Soll** gebucht.

Buchung:

S	**0520** (0320) **Pkw**	H	S	**1600** (1000) **Kasse**	H
10.000,00					10.000,00

Bei der **Bildung der Buchungssätze** ist streng darauf zu achten, ob **manuell** oder **EDV-gemäß** kontiert werden soll.

BEISPIEL FÜR MANUELLE KONTIERUNG

Kauf eines Pkws von einer Privatperson auf Ziel für   10.000 €

Buchungssatz:

Sollkonto	Betrag (€)	Habenkonto
0520 (0320) Pkw	10.000,00	**3300** (1600) Verbindlichk. aLuL

Buchung:

S	**0520** (0320) Pkw	H	S	**3300** (1600) Verbindlichk. aLuL	H
10.000,00					10.000,00

BEISPIEL FÜR EDV-GEMÄSSE KONTIERUNG

Kauf eines Pkws von einer Privatperson auf Ziel für   10.000 €

Zusätzliche Daten:

Kreditoren-Nr.	71601
Rechnungs-Nr.	506
Rechnungs-Datum	20.10.

Buchungssatz:

Soll	Haben	B	USt	K	Gegenkonto Nr.	Beleg Nr.	Beleg Datum	Konto Nr.
10.000,00				7	**71601**	506	20 10	**0520** (0320)

Buchung:

S	**0520** (0320) Pkw	H	S	**71601** Kreditor (Lieferer)	H
10.000,00					10.000,00

ÜBUNG → Aufgabe 10 (Seite 63)

3.4.5 Erfolgskontrolle

WIEDERHOLUNGSFRAGEN

1. Welche Arten von Bestandskonten sind zu unterscheiden?
2. Auf welcher Seite steht der Anfangsbestand bei den Passivkonten?
3. Auf welcher Seite wird eine Minderung des Anfangsbestands bei Aktivkonten gebucht?
4. Auf welcher Seite wird eine Erhöhung des Anfangsbestands bei Passivkonten gebucht?
5. Über welches Konto werden die Bestandskonten abgeschlossen?

AUFGABEN

AUFGABE 1

Ordnen Sie die nachstehenden Konten zu. Kreuzen Sie die richtigen Lösungen in den letzten beiden Spalten an.

Konto	Aktivkonto	Passivkonto
Kasse		
Verbindlichkeiten aLuL		
Verbindlichkeiten gegenüber Kreditinstituten		
Lkw		
Warenvorräte		
Eigenkapital		
Geschäftsbauten		
Bankguthaben		
Forderungen aLuL		

AUFGABE 2

Führen Sie ein Kassenkonto. Tragen Sie den Anfangsbestand auf dem Kassenkonto vor und buchen Sie – ohne Gegenbuchung – die folgenden Geschäftsvorfälle:

1. Saldovortrag (Anfangsbestand)   1.800 €
2. Barzahlung eines Kunden   200 €
3. Barzahlung an einen Lieferer   400 €
4. Barzahlung für Porto   50 €
5. Barzahlung für Telefongebühren   600 €
6. Lohnzahlung an Arbeiter bar   500 €
7. Barabhebung von der Bank   1.000 €
8. Gehaltszahlung an Angestellte bar   800 €
9. Mieteinnahme für die Überlassung einer Werkswohnung   300 €

3.4 Bestandskonten

AUFGABE 3

Führen Sie das Konto „Verbindlichkeiten aLuL". Tragen Sie den Anfangsbestand auf diesem Konto vor und buchen Sie – ohne Gegenbuchung – die folgenden Geschäftsvorfälle:

1. Saldovortrag (Anfangsbestand) — 15.000 €
2. Kauf eines Computers auf Ziel — 10.000 €
3. Postbanküberweisung an Lieferer — 4.000 €
4. Kauf eines Pkws auf Ziel — 35.000 €
5. Banküberweisung an Lieferer — 6.000 €

AUFGABE 4

Welche Aussagen über Bestandskonten sind richtig?

1. Der Anfangsbestand der Bestandskonten steht immer im Haben.
2. Der Endbestand der Passivkonten steht in der Regel im Soll.
3. Der Endbestand der Aktivkonten steht in der Regel im Soll.
4. Die Endbestände der Bestandskonten werden in das Schlussbilanzkonto übertragen.
5. Bei Aktivkonten werden die Zugänge im Haben, bei Passivkonten im Soll gebucht.

AUFGABE 5

Die Schlussbilanz eines Einzelhändlers weist folgende Bestände aus

Warenbestand	20.000 €
Kassenbestand	30.000 €
Forderungen aLuL	40.000 €
Verbindlichkeiten aLuL	40.000 €
Eigenkapital	?

Geschäftsvorfälle des neuen Geschäftsjahres

1. Kauf von Waren auf Ziel (Eingangsrechnung 001) — 10.000 €
2. Ein Kunde zahlt seine Rechnung (Ausgangsrechnung 001) bar — 5.000 €

Aufgaben

1. Bilden Sie die Buchungssätze für die Geschäftsvorfälle.
2. Eröffnen Sie die Konten (T-Konten) im neuen Geschäftsjahr durch Buchen der Saldenvorträge.
3. Buchen Sie die Geschäftsvorfälle auf den T-Konten.
4. Schließen Sie die Bestandskonten über das Schlussbilanzkonto ab.

AUFGABE 6

Der Einzelunternehmer Kurt Stein, Wiesbaden, hat durch Inventur folgende Anfangsbestände ermittelt:

0690 (0490) Sonstige Betriebs- und Geschäftsausstattung	110.000 €
1140 (3980) Bestand Waren	75.000 €
1800 (1200) Bankguthaben	30.000 €
1600 (1000) Kasse	5.000 €
2000 (0800) Eigenkapital	?
3160 (0640) Verbindlichkeiten gegenüber Kreditinstituten	110.000 €
3300 (1600) Verbindlichkeiten aLuL	60.000 €

Geschäftsvorfälle

1.	Barabhebung vom Bankkonto	8.000 €
2.	Begleichung einer Verbindlichkeit aLuL durch Banküberweisung	6.000 €
3.	Kauf einer Schreibmaschine auf Ziel	1.000 €
4.	Tilgung eines Bankdarlehens durch Banküberweisung	5.000 €
5.	Umwandlung einer Verbindlichkeit aLuL in ein Bankdarlehen	20.000 €

Das Darlehen hat eine Laufzeit von drei Jahren.

Aufgaben

1. Richten Sie die entsprechenden Konten ein und nehmen Sie die entsprechenden Eröffnungsbuchungen vor. Die Bestandskonten ergeben sich aus den obigen Beständen.
2. Bilden Sie die Buchungssätze für die Geschäftsvorfälle.
3. Buchen Sie die Geschäftsvorfälle auf den T-Konten.
4. Schließen Sie die Konten über das Schlussbilanzkonto ab.

AUFGABE 7

Der Einzelunternehmer Peter Jung, Stuttgart, hat durch Inventur folgende Anfangsbestände ermittelt:

0520	(0320) Pkw	150.000 €
0690	(0490) Sonstige Betriebs- und Geschäftsausstattung	125.000 €
1140	(3980) Bestand Waren	175.000 €
1200	(1400) Forderungen aLuL	34.000 €
1600	(1000) Kasse	15.000 €
1800	(1200) Bankguthaben	37.000 €
2000	(0800) Eigenkapital	?
3160	(0640) Verbindlichkeiten gegenüber Kreditinstituten	100.000 €
3300	(1600) Verbindlichkeiten aLuL	160.000 €

Geschäftsvorfälle

1.	Bareinzahlung auf Bankkonto	10.000 €
2.	Ein Kunde begleicht eine Forderung aLuL durch Banküberweisung	14.000 €
3.	Kauf eines Pkws auf Ziel	20.000 €
4.	Aufnahme eines Bankdarlehens mit einer Laufzeit von fünf Jahren (Der Betrag wird dem Bankkonto gutgeschrieben.)	35.000 €
5.	Begleichung einer Verbindlichkeit aLuL durch Banküberweisung	10.000 €

Aufgaben

1. Richten Sie die entsprechenden Konten ein und nehmen Sie die entsprechenden Eröffnungsbuchungen vor.
2. Bilden Sie die Buchungssätze für die Geschäftsvorfälle.
3. Buchen Sie die Geschäftsvorfälle auf den T-Konten.
4. Schließen Sie die Konten über das Schlussbilanzkonto ab.

3.4 Bestandskonten

AUFGABE 8

Welche Geschäftsvorfälle liegen den folgenden Buchungssätzen zugrunde?

Tz.	Buchungssätze	Geschäftsvorfälle
1.	Betriebsausstattung an Bank 8.000 €	
2.	Verbindlichkeiten aLuL an Forderungen aLuL 7.000 €	
3.	Grund und Boden unbebaut an Bank 50.000 €	
4.	Bank an Postbank 10.000 €	
5.	Postbank an Kasse 5.000 €	
6.	Verbindlichkeiten aLuL an Verb. gegenüber Kreditinstituten 10.000 €	
7.	Verbindlichkeiten aLuL an Bank 8.000 €	

AUFGABE 9

a) Welche Geschäftsvorfälle liegen den folgenden Buchungssätzen zugrunde?
b) Um welche Art von Bestandsveränderung handelt es sich jeweils (Aktiv-Tausch; Passiv-Tausch; Aktiv-Passiv-Mehrung; Aktiv-Passiv-Minderung)?

1. Pkw an Kasse 10.000 €
2. Geschäftsausstattung an Bank 5.000 €
3. Pkw an Verbindlichkeiten aLuL 20.000 €
4. Kasse an Bank 10.000 €
5. Lkw an Postbank 30.000 €
6. Verbindlichkeiten aLuL an Verbindlichkeiten gegenüber Kreditinstituten 40.000 €
7. Bank an Verbindlichkeiten gegenüber Kreditinstituten 80.000 €

AUFGABE 10

Kontieren Sie folgende Geschäftsvorfälle nach zwei Möglichkeiten (EDV-Kontierung).
1. Kauf eines unbebauten Grundstücks durch Banküberweisung 50.000 €
2. Kauf einer Rechenmaschine von einem Privatmann durch Banküberweisung 2.000 €
3. Kauf eines Pkws von einem Privatmann durch Postbanküberweisung 11.000 €

Weitere Aufgaben mit Lösungen finden Sie im **Lösungsbuch** der Buchführung 1.

3.5 Erfolgskonten

Die **bisher** gebuchten Geschäftsvorfälle haben **nur** das **Vermögen** und/oder die **Verbindlichkeiten** verändert, **nicht** jedoch das **Eigenkapital**.

In **diesem Kapitel** werden die **betrieblich** verursachten **Eigenkapitaländerungen** dargestellt und erläutert.

3.5.1 Betrieblich verursachte Eigenkapitaländerungen

Rechnerisch ist das **Eigenkapital** der **Unterschiedsbetrag** zwischen der Summe des **Vermögens** und der Summe der **Verbindlichkeiten**:

	Summe des Vermögens
−	Summe der Verbindlichkeiten
=	**Eigenkapital**

Bei den **betrieblich** verursachten **Eigenkapitaländerungen** wird unterschieden zwischen Eigenkapital**minderungen** und Eigenkapital**mehrungen**.

3.5.1.1 Betrieblich verursachte Eigenkapitalminderungen

Es gibt **betrieblich** verursachte **Ausgaben**, die **weder** zu einem **Aktiv-Tausch noch** zu einer **Verminderung der Verbindlichkeiten** führen.

> **BEISPIEL**
>
> Die J & L Möbelfabrik GmbH hat einen Lagerplatz gemietet, für den sie monatlich **500 € Miete** durch **Banküberweisung** zahlt.
>
> Durch die Banküberweisung der Miete vermindert sich das Bankguthaben um 500 €. Da der Verminderung des Bankguthabens weder eine Vermehrung eines anderen Vermögenswertes noch eine Verminderung von Verbindlichkeiten gegenübersteht, **vermindert** sich das **Eigenkapital** – wie die folgende Rechnung zeigt – um **500 €**.

		vor der Mietausgabe	**nach** der Mietausgabe
	Summe des Vermögens	100.000 €	99.500 €
−	Summe der Verbindlichkeiten	− 30.000 €	− 30.000 €
=	**Eigenkapital**	70.000 €	**69.500 €**

a) Kontostände **vor** der Mietausgaben

S	Bank	H	S	Eigenkapital	H
SV	100.000,00			SV	70.000,00
			S	Verbindlichkeiten	H
				SV	30.000,00

3.5 Erfolgskonten

b) Kontostände **nach** der Mietausgabe

S	Bank			H	S	Eigenkapital		H
SV	100.000,00	1)	500,00		1) Minderungen	500,00	SV	70.000,00
					S	Verbindlichkeiten		H
							SV	30.000,00

Eine **betrieblich** verursachte **Minderung** des **Eigenkapitals** bezeichnet man als **Aufwand**.

MERKE → **Aufwendungen mindern** das **Eigenkapital** (der Unternehmer wird ärmer).

3.5.1.2 Betrieblich verursachte Eigenkapitalmehrungen

Es gibt **betrieblich** verursachte **Einnahmen**, die **weder** zu einem **Aktiv-Tausch noch** zu einer **Vermehrung der Verbindlichkeiten** führen.

BEISPIEL

Die J & L Möbelfabrik GmbH erhält von ihrer Bank eine **Zinsgutschrift** von **200€**.

Durch diese Zinseinnahme erhöht sich das Bankguthaben um 200 €. Da der Vermehrung des Bankguthabens weder eine Verminderung eines anderen Vermögenswertes noch eine Vermehrung von Verbindlichkeiten gegenübersteht, **vermehrt** sich das **Eigenkapital** – wie die folgende Rechnung zeigt – um **200€**.

	vor der Zinseinnahme	**nach** der Zinseinnahme
Summe des Vermögens	99.500 €	**99.700 €**
− Summe der Verbindlichkeiten	− 30.000 €	− 30.000 €
= **Eigenkapital**	69.500 €	**69.700 €**

a) Kontostände **vor** der Zinseinnahme

S	Bank	H	S	Eigenkapital	H
SV	99.500,00			SV	69.500,00
			S	Verbindlichkeiten	H
				SV	30.000,00

b) Kontostände **nach** der Zinseinnahme

S	Bank	H	S	Eigenkapital	H
SV	99.500,00			SV	69.500,00
1)	200,00			1) Mehrung	200,00
			S	Verbindlichkeiten	H
				SV	30.000,00

Eine **betrieblich** verursachte **Mehrung** des **Eigenkapitals** bezeichnet man als **Ertrag**.

> **MERKE →** Erträge mehren das **Eigenkapital** (der Unternehmer wird reicher).

In der **Änderung des Eigenkapitals** spiegelt sich der **Erfolg** des Unternehmens wider. Der **Erfolg** kann dabei **positiv** (**Gewinn**) oder **negativ** (**Verlust**) sein.
Geschäftsvorfälle, die zu einer **betrieblich** verursachten Eigenkapital**mehrung** oder Eigenkapital**minderung** führen, werden als **Erfolgsvorgänge** bezeichnet.
Die **Konten** auf denen Erfolgsvorgänge erfasst werden, bezeichnet man als **Erfolgskonten**. Sie sind **Unterkonten** des **Eigenkapitalkontos**.

3.5.2 Buchen auf Erfolgskonten

Innerhalb der Erfolgskonten unterscheidet man zwischen **Aufwandskonten**, auf denen betrieblich verursachte Eigenkapital**minderungen** erfasst werden, und **Ertragskonten**, auf denen betrieblich verursachte Eigenkapital**mehrungen** gebucht werden.

Erfolgskonten (Beispiele)	
Aufwandskonten (Eigenkapital**minderungen**)	**Ertragskonten** (Eigenkapital**mehrungen**)
Löhne Gehälter Miete Fahrzeugkosten Porto Telefon(kosten) Bürobedarf Zinsaufwendungen	Erlöse Provisionsumsätze Zinserträge

Für **Buchungen auf den Erfolgskonten** gelten die **gleichen Buchungsregeln** wie für die entsprechenden Buchungen auf dem **Eigenkapitalkonto** (= passives Bestandskonto)

- **Aufwendungen** stehen auf den **Aufwandskonten im Soll**, da sie das Eigenkapital **verkleinern** (Eigenkapital**minderungen**) und
- **Erträge** stehen auf den **Ertragskonten im Haben**, da sie das Eigenkapital **vergrößern** (Eigenkapital**mehrungen**).

3.5 Erfolgskonten

BEISPIEL

Karl Meyer, Köln, hat folgende (vereinfachte) **Eröffnungsbilanz** aufgestellt:

Aktiva	(vereinfachte) **Eröffnungsbilanz**		Passiva
Waren	50.000,00	Eigenkapital	60.000,00
Forderungen aLuL	40.000,00	Verbindlichkeiten aLuL	40.000,00
Kassenbestand und Guthaben bei Kreditinstituten	10.000,00		
	100.000,00		100.000,00

Geschäftsvorfälle:

1. Meyer erhält eine Provision durch Banküberweisung 2.000 €
2. Meyer erhält eine Zinsgutschrift der Bank 50 €
3. Meyer zahlt Löhne bar 1.000 €
4. Meyer zahlt Miete für seine Geschäftsräume bar 600 €

Buchungssätze:

Tz.	Sollkonto	Betrag (€)	Habenkonto
1.	Bank	2.000,00	Provisionsumsätze
2.	Bank	50,00	Zinserträge
3.	Löhne	1.000,00	Kasse
4.	Miete	600,00	Kasse

Buchung:

Soll		**Saldenvorträge (SV)**		Haben
Eigenkapital	60.000,00	Bestand Waren		50.000,00
Verbindlichkeiten aLuL	40.000,00	Forderungen aLuL		40.000,00
		Kasse		5.000,00
		Bank		5.000,00
	100.000,00			100.000,00

Bestandskonten:

S	Bestand Waren	H		S	Eigenkapital	H
SV	50.000,00				SV	60.000,00

S	Forderungen aLuL	H		S	Verbindlichkeiten aLuL	H
SV	40.000,00				SV	40.000,00

S	Bank	H
SV	5.000,00	
1)	2.000,00	
2)	50,00	

S	Kasse			H
SV	5.000,00	3)	1.000,00	
		4)	600,00	

Erfolgskonten:

S	Löhne	H		S	Provisionsumsätze	H
3)	1.000,00				1)	2.000,00

S	Miete	H		S	Zinserträge	H
4)	600,00				2)	50,00

ÜBUNG → 1. Wiederholungsfragen 1 bis 7 (Seite 73),
2. Aufgabe 1 (Seite 74)

3.5.3 Abschluss der Erfolgskonten

Die **Erfolgskonten** sind als **Unterkonten des Eigenkapitalkontos** über das **Eigenkapitalkonto** abzuschließen.
Der **Abschluss** der **Erfolgskonten** erfolgt allerdings **nicht direkt**, sondern **indirekt**.
Zunächst werden alle Erfolgskonten über ein eigens dafür eingerichtetes **Sammelkonto**, das Gewinn- und Verlustkonto (GuVK), abgeschlossen.
Die **Buchungssätze** für den Abschluss der **Aufwandskonten** lauten:

GuVK an Aufwandskonten

und für den Abschluss der **Ertragskonten**:

Ertragskonten an GuVK.

Der **Unterschiedsbetrag** zwischen der Summe der **Erträge** und der Summe der **Aufwendungen** ist der **Gewinn** oder der **Verlust**.

Der **Saldo** des **Gewinn- und Verlustkontos** weist den **Gewinn oder Verlust** eines Unternehmens aus.
Das **Gewinn- und Verlustkonto** wird über das **Eigenkapitalkonto** abgeschlossen. Dabei wird durch den **Gewinn** das **Eigenkapital vermehrt** und durch den **Verlust** das **Eigenkapital vermindert**.
Ein **Saldo** im **Soll** des **GuVK** stellt einen **Gewinn** (Erträge sind größer als Aufwendungen) dar:

Ein **Saldo** im **Haben** des **GuVK** stellt einen **Verlust** (Aufwendungen sind größer als Erträge) dar:

Anhand des Gewinn- und Verlust**kontos** wird die Gewinn- und Verlust**rechnung** erstellt bzw. im Rahmen der EDV-Buchführung abgerufen.

Nach § 242 Abs. 2 HGB hat grundsätzlich jeder Kaufmann für den Schluss eines jeden Geschäftsjahres eine Gewinn- und Verlust**rechnung** aufzustellen.

 Einzelheiten zur Aufstellung der Gewinn- und Verlustrechnung erfolgen in der **Buchführung 2**, 30. Auflage, Seiten 9, 16 und 272 ff.

Für die Aufstellung der Gewinn- und Verlustrechnung gelten **dieselben Befreiungsvorschriften wie für die Bilanz** (vgl. § 242 Abs. 4 HGB i.V.m. § 241a HGB).

 Einzelheiten zu den Befreiungsvorschriften erfolgten bereits im Abschnitt 3.2, Seite 33.

Sind die Erfolgskonten abgeschlossen, kann der **Erfolg** auch durch **Eigenkapitalvergleich** (Betriebsvermögensvergleich) ermittelt werden.

Gewinn ist – sieht man von den Privatentnahmen und Privateinlagen ab – der **Unterschiedsbetrag** zwischen dem Eigenkapital (Betriebsvermögen) am Schluss des Wirtschaftsjahrs und dem Eigenkapital (Betriebsvermögen) am Schluss des vorangegangenen Wirtschaftsjahrs (§ 4 Abs. 1 Satz 1 EStG).

Für die **Erfolgsermittlung** gilt somit folgendes (vorläufiges) **Schema**, das später noch um die Privatentnahmen und Privateinlagen sowie die für steuerliche Zwecke nicht abzugsfähigen Betriebsausgaben erweitert wird:

	Eigenkapital (BV) am Schluss des Wirtschaftsjahrs
−	Eigenkapital (BV) am Schluss des vorangegangenen Wirtschaftsjahrs
=	**Unterschiedsbetrag (= Gewinn/Verlust)**

3.5 Erfolgskonten

Überträgt man das **Schema der Erfolgsermittlung** auf das vorangegangene Beispiel (siehe Seite 67 f.), bedeutet das:

Eigenkapital (BV) am Schluss des Wirtschaftsjahrs	60.450 €
Eigenkapital (BV) am Schluss des vorangegangenen Wirtschaftsjahrs	60.000 €
= **Unterschiedsbetrag**	**450 €**

Die Erfolgsauswirkung lässt sich auch aus dem **Eigenkapitalkonto** erkennen (siehe unten):

S	Eigenkapital		H
		Anfangsbestand	60.000,00
		Mehrung = **Gewinn**	**450,00**

ÜBUNG → 1. Wiederholungsfragen 8 und 9 (Seite 73),
2. Aufgaben 2 bis 6 (Seite 74 ff.)

3.5.4 Zusammenfassung und Erfolgskontrolle
3.5.4.1 Zusammenfassung

In der Praxis werden neben den Sachkonten noch **Personenkonten** geführt (siehe Seite 282 ff.). Das folgende Schaubild zeigt den Zusammenhang zwischen den Sachkonten und den Personenkonten.

3.5.4.2 Erfolgskontrolle

WIEDERHOLUNGSFRAGEN

1. Wie wird das Eigenkapital rechnerisch ermittelt?
2. Wie wird eine betrieblich verursachte Eigenkapitalminderung bezeichnet?
3. Wie wird eine betrieblich verursachte Eigenkapitalmehrung bezeichnet?
4. Welche Aufwandskonten kennen Sie?
5. Welche Ertragskonten kennen Sie?
6. Auf welcher Kontoseite werden Aufwendungen gebucht?
7. Auf welcher Kontoseite werden Erträge gebucht?
8. Über welches Konto werden die Erfolgskonten abgeschlossen?
9. Über welches Konto wird das Gewinn- und Verlustkonto abgeschlossen?

Aufgaben

AUFGABE 1

Es sind folgende Erfolgskonten zu führen:

Heizung, Gehälter, Löhne, Zinsaufwendungen für kurzfristige Verbindlichkeiten, Zinsaufwendungen für langfristige Verbindlichkeiten, Grundstückserträge, Zinserträge, Miete, Kfz-Reparaturen, Porto, Telefon.

Bilden Sie die Buchungssätze für folgende Geschäftsvorfälle:

		€
1.	Wir zahlen Heizung für die Geschäftsräume durch Banküberweisung	200,00
2.	Wir zahlen Gehälter durch Banküberweisung	500,00
3.	Wir zahlen Löhne bar	1.000,00
4.	Wir erhalten eine Zinslastschrift für einen kurzfristigen Bankkredit	130,00
5.	Wir erhalten Miete für die Überlassung einer Werkswohnung bar	200,00
6.	Wir erhalten eine Zinsgutschrift der Bank	70,00
7.	Wir zahlen Miete für Geschäftsräume bar	600,00
8.	Barzahlung für Reparatur des betrieblichen Pkw	200,00
9.	Wir zahlen Darlehenszinsen durch Banküberweisung	120,00
10.	Wir zahlen für Porto bar	400,00
11.	Banküberweisung für Telefongebühren	250,00

AUFGABE 2

Der Unternehmer Hans Schäfer, Aachen, hat durch Inventur folgende Anfangsbestände ermittelt:

	€
Geschäftsausstattung	20.000,00
Bestand Waren	40.000,00
Forderungen aLuL	30.000,00
Bankguthaben	20.000,00
Kasse	10.000,00
Eigenkapital	100.000,00
Verbindlichkeiten aLuL	20.000,00

Außer den Bestandskonten, die sich aus den obigen Beständen ergeben, sind folgende Erfolgskonten zu führen:

Zinserträge, Miete, Gehälter, Porto, Telefon, Löhne, Reinigung, Reparaturen und Instandhaltung von Betriebs- und Geschäftsausstattung.

3.5 Erfolgskonten

Geschäftsvorfälle

	€
1. Zinsgutschrift der Bank	100,00
2. Barzahlung Miete für Lagerplatz	500,00
3. Gehaltszahlung bar	800,00
4. Banküberweisung der Miete für Geschäftsräume	3.500,00
5. Barzahlung für Porto	50,00
6. Banküberweisung für Telefongebühren	120,00
7. Barzahlung für Löhne	1.020,00
8. Barzahlung für Büroreinigung	160,00
9. Banküberweisung für Reparatur der Geschäftsausstattung	320,00

Aufgaben
1. Tragen Sie die Anfangsbestände auf den T-Konten vor.
2. Bilden Sie die Buchungssätze für die Geschäftsvorfälle.
3. Buchen Sie die Geschäftsvorfälle auf den T-Konten.
4. Schließen Sie die Konten über das Schlussbilanzkonto ab.
5. Ermitteln Sie den Erfolg auch durch Eigenkapitalvergleich.

AUFGABE 3

Das Konto Zinserträge zeigt folgendes Bild:

S	Zinserträge	H
	Bank	800,00
	Forderungen aLuL	300,00
	Postbank	500,00

Mit welcher der folgenden Kontierungen wird das Konto abgeschlossen? Kreuzen Sie die richtige Lösung an.

Tz.	Sollkonto	Betrag (€)	Habenkonto
1.	SBK	1.600,00	Zinserträge
2.	GuVK	1.600,00	Zinserträge
3.	Zinserträge	1.600,00	GuVK
4.	Zinserträge	1.600,00	SBK
5.	EK	1.600,00	Zinserträge
6.	Zinserträge	1.600,00	Bank

3 Grundlagen der Finanzbuchführung

AUFGABE 4

Stellen Sie fest, ob die nachstehenden Geschäftsvorfälle den Gewinn erhöhen (+) oder mindern (-).

Tz.	Sollkonto	Betrag (€)	Habenkonto	(+)	(-)
1.	Löhne	3.000,00	Bank		
2.	Sonstige BuG	5.000,00	Verbindlichkeiten aLuL		
3.	Bank	4.000,00	Zinserträge		
4.	Miete	2.000,00	Kasse		
5.	Bank	3.500,00	Kasse		
6.	Forderungen aLuL	9.000,00	Grundstückserträge		

AUFGABE 5

Das GuV-Konto zeigt folgendes Bild:

S		GuV-Konto		H
Gehälter	1.000,00	Provisionsumsätze		20.000,00
Reparaturen BuG	3.000,00	Grundstückserträge		400,00
Kfz-Reparaturen	500,00	Zinserträge		500,00
Zinsaufwendungen	4.000,00			

Mit welcher der folgenden Kontierungen wird das Konto abgeschlossen? Kreuzen Sie die richtige Lösung an.

Tz.	Sollkonto	Betrag (€)	Habenkonto
1.	SBK	12.400,00	GuVK
2.	Bank	12.400,00	GuVK
3.	EK	12.400,00	GuVK
4.	GuVK	12.400,00	EK
5.	EK	20.900,00	GuVK
6.	Zinserträge	20.900,00	GuVK

AUFGABE 6

Der buchführende Einzelunternehmer Sigmund Müller e.K., Halle/Saale, hat eine Forderung aLuL gegenüber seinem Kunden Müsig, München, in Höhe von 100.000 €. Müsig wird insolvent und die Forderung wird uneinbringlich. Der Forderungsausfall ist in der Finanzbuchhaltung

1. ein erfolgsneutraler Passivtausch.
2. ein Ertrag in Höhe von 100.000 €.
3. ein Aufwand in Höhe von 100.000 €.
4. ein erfolgsneutraler Aktivtausch.

AUFGABE 7

Das Gewinn- und Verlustkonto weist im Hauptbuchabschluss einen Saldo im Haben aus. Wie verändert die entsprechende Abschlussbuchung den Bestand des Eigenkapitalkontos?

3.6 Kontenrahmen und Kontenplan

In den Unternehmen werden zur Bewältigung des Buchungsstoffes in der Regel **zahlreiche Konten** geführt.

Konten**rahmen** und Konten**plan** dienen dazu, die **Konten systematisch zu ordnen**.

Der **Kontenrahmen** ist ein Ordnungsinstrument für Konten der Buchhaltung. Er ist branchenspezifisch und beinhaltet die Obermenge aller für die einzelnen Branchen möglichen Konten.

Der **Kontenplan** ist ein Ordnungsinstrument der Buchhaltung **eines bestimmten Unternehmens**. Im Kontenplan sind die individuell für das Unternehmen relevanten Konten zusammengefasst.

3.6.1 Zweck der Kontenrahmen

Die **systematische Ordnung** der Konten wird durch ihre **einheitliche Gliederung und Bezeichnung** erreicht.

Die **systematische Ordnung ermöglicht** z. B.

- einen **genauen Überblick über** die in einem Unternehmen geführten **Konten**,
- einen **Vergleich** der einzelnen Aufwendungen und Erträge **desselben** Unternehmens in verschiedenen Zeiträumen (**innerer Betriebsvergleich**),
- einen **Vergleich** der einzelnen Aufwendungen und Erträge eines Unternehmens mit denen **anderer** Unternehmen desselben Wirtschaftszweiges (**äußerer Betriebsvergleich**),
- die **Vereinheitlichung und Vereinfachung des Buchungstextes** durch die Verwendung von Kontennummern.

Datenverarbeitungsorganisationen (z. B. die **DATEV** eG) haben so genannte **Spezialkontenrahmen** (**SKR**) entwickelt, die so aufgebaut sind, dass sie den unterschiedlichen Anforderungen der von der Organisation betreuten Unternehmen gerecht werden.

Im Folgenden werden die **DATEV-Kontenrahmen SKR 04 und SKR 03** (gültig ab **2019**) zugrunde gelegt, die im **Anhang** abgedruckt sind.

3.6.2 Aufbau der Kontenrahmen SKR 04 und SKR 03

Die DATEV-Kontenrahmen **SKR 04** und **SKR 03** sind – wie alle übrigen Kontenrahmen – nach dem **Zehnersystem** (dekadischen System) aufgebaut.

Sie sind in Konten**klassen**, Konten**gruppen** und **Einzelkonten** gegliedert.

Die **Kontenrahmen** enthalten **zehn** Konten**klassen**, die mit den **Ziffern 0 bis 9** nummeriert sind.

3 Grundlagen der Finanzbuchführung

Der Aufbau der **Spezialkontenrahmen SKR 04** und **SKR 03** sieht folgende Reihenfolge der **Kontenklassen** vor:

	SKR 04	SKR 03
Kontenklasse 0	Anlagevermögen	Anlagevermögen, Eigenkapital, langfristige Verbindlichkeiten, Rechnungsabgrenzungsposten
Kontenklasse 1	Umlaufvermögen	Umlaufvermögen, Verbindlichkeiten aus Lieferungen und Leistungen, sonstige Verbindlichkeiten
Kontenklasse 2	Eigenkapital	Finanzergebnis, a.o. Ergebnis, sonstige betriebliche Aufwendungen, sonstige betriebliche Erträge
Kontenklasse 3	Rückstellungen, Verbindlichkeiten	Wareneingang und Warenbestand
Kontenklasse 4	Umsatzerlöse, Bestandsveränderungen, sonstige betriebliche Erträge	betriebliche Aufwendungen
Kontenklasse 5	Materialaufwand	frei
Kontenklasse 6	Personalaufwand, sonstige betriebliche Aufwendungen	frei
Kontenklasse 7	Finanzergebnis, a.o. Ergebnis, Steuern, Gewinnverwendung	Bestand an Fertigerzeugnissen, Bestand an halb fertigen Erzeugnissen
Kontenklasse 8	frei	Umsatzerlöse, Bestandsveränderungen
Kontenklasse 9	Vortragskonten, statistische Konten	Vortragskonten, statistische Konten
Konten 10000-69999	Debitoren	Debitoren
Konten 70000-99999	Kreditoren	Kreditoren

Die **Reihenfolge der Kontenklassen** des **SKR 04** richtet sich nach den handelsrechtlichen Gliederungsvorschriften für den **Jahresabschluss** (Bilanz und Gewinn- und Verlustrechnung) einer großen Kapitalgesellschaft. Das erleichtert die Abschlussarbeiten und die Aufstellung des Jahresabschlusses.

Da sich die Reihenfolge der **Kontenklassen des SKR 04** an der gesetzlich vorgeschriebenen Gliederung der Bilanz (§ 266 HGB) und der Gewinn- und Verlustrechnung (§ 275 HGB) orientiert, spricht man vom **Abschlussgliederungsprinzip**.

3.6 Kontenrahmen und Kontenplan

Im Folgenden wird der **Bilanzabschluss** einer **kleinen Kapitalgesellschaft** nach dem **Abschlussgliederungsprinzip des SKR 04** schematisch dargestellt.

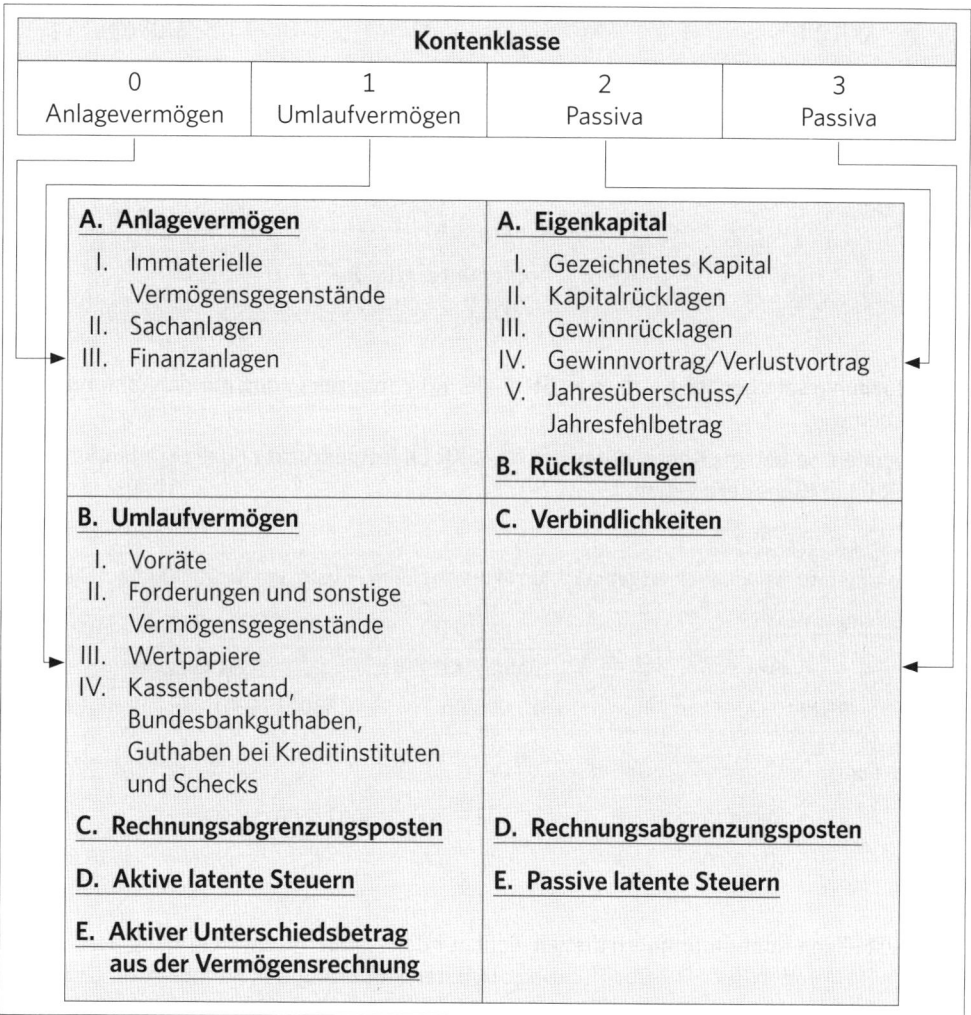

Beim **Prozessgliederungsprinzip des SKR 03** wird die **Reihenfolge der Kontenklassen** (0 bis 9) nach den **Betriebsabläufen** bestimmt.

Die **Kontenklassen** des **SKR 03** spiegeln den **Prozess** von der betrieblichen Leistungs**erstellung** (0 bis 4) bis zur Leistungs**verwertung** (7 und 8) wider.

Der **SKR 04** und der **SKR 03** haben gemeinsam, dass sie zu gleichen **Jahresabschlussgliederungen** führen.

Jede Konten**klasse** kann in zehn Konten**gruppen** und jede Konten**gruppe** in zehn – bei Bedarf auch mehr – Konten **untergliedert** werden.

3 Grundlagen der Finanzbuchführung

Jedes Konto des **SKR 04** bzw. **SKR 03** hat – aus Gründen der EDV-Kontierung – eine **vierstellige Kontonummer**.

Beim **Buchungssatz genügt** es, dass an Stelle der Konten**bezeichnung** nur die Konto**nummer** angegeben wird.

Im Folgenden werden die Konten**nummern** des **SKR 04 fettgedruckt** und die Kontennummern des **SKR 03 in Klammern** genannt.

BEISPIEL

Ein Unternehmer kauft einen gebrauchten Pkw von einem Privatmann für 10.000 € auf Ziel.

Buchungssatz:

Sollkonto	Betrag (€)	Habenkonto
0520 (0320) Pkw	10.000,00	**3300** (1600) Verbindlichk. aLuL

Buchung:

S   **0520** (0320) Pkw   H   S   **3300** (1600) Verbindlichk. aLuL   H
        10.000,00   10.000,00

Die **vierstelligen Kontennummern dienen** nicht nur der systematischen Ordnung der Konten, sondern im Rahmen der EDV-Buchführung **auch der Steuerung des Buchungsvorgangs**. Zu diesem Zweck werden den vierstelligen Kontennummern weitere Ziffern hinzugefügt.

Die **zusätzlichen Ziffern** haben bestimmte **Funktionen** innerhalb der Datenverarbeitung. Die Symbole der **Zusatzfunktionen** (**V**, **M** und **KU**) sind in den **DATEV**-Kontenrahmen **am Anfang** der Konten**klassen** angegeben (siehe **Anhang**). Da sie bereits **im Programm berücksichtigt** sind, werden sie bei der **Kontierung nicht** mit angegeben.

Vor den einzelnen Konten**nummern** stehen vielfach **Buchstaben** (z.B. **AV**, **AM**), deren **Funktion** am Ende der **Kontenrahmen** erläutert wird (siehe **Anhang**).

Neben den Konten und ihren Funktionen werden im **SKR 04** und **SKR 03** noch die entsprechenden **Bilanz-Posten** (§ 266 HGB) angegeben, denen die Konten zugeordnet werden.

3.6 Kontenrahmen und Kontenplan

BEISPIEL

Die folgenden Konten werden im **SKR 04** bzw. **SKR 03** dem Bilanz-Posten „Betriebs- und Geschäftsausstattung" zugeordnet:

Kontenklasse 0			Bilanzposten
SKR 04	SKR 03	Konten-Bezeichnung	
0520	0320	Pkw	
0540	0350	Lkw	
0620	0440	Werkzeuge	
0640	0430	Ladeneinrichtung	Betriebs- und Geschäftsausstattung
0650	0420	Büroeinrichtung	
0670	0480	GWG	
0675	0485	Wirtschaftsgüter größer 150 bis 1.000 Euro (Sammelposten)	
0690	0490	Sonstige Betriebs- und Geschäftsausstattung	

Im **SKR 04** und **SKR 03** werden nicht nur die Bilanz-Posten, sondern auch die **Posten der Gewinn- und Verlustrechnung**, kurz: **GuV** (§ 275 HGB) angegeben.

BEISPIEL

Die folgenden Konten werden im **SKR 04** bzw. **SKR 03** dem GuV-Posten „Löhne und Gehälter" zugeordnet:

Kontenklasse 6 und 4			GuV-Posten
SKR 04	SKR 03	Konten-Bezeichnung	
6010	4110	Löhne	
6020	4120	Gehälter	
6030	4190	Aushilfslöhne	
6035	4195	Löhne für Minijobs	Löhne und Gehälter
6036	4194	Pauschale Steuern und Abgaben an Minijobber	
6050	4125	Ehegattengehalt	
6080	4170	Vermögenswirksame Leistungen	

3 Grundlagen der Finanzbuchführung

3.6.3 Zusammenfassung und Erfolgskontrolle
3.6.3.1 Zusammenfassung

- Der **Kontenrahmen** ist ein System zur einheitlichen Bezeichnung und Gliederung von Konten **einer Gruppe von Unternehmen**.
- Der **Kontenrahmen** ist in Konten**klassen**, Konten**gruppen** und **Konten** nach dem Zehnersystem (dekadischen System) gegliedert.
- Die **einheitliche** Konten**bezeichnung** und Konten**gliederung** ermöglicht den **inneren und äußeren Betriebsvergleich**.
- Die **Kontennummern** der **EDV-Kontenrahmen SKR 04** und **SKR 03** dienen neben der systematischen Einordnung auch der Steuerung von Rechenvorgängen und Buchungsvorgängen.
- Der **Kontenplan** ist eine systematische Übersicht über die **in einem bestimmten Unternehmen** geführten Konten.

3.6.3.2 Erfolgskontrolle

WIEDERHOLUNGSFRAGEN

1. Was versteht man unter einem Kontenrahmen?
2. Was ist ein Kontenplan?
3. Wodurch unterscheiden sich Kontenrahmen und Kontenplan?
4. Was ermöglicht der Kontenrahmen?
5. Nach welchem Prinzip ist der DATEV-Kontenrahmen SKR 04 aufgebaut?
6. Nach welchem Prinzip ist der DATEV-Kontenrahmen SKR 03 aufgebaut?

AUFGABEN

AUFGABE 1

Ordnen Sie die Kontennummern des **SKR 04** (SKR 03) den folgenden Kontenbezeichnungen zu.

Kontennummern	Kontenbezeichnung
	Unbebaute Grundstücke
	Forderungen aLuL
	Bank
	Kasse
	Verbindlichkeiten aLuL

AUFGABE 2

Kontieren Sie manuell die belegmäßig nachgewiesenen Geschäftsvorfälle nach dem **SKR 04** (SKR 03) anhand der folgenden Buchungsliste:

Tz.	Sollkonto	Betrag (€)	Habenkonto
1.			
2.			
usw.			

3.6 Kontenrahmen und Kontenplan

	€
1. Kauf eines Fabrikgebäudes zum Kaufpreis von	600.000,00
Von dem Kaufpreis entfallen auf Grund und Boden	100.000,00
Der Kaufpreis wird durch Banküberweisung beglichen.	
2. Kauf eines unbebauten Grundstücks auf Ziel	150.000,00
3. Wir begleichen eine Verbindlichkeit aLuL in Höhe von	150.000,00
durch Banküberweisung.	
4. Ein Kunde überweist auf unser Bankkonto	13.560,00
zum Ausgleich einer Forderung aLuL.	
5. Ein Kunde begleicht unsere Forderung aLuL in Höhe von	1.500,00
durch Banküberweisung	1.000,00
und durch Postbanküberweisung	500,00
6. Barabhebung vom Bankkonto	7.000,00
7. Aufnahme eines Bankdarlehens in Höhe von	50.000,00
mit einer Laufzeit von fünf Jahren	
Der Betrag wird einem Bankkonto gutgeschrieben.	
8. Tilgung des Bankdarlehens (von Tz. 7.) durch Banküberweisung	2.000,00
9. Barzahlung eines Kunden zum Ausgleich unserer Forderung aLuL	10.000,00
10. Zahlung der Miete für Geschäftsräume durch Banküberweisung	1.000,00
11. Zinsgutschrift der Bank	600,00
12. Lohnzahlung bar	1.200,00
13. Barzahlung für Porto	500,00
14. Banküberweisung für Telefongebühren	400,00
15. Provisionsumsätze für die Vermittlung von Aufträgen	
durch Banküberweisung	5.000,00
16. Banküberweisung für Büroreinigung	300,00
17. Gehaltszahlung bar	2.300,00
18. Barzahlung für Wartung der Registrierkasse	100,00
19. Zinslastschrift für kurzfristigen Bankkredit	180,00
20. Barkauf einer Ladentheke	2.800,00
21. Kauf einer Registrierkasse durch Banküberweisung	8.000,00

3 Grundlagen der Finanzbuchführung

Zusammenfassende Erfolgskontrolle

Die Unternehmerin Georgis Bantes, Bonn, hat durch Inventur am 01.01.2019 folgende Anfangsbestände ermittelt:

Anfangsbestände	€
0235 (0085) Bebaute Grundstücke	110.000,00
0240 (0090) Geschäftsbauten	260.000,00
0640 (0430) Ladeneinrichtung	10.000,00
0650 (0420) Büroeinrichtung	20.000,00
1140 (3980) Bestand Waren	65.000,00
1200 (1400) Forderungen aLuL	80.000,00
1800 (1200) Bankguthaben	15.000,00
1700 (1100) Postbankguthaben	2.000,00
1600 (1000) Kasse	3.000,00
2000 (0800) Eigenkapital	?
3160 (0640) Verbindlichkeiten gegenüber Kreditinstituten	180.000,00
3300 (1600) Verbindlichkeiten aLuL	35.000,00

Außer den Bestandskonten, die sich aus den obigen Beständen ergeben, sind folgende Erfolgskonten zu führen:

6310 (4210) Miete, **6010** (4110) Löhne, **7320** (2120) Zinsaufwendungen, **6805** (4920) Telefon, **6800** (4910) Porto, **7100** (2650) Zinserträge.

Geschäftsvorfälle des Jahres 2019	€
1. Kauf eines Fotokopiergerätes auf Ziel	5.000,00
2. Mietzahlung durch Banküberweisung	500,00
3. Darlehenstilgung durch Banküberweisung	6.000,00
4. Lohnzahlung bar	1.100,00
5. Postbanküberweisung an Lieferer wegen Verbindlichkeit aLuL	1.000,00
6. Banklastschrift für Darlehenszinsen	250,00
7. Banküberweisung für Telefongebühren	600,00
8. Barzahlung für Briefmarken	100,00
9. Banküberweisung eines Kunden zum Ausgleich unserer Forderung aLuL	4.000,00
10. Zinsgutschrift der Bank	300,00

Aufgaben
1. Bilden Sie die Buchungssätze der Geschäftsvorfälle des Jahres 2019.
2. Tragen Sie die Anfangsbestände auf den Konten vor.
3. Buchen Sie die Geschäftsvorfälle.
4. Schließen Sie die Konten ab.
5. Ermitteln Sie den Erfolg auch durch Eigenkapitalvergleich.
6. Stellen Sie die Bilanz zum 31.12.2019 auf.
   Beachten Sie dabei das handelsrechtliche Gliederungsschema.

3.7 Abschreibung abnutzbarer Anlagegüter

3.7.1 Ursachen der Abschreibung

Bei **abnutzbaren Anlagegütern**, deren **Verwendung oder Nutzung** sich erfahrungsgemäß auf einen Zeitraum von **mehr als einem Jahr** erstreckt, sind die **Anschaffungskosten (AK)** oder die **Herstellungskosten (HK)** auf die **betriebsgewöhnliche Nutzungsdauer (ND) zu verteilen** (§ 253 Abs. 3 HGB, § 7 Abs. 1 EStG).

Zu den **Vermögensgegenständen des abnutzbaren Anlagevermögens** gehören z. B.:

- **entgeltlich** erworbener **Geschäfts- oder Firmenwert**,
- **Gebäude**,
- **maschinelle Anlagen**,
- **Betriebsausstattung** (z. B. Pkw, Lkw, Werkzeuge, Gabelstapler),
- **Geschäftsausstattung** (z. B. Büromöbel, Büromaschinen).

Anschaffungskosten sind Aufwendungen, die geleistet werden, um einen Vermögensgegenstand zu erwerben und ihn in einen betriebsbereiten Zustand zu versetzen, soweit die Aufwendungen dem Vermögensgegenstand einzeln zugeordnet werden können (§ 255 Abs. 1 Satz 1 HGB).

Herstellungskosten sind Aufwendungen, die durch den Verbrauch von (Sach-) Gütern und die Inanspruchnahme von Diensten für die Herstellung eines Vermögensgegenstandes, seine Erweiterung oder über seinen ursprünglichen Zustand hinausgehende wesentliche Verbesserung entstehen (§ 255 Abs. 2 Satz 1 HGB).

Die nach § 15 UStG **abziehbare Vorsteuer** gehört **weder** zu den **Anschaffungskosten** noch zu den **Herstellungskosten** eines Vermögensgegenstandes (§ 9b Abs. 1 EStG).

Einzelheiten zu den **Anschaffungs- und Herstellungskosten** erfolgen im Kapitel 7 „**Anlagenwirtschaft**", Seiten 330 ff.

Der **Teil** der **Anschaffungs- oder Herstellungskosten**, der auf ein Wirtschaftsjahr entfällt, wird **handelsrechtlich** als planmäßige **Abschreibung** und **steuerrechtlich** als **A**bsetzung für **A**bnutzung (**AfA**) bezeichnet.

Abschreibungsursachen können sein:

1. **technische Ursachen**
    - Gebrauchsverschleiß,
    - Ruheverschleiß (z. B. Verrosten),
    - Katastrophenverschleiß (z. B. Feuer, Unfall, Explosion);
2. **wirtschaftliche Ursachen**
    - Entwertung durch technischen Fortschritt,
    - Entwertung durch Bedarfsverschiebung,
    - Entwertung durch Preisverfall.

3.7.2 Berechnen der Abschreibung

Die **Abschreibung** kann nach **mehreren Methoden** berechnet werden. Im Rahmen der **Buchführung 1** wird **nur** die **lineare** Abschreibung auf bewegliche Anlagegüter **erläutert**.

 Die **anderen Methoden** der Abschreibung werden im Kapitel 6, Seiten 91 ff., der **Buchführung 2**, 30. Auflage, dargestellt und erläutert.

Bei der **linearen** Abschreibung auf **bewegliche** Anlagegüter werden die **AK/HK** gleichmäßig auf die Zeit der betriebsgewöhnlichen Nutzungsdauer **verteilt**.

Der jährliche Abschreibungs**betrag** ergibt sich, indem man die **AK/HK** durch die Anzahl der **Jahre** der betriebsgewöhnlichen **Nutzungsdauer** dividiert:

$$\text{linearer Abschreibungsbetrag} = \frac{\text{AK/HK}}{\text{Nutzungsdauer}}$$

BEISPIEL

Die **Anschaffungskosten** einer Maschine betragen **50.000 €**. Die betriebsgewöhnliche **Nutzungsdauer** beträgt **10 Jahre**:

$$\text{jährlicher Abschreibungsbetrag} = \frac{50.000\,€}{10} = 5.000\,€$$

Der Abschreibungs**satz** ergibt sich, indem man **100** durch die Anzahl der **Jahre** der betriebsgewöhnlichen **Nutzungsdauer** dividiert:

$$\text{linearer Abschreibungssatz} = \frac{100}{\text{Nutzungsdauer}}$$

BEISPIEL

Sachverhalt wie zuvor

$$\text{Abschreibungssatz} = \frac{100}{10} = 10\,\%$$

Die **Abschreibung** ist somit von den **AK/HK und** der betriebsgewöhnlichen **Nutzungsdauer** des Anlageguts **abhängig**.

Werden Anlagegüter **im Laufe** eines Wirtschaftsjahres (z.B. 01.07.) angeschafft oder hergestellt, ist die lineare AfA in diesem Wirtschaftsjahr **zwingend monatsgenau (pro-rata-temporis)** zu berechnen (z.B. 6/12) (§ 253 Abs. 3 HGB, § 7 Abs. 1 Satz 4 EStG).

Die zeitanteilige AfA wird entsprechend beim **Ausscheiden** eines Anlageguts im Laufe eines Wirtschaftsjahres berechnet (§ 253 Abs. 3 HGB, R 7.4 Abs. 8 EStR 2012).

Wird ein Anlagegut **im Laufe** eines **Monats** (z.B. 15.02.) angeschafft oder hergestellt, so wird im Allgemeinen eine **Aufrundung auf volle Monate** (z.B. 11/12) nicht zu beanstanden sein. Beim **Ausscheiden** (z.B. 15.02.) eines Anlageguts erfolgt dann logischerweise im Allgemeinen eine **Abrundung auf volle Monate** (z.B. 1/12).

Die **betriebsgewöhnliche Nutzungsdauer** ist zu Beginn der Nutzung vorsichtig **zu schätzen**. **Anhaltspunkte** für die Schätzung können die **betriebseigenen Erfahrungen** und die vom

3.7 Abschreibung abnutzbarer Anlagegüter

Bundesminister der Finanzen (BdF) im Einvernehmen mit den obersten Finanzbehörden der Länder aufgrund von **Erfahrungen der steuerlichen Außenprüfung** herausgegebenen **AfA-Tabellen** sein.

Auszug aus der **AfA-Tabelle** für allgemein verwendbare Anlagegüter (BMF-Schreiben vom 15.12.2000, BStBl 2000 I Seiten 1532 ff.):

Lfd. Nr.	Anlagegüter	Nutzungsdauer bis 2000	Nutzungsdauer ab 2001
1	2	3	4
6	**Betriebs- und Geschäftsausstattung**		
6.1	Wirtschaftsgüter der Werkstätten-, Labor- und Lagereinrichtungen	10	14
6.2	Wirtschaftsgüter der Ladeneinrichtungen	8	8
6.3	Messestände		6
6.4	Kühleinrichtungen	5	8
6.5	Klimageräte (mobil)	8	11
6.6	Be- und Entlüftungsgeräte (mobil)	5	10
6.7	Fettabschneider	5	5
6.8	Magnetabschneider	6	6
6.9	Nassabschneider	5	5
6.10	Heiß-/Kaltluftgebläse (mobil)	8	11
6.11	Raumheizgeräte (mobil)	5	9
6.12	Arbeitszelte	6	6
6.13	Telekommunikationsanlagen		
6.13.1	Fernsprechnebenstellenanlagen	8	10
6.13.2	Kommunikationsendgeräte		
6.13.2.1	Allgemein	6	8
6.13.2.2	Mobilfunkendgeräte	4	5
6.13.3	Textendeinrichtungen (Faxgeräte u. Ä.)	5	6
6.13.4	Betriebsfunkanlagen	8	11
6.13.5	Antennenmasten	10	10
6.14	Büromaschinen und Organisationsmittel		
6.14.1	Adressier-, Kuvertier- und Frankiermaschinen	5	8
6.14.2	Paginiermaschinen	8	8
6.14.3	Datenverarbeitungsanlagen		
6.14.3.1	Großrechner	5	7
6.14.3.2	Workstations, Personalcomputer, Notebooks und deren Peripheriegeräte (Drucker, Scanner, Bildschirme u. Ä.)	4	3

Die **aktuelle AfA-Tabelle** gilt für alle Anlagegüter, die **nach dem 31.12.2000** angeschafft oder hergestellt worden sind.

Die in dieser Tabelle für die einzelnen Anlagegüter angegebene betriebsgewöhnliche Nutzungsdauer (ND) beruht auf Erfahrungen der steuerlichen Betriebsprüfung. Die Fachverbände der Wirtschaft wurden **vor** Aufstellung der AfA-Tabelle angehört.

Die in der AfA-Tabelle angegebene **Nutzungsdauer** dient als **Anhaltspunkt für** die Beurteilung der **Angemessenheit der steuerlichen AfA**. Sie **berücksichtigt** die **technische Abnutzung** eines unter **üblichen** Bedingungen arbeitenden Betriebs.

3 Grundlagen der Finanzbuchführung

Handelsrechtlich sind die steuerrechtlichen AfA-Tabellen **nicht zwingend** anzuwenden. Die steuerrechtlichen AfA-Tabellen stellen allerdings einen **Anhaltspunkt für die Schätzung** der betriebsgewöhnlichen Nutzungsdauer dar. Sofern die Nutzungsdauern der steuerrechtlichen AfA-Tabellen in einer **vertretbaren Bandbreite** zu den voraussichtlichen **betriebsindividuellen** Nutzungsdauern liegen, können auch die Werte der steuerrechtlichen AfA-Tabellen für handelsrechtliche Zwecke übernommen werden.

> **ÜBUNG →** 1. Wiederholungsfragen 1 bis 8 (Seite 91),
> 2. Aufgaben 1 bis 6 (Seite 91 f.)

3.7.3 Buchen der Abschreibung

Die Vermögensgegenstände des **abnutzbaren** Anlagevermögens verlieren durch ihre Nutzung ständig an Wert.

Diese **Wertminderung** des Vermögens ist betrieblicher **Aufwand**, der auf den **Aufwandskonten**

> **6220** (4830) **Abschreibungen auf Sachanlagen (ohne AfA auf Kfz und Gebäude),**
> **6221** (4831) **Abschreibungen auf Gebäude,**
> **6222** (4832) **Abschreibungen auf Kfz**

im **Soll** und auf einem **Bestandskonto** (z.B. Maschinen) im **Haben** erfasst wird.

> **BEISPIEL**
>
> Der vorsteuerabzugsberechtigte Unternehmer U hat am 23.10.2019 eine Maschine für **20.000€** + 3.800 € USt = 23.800 € durch Banküberweisung angeschafft.
> Die betriebsgewöhnliche **Nutzungsdauer** der Maschine beträgt **10 Jahre**.

1) Buchungssatz bei der Anschaffung zum 23.10.2019

Tz.	Sollkonto	Betrag (€)	Habenkonto
1.	**0440** (0210) Maschinen **1406** (1576) Vorsteuer 19%*	20.000,00 3.800,00 23.800,00	**1800** (1200) Bank

* Einzelheiten zum Buchen der Vorsteuer erfolgen im Abschnitt 3.9.2.1, Seite 112 ff.

Buchung bei der Anschaffung zum 23.10.2019:

```
S    0440 (0210) Maschinen      H   S    1800 (1200) Bank           H
1)      20.000,00                    |                    1)   23.800,00

S    1406 (1576) Vorsteuer 19%  H
1)       3.800,00
```

2) Buchungssatz der Abschreibung zum 31.12.2019:

Tz.	Sollkonto	Betrag (€)	Habenkonto
2.	**6220** (4830) Abschreibungen	500,00 *	**0440** (0210) Maschinen

* 20.000 € : 10 = 2.000 € x ³⁄₁₂ = 500 € oder 20.000 € x 10% = 2.000 € x ³⁄₁₂ = 500 €

3.7 Abschreibung abnutzbarer Anlagegüter

Buchung zum 31.12.2019:

S	6220 (4830) **Abschreibungen**	H	S	0440 (0210) **Maschinen**	H
2)	500,00		1) 20.000,00	2)	500,00

3.7.4 Abschluss des Anlagekontos und des Abschreibungskontos

Die Buchung der **Abschreibung** hat **Auswirkungen auf** das buchmäßige **Vermögen** des Unternehmers.

Nach Buchung der Abschreibung weist das **Anlagekonto** den um die Abschreibung verminderten **Buchwert** (**Restbuchwert**) aus.

Da das **Anlagekonto** ein **Aktivkonto** ist, wird der **Restbuchwert** zum Schluss des Wirtschaftsjahres in das **Schlussbilanzkonto** übernommen.

BEISPIEL

Sachverhalt wie zuvor

Buchungssatz:

Sollkonto	Betrag (€)	Habenkonto
9998 (9998) SBK	19.500,00	**0440** (0210) Maschinen

Buchung:

S	0440 (0210) **Maschinen**		H
1)	20.000,00	2)	500,00
		SBK	19.500,00
	20.000,00		20.000,00

S	9998 (9998) **Schlussbilanzkonto**	H
Maschinen	19.500,00	

Die **Buchung der Abschreibung** hat **nicht nur Auswirkungen auf** das buchmäßige **Vermögen** des Unternehmers, **sondern auch** auf den **Erfolg**.

Da das **Abschreibungskonto** ein **Aufwandskonto** ist, wird es zum Schluss des Wirtschaftsjahres über das **Gewinn- und Verlustkonto** abgeschlossen.

BEISPIEL

Sachverhalt wie zuvor

Buchungssatz:

Sollkonto	Betrag (€)	Habenkonto
9999 (9999) GuVK	500,00	**6220** (4830) Abschreibungen

3 Grundlagen der Finanzbuchführung

Buchung:

S	6220 (4830) Abschr. auf Sachanlagen (ohne AfA auf Kfz und Geb.)	H
2)	500,00	GuVK	500,00

S	9999 (9999) Gewinn- und Verlustkonto	H
Abschreibungen	500,00		

Die Abschreibung **mindert** auf der **Aktivseite** der Bilanz das **Sachanlagevermögen** und **in gleicher Höhe** auf der **Passivseite** das **Eigenkapital**. Dadurch führt die Abschreibung im Ergebnis zu einer **Bilanzverkürzung**.

ÜBUNG →
1. Wiederholungsfragen 9 bis 12 (Seite 91),
2. Aufgabe 7 bis 10 (Seite 92 f.)

3.7.5 Zusammenfassung und Erfolgskontrolle
3.7.5.1 Zusammenfassung

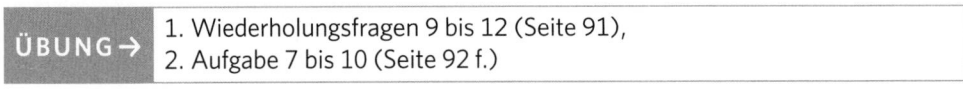

3.7.5.2 Erfolgskontrolle

WIEDERHOLUNGSFRAGEN

1. Welche Vermögensgegenstände gehören im Einzelnen zu den abnutzbaren Anlagegütern?
2. Welche Abschreibungsursachen gibt es?
3. Wie nennt man die Abschreibung, bei der jährlich ein gleich hoher Betrag abgeschrieben wird?
4. Wie wird der jährliche Abschreibungsbetrag bei dieser Abschreibung auf bewegliche Anlagegüter berechnet?
5. Wie berechnet man den Abschreibungssatz bei dieser Abschreibung?
6. Wie wird die betriebsgewöhnliche Nutzungsdauer zu Beginn der Nutzung ermittelt?
7. Wie muss ein Vermögensgegenstand des abnutzbaren Anlagevermögens abgeschrieben werden, wenn er im Laufe des Jahres angeschafft wird?
8. Welche Bedeutung haben die amtlichen AfA-Tabellen für die Handels- und Steuerbilanz?
9. Wie wird die Wertminderung des betrieblichen Vermögens buchmäßig erfasst?
10. Wie wirkt sich die Abschreibung auf das betriebliche Vermögen aus?
11. Wie wirkt sich die Abschreibung auf den Erfolg und damit auf das Eigenkapital des Unternehmers aus?
12. Über welches Konto wird das Abschreibungskonto abgeschlossen?

AUFGABEN

AUFGABE 1

Berechnen Sie den jährlichen Abschreibungsbetrag bei der linearen Abschreibung für folgende Anlagegüter:

Anlagegut	AK	Nutzungsdauer	Abschreibungsbetrag
1	20.000 €	5 Jahre	
2	10.000 €	4 Jahre	
3	25.000 €	5 Jahre	
4	8.000 €	8 Jahre	

AUFGABE 2

Berechnen Sie den Abschreibungssatz bei der linearen Abschreibung für folgende Anlagegüter:

Anlagegut	Nutzungsdauer	Abschreibungssatz
1	3 Jahre	
2	4 Jahre	
3	5 Jahre	
4	6 Jahre	

AUFGABE 3

Der Unternehmer U, Düsseldorf, der zum Vorsteuerabzug berechtigt ist, kauft am 14.01.2019 einen Pkw, der nur betrieblich genutzt wird, für 30.000 € + 19 % USt auf Ziel.
Die betriebsgewöhnliche Nutzungsdauer des Pkws beträgt 6 Jahre.
1. Wie hoch ist der Abschreibungsbetrag bei linearer Abschreibung für das Anschaffungsjahr?
2. Wie hoch ist der Abschreibungsbetrag für das Geschäftsjahr 2019, wenn der Pkw erst am 14.08.2019 angeschafft wird?

AUFGABE 4

Der Unternehmer Weingart, Heidelberg, der zum Vorsteuerabzug berechtigt ist, weist in seiner Bilanz zum 31.12.2019 eine Maschine mit einem Buchwert von 98.000 € aus. Die Maschine wurde bisher bei einer Nutzungsdauer von 10 Jahren mit einem Betrag von 14.000 € jährlich planmäßig linear abgeschrieben.
1. Ermitteln Sie die historischen (ursprünglichen) Anschaffungskosten der Maschine.
2. In welchem Jahr wurde die Maschine angeschafft?

AUFGABE 5

Der selbständige Facharzt Rüdiger Winter erwarb am 06.03.2019 einen neuen Pkw für 40.000 € + 19 % USt. Der Pkw gehört zu seinem Betriebsvermögen und wird in vollem Umfang betrieblich genutzt. Die betriebsgewöhnliche Nutzungsdauer des Pkws beträgt 6 Jahre.
Berechnen Sie die lineare Abschreibung des Pkws für 2019, 2020 und 2025 (Hinweis: § 9b EStG).

AUFGABE 6

Welche der nachstehenden Vermögensgegenstände können nicht planmäßig abgeschrieben werden? Begründen Sie Ihre Antwort.
1. Produktionsmaschine
2. Gebäude
3. Warenvorräte
4. Büroausstattung
5. Grund und Boden

AUFGABE 7

Der bilanzierende Gewerbetreibende Lustig, Düsseldorf, hat für das Geschäftsjahr 2019 keine Abschreibungen auf seine Anlagegüter vorgenommen, weil er in seiner Schlussbilanz ein möglichst großes Vermögen ausweisen will.
Beurteilen Sie diese Vorgehensweise.

AUFGABE 8

Der bilanzierende Gewerbetreibende Müsig, Mannheim, hat am 25.04.2019 (Tag der Lieferung) eine Maschine, die er bisher linear mit einem Jahresbetrag von 12.000 € abgeschrieben hat, an den bilanzierenden Gewerbetreibenden Handlang, Heilbronn, für 27.000 € verkauft. Handlang schätzt die Restnutzungsdauer der Maschine auf 3 Jahre und ordnet sie seinem Anlagevermögen zu.
Berechnen Sie die Abschreibungsbeträge, die die beiden Gewerbetreibenden im Geschäftsjahr 2019 buchen können.

3.7 Abschreibung abnutzbarer Anlagegüter

AUFGABE 9

Folgende Situation ist gegeben:

S	0650 (0420) Büroeinrichtung	H
SV	48.000,00	

S	2000 (0800) Eigenkapital	H
		SV 32.000,00

S	0520 (0320) Pkw	H
SV	30.000,00	

S	0940 (0550) Darlehen	H
		SV 36.000,00

S	6220 (4830) Abschreibungen	H

S	1800 (1200) Bank	H
SV	40.000,00	

S	6222 (4832) Abschreibungen Kfz	H

S	4830 (2700) Sonstige Erträge	H
		250.000,00

S	6300 (2300) Sonstige Aufwendungen	H
200.000,00		

S	9999 (9999) GuVK	H

S	9998 (9998) SBK	H

Abschlussangaben
1. Abschreibung auf Büroeinrichtung   12.000 €
2. Abschreibung auf Pkw   10.000 €

Aufgaben
1. Buchen Sie die Abschreibungsbeträge.
2. Schließen Sie die Konten ab.

AUFGABE 10

Der bilanzierende Gewerbetreibende Willig, Stuttgart, hat am 04.04.2019 eine Maschine (betriebsgewöhnliche Nutzungsdauer 8 Jahre, Anschaffungskosten 96.000 €) für seinen Betrieb erworben.

Welche der nachstehenden Aussagen ist falsch?
1. Die Abschreibung für das Geschäftsjahr 2019 beträgt 9.000 €.
2. Die Abschreibung zählt zu den Aufwendungen in der Gewinn- und Verlustrechnung.
3. Die Abschreibung für das Geschäftsjahr 2019 beträgt 4.000 €.
4. Die Abschreibung für das Geschäftsjahr 2027 beträgt 3.000 €.

Zusammenfassende Erfolgskontrolle

Der Unternehmer Karl Heinz Protz, Köln, hat durch Inventur am 01.01.2019 folgende Anfangsbestände ermittelt:

Anfangsbestände	€
0520 (0320) Pkw	72.000,00
0640 (0430) Ladeneinrichtung	15.000,00
1700 (1100) Postbank	20.000,00
1600 (1000) Kasse	1.500,00
1800 (1200) Bank	25.000,00
2000 (0800) Eigenkapital	87.000,00
3300 (1600) Verbindlichkeiten aLuL	46.500,00

Außer den Bestandskonten, die sich aus den obigen Beständen ergeben, sind folgende Erfolgskonten zu führen:

4560 (8510) Provisionsumsätze, **6020** (4120) Gehälter, **6220** (4830) Abschreibungen auf Sachanlagen, **6222** (4832) Abschreibungen auf Kfz, **7100** (2650) Zinserträge, **7310** (2110) Zinsaufwendungen.

Geschäftsvorfälle des Jahres 2019	€
1. Kauf einer Registrierkasse durch Banküberweisung	8.000,00
2. Provisionsgutschrift auf unser Postbankkonto	10.500,00
3. Zinslastschrift durch die Bank	280,00
4. Gehaltszahlung durch Postbankkonto	2.000,00
5. Ein Kunde überweist Verzugszinsen auf unser Postbankkonto	110,00
6. Kauf eines Pkws durch Postbanküberweisung	14.000,00
Abschlussangaben	€
7. Abschreibung auf Pkw	5.000,00
8. Abschreibung auf Ladeneinrichtung	2.000,00

Aufgaben
1. Bilden Sie die Buchungssätze der Geschäftsvorfälle des Jahres 2019.
2. Tragen Sie die Anfangsbestände auf den Konten vor.
3. Buchen Sie die Geschäftsvorfälle auf den T-Konten.
4. Schließen Sie die Konten ab.
5. Ermitteln Sie den Erfolg auch durch Eigenkapitalvergleich.
6. Stellen Sie die Bilanz zum 31.12.2019 auf. Beachten Sie dabei das handelsrechtliche Gliederungsschema.

3.8 Warenkonten

Die **Warenkonten** sind bedeutende Konten der **Groß- und Einzelhandelsbetriebe**, weil die meisten Geschäftsvorfälle dieser Betriebe den Waren**eingang** und den Waren**ausgang** betreffen.

Auch **Industriebetriebe** verkaufen vielfach Fertigprodukte von anderen Unternehmen, sodass sie ebenfalls ein Warenkonto (**Handelswaren**) führen können.

3.8.1 Wareneinkauf, Warenverkauf und Abschluss der Warenkonten

In der **Praxis** ist es üblich, den Warenverkehr auf **getrennten Warenkonten** zu buchen. Dabei werden mindestens **drei Warenkonten** geführt:

1. das Aufwandskonto „**Wareneingang**",
2. das Ertragskonto „**Erlöse**" und
3. das Bestandskonto „**Bestand Waren**".

3.8.1.1 Wareneingang

Die **Wareneinkäufe** werden auf dem **Aufwandskonto**

5200 (3200) **Wareneingang**

im **Soll** zu **Einkaufspreisen** gebucht.

Der **Wareneingang** wird **nicht** auf ein Bestandskonto gebucht, sondern auf einem **Aufwandskonto** erfasst, weil **unterstellt** wird, dass die **eingekaufte** Ware **sofort verkauft** wird (**Just-in-time-Verfahren**).

BEISPIEL 1

Getränkehändler Karl Müller, Koblenz, kaufte im Laufe des Geschäftsjahres **10.000** Kästen Pils zum **Einkaufspreis** von je **7,50 €** = **75.000 €** auf Ziel.

Buchungssatz:

Tz.	Sollkonto	Betrag (€)	Habenkonto
1.	**5200** (3200) **Wareneingang**	75.000,00	**3300** (1600) **Verbindlichkeiten aLuL**

Buchung:

```
S    5200 (3200) Wareneingang    H    S    3300 (1600) Verbindlichkeiten aLuL    H
1)         75.000,00                                            1)    75.000,00
```

Das Konto **Wareneingang** wird als **Aufwandskonto** am Ende des Geschäftsjahres über das **Gewinn- und Verlustkonto** (**GuVK**) abgeschlossen. Der Saldo des Wareneingangskontos wird als **Wareneinsatz** bezeichnet.

3 Grundlagen der Finanzbuchführung

3.8.1.2 Erlöse

Die **Warenverkäufe** werden auf dem **Ertragskonto**

4200 (8200) **Erlöse**

im **Haben** zu **Verkaufspreisen** gebucht.

BEISPIEL 2

Getränkehändler Karl Müller, Koblenz, **verkaufte** im Laufe des Geschäftsjahres bar **9.800** Kästen Pils zum **Verkaufs**preis von je **10 €** = 98.000 €.

Buchungssatz:

Tz.	Sollkonto	Betrag (€)	Habenkonto
2.	**1600** (1000) Kasse	98.000,00	**4200** (8200) Erlöse

Buchung:

S	**1600** (1000) **Kasse**	H	S	**4200** (8200) **Erlöse**	H
2) 98.000,00					2) 98.000,00

Das Konto **Erlöse** ist ein **Ertragskonto**, das am Ende des Geschäftsjahres über das Gewinn- und Verlustkonto (**GuVK**) abgeschlossen wird. Der Saldo des Erlöskontos wird als **Warenumsatz** bezeichnet.

Die **Differenz** aller **Wareneinkäufe und Warenverkäufe** einer Rechnungsperiode bezeichnet man als **Rohgewinn** bzw. **Rohverlust**.

Zusammenfassung zu Abschnitt 3.8.1.1 und 3.8.1.2:

3.8 Warenkonten

> **ÜBUNG →** 1. Wiederholungsfragen 1 bis 3 (Seite 106),
> 2. Aufgabe 1 (Seite 106)

3.8.1.3 Bestand Waren und Bestandsveränderungen der Waren

In den meisten Betrieben wird die **eingekaufte** Warenmenge **nicht** mit der **verkauften** Warenmenge **übereinstimmen**.

Diese Bestandsveränderungen müssen am **Ende** des Geschäftsjahres noch berücksichtigt werden.

Zu **Beginn** des Geschäftsjahres wird der **Anfangsbestand der Waren** auf dem Aktivkonto „Bestand Waren" im Soll vorgetragen.

BEISPIEL

Getränkehändler Karl Müller, Koblenz, hatte zu **Beginn** seines Geschäftsjahres u. a. **200** Kästen Pils zu je **7,50 €** = **1.500 €**.

Der **Anfangsbestand** wird wie folgt vorgetragen:

Buchungssatz:

Sollkonto	Betrag (€)	Habenkonto
1140 (3980) **Bestand Waren**	1.500,00	9000 (9000) **Saldenvorträge**

Buchung:

S	1140 (3980) **Bestand Waren**	H	S	9000 (9000) **Saldenvorträge**	H
SV	1.500,00			Waren	1.500,00

Zum **Ende** des Geschäftsjahres wird im **Haben** des Kontos **Bestand Waren** der durch Inventur ermittelte **Schlussbestand der Waren** gebucht.

Die **Gegenbuchung** erfolgt auf dem **Schlussbilanzkonto**.

BEISPIEL

Getränkehändler Karl Müller, Koblenz, hat am **Ende** des Geschäftsjahres einen **Schlussbestand** laut Inventur von **400** Kästen Pils zu je **7,50 €** = **3.000 €**.

Der **Schlussbestand** wird wie folgt gebucht:

Buchungssatz:

Sollkonto	Betrag (€)	Habenkonto
9998 (9998) **SBK**	3.000,00	**1140** (3980) **Bestand Waren**

Buchung:

S	1140 (3980) **Bestand Waren**	H	S	9998 (9998) **SBK**	H
SV (200)	1.500,00 | **SBK** (400)	3.000,00 →	Waren	3.000,00 |

MERKE → Das Konto „**Bestand Waren**" wird **nur** zu **Beginn** und zum **Ende** des Geschäftsjahres angesprochen (**nicht** im Laufe des Geschäftsjahres).

Der **Saldo** des Kontos „**Bestand Waren**" ergibt die **Bestandsveränderung** (Bestands**mehrung** oder Bestands**minderung**).

3.8 Warenkonten

Bestandsmehrung

Eine Bestands**mehrung** liegt vor, wenn der **Schlussbestand größer** ist als der **Anfangsbestand**:

S	1140 (3980) **Bestand Waren**	H
Anfangsbestand		Schlussbestand
Bestands**mehrung**		

Die Bestands**mehrung** wird rechnerisch wie folgt ermittelt (siehe Beispiel unten):

	Warenschlussbestand		3.000 €
−	Warenanfangsbestand	−	1.500 €
=	Bestands**mehrung**		**1.500 €**

Eine Bestands**mehrung** bedeutet, dass in einer Rechnungsperiode (einem Geschäftsjahr) **mehr Waren eingekauft als verkauft** worden sind.

Der auf dem Konto **Wareneingang** gebuchte **Aufwand** ist daher **zu hoch**.

Um den **periodengerechten Aufwand** eines Geschäftsjahres zu erhalten, muss der **Aufwand** auf dem Konto **Wareneingang** um die Bestands**mehrung gemindert** werden.

Buchmäßig wird die Bestands**mehrung** im **Haben** des Kontos **Wareneingang** erfasst. Dadurch ergibt sich auf dem Konto Wareneingang als Saldo der **Wareneinsatz** (der **Einkaufswert** der **verkauften** Waren).

BEISPIEL

Getränkehändler Karl Müller, Koblenz, hat am **Ende** des Geschäftsjahres eine Bestands**mehrung** von **1.500 €** (200 Kästen Pils zu je 7,50 €).

Buchungssatz:

Sollkonto	Betrag (€)	Habenkonto
1140 (3980) **Bestand Waren**	1.500,00	5200 (3200) **Wareneingang**

Buchung:

S	1140 (3980) **Bestand Waren**		H
SV (200 Kästen)	1.500,00	SBK (400 Kästen)	3.000,00
WE (200 Kästen)	**1.500,00**		
	3.000,00		3.000,00

S	5200 (3200) **Wareneingang**		H
1) (10.000 Kästen)	75.000,00	**Mehrung** (200 Kästen)	**1.500,00**

3 Grundlagen der Finanzbuchführung

	Wareneingang	(10.000 Kästen)		75.000 €
−	Bestands**mehrung**	(200 Kästen)	−	1.500 €
=	**Wareneinsatz**	(9.800 Kästen)		**73.500 €**

Der **Wareneinsatz** ist der **Einkaufs**wert der **verkauften** Waren (von 9.800 Kästen Pils), der eingesetzt worden ist, um den **Erlös** (von 9.800 Kästen Pils) zu erzielen (siehe Beispiele 1 und 2, Seite 95 f.).

Schematische Übersicht über die **Reihenfolge** des Abschlusses der Konten „**Bestand Waren**" und „**Wareneingang**" bei Bestands**mehrung**:

Die **Bestandsveränderung der Waren** kann auch auf dem **Erfolgskonto**

5880 (3960) **Bestandsveränderungen Waren**

erfasst werden.

Bei DATEV wird das Konto „**Bestandsveränderungen Waren**" mit dem Konto „**Wareneingang**" durch das Programm **saldiert**. Der **Saldo** wird als GuV-Posten „**Aufwendungen für Waren**" in der Gewinn- und Verlustrechnung nach § 275 HGB ausgewiesen (siehe Spalte GuV-Posten der Kontenrahmen SKR 04 und SKR 03).

Im Folgenden werden die **Bestandsveränderungen** auf das Konto „**Wareneingang**" gebucht, d. h. **nicht** auf das Konto „Bestandsveränderungen Waren".

3.8 Warenkonten

Zusammenfassung zu Abschnitt 3.8.1.3:

ÜBUNG →	1. Wiederholungsfragen 4 bis 6 (Seite 106),
	2. Aufgabe 2 (Seite 107)

3 Grundlagen der Finanzbuchführung

Bestandsminderung

Eine Bestands**minderung** liegt vor, wenn der **Schlussbestand kleiner** ist als der **Anfangsbestand**:

S	1140 (3980) Bestand Waren	H
Anfangsbestand	Schlussbestand	
	Bestands**minderung**	

Die Bestands**minderung** wird rechnerisch wie folgt ermittelt (siehe Beispiel unten):

	Warenschlussbestand	750 €
−	Warenanfangsbestand	− 1.500 €
=	Bestands**minderung**	**750 €**

Eine Bestands**minderung** bedeutet, dass die gebuchten Erlöse nicht nur mit den eingekauften Waren des laufenden Geschäftsjahres erzielt worden sind, sondern auch noch mit Waren aus dem Vorjahr (= Anfangsbestand). In diesem Fall sind in einem Geschäftsjahr **mehr Waren verkauft als eingekauft** worden.

Der auf dem Konto **Wareneingang** erfasste **Aufwand** ist daher **zu niedrig**.

Um den **periodengerechten Aufwand** eines Geschäftsjahres zu erhalten, muss der **Aufwand** auf dem Konto **Wareneingang** um die Bestands**minderung erhöht** werden.

Buchmäßig wird die Bestands**minderung** im **Soll** des Kontos **Wareneingang** erfasst. Dadurch ergibt sich auf dem Konto Wareneingang als Saldo der **Wareneinsatz** (der **Einkaufswert** der **verkauften** Waren).

BEISPIEL

Sachverhalt wie zuvor mit dem Unterschied, dass der Getränkehändler Karl Müller, Koblenz, am **Ende** des Geschäftsjahres eine Bestands**minderung** von **750 €** (100 Kästen Pils zu je 7,50 €) hat.

Buchungssatz:

Sollkonto	Betrag (€)	Habenkonto
5200 (3200) **Wareneingang**	750,00	1140 (3980) **Bestand Waren**

Buchung:

S	1140 (3980) Bestand Waren		H
AB (200 Kästen)	1.500,00	SBK (100 Kästen)	750,00
		WE (100 Kästen)	**750,00**
	1.500,00		1.500,00

S	5200 (3200) Wareneingang		H
1) (10.000 Kästen)	75.000,00		
Minderung (100 Kästen)	**750,00**		

3.8 Warenkonten

	Wareneingang	(10.000 Kästen)	75.000 €
+	Bestands**minderung**	(100 Kästen)	750 €
=	**Wareneinsatz**	(10.100 Kästen)	**75.750 €**

Der **Wareneinsatz** ist der **Einkaufswert** der **verkauften** Waren (von 10.100 Kästen Pils), der eingesetzt worden ist, um den **Erlös** (von 10.100 Kästen Pils) zu erzielen.

Schematische Übersicht über die **Reihenfolge** des Abschlusses der Konten „**Bestand Waren**" und „**Wareneingang**" bei Bestands**minderung**:

Zusammenfassung zu Abschnitt 3.8.1.3:

3.8.2 Ausweis der Warenkonten

Die Warenkonten sind nach dem **Bruttoverfahren** abzuschließen (§ 246 Abs. 2 HGB).
Das **Bruttoverfahren** wird so genannt, weil auf dem **Gewinn- und Verlustkonto** die **Aufwendungen** (der Wareneinsatz) und die **Erträge** (die Umsatzerlöse) **unsaldiert** (**brutto**) ausgewiesen werden.
Nach § 275 Abs. 2 HGB sind die **Umsatzerlöse** (Posten Nr. 1) und die **Aufwendungen für bezogene Waren** (Posten **Nr. 5a**) gesondert auszuweisen.
Nach dem Beispiel von Seite 99 ergibt sich für den Getränkehändler Müller folgender **Wareneinsatz** (Aufwendungen für Waren):

	Wareneingang		75.000 €
−	Bestandsmehrung	−	1.500 €
=	**Wareneinsatz**		**73.500 €**

Nach dem Beispiel von Seite 96 und dem obigen Ergebnis ergibt sich für den Getränkehändler Müller folgender **Rohgewinn**:

	Erlöse		98.000 €
−	Wareneinsatz	−	73.500 €
=	**Rohgewinn**		**24.500 €**

Der **Rohgewinn** zeigt, welchen **Erfolg** (Rohgewinn/Rohverlust) das Unternehmen durch den **Ein- und Verkauf von Waren** erzielt hat.
Der **Rohgewinn** ist ein **Zwischen-Saldo** des Gewinn- und Verlust**kontos**, der in der Gewinn- und Verlust**rechnung** nach § 275 Abs. 2 HGB **nicht ausgewiesen** wird.
Mithilfe des Rohgewinns und des Wareneinsatzes kann der **Rohgewinnaufschlagsatz** (Kalkulationszuschlag) berechnet werden.
Der **Rohgewinnaufschlagsatz** für den Getränkehändler Müller beträgt:

$$\text{Rohgewinnaufschlagsatz} = \frac{24.500\,€ \times 100}{73.500\,€} = \underline{\underline{33\,\tfrac{1}{3}\,\%}}$$

Mithilfe des Rohgewinnaufschlagsatzes kann der **Erlös** bestimmt werden.
Der **Erlös** des Getränkehändlers Müller beträgt:

Wareneinsatz (73.500 €) + 33 ⅓ % Rohgewinnaufschlagsatz = **98.000 € Erlös.**

Der **endgültige Saldo** des Gewinn- und Verlust**kontos** ist der **Reingewinn** (bzw. der **Reinverlust**).
Der Getränkehändler Müller hat noch sonstige Aufwendungen in Höhe von 15.000 € und sonstige Erträge in Höhe von 18.000 €, sodass er folgenden **Reingewinn** erzielt:

	Rohgewinn		24.500 €
−	sonstige Aufwendungen	−	15.000 €
+	sonstige Erträge	+	18.000 €
=	**Reingewinn**		**27.500 €**

> **ÜBUNG →**
> 1. Wiederholungsfragen 7 bis 13 (Seite 106),
> 2. Aufgaben 3 bis 7 (Seite 107 f.)

3.8.3 Erfolgskontrolle

WIEDERHOLUNGSFRAGEN

1. Welche Warenkonten werden in der Praxis üblicherweise geführt?
2. Was wird auf dem Konto Wareneingang gebucht?
3. Was wird auf dem Konto Erlöse gebucht?
4. Was wird auf dem Konto Bestand Waren gebucht?
5. Wann liegt eine Bestandsmehrung vor?
6. Wie wird die Bestandsmehrung buchmäßig erfasst?
7. In welchem Fall liegt eine Bestandsminderung vor?
8. Wie wird die Bestandsminderung buchmäßig erfasst?
9. Wie werden die Warenkonten abgeschlossen?
10. Was versteht man unter dem Wareneinsatz?
11. Wie wird der Rohgewinn rechnerisch ermittelt?
12. Was versteht man unter dem Rohgewinnaufschlagsatz?
13. Wie wird der Reingewinn rechnerisch ermittelt?

AUFGABEN

AUFGABE 1

Der Unternehmer A, Essen, hat durch Inventur am 01.01.2019 folgende Anfangsbestände ermittelt:

	€
0640 (0430) Ladeneinrichtung	25.000,00
1140 (3980) Bestand Waren	80.000,00
1600 (1000) Kasse	6.000,00
1800 (1200) Bankguthaben	89.000,00
1200 (1400) Forderungen aLuL	150.000,00
3300 (1600) Verbindlichkeiten aLuL	135.000,00
2000 (0800) Eigenkapital	?

Geschäftsvorfälle des Jahres 2019	€
1. Wareneinkäufe bar	5.000,00
2. Wareneinkäufe auf Ziel	130.000,00
3. Warenverkäufe bar	8.000,00
4. Warenverkäufe auf Ziel	180.000,00
5. Banküberweisung an Lieferer	50.000,00
6. Banküberweisung von Kunden	60.000,00

Abschlussangaben	
7. Warenschlussbestand lt. Inventur	80.000,00
8. Abschreibung auf Ladeneinrichtung	5.000,00

Es sind folgende Warenkonten zu führen:
1140 (3980) Bestand Waren, **5200** (3200) Wareneingang, **4200** (8200) Erlöse.

Aufgaben

1. Bilden Sie die Buchungssätze der Geschäftsvorfälle des Jahres 2019.
2. Tragen Sie die Anfangsbestände auf den Konten vor.
3. Buchen Sie die Geschäftsvorfälle.
4. Schließen Sie die Konten ab. Es liegt keine Bestandsveränderung vor. Der Warenschlussbestand ist identisch mit dem Warenanfangsbestand.

AUFGABE 2

Der Unternehmer B, Mainz, hat durch Inventur am 01.01.2019 folgende Anfangsbestände ermittelt:

	€
0640 (0430) Ladeneinrichtung	25.000,00
1140 (3980) Bestand Waren	8.000,00
1200 (1400) Forderungen aLuL	10.000,00
1600 (1000) Kasse	15.000,00
1800 (1200) Bankguthaben	13.000,00
3300 (1600) Verbindlichkeiten aLuL	45.000,00
2000 (0800) Eigenkapital	26.000,00

Geschäftsvorfälle des Jahres 2019	€
1. Wareneinkäufe auf Ziel	80.000,00
2. Wareneinkäufe bar	10.000,00
3. Warenverkäufe auf Ziel	10.000,00
4. Warenverkäufe bar	150.000,00
5. Barzahlung an Lieferer zum Ausgleich einer Verbindlichkeit aLuL	50.000,00
6. Banküberweisung von Kunden zum Ausgleich einer Forderung aLuL	5.000,00
Abschlussangaben	
7. Warenschlussbestand lt. Inventur	10.000,00
8. Abschreibung auf Ladeneinrichtung	5.000,00

Es sind folgende Warenkonten zu führen:

1140 (3980) Bestand Waren, **5200** (3200) Wareneingang, **4200** (8200) Erlöse.

Aufgaben

1. Bilden Sie die Buchungssätze der Geschäftsvorfälle des Jahres 2019.
2. Tragen Sie die Anfangsbestände auf den Konten vor.
3. Buchen Sie die Geschäftsvorfälle.
4. Schließen Sie die Konten ab. Es liegt eine Bestandsveränderung vor.

AUFGABE 3

Beim Unternehmer C ist folgende Situation gegeben:

S	**1140** (3980) Bestand Waren	H
SV	20.000,00	

S	**5200** (3200) Wareneingang	H	S	**4200** (8200) Erlöse	H
	200.000,00				440.000,00

S	**9999** (9999) GuVK	H	S	**9998** (9998) SBK	H
Aufw.	150.000,00	Erträge 10.000,00			

Der Warenschlussbestand beträgt lt. Inventur 25.000 €.

3 Grundlagen der Finanzbuchführung

Aufgaben
1. Schließen Sie die Warenkonten ab.
2. Ermitteln Sie den Wareneinsatz.
3. Ermitteln Sie den Rohgewinn.
4. Ermitteln Sie den Rohgewinnaufschlagsatz.
5. Ermitteln Sie den Reingewinn.

AUFGABE 4

Beim Unternehmer D ist folgende Situation gegeben:

S	1140 (3980) Bestand Waren	H
SV	20.000,00	

S	5200 (3200) Wareneingang	H
	200.000,00	

S	4200 (8200) Erlöse	H
		340.000,00

S	9999 (9999) GuVK	H
Aufw.	180.000,00	Erträge 10.000,00

S	9998 (9998) SBK	H

Der Warenschlussbestand beträgt lt. Inventur 10.000 €.

Aufgaben
1. Schließen Sie die Warenkonten ab.
2. Ermitteln Sie den Wareneinsatz.
3. Ermitteln Sie den Rohgewinn.
4. Ermitteln Sie den Rohgewinnaufschlagsatz.
5. Ermitteln Sie den Reingewinn.

AUFGABE 5

Der Unternehmer E, Frankfurt, hat in seiner GuV-Rechnung einen Wareneinsatz in Höhe von 300.000 € ausgewiesen. Die Inventur ergab eine Warenbestandsmehrung in Höhe von 20.000 €.

Ermitteln Sie den Wareneinkauf (Wareneingang) des Geschäftsjahres.

AUFGABE 6

Welche Aussagen sind richtig?
1. Eine Warenbestandsmehrung erhöht den Wareneinsatz.
2. Eine Warenbestandsminderung erhöht den Wareneinsatz.
3. Eine Warenbestandsmehrung mindert den Wareneinsatz.
4. Eine Warenbestandsminderung mindert den Wareneinsatz.

AUFGABE 7

Welche Aussage ist falsch?
1. Das Warenbestandskonto ist ein aktives Bestandskonto.
2. Das Konto „Wareneingang" ist ein Ertragskonto.
3. Das Gewinn- und Verlustkonto weist den Wareneinsatz aus.

Zusammenfassende Erfolgskontrolle

Der Unternehmer Günter Seemann, Hamburg, hat durch Inventur am 01.01.2019 folgende Anfangsbestände ermittelt:

Anfangsbestände	€
0640 (0430) Ladeneinrichtung	20.000,00
1140 (3980) Bestand Waren	80.000,00
1600 (1000) Kasse	23.000,00
1800 (1200) Bankguthaben	9.000,00
1200 (1400) Forderungen aLuL	60.000,00
3300 (1600) Verbindlichkeiten aLuL	50.000,00
2000 (0800) Eigenkapital	142.000,00

Geschäftsvorfälle des Jahres 2019	€
1. Wareneinkäufe bar	2.000,00
2. Wareneinkäufe auf Ziel	120.000,00
3. Banküberweisung an Lieferer	20.000,00
4. Warenverkäufe bar	3.000,00
5. Warenverkäufe auf Ziel	160.000,00
6. Banküberweisung von Kunden	30.000,00
Abschlussangaben	**€**
7. Warenschlussbestand lt. Inventur	60.000,00
8. Abschreibung auf Ladeneinrichtung	5.000,00

Es sind folgende Warenkonten zu führen:

1140 (3980) Bestand Waren, **5200** (3200) Wareneingang, **4200** (8200) Erlöse.

Aufgaben

1. Bilden Sie die Buchungssätze der Geschäftsvorfälle des Jahres 2019.
2. Tragen Sie die Anfangsbestände auf den Konten vor.
3. Buchen Sie die Geschäftsvorfälle.
4. Schließen Sie die Konten ab.
5. Erstellen Sie anhand des SBK die Bilanz zum 31.12.2019. Beachten Sie das handelsrechtliche Gliederungsschema.

3.9 Umsatzsteuerkonten

Die **bisherigen** Geschäftsvorfälle wurden aus methodischen Gründen **ohne Umsatzsteuer (USt)** gebucht.
Im **folgenden Kapitel** wird die buchmäßige Behandlung der **Umsatzsteuer** dargestellt und erläutert.

3.9.1 System der Umsatzsteuer

Fast alle **Einkäufe** und **Verkäufe** eines **Unternehmens** sind mit **Umsatzsteuer** belastet.
Bis die Waren dem Endverbraucher zum Verkauf angeboten werden können, müssen die **Produkte** in der Regel **mehrere Unternehmensstufen** durchlaufen.

> **BEISPIEL**
>
> Der Getränkehändler Karl Müller, Koblenz, **kauft** von der Königsbacher Brauerei AG, Koblenz, 100 Kästen Pils, die Müller seinen Kunden **verkauft**.
>
> Bis der Kunde (der Endverbraucher) das Bier kaufen kann, hat das Produkt mindestens folgende **Stufen** durchlaufen:
>
> A. **Urerzeuger** (landwirtschaftlicher Betrieb),
> B. **Weiterverarbeiter** (Königsbacher Brauerei AG),
> C. **Händler** (Getränkehändler Karl Müller).

Die **Kosten und** der **Gewinn** (= **Mehrwert**) auf jeder Unternehmensstufe **erhöhen** den **Preis und** damit die **Umsatzsteuer** des Produktes.
Der **einzelne** Unternehmer führt jedoch nur die **Umsatzsteuer** an das Finanzamt ab, die auf den von ihm geschaffenen **Mehrwert** entfällt. Deshalb wird die **Umsatzsteuer** umgangssprachlich auch als **Mehrwertsteuer** bezeichnet.
Der Steuersatz für die Umsatzsteuer beträgt gemäß § 12 Abs. 1 UStG grundsätzlich 19 % (**Allgemeiner Steuersatz**).
Für bestimmte in § 12 **Abs. 2** UStG genannte Umsätze (z.B. Lebensmittel, Bücher) beträgt der Steuersatz **7 %** (**ermäßigter Steuersatz**).
Die **Umsatzsteuer**, die beim **Einkauf** anfällt, bezeichnet man als **Vorsteuer** (**Eingangs**umsatzsteuer). Sie stellt für den Unternehmer eine **Forderung gegenüber** dem **Finanzamt** dar.
Die **Umsatzsteuer**, die beim **Verkauf** entsteht, bezeichnet man als **Umsatzsteuer** (**Ausgangs**umsatzsteuer). Sie stellt für den Unternehmer eine **Verbindlichkeit gegenüber** dem **Finanzamt** dar.
Die **Umsatzsteuer**, die an das **Finanzamt zu zahlen** ist, bezeichnet man als **Umsatzsteuerschuld** (Zahllast). Sie ergibt sich durch **Abzug** der **Vorsteuer von** der **Umsatzsteuer**.

	Umsatzsteuer	(**Ausgangs**umsatzsteuer)
−	**Vorsteuer**	(**Eingangs**umsatzsteuer)
=	**Umsatzsteuerschuld (Zahllast)**	

Das **Umsatzsteuersystem** soll mit folgendem Beispiel noch einmal erläutert werden:

3.9 Umsatzsteuerkonten

BEISPIEL

Der **Urerzeuger A** (landwirtschaftlicher Betrieb) liefert Rohstoffe an den Weiterverarbeiter B für 100 € + 19 % USt. A hat keinen Vorlieferanten und damit keine Vorsteuer.
B (Königsbacher Brauerei AG) verarbeitet die Rohstoffe und liefert das Fertigerzeugnis an den Großhändler C für 250 € + 19 % USt.
Der **Großhändler C** liefert das Produkt an den Einzelhändler D für 320 € +19 % USt.
Der **Einzelhändler D** liefert die Ware an den Endverbraucher E für 400 € +19 % USt.

Die **Umsatzsteuerschuld** (**Zahllast**) der einzelnen Stufen wird wie folgt berechnet:

Wirtschafts-stufe bzw. Phase	Rechnungsbetrag			USt (Traglast)	Vorsteuer-abzug	Umsatz-steuer-schuld (Zahllast)	Mehrwert = Wert-schöpfung
			€	€	€	€	€
A Urerzeuger	+	Nettopreis 19 % USt	100,00 19,00	19,00	—	**19,00**	100,00
	=	Verkaufspreis	119,00				
B Weiter-verarbeiter	+	Nettopreis 19 % USt	250,00 47,50	47,50	19,00	**28,50**	150,00
	=	Verkaufspreis	297,50				
C Großhändler	+	Nettopreis 19 % USt	320,00 60,80	60,80	47,50	**13,30**	70,00
	=	Verkaufspreis	380,80				
D Einzel-händler	+	Nettopreis 19 % USt	400,00 **76,00**	76,00	60,80	**15,20**	80,00
	=	Verkaufspreis	476,00				
	Die Summe der Umsatzsteuerschulden aller Wirtschaftsstufen beträgt Sie stimmt mit der Umsatzsteuer überein, die im Verkaufspreis der letzten Stufe enthalten ist.					**76,00**	

Einzelheiten zum **Umsatzsteuersystem** erfolgen im Abschnitt 1.4 der **Steuerlehre 1**, 40. Auflage 2019, Seiten 129 ff.

S | 1

Im vorangegangenen Beispiel wird das Erzeugnis auf allen **vier Wirtschaftsstufen versteuert**. **Bemessungsgrundlage** der Umsatzsteuer ist auf jeder Wirtschaftsstufe der **Nettopreis**. Der **Vorsteuerabzug bewirkt** jedoch, dass auf **jeder** Stufe nur der **Netto-Umsatz** (die Wertschöpfung, der Mehrwert) **besteuert** wird.

Die **Umsatzsteuerschuld** (Zahllast), die im vorangegangenen Beispiel insgesamt 76 € beträgt, soll nach dem Willen des Gesetzgebers vom **Endverbraucher** (im Beispiel E) **getragen** werden.

ÜBUNG →
1. Wiederholungsfragen 1 und 2 (Seite 131),
2. Aufgabe 1 (Seite 131)

3.9.2 Buchen auf Umsatzsteuerkonten

Beim Unternehmer entsteht einerseits **Umsatzsteuer** (**Ausgangs**umsatzsteuer) für

1. die steuerpflichtigen **entgeltlichen Leistungen,** die er **ausführt**,
2. die steuerpflichtigen **unentgeltlichen Leistungen**,
3. den steuerpflichtigen **innergemeinschaftlichen Erwerb**,
4. die Leistungen, die der **Leistungsempfänger** nach **§ 13b Abs. 1 und 2 UStG** schuldet.

Andererseits fällt beim Unternehmer **Vorsteuer** (**Eingangs**umsatzsteuer) an für

1. die steuerpflichtigen **Lieferungen und sonstigen Leistungen**, die **andere** Unternehmer **an ihn ausführen**,
2. die steuerpflichtige **Einfuhr** (EUSt),
3. den steuerpflichtigen **innergemeinschaftlichen Erwerb**,
4. die **Leistungen i.S.d. § 13b Abs. 1 und 2 UStG**, die für sein Unternehmen ausgeführt worden sind.

Ist die entstandene **Umsatzsteuer größer als** die angefallene **Vorsteuer**, hat der Unternehmer den Unterschiedsbetrag, der als **Umsatzsteuerschuld** (Zahllast) bezeichnet wird, an das Finanzamt zu zahlen.

Im **umgekehrten Falle** erstattet das Finanzamt das **Vorsteuer-Guthaben**.

3.9.2.1 Buchen der Vorsteuer

Der Unternehmer ist verpflichtet, beim Leistungs**eingang** die **Entgelte** (Nettobeträge) für empfangene Leistungen **und** die auf diese Entgelte entfallende Steuer (**Vorsteuer**) **getrennt aufzuzeichnen** (§ 22 Abs. 2 Nr. 5 UStG).

Die **Vorsteuer** (Eingangsumsatzsteuer) wird beim **allgemeinen** Steuersatz auf das Konto

1406 (1576) **Abziehbare Vorsteuer 19 %** (kurz: **Vorsteuer 19 %**)

und beim **ermäßigten** Steuersatz auf das Konto

1401 (1571) **Abziehbare Vorsteuer 7 %** (kurz: **Vorsteuer 7 %**)

gebucht.

3.9 Umsatzsteuerkonten

Die **abziehbare Vorsteuer** ist für den Unternehmer eine **Forderung gegenüber dem Finanzamt**. Deshalb ist das **Vorsteuerkonto** ein **Forderungskonto** (**Aktivkonto**).
Der Unternehmer kann die **Vorsteuer** von seiner **Umsatzsteuer abziehen, wenn** die **Voraussetzungen** des § 15 Abs. 1 UStG **erfüllt** sind.

Einzelheiten zum Vorsteuerabzug erfolgen im Abschnitt 13.1 „Voraussetzungen für den Vorsteuerabzug" der **Steuerlehre 1,** 40. Auflage 2019, Seiten 362 ff.

Die Ausübung des **Vorsteuerabzugs** setzt voraus, dass der Unternehmer eine nach den §§ 14, 14a UStG ordnungsgemäß ausgestellte **Rechnung** besitzt (§ 15 Satz 1 Nr. 1 Satz 2 UStG).

<u>Rechnung</u> ist jedes Dokument, mit dem über eine Lieferung oder sonstige Leistung abgerechnet wird, gleichgültig, wie dieses Dokument im Geschäftsverkehr bezeichnet wird (§ 14 Abs. 1 **Satz 1** UStG).
Rechnungen sind auf **Papier** oder vorbehaltlich der Zustimmung des Empfängers auf **elektronischem Weg** zu übermitteln (§ 14 Abs. 1 **Satz 2** UStG).
Nach § 14 Satz 1 Abs. 4 Nrn. 1 bis 10 UStG muss eine Rechnung folgende Angaben enthalten:

1. Vollständiger Name und vollständige Anschrift des leistenden Unternehmers und des Leistungsempfängers,
2. Steuernummer oder Umsatzsteuer-Identifikationsnummer des leistenden Unternehmers,
3. Ausstellungsdatum,
4. fortlaufende Nummer (Rechnungsnummer),
5. Menge und Art (handelsübliche Bezeichnung) der gelieferten Gegenstände oder Umfang und Art der sonstigen Leistung,
6. Zeitpunkt der Leistung,
7. Entgelt und im Voraus vereinbarte Entgeltminderung,
8. Steuersatz sowie den auf das Entgelt entfallenden Steuerbetrag oder Hinweis auf eine Steuerbefreiung,
9. Hinweis auf die Aufbewahrungspflicht des Leistungsempfängers in den Fällen des § 14b Abs. 1 Satz 5 UStG,
10. Angabe „Gutschrift" (bei Ausstellung der Rechnung durch den Leistungsempfänger).

Voraussetzung für den **Vorsteuerabzug** ist, dass der Leistungsempfänger im Besitz einer nach den §§ 14 und 14a UStG ausgestellten Rechnung ist und dass die Rechnung alle in den §§ 14 und 14a UStG geforderten **Angaben** enthält, d. h., die Angaben in der Rechnung vollständig und richtig sind (Abschn. 15.11 Abs. 1 Satz 1 Nr. 1 UStAE).

3 Grundlagen der Finanzbuchführung

BEISPIEL

Der Getränkehändler Karl Müller, Koblenz, erhält folgende **Eingangsrechnung (ER)**:

Absender

❶ **Königsbacher Brauerei AG**
Neustadt 5
56068 Koblenz

Empfänger

❶ Getränkehandlung
Karl Müller
Blumenstraße 18
56070 Koblenz

Ihre Bestellung
14.08.2019

Bank
Sparkasse Koblenz
BLZ 570 501 20
Kto-Nr. 101 465 051

Lieferdatum
❻ 21.08.2019

Ort / Datum
❸ Koblenz, 28.08.2019

❹ **Rechnung** Nr. 54309

			EUR	Ct
❺ 200	Kästen Pils (je 7,50 €)	❼	1.500,	00
❽	+ 19% Ust		285,	00
			1.785,	00

❷ Steuernummer: 22/220/1042/8

Die **Eingangsrechnung** (ER) erfüllt alle **acht** Voraussetzungen für eine Rechnung und die Voraussetzungen für den Vorsteuerabzug. Die Voraussetzungen neun und zehn sind **nicht** erforderlich, da weder ein Fall des §14b Abs. 1 Satz 5 UStG noch eine Gutschrift vorliegen.

Buchungssatz:

Sollkonto	Betrag (€)	Habenkonto
5200 (3200) Wareneingang	1.500,00	
1406 (1576) Vorsteuer 19 %	285,00	
	1.785,00	**3300** (1600) Verbindlichkeiten aLuL

Buchung:

S **5200** (3200) **Wareneingang** H   S **3300** (1600) **Verbindlichkeiten aLuL** H
    1.500,00 | | 1.785,00

S **1406** (1576) **Vorsteuer 19 %** H
    285,00 |

3.9 Umsatzsteuerkonten

In Rechnungen, deren **Gesamtbetrag 250 Euro** (Entgelt und Umsatzsteuer) **nicht übersteigt** (**Kleinbetragsrechnungen**), brauchen – wie sonst notwendig – **Entgelt und Umsatzsteuer nicht getrennt** ausgewiesen zu werden (bis 31.12.2016: 150 Euro). Es genügt, wenn zum Gesamtbetrag der **Steuersatz** angegeben wird. Der Unternehmer kann in diesem Falle die **Vorsteuer** selbst berechnen (§ 33 UStDV).

Einzelheiten zur Kleinbetragsrechnung erfolgen im Abschnitt 12.5 der **Steuerlehre 1**, 40. Auflage 2019, Seiten 354 f.

BEISPIEL

Der Steuerberater Thorsten Reifferscheid, Koblenz, **kauft** von der Buchhandlung Reuffel, Koblenz, das Fachbuch „**Steuerlehre 1**" und erhält folgende **Kleinbetragsrechnung**:

Absender
USt-IdNr. DE 148 768 111
BUCHHANDLUNG reuffel
INHABER EBERHARD DUCHSTEIN
LÖHRSTRASSE 92, 56068 KOBLENZ

Rechnung Datum 23.08.2019

		EUR	Ct
1	Fachbuch Bornhofen, **Steuerlehre 1**, 40. Auflage	22,	99
	Rechnungs-Endbetrag enthält 7 % USt	22,	99

Gelieferte Ware bleibt bis zur vollständigen Bezahlung Eigentum des Lieferanten.

Die **Kleinbetragsrechnung** erfüllt alle Voraussetzungen für eine Rechnung und die Voraussetzungen für den Vorsteuerabzug. Das **Entgelt** beträgt **21,49 €** (22,99 € : 1,07 = 21,49 €). Die **Vorsteuer** beträgt **1,50 €** (21,49 € x 7 %).

3 Grundlagen der Finanzbuchführung

Buchungssatz:

Sollkonto	Betrag (€)	Habenkonto
6820 (4940) Zeitschriften, Bücher	21,49	
1401 (1571) Vorsteuer 7 %	1,50	
	22,99	**3300** (1600) Verbindlichkeiten aLuL

Buchung:

S   **6820** (4940) **Zeitschriften, Bücher**   H   S   **3300** (1600) **Verbindlichkeiten aLuL**   H
21,49   22,99

S   **1401** (1571) **Vorsteuer 7 %**   H
1,50

Vorsteuerbeträge fallen nicht nur beim **Wareneingang** und bei **Aufwendungen** (z.B. Bücher, Büromaterial, Instandhaltungen) an, sondern auch beim Kauf von **Anlagegütern** (z.B. Maschinen, Betriebs- und Geschäftsausstattung).

BEISPIEL

Der Unternehmer Florian Faßbender, Koblenz, kauft von der Firma H. Alex + Hutter, Koblenz, einen **Computer** und erhält folgende Rechnung:

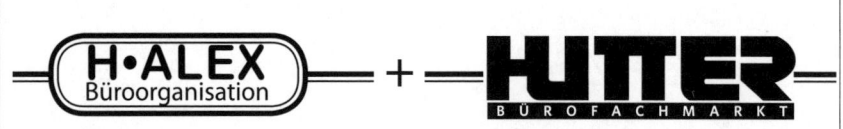

Friedrich-Mohr-Str. 1
56070 Koblenz-Lützel

Steuernummer: 22/220/1042/9

Herrn
Florian Faßbender
Erlenweg 7

56075 Koblenz

Rechnung Nr. 25007
30.08.2019

Sie erhielten am 26.08.2019

Menge	Artikelbezeichnung	Entgelt
1	ASI Computer P 700 PCI	1.549,00 €
	+ 19 % USt	294,31 €
		1.843,31 €

3.9 Umsatzsteuerkonten

Buchungssatz:

Sollkonto	Betrag (€)	Habenkonto
0690 (0410) Geschäftsausstattung	1.549,00	
1406 (1576) Vorsteuer 19 %	294,31	
	1.843,31	**3300** (1600) Verbindlichkeiten aLuL

Buchung:

S	**0690** (0410) **Geschäftsausstattung**	H		S	**3300** (1600) **Verbindlichkeiten aLuL**	H
1.549,00						1.843,31

S	**1406** (1576) **Vorsteuer 19 %**	H
294,31		

Beim Buchen ist darauf zu achten, dass bei **Eingangsrechnungen** (ER) auf dem **Warenkonto** bzw. dem **Aufwandskonto** bzw. dem Anlagekonto grundsätzlich nur die **Nettobeträge** (Beträge **ohne** Vorsteuer) erfasst werden.

Ist die Vorsteuer **nicht abziehbar** (z.B. weil die Rechnung nicht ordnungsgemäß erstellt worden ist), sind die nicht abziehbaren Vorsteuerbeträge auf dem Konto zu erfassen, auf dem die **Nettobeträge** gebucht werden (= **Erhöhung der Anschaffungskosten**).

ÜBUNG → 1. Wiederholungsfragen 3 und 4 (Seite 131),
2. Aufgabe 2 (Seite 132)

3.9.2.1.1 Geleistete Anzahlungen

Ein Unternehmer darf Vorsteuerbeträge grundsätzlich nur für solche **Leistungen** abziehen, **die** bereits an ihn **ausgeführt** sind.
Der Grundsatz, dass die Vorsteuer erst **nach Ausführung** der Leistung abgezogen werden darf, wird durch § 15 Abs. 1 Nr. 1 Satz 3 UStG durchbrochen.
Nach § 15 Abs. 1 Nr. 1 **Satz 3** UStG ist der **Vorsteuerabzug** bereits **vor** Ausführung einer Leistung möglich, wenn

1. eine **Anzahlungsrechnung** mit **gesondertem USt-Ausweis** vorliegt **und**
2. die **Anzahlung geleistet** ist.

Wird eine **Anzahlung vor** Ausführung der Leistung erbracht, so ist diese Vorauszahlung eine **Forderung**, die auf dem Konto

„Geleistete Anzahlungen"

gebucht wird.
Für **geleistete** Anzahlungen sind auf der **Aktivseite** der Bilanz **drei Bilanzposten** vorgesehen: Geleistete Anzahlungen auf **immaterielle Vermögensgegenstände, Sachanlagen** und **Vorräte**.

Der Bilanzposten „**geleistete Anzahlungen**" wurde bereits auf Seite 37 im Abschnitt 3.2.2 „Gliederung der Bilanz" dargestellt.

BEISPIEL

1. A leistet im Juli 2019 eine **Anzahlung** für die Bestellung eines größeren Warenpostens in Höhe von 23.800 € an den Lieferer U per Banküberweisung. Über diesen Betrag erhält A eine Anzahlungsrechnung mit gesondertem USt-Ausweis (20.000 € + 3.800 € USt).
2. U erbringt im September 2019 die **Leistung** und A erhält folgende **Endrechnung** (Auszug):

gesamte Leistung			40.000 €
+ 19 % USt			7.600 €
			47.600 €
− Anzahlung vom Juli 2019	20.000 €		
+ 19 % USt	3.800 €	−	23.800 €
noch zu zahlen			23.800 €

3. Das Konto „Geleistete Anzahlungen" ist **aufzulösen**.
4. A überweist im September 2019 den **Restbetrag** von 23.800 € per Bank.

Buchungssätze:

Tz.	Sollkonto	Betrag (€)	Habenkonto
1.	**1186** (1518) Geleistete Anzahlungen	20.000,00	**1800** (1200) Bank
	1406 (1576) Vorsteuer	3.800,00	**1800** (1200) Bank
2.	**5200** (3200) Wareneingang	40.000,00	**3300** (1600) Verbindlichk. aLuL
	1406 (1576) Vorsteuer 19 %	7.600,00	**3300** (1600) Verbindlichk. aLuL
3.	**3300** (1600) Verbindlichk. aLuL	20.000,00	**1186** (1518) Geleistete Anzahlungen
	3300 (1600) Verbindlichk. aLuL	3.800,00	**1406** (1576) Vorsteuer 19 %
4.	**3300** (1600) Verbindlichk. aLuL	23.800,00	**1800** (1200) Bank

Buchungen:

S	**1186** (1518) **Geleistete Anzahlungen**		H
1)	20.000,00	3)	20.000,00

S	**1800** (1200) **Bank**		H
		1)	20.000,00
		1)	3.800,00
		4)	23.800,00

S	**1406** (1576) **Vorsteuer 19 %**		H
1)	3.800,00	3)	3.800,00
2)	7.600,00		

S	**3300** (1600) **Verbindlichkeiten aLuL**		H
3)	20.000,00	2)	40.000,00
3)	3.800,00	2)	7.600,00
4)	23.800,00		
	47.600,00		47.600,00

S	**5200** (3200) **Wareneingang**		H
2)	40.000,00		

ÜBUNG → 1. Wiederholungsfragen 5 und 6 (Seite 131),
2. Aufgabe 3 (Seite 132)

3.9.2.1.2 Gemischt genutzte Fahrzeuge

Ein angeschafftes, eingeführtes oder innergemeinschaftlich erworbenes Fahrzeug, das von dem Unternehmer sowohl unternehmerisch als auch für nichtunternehmerische (private) Zwecke genutzt wird, ist ein sog. **gemischt genutztes Fahrzeug**.

Ordnet der Unternehmer das gemischt genutzte Fahrzeug **seinem Unternehmen voll zu**, kann er die **Vorsteuer** in voller Höhe (**zu 100 %**) abziehen.

Die nichtunternehmerische (**private**) **Nutzung** ist als unentgeltliche sonstige Leistung (**unentgeltliche Wertabgabe**) nach § 3 Abs. 9a Nr. 1 UStG der **Umsatzsteuer** zu unterwerfen (Abschn. 15.23 Abs. 3 Satz 3 UStAE).

Wird das Fahrzeug zu **weniger als 10 %** für das Unternehmen genutzt, kann der Unternehmer **keine Vorsteuer** abziehen (§ 15 Abs. 1 Satz 2 UStG).

In den letzten Jahren haben sich der Vorsteuerabzug und die Besteuerung der Privatnutzung bei gemischt genutzten Fahrzeugen mehrfach geändert. Zuletzt wurden die umsatzsteuerlichen Grundsätze durch das BMF-Schreiben vom 05.06.2014 (abrufbar unter www.bmfschreiben.de) unter Berücksichtigung von Sonderregeln für Elektrofahrzeuge und extern aufladbare Hybridelektrofahrzeuge geändert. Der dazugehörige Abschnitt 15.23 wurde neu in den UStAE eingefügt.

Wurde ein Fahrzeug für das Unternehmen angeschafft, hergestellt, eingeführt oder innergemeinschaftlich erworben **und** wird es von dem Unternehmer **sowohl unternehmerisch (mind. 10 %) als auch für** nichtunternehmerische **(private) Zwecke genutzt,** handelt es sich um ein sogenanntes **gemischt genutztes Fahrzeug**.

Ordnet der Unternehmer das gemischt genutzte Fahrzeug als einheitlichen Gegenstand **seinem Unternehmen voll zu (Zuordnungswahlrecht)**, kann er beim Einkauf die **Vorsteuer** in voller Höhe **(zu 100 %)** abziehen.

Im Gegenzug ist die nichtunternehmerische (**private**) **Nutzung** als unentgeltliche sonstige Leistung (**unentgeltliche Wertabgabe**) nach **§ 3 Abs. 9a Nr. 1** der **Umsatzsteuer** zu unterwerfen.

Einzelheiten zur **Zuordnung von Leistungen zum Unternehmen** erfolgen im Abschnitt 3 der **Steuerlehre 1**, 40. Auflage 2019, Seiten 174 ff.

Als **Bemessungsgrundlage** sind dabei nach § 10 Abs. 4 Satz 1 Nr. 2 UStG die **Ausgaben** anzusetzen, soweit sie zum vollen oder teilweisen Vorsteuerabzug berechtigt haben.

Zur **Ermittlung der Ausgaben**, die auf die private Nutzung eines dem Unternehmen zugeordneten Fahrzeugs entfallen, hat der Unternehmer die Wahl zwischen drei Methoden: **Fahrtenbuchregelung**, **1 %-Regelung** oder **Schätzung**.

Die **1 %-Regelung** ist nur noch anwendbar, wenn das Kraftfahrzeug zu **mehr als 50 %** betrieblich genutzt wird (§ 6 Abs. 1 Nr. 4 Satz 2 EStG).

Anschaffungskosten

BEISPIEL

Zum Unternehmensvermögen des Unternehmers U, Hamburg, gehört ein Pkw, der auch für private Zwecke genutzt wird. Die unternehmerische Nutzung beträgt 80 %.

U hat den Pkw am **04.01.2019** für 59.500 € (50.000 € + 9.5000 € USt) gekauft und ganz seinem Unternehmen zugeordnet.

Es handelt sich um ein **gemischt genutztes Fahrzeug**. U kann den Vorsteuerabzug in voller Höhe von 9.500 € in Anspruch nehmen, da er den Pkw ganz seinem Unternehmen zugeordnet hat.

Im Gegenzug ist der private Nutzungsanteil als unentgeltliche sonstige Leistung (unentgeltliche Wertabgabe) nach § 3 Abs. 9a Nr. 1 UStG der Umsatzsteuer zu unterwerfen.

Buchungssatz:

Sollkonto	Betrag (€)	Habenkonto
0520 (0320) Pkw	50.000,00	**3300** (1600) Verbindlichkeiten aLuL
1406 (1576) Vorsteuer	9.500,00	**3300** (1600) Verbindlichkeiten aLuL

Buchung:

```
S         0520 (0320) Pkw         H      S   3300 (1600) Verbindlichkeiten aLuL   H
          50.000,00                                                   50.000,00
                                                                       9.500,00

S         1406 (1576) Vorsteuer   H
           9.500,00
```

 Einzelheiten zur **Besteuerung** der **privaten Nutzung** als unentgeltliche Wertabgabe nach §3 Abs. 9a Nr. 1 UStG erfolgen im Abschnitt 3.10.1.2, Seite 140 ff.

Laufende Kfz-Kosten

Bei **gemischt genutzten Fahrzeugen**, die **ganz** dem Unternehmen zugeordnet sind, ist der **Vorsteuerabzug** nicht nur aus den Anschaffungskosten, sondern auch aus den **laufenden Kosten** möglich.

BEISPIEL

Der Unternehmer U, Hamburg, (Beispiel zuvor) hat im Monat Mai 2019 **Benzinkosten** in Höhe von **500 € + 95 € USt = 595 €** für sein **gemischt genutztes Fahrzeug** aufgewendet.

Er hat den Betrag von 595 € bar bezahlt.

U darf aus den laufenden Kosten die **Vorsteuer** in Höhe von **95 €** geltend machen.

Buchungssatz:

Sollkonto	Betrag (€)	Habenkonto
6530 (4530) Laufende Kfz-Betriebskosten	500,00	**1600** (1000) Kasse
1406 (1576) Vorsteuer	95,00	**1600** (1000) Kasse

Buchung:

```
S  6530 (4530) Laufende Kfz-Betriebsk. H    S      1600 (1000) Kasse        H
           500,00                                                     500,00
                                                                       95,00

S         1406 (1576) Vorsteuer   H
             95,00
```

 Die umsatzsteuerliche Behandlung der **Einfuhr**, des innergemeinschaftlichen **Erwerbs** und der Leistungen i.S.d. §13b UStG erfolgen in Abschnitt 8.2, S. 363 ff.

3.9.2.2 Buchen der Umsatzsteuer

Der **Betrag**, den der **Unternehmer** seinen Abnehmern und Auftraggebern für seine steuerpflichtigen Leistungen **berechnet**, setzt sich – umsatzsteuerlich gesehen – aus dem **Entgelt** (Nettoerlös) **und** der **Umsatzsteuer** (**Ausgangs**umsatzsteuer) zusammen:

	Entgelt	(Nettoerlös)
+	**Umsatzsteuer**	(Ausgangsumsatzsteuer)
=	**Bruttoerlös**	

Die entstandene **Umsatzsteuer** (**Ausgangs**umsatzsteuer) ist für den Unternehmer zunächst eine **Verbindlichkeit gegenüber dem Finanzamt**.
Sie wird bei **Sollbesteuerung** (= Besteuerung nach **vereinbarten** Entgelten) und beim **allgemeinen** Steuersatz auf das Konto

3806 (1776) **Umsatzsteuer 19 %**

und beim **ermäßigten** Steuersatz auf das Konto

3801 (1771) **Umsatzsteuer 7 %**

gebucht.

Das **Umsatzsteuerkonto** ist ein **Verbindlichkeitskonto** (**Passivkonto**).

BEISPIEL

Der Unternehmer U, Köln, liefert Waren für **netto** 1.000 € (= **Entgelt**) + 190 € USt = 1.190 € auf Ziel.

Buchungssatz:

Sollkonto	Betrag (€)	Habenkonto
1200 (1400) Forderungen aLuL	1.190,00	
	1.000,00	**4200** (8200) Erlöse (**Entgelt**)
	190,00	**3806** (1776) Umsatzsteuer 19 %

Buchung:

S	**1200** (1400) **Forderungen aLuL**	H		S	**4200** (8200) **Erlöse** (Entgelt)	H
	1.190,00				1.000,00	

				S	**3806** (1776) **Umsatzsteuer 19 %**	H
					190,00	

Bei **Ist-Besteuerung** (= Besteuerung nach **vereinnahmten** Entgelten) erfolgt die Buchung auf dem Konto „**3816** (1766) **Umsatzsteuer nicht fällig 19 %**".

Mit dieser Form der Buchung erfüllt der Unternehmer auch die **Aufzeichnungspflichten** des Umsatzsteuergesetzes (UStG). Nach § 22 Abs. 2 UStG hat er die **Entgelte** in seiner Buchführung ersichtlich zu machen.

Das Verfahren, bei dem **direkt Entgelt und Umsatzsteuer getrennt gebucht** werden, wird als **Nettoverfahren** bezeichnet.

3 Grundlagen der Finanzbuchführung

Aus **Vereinfachungsgründen** kann es z.B. im Einzelhandel zweckmäßig sein, **zunächst Entgelt und USt** (= Bruttoerlös) **in einer Summe** zu buchen **und die Trennung** in **Entgelt und USt erst am Schluss** des Voranmeldungszeitraums (Monat bzw. Vierteljahr) vorzunehmen. Die Umsatzsteuer-Durchführungsverordnung (UStDV) lässt dies zu (§ 63 Abs. 3 UStDV).

Das Verfahren, bei dem **zunächst Entgelt und USt in einer Summe** gebucht werden und die Trennung erst später vorgenommen wird, wird als **Bruttoverfahren** bezeichnet.

BEISPIEL 1

Der Einzelhändler U, Wiesbaden, der seine Umsätze mit 19 % versteuert, hat im **August 2019** aus **Warenverkäufen brutto** insgesamt **119.000 €** vereinnahmt. U gibt die Voranmeldungen monatlich ab.

Summe aller täglichen Buchungssätze:

Tz.	Sollkonto	Betrag (€)	Habenkonto
1.	**1600** (1000) Kasse	119.000,00	**4200** (8200) Erlöse

Summe aller täglichen Buchungen:

S	**1600** (1000) **Kasse**	H		S	**4200** (8200) **Erlöse**	H
1)	119.000,00				1)	119.000,00

BEISPIEL 2

Am **Schluss** des Monats **August 2019** trennt der Einzelhändler U die Bruttoerlöse in **Entgelt** und **Umsatzsteuer**.

Buchungssatz:

Tz.	Sollkonto	Betrag (€)	Habenkonto
2.	**4200** (8200) Erlöse	19.000,00	**3806** (1776) Umsatzsteuer 19 %

Buchung:

S	**1600** (1000) **Kasse**	H		S	**3806** (1776) **Umsatzsteuer 19 %**	H
1)	119.000,00				2)	**19.000,00**

S	**4200** (8200) **Erlöse**	H	
2)	**19.000,00**	1)	119.000,00

Der **Saldo** des Erlöskontos (**100.000 €**) stellt die steuerpflichtigen **Entgelte** dar.

Der Unternehmer hat in seinen Aufzeichnungen (seiner Buchführung) ersichtlich zu machen, wie sich die **Entgelte** auf die steuerpflichtigen Umsätze, **getrennt nach Steuersätzen, und** auf die **steuerfreien Umsätze** verteilen (§ 22 Abs. 2 UStG).

Aus Kontrollgründen ist es **zweckmäßig**, nicht nur die Bemessungsgrundlagen, sondern **auch** die entsprechenden **Umsatzsteuerbeträge** auf **getrennten Konten** zu buchen.

3.9 Umsatzsteuerkonten

BEISPIEL

Der Lebensmittelgroßhändler Maier, Hannover, hat im August 2019

1. für **2.000 € netto** Waren, die dem Steuersatz von **19 %** unterliegen, und
2. für **6.000 €** netto Waren, die dem Steuersatz von **7 %** unterliegen,

auf Ziel geliefert.

Buchungssätze:

Tz.	Sollkonto	Betrag (€)	Habenkonto
1.	**1200** (1400) Forderungen aLuL	2.380,00	
		2.000,00	**4200** (8200) Erlöse 19 %
		380,00	**3806** (1776) USt 19 %
2.	**1200** (1400) Forderungen aLuL	6.420,00	
		6.000,00	**4300** (8300) Erlöse 7 %
		420,00	**3801** (1771) USt 7 %

Buchungen:

S	**1200** (1400) **Forderungen aLuL**	H
1)	2.380,00	
2)	6.420,00	

S	**4200** (8200) **Erlöse 19 %**	H
		1) 2.000,00

S	**3806** (1776) **Umsatzsteuer 19 %**	H
		1) 380,00

S	**4300** (8300) **Erlöse 7 %**	H
		2) 6.000,00

S	**3801** (1771) **Umsatzsteuer 7 %**	H
		2) 420,00

ÜBUNG → Wiederholungsfrage 7 (Seite 131)

3.9.2.2.1 Erhaltene Anzahlungen

Nach § 13 Abs. 1 Nr. 1a Satz 4 UStG sind **vereinnahmte** Anzahlungen bereits **vor** Ausführung der Leistung der **Umsatzsteuer** zu unterwerfen.

 Einzelheiten zur umsatzsteuerlichen Behandlung von **vereinnahmten Entgelten** werden im Abschnitt 11.1.2 der **Steuerlehre 1**, Seite 337, dargestellt.

Die **erhaltene** Anzahlung ist noch **kein** betrieblicher **Erfolg**, weil die Leistung noch nicht erbracht worden ist.

Die **erhaltene** Anzahlung muss deshalb auf ein **passives Bestandskonto**, ein **Verbindlichkeitskonto**,

> **3272** (1718) **Erhaltene, versteuerte Anzahlungen 19% USt (Verbindlichkeiten)**

gebucht werden.

Für erhaltene Anzahlungen ist auf der **Passivseite** der Bilanz unter **C. Verbindlichkeiten** ein **Bilanzposten** vorgesehen.

 Der Bilanzposten „**erhaltene Anzahlungen auf Bestellungen**" wurde bereits auf Seite 37 im Abschnitt 3.2.2 „Gliederung der Bilanz" dargestellt.

BEISPIEL

1. Unternehmer U erhält von seinem Kunden A im Juli 2019 eine **Anzahlung** in Höhe von **23.800 €** auf die Bestellung eines größeren Warenpostens per Bank. Die Leistungen des U unterliegen dem allgemeinen Steuersatz.

2. U erbringt im August 2019 die **Leistung** und erteilt A folgende Endrechnung (Auszug):

	gesamte Leistung		40.000 €
+	19% USt		7.600 €
			47.600 €
–	Anzahlung vom Juli 2019	20.000 €	
	+ 19% USt	3.800 €	– 23.800 €
	noch zu zahlen		23.800 €

3. Das Konto „Erhaltene Anzahlungen" ist **aufzulösen**.

4. Der Kunde A überweist im August 2019 den **Restbetrag** von 23.800 € per Bank.

Buchungssätze:

Tz.	Sollkonto	Betrag (€)	Habenkonto
1.	**1800** (1200) Bank	20.000,00	**3272** (1718) Erhaltene Anzahlgn.
	1800 (1200) Bank	3.800,00	**3806** (1776) Umsatzsteuer 19%
2.	**1200** (1400) Forderungen aLuL	40.000,00	**4200** (8200) Erlöse
	1200 (1400) Forderungen aLuL	7.600,00	**3806** (1776) Umsatzsteuer 19%
3.	**3272** (1718) Erhaltene Anzahlgn.	20.000,00	**1200** (1400) Forderungen aLuL
	3806 (1776) Umsatzsteuer 19%	3.800,00	**1200** (1400) Forderungen aLuL
4.	**1800** (1200) Bank	23.800,00	**1200** (1400) Forderungen aLuL

3.9 Umsatzsteuerkonten

Buchungen:

S	1800 (1200) **Bank**	H		S	3272 (1718) **Erhaltene, versteuerte Anzahlungen 19 % USt**	H
1)	20.000,00			3)	20.000,00	1) 20.000,00
1)	3.800,00					
4)	23.800,00					

S	1200 (1400) **Forderungen aLuL**		H	S	3806 (1776) **Umsatzsteuer 19 %**	H
2)	40.000,00	3)	20.000,00	3)	3.800,00	1) 3.800,00
2)	7.600,00	3)	3.800,00			2) 7.600,00
		4)	23.800,00			
	47.600,00		47.600,00			

S	4200 (8200) **Erlöse**	H
		2) 40.000,00

ÜBUNG → Wiederholungsfrage 8 (Seite 131)

3.9.2.3 Buchen der Umsatzsteuer-Vorauszahlungen
3.9.2.3.1 Monatliche bzw. vierteljährliche Vorauszahlungen

Der Unternehmer hat auf die **Umsatzsteuerschuld** (**Zahllast**) des Kalenderjahres **Vorauszahlungen** zu leisten (§ 18 UStG).

Er hat **bis zum 10. Tag nach Ablauf des Voranmeldungszeitraums** eine **Voranmeldung** nach amtlich vorgeschriebenem Vordruck elektronisch zu übermitteln, in der er die **Zahllast** (**Vorauszahlung**) **selbst zu berechnen** hat (§ 18 Abs. 1 Satz 1 UStG).

Die **Vorauszahlung** ist am **10. Tag** nach Ablauf des Voranmeldungszeitraums (**Kalendermonat** oder Kalender**vierteljahr**) **fällig**.

Regel-Voranmeldungszeitraum ist grundsätzlich das Kalender**vierteljahr** (§ 18 Abs. 2 Satz 1 UStG). Beträgt die **Umsatzsteuer-Schuld** für das **vorangegangene** Kalender**jahr mehr als 7.500 Euro**, ist der Kalender**monat** Voranmeldungszeitraum (§ 18 Abs. 2 Satz 2 UStG). Die **Vorauszahlungen** sind in diesem Fall **monatlich** zu leisten.

> **BEISPIEL**
>
> Der Unternehmer U hat den **Voranmeldungszeitraum** in seiner Umsatzsteuer-Voranmeldung **anzukreuzen** (z. B. **Monatszahler** für den Monat August 2019):

Beträgt die **Umsatzsteuer-Schuld** für das **vorangegangene** Kalender**jahr nicht mehr als 1.000 Euro**, so kann das Finanzamt den Unternehmer von der Verpflichtung zur Abgabe der Voranmeldung und Entrichtung der Vorauszahlungen **befreien** (§ 18 Abs. 2 Satz 3 UStG).

Wird die **Umsatzsteuer-Schuld nicht** bis Ablauf des **Fälligkeitstags gezahlt**, so hat der Unternehmer einen **Säumniszuschlag** zu entrichten.

Ein **Säumniszuschlag** wird jedoch bei einer Säumnis bis zu **drei Tagen** (**Zahlungs-Schonfrist**) **nicht erhoben** (§ 240 Abs. 3 **Satz 1** AO).

Die Schonfrist fällt in den Fällen weg, in denen die Steuerzahlung durch **Scheck** oder in **bar** bei der Finanzkasse erfolgt (§ 240 Abs. 3 **Satz 2** AO).

Wird die angemeldete Steuer durch Hingabe eines **Schecks** beglichen, fallen Säumniszuschläge an, wenn dieser nicht **drei Tage vor** dem Fälligkeitstag bei der Finanzkasse vorliegt (§ 240 Abs. 3 i. V. m. § 224 Abs. 2 Nr. 1 AO).

Wird die Umsatzsteuer-Schuld auf ein Konto des Finanzamtes **überwiesen**, bleibt die Schonfrist von drei Tagen erhalten.

3.9 Umsatzsteuerkonten

Die Schonfrist für die Abgabe der Umsatzsteuer-Voranmeldung (**Abgabe-Schonfrist**) ist **entfallen**.

BEISPIEL

Der Unternehmer U, Kiel, **Monatszahler**, hat für den Monat **September 2019** eine **Vorauszahlung** zu leisten, die wie folgt berechnet wird:

	Umsatzsteuer		5.800 €
−	Vorsteuer	−	3.000 €
=	**Umsatzsteuerschuld (Zahllast) = Vorauszahlung**		**2.800 €**

U überweist diese **Vorauszahlung** am **8. Oktober 2019** durch die Bank.

Der Unternehmer hat **zwei Möglichkeiten**, die **Vorauszahlung zu buchen:**

1. Er bucht sie auf das **Umsatzsteuerkonto**
   oder
2. er bucht sie auf ein zusätzlich eingerichtetes **Umsatzsteuer-Vorauszahlungskonto**.

BEISPIEL

Sachverhalt wie zuvor

1. Möglichkeit

Buchungssatz:

Sollkonto	Betrag (€)	Habenkonto
3806 (1776) **Umsatzsteuer 19 %**	2.800,00	**1800** (1200) **Bank**

Buchung:

S	**3806** (1776) **Umsatzsteuer 19 %**	H		S	**1800** (1200) **Bank**	H
	3.000,00	5.800,00			1) 2.800,00	
1)	2.800,00					

2. Möglichkeit

Buchungssatz:

Sollkonto	Betrag (€)	Habenkonto
3820 (1780) **USt-Vorauszahlungen**	2.800,00	**1800** (1200) **Bank**

Buchung:

S	**1406** (1576) **Vorsteuer 19 %**	H		S	**3806** (1776) **Umsatzsteuer 19 %**	H
	3.000,00					5.800,00
S	**3820** (1780) **USt-Vorauszahlungen**	H		S	**1800** (1200) **Bank**	H
2)	2.800,00				2) 2.800,00	

ÜBUNG → Wiederholungsfragen 9 und 10 (Seite 131)

3.9.2.3.2 Sondervorauszahlung

Hat der Unternehmer **Schwierigkeiten**, die **gesetzlichen Fristen** für die Übermittlung der Voranmeldungen und für die Entrichtung der Vorauszahlungen **einzuhalten**, besteht die **Möglichkeit der Fristverlängerung**.

Der Unternehmer kann beim Finanzamt einen **Antrag auf Dauerfristverlängerung** stellen, um die Fristen für die Abgabe der Voranmeldungen und für die Entrichtung der Vorauszahlungen um **einen Monat zu verlängern** (§§ 46 bis 48 UStDV).

Die **Fristverlängerung** wird bei **Monatszahlern**, nicht bei **Vierteljahreszahlern**, unter der **Auflage** gewährt, dass der Unternehmer **bis zum 10. Februar** (zuzüglich Schonfrist) eine **Sondervorauszahlung** anmeldet und entrichtet.

Die **Sondervorauszahlung** beträgt **ein Elftel der Summe der Vorauszahlungen** – ohne Berücksichtigung der Sondervorauszahlung – für das **vorangegangene** Kalenderjahr.

BEISPIEL

Der Koblenzer Unternehmer U, **Monatszahler**, beantragt erstmals für **2019** eine Dauerfristverlängerung. Die **Umsatzsteuer-Vorauszahlungen** für das Kalenderjahr **2018** haben **30.107,20 €** betragen.

U hat in den Antrag auf Dauerfristverlängerung und die Anmeldung der **Sondervorauszahlung** in Zeile 24 und 25 einzutragen:

23			volle EUR	Ct
24	1.	Summe der verbleibenden Umsatzsteuer-Vorauszahlungen zuzüglich der angerechneten Sondervorauszahlungen für das Kalenderjahr 2018	30.107	—
25	2.	Davon ¹⁄₁₁ = **Sondervorauszahlung 2019** 38	2.737	—

U zahlt den Betrag von **2.737 €** am **06.02.2019** an die Finanzkasse Montabaur-Diez (zuständig für den Koblenzer Unternehmer) durch Banküberweisung.

Buchungssatz **2019:**

Sollkonto	Betrag (€)	Habenkonto
3830 (1781) USt-Vorauszahlung ¹⁄₁₁	2.737,00	1800 (1200) Bank

Buchung **2019**:

S	3830 (1781) **USt-Vorauszahlung ¹⁄₁₁**	H	S	1800 (1200) **Bank**	H
	2.737,00				2.737,00

Die **Sondervorauszahlung** ist grundsätzlich **bei der** Berechnung der Umsatzsteuer-**Vorauszahlung** für den Monat **Dezember anzurechnen** (§ 48 Abs. 4 UStDV).

BEISPIEL

Der Koblenzer Unternehmer U, **Monatszahler**, hat im Februar 2019 die **Sondervorauszahlung** in Höhe von **2.737 €** geleistet, die er bei der Vorauszahlung für den Monat Dezember 2019 anrechnet.
Die **Umsatzsteuer-Vorauszahlung** beträgt für den Monat **Dezember 2019 3.900 €**.

3.9 Umsatzsteuerkonten

U hat in seiner **Umsatzsteuer-Voranmeldung 2019** für den Monat Dezember 2019 in die Zeilen 64, 65 und 66 einzutragen:

Zeile 44			Kz	Steuer	
				EUR	Ct
64	**Umsatzsteuer-Vorauszahlung/Überschuss**			3.900	,00
65	Abzug der festgesetzten **Sondervorauszahlung** für Dauerfristverlängerung		39	2.737	,00
66	**Verbleibende Umsatzsteuer-Vorauszahlung**		83	1.163	,00

Unternehmer U zahlt den Betrag von **1.163 €** am **06.02.2020** an die Finanzkasse Montabaur-Diez durch Banküberweisung.

Das Konto „**3830** (1781) **Umsatzsteuer-Vorauszahlung 1/11**" wird zum **31.12.2019** mit dem Konto „**3806** (1776) **Umsatzsteuer 19 %**" verrechnet (saldiert).

Der **Saldo** in Höhe von **1.163 €** wird zu Beginn des Jahres **2020** auf dem Konto „**3806** (1776) **Umsatzsteuer 19 %**" vorgetragen. Im Rahmen der EDV-Buchführung wird dieser Betrag auch auf das Konto „**3841** (1790) **Umsatzsteuer-Vorjahre**" gebucht.

Buchungssätze **2020**:

Tz.	Sollkonto	Betrag (€)	Habenkonto
1.	9000 (9000) Saldenvorträge	1.163,00	3806 (1776) Umsatzsteuer 19 %
2.	3806 (1776) Umsatzsteuer 19 %	1.163,00	1800 (1200) Bank

Buchungen **2020**:

S	9000 (9000) **Saldenvorträge (SV)**	H
1) USt	1.163,00	

S	3806 (1776) **Umsatzsteuer 19 %**	H		S	1800 (1200) **Bank**	H
2)	**1.163,00**	1) SV	1.163,00		2)	**1.163,00**

ÜBUNG → 1. Wiederholungsfragen 11 und 12 (Seite 131),
2. Aufgabe 4 (Seite 132)

3.9.3 Abschluss der Umsatzsteuerkonten

Das **Umsatzsteuerkonto** ist ein **passives Bestandskonto** und das **Vorsteuerkonto** ist ein **aktives Bestandskonto**.

Die **USt-Vorauszahlungskonten** sind keine Bestandskonten. Sie werden zur besseren Übersicht geführt und können als „**Übergangskonten**" bezeichnet werden.

Zum Schluss des Geschäftsjahres werden die Salden aller Umsatzsteuerkonten zusammengefasst und das Ergebnis dieser Zusammenfassung in das **Schlussbilanzkonto** übernommen.
Die **Zusammenfassung** kann auf einem **USt-Verrechnungskonto** erfolgen.

Die **Zusammenfassung** der Salden aller Umsatzsteuerkonten kann aber auch **ohne** Einschaltung eines **Verrechnungskontos** auf dem **Umsatzsteuerkonto** erfolgen oder auf dem **Vorsteuerkonto**, wenn am Schluss des Jahres ein Vorsteuerguthaben besteht.

> **BEISPIEL**
>
> Der Unternehmer U, Frankfurt, hat in einem Geschäftsjahr gebucht:
>
> | | |
> |---|---:|
> | auf dem **Vorsteuerkonto** | 30.000 € |
> | auf dem **Umsatzsteuerkonto** im **Haben** | 44.000 € |
> | auf dem **Umsatzsteuerkonto** im **Soll** (Vorauszahlungen) | 10.000 € |
>
> Er schließt die Umsatzsteuerkonten wie folgt ab:
>
> Buchungssätze:
>
> | Tz. | Sollkonto | Betrag (€) | Habenkonto |
> |---|---|---|---|
> | 1. | **3806** (1776) Umsatzsteuer 19 % | 30.000,00 | **1406** (1576) Vorsteuer 19 % |
> | 2. | **3806** (1776) Umsatzsteuer 19 % | 4.000,00 | **9998** (9998) Schlussbilanzkonto |
>
> Buchungen:
>
>

Der **Abschluss** der Umsatzsteuerkonten erfolgt in der Praxis **programmgesteuert**, d.h., die Konten werden mit ihren Salden unter der Bilanzposition „Sonstige Verbindlichkeiten" (bei einer Umsatzsteuer**schuld**) oder „Sonstige Vermögensgegenstände" (bei einem Vorsteuer**guthaben**) ausgewiesen. Dadurch bleiben die Salden der einzelnen Vorgänge zur Erstellung der USt-Jahreserklärung erhalten.

> **ÜBUNG →**
> 1. Wiederholungsfrage 13 (Seite 131),
> 2. Aufgaben 5 bis 8 (Seite 133)

3.9.4 Erfolgskontrolle

WIEDERHOLUNGSFRAGEN

1. Was versteht man unter dem Mehrwert?
2. Wie wird rechnerisch die Umsatzsteuerschuld (Zahllast) ermittelt?
3. Welche Umsatzsteuerkonten können geführt werden?
4. Welche Umsatzsteuer wird auf dem Vorsteuerkonto gebucht?
5. Unter welchen Voraussetzungen ist der Vorsteuerabzug bereits vor Ausführung einer Leistung möglich?
6. Wie werden die geleisteten Anzahlungen buchmäßig behandelt?
7. Welche Umsatzsteuer wird auf dem Umsatzsteuerkonto gebucht?
8. Wie werden erhaltene Anzahlungen buchmäßig behandelt?
9. In welchem Fall ist der Kalendermonat Voranmeldungszeitraum?
10. Auf welchem Konto werden die USt-Vorauszahlungen gebucht?
11. In welcher Höhe ist eine Sondervorauszahlung zu leisten, damit eine Dauerfristverlängerung gewährt wird?
12. Auf welchem Konto wird die Sondervorauszahlung gebucht?
13. Wie kann der Abschluss der Umsatzsteuerkonten erfolgen?

AUFGABEN

AUFGABE 1

Urerzeuger A liefert Rohstoffe an das Industrieunternehmen B für 5.000 € + 19 % USt.
A hat keine Vorlieferanten und deshalb keine Vorsteuer.
Das Industrieunternehmen B erstellt aus den Rohstoffen Fertigerzeugnisse und liefert sie an den Großhändler C für 8.500 € + 19 % USt.
Der Großhändler C liefert die Fertigerzeugnisse an den Einzelhändler D für 10.000 € + 19 % USt.
Der Einzelhändler D liefert die Waren dem Endverbraucher E für 12.500 € + 19 % USt.

Ermitteln Sie die **Umsatzsteuer**, den **Vorsteuerabzug**, die **Umsatzsteuerschuld** (Zahllast) und den **Mehrwert** (die Wertschöpfung).

Wirtschaftsstufe bzw. Phase	Rechnungsbetrag €	**USt** (Traglast) €	**Vorsteuerabzug** €	Umsatzsteuerschuld (Zahllast) €	Mehrwert = Wertschöpfung €
A					
B					
C					
D					

3 Grundlagen der Finanzbuchführung

AUFGABE 2

Bilden Sie die Buchungssätze für folgende Geschäftsvorfälle:

1. Kauf von Waren auf Ziel, netto   1.000,00 €
   + USt   190,00 €
                                           1.190,00 €

2. Kauf eines nur betrieblich genutzten Pkws auf Ziel, netto   30.000,00 €
   + USt   5.700,00 €
                                                               35.700,00 €

3. Kauf von Büromaterial bar, netto   400,00 €
   + USt   76,00 €
                                              476,00 €

AUFGABE 3

Der Unternehmer Müller, Freiburg, kauft in einem Schreibwarengeschäft in Karlsruhe Büromaterial für insgesamt 357 € für seinen Betrieb. An der Kasse erhält er einen Bon mit dem Vermerk „einschließlich 19 % USt". Müller zahlt bar.

Bilden Sie den Buchungssatz für den Geschäftsvorfall (Hinweis: §§ 14 und 15 UStG).

AUFGABE 4

Der Kölner Unternehmer U, Monatszahler, nimmt die Dauerfristverlängerung in Anspruch. Auch für 2019 möchte er die Fristverlängerung in Anspruch nehmen.

U hat die folgenden Umsatzsteuer-Vorauszahlungen für das Kalenderjahr 2018 (lt. Zeile 66 der Umsatzsteuer-Voranmeldungen) geleistet:

Januar	420 €
Februar	2.220 €
März	1.705 €
April	2.315 €
Mai	5.150 €
Juni	2.750 €
Juli	2.090 €
August	1.190 €
September	2.541 €
Oktober	2.346 €
November	3.480 €
Dezember (3.826 € – 2.710 € Sondervorauszahlung)	1.116 €

1. Berechnen Sie die Sondervorauszahlung für 2019.
2. U überweist am 06.02.2019 die Sondervorauszahlung 2019 durch die Bank. Bilden Sie den Buchungssatz für die Überweisung der Sondervorauszahlung.

3.9 Umsatzsteuerkonten

AUFGABE 5

Folgende Situation ist gegeben:

S	**1406** (1576) Vorsteuer	H		S	**3806** (1776) Umsatzsteuer	H
120.000,00						200.000,00

S **9998** (9998) Schlussbilanzkonto H

Aufgabe
Schließen Sie die Umsatzsteuerkonten ab.

AUFGABE 6

Karl Rad, Mannheim, betreibt einen Einzelhandel mit Bürogeräten (USt-Satz 19 %).
Geschäftsvorfälle des Voranmeldungszeitraums August 2019:

1. Rad verkauft einen Personalcomputer an den Lehrer Walter, Ludwigshafen, für 2.023 € (brutto). Walter zahlt bei Lieferung bar.
2. Der Hersteller Roll, Speyer, beliefert Rad mit neuer Ware. Die Eingangsrechnung lautet über 5.000 € + 19 % USt.
3. Rad verkauft 30 LCD-Monitore an das Finanzamt Mannheim-Stadt für 200 € pro Stück netto.
4. Rad verkauft an den Schüler Müller, Mannheim, ein Notebook für 800 € + 152 € USt. Der Schüler zahlt bei Lieferung bar.
5. Das Finanzamt Mannheim-Stadt überweist den Rechnungsbetrag für die LCD-Monitore auf das Bankkonto von Karl Rad.

Aufgaben
1. Bilden Sie die Buchungssätze der Geschäftsvorfälle des Monats August 2019.
2. Ermitteln Sie die Umsatzsteuerschuld (Zahllast) für den Voranmeldungszeitraum August 2019.

AUFGABE 7

Der Unternehmer Müller, Freiburg, erhält von einem Kunden im April 2019 eine Bankgutschrift über 59.500 € für eine Anzahlung auf eine Warenlieferung, die er vereinbarungsgemäß im Juli 2019 ausführen soll. Es liegt keine Anzahlungsrechnung vor.
Bilden Sie den Buchungssatz für den Geschäftsvorfall.

AUFGABE 8

Wie bucht der Kunde (Aufgabe 7)?
Bilden Sie den Buchungssatz für diesen Geschäftsvorfall.

Weitere Aufgaben mit Lösungen finden Sie im **Lösungsbuch** der Buchführung 1.

3 Grundlagen der Finanzbuchführung

Zusammenfassende Erfolgskontrolle

Der Unternehmer Kurt Menning, Mainz, hat durch Inventur am 01.01.2019 folgende Anfangsbestände ermittelt:

Anfangsbestände	€
0520 (0320) Pkw	10.000,00
0640 (0430) Ladeneinrichtung	10.000,00
1140 (3980) Bestand Waren	50.000,00
1200 (1400) Forderungen aLuL	20.000,00
1406 (1576) Vorsteuer 19 %	0,00
1800 (1200) Bankguthaben	15.000,00
1600 (1000) Kasse	5.000,00
3300 (1600) Verbindlichkeiten aLuL	15.000,00
3806 (1776) Umsatzsteuer 19 %	5.000,00
2000 (0800) Eigenkapital	90.000,00

Außer den Bestandskonten, die sich aus den obigen Beständen ergeben, sind folgende Erfolgskonten zu führen:

5200 (3200) Wareneingang, **6220** (4830) Abschreibungen auf Sachanlagen, **6222** (4832) Abschreibungen auf Kfz, **6470** (4805) Reparaturen, **6815** (4930) Bürobedarf, **6500** (4500) Fahrzeugkosten, **4200** (8200) Erlöse.

Geschäftsvorfälle des Jahres 2019		€
1. Wareneinkauf auf Ziel, netto + USt	10.000,00 € 1.900,00 €	11.900,00
2. Banküberweisung der Umsatzsteuerschuld (Zahllast)		5.000,00
3. Warenverkauf auf Ziel, netto + USt	5.000,00 € 950,00 €	5.950,00
4. Reparaturrechnung für Schreibmaschine, brutto einschließlich 19 % USt, noch nicht bezahlt		78,54
5. Banküberweisung vom Kunden zum Ausgleich einer Forderung aLuL		13.560,00
6. Barkauf von Büromaterial, brutto einschließlich 19 % USt		104,72
7. Banküberweisung an Lieferer zum Ausgleich einer Verbindlichkeit aLuL		11.500,00
8. Kauf eines nur betrieblich genutzten Pkws auf Ziel, netto + USt	23.000,00 € 4.370,00 €	27.370,00
9. Barkauf von Benzin für Pkw, brutto einschließlich 19 % USt		59,50
10. Warenverkauf auf Ziel, netto + USt	45.000,00 € 8.550,00 €	53.550,00

Abschlussangaben	€
11. Warenschlussbestand laut Inventur	55.000,00
12. Abschreibung auf Pkw	5.000,00
13. Abschreibung auf Ladeneinrichtung	5.000,00

Aufgaben
1. Bilden Sie die Buchungssätze der Geschäftsvorfälle des Jahres 2019.
2. Tragen Sie die Anfangsbestände auf den Konten vor.
3. Buchen Sie die Geschäftsvorfälle.
4. Schließen Sie die Konten ab.
5. Stellen Sie die Bilanz zum 31.12.2019 nach dem handelsrechtlichen Gliederungsschema auf.

3.10 Privatkonten

Das **Eigenkapital ändert sich** nicht nur durch Aufwendungen und Erträge, sondern **auch** durch Privat**entnahmen** und Privat**einlagen**.

Handelsrechtlich bestehen keine umfangreichen Bestimmungen zur Behandlung von Entnahmen und Einlagen. Im Folgenden werden die **steuerrechtlichen** Regelungen dargestellt, die auch für handelsrechtliche Zwecke angewendet werden können.

3.10.1 Privatentnahmen

Entnimmt ein Unternehmer dem Betrieb **Wirtschaftsgüter** (Geld, Waren, Erzeugnisse, Nutzungen oder Leistungen) für **sich**, für seinen **Haushalt** oder für **andere betriebsfremde Zwecke**, so liegen **Entnahmen** (**Privatentnahmen**) vor (§ 4 Abs. 1 Satz 2 EStG).

Privatentnahmen mindern das betriebliche **Vermögen und** das **Eigenkapital**.

Da die **privat** verursachten Eigenkapital**minderungen** (Entnahmen) – im Gegensatz zu den **betrieblich** verursachten Eigenkapitalminderungen (Aufwendungen) – den **Gewinn oder Verlust** des Unternehmens **nicht** beeinflussen dürfen, ist bei der **Gewinnermittlung durch Betriebsvermögensvergleich** der **Unterschiedsbetrag** zwischen dem Eigenkapital am Schluss des Wirtschaftsjahres und dem Eigenkapital am Schluss des vorangegangenen Wirtschaftsjahres um den Wert der **Entnahmen** zu **erhöhen** (§ 4 Abs. 1 Satz 1 EStG).

>   Eigenkapital am Schluss des Wirtschaftsjahres
>   Eigenkapital am Schluss des vorangegangenen Wirtschaftsjahres
> = Unterschiedsbetrag
> + **Entnahmen**

Der einkommensteuerliche Entnahme-Begriff deckt sich **nicht** mit dem **umsatzsteuerlichen Begriff der unentgeltlichen Leistungen** (unentgeltlichen Wertabgabe). **Der Umsatzsteuer** unterliegen grundsätzlich nur **bestimmte Entnahmearten**.

	Entnahmen (§ 4 Abs. 1 Satz 2 **EStG**)		
Geldentnahme	**Sach**entnahme (Waren/Erzeugnisse)	**Nutzungs**entnahme	**Leistungs**entnahme
	Entnahme von Gegenständen	private Nutzung betrieblicher Gegenstände	andere unentgeltliche sonstige Leistungen
	(§ 1 Abs. 1 Nr. 1 i. V. m. § 3 Abs. 1b Satz 1 Nr. 1 UStG)	(§ 1 Abs. 1 Nr. 1 i. V. m. § 3 Abs. 9a Nr. 1 UStG)	(§ 1 Abs. 1 Nr. 1 i. V. m. § 3 Abs. 9a Nr. 2 UStG)
	unentgeltliche Leistungen* (§ 3 Abs. 1b Satz 1 Nr. 1 und Abs. 9a Nr. 1 und Nr. 2 **UStG**)		

* **Keine** unentgeltlichen Leistungen liegen bei **laufenden** Telefonkosten (Grund- und Gesprächsgebühren) vor (Abschn. 3.4 Abs. 4 Satz 4 UStAE), weil der private Anteil der Eingangsrechnung nicht mit Vorsteuer entlastet wird.

BEISPIELE

1. Der Gewerbetreibende A, Bonn, entnimmt im August 2019 aus seiner Geschäftskasse 3.000 € für eine Urlaubsreise.
   Es liegt eine **Geldentnahme**, aber **keine** steuerpflichtige **unentgeltliche Leistung** vor.
2. Der Koblenzer Metzgermeister U entnimmt im August 2019 seinem Geschäft Fleisch für seinen Privathaushalt.
   Es liegt eine **Sachentnahme** vor, die gleichzeitig eine **unentgeltliche Leistung** ist.
3. Der zum Vorsteuerabzug berechtigte Unternehmer U, München, verwendet seinen betrieblichen Pkw lt. Fahrtenbuch zu 30 % für private Zwecke.
   Es liegt eine **Nutzungsentnahme** vor, die gleichzeitig eine **unentgeltliche Leistung** ist.
4. Der Steuerberater U, Mainz, lässt durch seinen Auszubildenden Mathias Meister im Mai 2019 während der Geschäftszeit seinen Jagdhund ausführen.
   Es liegt eine **Leistungsentnahme** vor, die gleichzeitig eine **unentgeltliche Leistung** ist.

ÜBUNG → 1. Wiederholungsfragen 1 bis 3 (Seite 156),
2. Aufgabe 1 (Seite 156)

3.10.1.1 Entnahme von Gegenständen

Die **Entnahme eines Gegenstandes** ist nach § 1 Abs. 1 **Nr. 1** i.V.m. § 3 **Abs. 1b** Satz 1 **Nr. 1** UStG **steuerbar**, wenn folgende **Tatbestandsmerkmale** vorliegen:

1. **Entnahme eines Gegenstandes**,
2. durch einen **Unternehmer**,
3. aus seinem **Unternehmen**,
4. im **Inland**,
5. für **Zwecke außerhalb seines Unternehmens**,
6. wenn der Gegenstand oder seine Bestandteile **zum** vollen oder teilweisen **Vorsteuerabzug berechtigt** haben.

Fehlt eines dieser **Tatbestandsmerkmale**, so liegt **keine** steuerbare unentgeltliche Lieferung i.S.d. § 1 Abs. 1 **Nr. 1** i.V.m. § 3 **Abs. 1b** Satz 1 **Nr. 1** UStG vor.

Die **Entnahme eines Gegenstandes** aus dem Unternehmen im Sinne des § 3 Abs. 1b Satz 1 **Nr. 1** liegt nur dann vor, wenn der Vorgang bei entsprechender Ausführung an einen Dritten als **Lieferung** – einschließlich Werk**lieferung** – anzusehen wäre (Abschn. 3.3 Abs. 5 Satz 1 UStAE).

Die **Entnahme** eines dem Unternehmen zugeordneten Gegenstands wird nach § 3 Abs. 1b Satz 1 Nr. 1 UStG nur dann einer **entgeltlichen** Lieferung **gleichgestellt**, wenn der entnommene Gegenstand oder seine Bestandteile zum vollen oder teilweisen **Vorsteuerabzug** berechtigt haben (Abschn. 3.3 Abs. 2 Satz 1 UStAE).

Die Entnahme eines Gegenstandes, bei dem **Vorsteuer abgezogen** worden ist, wird bemessen nach (§ 10 Abs. 4 **Nr. 1** UStG):

1. dem **Nettoeinkaufspreis** zuzüglich der Nebenkosten für den Gegenstand oder für einen gleichartigen Gegenstand **zum Zeitpunkt des Umsatzes oder**
2. nach den **Selbstkosten** des Gegenstandes **zum Zeitpunkt des Umsatzes**.

Die **Umsatzsteuer** gehört **nicht** zur **Bemessungsgrundlage** (§ 10 Abs. 4 **Satz 2** UStG).

Welcher Wert anzusetzen ist, richtet sich danach, ob der betreffende Gegenstand **angeschafft** oder **hergestellt** worden ist.

zu 1. Nettoeinkaufspreis

Der **Nettoeinkaufspreis** zuzüglich der Nebenkosten für den Gegenstand oder einen gleichartigen Gegenstand zum Zeitpunkt des Umsatzes **entspricht** regelmäßig den

Wiederbeschaffungskosten.

Wiederbeschaffungskosten sind Kosten, die für die Beschaffung des Gegenstandes zum Zeitpunkt des Umsatzes aufzuwenden wären.

> **BEISPIEL**
>
> Der Koblenzer Einzelhändler U entnimmt im August 2019 seinem Unternehmen eine Kühltruhe, die er **vor wenigen Tagen** für **250 €** + 47,50 € USt = 297,50 € erworben hat, für private Zwecke.
>
> Die **Bemessungsgrundlage** für die Berechnung der USt beträgt **250 €**. In diesem Fall entsprechen die **Wiederbeschaffungskosten** den **Anschaffungskosten**, weil der Gegenstand **unmittelbar nach der Beschaffung** entnommen worden ist.

Wird der Gegenstand **nicht unmittelbar nach der Beschaffung** entnommen, sind die zwischenzeitlichen **Preisänderungen** zu berücksichtigen.

> **BEISPIEL**
>
> Ein Großhändler entnimmt im **Oktober 2019** Waren für **595 €** inkl. 19 % USt.
> Der Großhändler hat die Waren im **Mai 2019** für 500 € + 95 € USt = 595 € gekauft. Durch zwischenzeitliche **Preisänderungen** betragen die **Wiederbeschaffungskosten** der Waren im **Oktober 2019 600 €** netto.
>
> Die **Bemessungsgrundlage** für die Berechnung der Umsatzsteuer beträgt **600 €**.

zu 2. Selbstkosten

Kann der **Nettoeinkaufspreis nicht** ermittelt werden, so sind als Bemessungsgrundlage die **Selbstkosten** anzusetzen (§ 10 Abs. 4 Nr. 1 UStG).
Die **Selbstkosten** umfassen alle durch den betrieblichen Leistungsprozess bis zum Zeitpunkt der Entnahme oder Zuwendung entstandenen Kosten (Abschn. 10.6 Abs. 1 Satz 4 UStAE).

Aus **Vereinfachungsgründen** wird die **Bemessungsgrundlage** für die Entnahme von Gegenständen bei Unternehmen **bestimmter Gewerbezweige** anhand von amtlich festgelegten **Pauschbeträgen** ermittelt.

3.10 Privatkonten

Diese Regelung dient der **Vereinfachung** und lässt keine Zu- und Abschläge wegen individueller persönlicher Ess- oder Trinkgewohnheiten zu. Auch Krankheit oder Urlaub rechtfertigen **keine Änderung der Pauschbeträge**.

Diese **Pauschbeträge** sind für das **Kalenderjahr 2019** für **unentgeltliche Wertabgaben** (**Sachentnahmen**) im BMF-Schreiben (IV A 4 – S 1547/13/10001-06) vom 12.12.2018 aufgeführt. Die Pauschbeträge sind **Jahreswerte** für **eine Person**. Für Kinder bis zum vollendeten 2. Lebensjahr entfällt der Ansatz eines Pauschbetrages. Bis zum vollendeten **12. Lebensjahr** ist die **Hälfte** des jeweiligen Wertes anzusetzen. Bei **gemischten Betrieben** (Metzgerei oder Bäckerei mit Lebensmittelangebot oder Gastwirtschaft) ist nur der jeweils **höhere Pauschbetrag** der entsprechenden Gewerbeklasse anzusetzen.

Gewerbezweig	Jahreswert für eine Person ohne Umsatzsteuer in €		
	zu 7 %	zu 19 %	insgesamt
Bäckerei	1.211	404	1.615
Fleischerei/Metzgerei	886	860	1.746
Gaststätten aller Art			
a) mit Abgabe von kalten Speisen	1.120	1.081	2.201
b) mit Abgabe von kalten und warmen Speisen	1.680	1.758	3.438
Getränkeeinzelhandel	105	300	405
Café und Konditorei	1.172	638	1.810
Milch, Milcherzeugnisse, Fettwaren und Eier (Eh.)	586	79	665
Nahrungs- und Genussmittel (Eh.)	1.133	678	1.811
Obst, Gemüse, Südfrüchte und Kartoffeln (Eh.)	274	235	509

BEISPIEL

Die Eheleute U betreiben in **Bonn** ein **Café**. Sie haben einen **zehnjährigen Sohn**.
Die Steuerpflichtigen bewerten ihre Sachentnahmen mit den **Pauschbeträgen**.

Die **Bemessungsgrundlage** beträgt für 2019:

	steuerpflichtige Umsätze		
	zu 7 % €	zu 19 % €	insgesamt €
Ehemann	1.172,00	638,00	1.810,00
Ehefrau	1.172,00	638,00	1.810,00
Kind (50 %)	586,00	319,00	905,00
Bemessungsgrundlage für 2019	**2.930,00**	**1.595,00**	**4.525,00**

Will der Steuerpflichtige **niedrigere Beträge** als die Pauschbeträge geltend machen, muss er entsprechende **Nachweise** führen.

ÜBUNG →   1. Wiederholungsfragen 4 und 5 (Seite 156),
2. Aufgaben 2 und 3 (Seite 157)

3.10.1.2 Private Nutzung betrieblicher Gegenstände

Die **private Nutzung betrieblicher Gegenstände** ist nach § 1 Abs. 1 **Nr. 1** i. V. m. § 3 Abs. 9a Nr. 1 UStG **steuerbar**, wenn folgende **Tatbestandsmerkmale** vorliegen:

1. Verwendung eines **dem Unternehmen zugeordneten Gegenstandes**,
2. der zum **Vorsteuerabzug berechtigt** hat,
3. durch einen **Unternehmer oder** sein **Personal**, sofern **keine Aufmerksamkeiten** vorliegen,
4. im **Inland**,
5. für **Zwecke außerhalb des Unternehmens**.

Als **nicht dem Unternehmen zugeordnete Gegenstände** gelten solche, die im Rahmen einer Lieferung, Einfuhr oder eines innergemeinschaftlichen Erwerbs für das Unternehmen angeschafft wurden, aber zu **weniger als 10 % unternehmerisch genutzt** werden. Die Lieferung, Einfuhr oder der innergemeinschaftliche Erwerb dieser Gegenstände gilt als nicht für das Unternehmen ausgeführt (§ 15 Abs. 1 Satz 2 UStG).
Es handelt sich bei diesen Gegenständen **nicht** um **Unternehmensvermögen** mit der **Folge**, dass ein **Vorsteuerabzug** aus dem Erwerb dieser Gegenstände **nicht möglich** ist.

Die private Nutzung betrieblicher Gegenstände durch das **Personal** fällt **nicht** unter die Privatentnahmen.

Für die private Nutzung betrieblicher Gegenstände durch den **Unternehmer** sind in der Praxis vor allem die folgenden Fälle bedeutsam:

1. private Nutzung betrieblicher **Fahrzeuge** durch den **Unternehmer**,
2. private Nutzung betrieblicher **Telekommunikationsgeräte** durch den **Unternehmer**.

zu 1. Private Nutzung betrieblicher Fahrzeuge durch den Unternehmer

Der Vorsteuerabzug und die Besteuerung der Privatnutzung bei gemischt genutzten Fahrzeugen ist unter Berücksichtigung von Sonderregeln für Elektrofahrzeuge und extern aufladbare Hybridelektrofahrzeuge in Abschnitt 15.23 UStAE detailliert geregelt.

Wurde ein Fahrzeug für das Unternehmen angeschafft, hergestellt, eingeführt oder innergemeinschaftlich erworben **und** wird es vom Unternehmer **sowohl unternehmerisch (mind. 10 %) als auch für** nichtunternehmerische **(private) Zwecke genutzt,** handelt es sich um ein sogenanntes **gemischt genutztes Fahrzeug**.

Ordnet der Unternehmer das gemischt genutzte Fahrzeug als einheitlichen Gegenstand **seinem Unternehmen voll zu (Zuordnungswahlrecht)**, kann er beim Einkauf die **Vorsteuer** in voller Höhe **(zu 100 %)** abziehen.
Im Gegenzug ist die nichtunternehmerische **(private) Nutzung** als unentgeltliche sonstige Leistung **(unentgeltliche Wertabgabe)** nach § 3 Abs. 9a Nr. 1 UStG der **Umsatzsteuer** zu unterwerfen.

Wird das Fahrzeug zu **weniger als 10 %** für das Unternehmen genutzt, darf der Unternehmer das Fahrzeug **nicht** seinem Unternehmen zuordnen und kann daher **keine Vorsteuer** abziehen (Abschn. 15.23 Abs. 2 UStAE, **Zuordnungsverbot**).

Als **Bemessungsgrundlage** der privaten Nutzung sind nach § 10 Abs. 4 Satz 1 Nr. 2 UStG die **Ausgaben** anzusetzen, soweit sie zum vollen oder teilweisen Vorsteuerabzug berechtigt haben.

3.10 Privatkonten

Die **Ermittlung der Ausgaben**, die auf die private Nutzung eines dem Unternehmen zugeordneten Fahrzeugs entfallen, orientiert sich grundsätzlich an der **ertragsteuerlichen Vorgehensweise**. Entsprechend hat der Unternehmer die Wahl zwischen drei Möglichkeiten:

- **Fahrtenbuchregelung,**
- **1 %-Regelung** oder
- **Schätzung**.

Die **1 %-Regelung** kann nur in Anspruch genommen werden, wenn das Fahrzeug zu **mehr als 50 %** für das Unternehmen genutzt wird (§ 6 Abs. 1 Nr. 4 Satz 2 EStG).

BEISPIEL

Zum Unternehmensvermögen des Unternehmers U, Hamburg, gehört ein Pkw, der auch für private Zwecke genutzt wird. Die unternehmerische Nutzung beträgt 70 %. U hat den Pkw am **04.01.2019** für 59.500 € (50.000 € + 9.5000 € USt) gekauft und vollständig seinem Unternehmen zugeordnet.

Es handelt sich um ein **gemischt genutztes Fahrzeug**. U kann den **Vorsteuerabzug** in voller Höhe von 9.500 € in Anspruch nehmen und aus den laufenden Kosten den vollen Vorsteuerabzug geltend machen. Im Gegenzug ist der **private Nutzungsanteil** als unentgeltliche sonstige Leistung (unentgeltliche Wertabgabe) nach § 3 Abs. 9a Nr. 1 UStG der **Umsatzsteuer** zu unterwerfen.

Fahrtenbuchregelung

Setzt der Unternehmer für **Ertragsteuerzwecke** die private Nutzung mit den auf die Privatfahrten entfallenden Aufwendungen an, indem er die für das Fahrzeug insgesamt entstehenden Aufwendungen durch Belege und das Verhältnis der privaten zu den übrigen Fahrten durch ein ordnungsgemäßes **Fahrtenbuch** nachweist (§ 6 Abs. 1 Nr. 4 Satz 3 EStG), ist von diesem Wert auch bei der Bemessungsgrundlage für die private Nutzung eines sog. gemischt genutzten Fahrzeugs auszugehen.

Sofern Anschaffungs- oder Herstellungskosten mindestens 500 € (Nettobetrag ohne Umsatzsteuer) betragen, sind sie gleichmäßig auf den für das Fahrzeug maßgeblichen Berichtigungszeitraum nach § 15a UStG (**5 Jahre**) zu verteilen. Aus den Gesamtaufwendungen sind für umsatzsteuerliche Zwecke die **nicht mit Vorsteuer belasteten Kosten** in der belegmäßig nachgewiesenen Höhe **auszuscheiden**.

BEISPIEL

Sachverhalt wie im Beispiel zuvor. U nutzt den betrieblichen Pkw lt. ordnungsgemäß geführtem Fahrtenbuch zu **30 %** für private Zwecke. Im Monat Oktober 2019 sind für den Pkw folgende Kosten angefallen:

1. Kosten, die **nicht** mit Vorsteuer belastet sind			
Kfz-Versicherungen und Kfz-Steuer			100 €
2. Kosten, die zum **Vorsteuerabzug** berechtigt haben			
Benzin		200 €	
Reparaturen		2.050 €	
Absetzung für Abnutzung (AfA) gem. § 15a UStG		250 €	**2.500 €**
Kosten insgesamt			2.600 €

Die **Bemessungsgrundlage** für die steuerpflichtige **unentgeltliche sonstige Leistung** beträgt im Oktober 2019 **750 €** (30 % von **2.500 €**). Die **Entnahme der sonstigen Leistung**, die **nicht** der **Umsatzsteuer** unterliegt, beträgt im Oktober 2019 **30 €** (30 % von **100 €**).

Wird ein Pkw z.B. von einem **Nichtunternehmer** und damit **ohne Berechtigung zum Vorsteuerabzug** erworben, gehört die **anteilige AfA nicht zur Bemessungsgrundlage**.

1 %-Regelung

Ermittelt der Unternehmer für **Ertragsteuerzwecke** den Wert der Nutzungsentnahme nach der sog. **1 %-Regelung** des § 6 Abs. 1 Nr. 4 Satz 2 EStG, so kann er von diesem Wert aus Vereinfachungsgründen bei der Bemessungsgrundlage für die private Nutzung ausgehen, wenn das Kraftfahrzeug zu **mehr als 50 %** betrieblich genutzt wird.

Für die **nicht mit Vorsteuer belasteten Kosten** kann er einen **pauschalen Abschlag von 20 %** vornehmen.

Der so ermittelte Betrag ist ein sog. **Nettowert**, auf den die USt mit dem allgemeinen Steuersatz aufzuschlagen ist (Abschn. 15.23 Abs. 5 UStAE).

Der **Brutto-Listenpreis** ist auf **volle 100 Euro** abzurunden.

> **BEISPIEL**
>
> Der Unternehmer U, Hamburg, hat am 04.01.2019 einen gemischt genutzten Pkw für 59.500 € (brutto) gekauft (Beispiel Seite 141). Der **Brutto-Listenpreis** des Kraftfahrzeugs hat im Zeitpunkt der **Erstzulassung 63.850 €** betragen.
>
> Die Bemessungsgrundlage für die private Nutzung des Pkws wird nach der **1 %-Regelung** für den Monat Oktober 2019 wie folgt ermittelt:
>
> | | Brutto-Listenpreis des Pkws im Zeitpunkt der Erstzulassung | | 63.850,00 € |
> |---|---|---|---|
> | | abgerundet auf volle 100 € | | 63.800,00 € |
> | | davon **1 %** = | | 638,00 € |
> | − | 20 % Abschlag für nicht mit Vorsteuer belastete Kosten | − | 127,60 € |
> | = | Bemessungsgrundlage für Oktober 2019 | | **510,40 €** |

Im **Gegensatz** zur **ertragsteuerlichen** Behandlung (§ 6 Abs. 1 Nr. 4 EStG) erfolgen für umsatzsteuerliche Zwecke weder nach der 1 %-Regelung noch nach der Fahrtenbuchmethode **Kürzungen** für **Elektro- und Hybridelektrofahrzeuge** (Abschn. 15.23 Abs. 5 UStAE). **Nach dem 31.12.2018** und **vor** dem **01.01.2022** angeschaffte **Elektro- und Hybridfahrzeuge** werden z.B. **einkommensteuerlich** gefördert, indem der ermittelte Vorteil der privaten Nutzung nur **zur Hälfte** zu versteuern ist. Gleiches gilt für **Elektro-Fahrräder (E-Bikes)**, sofern sie als Kraftfahrzeug zu behandeln sind (z.B. Motorunterstützung von mehr als 25 km/h).

zu 2.: Private Nutzung betrieblicher Telekommunikationsgeräte durch den Unternehmer

Kauft ein Unternehmer Telekommunikationsgeräte (z.B. Telefonanlagen nebst Zubehör, Faxgeräte, Mobilfunkeinrichtungen) für sein Unternehmen, kann er die hierauf entfallende **Vorsteuer** in **voller Höhe** nach § 15 UStG **absetzen** (Abschn. 3.4 Abs. 4 **Satz 1** UStAE).

Wird ein solches Gerät **für Zwecke außerhalb des Unternehmens** verwendet, liegt eine **unentgeltliche sonstige Leistung** i.S.d. § 3 **Abs. 9a Nr. 1** UStG vor (Abschn. 3.4 Abs. 4 **Satz 2** UStAE).

> **BEISPIEL**
>
> Der Kölner Unternehmer U hat im Januar 2019 für sein Unternehmen eine neue Telefonanlage für 2.000 € + 380 € USt = 2.380 € **gekauft**. Die ihm in Rechnung gestellte Umsatzsteuer von 380 € hat er als Vorsteuer abgezogen. Er nutzt das betriebliche Telefon zu 20 % für private Zwecke. Die Nutzungsdauer des Geräts beträgt laut AfA-Tabelle 5 Jahre.
>
> Die **Bemessungsgrundlage** für die Berechnung der Umsatzsteuer beträgt für 2019 also **80 €** (2.000 € : 5 Jahre Nutzungsdauer = 400 € x 20 % = 80 €).

3.10 Privatkonten

Keine unentgeltlichen sonstigen Leistungen liegen bei **laufenden Telefonkosten** (z.B. Miete, Grund- und Gesprächsgebühren) vor (Abschn. 3.4 Abs. 4 **Satz 4** UStAE).

> **BEISPIEL**
>
> Der Bonner Unternehmer U nutzt sein **gemietetes** Geschäftstelefon zu **20%** für private Zwecke. Die gesamten Telefonkosten (Miete, Grund- und Gesprächsgebühren) haben 2019 **4.500 €** betragen.
>
> Die anteiligen **privaten Telefonkosten** von **900 €** (20% von 4.500 €) sind **keine unentgeltlichen sonstigen Leistungen**, d.h., sie stellen keinen umsatzsteuerbaren Vorgang dar.
>
> Die auf die anteiligen **privaten Telefonkosten** entfallenden **Vorsteuerbeträge** sind **nicht abziehbar**.

ÜBUNG →
1. Wiederholungsfragen 6 und 7 (Seite 156),
2. Aufgaben 4 und 5 (Seite 157)

3.10.1.3 Andere unentgeltliche sonstige Leistungen

Die Erbringung einer **anderen unentgeltlichen sonstigen Leistung** ist nach § 1 Abs. 1 **Nr. 1** i.V.m. § 3 **Abs. 9a** Nr. 2 UStG steuerbar, wenn folgende **Tatbestandsmerkmale** vorliegen:

1. **unentgeltliche Erbringung einer sonstigen Leistung**,
2. durch den **Unternehmer oder** sein **Personal**,
3. im **Inland**,
4. für **Zwecke außerhalb des Unternehmens**.

Fehlt eines dieser **Tatbestandsmerkmale**, so liegt **keine** steuerbare unentgeltliche sonstige Leistung i.S.d. § 1 Abs. 1 **Nr. 1** i.V.m. § 3 **Abs. 9a Nr. 2** UStG vor.

Zu den **unentgeltlichen sonstigen Leistungen** i.S.d. § 3 **Abs. 9a Nr. 2** UStG gehören insbesondere unentgeltliche Dienstleistungen durch den **Einsatz von Betriebspersonal** für nichtunternehmerische (private) Zwecke zulasten des Unternehmers (Abschn. 3.4 Abs. 5 UStAE).

Die **anderen sonstigen Leistungen** i.S.d. § 3 Abs. 9a **Nr. 2** UStG werden für Privatzwecke des **Unternehmers** nach den bei der Ausführung dieser Umsätze entstandenen **Ausgaben** bemessen (§ 10 Abs. 4 **Nr. 3** UStG).

Im Gegensatz zu den unentgeltlichen sonstigen Leistungen nach § 3 Abs. 9a **Nr. 1** UStG gehören bei den **anderen sonstigen Leistungen** i.S.d. § 3 Abs. 9a **Nr. 2** UStG **sämtliche Ausgaben** zur Bemessungsgrundlage, **auch** Ausgaben, für die der **Vorsteuerabzug nicht möglich war**.

> **BEISPIEL**
>
> Der selbständige Installateur U baut ein Eigenheim in Mainz und verwendet dabei Material von seinem Lager für netto **5.000 €**.
>
> Auf den Einsatz seiner Gesellen an dieser Baustelle entfallen Arbeitslöhne und Lohnnebenkosten in Höhe von **7.500 €**.
>
> Die **Bemessungsgrundlage** beträgt **12.500 €** (5.000 € + 7.500 €).

ÜBUNG →
1. Wiederholungsfragen 8 und 9 (Seite 156),
2. Aufgabe 6 (Seite 158)

3.10.2 Buchen der Privatentnahmen

Weil **Entnahmen** das Eigenkapital verändern, **könnten** sie **direkt** auf dem **Eigenkapitalkonto** gebucht werden.

Zur besseren Übersicht werden sie jedoch **nicht direkt** auf dem Eigenkapitalkonto, sondern auf **Unterkonten des Eigenkapitalkontos**, den **Privatkonten**, gebucht.

In der Praxis werden häufig **mehrere** Privatentnahme-Konten eingerichtet, um die verschiedenen Arten der Privatentnahmen, z. B. Privatsteuern, Sonderausgaben, Zuwendungen (Spenden), unentgeltliche Wertabgaben getrennt zu erfassen.

Im Folgenden wird aus Vereinfachungsgründen nur **ein** Privatentnahme-Konto für die **Sollbuchung** geführt, und zwar das Konto

2100 (1800) **Privatentnahmen.**

3.10.2.1 Buchen der Entnahme von Gegenständen

Die **Geldentnahmen** und die **Sachentnahmen** werden auf der **Sollseite** des Kontos

2100 (1800) **Privatentnahmen**

erfasst.

BEISPIEL

Der Einzelhändler U, Koblenz, **entnimmt** im August 2019 der Geschäftskasse für private Zwecke **1.000 €**.

Es liegt eine **Entnahme von Geld** vor. Die Entnahme ist jedoch **keine unentgeltliche Leistung**, die der Umsatzsteuer unterliegt.

Buchungssatz:

Sollkonto	Betrag (€)	Habenkonto
2100 (1800) Privatentnahmen	1.000,00	1600 (1000) Kasse

Buchung:

S	2100 (1800) **Privatentnahmen**	H	S	1600 (1000) **Kasse**	H
1.000,00					1.000,00

Liegt bei einer **Entnahme** von **Gegenständen gleichzeitig** eine **steuerpflichtige unentgeltliche Leistung** vor, **erfolgt die Gegenbuchung** auf dem Ertragskonto

4620 (8910) **Entnahme durch den Unternehmer für Zwecke außerhalb des Unternehmens (Waren) 19 % USt.**

BEISPIEL

Der Einzelhändler U, Koblenz, **entnimmt** im August 2019 aus seinem Geschäft Waren für den Privathaushalt. Der **Nettoeinkaufspreis** der Waren, die dem allgemeinen Steuersatz unterliegen, beträgt im Zeitpunkt der Entnahme **500 €**.

Es liegt eine **Entnahme** vor, die **gleichzeitig** eine **steuerpflichtige unentgeltliche Leistung** (unentgeltliche Wertabgabe) ist.

3.10 Privatkonten

Es entsteht **Umsatzsteuer** in Höhe von **95 €** (19 % von 500 €).

Buchungssatz:

Sollkonto	Betrag (€)	Habenkonto
2100 (1800) **Privatentnahmen**	500,00	**4620** (8910) **Entnahme durch den Unternehmer**
2100 (1800) **Privatentnahmen**	95,00	**3806** (1776) **Umsatzsteuer 19 %**

Buchung:

```
    S   2100 (1800) Privatentnahmen   H        4620 (8910) Entnahme durch den U. für
                                            S  Zwecke außerhalb des Unternehmens   H
        500,00                                                       500,00
         95,00

                                            S    3806 (1776) Umsatzsteuer 19 %   H
                                                                     95,00
```

1. Wiederholungsfragen 10 und 11 (Seite 156),
2. Aufgaben 7 und 8 (Seite 158)

3.10.2.2 Buchen der privaten Nutzung betrieblicher Gegenstände

Nutzungsentnahmen werden auf der **Sollseite** des Kontos

2100 (1800) **Privatentnahmen**

erfasst.

Die **Gegenbuchungen** erfolgen auf den Ertragskonten

4645 (8921) **Verwendung von Gegenständen für Zwecke außerhalb des Unternehmens 19 % USt (Kfz-Nutzung)**,

4646 (8922) **Verwendung von Gegenständen für Zwecke außerhalb des Unternehmens 19 % USt (Telefon-Nutzung)**

und/oder

4639 (8924) **Verwendung von Gegenständen für Zwecke außerhalb des Unternehmens ohne USt (Kfz-Nutzung)**.

Private Nutzung betrieblicher Fahrzeuge durch den Unternehmer

Die **Buchungen** der privaten Nutzung betrieblicher Fahrzeuge durch den Unternehmer werden entsprechend den Beispielen zur Ermittlung der Bemessungsgrundlage (Seite 141 f.) durchgeführt.

Fahrtenbuchregelung

BEISPIEL

Der Unternehmer U, Hamburg, nutzt seinen betrieblichen Pkw, den er in 2019 von einem **Unternehmer** und damit mit Berechtigung zum Vorsteuerabzug erworben hat, lt. ordnungsgemäß geführtem **Fahrtenbuch** zu **30 % für private Zwecke**.

Im Monat **Oktober 2019** sind für den Pkw folgende Kosten angefallen (siehe Beispiel Seite 141):

1. Kosten, die **nicht** mit Vorsteuer belastet sind		
Kfz-Versicherungen und Kfz-Steuer		100 €
2. Kosten, die zum **Vorsteuerabzug** berechtigt haben		
Benzin	200 €	
Reparaturen	2.050 €	
Absetzung für Abnutzung (AfA) gem. § 15a UStG	250 €	2.500 €
Kosten insgesamt		2.600 €

Die **Bemessungsgrundlage** für die steuerpflichtige **unentgeltliche sonstige Leistung** beträgt im Oktober 2019 **750 €** (30 % von 2.500 €).

Die **Umsatzsteuer** für die steuerpflichtige **unentgeltliche sonstige Leistung** beträgt im Oktober 2019 **142,50 €** (19 % von 750 €).

Die **Entnahme der sonstigen Leistung**, die **nicht** der **Umsatzsteuer** unterliegt, beträgt im Oktober 2019 **30 €** (30 % von 100 €).

Buchungssatz:

Sollkonto	Betrag (€)	Habenkonto
2100 (1800) Privatentnahmen	750,00	**4645** (8921) Verwendung von Gegenständen
2100 (1800) Privatentnahmen	142,50	**3806** (1776) Umsatzsteuer 19 %
2100 (1800) Privatentnahmen	30,00	**4639** (8924) Verw. von Gegenständen ohne USt

Buchung:

S	**2100** (1800) **Privatentnahmen**	H
750,00		
142,50		
30,00		

S	**4645** (8921) **Verwendung von Gegenst. für Zwecke außerhalb d. Unternehmens 19 % USt (Kfz-Nutzung)**	H
		750,00

S	**3806** (1776) **Umsatzsteuer 19 %**	H
		142,50

S	**4639** (8924) **Verwendung von Gegenst. für Zwecke außerhalb d. Unternehmens ohne USt (Kfz-Nutzung)**	H
		30,00

1%-Regelung

BEISPIEL

Der Unternehmer U, Hamburg, verwendet seinen betrieblichen Pkw, den er von einem **Unternehmer** erworben hat, auch für private Zwecke.
Der **Brutto-Listenpreis** des Kraftfahrzeugs hat im Zeitpunkt der Erstzulassung **63.850 €** betragen.
Der private Nutzungsanteil für den Monat Oktober 2019 wird nach der **1%-Regelung** wie folgt ermittelt (siehe Beispiel Seite 142):

	Brutto-Listenpreis des Pkws im Zeitpunkt der Erstzulassung	63.850,00 €
	abgerundet auf volle 100 €	63.800,00 €
	davon **1%** =	638,00 €
−	20 % Abschlag für nicht mit Vorsteuer belastete Kosten	− 127,60 €
=	Bemessungsgrundlage für Oktober 2019	510,40 €
+	19 % USt (19 % von 510,40 €)	96,98 €
=	Privatanteil brutto für Oktober 2019	**607,38 €**

Buchungssatz:

Sollkonto	Betrag (€)	Habenkonto
2100 (1800) Privatentnahmen	510,40	**4645** (8921) Verwendung von Gegenständen
2100 (1800) Privatentnahmen	96,98	**3806** (1776) Umsatzsteuer 19 %
2100 (1800) Privatentnahmen	127,60	**4639** (8924) Verw. von Gegenständen ohne USt

Buchung:

```
S    2100 (1800) Privatentnahmen    H         S    4645 (8921) Verwendung von Gegenst.
                                                  für Zwecke außerhalb d. Unternehmens
         510,40                                       19 % USt (Kfz-Nutzung)         H
          96,98                                                         510,40
         127,60

                                              S    3806 (1776) Umsatzsteuer 19 %     H
                                                                          96,98

                                                   4639 (8924) Verwendung von Gegenst.
                                                   für Zwecke außerhalb d. Unternehmens
                                              S          ohne USt (Kfz-Nutzung)      H
                                                                         127,60
```

Nicht abzugsfähige Betriebsausgaben

Ermittelt der **Unternehmer** die private Nutzung nach der 1%-Regelung, sind für Zwecke der Gewinnermittlung auch die Aufwendungen für **Fahrten zwischen Wohnung und Betriebsstätte** pauschal mit monatlich **0,03% des Bruttolistenpreises** im Zeitpunkt der Erstzulassung **für jeden Entfernungskilometer** anzusetzen (§ 4 Abs. 5 Nr. 6 EStG).
Von diesem Betrag sind die Aufwendungen, die ein Arbeitnehmer nach § 9 Abs. 2 EStG als **Entfernungspauschale** abziehen kann, **zu kürzen** (§ 4 Abs. 5 **Nr. 6** EStG).
Der übersteigende Betrag ist zwar eine Betriebsausgabe, aber nicht abziehbar, weil ein Unternehmer dann höhere Kosten zum Abzug bringen könnte als ein Arbeitnehmer.

BEISPIEL

Sachverhalt wie im Beispiel auf Seite 147. In 2019 fährt U an 220 Tagen von seiner Wohnung zur Betriebsstätte. Die einfache Entfernung für diesen Weg beträgt 25 km.

U führt kein Fahrtenbuch. Alle Kfz-Kosten sind als Betriebsausgaben gebucht worden.

Die nicht abziehbaren Betriebsausgaben werden in der Praxis im Regelfall nicht gebucht, sondern außerbilanziell dem Gewinn hinzugerechnet. Für 2019 ergeben sich für U folgende nicht abziehbaren Betriebsausgaben:

	63.800 € x 0,03% x 25 km x 12 Monate (§ 4 Abs. 5a Satz 2 EStG)	5.742 €
−	220 Tage x 25 km x 0,30 € (§ 4 Abs. 5 **Nr. 6** EStG)	− 1.650 €
=	nicht abziehbare Betriebsausgaben	**4.092 €**

Bei einer Buchung würde der Buchungssatz lauten:

6688 (4678) Fahrten Wohnung/Betriebsstätte (abziehbar)	1.650 €
6689 (4679) Fahrten Wohnung/Betriebsstätte (nicht abziehbar)	4.092 €
an	
6690 (4680) Fahrten Wohnung/Betriebsstätte (Haben)	5.742 €

Für Zwecke der **Umsatzsteuer** gehören die Fahrten zwischen Wohnung und Betriebsstätte in den **unternehmerischen Bereich** und unterliegen deshalb **nicht** der Umsatzsteuer (Abschn. 15.23 Abs. 2 UStAE).

1. Wiederholungsfragen 12 und 13 (Seite 156),
2. Aufgaben 9 und 10 (Seite 158)

Private Nutzung betrieblicher Telekommunikationsgeräte durch den Unternehmer

Bei der Buchung der privaten Nutzung betrieblicher Telekommunikationsgeräte durch den Unternehmer ist zwischen dem **Kauf** und der **Nutzung** gemischt genutzter Telekommunikationsgeräte zu unterscheiden.

Kauf gemischt genutzter Telekommunikationsgeräte

Kauft ein Unternehmer Telekommunikationsgeräte (z. B. Telefonanlagen nebst Zubehör, Faxgeräte, Mobilfunkeinrichtungen) für sein Unternehmen, die auch privat genutzt werden, kann er unter der Voraussetzung des § 15 UStG die **Vorsteuer** in **voller Höhe** absetzen (Abschn. 3.4 Abs. 4 Satz 1 UStAE).

Die **private Nutzung** dieser gekauften Geräte ist als unentgeltliche sonstige Leistung (unentgeltliche Wertabgabe) nach § 3 Abs. 9a Nr. 1 UStG der **Umsatzsteuer** zu unterwerfen (Abschn. 15.2 Abs. 21 Nr. 2c Satz 3 UStAE).

3.10 Privatkonten

Die **Bemessungsgrundlage** für die Umsatzsteuer sind nach § 10 Abs. 4 Nr. 2 UStG die entstandenen **Ausgaben**, die auf das Konto

4646 (8922) **Verwendung von Gegenständen für Zwecke außerhalb des Unternehmens 19 % USt (Telefon-Nutzung)**

gebucht werden.

BEISPIEL

Der zum Vorsteuerabzug berechtigte Kölner Unternehmer U hat im Januar 2019 für sein Unternehmen eine neue Telefonanlage für **4.000 € + 760 € USt = 4.760 €** auf Ziel gekauft, die auch privat genutzt wird. Der private Nutzungsanteil beträgt 20 %.
Die betriebsgewöhnliche Nutzungsdauer des Geräts beträgt lt. AfA-Tabelle 5 Jahre.

Buchungssatz des Kaufs:

Sollkonto	Betrag (€)	Habenkonto
0650 (0420) Büroeinrichtung	4.000,00	
1406 (1576) Vorsteuer 19 %	760,00	
	4.760,00	**3300** (1600) Verbindlichkeiten aLuL

Buchung des Kaufs:

S **0650** (0420) **Büroeinrichtung** H   S **3300** (1600) **Verbindlichkeiten aLuL** H
   4.000,00 | | 4.760,00

S **1406** (1576) **Vorsteuer 19 %** H
   760,00 |

Buchungssatz der privaten Nutzung:

Sollkonto	Betrag (€)	Habenkonto
2100 (1800) Privatentnahmen	190,40	
	160,00*	**4646** (8922) Verwendung von Gegenst.
	30,40**	**3806** (1776) USt 19 %

* 4.000 € : 5 Jahre ND = 800 € x 20 % = 160,00 €
** 160 € x 19 % = 30,40 €

Buchung der privaten Nutzung:

S **2100** (1800) **Privatentnahmen** H   S **4646** (8922) **Verwendung v. G.** H
   190,40 | | 160,00

                                                  S **3806** (1776) **Umsatzsteuer 19 %** H
                                                                     | 30,40

Private Nutzung gemischt genutzter Telekommunikationsgeräte

Bei der privaten **Nutzung** gemischt genutzter Telekommunikationsgeräte gilt der Privatanteil der **laufenden** Telekommunikationskosten von Beginn an nicht für das Unternehmen bestimmt, sodass es sich nicht um eine unentgeltliche Wertabgabe, sondern um eine **Nutzungsentnahme** (Privatentnahme) handelt, die **nachträglich** oder **direkt** gebucht werden kann (Abschn. 3.4 Abs. 4 Sätze 4 und 5 UStAE).

Nachträgliche Buchung der Nutzungsentnahme

Ist bei der Buchung der **laufenden** Telekommunikationskosten (z.B. Miete, Leasingkosten, Grund- und Gesprächsgebühren) die Höhe des privaten Nutzungsanteils noch **nicht bekannt**, werden die Kosten und die Vorsteuer in **voller Höhe** berücksichtigt und später – wenn der private Nutzungsanteil bekannt ist – entsprechend berichtigt.

BEISPIEL 1

Der zum Vorsteuerabzug berechtigte Kölner Unternehmer U nutzt sein Geschäftstelefon auch für private Zwecke. Der private Nutzungsanteil ist bei der Buchung **noch nicht bekannt**. Die gesamten Telefonkosten (Grund- und Gesprächsgebühren) haben im August 2019 **800 € + 152 € USt = 952 €** betragen. Der Gesamtbetrag ist vom betrieblichen Bankkonto abgebucht worden.

Buchungssatz:

Tz.	Sollkonto	Betrag (€)	Habenkonto
1.	6805 (4920) Telefon	800,00	
	1406 (1576) Vorsteuer 19 %	152,00	
		952,00	1800 (1200) Bank

Buchung:

S	6805 (4920) **Telefon**	H	S	1800 (1200) **Bank**	H
1)	800,00				1) 952,00

S	1406 (1576) **Vorsteuer 19 %**	H
1)	152,00	

Ist der private Nutzungsanteil **bekannt**, z.B. mithilfe des Einzelverbindungsnachweises, sind die zu hohen Telefonkosten und die zu hohe Vorsteuer zu berichtigen.

BEISPIEL 2

Der Kölner Unternehmer U hat mithilfe des Einzelverbindungsnachweises festgestellt, dass der private Nutzungsanteil im Monat August 2019 **20 %** beträgt.

Buchungssatz:

Tz.	Sollkonto	Betrag (€)	Habenkonto
2.	2100 (1800) Privatentnahmen	190,40	
		160,00*	6805 (4920) Telefon
		30,40**	1406 (1576) Vorsteuer 19 %

* 20 % von 800 € = 160,00 €
** 20 % von 152 € = 30,40 €

Buchung:

S	2100 (1800) **Privatentnahmen**	H	S	6805 (4920) **Telefon**	H
2)	190,40		1) 800,00	2)	160,00

			S	1406 (1576) **Vorsteuer 19%**	H
			1) 152,00	2)	30,40

3.10 Privatkonten

Direkte Buchung der Nutzungsentnahme

Ist bei der Buchung der **laufenden** Telekommunikationskosten die Höhe des privaten Nutzungsanteils **bekannt**, z.B. seit der letzten Außenprüfung wird der private Nutzungsanteil mit 20 % angesetzt, kann die Berichtigung **direkt** erfolgen.

BEISPIEL

Der Kölner Unternehmer U nutzt sein Geschäftstelefon auch für private Zwecke.
Der private Nutzungsanteil beträgt seit der letzten Außenprüfung **20 %**.
Die gesamten Telefonkosten (Grund- und Gesprächsgebühren) haben im August 2019 **800 € + 152 € USt = 952 €** betragen. Der Gesamtbetrag ist vom betrieblichen Bankkonto abgebucht worden.

Buchungssatz:

Sollkonto	Betrag (€)	Habenkonto
6805 (4920) Telefon	640,00*	
1406 (1576) Vorsteuer 19 %	121,60**	
2100 (1800) Privatentnahmen	190,40***	
	952,00	1800 (1200) Bank

```
*    800 € − 160 € (20 % von 800 €)   = 640,00 €
**   152 € − 30,40 € (20 % von 152 €) = 121,60 €
***  160 € + 30,40 €                  = 190,40 €
```

Buchung:

S	6805 (4920) **Telefon**	H		S	1800 (1200) **Bank**	H
	640,00					952,00

S	1406 (1576) **Vorsteuer 19 %**	H
	121,60	

S	2100 (1800) **Privatentnahmen**	H
	190,40	

Beiden Methoden (nachträgliche und direkte Buchung der Nutzungsentnahme) ist gemeinsam, dass sie zum gleichen Erfolg (Gewinn/Verlust) führen.

ÜBUNG → 1. Wiederholungsfrage 14 (Seite 156),
2. Aufgabe 11 (Seite 158)

3.10.2.3 Buchen der anderen unentgeltlichen sonstigen Leistungen

Die **Leistungsentnahmen** werden erfasst auf der **Sollseite** des Kontos

2100 (1800) **Privatentnahmen.**

Die **Gegenbuchung** erfolgt bei einem Steuersatz von 19 % auf dem Konto

4660 (8925) **Unentgeltliche Erbringung einer sonstigen Leistung 19 % USt.**

BEISPIEL

Der selbständige Installateur U baut ein Eigenheim in Mainz und verwendet dabei Material von seinem Lager für netto **5.000 €**. Auf den Einsatz seiner Gesellen an dieser Baustelle entfallen Arbeitslöhne und Lohnnebenkosten in Höhe von **7.500 €**.

Die **Bemessungsgrundlage** für die unentgeltliche sonstige Leistung (Werkleistung) beträgt **12.500 €**. Die **Umsatzsteuer** beträgt **2.375 €** (19 % von 12.500 €).

Buchungssatz:

Sollkonto	Betrag (€)	Habenkonto
2100 (1800) Privatentnahmen	12.500,00	**4660** (8925) Unentgelt. Erbringung s. L.
2100 (1800) Privatentnahmen	2.375,00	**3806** (1776) Umsatzsteuer 19 %

Buchung:

S	**2100** (1800) **Privatentnahmen**	H		S	**4660** (8925) **Unentgeltliche Erbringung einer sonstigen Leistung 19 % USt**	H
	12.500,00				12.500,00	
	2.375,00					

S	**3806** (1776) **Umsatzsteuer 19 %**	H
		2.375,00

 ÜBUNG → 1. Wiederholungsfrage 15 (Seite 156),
2. Aufgabe 12 (Seite 158)

3.10.3 Privateinlagen

Führt ein Unternehmer dem Betrieb **Wirtschaftsgüter** (Bargeld und sonstige Wirtschaftsgüter) **zu**, so liegen **Einlagen** (**Privateinlagen**) vor (§ 4 Abs. 1 Satz 7 EStG).

Privateinlagen vermehren sowohl das betriebliche **Vermögen** als auch das **Eigenkapital**.

Da die **privat** verursachten Eigenkapital**mehrungen** (Einlagen) – im Gegensatz zu den **betrieblich** verursachten Eigenkapitalmehrungen (Erträge) – den **Gewinn oder Verlust** des Unternehmens **nicht** beeinflussen dürfen, ist bei der Gewinnermittlung durch Betriebsvermögensvergleich der Unterschiedsbetrag zwischen dem Eigenkapital am Schluss des Wirtschaftsjahres und dem Eigenkapital am Schluss des vorangegangenen Wirtschaftsjahres um den Wert der **Einlagen zu kürzen**.

	Eigenkapital am Schluss des Wirtschaftsjahres
	Eigenkapital am Schluss des vorangegangenen Wirtschaftsjahres
=	Unterschiedsbetrag
+	Entnahmen
−	**Einlagen**
=	Gewinn oder Verlust

Einlagen unterliegen **nicht** der **Umsatzsteuer** (USt).

3.10 Privatkonten

Handelsrechtlich dürfen Sacheinlagen in Form von Vermögensgegenständen **höchstens** mit dem **Zeitwert** angesetzt werden. Dieser Zeitwert entspricht regelmäßig dem steuerrechtlichen Teilwert.

Steuerrechtlich sind Einlagen grundsätzlich mit dem

Teilwert

für den Zeitpunkt der Zuführung anzusetzen (§ 6 Abs. 1 Nr. 5 EStG).

Teilwert ist der nicht mit Umsatzsteuer belastete Betrag (**Nettowert**), den ein Erwerber des ganzen Betriebs im Rahmen des Gesamtkaufpreises für das einzelne Wirtschaftsgut ansetzen würde, dabei ist davon auszugehen, dass der Erwerber den Betrieb fortführt (§ 6 Abs. 1 Nr. 1 Satz 3 EStG).

Ist das Wirtschaftsgut innerhalb der **letzten drei Jahre** vor dem Zeitpunkt der Zuführung **privat angeschafft** oder **hergestellt** worden, ist die Einlage ausnahmsweise nicht mit dem Teilwert, sondern

höchstens mit den **Anschaffungskosten oder Herstellungskosten**

zu bewerten (§ 6 Abs. 1 Nr. 5 Buchstabe a EStG).

BEISPIEL

Ein Unternehmer hat **2018** Wertpapiere mit Anschaffungskosten von **10.000 €** privat erworben. Der Unternehmer führt die Wertpapiere **2019** dem Betriebsvermögen zu. Der **Teilwert** (Kurswert) zuzüglich anteiliger Nebenkosten) beträgt im Zeitpunkt der Zuführung **15.000 €**.

Da die Wertpapiere innerhalb der **letzten drei Jahre** vor ihrer Einlage privat angeschafft worden sind, dürfen **höchstens** die **AK** von **10.000 €** angesetzt werden.

ÜBUNG →
Wiederholungsfragen 16 bis 18 (Seite 156)

3.10.4 Buchen der Privateinlagen

Weil **Einlagen** das Eigenkapital verändern, **könnten** sie **direkt** auf dem **Eigenkapitalkonto** gebucht werden.

Zur besseren Übersicht werden sie jedoch **nicht direkt** auf dem Eigenkapitalkonto, sondern auf dem **Unterkonto des Eigenkapitalkontos**, dem Konto

2180 (1890) **Privateinlagen**

gebucht.

BEISPIEL

Der Einzelhändler U, Koblenz, **legt** im Kalenderjahr 2019 einen Lottogewinn in Höhe von **5.000 €** in die **Geschäftskasse**.

Buchungssatz:

Sollkonto	Betrag (€)	Habenkonto
1600 (1000) Kasse	5.000,00	**2180** (1890) Privateinlagen

3 Grundlagen der Finanzbuchführung

Buchung:

S	1600 (1000) **Kasse**	H	S	2180 (1890) **Privateinlagen**	H
5.000,00					5.000,00

ÜBUNG → Wiederholungsfrage 19 (Seite 156)

3.10.5 Abschluss der Privatkonten

Da die **Privatkonten Unterkonten** des **Eigenkapitalkontos** sind, werden sie zum Ende des Wirtschaftsjahres über das **Eigenkapitalkonto abgeschlossen**.

BEISPIEL

Sachverhalte wie zuvor

Buchungssatz:

Sollkonto	Betrag (€)	Habenkonto
2000 (0800) Eigenkapital	18.365,48	**2100** (1800) Privatentnahmen
2180 (1890) Privateinlagen	5.000,00	**2000** (0800) Eigenkapital

Buchung:

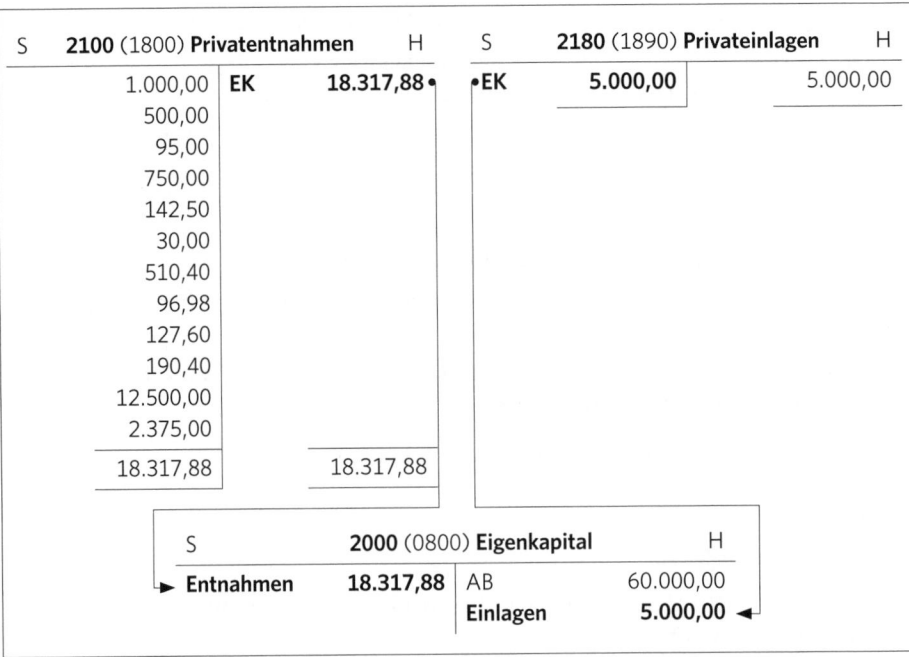

Durch den **Vergleich des Eigenkapitals** am Ende des Wirtschaftsjahres mit dem Eigenkapital am Anfang des Wirtschaftsjahres ergibt sich unter Berücksichtigung der **Privatentnahmen und Privateinlagen** der **Gewinn** oder der **Verlust**.

3.10 Privatkonten

Gewinn bzw. **Verlust** ist der Unterschiedsbetrag zwischen dem Betriebsvermögen (Eigenkapital) am Schluss des Wirtschaftsjahres und dem Betriebsvermögen (Eigenkapital) am Schluss des vorangegangenen Wirtschaftsjahres, **vermehrt** um den Wert der **Entnahmen** und **vermindert** um den Wert der **Einlagen** (§ 4 Abs. 1 Satz 1 EStG).

Für die **Erfolgsermittlung** gilt somit folgendes Schema:

	Eigenkapital am Schluss des Wirtschaftsjahres
	Eigenkapital am Schluss des vorangegangenen Wirtschaftsjahres
=	Unterschiedsbetrag
+	**Entnahmen**
–	**Einlagen**
=	**Gewinn oder Verlust**

ÜBUNG → 1. Wiederholungsfrage 20 (Seite 156),
2. Aufgaben 13 bis 15 (Seite 158 f.)

3.10.6 Zusammenfassung und Erfolgskontrolle
3.10.6.1 Zusammenfassung

3.10.6.2 Erfolgskontrolle

WIEDERHOLUNGSFRAGEN

1. Was versteht man unter Entnahmen?
2. Welche Entnahmen sind grundsätzlich gleichzeitig unentgeltliche Leistungen?
3. Welche Entnahmen sind keine unentgeltlichen Leistungen?
4. Was ist die Bemessungsgrundlage für die Entnahme von Gegenständen?
5. Was versteht man unter den Wiederbeschaffungskosten?
6. Unter welchen Voraussetzungen ist die private Nutzung betrieblicher Gegenstände nach § 3 Abs. 9a Nr. 1 UStG eine steuerbare unentgeltliche Leistung?
7. Nach welchen Methoden kann die Bemessungsgrundlage für die private Nutzung eines betrieblichen Fahrzeugs durch den Unternehmer ermittelt werden, und was wissen Sie über diese Methoden?
8. Unter welchen Voraussetzungen sind andere unentgeltliche sonstige Leistungen nach § 3 Abs. 9a Nr. 2 UStG steuerbare unentgeltliche Leistungen?
9. Was ist die Bemessungsgrundlage für unentgeltliche sonstige Leistungen i. S. d. § 3 Abs. 9a Nr. 2 UStG?
10. Auf welches Konto werden die Entnahmen von Gegenständen im Soll gebucht?
11. Auf welches Konto werden die Entnahmen von Gegenständen im Haben gebucht?
12. Auf welches Konto werden die Nutzungsentnahmen im Soll gebucht?
13. Auf welchen Konten werden die Nutzungsentnahmen im Haben gebucht?
14. Wie wird die private Nutzung betrieblicher Telekommunikationsgeräte durch den Unternehmer buchmäßig behandelt?
15. Wie wird die private Nutzung anderer unentgeltlicher sonstiger Leistungen durch den Unternehmer buchmäßig behandelt?
16. Was versteht man unter Einlagen?
17. Mit welchem Wert sind Einlagen grundsätzlich anzusetzen?
18. In welchem Fall darf die Einlage höchstens mit den AK/HK angesetzt werden?
19. Auf welchem Konto werden die Einlagen im Haben gebucht?
20. Über welches Konto werden die Privatkonten abgeschlossen?

AUFGABEN

AUFGABE 1

Prüfen Sie, ob in folgenden Fällen eine Entnahme und eine steuerpflichtige unentgeltliche Leistung vorliegen.

1. Der Unternehmer A, Koblenz, entnimmt im September 2019 seinem Unternehmen Waren für private Zwecke.
2. Der zum Vorsteuerabzug berechtigte Unternehmer B, Bonn, benutzt im Mai 2019 den betrieblichen Pkw lt. Fahrtenbuch zu 30 % für Privatfahrten.
3. Der zum Vorsteuerabzug berechtigte Steuerberater C, München, benutzt im Juni 2019 das betriebliche Telefon auch für private Telefongespräche.
4. Der zum Vorsteuerabzug berechtigte Großhändler D, Kiel, überweist im September 2019 vom betrieblichen Bankkonto seine Einkommensteuer-Vorauszahlung.

3.10 Privatkonten

AUFGABE 2

Der Bürogeräteeinzelhändler Franz Fabel, Essen, hat seinem Geschäft im August 2019 einen PC-Monitor entnommen, den er seinem Neffen zum Geburtstag geschenkt hat. Der Nettoeinkaufspreis beträgt im April 2019 150 € und der geplante Bruttoverkaufspreis im August 2019 290 €. Im August 2019 bietet der Hersteller den PC-Monitor für 120 € (netto) an.

Wie hoch ist die Bemessungsgrundlage für die Entnahme des Gegenstandes?

AUFGABE 3

Die Eheleute Schmidt betreiben in Köln eine Gastwirtschaft, in der kalte und warme Speisen angeboten werden. Zum Haushalt der Eheleute gehören eine dreijährige Tochter und ein 15-jähriger Sohn. Die Steuerpflichtigen bewerten ihre Sachentnahmen mit den Pauschbeträgen.

Wie hoch ist die Bemessungsgrundlage für 2019?

AUFGABE 4

Malermeister Unger, Berlin, der zum Vorsteuerabzug berechtigt ist, benutzt den betrieblichen Pkw, den er im Jahre 2019 mit vollem Vorsteuerabzug erworben hat, auch für Privatfahrten. Im Jahr 2019 sind folgende Kosten für den Pkw angefallen:

Benzin	5.000 €
Kfz-Steuer und Kfz-Versicherung	4.000 €
Absetzung für Abnutzung (AfA) gem. § 15a UStG	7.000 €
	16.000 €

Insgesamt werden mit dem Pkw 40.000 km gefahren, davon entfallen lt. ordnungsgemäß geführtem Fahrtenbuch 4.000 km auf die Privatfahrten.

Wie hoch ist die umsatzsteuerliche Bemessungsgrundlage für die private Nutzung des Fahrzeugs?

AUFGABE 5

Der Unternehmer Kurz, Moers, der zum Vorsteuerabzug berechtigt ist, verwendet einen Pkw, den er von einem Privatmann erworben hat, lt. ordnungsgemäß geführtem Fahrtenbuch zu 30 % für private Zwecke. Im Jahre 2019 entstehen folgende Kosten für den dem Unternehmensvermögen in vollem Umfang zugeordneten Pkw:

Absetzung für Abnutzung (AfA)	5.000 €
Kfz-Versicherung (Haftpflicht)	1.000 €
Kfz-Versicherung (Vollkasko)	1.600 €
Kfz-Steuer	500 €
Benzin und Öl	3.000 €
Reparatur	1.400 €

Wie hoch ist die umsatzsteuerliche Bemessungsgrundlage für die private Nutzung des Fahrzeugs?

AUFGABE 6

Der selbständige Malermeister Hoffmann, Wiesbaden, der zum Vorsteuerabzug berechtigt ist, lässt von seinen Mitarbeitern sämtliche Malerarbeiten in seinem neuen selbstgenutzten Einfamilienhaus ausführen.
Die Personalkosten dafür betragen 5.000 € und das Material, das er seinem Lager entnommen hat, 2.000 €.
Wie hoch ist die Bemessungsgrundlage für die unentgeltliche sonstige Leistung?

AUFGABE 7

Bilden Sie aus der Aufgabe 2 von Seite 157 den entsprechenden Buchungssatz.

AUFGABE 8

Bilden Sie aus der Aufgabe 3 von Seite 157 den entsprechenden Buchungssatz.

AUFGABE 9

Bilden Sie aus der Aufgabe 4 von Seite 157 den entsprechenden Buchungssatz.

AUFGABE 10

Bilden Sie aus der Aufgabe 5 von Seite 157 den entsprechenden Buchungssatz.

AUFGABE 11

Die zum Vorsteuerabzug berechtigte Unternehmerin Maria Klein nutzt ihr Geschäftstelefon auch für private Zwecke. Der private Nutzungsanteil beträgt seit der letzten Außenprüfung 10 %. Die gesamten Telefonkosten betragen im September 2019 400 € + 76 € USt = 476 €. Der gesamte Rechnungsbetrag wird vom betrieblichen Bankkonto abgebucht worden.
Bilden Sie den Buchungssatz für die Unternehmerin Maria Klein.

AUFGABE 12

Bilden Sie aus der Aufgabe 6 den entsprechenden Buchungssatz.

AUFGABE 13

S	1800 (1200) Bank	H	S	2000 (0800) Eigenkapital	H
	78.000,00				50.000,00

S	Aufwendungen	H	S	Erträge	H
	200.000,00				250.000,00

S	1406 (1576) Vorsteuer	H	S	3806 (1776) Umsatzsteuer	H
	32.000,00				40.000,00

3.10 Privatkonten

S	2100 (1800) Privatentnahmen	H		S	2180 (1890) Privateinlagen	H
	40.000,00					10.000,00

S	9999 (9999) GuVK	H		S	9998 (9998) SBK	H

Aufgabe
Schließen Sie die Konten ab.

AUFGABE 14

Der Gewerbetreibende Rudi Sorglos, Öhringen, entnimmt am Donnerstag, 07.03.2019 2.000 € aus seiner Ladenkasse, weil er ein verlängertes Urlaubswochenende in Paris verbringen will. Im Laufe des Wochenendes gibt er 1.200 € aus und am Montag, 11.03.2019, legt er den Restbetrag wieder in die Ladenkasse zurück.

Bilden Sie die Buchungssätze für die Geschäftsvorfälle.

AUFGABE 15

Der Gewerbetreibende Rudi Sorglos, Öhringen, nutzt ein unbebautes Grundstück, das neben seinem Betriebsgelände belegen ist, seit dem 01.08.2019 als Lagerplatz für seinen Betrieb. Das Grundstück hat Sorglos im Jahre 2010 mit Anschaffungskosten in Höhe von 200.000 € erworben; er beabsichtigte darauf ein Einfamilienhaus für eigene Wohnzwecke zu errichten. Sorglos hat das Grundstück im Zeitpunkt der Anschaffung deswegen nicht aktiviert und bisher auch keine weiteren Buchungen vorgenommen. Am 01.08.2019 hat das Grundstück zweifelsfrei einen Teilwert von 380.000 €.

AUFGABE 16

Der Gewerbetreibende Rudi Sorglos hat einen Handwerksbetrieb in Öhringen. Im Jahre 2008 hat er von seinem Vater ein Geschäftshaus in Heilbronn geerbt, das in vollem Umfang an vorsteuerabzugsberechtigte Unternehmer vermietet ist. Das Grundstück ist einkommensteuerlich dem Privatvermögen zuzurechnen. Sorglos hat zur USt optiert. Am 01.04.2019 entnimmt er dem Handwerksbetrieb einen gebrauchten PC (Teilwert 200 €) und übergibt ihn seinem Hausverwalter Walter in Heilbronn, der damit die Hausverwaltung organisiert.

Beurteilen Sie den Sachverhalt und bilden Sie den eventuell notwendigen Buchungssatz.

Weitere Aufgaben mit Lösungen finden Sie im **Lösungsbuch** der Buchführung 1.

Zusammenfassende Erfolgskontrolle

Der Einzelhändler Kurt Stein, Bonn, hat durch Inventur am 01.01.2019 folgende Anfangsbestände ermittelt:

Anfangsbestände	€
0215 (0065) Unbebaute Grundstücke	00,00
0520 (0320) Pkw	20.000,00
0640 (0430) Ladeneinrichtung	25.000,00
1140 (3980) Bestand Waren	150.000,00
1200 (1400) Forderungen aLuL	10.000,00
1406 (1576) Vorsteuer 19 %	00,00
1800 (1200) Bankguthaben	20.000,00
1600 (1000) Kasse	5.000,00
3300 (1600) Verbindlichkeiten aLuL	15.000,00
3806 (1776) Umsatzsteuer 19 %	00,00
2000 (0800) Eigenkapital	?

Außer den Bestandskonten und den Konten **2100** (1800) Privatentnahmen und **2180** (1890) Privateinlagen sind folgende Erfolgskonten zu führen:

5200 (3200) Wareneingang, **6310** (4210) Miete, **6805** (4920) Telefon, **6010** (4110) Löhne, **4200** (8200) Erlöse, **7100** (2650) Zinserträge, **4620** (8910) Entnahme durch den Unternehmer für Zwecke außerhalb des Unternehmens (Waren) 19 % USt, **4639** (8924) Verwendung von Gegenständen für Zwecke außerhalb des Unternehmens ohne USt (Kfz-Nutzung), **4645** (8921) Verwendung von Gegenständen für Zwecke außerhalb des Unternehmens 19 % USt (Kfz-Nutzung), **6220** (4830) Abschreibungen auf Sachanlagen, **6222** (4832) Abschreibungen auf Kfz.

Zusammenfassende Erfolgskontrolle

Geschäftsvorfälle des Jahres 2019		€
1. Zahlung der Geschäftsmiete durch Banküberweisung		300,00
2. Stein hebt von seinem privaten Bankkonto ab und bezahlt damit Lieferantenrechnungen.		5.000,00
3. Barzahlung für Reparatur des privaten Pkws		350,00
4. Stein zahlt den privaten Krankenversicherungsbeitrag durch Banküberweisung		1.000,00
5. Banküberweisung für private Telefongebühren		250,00
6. Stein legt ein unbebautes Grundstück, das er vor fünf Jahren privat angeschafft hat, in das Betriebsvermögen ein		10.000,00
7. Banklastschrift für betriebliche Telefongebühren, netto	850,00 €	
+ USt	161,50 €	1.011,50
8. Zinsgutschrift der Bank		1.500,00
9. Barzahlung Löhne		2.000,00
10. Stein entnimmt der Geschäftskasse für eine Urlaubsreise		750,00
11. Kauf von Waren auf Ziel, netto	320.000,00 €	
+ USt	60.800,00 €	380.800,00
12. Verkauf von Waren gegen bar, netto	440.000,00 €	
+ USt	83.600,00 €	523.600,00
13. Bareinzahlung auf Bankkonto		490.000,00
14. Banküberweisung an Lieferer		366.800,00
15. Warenentnahme für den Privathaushalt, netto	4.800,00 €	
+ USt	912,00 €	5.712,00
16. Stein benutzt den betrieblichen Pkw im Dezember 2019 lt. ordnungsgemäß geführtem Fahrtenbuch zu 30 % für Privatfahrten.		
a) Gesamtkosten, bei denen der Vorsteuerabzug möglich war		1.333,33
b) Gesamtkosten, bei denen der Vorsteuerabzug nicht möglich war		500,00
17. Private Nutzung des Geschäftstelefons, anteilige (private) Ausgaben (10 % von 850 €)		85,00
Abschlussangaben		€
18. Warenbestand laut Inventur		135.000,00
19. Abschreibung auf Pkw		5.000,00
20. Abschreibung auf Ladeneinrichtung		5.000,00

Aufgaben

1. Bilden Sie die Buchungssätze der Geschäftsvorfälle des Jahres 2019.
2. Tragen Sie die Anfangsbestände auf den Konten vor.
3. Buchen Sie die Geschäftsvorfälle.
4. Schließen Sie die Konten ab.
5. Ermitteln Sie den Erfolg auch durch Eigenkapitalvergleich.
6. Stellen Sie die Bilanz zum 31.12.2019 nach dem handelsrechtlichen Gliederungsschema auf.

3.11 Hauptabschlussübersicht

Die **Hauptabschlussübersicht** (**HAÜ**), auch **Betriebsübersicht** genannt, ist eine Tabelle, in der alle Sachkonten (Bestandskonten, Erfolgskonten, Privatkonten) mit ihrem Buchführungsergebnis zusammengestellt werden.

Mit der **Hauptabschlussübersicht** kann ein **Probeabschluss** durchgeführt werden, **ohne** gleichzeitig die **einzelnen Konten abschließen** zu müssen.

Buchungsfehler können so schon **vor** dem Abschluss der Konten **entdeckt und berichtigt** werden.

Die **Hauptabschlussübersicht** kann somit als **Kontrollinstrument und Abschlusshilfe** bezeichnet werden.

Steuerpflichtige, die ihren Gewinn durch Betriebsvermögensvergleich ermitteln (§ 4 Abs. 1 oder § 5 EStG), brauchen neben Bilanz und GuV **keine Hauptabschlussübersicht** den Steuererklärungen beizufügen (§ 60 Abs. 1 EStDV).

„Der Verpflichtung, auf Verlangen des Finanzamtes der Steuererklärung eine Hauptabschlussübersicht beizufügen, kommt **in der Praxis keine Bedeutung mehr** zu. Eine Hauptabschlussübersicht wird bei DV-gestützten Buchführungssystemen in der Regel nicht mehr erstellt; an ihre Stelle treten als Buchungsbelege die Umbuchungslisten (Begründung zu § 60 EStDV, BT-Drucksache 13/1558)."

3.11.1 Aufbau und Inhalt der Hauptabschlussübersicht

Es gibt **verschiedene Formen** der **Hauptabschlussübersicht**. Sie **unterscheiden sich** durch die **Anzahl ihrer Spalten**.

Die **ungekürzte Hauptabschlussübersicht** setzt sich aus **zwei Vorspalten** und **acht Bilanzspalten** zusammen:

Vorspalten

1. **Kontennummer**,
2. **Kontenbezeichnung**;

Bilanzspalten

1. Eröffnungsbilanz,
2. Umsatzbilanz,
3. **Summenbilanz** (Probebilanz),
4. **Saldenbilanz I** (vorläufige Saldenbilanz),
5. **Umbuchungsbilanz** (Umbuchungen),
6. **Saldenbilanz II** (endgültige Saldenbilanz),
7. **Schlussbilanz**,
8. **Erfolgsbilanz** (GuV-Rechnung).

---

1. Eröffnungsbilanz

In der **Eröffnungsbilanz** werden die **Schlussbestände des Vorjahres** erfasst.

2. Umsatzbilanz

In der **Umsatzbilanz** werden alle Beträge eingetragen, die sich durch die **Buchungen der laufenden Geschäftsvorfälle** des Wirtschaftsjahres ergeben haben.

In einer **gekürzten Hauptabschlussübersicht** wird auf die **Eröffnungsbilanz und Umsatzbilanz verzichtet** und mit der **Summenbilanz** begonnen:

Nr.	Kontenbe-zeichnung	Summen-bilanz		vorläufige Salden-bilanz		Umbu-chungen		endgültige Salden-bilanz		Schluss-bilanz		GuV-Rechnung	
		S	H	S	H	S	H	S	H	A	P	A	E

3. Summenbilanz (Probebilanz)

In der **Summenbilanz** werden die **Beträge der Sollseite und die Beträge der Habenseite jedes einzelnen Kontos** eingetragen, so wie sie sich **nach** der Buchung der Anfangsbestände und der Buchung der laufenden Geschäftsvorfälle ergeben. Die **Summenbilanz** entspricht damit den Zahlen der **Eröffnungsbilanz und der Umsatzbilanz**:

```
    1. Eröffnungsbilanz
+   2. Umsatzbilanz
=   3. Summenbilanz
```

Die Summen der **Soll- und Habenspalte** der Summenbilanz müssen **übereinstimmen**. Stimmen die Summen **nicht** überein, müssen die Fehler gesucht und berichtigt werden.

4. Saldenbilanz I (vorläufige Saldenbilanz)

Aus der Summenbilanz wird die **Saldenbilanz I** entwickelt. Da die Umbuchungen noch nicht vorgenommen sind, wird sie auch als **vorläufige Saldenbilanz** bezeichnet. Die Bezeichnung Saldenbilanz ist ungenau. Besser wäre die Bezeichnung „**Überschussbilanz**", weil der Kontenüberschuss auf der Überschuss-Seite (**größeren Seite**) eingetragen wird.

BEISPIEL

	Konten-	Summenbilanz		Saldenbilanz I	
Nr.	bezeichnung	S	H	S	H
1600 (1000)	Kasse	35.000,00	30.000,00	**5.000,00**	

Die Summen der **Soll- und Habenspalte** der Saldenbilanz müssen **übereinstimmen**.

5. Umbuchungsbilanz (Umbuchungen)

In der **Umbuchungsbilanz** werden die **abschlussvorbereitenden Buchungen** erfasst. Darüber hinaus können in den Umbuchungsspalten Buchungsfehler berichtigt werden. In der **Umbuchungsbilanz** wird nach **denselben Grundsätzen gebucht wie** bei den Buchungen **auf den Konten**.

Die Addition der Sollspalte muss mit der Addition der Habenspalte **übereinstimmen**.

6. Saldenbilanz II (endgültige Saldenbilanz)

In der **Saldenbilanz II** werden die sich **nach den Umbuchungen** ergebenden **neuen Salden** eingetragen. Soweit sich **keine Umbuchungen** ergeben, werden die **unverändert gebliebenen Salden** der Saldenbilanz I in die Saldenbilanz II übertragen. Danach werden keine Änderungen mehr vorgenommen, deshalb bezeichnet man die **Saldenbilanz II** auch als **endgültige Saldenbilanz**.

7. Schlussbilanz

In der **Schlussbilanz** werden die **endgültigen Salden der Bestandskonten** erfasst. Bei der Addition von Aktiva und Passiva besteht **keine Summengleichheit**, weil das Eigenkapitalkonto noch nicht den Gewinn oder Verlust des entsprechenden Wirtschaftsjahres enthält.

8. Erfolgsbilanz (GuV-Rechnung)

In der **Erfolgsbilanz** werden die **endgültigen Salden der Erfolgskonten** erfasst. Bei der Addition der Aufwendungen und Erträge ergibt sich ebenfalls **keine Summengleichheit**. Der **Unterschiedsbetrag** zwischen den **Aufwendungen und Erträgen** der Erfolgsbilanz muss **genau so groß** sein **wie** der **Unterschiedsbetrag** zwischen den **Aktiva und Passiva** der Schlussbilanz. Der **Unterschiedsbetrag** stellt den **Gewinn oder Verlust** der Rechnungsperiode dar.

> **BEISPIEL**
>
> Der Einzelkaufmann Karl Lotter, Kastellaun, hat zum 31.12.2019 folgende **Summen- und Saldenbilanz** erstellt (siehe folgende Seite 165).
>
> **Abschlussangaben**
>
> | | |
> |---|---:|
> | Abschreibung Pkw | 6.000 € |
> | Warenbestand laut Inventur | 2.900 € |
>
> **abschlussvorbereitende Buchungen** (Spalte „**Umbuchungen**")
>
> | | |
> |---|---:|
> | 1. Abschreibung **an** Pkw | 6.000 € |
> | 2. Bestand Waren **an** Wareneingang (2.900 € – 1.500 €) | 1.400 € |
> | 3. Eigenkapital **an** Privat | 800 € |
> | 4. USt **an** Vorsteuer | 6.900 € |

3.11 Hauptabschlussübersicht

Nr.	Konten-Bezeichnung	Summenbilanz S	Summenbilanz H	Saldenbilanz I S	Saldenbilanz I H	Umbuchungen S	Umbuchungen H	Saldenbilanz II S	Saldenbilanz II H	Schlussbilanz A	Schlussbilanz P	GuV-Rechnung A	GuV-Rechnung E
0215	Unbebaute Grundstücke	70.000		70.000				70.000		70.000			
0520	Pkw	30.000		30.000				24.000		24.000			
5200	Wareneingang	10.000	600	9.400			1) 6.000	8.000				8.000	
1140	Bestand Waren	1.500		1.500		2) 1.400	2) 1.400	2.900		2.900			
1200	Forderungen	40.000	10.000	30.000				30.000		30.000			
1406	Vorsteuer	7.000	100	6.900			4) 6.900						
1800	Bank	87.700	27.200	60.500				60.500		60.500			
1600	Kasse	10.500	3.000	7.500				7.500		7.500			
2000	Eigenkapital		30.000		30.000	3) 800			29.200		29.200		
2100	Privat	800		800			3) 800						
3300	Verbindlichkeiten	300	93.300		93.000				93.000		93.000		
3806	USt	15.000	34.300		19.300	4) 6.900			12.400		12.400		
4200	Erlöse		81.500		81.500				81.500				81.500
6010	Löhne	2.000		2.000				2.000				2.000	
6020	Gehälter	1.000		1.000				1.000				1.000	
6310	Miete	200		200				200				200	
6320	Heizung	2.000		2.000				2.000				2.000	
6500	Fahrzeugkosten	2.000		2.000				2.000				2.000	
6222	Abschreibungen			0		1) 6.000		6.000				6.000	
		280.000	280.000	223.800	223.800	15.100	15.100	216.100	216.100	194.900	134.600	21.200	81.500
									Gewinn		60.300	60.300	
										194.900	194.900	81.500	81.500

3.11.2 Zusammenfassung und Erfolgskontrolle
3.11.2.1 Zusammenfassung

3.11.2.2 Erfolgskontrolle

WIEDERHOLUNGSFRAGEN

1. Was ist eine Hauptabschlussübersicht?
2. Welchem Zweck dient die Hauptabschlussübersicht?
3. Wie ist eine Hauptabschlussübersicht aufgebaut?
4. Welche Beträge werden in die Summenbilanz eingetragen?
5. Woher stammen die Beträge der vorläufigen Saldenbilanz?
6. Welche Buchungsvorgänge werden in der Umbuchungsspalte erfasst?
7. Wie werden die Beträge der endgültigen Saldenbilanz „weiterverarbeitet"?
8. Wie wird die Bestandsveränderung (Unterschied zwischen dem Warenanfangsbestand und dem Warenendbestand) berücksichtigt?

AUFGABEN

AUFGABE 1

Der Großhändler Rolf Schneider, Berlin, hat am 01.01.2019 folgende Anfangsbestände ermittelt:

	€
0235 (0085) Bebaute Grundstücke	25.000,00
0240 (0090) Geschäftsbauten	175.000,00
0520 (0320) Pkw	50.000,00
0650 (0420) Büroeinrichtung	42.000,00
5200 (3200) Wareneingang	
1140 (3980) Bestand Waren	20.000,00
1200 (1400) Forderungen aLuL	27.400,00
1406 (1576) Vorsteuer 19 %	
1800 (1200) Bankguthaben	87.700,00
1600 (1000) Kasse	5.240,00
2000 (0800) Eigenkapital	388.900,00
2100 (1800) Privatentnahmen	
3300 (1600) Verbindlichkeiten aLuL	34.800,00
3806 (1776) Umsatzsteuer 19 %	8.640,00
4200 (8200) Erlöse	
4620 (8910) Entnahme durch den Unternehmer	
6010 (4110) Löhne	
6310 (4210) Miete	
6500 (4500) Fahrzeugkosten	
6220 (4830) Abschr. auf Sachanl. (ohne AfA auf Kfz und Gebäude)	
6221 (4831) Abschreibungen auf Gebäude	
6222 (4832) Abschreibungen auf Kfz	

Geschäftsvorfälle des Jahres 2019

		€
1. Wareneinkauf auf Ziel, netto	100.000 €	
+ USt	19.000 €	119.000,00
2. Warenverkauf auf Ziel, netto	200.000 €	
+ USt	38.000 €	238.000,00
3. Banküberweisung der Umsatzsteuerschuld (Zahllast)		8.640,00
4. Verkauf von Waren gegen bar, netto	30.000 €	
+ USt	5.700 €	35.700,00
5. Barzahlung Löhne		15.000,00
6. Warenentnahme für den Privathaushalt, netto	5.000 €	
+ USt	950 €	5.950,00
7. Banküberweisung an Lieferer		34.800,00
8. Barkauf von Benzin für den nur betrieblich genutzten Pkw, brutto einschließlich 19 % USt		238,00
9. Zahlung der Miete durch Banküberweisung		1.200,00
10. Schneider entnimmt der Geschäftskasse für eine Urlaubsreise		1.000,00

Abschlussangaben

	€
11. Warenendbestand laut Inventur	25.000,00
12. Abschreibung auf Geschäftsbauten	15.000,00
13. Abschreibung auf Pkw	10.000,00
14. Abschreibung auf Büroeinrichtung	4.000,00

Aufgaben

1. Bilden Sie die Buchungssätze der Geschäftsvorfälle des Jahres 2019.
2. Tragen Sie die Anfangsbestände auf den Konten vor.
3. Buchen Sie die Geschäftsvorfälle (ohne Abschlussangaben).
4. Legen Sie sich eine Hauptabschlussübersicht nach dem Muster von Seite 165 an.
5. Tragen Sie die Summe der Soll- und Habenseite jedes einzelnen Kontos in die Summenbilanz ein. Addieren Sie die Soll- und Habenspalte der Summenbilanz.
6. Ermitteln Sie die Salden und tragen Sie sie in die Saldenbilanz I ein. Addieren Sie die Soll- und Habenspalte der Saldenbilanz I.
7. Nehmen Sie die abschlussvorbereitenden Buchungen in der Spalte Umbuchungen vor. Addieren Sie die Soll- und Habenspalte der Umbuchungen.
8. Ermitteln Sie die neuen Salden und tragen Sie sie in die Saldenbilanz II ein. Addieren Sie die Soll- und Habenspalte der Saldenbilanz II.
9. Tragen Sie die Salden der Bestandskonten in die Schlussbilanz und die Salden der Erfolgskonten in die Gewinn- und Verlustrechnung ein und ermitteln Sie den Erfolg.

3.11 Hauptabschlussübersicht

AUFGABE 2

Der Einzelunternehmer Friedel Eckert, Bonn, hat zum 31.12.2019 folgende Summenbilanz erstellt:

	Summenbilanz	
	S €	H €
0215 (0065) Unbebaute Grundstücke	180.000,00	
0520 (0320) Pkw	30.000,00	
5200 (3200) Wareneingang	20.000,00	600,00
1140 (3980) Bestand Waren (Anfangsbestand)		
1200 (1400) Forderungen aLuL	50.000,00	20.000,00
1406 (1576) Vorsteuer 19 %	17.000,00	10.100,00
1800 (1200) Bank	87.700,00	27.200,00
1600 (1000) Kasse	10.500,00	5.000,00
2000 (0800) Eigenkapital		130.000,00
2100 (1800) Privat	800,00	
3300 (1600) Verbindlichkeiten aLuL	10.300,00	113.300,00
3806 (1776) Umsatzsteuer 19 %	15.000,00	39.300,00
4200 (8200) Erlöse		100.000,00
6010 (4110) Löhne	14.000,00	
6020 (4120) Gehälter	2.000,00	
6305 (4200) Raumkosten	1.200,00	
6500 (4500) Fahrzeugkosten	7.000,00	
6222 (4832) Abschreibungen auf Kfz		

Abschlussangaben
1. Warenendbestand lt. Inventur 10.000,00 €
2. Abschreibung auf Pkw 8.000,00 €
3. Die übrigen Bestände stimmen mit den Salden der Konten überein.

Aufgabe

Erstellen Sie die Hauptabschlussübersicht für Friedel Eckert.

4 Beschaffung und Absatz

4.1 Warenbezugskosten

Bisher wurde der **Wareneingang ohne** die anfallenden **Warenbezugskosten gebucht**.

BEISPIEL

Einzelhändler Müller bezieht im Juni 2019 Waren für 1.000 € + 190 € USt = 1.190 € auf Ziel.

Buchungssatz:

Sollkonto	Betrag (€)	Habenkonto
5200 (3200) Wareneingang	1.000,00	**3300** (1600) Verbindlichkeiten aLuL
1406 (1576) Vorsteuer 19 %	190,00	**3300** (1600) Verbindlichkeiten aLuL

Buchung:

S	**5200** (3200) **Wareneingang**	H	S	**3300** (1600) **Verbindlichkeiten aLuL**	H
	1.000,00				1.000,00
					190,00

S	**1406** (1576) **Vorsteuer 19 %**	H
	190,00	

In diesem Kapitel wird erläutert, wie die **Warenbezugskosten** zu buchen sind.

4.1.1 Überblick über die Bezugskosten

Beim **Warenbezug** können **neben** dem **Kaufpreis** folgende **Kosten** anfallen, die deshalb auch als Anschaffungs**nebenkosten** bezeichnet werden:

Transportkosten:
- Eingangsfrachten,
- Rollgelder (Vergütung für Rollfuhrdienst),
- Postgebühren,
- Anfuhr- und Abladekosten,
- Transportversicherungsbeiträge,
- Kosten der Transportverpackung;

Zölle;

Vermittlungsgebühren:
- Einkaufsprovisionen,
- Einkaufskommissionen.

4.1.2 Bedeutung der Bezugskosten

Handels- und einkommensteuerrechtlich gehören die Anschaffungs**nebenkosten** mit dem **Kaufpreis** einer Ware zu den **Anschaffungskosten**:

	Kaufpreis, netto	
+	Anschaffungs**nebenkosten**, netto	
=	**Anschaffungskosten**	

Nebenkosten gehören zu den **Anschaffungskosten**, soweit sie dem Vermögensgegenstand einzeln zugeordnet werden können [§ 255 Abs. 1 HGB, H 6.2 (Nebenkosten) EStH].

BEISPIEL

Einzelhändler Müller bezieht Waren für 1.000 € + 190 € USt = 1.190 € auf Ziel. Die **Transportkosten** gehen zulasten des Käufers. Der Transportunternehmer, der die Waren zum Einzelhändler befördert, berechnet für den Transport der Waren 100 € + 19 € USt = 119 €.

Die **Anschaffungskosten** der Waren betragen

	Kaufpreis, netto	1.000 €
+	Anschaffungs**nebenkosten**, netto	100 €
=	**Anschaffungskosten**	1.100 €

Die **in Rechnung gestellte Umsatzsteuer** ist beim Leistungsempfänger **Vorsteuer**, die dieser von seiner Umsatzsteuer abziehen kann, wenn die Voraussetzungen des § 15 UStG erfüllt sind.

Die im Zusammenhang mit Bezugskosten anfallende abziehbare Vorsteuer gehört nicht zu den Anschaffungsnebenkosten und damit auch nicht zu den Anschaffungskosten der Waren (§ 9b Abs. 1 Satz 1 EStG).

BEISPIEL

Der Unternehmer A, Bonn, der **zum Vorsteuerabzug berechtigt** ist, bezieht von dem Unternehmer U Waren für 5.000 € + 950 € USt = 5.950 €. U befördert die Waren nach Bonn und berechnet dafür 200 € + 38 € USt = 238 €.

Die **Anschaffungskosten** der Waren betragen **5.200 €** (5.000 € Kaufpreis + 200 € Anschaffungsnebenkosten). Die **abziehbare Vorsteuer** in Höhe von insgesamt 988 € (950 € + 38 €) gehört **nicht** zu den **Anschaffungskosten**.

Die **nicht abziehbare Vorsteuer** gehört zu den **Anschaffungskosten**.

BEISPIEL

Sachverhalt wie zuvor mit dem Unterschied, dass A **nicht zum Vorsteuerabzug berechtigt** ist.

Die Anschaffungskosten betragen **6.188 €** (5.950 € + 238 €).

4.1.3 Buchen der Bezugskosten

Weil die **Warenbezugskosten** als Anschaffungs**nebenkosten** zu den Anschaffungskosten der bezogenen Waren gehören, **könnten** sie **direkt** auf dem **Wareneingangskonto** gebucht werden.

Die **direkte** Buchung der Warenbezugskosten auf dem Wareneingangskonto hätte den **Nachteil**, dass die **Höhe der Bezugskosten** nachträglich **nicht** mehr ohne Weiteres festgestellt werden könnte.

Benötigt der Unternehmer die **Höhe der Warenbezugskosten** (z.B. für seine **Kalkulation**), ist es zweckmäßig, sie auf ein **eigenes Konto** zu buchen, das nach den DATEV-Kontenrahmen **SKR 04** bzw. **SKR 03**

5800 (3800) **Bezugsnebenkosten**

heißt.

Das **Bezugsnebenkostenkonto** ist ein **Unterkonto des Wareneingangskontos**.

BEISPIEL

Einzelhändler Müller, Köln, bezieht Waren auf Ziel vom Großhändler Schmitz, Dortmund, und erhält folgende Rechnung (Auszug):

	Warenwert	930 €
+	**Transportkosten**	70 €
		1.000 €
+	19 % USt	190 €
		1.190 €

Buchungssatz:

Sollkonto	Betrag (€)	Habenkonto
5200 (3200) Wareneingang	930,00	
5800 (3800) BNK	70,00	
1406 (1576) Vorsteuer 19 %	190,00	
	1.190,00	**3300** (1600) Verbindlichkeiten aLuL

Buchung:

S	**5200** (3200) **Wareneingang**	H		S	**3300** (1600) **Verbindlichkeiten aLuL**	H
	930,00				1.190,00	

S	**5800** (3800) **BNK**	H
	70,00	

S	**1406** (1576) **Vorsteuer 19 %**	H
	190,00	

Werden wegen der besseren Übersicht oder für Zwecke der **Kalkulation** in einem Unternehmen **mehrere Warenkonten** geführt (z.B. in einem Kaufhaus Konten für Textilwaren, Lebensmittel, Haushaltswaren), so ist es **zweckmäßig**, **auch** die **Anschaffungsnebenkosten** den einzelnen Warengruppen entsprechend auf **getrennten Konten** zu erfassen.

4.1 Warenbezugskosten

Eine **weitere Möglichkeit** besteht darin, die Anschaffungs**nebenkosten** nicht auf einem oder mehreren Sammelkonten zu buchen, sondern sie **artenmäßig zu trennen**, d.h. für jede Anschaffungsnebenkosten**art** (z.B. Frachten, Zölle) getrennte Anschaffungsnebenkostenkonten einzurichten. Diese **artenmäßige** Aufgliederung und Buchung der Anschaffungsnebenkosten verursacht zwar **Mehrarbeit**, kann aber im Interesse einer **genauen Kalkulation** erforderlich sein.

Oft kann der Käufer die ihm berechnete **Transportverpackung** (z.B. Kisten, Fässer, Flaschen) dem Verkäufer gegen Kostenerstattung **zurückgeben**.

Die **Gutschrift** für die **zurückgegebene** Verpackung wird dann auf dem **Bezugsnebenkostenkonto im Haben** gebucht. Es empfiehlt sich, in diesen Fällen die **berechnete und zurückgegebene Verpackung** auf einem **eigenen Bezugsnebenkostenkonto** zu buchen, das nach dem **SKR 04** bzw. SKR 03

5820 (3830) Leergut

heißt.

BEISPIEL 1

Einzelhändler Müller bezieht Waren auf Ziel und erhält folgende Rechnung (Auszug):

	Warenwert	800 €
+	Transportkosten	100 €
+	**Verpackungskosten (12 Fässer)**	**300 €**
		1.200 €
+	19 % USt	228 €
		1.428 €

Bei der Rücksendung werden **⅔ der Verpackungskosten** gutgeschrieben.

1) Buchungssatz beim Wareneingang:

Tz.	Sollkonto	Betrag (€)	Habenkonto
1.	**5200** (3200) Wareneingang	800,00	
	5800 (3800) BNK	100,00	
	5820 (3830) **Leergut**	**300,00**	
	1406 (1576) Vorsteuer 19 %	228,00	
		1.428,00	**3300** (1600) Verbindlichkeiten aLuL

Buchung:

S	5200 (3200) **Wareneingang**	H	S	3300 (1600) **Verbindlichk. aLuL**	H
1)	800,00			1)	1.428,00

S	5800 (3800) **BNK**	H
1)	100,00	

S	5820 (3830) **Leergut**	H
1)	**300,00**	

S	1406 (1576) **Vorsteuer 19 %**	H
1)	228,00	

BEISPIEL 2

Die 12 Fässer werden an den Lieferer zurückgesandt. Müller erhält folgende Gutschrift:

⅔ von 300 €	=	200 €
+ 19 % USt	=	38 €
		238 €

2) Buchungssatz beim Eingang der Gutschrift:

Tz.	Sollkonto	Betrag (€)	Habenkonto
2.	3300 (1600) Verbindlichkeiten aLuL	238,00	
		200,00	5820 (3830) **Leergut**
		38,00	1406 (1576) Vorsteuer 19 %

Buchung:

S	3300 (1600) **Verbindlichkeiten aLuL**	H		S	5820 (3830) **Leergut**	H
2)	**238,00**	1) 1.428,00		1)	300,00	**2)** **200,00**

S	1406 (1576) **Vorsteuer 19 %**	H
1)	228,00	2) 38,00

ÜBUNG →
1. Wiederholungsfragen 1 bis 4 (Seite 177),
2. Aufgaben 1 und 2 (Seite 177 f.)

4.1 Warenbezugskosten

Einfuhr

Fallen beim Wareneinkauf neben dem Kaufpreis **Zölle** an, könnten sie auf dem Konto „**5800** (3800) **Bezugsnebenkosten**" erfasst werden, weil sie als Bezugsnebenkosten mit zu den Anschaffungskosten gehören; sie erhöhen auch die Bemessungsgrundlage der Umsatzsteuer.

Zur besseren Übersicht werden sie im Folgenden auf dem speziellen Bezugsnebenkostenkonto

5840 (3850) Zölle und Einfuhrabgaben

gebucht.

Die bei der **Einfuhr** entrichtete **Einfuhrumsatzsteuer** (**EUSt**) ist für den Unternehmer **als Vorsteuer abziehbar** (§ 15 Abs. 1 Nr. 2 UStG).

Sie wird auf dem speziellen Konto

1433 (1588) Bezahlte Einfuhrumsatzsteuer

erfasst, weil sie in der Umsatzsteuer-Voranmeldung (2019) gesondert (Zeile 55) angegeben werden muss.

BEISPIEL

1. Unternehmer A, München, kauft im August 2019 vom Lieferer U, Bern (Schweiz), Waren für 10.000 € auf Ziel. Im Kaufvertrag vereinbaren sie die Lieferkondition „unverzollt und unversteuert", d. h., der Leistungsempfänger (A) schuldet Zoll und Einfuhrumsatzsteuer.
2. Lieferer U zahlt für A **200 € Zoll** und **1.938 € EUSt** (19 % von 10.200 €). U übergibt vereinbarungsgemäß den quittierten Zollbescheid an A und erhält dafür einen Bankscheck in Höhe von 2.138 €.

Buchungssätze:

Tz.	Sollkonto	Betrag (€)	Habenkonto
1.	**5200** (3200) **Wareneingang**	10.000,00	**3300** (1600) **Verbindlichkeiten aLuL**
2.	**5840** (3850) **Zölle**	200,00	**1800** (1200) **Bank**
	1433 (1588) **Bezahlte EUSt**	1.938,00	**1800** (1200) **Bank**

Buchungen:

S	5200 (3200) **Wareneingang**	H		S	3300 (1600) **Verbindlichk. aLuL**	H
1)	10.000,00				1)	10.000,00

S	5840 (3850) **Zölle u. Einfuhrabgaben**	H		S	1800 (1200) **Bank**	H
2)	200,00				2)	200,00
					2)	1.938,00

S	1433 (1588) **Bezahlte EUSt**	H
2)	1.938,00	

4.1.4 Abschluss der Bezugsnebenkostenkonten

Die **Bezugsnebenkostenkonten** sind **Unterkonten des Wareneingangskontos**. Sie werden deshalb **über** das Konto **Wareneingang abgeschlossen**.

BEISPIEL

Die **Bezugsnebenkostenkonten** des Einzelhändlers Müller (siehe Beispiele Seite 173 ff.) werden wie folgt abgeschlossen:

ÜBUNG → 1. Wiederholungsfragen 5 und 6 (Seite 177),
2. Aufgaben 3 bis 6 (Seite 178 f.).

4.1.5 Zusammenfassung und Erfolgskontrolle
4.1.5.1 Zusammenfassung

- **Warenbezugskosten** sind alle Kosten, die bei der Anschaffung der Waren neben dem Kaufpreis anfallen.
- **Warenbezugskosten** werden auch **Anschaffungsnebenkosten** genannt.
- Die Anschaffungs**nebenkosten** gehören mit dem **Kaufpreis** zu den **Anschaffungskosten**.
- Die **abziehbare** Vorsteuer gehört **nicht** zu den **Anschaffungskosten**.
- Die **nicht abziehbare** Vorsteuer gehört zu den **Anschaffungskosten**.
- Die Bezugs**nebenkosten** werden auf **Unterkonten** beim **SKR 04** in der **Kontenklasse 5** und beim **SKR 03** in der **Kontenklasse 3** gebucht.
- Die **Bezugsnebenkostenkonten** werden **über** das Konto **Wareneingang abgeschlossen**.

4.1 Warenbezugskosten

4.1.5.2 Erfolgskontrolle

WIEDERHOLUNGSFRAGEN

1. Welche Kosten können beim Warenbezug anfallen?
2. Wie werden die Bezugskosten auch noch genannt?
3. Wie sind Warenbezugskosten einkommensteuerlich zu behandeln?
4. Welche Möglichkeiten gibt es, die Anschaffungsnebenkosten zu buchen?
5. Über welches Konto ist das Bezugsnebenkostenkonto abzuschließen?
6. Über welches Konto ist das Leergutkonto abzuschließen?

AUFGABEN

AUFGABE 1

Bilden Sie die Buchungssätze für die folgenden belegmäßig nachgewiesenen Geschäftsvorfälle. Alle Vorsteuerbeträge sind abziehbar. Die Warenbezugskosten sollen auf den Unterkonten Bezugsnebenkosten und Leergut gebucht werden.

			€
1.	Einzelhändler Adams erhält folgende Eingangsrechnung:		
	Warenwert	3.000 €	
	+ Transportkosten	15 €	
	+ Verpackungskosten (kein Leergut)	85 €	
		3.100 €	
	+ 19 % USt	589 €	3.689,00
2.	Großhändler Beck erhält folgende Eingangsrechnung:		
	Warenwert	2.000 €	
	+ Transportkosten	200 €	
	+ 12 Leihfässer	900 €	
		3.100 €	
	+ 19 % USt	589 €	3.689,00
	Bei der Rücksendung der Fässer werden ⅔ der Verpackungskosten gutgeschrieben.		
3.	Die 12 Leihfässer werden an den Lieferer zurückgesandt. Beck erhält folgende Gutschrift:		
	⅔ von 900 € =	600 €	
	+ 19 % USt =	114 €	714,00
4.	Wareneinkauf durch Banküberweisung, netto	1.000 €	
	+ USt	190 €	1.190,00
5.	Eingangsfracht für Wareneinkauf von Nr. 4 bar, netto	100 €	
	+ USt	19 €	119,00
6.	Bahnfracht für bezogene Waren wird einschließlich ausgewiesener USt (19 %) durch Bank überwiesen		202,30
7.	Rollgeld für bezogene Waren wird einschließlich 19 % USt bar gezahlt		47,60
8.	Prämie für Transportversicherung bezogener Waren wird durch Postbank beglichen		75,00

AUFGABE 2

Der Bürogerätehändler Franz Luftig e.K., Heilbronn, erwarb am 06.03.2019 fünf Personalcomputer vom Hersteller Reimens, Nürnberg.
Zwei der Personalcomputer werden im Büro des Franz Luftig aufgestellt und dienen den Mitarbeitern als Arbeitsmittel, drei der Computer sind für den Weiterverkauf bestimmt. Die ordnungsgemäße Eingangsrechnung lautet (Auszug):

	5 PC XP je 1.200 €	6.000 €
+	Fracht und Versicherung	200 €
		6.200 €
+	19 % USt	1.178 €
		7.378 €

Franz Luftig buchte die Eingangsrechnung wie folgt:

Sollkonto	Betrag (€)	Habenkonto
5200 (3200) Wareneingang	6.000,00	**3300** (1600) Verbindlichkeiten aLuL
5800 (3800) BNK	200,00	**3300** (1600) Verbindlichkeiten aLuL
1406 (1576) Vorsteuer	1.178,00	**3300** (1600) Verbindlichkeiten aLuL

Überprüfen Sie die Buchung und führen Sie eine eventuelle Korrekturbuchung durch.

AUFGABE 3

Die Einzelhändlerin Frieda Kuch, Karlsruhe, hat von dem schweizerischen Unternehmer Bürli, Bern, Handelswaren bezogen; die Eingangsrechnung lautet über 30.000 €.
Die Lieferung erfolgte „unverzollt und unversteuert" und deshalb hat Frieda Kuch die Waren beim Zollamt verzollt und versteuert; sie zahlte bar 400 € Zoll und 5.776 € Einfuhrumsatzsteuer.
Frieda Kuch buchte wie folgt:

a) die Eingangsrechnung „Bürli":

Sollkonto	Betrag (€)	Habenkonto
5200 (3200) Wareneingang	30.000,00	**3300** (1600) Verbindlichkeiten aLuL

b) die Zahlung beim Zollamt:

Sollkonto	Betrag (€)	Habenkonto
7675 (4350) Verbrauchsteuer	6.176,00	**1600** (1000) Kasse

Überprüfen Sie die Buchung und führen Sie eine eventuelle Korrekturbuchung durch.

4.1 Warenbezugskosten

AUFGABE 4

Welche Aussage ist richtig? Kreuzen Sie die richtige Antwort an.
(a) Warenbezugsnebenkosten mindern die Anschaffungskosten der Waren.
(b) Warenbezugsnebenkosten erhöhen den Wareneinsatz.
(c) Warenbezugsnebenkosten werden erfolgsneutral gebucht.
(d) Vorsteuerbeträge, die abziehbar sind, gehören zu den Anschaffungskosten.

AUFGABE 5

Kontieren Sie EDV-gemäß folgende Geschäftsvorfälle. Verwenden Sie – soweit dies möglich ist – automatische Konten.

		€
1.	Wareneinkauf auf Ziel, Warenwert 3.000 € Transportkosten 100 € 3.100 € + 19 % USt 589 € Lieferant: 71601 Rechnungs-Nr. 708 Rechnungsdatum 10.11.	3.689,00
2.	Rollgeld für bezogene Waren wird einschließlich 19 % USt bar gezahlt Rechnungs-Nr. 809 Rechnungsdatum 10.11.	47,60
3.	Prämie für Transportversicherung bezogener Waren wird durch Postbank bezahlt Rechnungs-Nr. 507 Rechnungsdatum 11.11.	75,00

AUFGABE 6

Folgende Beträge sind gegeben:

```
S    5200 (3200) Wareneingang    H        S    4200 (8200) Erlöse    H
     100.000,00 |                                              | 200.000,00

S  5800 (3300) Bezugsnebenkosten  H        S  1140 (3980) Bestand Waren  H
     1.000,00 |                          SV   10.000,00 |
```

Der Warenendbestand laut Inventur beträgt zum 31.12.2019 20.000 €.
Berechnen Sie den Wareneinsatz und ermitteln Sie den Rohgewinn.

Weitere Aufgaben mit Lösungen finden Sie im **Lösungsbuch** der Buchführung 1.

Zusammenfassende Erfolgskontrolle

Der Unternehmer Christian Bäumler, Bonn, der zum Vorsteuerabzug berechtigt ist, hat am 01.01.2019 durch Inventur folgende Anfangsbestände ermittelt:

Anfangsbestände	€
0640 (0430) Ladeneinrichtung	25.000,00
1140 (3980) Bestand Waren	150.000,00
1200 (1400) Forderungen aLuL	56.500,00
1406 (1576) Vorsteuer 19 %	0,00
1800 (1200) Bankguthaben	15.500,00
1600 (1000) Kasse	10.000,00
3300 (1600) Verbindlichkeiten aLuL	27.000,00
3806 (1776) Umsatzsteuer 19 %	10.000,00
2000 (0800) Eigenkapital	220.000,00

Geschäftsvorfälle des Jahres 2019		€
1.	a) Wareneinkauf auf Ziel, netto 5.500,00 € + USt 1.045,00 €	6.545,00
	b) Barzahlung für Fracht und Rollgeld, netto 80,00 € + USt 15,20 €	95,20
2.	Die USt-Zahllast in Höhe von wird an das Finanzamt durch Bank überwiesen.	10.000,00
3.	Banküberweisung von Kunden zum Ausgleich einer Forderung aLuL	16.950,00
4.	Wareneinkauf auf Ziel, Warenwert: 5.000,00 € + Fracht 200,00 € + Rollgeld 80,00 € + 15 Leihfässer 600,00 € 5.880,00 € + 19 % USt 1.117,20 € Bei Rücksendung der Fässer werden ⅔ der Verpackungskosten gutgeschrieben.	6.997,20
5.	Die 15 Leihfässer werden an den Lieferer zurückgeschickt. Bäumler erhält eine entsprechende Gutschrift.	?
6.	Banküberweisung an Lieferer zum Ausgleich einer Verbindlichkeit aLuL	7.910,00
7.	Zielverkauf von Waren, netto 50.000,00 € + USt 9.500,00 €	59.500,00

Abschlussangaben	€
8. Abschreibung auf Ladeneinrichtung	5.000,00
9. Warenendbestand lt. Inventur	130.000,00

Aufgaben
1. Bilden Sie die Buchungssätze der Geschäftsvorfälle des Jahres 2019. Die Warenbezugskosten sollen auf den Unterkonten Bezugsnebenkosten und Leergut gebucht werden.
2. Tragen Sie die Anfangsbestände auf den Konten vor.
3. Buchen Sie die Geschäftsvorfälle.
4. Schließen Sie die Konten ab und ermitteln Sie den Gewinn.
5. Erstellen Sie die Schlussbilanz zum 31.12.2019 nach dem handelsrechtlichen Gliederungsschema.

4.2 Warenvertriebskosten

Wie beim Wareneingang so fallen auch beim Warenausgang (Vertrieb, Absatz) bestimmte Kosten an, die als **Warenvertriebskosten** bezeichnet werden.

4.2.1 Überblick über die Vertriebskosten

Beim **Warenvertrieb** können folgende Kosten anfallen:

Transportkosten:
- Ausgangsfrachten,
- Postgebühren,
- Abfuhrkosten,
- Transportversicherungsbeiträge,
- Kosten der Transportverpackung;

Zölle;

Vermittlungsgebühren:
- Verkaufsprovisionen,
- Verkaufskommissionen.

4.2.2 Bedeutung der Vertriebskosten

Vertriebskosten sind handelsrechtlich Aufwendungen, die einem Aktivierungsverbot unterliegen (§ 255 Abs. 2 Satz 4 HGB). Einkommensteuerrechtlich gehören die **Warenvertriebskosten** zu den **sofort abzugsfähigen Betriebsausgaben**. Somit wirken sich die Vertriebskosten handels- und steuerrechtlich in dem Jahr, in dem sie anfallen, in voller Höhe auf den Erfolg (Gewinn oder Verlust) aus.

Die dem Unternehmer zusammen mit den Vertriebskosten **berechnete Umsatzsteuer** ist für diesen **Vorsteuer**, die er von seiner Umsatzsteuer abziehen kann, wenn die Voraussetzungen des § 15 UStG erfüllt sind.

BEISPIEL

Der Unternehmer U, Köln, der zum Vorsteuerabzug berechtigt ist, liefert per Bahn Waren an den Einzelhändler A, Hannover. Nach den vertraglichen Vereinbarungen liefert U **„frei Haus"**, d.h., die Bahnfracht Köln-Hannover geht zulasten des U.

Die Bahn berechnet U

	Fracht	500,00 €
+	19 % USt	95,00 €
		595,00 €

U zahlt die Bahnfracht durch Banküberweisung.

Die **Nettofracht** ist für U **sofort abzugsfähige Betriebsausgabe**; die **Umsatzsteuer** ist für U **abziehbare Vorsteuer**.

4.2 Warenvertriebskosten

4.2.3 Buchen der Vertriebskosten

In der Praxis ist es üblich, die **Vertriebskosten artenmäßig getrennt** auf **eigenen Vertriebskostenkonten** zu buchen.

Der **SKR 04** bzw. der SKR 03 sehen für die Buchung der Vertriebskosten (Kosten der Warenabgabe) folgende **Vertriebskostenkonten** vor:

> **6710** (4710) **Verpackungsmaterial,**
> **6740** (4730) **Ausgangsfrachten,**
> **6760** (4750) **Transportversicherungen,**
> **6770** (4760) **Verkaufsprovisionen,**
> **6780** (4780) **Fremdarbeiten (Vertrieb).**

BEISPIEL

Sachverhalt wie im Beispiel zuvor (Seite 182)

Buchungssatz:

Sollkonto	Betrag (€)	Habenkonto
6740 (4730) Ausgangsfrachten	500,00	
1406 (1576) Vorsteuer 19 %	95,00	
	595,00	**1800** (1200) Bank

Buchung:

S **6740** (4730) **Ausgangsfrachten** H   S **1800** (1200) **Bank** H
　　　500,00 |　　　　　　　　　　　　　　　　　　　　　　　| 595,00

S **1406** (1576) **Vorsteuer 19 %** H
　　　95,00 |

Werden die **Vertriebskosten** dem Kunden **weiterberechnet**, so handelt es sich um ein **zusätzliches Entgelt**, das über **Erlöse** zu buchen ist.
Die **Vertriebskostenkonten** dürfen **nicht entlastet** werden (Verrechnungsverbot; § 246 Abs. 2 HGB).

BEISPIEL

Der Unternehmer U, Koblenz, liefert per Bahn Waren an den Einzelhändler A, Bonn.
Nach den vertraglichen Vereinbarungen liefert U „**ab Lager**", d.h., die Bahnfracht Koblenz-Bonn geht zulasten des A. U berechnet folgende Kosten, die er vorgelegt hat, dem Einzelhändler A weiter:

	Fracht	200,00 €
+	19 % USt	38,00 €
		238,00 €

Buchungssatz:

Sollkonto	Betrag (€)	Habenkonto
1200 (1400) Forderungen aLuL	238,00	
	200,00	**4200** (8200) Erlöse
	38,00	**3806** (1776) USt 19 %

Buchung:

S	**1200** (1400) **Forderungen aLuL**	H
238,00		

S	**4200** (8200) **Erlöse**	H
		200,00

S	**3806** (1776) **USt 19 %**	H
		38,00

4.2.4 Abschluss der Vertriebskostenkonten

Die **Warenvertriebskostenkonten** sind **Aufwandskonten**, die **über** das **Gewinn- und Verlustkonto** (**GuVK**) abgeschlossen werden.

4.2.5 Zusammenfassung und Erfolgskontrolle
4.2.5.1 Zusammenfassung

- **Warenvertriebskosten** sind alle Kosten, die unmittelbar im Zusammenhang mit dem Vertrieb von Waren anfallen.
- **Vertriebskosten** sind grundsätzlich **sofort abzugsfähige Betriebsausgaben**.
- **Vertriebskosten** werden beim **SKR 04** auf Konten der **Klasse 6** und beim **SKR 03** auf Konten der **Klasse 4** gebucht.
- Die Vertriebskosten**konten** werden **über** das **Gewinn- und Verlustkonto abgeschlossen**.

4.2.5.2 Erfolgskontrolle
WIEDERHOLUNGSFRAGEN

1. Welche Kosten können beim Warenvertrieb anfallen?
2. Wie sind diese Kosten einkommensteuerlich zu behandeln?
3. Wie wird die mit den Vertriebskosten berechnete Umsatzsteuer beim Unternehmer behandelt?
4. Welche Vertriebskostenkonten kennen Sie?
5. Über welches Konto werden die Vertriebskostenkonten abgeschlossen?
6. Auf welches Konto werden die weiterberechneten Vertriebskosten gebucht?

4.2 Warenvertriebskosten

AUFGABEN

AUFGABE 1

Bilden Sie die Buchungssätze für die folgenden belegmäßig nachgewiesenen Geschäftsvorfälle:

		€
1.	Kauf von 100 Versandkartons auf Ziel, netto 200 € + USt 38 €	238,00
2.	Rechnung eines Transportunternehmers für den Transport von Waren zu einem Kunden Warentransport 500 € + 19 % USt 95 €	595,00
3.	Barkauf von Verpackungsmaterial für den Warenvertrieb, netto 300 € + USt 57 €	357,00
4.	Zahlung für Vertreterprovision (Verkaufsprovision) durch Banküberweisung, netto 600 € + USt 114 €	714,00
5.	Barzahlung einer Beitragsrechnung der Securitas-Versicherungs AG für die Transportversicherung einer Warensendung an einen Kunden	150,00
6.	Ausgangsrechnung an einen Kunden: Warenwert 5.000 € + Versandverpackung 300 € + Fracht 200 € 5.500 € + USt 1.045 €	6.545,00
7.	Barzahlung der Ausgangsfracht, brutto einschließlich 19 % USt	113,05

AUFGABE 2

Der Maschinenbauer Rüdiger Wenzel e.K., Köln, lieferte an die Wörns GmbH, Kiel, eine Spezialmaschine. Gemäß den Kaufvertragsvereinbarungen musste Wenzel die Kosten des Transports tragen.
Der damit beauftragte Fuhrunternehmer Fritz Eilig erteilt Wenzel folgende Rechnung (Auszug):

	Gütertransport Köln - Kiel	1.000 €
+	19 % USt	190 €
		1.190 €

Rüdiger Wenzel buchte die Eingangsrechnung wie folgt:

Sollkonto	Betrag (€)	Habenkonto
5800 (3800) Bezugsnebenkosten	1.000,00	**3300** (1600) Verbindlichkeiten aLuL
1406 (1576) Vorsteuer	190,00	**3300** (1600) Verbindlichkeiten aLuL

Überprüfen Sie die Buchung und führen Sie eine eventuelle Korrekturbuchung durch.

4 Beschaffung und Absatz

AUFGABE 3

Die Großhändlerin Susanne Meier, München, hat aufgrund der Vermittlung des selbständigen Handelsmaklers Willi Kurz einen neuen Kunden gewinnen können und dadurch einen Umsatz in Höhe von 200.000 € + 19 % USt erzielt.

Vereinbarungsgemäß erhält Willi Kurz von Susanne Meier eine Provision in Höhe von 1,5 % des Nettoumsatzes.

1. Erstellen Sie die Provisionsabrechnung des Willi Kurz.
2. Kontieren Sie die Ausgangsrechnung für Willi Kurz.
3. Kontieren Sie die Eingangsrechnung für Susanne Meier.

AUFGABE 4

Die Friedhelm Schulz KG, Würzburg, hat am 07.03.2019 an die Welsch AG, Freiburg, eine Spezialmaschine geliefert und dafür dem Frachtführer Fritz Mützig, Würzburg, 595 € (einschließlich USt) bezahlt; eine ordnungsgemäße Eingangsrechnung vom 08.03.2019 liegt vor. Vereinbarungsgemäß berechnet die Schulz KG die Transportkosten an die Welsch AG weiter. Die entsprechende Ausgangsrechnung wird am 11.03.2019 zugestellt.

Kontieren Sie für die Schulz KG

1. die Eingangsrechnung des Frachtführers und
2. die Ausgangsrechnung an die Welsch AG.

AUFGABE 5

Welche Aussage ist richtig? Kreuzen Sie die richtige Antwort an.

(a) Das Konto „Ausgangsfrachten" wird über das Wareneinkaufskonto abgeschlossen.
(b) Das Konto „Ausgangsfrachten" wird über das Schlussbilanzkonto abgeschlossen.
(c) Das Konto „Ausgangsfrachten" wird über das GuV-Konto abgeschlossen.
(d) Das Konto „Ausgangsfrachten" wird über das Konto Erlöse abgeschlossen.

AUFGABE 6

Kontieren Sie EDV-gemäß die folgenden belegmäßig nachgewiesenen Geschäftsvorfälle:

1. Zahlung für Verpackungsmaterial durch Banküberweisung, netto 500,00 €
   + USt 95,00 € 595,00 €
2. Barzahlung der Ausgangsfracht, brutto einschließlich 19 % USt 166,60 €

AUFGABE 7

Der Fahrradhändler Speiche, Stuttgart, hat an das Regierungspräsidium Stuttgart 25 City-Fahrräder verkauft, die zu dienstlichen Zwecken eingesetzt werden. Die Lieferung und die Fertigmontage der Fahrräder erfolgte durch den Mechaniker Schraube. Schraube ist Kleinunternehmer im Sinne des § 19 UStG. Schraube erhielt von Speiche für den Transport der Fahrräder 119 € und für die Montage der Fahrräder 357 €. Sofort nach Ausführung der Leistungen hat Speiche die Rechnungen in bar bezahlt.

Kontieren Sie die Geschäftsvorfälle für Fahrradhändler Speiche.

 Weitere Aufgaben mit Lösungen finden Sie im **Lösungsbuch** der Buchführung 1.

Zusammenfassende Erfolgskontrolle

Der Unternehmer Bauer, Nürnberg, der zum Vorsteuerabzug berechtigt ist, hat am 01.01.2019 durch Inventur folgende Anfangsbestände ermittelt:

Anfangsbestände	€
0640 (0430) Ladeneinrichtung	26.000,00
1140 (3980) Bestand Waren	151.000,00
1200 (1400) Forderungen aLuL	57.500,00
1406 (1576) Vorsteuer 19 %	0,00
1800 (1200) Bankguthaben	16.500,00
1600 (1000) Kasse	11.000,00
3300 (1600) Verbindlichkeiten aLuL	28.000,00
3806 (1776) Umsatzsteuer 19 %	11.000,00
2000 (0800) Eigenkapital	223.000,00

Geschäftsvorfälle des Jahres 2019		€
1. Wareneinkauf auf Ziel, netto + USt	5.000 € 950 €	5.950,00
2. Warenverkauf auf Ziel, netto + USt	8.000 € 1.520 €	9.520,00
3. Ausgangsfrachten hierauf bar, netto + USt	500 € 95 €	595,00
4. Barkauf von Versandverpackung, netto + USt	600 € 114 €	714,00
5. Banküberweisung eines Kunden		22.600,00
6. Banküberweisung der Umsatzsteuerschuld (Zahllast)		11.000,00
7. Barverkauf von Waren, brutto (19 % USt)		116,62
8. Warenverkauf auf Ziel, netto + USt	3.000 € 570 €	3.570,00
9. Ausgangsfrachten hierauf bar, netto + USt	400 € 76 €	476,00
Abschlussangaben		€
10. Abschreibung auf Büroeinrichtung		2.000,00
11. Warenendbestand laut Inventur		150.000,00

4 Beschaffung und Absatz

Aufgaben
1. Bilden Sie die Buchungssätze der Geschäftsvorfälle des Jahres 2019.
2. Tragen Sie die Anfangsbestände auf T-Konten vor.
3. Buchen Sie die Geschäftsvorfälle.
4. Schließen Sie die Konten ab und ermitteln Sie den Gewinn.
5. Stellen Sie die Bilanz zum 31.12.2019 nach dem handelsrechtlichen Gliederungsschema auf.

4.3 Warenrücksendungen und Gutschriften

Waren werden **zurückgesandt** oder **im Preis ermäßigt**, wenn der Verkäufer den Kaufvertrag nicht ordnungsgemäß erfüllt, wenn er z.B. **falsche oder mangelhafte Waren** liefert.

Für die Rücksendung bzw. den festgestellten Mangel der Waren erteilt der Verkäufer dem Käufer eine entsprechende **Gutschrift**.

Rücksendungen und Gutschriften ergeben sich sowohl auf der **Einkaufsseite** als auch auf der **Verkaufsseite**.

4.3.1 Buchen der Rücksendungen und Gutschriften auf der Einkaufsseite

Gutschriften auf der Einkaufsseite für Rücksendungen und Sachmängel **mindern** die Anschaffungskosten des Wareneingangs.

Sie werden deshalb auf der **Habenseite** des **Wareneingangskontos** gebucht.

Die beim Wareneingang anfallende Vorsteuer mindert sich entsprechend, weil sich auf der anderen Seite auch die Umsatzsteuer des Lieferers vermindert.

Diese **Minderung** ist **als Vorsteuerberichtigung** auf der **Habenseite des Vorsteuerkontos** zu buchen.

Der Minderung der Anschaffungskosten des Wareneingangs und der Vorsteuerberichtigung steht eine entsprechende **Reduzierung der Verbindlichkeiten** gegenüber, die auf der **Sollseite** des Kontos **Verbindlichkeiten aLuL** gebucht wird.

In der Praxis werden Anschaffungskostenminderung, Vorsteuerberichtigung und Reduzierung der Verbindlichkeit in der Regel erst beim Vorliegen der **Gutschrift** des Lieferers gebucht.

BEISPIELE

a) Wir haben von einem Lieferer Waren für 10.000 € + 1.900 € USt = 11.900 € auf Ziel gekauft. Beim Auspacken der Waren stellen wir fest, dass ein Teil stark beschädigt und für den Verkauf ungeeignet ist. Wir senden den mangelhaften Teil der Waren an den Lieferer zurück. Für die Rücksendung erhalten wir vom Lieferer eine **Gutschrift** über 1.000 € + 190 € USt = 1.190 €.

1) Buchungssatz beim **Wareneingang** (lt. Eingangsrechnung):

Tz.	Sollkonto	Betrag (€)	Habenkonto
1.	**5200** (3200) Wareneingang	10.000,00	
	1406 (1576) Vorsteuer 19 %	1.900,00	
		11.900,00	**3300** (1600) Verbindlichk. aLuL

Buchung:

S	**5200** (3200) **Wareneingang**	H	S	**3300** (1600) **Verbindlichkeiten aLuL**	H
1)	10.000,00			1)	11.900,00

S	**1406** (1576) **Vorsteuer 19 %**	H
1)	1.900,00	

2) Buchungssatz bei der **Rücksendung** (lt. Gutschrift):

Tz.	Sollkonto	Betrag (€)	Habenkonto
2.	3300 (1600) Verbindlichk. aLuL	1.190,00	
		1.000,00	5200 (3200) Wareneingang
		190,00	1406 (1576) Vorsteuer 19 %

Buchung:

```
S   3300 (1600) Verbindlichk. aLuL   H      S   5200 (3200) Wareneingang      H
2)        1.190,00  | 1)   11.900,00        1)      10.000,00  | 2)   1.000,00

                                            S   1406 (1576) Vorsteuer 19 %    H
                                            1)       1.900,00  | 2)     190,00
```

b) Aufgrund einer Mängelrüge schreibt uns der Lieferer 300 € + 57 € USt = 357 € gut. Die eingegangene **Ware** haben wir **nicht zurückgeschickt**, weil sie – unter Berücksichtigung einer Preisermäßigung – für den Verkauf noch geeignet ist.
Buchungssatz:

Sollkonto	Betrag (€)	Habenkonto
3300 (1600) Verbindlichk. aLuL	300,00	5200 (3200) Wareneingang
3300 (1600) Verbindlichk. aLuL	57,00	1406 (1576) Vorsteuer 19 %

Buchung:

```
S   3300 (1600) Verbindlichk. aLuL   H      S   5200 (3200) Wareneingang      H
         357,00  |                                          |        300,00

                                            S   1406 (1576) Vorsteuer 19 %    H
                                                            |         57,00
```

Gutschriften auf der Einkaufsseite können auch auf das **Unterkonto**

5700 (3700) **Nachlässe**

gebucht werden.
Das **Unterkonto Nachlässe** wird zum Ende des Wirtschaftsjahres **über** das **Wareneingangskonto abgeschlossen**.

4.3.2 Buchen der Rücksendungen und Gutschriften auf der Verkaufsseite

Gutschriften auf der Verkaufsseite für Rücksendungen und Sachmängel **schmälern** die **Verkaufserlöse**.
Sie werden deshalb auf der **Sollseite** des **Erlöskontos** gebucht.
Umsatzsteuerlich handelt es sich bei der **Erlösschmälerung** um eine **Berichtigung des Entgelts** (§ 17 UStG), die eine **Berichtigung der Umsatzsteuer** zur Folge hat.
Die **USt-Berichtigung** wird auf der **Sollseite** des **Umsatzsteuerkontos** gebucht.
Der Erlösschmälerung und der USt-Berichtigung steht eine entsprechende **Minderung** der **Forderung** gegenüber, die auf der **Habenseite** des Kontos **Forderungen aLuL** gebucht wird.

4.3 Warenrücksendungen und Gutschriften

BEISPIEL

Wir haben an einen Kunden Waren für 20.000 € + 3.800 € USt = 23.800 € auf Ziel geliefert. Von unserem Kunden nehmen wir falsch gelieferte Ware im Wert von 1.000 € + 190 € USt = 1.190 € zurück und erteilen ihm darüber eine Gutschrift.

1) Buchungssatz beim **Warenausgang** (lt. Ausgangsrechnung):

Tz.	Sollkonto	Betrag (€)	Habenkonto
1.	1200 (1400) Forderungen aLuL	23.800,00	
		20.000,00	4200 (8200) Erlöse
		3.800,00	3806 (1776) USt 19 %

Buchung:

```
S    1200 (1400) Forderungen aLuL    H        S    4200 (8200) Erlöse    H
1)   23.800,00                                                    1)   20.000,00

                                              S    3806 (1776) USt 19 %    H
                                                                  1)    3.800,00
```

2) Buchungssatz bei der **Rücksendung** (lt. Gutschrift):

Tz.	Sollkonto	Betrag (€)	Habenkonto
2.	4200 (8200) Erlöse	1.000,00	
	3806 (1776) USt 19 %	190,00	
		1.190,00	1200 (1400) Forderungen aLuL

Buchung:

```
S    4200 (8200) Erlöse         H        S    1200 (1400) Forderungen aLuL    H
2)   1.000,00  | 1)   20.000,00          1)   23.800,00  | 2)   1.190,00

S    3806 (1776) USt 19 %       H
2)   190,00    | 1)    3.800,00
```

Gutschriften für Rücksendungen und **Sachmängel** können auch auf das **Unterkonto**

4700 (8700) Erlösschmälerungen

gebucht werden.

Das **Unterkonto Erlösschmälerungen** wird zum Ende des Wirtschaftsjahres **über** das **Erlöskonto abgeschlossen**.

MERKE →

Rücksendungen und Gutschriften mindern
- auf der **Einkaufsseite** den **Wareneingang**, die **Vorsteuer** und die **Verbindlichkeiten**
und
- auf der **Verkaufsseite** die **Erlöse**, die **Umsatzsteuer** und die **Forderungen**.

4.3.3 Zusammenfassung und Erfolgskontrolle
4.3.3.1 Zusammenfassung

4.3 Warenrücksendungen und Gutschriften

4.3.3.2 Erfolgskontrolle

WIEDERHOLUNGSFRAGEN

1. In welchen Fällen werden Waren zurückgesandt?
2. In welchem Fall werden Waren im Preis ermäßigt?
3. Wie wirken sich Rücksendungen und Gutschriften auf der Einkaufsseite buchmäßig aus?
4. Wie wirken sich Rücksendungen und Gutschriften auf der Verkaufsseite buchmäßig aus?

AUFGABEN

AUFGABE 1

Bilden Sie die Buchungssätze für die folgenden belegmäßig nachgewiesenen Geschäftsvorfälle:

			€
1.	Wareneinkauf auf Ziel, netto	5.000 €	
	+ USt	950 €	5.950,00
2.	Warenverkauf auf Ziel, netto	10.000 €	
	+ USt	1.900 €	11.900,00
3.	Warenrücksendung vom Kunden, netto	400 €	
	+ USt	76 €	476,00
4.	Warenrücksendung an Lieferer, netto	500 €	
	+ USt	95 €	595,00
5.	Warenrücksendung vom Kunden, brutto einschließlich 19 % USt		59,50
6.	Warenrücksendung an Lieferer, brutto einschließlich 19 % USt		104,72
7.	Aufgrund einer Mängelrüge erhält ein Kunde eine Gutschrift, netto	300 €	
	+ USt	57 €	357,00
8.	Wir erhalten von einem Lieferer eine Gutschrift aufgrund einer Mängelrüge, brutto einschließlich 7 % USt		160,50
9.	Banküberweisung von Kunden		13.650,00
10.	Banküberweisung an Lieferer		9.040,00

AUFGABE 2

Kontieren Sie EDV-gemäß die folgenden belegmäßig nachgewiesenen Geschäftsvorfälle. Verwenden Sie automatische Konten. Unterkonten werden nicht geführt.

			€
1.	Warenrücksendung an Lieferer, netto	1.000 €	
	+ USt	190 €	1.190,00
	Lieferant: 71500		
2.	Warenrücksendung vom Kunden, netto	500 €	
	+ USt	95 €	595,00
	Kunde: 11405		

Zusammenfassende Erfolgskontrolle

Der Unternehmer Hans Thomas, Köln, hat am 01.01.2019 durch Inventur folgende Anfangsbestände ermittelt:

Anfangsbestände	€
0540 (0350) Lkw	20.000,00
0640 (0430) Ladeneinrichtung	25.000,00
1140 (3980) Bestand Waren	150.000,00
1200 (1400) Forderungen aLuL	20.000,00
1800 (1200) Bankguthaben	20.000,00
1600 (1000) Kasse	5.000,00
3300 (1600) Verbindlichkeiten aLuL	15.000,00
2000 (0800) Eigenkapital	225.000,00

Geschäftsvorfälle des Jahres 2019		€
1. Kauf von Waren auf Ziel, netto	5.000,00 €	
+ USt	950,00 €	5.950,00
2. Warenrücksendung an Lieferer, netto	1.000,00 €	
+ USt	190,00 €	1.190,00
3. Warenverkauf auf Ziel, netto	8.000,00 €	
+ USt	1.520,00 €	9.520,00
4. Ausgangsfracht hierauf bar, netto	500,00 €	
+ USt	95,00 €	595,00
5. Warenrücksendung vom Kunden, netto	700,00 €	
+ USt	133,00 €	833,00
6. Warenrücksendung an Lieferer, netto	630,00 €	
+ USt	119,70 €	749,70
7. Warenrücksendung vom Kunden, netto	410,00 €	
+ USt	77,90 €	487,90
8. Banküberweisung von Kunden		11.300,00
9. Barkauf von Verpackungsmaterial, netto	300,00 €	
+ USt	57,00 €	357,00
10. Banküberweisung an Lieferer		3.000,00
Abschlussangaben		€
11. Warenendbestand lt. Inventur		150.000,00
12. Abschreibung auf Lkw		3.000,00
13. Abschreibung auf Ladeneinrichtung		2.000,00

Aufgaben
1. Bilden Sie die Buchungssätze der Geschäftsvorfälle des Jahres 2019.
2. Tragen Sie die Anfangsbestände auf den Konten vor.
3. Buchen Sie die belegmäßig nachgewiesenen Geschäftsvorfälle.
4. Schließen Sie die Konten ab.

4.4 Preisnachlässe und Preisabzüge

Die **Lieferer** gewähren häufig ihren Kunden **Nachlässe** und **Abzüge** auf ihre Listenpreise. Diese **Nachlässe** und **Abzüge** werden als **Rabatte**, **Skonti** und **Boni** bezeichnet.

4.4.1 Begriff und steuerliche Bedeutung der Rabatte, Skonti und Boni

Rabatte sind Preisnachlässe, die der Lieferer aus unterschiedlichen Gründen gewährt, z.B. als

- **Mengenrabatt** = bei der Abnahme größerer Mengen,
- **Treuerabatt** = bei länger dauernder Geschäftsbeziehung,
- **Wiederverkäuferrabatt** = bei Verkäufen an Händler,
- **Personalrabatt** = bei Verkäufen an Mitarbeiter,
- **Sonderrabatt** = bei Sonderverkäufen (z.B. Saisonverkäufen).

Rabatte werden in der Regel sofort beim Ausstellen der Rechnung preismindernd berücksichtigt. Sie werden deshalb auch als **Sofort-Rabatte** bezeichnet.

Bei **Sofort-Rabatten** berechnet der Lieferer die **Umsatzsteuer** schon vom **verminderten Rechnungsbetrag**, sodass die **Rabatte nicht** zu den **Anschaffungskosten** gehören **und** für die **Umsatzsteuer keine Bedeutung** haben.

Skonto ist ein **Abzug** des Kunden vom Rechnungsbetrag bei Zahlung innerhalb einer vereinbarten kurzen Frist (Preis**abzug**).

Die **Möglichkeit des Skontoabzugs** soll den **Kunden veranlassen**, den Kaufpreis **kurzfristig** nach Wareneingang **zu zahlen** und somit keinen Liefererkredit in Anspruch zu nehmen.

Umsatzsteuerlich bewirkt der **Skontoabzug beim Lieferer** eine **Entgeltminderung und** damit eine **Minderung der Umsatzsteuer**, während sich **beim Kunden** die **Vorsteuer verringert** (§ 17 UStG).

Einkommensteuerlich verringert der **Skontoabzug beim Lieferer** den **Ertrag** aus dem Warenverkauf **und beim Käufer** die **Anschaffungskosten** des Wareneingangs.

Bonus ist ein nachträglich entweder viertel-, halb- oder jährlich vom Lieferer gewährter Nachlass, den dieser meistens nach der Höhe des Umsatzes staffelt, den der Kunde bei ihm erreicht hat (**nachträglich gewährter Rabatt**).

Der Nachlass wird deshalb auch als **Umsatzbonus** bezeichnet.

Mit der **Bonusgewährung** will der Lieferer seine **Kunden veranlassen**, einen möglichst **hohen Anteil ihres Bedarfs** bei ihm zu **decken**.

Steuerlich werden **Boni** genauso behandelt **wie Skonti**: Boni mindern die Umsatzsteuer bzw. die **Vorsteuer** und **verringern** den **Ertrag** bzw. die **Anschaffungskosten**.

> **ÜBUNG →** Wiederholungsfragen 1 bis 8 (Seite 205)

4.4.2 Buchen der Preisnachlässe und Preisabzüge auf der Einkaufsseite

Rabatte, **Skonti** und **Boni**, die der Buchführende von seinem Lieferer erhält, werden auch als **Liefererrabatte**, **Liefererskonti** und **Liefererboni** bezeichnet.

4.4.2.1 Erhaltene Rabatte

Erhaltene Rabatte (**Liefererrabatte**), die schon in der Rechnung des Lieferers preismindernd berücksichtigt sind (**Sofort-Rabatte**), werden in der Regel **buchmäßig nicht erfasst**.

Erhaltene Rabatte gehören **nicht** zu den **Anschaffungskosten** und haben auch **keine Bedeutung für die Vorsteuer**.

BEISPIEL

Wir erhalten für eine Warenlieferung von einem Lieferer folgende **Rechnung** (Auszug):

	Listenpreis der Ware	1.000 €
−	**10 % Rabatt**	− **100 €**
	Nettobetrag	900 €
+	19 % USt	171 €
	Bruttorechnungsbetrag	1.071 €

Buchungssatz:

Sollkonto	Betrag (€)	Habenkonto
5200 (3200) Wareneingang	900,00	
1406 (1576) Vorsteuer 19 %	171,00	
	1.071,00	**3300** (1600) Verbindlichkeiten aLuL

Buchung:

S **5200** (3200) **Wareneingang** H   S **3300** (1600) **Verbindlichkeiten aLuL** H
    900,00   1.071,00

S **1406** (1576) **Vorsteuer 19 %** H
    171,00

Werden Rabatte ausnahmsweise nachträglich gewährt oder will man die beim Einkauf erhaltenen Sofort-Rabatte **gesondert** erfassen, können diese auf dem Konto

5790 (3790) **Erhaltene Rabatte 19 % Vorsteuer**

gebucht werden. Dieses Konto ist ein **Unterkonto des Wareneingangskontos**. Es wird deshalb zum Ende des Jahres **über** das **Wareneingangskonto abgeschlossen**.

4.4.2.2 Erhaltene Skonti

Erhaltene Skonti (**Liefererskonti**) stellen einkommensteuerlich eine nachträgliche **Minderung der Anschaffungskosten** des Wareneingangs dar. Sie **könnten** deshalb **direkt** auf der Habenseite des **Wareneingangskontos** gebucht werden.

Zur besseren Übersicht und für Zwecke der Kalkulation und Verprobung ist es jedoch üblich, sie auf einem **eigenen Konto**

5736 (3736) **Erhaltene Skonti 19 % Vorsteuer**

zu buchen.

BEISPIEL

Wir haben von einem Lieferer Waren für 10.000 € + 1.900 € USt = 11.900 € auf Ziel gekauft. Zehn Tage nach der Lieferung begleichen wir die Rechnung unter Abzug von **3% Skonto** durch Banküberweisung.

	Warenwert	10.000 €
+	19 % USt	1.900 €
	Bruttorechnungsbetrag	11.900 €
−	**3% Skonto** (3 % von 11.900 €)	− 357 €
	Überweisungsbetrag	11.543 €

1) Buchungssatz beim **Wareneingang**:

Tz.	Sollkonto	Betrag (€)	Habenkonto
1.	**5200** (3200) **Wareneingang** **1406** (1576) **Vorsteuer 19 %**	10.000,00 1.900,00 11.900,00	**3300** (1600) **Verbindlichkeiten aLuL**

Buchung:

S	**5200** (3200) **Wareneingang**	H		S	**3300** (1600) **Verbindlichkeiten aLuL**	H
1)	10.000,00				1)	11.900,00

S	**1406** (1576) **Vorsteuer 19 %**	H
1)	1.900,00	

Der bei der Zahlung abgezogene **Skontobetrag von 357 €** ist **zu zerlegen** in den Teil, der auf den **Warenwert** entfällt (357 € : 1,19 = **300 €**) und den Teil, der auf die **Umsatzsteuer** entfällt (357 € − 300 € = **57 €**). Steuerlich handelt es sich bei dem Teil, der auf den **Warenwert** entfällt, um eine Anschaffungskosten**minderung** und bei dem Teil, der auf die **Umsatzsteuer** entfällt, um eine **Minderung** der **Vorsteuer**.

2) Buchungssatz bei der **Zahlung**:

Tz.	Sollkonto	Betrag (€)	Habenkonto
2.	**3300** (1600) Verbindlichkeiten aLuL	11.900,00 11.543,00 300,00 57,00	 **1800** (1200) Bank **5736** (3736) **Erhaltene Skonti** **1406** (1576) Vorsteuer 19 %

Buchung:

S	3300 (1600) Verbindlichkeiten aLuL	H
2)	11.900,00	1) 11.900,00

S	1800 (1200) Bank	H
		2) 11.543,00

S	5736 (3736) Erhaltene Skonti	H
		2) 300,00

S	1406 (1576) Vorsteuer 19 %	H
1) 1.900,00	2) 57,00

Das Konto „**Erhaltene Skonti**" ist ein **Unterkonto** des Kontos „**Wareneingang**" und wird deshalb über dieses Konto **abgeschlossen**.

BEISPIEL

Das Konto „**5736 (3736) Erhaltene Skonti 19 % Vorsteuer**" aus dem vorherigen Beispiel (Seite 197 f.) wird wie folgt **abgeschlossen**:

Der **Abschluss** zeigt, dass **erhaltene Skonti** eine **Minderung der Anschaffungskosten** des Wareneingangs darstellen.

Wird die **Vorsteuer** – wie im vorangegangenen Beispiel – **sofort** bei der Buchung der Zahlung **berichtigt**, bezeichnet man das Buchungsverfahren als **Nettoverfahren**.

Werden alle Skonti **zunächst brutto** (d.h. einschließlich der Umsatzsteuer) gebucht und die Berichtigung erst später vorgenommen, bezeichnet man das Verfahren als **Bruttoverfahren**.

BEISPIEL

Sachverhalt wie im Beispiel zuvor (Seite 197 f.)

2) Buchungssatz bei der Zahlung nach dem **Bruttoverfahren**:

Sollkonto	Betrag (€)	Habenkonto
3300 (1600) Verbindlichkeiten aLuL	11.900,00	
	11.543,00	1800 (1200) Bank
	357,00	5736 (3736) Erhaltene Skonti

4.4 Preisnachlässe und Preisabzüge

Buchung:

S	3300 (1600) Verbindlichkeiten aLuL	H		S	1800 (1200) Bank	H
2)	11.900,00	1) 11.900,00			2)	11.543,00

				S	5736 (3736) Erhaltene Skonti	H
					2)	357,00

Die **Berichtigung der Vorsteuer** erfolgt beim **Bruttoverfahren** für alle Skontibeträge eines bestimmten Zeitraums (meistens des USt-Voranmeldungszeitraums) in einer Summe.

BEISPIEL

Sachverhalt wie im Beispiel zuvor

3) Buchung der Vorsteuerberichtigung:

S	5736 (3736) Erhaltene Skonti	H		S	1406 (1576) Vorsteuer 19 %	H
3)	57,00	2) 357,00		1) 1.900,00	3)	57,00

Der **Saldo** des Kontos „**Erhaltene Skonti**" entspricht der Anschaffungskosten**minderung** von 300 €.

4.4.2.3 Erhaltene Boni

Erhaltene Boni (**Liefererboni**) stellen einkommensteuerlich – wie erhaltene Skonti – eine **Minderung der Anschaffungskosten** des Wareneingangs dar.

Zur besseren Übersicht und zur Abgrenzung gegenüber den Rücksendungen werden jedoch auch die Boni auf einem **eigenen Konto**

5760 (3760) Erhaltene Boni 19 % Vorsteuer

gebucht.

BEISPIEL

Der Lieferer aus dem Beispiel zuvor (Seite 197 f.) gewährt uns zum Ende des Jahres einen **Bonus** von 1.000 € + 190 € USt = 1.190 €.

Buchungssatz:

Sollkonto	Betrag (€)	Habenkonto
3300 (1600) Verbindlichkeiten aLuL	1.190,00	
	1.000,00	5760 (3760) Erhaltene Boni
	190,00	1406 (1576) Vorsteuer 19 %

Buchung:

S	3300 (1600) Verbindlichkeiten aLuL	H		S	5760 (3760) Erhaltene Boni	H
	1.190,00					1.000,00

				S	1406 (1576) Vorsteuer 19 %	H
						190,00

Das Konto „**Erhaltene Boni**" ist ein **Unterkonto** des **Kontos „Wareneingang"** und wird deshalb über dieses Konto abgeschlossen.

BEISPIEL

Das Konto „**5760** (3760) **Erhaltene Boni 19 % Vorsteuer**" aus dem Beispiel zuvor wird wie folgt **abgeschlossen**:

Der **Abschluss zeigt**, dass **erhaltene Boni** – wie erhaltene Skonti – eine **Minderung** der **Anschaffungskosten** des Wareneingangs darstellen.

Bei der Verwendung **automatischer Konten** wird unterstellt, dass der Berichtigungsschlüssel 4 eingeben wird. Der Berichtigungsschlüssel 4 bewirkt, dass die Umsatzsteuer bei den automatischen Konten nicht errechnet und gebucht wird.

ÜBUNG → 1. Wiederholungsfragen 9 bis 14 (Seite 205),
2. Aufgaben 1 und 2 (Seite 205 f.)

4.4.3 Buchen der Preisnachlässe und Preisabzüge auf der Verkaufsseite

Rabatte, **Skonti** und **Boni**, die der Buchführende seinen **Kunden gewährt**, werden auch als **Kundenrabatte**, **Kundenskonti** und **Kundenboni** bezeichnet.

4.4.3.1 Gewährte Rabatte

Gewährte Rabatte (Kundenrabatte), die schon in der Rechnung an den Kunden preismindernd berücksichtigt sind (Sofort-Rabatte), werden in der Regel – wie die Liefererrabatte – buchmäßig nicht erfasst.

Es wird der um die Rabatte verminderte Erlös gebucht.

BEISPIEL

Wir erteilen für eine Warenlieferung folgende Rechnung (Auszug):

	Listenpreis der Waren	10.000 €
-	**20 % Rabatt**	**- 2.000 €**
	Nettobetrag	8.000 €
+	19 % USt	1.520 €
	Bruttorechnungsbetrag	9.520 €

4.4 Preisnachlässe und Preisabzüge

Buchungssatz:

Sollkonto	Betrag (€)	Habenkonto
1200 (1400) Forderungen aLuL	9.520,00	
	8.000,00	**4200** (8200) Erlöse
	1.520,00	**3806** (1776) Umsatzsteuer 19 %

Buchung:

Auch auf der **Verkaufsseite** können die **Rabatte** gesondert auf einem **eigenen Konto**, dem Konto „**4790** (8790) Gewährte Rabatte 19 % USt", erfasst werden. Das Konto „**Gewährte Rabatte**" ist ein **Unterkonto des Erlöskontos**. Es wird zum Ende des Jahres **über** das **Erlöskonto abgeschlossen**.

4.4.3.2 Gewährte Skonti

Gewährte Skonti (**Kundenskonti**) **mindern** nachträglich die **Erlöse**.

Sie werden jedoch – entsprechend der buchmäßigen Behandlung der Lieferskonti – auf einem **eigenen Konto**,

4736 (8736) **Gewährte Skonti 19 % Umsatzsteuer**

erfasst.

> **BEISPIEL**
>
> Wir haben Waren für 20.000 € + 3.800 € USt = 23.800 € auf Ziel verkauft.
> Der Kunde zahlt vereinbarungsgemäß den Rechnungsbetrag durch Banküberweisung unter Abzug von **2 % Skonto**.
>
> | | | |
> |---|---|---:|
> | | Warenwert | 20.000 € |
> | + | 19 % USt | 3.800 € |
> | | Bruttorechnungsbetrag | 23.800 € |
> | – | **2 % Skonto** (2 % von 23.800 €) | – 476 € |
> | | Überweisungsbetrag | 23.324 € |
>
> Der bei der Zahlung abgezogene **Skontobetrag** (**476,00 €**) ist in den **Erlösanteil** (**400,00 €**) und den **USt-Anteil** (**76,00 €**) zu zerlegen. Die USt ist zu berichtigen.
>
> 2) Buchungssatz beim Zahlungseingang:
>
> | Tz. | Sollkonto | Betrag (€) | Habenkonto |
> |---|---|---:|---|
> | 2. | **1800** (1200) Bank | 23.324,00 | |
> | | **4736** (8736) **Gewährte Skonti** | 400,00 | |
> | | **3806** (1776) Umsatzsteuer 19 % | 76,00 | |
> | | | 23.800,00 | **1200** (1400) Forderungen aLuL |

4 Beschaffung und Absatz

Buchung:

S	1800 (1200) **Bank**	H		S	1200 (1400) **Forderungen aLuL**	H
2)	**23.324,00**			1)	23.800,00	**2)** **23.800,00**

S	4736 (8736) **Gewährte Skonti**	H		S	4200 (8200) **Erlöse**	H
2)	**400,00**					1) 20.000,00

S	3806 (1776) **Umsatzsteuer 19 %**	H
2)	**76,00**	1) 3.800,00

Die **Kundenskonti** können – wie die Lieferersksonti – nach dem **Nettoverfahren** (= sofortige USt-Berichtigung) **oder** nach dem **Bruttoverfahren** (= spätere USt-Berichtigung) gebucht werden.

Das Konto „**Gewährte Skonti**" wird über das Konto „**4200** (8200) **Erlöse**" abgeschlossen.

> **BEISPIEL**
>
> Das Konto „**4736** (8736) **Gewährte Skonti 19 % USt**" aus dem Beispiel zuvor wird wie folgt **abgeschlossen**:

Der **Abschluss zeigt**, dass **gewährte Skonti** die **Erlöse mindern**.

4.4.3.3 Gewährte Boni

Gewährte Boni (**Kundenboni**) **mindern** die **Erlöse**. Sie werden buchmäßig **wie Kundenskonti** behandelt.

Die Erlösminderungen werden zur besseren Übersicht und zur Abgrenzung gegenüber den Warenrücksendungen der Kunden auf einem **Unterkonto des Erlöskontos** erfasst.

Das Unterkonto

> **4760** (8760) **Gewährte Boni 19 % Umsatzsteuer**

wird am Ende des Jahres über das **Erlöskonto abgeschlossen**.

Bei der Verwendung **automatischer Konten** wird unterstellt, dass der Berichtigungsschlüssel 4 eingeben wird. Der Berichtigungsschlüssel 4 bewirkt, dass die Umsatzsteuer bei den automatischen Konten nicht errechnet und gebucht wird.

4.4 Preisnachlässe und Preisabzüge

BEISPIEL 1

Wir gewähren dem Kunden aus dem Beispiel zuvor (Seite 201 f.) zum Ende des Jahres einen **Bonus** von 500 € + 95 € USt = 595 €.

Buchungssatz:

Sollkonto	Betrag (€)	Habenkonto
4760 (8760) **Gewährte Boni**	500,00	
3806 (1776) **Umsatzsteuer 19 %**	95,00	
	595,00	1200 (1400) **Forderungen aLuL**

Buchung:

```
S    4760 (8760) Gewährte Boni    H        S   1200 (1400) Forderungen aLuL   H
                500,00                                                 595,00

S   3806 (1776) Umsatzsteuer 19 %  H
                 95,00
```

BEISPIEL 2

Das Konto „**4760** (8760) **Gewährte Boni 19 % USt**" aus dem Beispiel zuvor wird wie folgt **abgeschlossen**:

Der **Abschluss** zeigt, dass **gewährte Boni** – wie gewährte Skonti – die **Erlöse mindern**.

ÜBUNG →
1. Wiederholungsfragen 15 bis 19 (Seite 205),
2. Aufgaben 3 und 4 (Seite 206 f.)

4.4.4 Zusammenfassung und Erfolgskontrolle
4.4.4.1 Zusammenfassung

4.4 Preisnachlässe und Preisabzüge

4.4.4.2 Erfolgskontrolle

WIEDERHOLUNGSFRAGEN

1. Was sind Rabatte?
2. Was ist Skonto?
3. Was bezweckt der Lieferer mit der Skontogewährung?
4. Welche umsatzsteuerliche Auswirkung hat der Skontoabzug?
5. Welche einkommensteuerliche Wirkung hat der Skontoabzug?
6. Was versteht man unter Bonus?
7. Was bezweckt der Lieferer mit der Bonusgewährung?
8. Wie werden Boni steuerlich behandelt?
9. Wie werden Liefererrabatte buchmäßig behandelt?
10. Auf welchem Konto werden Liefererskonti gebucht?
11. Über welches Konto wird dieses Konto abgeschlossen?
12. Was versteht man bei der Skontibuchung
    a) unter Nettoverfahren und
    b) unter Bruttoverfahren?
13. Auf welchem Konto werden Liefererboni gebucht?
14. Über welches Konto wird dieses Konto abgeschlossen?
15. Wie werden Kundenrabatte buchmäßig behandelt?
16. Auf welchem Konto werden Kundenskonti gebucht?
17. Über welches Konto wird dieses Konto abgeschlossen?
18. Auf welchem Konto werden Kundenboni gebucht?
19. Über welches Konto wird dieses Konto abgeschlossen?

AUFGABEN

AUFGABE 1

Bilden Sie die Buchungssätze für die folgenden belegmäßig nachgewiesenen Geschäftsvorfälle:

		€
1.	Wir erhalten für eine Warenlieferung folgende Rechnung (Auszug): Listenpreis der Ware 1.200,00 € – 10 % Rabatt – 120,00 € 1.080,00 € + 19 % USt 205,20 €	1.285,20
2.	Wir begleichen diese Liefererrechnung über unter Abzug von 2 % Skonto durch Banküberweisung.	1.285,20
3.	Unser Lieferer sendet uns für das 1. Halbjahr eine Umsatzbonus-Gutschrift über netto 2.500,00 € + USt 475,00 €	2.975,00

AUFGABE 2

Bilden Sie die Buchungssätze für die folgenden belegmäßig nachgewiesenen Geschäftsvorfälle:

			€
1.	Wir kaufen Waren auf Ziel, netto	4.500,00 €	
	+ USt	855,00 €	5.355,00
2.	Barzahlung für Eingangsfracht hierauf, netto	100,00 €	
	+ USt	19,00 €	119,00
3.	Wir senden beschädigte Waren der obigen Sendung zurück. Der Lieferer erteilt uns eine Gutschrift über		
	netto	500,00 €	
	+ USt	95,00 €	595,00
4.	Wir begleichen den Rest der Rechnung zur Tz. 1 unter Abzug von 2 % Skonto durch Banküberweisung		?
5.	Wir verkaufen Waren auf Ziel, netto	4.700,00 €	
	+ USt	893,00 €	5.593,00
6.	Barzahlung für Ausgangsfracht hierauf, netto	200,00 €	
	+ USt	38,00 €	238,00
7.	Wir erteilen dem Kunden (Tz. 5) eine Gutschrift für eine Mängelrüge, netto	300,00 €	
	+ USt	57,00 €	357,00

AUFGABE 3

Bilden Sie die Buchungssätze für die folgenden belegmäßig nachgewiesenen Geschäftsvorfälle:

			€
1.	Kauf von Waren auf Ziel, netto	5.000,00 €	
	+ USt	950,00 €	5.950,00
2.	Lieferer gewährt uns einen Bonus, netto	300,00 €	
	+ USt	57,00 €	357,00
3.	Kauf von Waren auf Ziel, netto	4.000,00 €	
	− 10 % Rabatt	− 400,00 €	
		3.600,00 €	
	+ USt	684,00 €	4.284,00
4.	Banküberweisung an Lieferer für Rechnung (Tz. 3) abzüglich 3 % Skonto	4.284,00 € − 128,52 €	4.155,48
5.	Warenverkauf auf Ziel, netto	8.000,00 €	
	+ USt	1.520,00 €	9.520,00
6.	Wir gewähren einem Kunden einen Bonus, netto	600,00 €	
	+ USt	114,00 €	714,00

4.4 Preisnachlässe und Preisabzüge

		€
7. Warenverkauf auf Ziel, netto	10.000,00 €	
– Rabatt	– 2.000,00 €	
	8.000,00 €	
+ USt	1.520,00 €	9.520,00
8. Banküberweisung vom Kunden für Rechnung (Tz. 7)	9.520,00 €	
abzüglich 2 % Skonto	– 190,40 €	9.329,60
9. Gutschrift der Bank über für Ausgangsrechnung über 7.735 € (einschl. 19 % USt) abzüglich 2 % Skonto		7.580,30
10. Lastschrift der Bank über für Eingangsrechnung über 8.687 € (einschl. 19 % USt) abzüglich 3 % Skonto		8.426,39

AUFGABE 4

Kontieren Sie EDV-gemäß die folgenden belegmäßig nachgewiesenen Geschäftsvorfälle. Verwenden Sie – soweit möglich – automatische Konten.

		€
1.	Der Kunde Dahlhoff (Debitoren-Nr. 10112) zahlt vereinbarungsgemäß den Rechnungsbetrag über 10.000 € + 1.900 € USt = 11.900 € abzüglich 2 % Skonto = 238 € durch Postbanküberweisung.	11.662,00
2.	Banküberweisung an Lieferer Liesenfeld (Kreditoren-Nr. 70017) für Rechnung über 3.600 € + 684 € USt = 4.284,00 € abzüglich 3 % Skonto = 128,52 €	4.155,48
3.	Der Lieferer Bach (Kreditoren-Nr. 70103) gewährt uns in Form einer Gutschrift einen Bonus von 1.000 € + 190 € USt =	1.190,00
4.	Wir gewähren dem Kunden Caesar (Debitoren-Nr. 10107) in Form einer Gutschrift einen Bonus von 500 € + 95 € USt =	595,00

Zusammenfassende Erfolgskontrolle

Der Unternehmer Eduard Jäger, Bonn, hat am 01.01.2019 durch Inventur folgende Anfangsbestände ermittelt:

Anfangsbestände	€
0640 (0430) Ladeneinrichtung	35.000,00
1140 (3980) Bestand Waren	130.000,00
1200 (1400) Forderungen aLuL	25.000,00
1406 (1576) Vorsteuer 19 %	0,00
1800 (1200) Bankguthaben	9.000,00
1600 (1000) Kasse	1.000,00
3300 (1600) Verbindlichkeiten aLuL	10.000,00
3806 (1776) Umsatzsteuer 19 %	10.000,00
2000 (0800) Eigenkapital	180.000,00

Geschäftsvorfälle des Jahres 2019		€
1. Kauf von Waren auf Ziel, netto + USt	5.000,00 € 950,00 €	5.950,00
2. Banküberweisung an Lieferer für Rechnung (Tz. 1) abzüglich 2 % Skonto	5.950,00 € − 119,00 €	5.831,00
3. Kauf von Waren auf Ziel, netto − Rabatt + USt	2.000,00 € − 200,00 € 1.800,00 € 342,00 €	2.142,00
4. Verkauf von Waren auf Ziel, netto − Rabatt + USt	20.000,00 € − 4.000,00 € 16.000,00 € 3.040,00 €	19.040,00
5. Banküberweisung vom Kunden für Rechnung über abzüglich 2 % Skonto	11.900,00 € 238,00 €	11.662,00
6. Banküberweisung der Umsatzsteuerschuld (Zahllast)		10.000,00
7. Ein Lieferer gewährt Jäger einen Bonus, netto + USt	500,00 € 95,00 €	595,00
8. Jäger gewährt einem Kunden einen Bonus, netto + USt	300,00 € 57,00 €	357,00

Abschlussangaben	€
9. Warenendbestand lt. Inventur	135.000,00
10. Abschreibung auf Ladeneinrichtung	5.000,00

Aufgaben
1. Bilden Sie die Buchungssätze der Geschäftsvorfälle 2019. Konten für Rabatte werden nicht geführt.
2. Tragen Sie die Anfangsbestände auf T-Konten vor.
3. Buchen Sie die Geschäftsvorfälle.
4. Schließen Sie die Konten ab.

4.5 Handelskalkulation

Kalkulation heißt Preise berechnen. **Handelskalkulation** ist die Preisberechnung der Handelsbetriebe.
Die Unternehmensleitung der Handelsbetriebe will vor allem wissen, zu welchem **Einkaufspreis** (Bezugspreis) die Ware bezogen wird und zu welchem **Verkaufspreis** die Ware abgesetzt werden kann.
Der Betriebskreislauf eines Handelsbetriebes lässt erkennen, dass die Handelskalkulation von der **Einkaufsrechnung** ausgeht und zur **Verkaufsrechnung** führt:

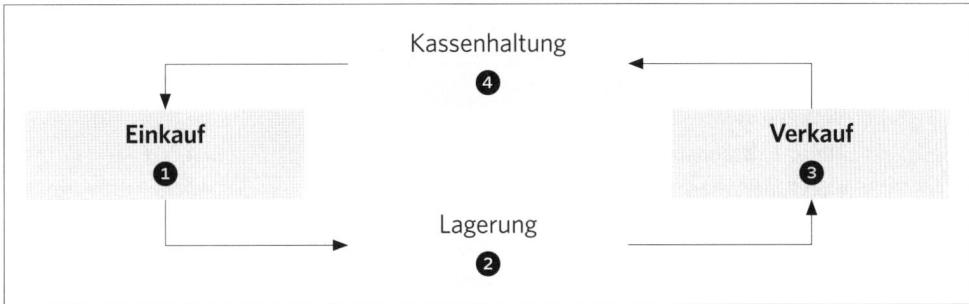

4.5.1 Kalkulationsschema

Auf der Grundlage der auf den einzelnen Stufen ermittelten **Kosten** lassen sich die **Angebotspreise** kalkulieren.
Handelswaren verursachen Kosten im **Beschaffungsbereich**, **Verwaltungsbereich** und **Vertriebsbereich** (**nicht** aber – wie im Industriebetrieb – auch im **Fertigungsbereich**).

<u>Handlungskosten</u> sind Kosten, die neben den Bezugskosten anfallen, wie z.B. Personalkosten, Miete, Abschreibungen usw.

Die **Umsatzsteuer** wird bei der Preisberechnung grundsätzlich **nicht** berücksichtigt, d.h., alle Preise sind **Nettopreise**.

	Netto-Listeneinkaufspreis	€
–	Lieferrabatt (erhaltener Rabatt)	%
=	**Netto-Zieleinkaufspreis**	
–	Lieferskonto (erhaltener Skonto)	%
=	**Netto-Bareinkaufspreis**	
+	Bezugskosten (z.B. Fracht, Rollgeld, Transportversicherung) absolut bzw.	%
=	**Netto-Einstandspreis (Bezugspreis)**	
+	Handlungskosten (Geschäftskosten)	%
=	**Selbstkosten**	
+	Gewinn	%
=	**Netto-Barverkaufspreis**	
+	Kundenskonto (gewährter Skonto)	i.H.
=	**Netto-Zielverkaufspreis**	
+	Kundenrabatt (gewährter Rabatt)	i.H.
=	**Netto-Listenverkaufspreis**	€

4 Beschaffung und Absatz

BEISPIEL

Die J & L GmbH kauft einen Tisch zum Netto-Listenpreis von 480 € ein.

Sie erhält vom Lieferer 25 % Rabatt und 3 % Skonto. J & L kalkulieren mit 34,80 € Bezugskosten, 16 ⅔ % Handlungskosten, 5 % Gewinn, 2 % Kundenskonto und 20 % Kundenrabatt.

Der Netto-Listen**verkaufspreis** des Tischs wird wie folgt berechnet:

	Netto-Listeneinkaufspreis	480,00 €
−	Liefererrabatt (25 % von 480 €)	120,00 €
=	**Netto-Zieleinkaufspreis**	360,00 €
−	Liefererskonto (3 % von 360 €)	10,80 €
=	**Netto-Bareinkaufspreis**	349,20 €
+	Bezugskosten	34,80 €
=	**Netto-Einstandspreis (Bezugspreis)**	384,00 €
+	Handlungskosten (16⅔ % von 384 €)	64,00 €
=	**Selbstkosten**	448,00 €
+	Gewinn (5 % von 448 €)	22,40 €
=	**Netto-Barverkaufspreis**	470,40 €
+	Kundenskonto (2 % von 480 €)	9,60 €
=	**Netto-Zielverkaufspreis**	480,00 €
+	Kundenrabatt (20 % von 600 €)	120,00 €
=	**Netto-Listenverkaufspreis**	**600,00 €**

In der Praxis der Handelsbetriebe werden häufig **vereinfachte** Kalkulationsverfahren angewandt. Diese Verfahren sind sinnvoll, wenn die Bedingungen über längere Zeit **konstant** bleiben.

4.5.2 Kalkulationszuschlag

Aus Vereinfachungsgründen werden vielfach die **einzelnen** Prozentsätze zwischen dem Netto-Einstandspreis (Bezugspreis) und dem Netto-Listenverkaufspreis zu **einem** Prozentsatz zusammengefasst.

Der Unterschied zwischen dem Verkaufspreis und dem Bezugspreis, ausgedrückt in Prozenten des **Bezugspreises**, wird als **Kalkulationszuschlag** bezeichnet:

	Netto-Einstandspreis (Bezugspreis)
+	Handlungskosten
=	**Selbstkosten**
+	Gewinn
=	**Netto-Barverkaufspreis**
+	Kundenskonto
=	**Netto-Zielverkaufspreis**
+	Kundenrabatt
=	**Netto-Listenverkaufspreis**

4.5 Handelskalkulation

BEISPIEL

Sachverhalt wie im Beispiel zuvor (Seite 210). Der **Kalkulationszuschlag** und der Netto-Listenverkaufspreis werden wie folgt berechnet:

Bezugspreis		=	384 € (100 %)
Unterschiedsbetrag zwischen Listenverkaufspreis und Bezugspreis (600 € – 384 €)		=	216 € (x %)
Kalkulationszuschlag	x	=	$\frac{216\,€ \times 100\,\%}{384\,€}$
Kalkulationszuschlag	x	=	**56,25 %**

Kalkulationsvereinfachung:

	Bezugspreis (100 %)	384 €
+	**Kalkulationszuschlag** (**56,25 %** von 384 €)	216 €
=	Listenverkaufspreis (156,25 %)	**600 €**

4.5.3 Kalkulationsfaktor

An Stelle des Kalkulations**zuschlags** kann der Händler auch mit dem Kalkulations**faktor** rechnen.

Der **Kalkulationsfaktor** ist die Zahl, mit der man den Bezugspreis multiplizieren muss, um den Verkaufspreis zu erhalten.

> Bezugspreis x Kalkulationsfaktor = Listenverkaufspreis

BEISPIEL

Sachverhalt wie im Beispiel zuvor. Der **Kalkulationsfaktor** beträgt bei einem Kalkulations**zuschlag** von **56,25 %** = **1,5625**.

Kalkulationsvereinfachung:

> 384 € x 1,5625 = **600 €**

ÜBUNG →
1. Wiederholungsfragen 1 bis 3 (Seite 213),
2. Aufgaben 1 bis 4 (Seite 213)

4.5.4 Handelsspanne

In vielen Wirtschaftsbereichen wird der **Verkaufspreis** empfohlen. In diesem Falle wird der Händler eine **Rückwärtskalkulation** (retrograde Kalkulation) durchführen, um den **Bezugspreis** zu erhalten.

Der Unterschied zwischen dem Verkaufspreis und dem Bezugspreis, ausgedrückt in Prozenten des **Verkaufspreises**, wird als **Handelsspanne** bezeichnet:

	Bezugspreis
+	Handlungskosten
=	**Selbstkosten**
+	Gewinn
=	**Barverkaufspreis**
+	Kundenskonto
=	**Zielverkaufspreis**
+	Kundenrabatt
=	**Listenverkaufspreis**

BEISPIEL

Sachverhalt wie im Beispiel zuvor (Seite 211). Die Handelsspanne und der Bezugspreis werden wie folgt berechnet:

Listenverkaufspreis		=	600 € (100 %)
Unterschiedsbetrag zwischen Listenverkaufspreis und Bezugspreis (600 € – 384 €)		=	216 € (x %)
Handelsspanne	x	=	$\dfrac{216 \, € \times 100\,\%}{600\,€}$
Handelsspanne	x	=	**36 %**

Kalkulationsvereinfachung:

	Listenverkaufspreis (100 %)	600 €
–	**Handelsspanne (36 %** von 600 €)	– 216 €
=	Bezugspreis (64 %)	**384 €**

ÜBUNG → 1. Wiederholungsfrage 4 (Seite 213),
2. Aufgabe 5 und 6 (Seite 213 f.)

4.5.5 Erfolgskontrolle

WIEDERHOLUNGSFRAGEN

1. Wie wird der Netto-Listenverkaufspreis eines Handelsbetriebs ermittelt? (Nennen Sie das Kalkulationsschema.)
2. Wie wird der Kalkulationszuschlag ermittelt?
3. Was versteht man unter dem Kalkulationsfaktor?
4. Wie wird die Handelsspanne ermittelt?

AUFGABEN

AUFGABE 1

1. Ermitteln Sie den Bezugspreis, wenn Ihnen folgende Zahlen zur Verfügung stehen: Selbstkosten 399 € und Handlungskosten 45 %.
2. Ermitteln Sie die Selbstkosten, wenn Ihnen folgende Zahlen zur Verfügung stehen: Bezugspreis 120 € und Handlungskosten 35 %.
3. Ermitteln Sie den Netto-Zielverkaufspreis, wenn der Netto-Barverkaufspreis 544 € beträgt und 2 % Kundenskonto gewährt werden.
4. Ermitteln Sie den Netto-Zieleinkaufspreis bei einem Netto-Listeneinkaufspreis von 1.120 € und einem Lieferrabatt von 5 %.
5. Ermitteln Sie die Selbstkosten bei einem Netto-Barverkaufspreis von 845 € und einem Gewinn von 18 %.

AUFGABE 2

Zu welchem Netto-Listenverkaufspreis kann ein Artikel angeboten werden, der mit 10 % Kundenrabatt, 2 % Kundenskonto und 20 % Gewinn verkauft werden soll und dessen Selbstkosten 270 € betragen?

AUFGABE 3

Für einen Warenposten stehen dem Baustoffgroßhändler Bieser folgende Zahlen zur Verfügung:

Netto-Zieleinkaufspreis	600 €
Netto-Einstandspreis (Bezugspreis)	650 €
Selbstkosten	800 €
Netto-Barverkaufspreis	1.000 €
Netto-Listenverkaufspreis	1.300 €

1. Wie hoch ist der Kalkulationszuschlag?
2. Wie hoch ist der Kalkulationsfaktor?

AUFGABE 4

Zu welchem Netto-Listenverkaufspreis kann ein Artikel angeboten werden, der mit 25 % Kundenrabatt und 2 % Kundenskonto verkauft werden soll und dessen Netto-Barverkaufspreis 447,65 € beträgt?

AUFGABE 5

Wie hoch ist die Handelsspanne der Aufgabe 3 (s.o.)?

4 Beschaffung und Absatz

AUFGABE 6

Die J & L Möbelfabrik GmbH, Koblenz, kauft im Rahmen ihres Handelsbetriebs Rokoko-Stühle ein, die ohne Be- und Verarbeitung weiterverkauft werden sollen. Die J & L GmbH erhält folgende Eingangsrechnung (ER):

FR. MEERBOTHE GMBH
FR. Meerbothe GmbH, Mariahilfsstraße 20, 56070 Koblenz-Lützel

J & L Möbelfabrik GmbH
Kammertsweg 64

56070 Koblenz

Bankverbindung:
Koblenzer Volksbank eG
Konto 2734566
BLZ 570 603 54
Steuernummer 22 220 1042 4
Lieferdatum 03.07.2019

Rechnung   Nr. 970711   Datum 08.07.2019   W/S

Anzahl	Gegenstand	Listenpreis	Rabatt	Gesamtpreis
25	Rokoko-Stühle	875 €	10 %	19.687,50 €
	Transportversicherung 1 %			196,88 €
	Fracht			906,13 €
				20.790,51 €
	19 % USt			3.950,20 €
	Rechnungsbetrag			**24.740,71 €**

Zahlbar innerhalb 10 Tagen abzüglich 2 % Skonto vom Warenwert oder 30 Tage netto.

Ermitteln Sie anhand der obigen Eingangsrechnung der Firma Meerbothe
1. den Zieleinkaufspreis je Stuhl,
2. den Bareinkaufspreis je Stuhl,
3. den Bezugspreis je Stuhl,
4. die Handelsspanne, wenn die J & L GmbH einen Stuhl zum Netto-Listenpreis von 1.175 € anbietet (zwei Dezimalstellen).

4.6 Besonderheiten der Industriebuchführung

Industriebetriebe stellen **Erzeugnisse** her mit dem Ziel, diese mit einem möglichst hohen Gewinn abzusetzen. Dabei entstehen auf den einzelnen Stufen des Betriebskreislaufs Kosten.

Unter **Kosten** versteht man den bewerteten Verbrauch von Wirtschaftsgütern zum Zwecke des Absatzes der betrieblichen Erzeugnisse. Neben dem Verbrauch von Wirtschaftsgütern zählen **auch Betriebssteuern** zu den Kosten.

Ein **Zweck** der Buchführung eines Industriebetriebs ist es, die **Kosten zu erfassen**. Nach ihrer Erfassung und Zurechenbarkeit **zum** einzelnen Erzeugnis unterscheidet man Einzelkosten und Gemeinkosten.

Einzelkosten sind Kosten, die jedem Erzeugnis **unmittelbar** zugerechnet werden können. Dazu gehören die Rohstoffkosten (z.B. Kosten für den Verbrauch von Holz, Stahl, Glas, Textilien).

Gemeinkosten sind Kosten, die den Erzeugnissen nur **mittelbar** mithilfe von Zuschlagssätzen zugerechnet werden können. Dazu gehören die Hilfsstoffkosten (z.B. Kosten für den Verbrauch von Nägeln, Schrauben, Farben) und die Betriebsstoffkosten (z.B. Kosten für den Verbrauch von Brennstoffen, Treibstoffen).

Bei Industriebetrieben kommt den **Herstellungskosten** besondere Bedeutung zu. Ein wesentlicher Bestandteil der Herstellungskosten sind die **Materialkosten**, die ebenfalls in Material**einzel**- und Material**gemein**kosten unterteilt werden.

Weiterhin unterscheidet man innerhalb der Materialkosten zwischen Kosten für **Roh-**, **Hilfs-** und **Betriebsstoffe**. **Rohstoffe** sind Hauptbestandteile und **Hilfsstoffe** Nebenbestandteile, die stofflich in das Fertigerzeugnis eingehen. **Betriebsstoffe** gehen dagegen stofflich nicht in das Fertigerzeugnis ein. Sie sind jedoch zur Herstellung der Erzeugnisse erforderlich (z.B. Strom).

4.6.1 Kauf von Roh-, Hilfs- und Betriebsstoffen

Der **Kauf von Roh-, Hilfs- und Betriebsstoffen** wird – **wie der Kauf von Waren** (siehe Seite 95 f.) – **auf Aufwandskonten erfasst**, weil unterstellt wird, dass die eingekauften Stoffe sofort bei der Produktion verbraucht werden.

Die DATEV-Kontenrahmen sehen hierfür folgende Konten vor:

        5010 (3001) **Aufwendungen für Rohstoffe,**
        5020 (3002) **Aufwendungen für Hilfsstoffe,**
        5030 (3003) **Aufwendungen für Betriebsstoffe.**

BEISPIEL

Die J & L Möbelfabrik GmbH kauft folgende Stoffe ein:

1. Rohstoffe auf Ziel, netto   5.100,00 €
   + USt   969,00 €   6.069,00 €
2. Hilfsstoffe auf Ziel, netto   1.600,00 €
   + USt   304,00 €   1.904,00 €
3. Betriebsstoffe auf Ziel, netto   1.250,00 €
   + USt   237,50 €   1.487,50 €
4. Die J & L GmbH sendet beschädigte Rohstoffe zurück, netto   300,00 €
   + USt   57,00 €   357,00 €
5. Für mangelhaft gelieferte Betriebsstoffe erhält die J & L
   GmbH eine Gutschrift, netto   150,00 €
   + USt   28,50 €   178,50 €

Buchungssätze:

Tz.	Sollkonto	Betrag (€)	Habenkonto
1.	**5010** (3001) Aufw. für Rohstoffe **1406** (1576) Vorsteuer 19 %	5.100,00 969,00 6.069,00	**3300** (1600) Verbindlichk. aLuL
2.	**5020** (3002) Aufw. für Hilfsstoffe **1406** (1576) Vorsteuer 19 %	1.600,00 304,00 1.904,00	**3300** (1600) Verbindlichk. aLuL
3.	**5030** (3003) Aufw. f. Betriebsstoffe **1406** (1576) Vorsteuer 19 %	1.250,00 237,50 1.487,50	**3300** (1600) Verbindlichk. aLuL
4.	**3300** (1600) Verbindlichk. aLuL	357,00 300,00 57,00	**5010** (3001) Aufw. für Rohstoffe **1406** (1576) Vorsteuer 19 %
5.	**3300** (1600) Verbindlichk. aLuL	178,50 150,00 28,50	**5030** (3003) Aufw. f. Betriebsstoffe **1406** (1576) Vorsteuer 19 %

Buchungen:

S	**5010** (3001) **Aufw. für Rohstoffe**	H
1) 5.100,00	4)	300,00

S	**1406** (1576) **Vorsteuer 19 %**	H
1) 969,00	4)	57,00
2) 304,00	5)	28,50
3) 237,50		

S	**5020** (3002) **Aufw. für Hilfsstoffe**	H
2) 1.600,00		

S	**3300** (1600) **Verbindlichkeiten aLuL**	H
4) 357,00	1)	6.069,00
5) 178,50	2)	1.904,00
	3)	1.487,50

S	**5030** (3003) **Aufw. für Betriebsstoffe**	H
3) 1.250,00	5)	150,00

4.6 Besonderheiten der Industriebuchführung

Fallen beim **Eingang** von Roh-, Hilfs- und Betriebsstoffen **Anschaffungsnebenkosten (ANK)** an, so können diese zur besseren Übersicht auf entsprechende Bezugsnebenkosten-Konten gebucht werden:

> **5801** (3801) **Bezugsnebenkosten Rohstoffe,**
> **5802** (3802) **Bezugsnebenkosten Hilfsstoffe,**
> **5803** (3803) **Bezugsnebenkosten Betriebsstoffe.**

BEISPIEL

Beim Eingang von Roh-, Hilfs- und Betriebsstoffen sind folgende **Anschaffungsnebenkosten** angefallen:

1. Bahnfracht für Rohstoffe, netto   100 €
   + USt   19 €   119 €
   Der Betrag wurde nicht sofort gezahlt.
2. Postgebühren für Hilfsstoffe, bar   50 €
3. Transportkosten für Betriebsstoffe durch Banküberweisung, netto   200 €
   + USt   38 €   238 €

Buchungssätze:

Tz.	Sollkonto	Betrag (€)	Habenkonto
1.	**5801** (3801) BNK Rohstoffe	100,00	
	1406 (1576) Vorsteuer 19 %	19,00	
		119,00	**3300** (1600) Verbindlichk. aLuL
2.	**5802** (3802) BNK Hilfsstoffe	50,00	**1600** (1000) Kasse
3.	**5803** (3803) BNK Betriebsstoffe	200,00	
	1406 (1576) Vorsteuer 19 %	38,00	
		238,00	**1800** (1200) Bank

Buchungen:

S	**5801** (3801) **BNK Rohstoffe**	H		S	**1600** (1000) **Kasse**	H
1)	100,00				2)	50,00

S	**5802** (3802) **BNK Hilfsstoffe**	H		S	**1800** (1200) **Bank**	H
2)	50,00				3)	238,00

S	**5803** (3803) **BNK Betriebsstoffe**	H		S	**3300** (1600) **Verbindlichkeiten aLuL**	H
3)	200,00				1)	119,00

S	**1406** (1576) **Vorsteuer 19 %**	H
1)	19,00	
3)	38,00	

Die **Bezugsnebenkosten-Konten** werden **über** die entsprechenden **Aufwandskonten 5010** (3001), **5020** (3002) und **5030** (3003) abgeschlossen.

ÜBUNG →   1. Wiederholungsfragen 1 und 2 (Seite 221),
2. Aufgaben 1 und 2 (Seite 221 f.)

4.6.2 Bestand Stoffe und Bestandsveränderungen der Stoffe

In den meisten Industriebetrieben wird die **eingekaufte** Menge an Roh-, Hilfs- und Betriebsstoffen in einem Rechnungszeitraum **nicht** mit der **verbrauchten** Stoffmenge im gleichen Zeitraum **übereinstimmen**.

Diese **Bestandsveränderungen** der Stoffe müssen am **Ende** des Geschäftsjahres berücksichtigt werden.

Zu **Beginn** des Geschäftsjahres werden **im Soll** auf den folgenden **Bestandskonten** die **Anfangsbestände vorgetragen**:

> **1010** (3971) **Bestand Rohstoffe,**
> **1020** (3972) **Bestand Hilfsstoffe,**
> **1030** (3973) **Bestand Betriebsstoffe.**

Zum **Ende** des Geschäftsjahres werden **im Haben** der Bestandskonten die durch Inventur ermittelten **Schlussbestände gebucht**.
Die **Gegenbuchung** erfolgt auf dem **Schlussbilanzkonto**.
Die **Bestandsveränderungen** (Bestands**mehrungen** bzw. Bestands**minderungen**) der Stoffe werden über die folgenden Konten gebucht:

> **5881** (3961) **Bestandsveränderungen Rohstoffe,**
> **5882** (3962) **Bestandsveränderungen Hilfsstoffe,**
> **5883** (3963) **Bestandsveränderungen Betriebsstoffe.**

BEISPIEL

Die J & L Möbelfabrik GmbH hat folgende **Stoffbestände** ermittelt:

Anfangsbestände zum 01.01.2019:

Rohstoffe	70.180 €
Hilfsstoffe	22.360 €
Betriebsstoffe	16.150 €

Endbestände zum 31.12.2019:

Rohstoffe	58.610 €
Hilfsstoffe	32.750 €
Betriebsstoffe	13.910 €

Die Buchungen zum 31.12.2019 werden wie folgt vorgenommen:

Buchungssätze der **Schlussbestände** und **Bestandsveränderungen**:

Tz.	Sollkonto	Betrag (€)	Habenkonto
	9998 (9998) SBK	58.610,00	**1010** (3971) Bestand Rohstoffe
	9998 (9998) SBK	32.750,00	**1020** (3972) Bestand Hilfsstoffe
	9998 (9998) SBK	13.910,00	**1030** (3973) Bestand Betriebsstoffe
1.	**5881** (3961) BV Rohstoffe	11.570,00	**1010** (3971) Bestand Rohstoffe
2.	**1020** (3972) Bestand Hilfsstoffe	10.390,00	**5882** (3962) BV Hilfsstoffe
3.	**5883** (3963) BV Betriebsstoffe	2.240,00	**1030** (3973) Bestand Betriebsstoffe

4.6 Besonderheiten der Industriebuchführung

Buchungen:

S	1010 (3971) Bestand Rohstoffe		H		S	5881 (3961) BV Rohstoffe		H
AB	70.180,00	SBK	58.610,00		1)	11.570,00		
		1)	11.570,00					
	70.180,00		70.180,00					

S	1020 (3972) Bestand Hilfsstoffe		H		S	5882 (3962) BV Hilfsstoffe		H
AB	22.360,00	SBK	32.750,00				2)	10.390,00
2)	10.390,00							
	32.750,00		32.750,00					

S	1030 (3973) Bestand Betriebsstoffe		H		S	5883 (3963) BV Betriebsstoffe		H
AB	16.150,00	SBK	13.910,00		3)	2.240,00		
		3)	2.240,00					
	16.150,00		16.150,00					

S		9998 (9998) SBK		H
Bestand Rohstoffe		58.610,00		
Bestand Hilfsstoffe		32.750,00		
Bestand Betriebsstoffe		13.910,00		

Die **Bestandsveränderungskonten** für **Roh-, Hilfs- und Betriebsstoffe** werden **über** die Aufwandskonten **5010** (3001) Aufwendungen für Rohstoffe, **5020** (3002) Aufwendungen für Hilfsstoffe und **5030** (3003) Aufwendungen für Betriebsstoffe **abgeschlossen**.

  1. Wiederholungsfragen 3 und 4 (Seite 221),
2. Aufgabe 3 (Seite 223)

4.6.3 Bestandsveränderungen der unfertigen und fertigen Erzeugnisse

Am Bilanzstichtag sind in der Regel nicht alle **Erzeugnisse** eines Industriebetriebes **fertiggestellt** und nicht alle fertiggestellten Erzeugnisse **abgesetzt**.

Der **Bestand** an unfertigen und fertigen Erzeugnissen wird zum Bilanzstichtag durch **Inventur** ermittelt.

Die unfertigen und fertigen **Erzeugnisse** werden mit den bis zum Bilanzstichtag angefallenen **Herstellungskosten** bewertet.

Einzelheiten zu den **Herstellungskosten** erfolgen im Abschnitt 5.2.1.1.2 der **Buchführung 2**, 30. Auflage, Seiten 76 ff.

Die **Bestände** an **unfertigen und fertigen Erzeugnissen** werden auf eigens dafür eingerichteten Konten aktiviert. Die DATEV-Kontenrahmen **SKR 04** und SKR 03 sehen hierfür folgende Konten vor:

1050 (7050) **Bestand unfertige Erzeugnisse,**
1100 (7110) **Bestand fertige Erzeugnisse.**

4 Beschaffung und Absatz

Auf diesen Konten werden jeweils **nur** der **Anfangsbestand**, der **Schlussbestand** und die **Bestandsveränderungen** zwischen Anfangs- und Schlussbestand erfasst.

BEISPIEL

Die J & L Möbelfabrik GmbH hat durch Inventur die folgenden **Bestände** ermittelt:

	Unfertige Erzeugnisse	Fertige Erzeugnisse
01.01.2019 (Anfangsbestände)	35.670 €	80.280 €
31.12.2019 (Schlussbestände)	28.450 €	100.150 €

S	1050 (7050) Bestand unfertige Erzeugnisse (2019)		H
SV	**35.670,00**	SBK	**28.450,00**
		Bestandsveränderung	7.220,00
	35.670,00		35.670,00

S	1100 (7110) Bestand fertige Erzeugnisse (2019)		H
SV	**80.280,00**	SBK	**100.150,00**
Bestandsveränderung	19.870,00		
	100.150,00		100.150,00

Die **Anfangsbestände** werden auf dem Konto „**9000 Saldenvorträge**" gegengebucht.
Die **Gegenbuchung** der **Schlussbestände** erfolgt auf dem **SBK**.
Die **Bestandsveränderungen** werden auf den Konten

> **4810** (8960) **Bestandsveränderungen unfertige Erzeugnisse** bzw.
> **4800** (8980) **Bestandsveränderungen fertige Erzeugnisse**

gegengebucht.

BEISPIEL

Sachverhalt wie zuvor. Die Konten **4810** (8960) und **4800** (8980) zeigen nach den Buchungen der Bestandsveränderungen folgendes Bild:

S	4810 (8960) Bestandsveränderungen unfertige Erzeugnisse		H
unfertige Erzeugnisse	**7.220,00**		

S	4800 (8980) Bestandsveränderungen fertige Erzeugnisse		H
		fertige Erzeugnisse	**19.870,00**

Die Konten „**Bestandsveränderungen**" sind – wie sich aus den Konten-Nrn. ergibt – **Erfolgskonten**. Sie werden über das **GuVK** abgeschlossen.

In einer nach dem **Gesamtkostenverfahren** gegliederten GuVR werden die Bestandsveränderungen unter **Posten 2** „Erhöhung oder Verminderung des Bestands an **fertigen und unfertigen Erzeugnissen**" ausgewiesen.

Bei einer **betriebswirtschaftlichen** Auswertung dieser GuVR ist hinsichtlich des Postens „Bestandsveränderungen" Folgendes zu beachten:

4.6 Besonderheiten der Industriebuchführung

In der GuVR werden unter den Aufwendungen die **gesamten Kosten** der im Geschäftsjahr **hergestellten** Erzeugnisse artenmäßig ausgewiesen, gleichgültig, ob diese Erzeugnisse in diesem Geschäftsjahr auch abgesetzt wurden oder nicht.

Auf der anderen Seite werden unter den **Umsatzerlösen** die Erlöse aller Erzeugnisse ausgewiesen, die in diesem Geschäftsjahr **abgesetzt** wurden, gleichgültig, ob sie in dem betreffenden oder einem früheren Jahr hergestellt wurden.

Will man die **Gesamtaufwendungen** der im betreffenden Geschäftsjahr **umgesetzten Erzeugnisse** ermitteln, dann ist der **Posten 2** mit den **Aufwendungen zusammenzufassen**.

Will man hingegen die **Gesamtleistung** ermitteln, die den Gesamtaufwendungen der **hergestellten Erzeugnisse** entspricht, dann ist der **Posten 2** mit den **übrigen Leistungen zusammenzufassen**.

> **ÜBUNG →**
> 1. Wiederholungsfragen 5 und 6 (Seite 221),
> 2. Aufgaben 4 bis 6 (Seite 223)

4.6.4 Erfolgskontrolle

WIEDERHOLUNGSFRAGEN

1. Wie wird der Kauf von Roh-, Hilfs- und Betriebsstoffen buchmäßig erfasst?
2. Welche Bezugsnebenkosten-Konten werden beim Eingang von Roh-, Hilfs- und Betriebsstoffen üblicherweise geführt?
3. Was wird auf den Bestandskonten Stoffe gebucht?
4. Wie werden die Bestandsveränderungen der Stoffe buchmäßig behandelt?
5. Wie werden die Bestände an fertigen und unfertigen Erzeugnissen zum Bilanzstichtag ermittelt?
6. Mit welchem Wert werden die fertigen und unfertigen Erzeugnisse bilanziert?

AUFGABEN

AUFGABE 1

Bilden Sie die Buchungssätze für folgende Geschäftsvorfälle:

			€
1.	Kauf von Rohstoffen auf Ziel, netto	12.000,00 €	
	+ USt	2.280,00 €	14.280,00
2.	Rücksendung beschädigter Rohstoffe, netto	1.000,00 €	
	+ USt	190,00 €	1.190,00
3.	Barzahlung von Fracht für Rohstoffe, netto	250,00 €	
	+ USt	47,50 €	297,50
4.	Banküberweisung für auf Ziel gekaufte Rohstoffe		
	Rechnungsbetrag	13.090,00 €	
	− 2 % Skonto	− 261,80 €	12.828,20
5.	Kauf von Hilfsstoffen durch Banküberweisung, netto	700,00 €	
	+ USt	133,00 €	833,00
6.	Transportkosten für Hilfsstoffe bar, netto	60,00 €	
	+ USt	11,40 €	71,40
7.	Kauf von Betriebsstoffen auf Ziel, netto	5.500,00 €	
	+ USt	1.045,00 €	6.545,00

4 Beschaffung und Absatz

		€
8. Gutschrift für mangelhaft gelieferte Betriebsstoffe, netto	150,00 €	
+ USt	28,50 €	178,50
9. Postbanküberweisung für auf Ziel gekaufte Betriebsstoffe, nach Abzug von 3 % Skonto		6.233,22
10. Transportkosten für Betriebsstoffe bar, netto	120,00 €	
+ USt	22,80 €	142,80

AUFGABE 2

Bilden Sie die Buchungssätze für die folgenden Geschäftsvorfälle der Schulmöbelfabrik Steglich:

		€
1. Zielkauf von Eichenholz für Tische, netto	12.000,00 €	
+ USt	2.280,00 €	14.280,00
2. Zielkauf von Stahlrohren für Stühle, netto	2.700,00 €	
+ USt	513,00 €	3.213,00
3. Zielkauf von Sperrholz für Stühle, netto	3.100,00 €	
+ USt	589,00 €	3.689,00
4. Zielkauf von Schrauben für Tische und Stühle, netto	450,00 €	
+ USt	85,50 €	535,50
5. Zielkauf von Farben für Tische und Stühle, netto	750,00 €	
+ USt	142,50 €	892,50
6. Zielkauf von Leim für Tische und Stühle, netto	850,00 €	
+ USt	161,50 €	1.011,50
7. Kauf von Schmieröl für die Fertigungsmaschinen durch Banküberweisung, netto	400,00 €	
+ USt	76,00 €	476,00
8. Zielkauf von Treibstoffen für die Fertigungsmaschinen, netto	3.600,00 €	
+ USt	684,00 €	4.284,00
9. Zielkauf von Sperrholz als Einlegebretter für Tische, netto	2.800,00 €	
+ USt	532,00 €	3.332,00
10. Kauf von Lacken für Tische und Stühle durch Banküberweisung, netto	1.900,00 €	
+ USt	361,00 €	2.261,00

4.6 Besonderheiten der Industriebuchführung

AUFGABE 3

Der Unternehmer Gröning hat folgende Bestände ermittelt:

	Anfangsbestände	Schlussbestände
Rohstoffe	70.280 €	65.320 €
Hilfsstoffe	50.350 €	52.190 €
Betriebsstoffe	30.480 €	27.170 €

Bilden Sie die Buchungssätze für die Schlussbestände und die Bestandsveränderungen der Stoffe.

AUFGABE 4

Ein Industriebetrieb hat durch Inventur folgende Bestände ermittelt:

	Unfertige Erzeugnisse	Fertige Erzeugnisse
01.01.2019 (Anfangsbestände)	17.860 €	85.730 €
31.12.2019 (Schlussbestände)	19.350 €	92.140 €

1. Ermitteln Sie die Bestandsveränderungen.
2. Bilden Sie die Buchungssätze für die Bestandsveränderungen.
3. Richten Sie die entsprechenden Konten ein und buchen Sie die Bestandsveränderungen auf Konten.
4. Schließen Sie alle eingerichteten Konten ab.

AUFGABE 5

Der Unternehmer Rech weist in seiner Buchhaltung zum 31.12.2019 folgende Kontenbestände auf:

5010 (3001) Aufw. für Rohstoffe	200.000 €
1010 (3971) Bestand Rohstoffe	10.000 €
5801 (3801) BNK Rohstoffe	5.000 €
Der Endbestand laut Inventur beträgt:	14.000 €

Ermitteln Sie den Rohstoffverbrauch für das Wirtschaftsjahr 2019.

AUFGABE 6

In einem Unternehmen weist das Konto Bestandsveränderungen an FE/UFE einen Saldo in Höhe von 40.000 € im Haben aus. Welche Aussagen sind richtig?

1. Der Saldo wird im GuV-Konto im Soll gegengebucht.
2. Der Saldo wird im GuV-Konto im Haben gegengebucht.
3. Die Buchung der Bestandsveränderung wirkt gewinnerhöhend.
4. Die Buchung der Bestandsveränderung wirkt gewinnmindernd.
5. Es liegt eine Bestandsminderung vor.
6. Es liegt eine Bestandsmehrung vor.

Weitere Aufgaben mit Lösungen finden Sie im **Lösungsbuch** der Buchführung 1.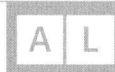

4 Beschaffung und Absatz

Zusammenfassende Erfolgskontrolle

Ein Industriebetrieb hat am 01.01.2019 durch Inventur folgende Anfangsbestände ermittelt:

Anfangsbestände	€
0440 (0210) Maschinen	200.000,00
1010 (3971) Bestand Rohstoffe	100.000,00
1020 (3972) Bestand Hilfsstoffe	25.000,00
1030 (3973) Bestand Betriebsstoffe	14.300,00
1050 (7050) Bestand unfertige Erzeugnisse	101.300,00
1100 (7110) Bestand fertige Erzeugnisse	95.400,00
1200 (1400) Forderungen aLuL	115.000,00
1406 (1576) Vorsteuer 19 %	0,00
1600 (1000) Kasse	16.400,00
1800 (1200) Bankguthaben	86.400,00
2000 (0800) Eigenkapital	?
3300 (1600) Verbindlichkeiten aLuL	167.808,00
3806 (1776) Umsatzsteuer 19 %	5.670,00

Folgende Konten sind noch einzurichten:

5010 (3001) Aufwendungen für Rohstoffe, **5020** (3002) Aufwendungen für Hilfsstoffe, **5030** (3003) Aufwendungen für Betriebsstoffe, **4200** (8200) Erlöse, **5881** (3961) Bestandsveränderungen Rohstoffe, **5882** (3962) Bestandsveränderungen Hilfsstoffe, **5883** (3963) Bestandsveränderungen Betriebsstoffe, **4810** (8960) Bestandsveränderungen unfertige Erzeugnisse, **4800** (8980) Bestandsveränderungen fertige Erzeugnisse, **6000** (4100) Löhne und Gehälter, **6220** (4830) Abschreibungen auf Sachanlagen, **6310** (4210) Miete, **6460** (4800) Reparaturen von Maschinen, **9999** (9999) GuVK, **9998** (9998) SBK.

Zusammenfassende Erfolgskontrolle

Geschäftsvorfälle des Jahres 2019		€
1. Kauf von Rohstoffen auf Ziel, netto	30.000,00 €	
+ USt	5.700,00 €	35.700,00
2. Kauf von Hilfsstoffen auf Ziel, netto	10.000,00 €	
+ USt	1.900,00 €	11.900,00
3. Kauf von Betriebsstoffen auf Ziel, netto	15.000,00 €	
+ USt	2.850,00 €	17.850,00
4. Banküberweisung von Kunden		23.000,00
5. Verkauf von Erzeugnissen auf Ziel, netto	160.000,00 €	
+ USt	30.400,00 €	190.400,00
6. Banküberweisung für Geschäftsmiete		15.000,00
7. Banküberweisung an Lieferer		34.500,00
8. Verkauf von Erzeugnissen gegen Banküberweisung, netto	110.000,00 €	
+ USt	20.900,00 €	130.900,00
9. Banküberweisung der Umsatzsteuerschuld (Zahllast)		5.670,00
10. Banküberweisung der Löhne und Gehälter		36.000,00
11. Banküberweisung für Maschinenreparatur, netto	2.000,00 €	
+ USt	380,00 €	2.380,00
Abschlussangaben		€
12. Abschreibung auf Maschinen		20.000,00
13. Endbestand Rohstoffe		40.000,00
14. Endbestand Hilfsstoffe		15.000,00
15. Endbestand Betriebsstoffe		11.100,00
16. Endbestand unfertige Erzeugnisse		76.000,00
17. Endbestand fertige Erzeugnisse		140.000,00

Aufgaben
1. Bilden Sie die Buchungssätze der Geschäftsvorfälle des Jahres 2019.
2. Tragen Sie die Anfangsbestände auf den Konten vor.
3. Buchen Sie die belegmäßig nachgewiesenen Geschäftsvorfälle.
4. Schließen Sie die Konten ab.

5 Personalwirtschaft

Die Inanspruchnahme des Produktionsfaktors **Arbeit** verursacht Kosten, die unter dem Begriff **Personalkosten** zusammengefasst werden.

5.1 Überblick über die Personalkosten

Zu den **Personalkosten** gehören alle Aufwendungen, die durch die Beschäftigung von Arbeitnehmern verursacht werden.

Arbeitnehmer werden in die Gruppe der **Arbeiter** und die der **Angestellten** untergliedert. Die Abgrenzung zwischen Arbeiter und Angestellten erfolgt anhand der **Art der ausgeübten Beschäftigung** und ist im Einzelfall zu entscheiden. Kennzeichnend für die Tätigkeit als Arbeiter ist, dass vor allem die **körperliche** Arbeitskraft dem Arbeitgeber zur Verfügung gestellt wird.

Die Vergütungen für Arbeiter werden als **Löhne**, die Vergütungen für Angestellte als **Gehälter** bezeichnet.

Die **Arbeitnehmer** erhalten grundsätzlich nicht das vertraglich vereinbarte Arbeitsentgelt (**Bruttolohn** bzw. -gehalt) ausgezahlt. In der Regel behält der Arbeitgeber bestimmte **Abzüge** ein und zahlt dem Arbeitnehmer einen Nettobetrag (**Nettolohn** bzw. -gehalt) aus. Diese vom Arbeitgeber einbehaltenen Abzüge umfassen **Steuern** (Lohnsteuer, Solidaritätszuschlag und ggf. Kirchensteuer) sowie die **Arbeitnehmeranteile zur Sozialversicherung**.

Für den **Arbeitgeber** stellt das vertraglich vereinbarte Arbeitsentgelt **nicht** die Personalkosten dar. Zusätzlich zum Bruttolohn bzw. -gehalt hat er den **Arbeitgeberanteil zur Sozialversicherung** sowie die gesetzlichen Beiträge zur **Unfallversicherung** (Berufsgenossenschaft) zu tragen. Daneben können **freiwillige soziale Aufwendungen** des Arbeitgebers Bestandteile der Personalkosten sein.

Die Personalkosten des **Arbeitgebers** lassen sich wie folgt einteilen:

1. Löhne und Gehälter

Dazu gehören alle **Löhne** für Arbeiter und alle **Gehälter** für Angestellte, gleich, für welche Arbeit, in welcher Form und unter welcher Bezeichnung sie gezahlt werden (z. B. auch Urlaubsgelder, Weihnachtsgelder, Überstundenvergütungen, vermögenswirksame Leistungen, Sachbezüge).

2. Gesetzliche soziale Aufwendungen

Dazu gehören die Arbeit**geber**anteile zur gesetzlichen Kranken-, Pflege-, Renten- und Arbeitslosenversicherung, die Beiträge zur gesetzlichen Unfallversicherung (Berufsgenossenschaft).

3. Freiwillige soziale Aufwendungen

Dazu gehören z. B. freiwillige Fahrtkostenzuschüsse, freiwillige Zuschüsse zu Kantinen, Erholungs- und Sportanlagen, Betriebsbüchereien, Unterstützungen im Krankheits- und Todesfall.

In diesem Kapitel sind die Steuern und Beiträge mit einem Lohn- und Gehaltsrechner ermittelt worden, sodass sich in einigen Fällen Rundungsdifferenzen ergeben können.

5.1 Überblick über die Personalkosten

Für das Jahr 2019 ergibt sich folgende Verteilung der Beitragslast im Rahmen der **Sozialversicherung**:

Sozialversicherungsträger	monatliche Beitragsbemessungsgrenzen 2019	Beitragssätze 2019	Arbeitnehmeranteil	Arbeitgeberanteil
Rentenversicherung (RV)	alte Bundesländer 6.700 € neue Bundesländer 6.150 €	**18,6 %**	9,3 %	9,3 %
Krankenversicherung (KV)*	Bundesgebiet 4.537,50 €	14,6 %	7,3 %	7,3 %
Pflegeversicherung (PV)**	Bundesgebiet 4.537,50 €	3,05 %	1,525 % 1,775 % für Kinderlose	1,525 %
Arbeitslosenversicherung (AV)	alte Bundesländer 6.700 € neue Bundesländer 6.150 €	2,5 %	1,25 %	1,25 %
insgesamt (ohne Zusatzbeitrag KV)			19,375 %	19,375 %
insgesamt für Kinderlose (ohne Zusatzbeitrag KV)			19,625 %	19,375 %

* ohne kassenindividuellen Zusatzbeitrag
** **Ausnahme Sachsen**: Arbeitnehmer 2,075 %, kinderlose Arbeitnehmer 2,275 %, Arbeitgeber 1,025 %.

Seit 01.01.2015 erheben die Krankenkassen einen **kassenindividuellen Zusatzbeitrag**, der **bis zum 31.12.2018 nur** vom **Arbeitnehmer** getragen wurde. **Ab dem 1. Januar 2019** wird der von den Krankenkassen festzusetzende Zusatzbeitrag zur Krankenversicherung **zu gleichen Teilen** von **Arbeitnehmern und Arbeitgebern** bzw. von Rentnerinnen und Rentnern und der Rentenversicherung getragen. Der durchschnittliche Zusatzbeitrag wird für **2019** von 1,0 % auf **0,9 %** abgesenkt (Bundesanzeiger vom 26.10.2018). Eine Übersicht der kassenindividuellen Zusatzbeiträge findet sich auf der Homepage der Krankenkassen Deutschland (www.krankenkassen.de).

Bei **Kinderlosen** zwischen 23 und 65 Jahren wird ein **Zuschlag von 0,25 % zur Pflegeversicherung** erhoben.

Zum **Fälligkeitstag** der Sozialversicherungsbeiträge (Fälligkeit am drittletzten Bankarbeitstag des **laufenden** Monats) wird der **Prognosebeitrag** zur Sozialversicherung auf dem Konto

3759 (1759) **Voraussichtliche Beitragsschuld gegenüber den Sozialversicherungsträgern**

im **Soll** gebucht.

Am **Monatsende** werden der **tatsächliche** Arbeitgeberanteil und Arbeitnehmeranteil zur Sozialversicherung gemeinsam im **Haben** auf dem Konto **3759** (1759) erfasst. Der sich dabei auf dem Konto ergebende **Saldo** ist der verbleibende **Restbetrag** oder **Erstattungsanspruch** für den Folgemonat.

BEISPIEL 1

Die J & L GmbH, Koblenz, hat für den Monat Januar 2019 einen Prognosebeitrag zur Sozialversicherung von insgesamt **39.000 €** (AN-Anteil + AG-Anteil) ermittelt.

Buchungssatz zum 29.01.2019:

Tz.	Sollkonto	Betrag (€)	Habenkonto
1.	**3759** (1759) Voraussichtliche Beitragsschuld	39.000,00	**1800** (1200) Bank

5 Personalwirtschaft

BEISPIEL 2

Am **Monatsende** (31.01.2019) ergibt sich folgendes **tatsächliche** Bild:

Bruttogehalt	100.000 €
− LSt/KiSt/SolZ	− 15.100 €
− Sozialversicherungsbeiträge (AN-Anteil, inkl. Zusatzbeitrag)	− 19.825 €
= Nettogehalt	65.075 €

Der **AG-Anteil** zur Sozialversicherung beträgt **19.825,00 €**.

Buchungssatz zum Monatsende (31.01.2019)

Tz.	Sollkonto	Betrag (€)	Habenkonto
2.	**6020** (4120) **Gehälter**	100.000,00	
		15.100,00	**3730** (1741) Verb. LSt/KiSt
		19.825,00	**3759** (1759) Voraussichtl. Beitragsschuld
		65.075,00	**3720** (1740) Verb. aus Lohn/Gehalt
	6110 (4130) Ges. soz. Aufw.	19.825,00	**3759** (1759) Voraussichtl. Beitragsschuld

Buchung der Beispiele 1 und 2:

S	**3759** (1759) **Voraussichtl. Beitragssch.**	H
1) 39.000,00	2) 19.825,00	
	2) 19.825,00	

S	**1800** (1200) **Bank**	H
	1) 39.000,00	

S	**6020** (4120) **Gehälter**	H
2) 100.000,00		

S	**3730** (1741) **Verb. LSt/KiSt**	H
	2) 15.100,00	

S	**6110** (4130) **Gesetzliche soziale Aufw.**	H
2) 19.825,00		

S	**3720** (1740) **Verb. aus Lohn/Gehalt**	H
	2) 65.075,00	

Auf dem Konto **3759** (1759) bleibt ein **Restbetrag** von **650 €** offen. Dieser Restbetrag wird am 26.02.2019 fällig und mit der Vorausleistung für den Monat Februar überwiesen. Bis zu diesem Tag müssen die Beiträge auf dem Konto der Einzugsstelle eingegangen sein.

Bei den folgenden Personalkosten wird unterstellt, dass die **Prognosebeiträge** zur Sozialversicherung **identisch** sind mit den **tatsächlichen** Gesamtsozialversicherungsbeiträgen, sodass das Konto **3759** (1759) entfällt.

5.2 Buchungsmethoden für Personalkosten

Die Personalkosten werden nach **zwei Methoden** gebucht:

1. nach der **Bruttomethode** und
2. nach der **Nettomethode**.

zu 1. Bruttomethode

Bei der **Bruttomethode** wird der Bruttolohn bzw. das Bruttogehalt zum Zeitpunkt der wirtschaftlichen Verursachung **in einem Betrag** (brutto) gebucht.
Der **Bruttolohn** bzw. das **Bruttogehalt** stellen für das Unternehmen **Aufwand** dar, der auf die Aufwandskonten

5.2 Buchungsmethoden für Personalkosten

6010 (4110) **Löhne** oder
6020 (4120) **Gehälter**

gebucht wird.

Einbehaltene, aber **noch nicht abgeführte Abzüge** stellen im Zeitpunkt der Gehalts- bzw. Lohnauszahlung **Verbindlichkeiten** dar, die auf folgenden Konten erfasst werden:

3730 (1741) **Verbindlichkeiten aus Lohn- und Kirchensteuer,**
3740 (1742) **Verbindlichkeiten im Rahmen der sozialen Sicherheit.**

Der **Nettoarbeitslohn** (Nettolohn bzw. Nettogehalt) wird in der Regel vom Arbeitgeber durch die **Bank** überwiesen. **Bis** zur Banküberweisung ist der **Nettolohn** ebenfalls eine **Verbindlichkeit**, die auf dem folgenden Konto erfasst wird:

3720 (1740) **Verbindlichkeiten aus Lohn und Gehalt.**

BEISPIEL 1

Die **Gehaltsabrechnung** der **evangelischen, ledigen, kinderlosen** Angestellten Andrea Dötsch, 25 Jahre alt, Koblenz, für den Monat **Juni 2019** sieht wie folgt aus (Zusatzbeitrag zur Krankenversicherung beträgt 0,9 %):

		AG-Anteil	AN-Anteil	
	Bruttogehalt			3.000,00 €
Steuern	- LSt	—	416,58 €	
	- SolZ	—	22,91 €	
	- KiSt	—	37,49 €	
		—	476,98 €	- 476,98 €
Beiträge	- KV (7,3 %)	219,00 €	219,00 €	
	Zusatz KV (0,45 %)	13,50 €	13,50 €	
	- PV (1,775 %)	—	53,25 €	
	- PV (1,525 %)	45,75 €	—	
	- RV (9,3 %)	279,00 €	279,00 €	
	- AV (1,25 %)	37,50 €	37,50 €	
		594,75 €	602,25 €	- 602,25 €
	= **Nettogehalt**			1.920,77 €

Buchungssatz:

Sollkonto	Betrag (€)	Habenkonto
6020 (4120) Gehälter	3.000,00	
	476,98	**3730** (1741) Verb. aus LSt und KiSt
	602,25	**3740** (1742) Verb. im Rahmen d. s. S.
	1.920,77	**3720** (1740) Verb. aus Lohn/Gehalt

Buchung:

S	6020 (4120) Gehälter	H		S	3730 (1741) Verb. aus LSt und KiSt	H
1)	3.000,00				1)	476,98

				S	3740 (1742) Verb. im Rahmen d. s. S.	H
					1)	602,25

				S	3720 (1740) Verb. aus Lohn/Gehalt	H
					1)	1.920,77

Zusätzlich zum Bruttoarbeitslohn stellt der Arbeit**geberanteil an den Sozialversicherungsbeiträgen** ebenfalls **Aufwand** des Unternehmens dar, der auf das Konto

6110 (4130) Gesetzliche soziale Aufwendungen

gebucht wird.
Der Arbeit**geberanteil** ist **Aufwand** und – solange er noch nicht abgeführt ist – eine „**Verbindlichkeit im Rahmen der sozialen Sicherheit**".

BEISPIEL 2

Sachverhalt wie im Beispiel 1. Der Arbeit**geberanteil** von **594,75 €** (19,825 % von 3.000 €; 19,825 % = 19,375 % + 0,45 % (0,9 % : 2)) ist noch nicht abgeführt.

Buchungssatz:

Sollkonto	Betrag (€)	Habenkonto
6110 (4130) Gesetzl. soz. Aufw.	594,75	3740 (1742) Verbindl. im Rahmen d. s. S.

Buchung:

S	6110 (4130) Gesetzl. soz. Aufw.	H		S	3740 (1742) Verb. im Rahmen d. s. S.	H
2)	594,75				1)	602,25
					2)	**594,75**

Die **Verbindlichkeit** aus **Lohn und Gehalt** wird (z. B. am Monatsende) in der Regel durch **Bank** überwiesen.

BEISPIEL 3

Sachverhalt wie im Beispiel 1. Das **Nettogehalt** wird durch Bank überwiesen.

Buchungssatz:

Sollkonto	Betrag (€)	Habenkonto
3720 (1740) Verb. aus Lohn/Gehalt	1.920,77	1800 (1200) Bank

Buchung:

S	3720 (1740) Verb. aus Lohn/Gehalt	H		S	1800 (1200) Bank	H
3)	1.920,77	1)	1.920,77		3)	1.920,77

5.2 Buchungsmethoden für Personalkosten

BEISPIEL 4

Die **Steuern und Beiträge** (aus den Beispielen 1 und 2) werden durch Bank überwiesen.

Buchungssatz:

Sollkonto	Betrag (€)	Habenkonto
3730 (1741) Verb. aus LSt/KiSt	476,98	1800 (1200) Bank
3740 (1742) Verbindl. im Rahmen d.s.S.	1.197,00	1800 (1200) Bank

Buchung:

S	3730 (1741) **Verb. aus LSt/KiSt**	H		S	1800 (1200) **Bank**	H
4)	476,98	1) 476,98			4)	476,98
					4)	1.197,00

S	3740 (1742) **Verb. im Rahmen d.s.S.**	H
4)	1.197,00	1) 602,25
		2) 594,75

Die sog. **Verrechnungsmethode** ist ein Sonderfall der Bruttomethode. Wie bei der Bruttomethode werden zum Zeitpunkt der wirtschaftlichen Verursachung die Personalkosten in einem Betrag (brutto) erfasst. Der Unterschied zur Bruttomethode besteht bei der sog. Verrechnungsmethode darin, dass ein **Verrechnungskonto**, das Konto „**3790 (1755) Lohn- und Gehaltsverrechnung**", zwischengeschaltet wird.

BEISPIEL

Die Gehaltsabrechnung der evangelischen, ledigen, kinderlosen Angestellten Andrea Dötsch, 25 Jahre alt, Koblenz, für den Monat Juni 2019 sieht wie folgt aus (Beispiel 1, S. 229):

	Bruttogehalt	3.000,00 €
–	LSt/KiSt/SolZ	– 476,98 €
–	SV-Beiträge (20,075 %* von 3.000,00 €)	– 602,25 €
=	Nettogehalt	1.920,77 €

* 20,075 % = 19,625 % + 0,45 % (0,9 % : 2)

Buchungssätze:

Tz.	Sollkonto	Betrag (€)	Habenkonto
1.	**6020** (4120) Gehälter	3.000,00	**3790** (1755) Lohn- und Gehaltsv.
	3790 (1755) Lohn- und Gehaltsv.	476,98	**3730** (1741) Verb. aus LSt und KiSt
	3790 (1755) Lohn- und Gehaltsv.	602,25	**3740** (1742) Verb. im Rahmen d.s.S.
	3790 (1755) Lohn- und Gehaltsv.	1.920,77	**3720** (1740) Verb. aus Lohn/Gehalt
2.	**6110** (4130) Ges. soziale Aufw.	594,75	**3740** (1742) Verb. im Rahmen d.s.S.

Buchungen:

S	6020 (4120) Gehälter	H		S	3790 (1755) Lohn- und Gehaltsver.	H
1)	3.000,00			1)	476,98	1) 3.000,00
				1)	602,25	
				1)	1.920,77	
					3.000,00	3.000,00

S	6110 (4130) Gesetzl. soz. Aufw.	H		S	3730 (1741) Verb. aus LSt/KiSt	H
2)	594,75					1) 476,98

S	3740 (1742) Verb. im Rahmen d.s.S.	H
		1) 602,25
		2) 594,75

S	3720 (1740) Verb. aus Lohn/Gehalt	H
		1) 1.920,77

zu 2. Nettomethode

Bei der **Nettomethode** werden der **Nettoarbeitslohn**, die **Abzüge** und der **Arbeitgeberanteil** im **Zeitpunkt der Zahlung** einzeln (netto) gebucht.

BEISPIEL

Sachverhalt wie in den Beispielen 1 bis 4 (Seite 229 ff.).

Nach der Nettomethode werden der Nettolohn bei Zahlung zum Monatsende und die Abzüge und der AG-Anteil bei Zahlung zum gesetzlich festgelegten Termin gebucht.

Buchungssätze:

Tz.	Sollkonto	Betrag (€)	Habenkonto
1.	**6020** (4120) **Gehälter**	1.920,77	**1800** (1200) **Bank**
2.	**6020** (4120) **Gehälter**	476,98	**1800** (1200) **Bank**
3.	**6020** (4120) **Gehälter**	602,25	**1800** (1200) **Bank**
4.	**6110** (4130) Gesetzliche soziale Aufw.	594,75	**1800** (1200) **Bank**

Buchungen:

S	6020 (4120) Gehälter	H		S	1800 (1200) Bank	H
1)	1.920,77					1) 1.920,77
2)	476,98					2) 476,98
3)	602,25					3) 602,25
						4) 594,75

S	6110 (4130) Gesetzl. soz. Aufw.	H
4)	594,75	

Auf dem Konto „Gehälter" werden – wie bei der Bruttomethode – im Soll 3.000,00 € (1.920,77 € + 476,98 € + 602,25 €) erfasst.

Die Sozialversicherungsbeiträge sind am **drittletzten Bankarbeitstag** des **laufenden** Monats fällig; ein verbleibender Restbetrag wird zum drittletzten Bankarbeitstag des Folgemonats fällig.

> **ÜBUNG →** 1. Wiederholungsfragen 1 bis 6 (Seite 262 f.),
> 2. Aufgaben 1 bis 7 (Seite 264 f.)

5.3 Gesetzliche Unfallversicherung

Neben den Arbeitgeberanteilen an den Sozialversicherungsbeiträgen gehören auch die Beiträge zur gesetzlichen Unfallversicherung zu den **gesetzlichen sozialen Aufwendungen**. Die Beiträge zur gesetzlichen Unfallversicherung (Berufsgenossenschaft) stellen für den Arbeitgeber einen **Teil der Personalkosten** dar.

Im Gegensatz zu den Beiträgen zur Sozialversicherung trägt der **Arbeitgeber** die Beiträge zur gesetzlichen Unfallversicherung **allein**.

Die Beiträge werden als **Aufwand** des Unternehmens auf dem Konto

6120 (4138) **Beiträge zur Berufsgenossenschaft**

erfasst.

> **BEISPIEL**
>
> Unternehmer U überweist Beiträge an die Verwaltungs-Berufsgenossenschaft, Hamburg, durch Bank in Höhe von 500 €.
>
> Buchungssatz:
>
> | Sollkonto | Betrag (€) | Habenkonto |
> |---|---|---|
> | **6120** (4138) Beiträge zur Berufsgenossenschaft | 500,00 | **1800** (1200) Bank |
>
> Buchung:
>
> S **6120** (4138) **Beiträge z. Berufsgenoss.** H   S   **1800** (1200) **Bank**   H
> 500,00   500,00

> **ÜBUNG →** 1. Wiederholungsfrage 7 (Seite 263),
> 2. Aufgabe 8 (Seite 266)

5.4 Geringverdiener (Auszubildende)

Die **Sozialversicherungsbeiträge** sind **grundsätzlich** vom Arbeit**nehmer** und Arbeit**geber** je zur Hälfte zu tragen. Eine **Ausnahme** besteht für versicherungspflichtige **Auszubildende**, deren monatliches Arbeitsentgelt 325 Euro (**Geringverdienergrenze** i.S.d. Sozialversicherung) **nicht** übersteigt. Für diese versicherungspflichtigen Arbeitnehmer trägt der Arbeit**geber** den Beitrag zur Kranken-, Pflege-, Renten- und Arbeitslosenversicherung **allein** (§ 20 Abs. 3 SGB IV). Dies gilt **auch** für den **Zusatzbeitrag zur Krankenversicherung**, der bei Geringverdienern **in Höhe des durchschnittlichen Zusatzbeitrags** (2019: 0,9 %) erhoben wird (§ 242 Abs. 3 Nr. 6 SGB V).

> **BEISPIEL**
>
> Die Auszubildende Brigitte Krautkrämer, 19 Jahre alt, Köln, hat im Monat **Juni 2019** eine Ausbildungsvergütung von **325 €** erhalten.
>
> Ihre „Gehaltsabrechnung" sieht wie folgt aus:
>
> | | |
> |---|---:|
> | Ausbildungsvergütung | 325,00 € |
> | − Lohnsteuer/Kirchensteuer/Solidaritätszuschlag | − 0,00 € |
> | − Sozialversicherungsbeiträge (AN-Anteil) | − 0,00 € |
> | = Auszahlungsbetrag (Banküberweisung) | **325,00 €** |
>
> Der **Arbeitgeber-Anteil** zur Sozialversicherung beträgt:
>
> | | | |
> |---|---|---:|
> | Rentenversicherung: | 18,60 % von 325,00 € = | 60,45 € |
> | Krankenversicherung (KV): | 14,60 % von 325,00 € = | 47,45 € |
> | Zusatzbeitrag KV: | 0,9 % von 325,00 € = | 2,93 € |
> | Pflegeversicherung: | 3,05 % von 325,00 € = | 9,91 € |
> | Arbeitslosenversicherung | 2,50 % von 325,00 € = | 8,13 € |
> | | | **128,87 €** |
>
> Buchungssatz (Nettomethode):
>
> | Tz. | Sollkonto | Betrag (€) | Habenkonto |
> |---|---|---|---|
> | 1. | **6020** (4120) Gehälter | 325,00 | **1800** (1200) Bank |
> | 2. | **6110** (4130) Ges. soziale Aufw. | 128,87 | **1800** (1200) Bank |
>
> Buchung (Nettomethode):
>
> | S | **6020** (4120) **Gehälter** | H | | S | **1800** (1200) **Bank** | H |
> |---|---|---|---|---|---|---|
> | 1) | 325,00 | | | | 1) | 325,00 |
> | | | | | | 2) | 128,87 |
>
> | S | **6110** (4130) **Ges. soz. Aufw.** | H |
> |---|---|---|
> | 2) | 128,87 | |

ÜBUNG → 1. Wiederholungsfrage 8 (Seite 263),
2. Aufgabe 9 (Seite 266)

5.5 Vorschüsse

Löhne und Gehälter sind an einem bestimmten Tag fällig. Werden dem Arbeitnehmer **vor** dem Fälligkeitstag **Vorschüsse** auf – bereits erbrachte oder noch zu erbringende – Arbeitsleistungen gezahlt, handelt es sich **nicht** um Aufwendungen, sondern um **Forderungen** des Arbeitgebers gegenüber dem Arbeitnehmer. Zu unterscheiden ist zwischen **kurz- und langfristigen Vorschüssen.**

Die **kurzfristigen Vorschüsse,** die auf den Arbeitslohn des **laufenden Jahres** gewährt werden, sind bei der Auszahlung auf das Konto

1340 (1530) **Forderungen gegen Personal**

und die **langfristigen** Vorschüsse (Restlaufzeit größer 1 Jahr) auf das Konto

1345 (1537) **Forderungen gegen Personal – Restlaufzeit größer 1 Jahr**

zu buchen.

BEISPIEL 1

Die evangelische, ledige, kinderlose Angestellte Andrea Dötsch, 25 Jahre alt, Koblenz, erhält am 15. Februar 2019 einen **kurzfristigen** Vorschuss von **500 €** bar. Diesen Vorschuss fordert der Arbeitgeber Ende Februar 2019 vereinbarungsgemäß zurück. Der Zusatzbeitrag der Krankenversicherung beträgt 0,9 %.

Buchungssatz:

Tz.	Sollkonto	Betrag (€)	Habenkonto
1.	**1340** (1530) **Forderungen gegen Personal**	500,00	**1600** (1000) Kasse

Buchung:

S	**1340** (1530) **Ford. gegen Personal**	H	S	**1600** (1000) **Kasse**	H
1)	500,00			1)	500,00

BEISPIEL 2

Die Gehaltsabrechnung der evangelischen, ledigen, kinderlosen Angestellten Andrea Dötsch sieht für den Monat Februar 2019 wie folgt aus:

	Bruttogehalt		3.000,00 €
–	Lohnsteuer/Kirchensteuer/Solidaritätszuschlag	–	476,98 €
–	Sozialversicherungsbeiträge (20,075 %* von 3.000,00 €)	–	602,25 €
	Nettogehalt		1.920,77 €
–	**Verrechnung Vorschuss**	–	**500,00 €**
=	Auszahlungsbetrag		1.420,77 €

* 20,075 % = 19,625 % + 0,45 % (0,9 % : 2)

Mit der **Verrechnung des Vorschusses** ist die Forderung gegen die Angestellte Dötsch ausgeglichen.

5 Personalwirtschaft

Buchungssatz:

Tz.	Sollkonto	Betrag (€)	Habenkonto
2.	6020 (4120) Gehälter	3.000,00	
		476,98	3730 (1741) Verb. aus LSt und KiSt
		602,25	3740 (1742) Verb. im Rahmen d. s. S.
		500,00	1340 (1530) **Forderungen gegen Personal**
		1.420,77	3720 (1740) Verb. aus Lohn/Gehalt

Buchung:

S	6020 (4120) **Gehälter**	H		S	3730 (1741) **Verb. aus LSt/KiSt**	H
2)	3.000,00				2)	476,98

S	3740 (1742) **Verb. im Rahmen d. s. S.**	H
	2)	602,25

S	1340 (1530) **Ford. gegen Personal**	H
1) 500,00	2)	**500,00**

S	3720 (1740) **Verb. aus Lohn/Gehalt**	H
	2)	1.420,77

Gewährt der Arbeitgeber dem Arbeitnehmer **unverzinsliche oder zinsverbilligte Darlehen** (Arbeitgeberdarlehen), so ergibt sich die Höhe des geldwerten Vorteils für jeden Einzelfall aus der **Differenz** zwischen dem **gezahlten Zinssatz** und dem **marktüblichen Zinssatz** (veröffentlichter Effektivzinssatz der Deutschen Bundesbank). Von dem Effektivzinssatz, der im Internet veröffentlicht wird, kann ein Abschlag von **4 %** vorgenommen werden. Die monatliche Geringfügigkeitsgrenze nach § 8 Abs. 2 EStG von **44 Euro** ist zu berücksichtigen. Außerdem sind die Zinsvorteile als Sachbezüge nur zu versteuern, wenn die Summe der noch nicht getilgten Darlehen am Ende des Lohnzahlungszeitraums **2.600 Euro** übersteigt (BMF-Schreiben vom 01.10.2008, BStBl I S. 892 ff.).

BEISPIEL 1

Die ledige, kinderlose, katholische Angestellte Heike Cornely (30 Jahre alt), Köln, mit einem monatlichen Bruttogehalt von 2.300 € erhält zum 01.04.2019 ein **zinsloses Darlehen** von 20.000 € für die Dauer von vier Jahren. Den Darlehensbetrag hat der Arbeitgeber auf das Bankkonto der Angestellten überwiesen. Cornely tilgt das Darlehen jeweils zum 30.06., beginnend ab 30.06.2020. Der Zusatzbeitrag zur Krankenversicherung beträgt 0,9 %.

Buchungssatz:

Tz.	Sollkonto	Betrag (€)	Habenkonto
1.	**1345** (1537) Forderungen gegen Personal	20.000,00	**1800** (1200) Bank

Buchung:

S	1345 (1537) **Ford. gegen Personal**	H		S	1800 (1200) **Bank**	H
1)	20.000,00				1)	20.000,00

5.5 Vorschüsse

BEISPIEL 2

Der marktübliche Zinssatz beträgt im Zeitpunkt der Gewährung des Darlehens an Heike Cornely 6 %. Danach ergibt sich ein **monatlicher Zinsvorteil** von **96 €** [6 % − 0,24 % (4 % von 6 %) = 5,76 % von 20.000 € = 1.152 € : 12 Monate = 96 €]. Dieser Vorteil ist – da die 44-Euro-Freigrenze überschritten ist – **lohnsteuerpflichtig**.

Die Gehaltsabrechnung für den Monat April 2019 sieht wie folgt aus:

	Bruttogehalt	2.300,00 €
+	**Sachbezug für Zinsersparnis**	**96,00 €**
=	steuer- und sozialversicherungspflichtiges Gehalt	2.396,00 €
−	Lohnsteuer/Kirchensteuer/Solidaritätszuschlag	− 308,66 €
−	Sozialversicherungsbeiträge (20,075 %* von 2.396,00 €)	− 481,00 €
	Nettogehalt	1.606,34 €
−	**Sachbezug** (wird abgezogen, weil er nur für die Berechnung der Abzüge notwendig ist)	− 96,00 €
=	Auszahlungsbetrag	**1.510,34 €**

* 20,075 % = 19,625 % + 0,45 % (0,9 % : 2)

Der Arbeitgeberanteil zur Sozialversicherung beträgt **475,01 €** (19,825 % von 2.396 €; 19,825 % = 19,375 % + 0,45 % (0,9 % : 2)).

Buchungssatz:

Tz.	Sollkonto	Betrag (€)	Habenkonto
2.	**6020** (4120) Gehälter	2.396,00	
		308,66	**3730** (1741) Verb. aus LSt/KiSt
		481,00	**3740** (1742) Verb. im Rahmen d.s.S.
		96,00	**4949** (8614) Verr. sonst. Sachb. o. USt
		1.510,34	**3720** (1740) Verb. aus Lohn/Gehalt
	6110 (4130) Ges. soz. Aufw.	475,01	**3740** (1742) Verb. im Rahmen d.s.S.

Buchung:

S	**6020** (4120) **Gehälter**	H
2)	2.396,00	

S	**3730** (1741) **Verb. aus LSt/KiSt**	H
	2)	308,66

S	**6110** (4130) **Gesetzl. soz. Aufw.**	H
2)	475,01	

S	**3740** (1742) **Verb. im Rahmen d.s.S.**	H
	2)	481,00
	2)	475,01

S	**4949** (8614) **Verrechnete sonstige Sachbezüge ohne USt**	H
	2)	96,00

S	**3720** (1740) **Verb. aus Lohn/Gehalt**	H
	2)	1.510,34

ÜBUNG → 1. Wiederholungsfragen 9 und 10 (Seite 263),
2. Aufgaben 10 und 11 (Seite 266 f.)

5.6 Vermögenswirksame Leistungen

Vermögenswirksame Leistungen (vwL) sind Geldleistungen, die der Arbeitgeber für den Arbeitnehmer in einer im Vermögensbildungsgesetz (VermBG) genannten Anlageform anlegt.

Der Katalog der Anlageformen ist in den letzten Jahren mehrmals erweitert worden.

Seit 01.01.2009 können die vermögenswirksamen Leistungen auch zum Erwerb von Bauland, eigentumsähnlichen Dauerwohnrechten, eines Wohngebäudes oder einer Eigentumswohnung sowie zum Bau oder zur Erweiterung von Wohngebäuden verwendet werden.

Außerdem sind die für die Sparzulage maßgeblichen **Einkommensgrenzen** auf **20.000 Euro** bzw. bei Zusammenveranlagung von Ehegatten nach § 26b EStG auf **40.000 Euro** angehoben worden. Diese Einkommensgrenzen erhöhen sich bei Arbeitnehmern mit Kindern um die Kinderfreibeträge.

Die **staatliche Förderung** der Vermögensbildung besteht in einer steuer- und sozialversicherungsfreien **Arbeitnehmer-Sparzulage**, die für bestimmte, gesetzlich abschließend geregelte Anlageformen vermögenswirksamer Leistungen vom **Finanzamt** gewährt wird.

Es werden **zwei Förderarten** angeboten, die **nebeneinander** in Anspruch genommen werden können. Dabei sind die folgenden Einschränkungen zu beachten:

- **Förderart 1** gilt für Bausparen bis **470 Euro** mit 9 % Zulage
  (Sparzulage: 9 % von 470 € = 42,30 €),
- **Förderart 2** gilt für andere begünstigte Anlageformen bis **400 Euro**
  (Sparzulage: **20 %** von 400 € = 80 €).

Damit können bei Arbeitnehmern, die **beide** Förderarten in Anspruch nehmen, bis **870 €** (470 € + 400 €) gefördert werden.

Nutzt ein Arbeitnehmer **beide** Förderarten und unterschreitet er die Einkommensgrenzen, so erhält er als **Arbeitnehmer-Sparzulage 122,30 €** (42,30 € + 80 €).

Die vermögenswirksamen Leistungen sind **steuerpflichtige Einnahmen** im Sinne des EStG und **Entgelt** im Sinne der **Sozialversicherung**. Sie sind arbeitsrechtlich **Bestandteil des Lohns oder Gehalts** (§ 2 Abs. 6 und 7 des 5. VermBG).

Getragen werden die vermögenswirksamen Leistungen entweder vom

1. **Arbeitnehmer**,
2. **Arbeitgeber** oder
3. **Arbeitnehmer und Arbeitgeber**.

5.6 Vermögenswirksame Leistungen

zu 1. vwL wird vom Arbeitnehmer allein getragen

Trägt der Arbeitnehmer die vwL allein, wird sie bei der Lohnabrechnung **abgezogen** und **unmittelbar** vom Arbeit**geber** an das Unternehmen bzw. Institut **überwiesen**, bei dem die vwL angelegt werden soll.

BEISPIEL

Die ledige kinderlose Angestellte Paula Lustig (28 Jahre, katholisch), Trier, hat einen Monatslohn in Höhe von 2.000 € und spart monatlich 39,17 € (470 € : 12) bei einer Bausparkasse nach dem 5. VermBG (nur Förderart 1). Der Zusatzbeitrag zur Krankenversicherung beträgt 0,9 %.

Ihre Gehaltsabrechnung sieht wie folgt aus:

Bruttogehalt	2.000,00 €
− Lohnsteuer/Kirchensteuer/Solidaritätszuschlag	− 206,56 €
− Sozialversicherungsbeiträge (20,075 %* von 2.000,00 €)	− 401,50 €
Nettogehalt	1.391,94 €
− abzuführende **vwL**	− **39,17 €**
= Auszahlungsbetrag	1.352,77 €

* 20,075 % = 19,625 % + 0,45 % (0,9 % : 2)

Buchungssätze:

Tz.	Sollkonto	Betrag (€)	Habenkonto
1.	6020 (4120) Gehälter	2.000,00	
		206,56	3730 (1741) Verb. aus LSt/KiSt
		401,50	3740 (1742) Verb. im Rahmen d. s. S.
		39,17	3770 (1750) Verb. aus Vermögensbild.
		1.352,77	3720 (1740) Verb. aus Lohn/Gehalt
2.	6110 (4130) Ges. soz. Aufw.	396,50*	3740 (1742) Verb. im Rahmen d. s. S.

* 19,825 % von 2.000 € = 396,50 €; 19,825 % = 19,375 % + 0,45 % (0,9 % : 2)

Buchungen:

S	6020 (4120) **Gehälter**	H		S	3730 (1741) **Verb. aus LSt/KiSt**	H
1)	2.000,00				1)	206,56

S	6110 (4130) **Gesetzl. soz. Aufw.**	H		S	3740 (1742) **Verb. im Rahmen d.s.S.**	H
2)	396,50				1)	401,50
					2)	396,50

				S	3770 (1750) **Verb. aus Vermögensb.**	H
					1)	**39,17**

				S	3720 (1740) **Verb. aus Lohn/Gehalt**	H
					1)	1.352,77

ÜBUNG → 1. Wiederholungsfrage 11 (Seite 263),
2. Aufgabe 12 (Seite 267)

5 Personalwirtschaft

zu 2. vwL wird vom Arbeitgeber allein getragen

Trägt der **Arbeitgeber** die **vermögenswirksame Leistung allein**, erhöht sich der Arbeitslohn um die **vermögenswirksame Leistung**.
Die vom Arbeitgeber getragene vermögenswirksame Leistung wird auf dem Konto

6080 (4170) **Vermögenswirksame Leistungen**

erfasst.

BEISPIEL

Die ledige kinderlose Angestellte Paula Lustig (Beispiel von Seite 239) spart monatlich **39,17 €** bei einer Bausparkasse nach dem 5. VermBG, die der Arbeit**geber** zusätzlich **trägt**. Dadurch erhöht sich der steuer- und sozialversicherungspflichtige Bruttoarbeitslohn um 39,17 €.

Ihre **Gehaltsabrechnung** sieht wie folgt aus:

	Bruttogehalt	2.000,00 €
+	vwL (vom Arbeit**geber** getragen)	**39,17 €**
=	steuer- und sozialversicherungspflichtiges Gehalt	2.039,17 €
−	Lohnsteuer/Kirchensteuer/Solidaritätszuschlag	− 216,40 €
−	Sozialversicherungsbeiträge (20,075 %* von 2.039,17 €)	− 409,36 €
	Nettogehalt	1.413,41 €
−	abzuführende **vwL**	− **39,17 €**
=	Auszahlungsbetrag	1.374,24 €

* 20,075 % = 19,625 % + 0,45 % (0,9 % : 2)

Buchungssätze:

Tz.	Sollkonto	Betrag (€)	Habenkonto
1.	**6020** (4120) Gehälter **6080** (4170) **vwL**	2.000,00 **39,17** 216,40 409,36 **39,17** 1.374,24	 **3730** (1741) Verb. aus LSt und KiSt **3740** (1742) Verb. im Rahmen d.s.S. **3770** (1750) **Verb. aus Vermögensbild.** **3720** (1740) Verb. aus Lohn/Gehalt
2.	**6110** (4130) Ges. soz. Aufw.	404,27	**3740** (1742) Verb. im Rahmen d.s.S.

Buchungen:

S	**6020** (4120) **Gehälter**	H		S	**3730** (1741) **Verb. aus LSt/KiSt**	H
1)	2.000,00				1)	216,40

S	**6080** (4170) **vwL**	H		S	**3740** (1742) **Verb. im Rahmen d.s.S.**	H
1)	**39,17**				1) 2)	409,36 404,27

S	**6110** (4130) **Gesetzl. soz. Aufw.**	H		S	**3770** (1750) **Verb. aus Vermögensb.**	H
2)	404,27				1)	**39,17**

				S	**3720** (1740) **Verb. aus Lohn/Gehalt**	H
					1)	1.374,24

5.6 Vermögenswirksame Leistungen

zu 3. vwL wird vom Arbeitnehmer und Arbeitgeber getragen

Werden die **vermögenswirksamen Leistungen** vom Arbeit**nehmer** und Arbeit**geber gemeinsam** getragen, erhöht sich der Arbeitslohn lediglich um die vom Arbeit**geber** getragene **vermögenswirksame Leistung**. Die Buchung erfolgt wie zu 2.

BEISPIEL

Die ledige kinderlose Angestellte Paula Lustig (Beispiel von Seite 239) spart monatlich **39,17 €** bei einer Bausparkasse nach dem 5. VermBG. Der Arbeit**geber trägt** 50 % der vermögenswirksamen Leistung (50 % von 39,17 € = **19,59 €**). Die andere Hälfte der vwL **trägt** die **Angestellte**. Dadurch erhöht sich der steuer- und sozialversicherungspflichtige Bruttoarbeitslohn um 19,59 €. Ihre **Gehaltsabrechnung** sieht wie folgt aus:

Bruttogehalt	2.000,00 €
+ vwL (vom Arbeit**geber** getragen)	**19,59 €**
= steuer- und sozialversicherungspflichtiges Gehalt	2.019,59 €
− Lohnsteuer/Kirchensteuer/Solidaritätszuschlag	− 211,53 €
− Sozialversicherungsbeiträge (20,075 %* von 2.019,59 €)	− 405,43 €
Nettogehalt	1.402,63 €
− abzuführende **vwL**	− **39,17 €**
= Auszahlungsbetrag	1.363,46 €

* 20,075 % = 19,625 % + 0,45 % (0,9 % : 2)

Buchungssätze:

Tz.	Sollkonto	Betrag (€)	Habenkonto
1.	**6020** (4120) Gehälter	2.000,00	
	6080 (4170) vwL	**19,59**	
		211,53	**3730** (1741) Verb. aus LSt/KiSt
		405,43	**3740** (1742) Verb. im Rahmen d.s.S.
		39,17	**3770** (1750) **Verb. aus Vermögensbild.**
		1.363,46	**3720** (1740) Verb. aus Lohn/Gehalt
2.	**6110** (4130) Ges. soz. Aufw.	400,38	**3740** (1742) Verb. im Rahmen d.s.S.

Buchungen:

S	**6020** (4120) **Gehälter**	H		S	**3730** (1741) **Verb. aus LSt/KiSt**	H
1)	2.000,00				1)	211,53

S	**6080** (4170) **vwL**	H		S	**3740** (1742) **Verb. im Rahmen d.s.S.**	H
1)	**19,59**				1)	405,43
					2)	400,38

S	**6110** (4130) **Gesetzl. soz. Aufw.**	H		S	**3770** (1750) **Verb. aus Vermögensb.**	H
2)	400,38				1)	**39,17**

				S	**3720** (1740) **Verb. aus Lohn/Gehalt**	H
					1)	1.363,46

ÜBUNG → 1. Wiederholungsfragen 12 und 13 (Seite 263),
2. Aufgaben 13 bis 16 (Seite 267 f.)

5.7 Geringfügige Beschäftigungen

Eine **geringfügige Beschäftigung** kann nach § 8 Abs. 1 SGB IV

1. eine **geringfügig entlohnte Beschäftigung** oder
2. eine **kurzfristige Beschäftigung**

sein. Nur bei den **geringfügig entlohnten Beschäftigten** (nicht bei den kurzfristig Beschäftigten) darf das Arbeitsentgelt im Monat seit 01.01.2013 **450 Euro nicht** übersteigen.
Personen in **Berufsausbildung** gelten **nicht** als geringfügig Beschäftigte.

5.7.1 Geringfügig entlohnte Beschäftigung

Bei den **geringfügig entlohnten Beschäftigten** ist zu unterscheiden, ob die Tätigkeiten in **Unternehmen** oder in **Privathaushalten** ausgeübt werden.

5.7.1.1 Geringfügig entlohnte Beschäftigung in Unternehmen

Eine geringfügig entlohnte Beschäftigung in einem **Unternehmen** liegt vor, wenn das Arbeitsentgelt aus dieser Tätigkeit regelmäßig **im Monat 450 Euro nicht** übersteigt.

Die wöchentliche **Arbeitszeit** ist dabei **unerheblich**.

Der Arbeitgeber hat an die **Einzugsstelle**, die **Minijob-Zentrale, 45115 Essen**, (www.minijob-zentrale.de), für die geringfügig entlohnten Beschäftigungen in Unternehmen **Pauschalabgaben** zu entrichten. Die Pauschalabgaben betragen grundsätzlich

30 % des Arbeitsentgelts.

Davon entfallen **15 %** auf die **Rentenversicherung**, **13 %** auf die **Krankenversicherung** und **2 %** auf eine einheitliche **Pauschsteuer**. Steuerrechtlich sind mit der einheitlichen **Pauschsteuer** von **2 %** des Arbeitsentgelts die **Lohnsteuer**, der **Solidaritätszuschlag** und die **Kirchensteuer** abgegolten (§ 40a Abs. 2 EStG).

Wer einen Minijob aufnimmt, ist **versicherungspflichtig** in der gesetzlichen Rentenversicherung. Da der Arbeitgeber bereits 15 % Pauschalbeitrag zur Rentenversicherung zahlt, ist vom Arbeitnehmer die Differenz zum allgemeinen Beitragssatz von 18,6 % auszugleichen. Das sind **3,6 %** Beitragsanteil für den Minijobber.

Minijobber können sich in einer aufgenommenen Beschäftigung von der Versicherungspflicht in der Rentenversicherung **befreien lassen**.

Neben der Pauschale von **30 %** haben Arbeitgeber **Umlagen** für Krankheit, Schwangerschaft/Mutterschaft und Insolvenz zu entrichten. Die Summe der Umlagen beträgt grds.

1,20 % des Arbeitsentgelts.

Die **Umlage 1** (U 1) für den Ausgleich der Arbeitgeberaufwendungen bei Krankheit beträgt seit dem 01.01.2017 0,90 %.

Am Ausgleichverfahren bei Krankheit nehmen grundsätzlich alle Arbeitgeber mit **maximal 30 Beschäftigten** teil. Bei **mehr als 30** Arbeitnehmern **entfällt die Umlage 1**.

Die **Umlage 2** (U 2) für den Ausgleich bei Schwangerschaft und Mutterschaft beträgt seit 01.01.2018 **0,24 %** des Arbeitsentgelts. Am Ausgleichverfahren bei Schwangerschaft/Mutterschaft nehmen grundsätzlich alle Arbeitgeber – unabhängig von ihrer Betriebsgröße – teil.

Seit **01.01.2018** beträgt die **Insolvenzgeldumlage 0,06 %** des Arbeitsentgelts.

5.7 Geringfügige Beschäftigungen

Der **Arbeitgeber** hat die **Pauschalbeiträge** zur Renten- und Krankenversicherung, die **Pauschsteuer** sowie die **Umlagen allein zu tragen** und bis zum **drittletzten Arbeitstag** des Monats, in dem die Beschäftigung ausgeübt wird, an die Minijob-Zentrale zu entrichten.

Daneben besteht **für den Arbeitgeber** eine **Melde- und Beitragspflicht zur gesetzlichen Unfallversicherung**. Die zuständigen Unfallversicherungsträger (Berufsgenossenschaften) sind nach Branchen und teilweise auch regional gegliedert. Eine Übersicht findet sich auf der Homepage der Deutschen Gesetzlichen Unfallversicherung (DGUV) unter www.dguv.de.

Für den **Arbeitnehmer** ist das Arbeitsentgelt aus dieser Beschäftigung **steuer- und sozialversicherungsfrei**.

BEISPIEL

Der Arbeitgeber Heinz Fischer, Koblenz, Betriebsnummer 52199473, Steuernummer 22/220/1020/2, beschäftigt seit 01.01.2019 in seinem Unternehmen eine familienversicherte **Angestellte**, die Büroarbeiten erledigt, für monatlich **450 €**. Sein Betrieb hat **weniger als 30 Beschäftigte**. Die Angestellte hat sich von der Versicherungspflicht in der gesetzlichen Rentenversicherung befreien lassen.

Fischer hat monatlich **450 €** an die Angestellte und **140,81 €** - wie die folgende Berechnung zeigt - an die Minijob-Zentrale zu entrichten:

Beiträge zur KV:	13 % von 450 €	=	58,50 €
Beiträge zur RV:	15 % von 450 €	=	67,50 €
Pauschsteuer:	2 % von 450 €	=	9,00 €
Pauschalbeiträge	30 % von 450 €	=	135,00 €
Umlage 1 (U 1):	0,90 % von 450 €	=	4,05 €
Umlage 2 (U 2):	0,24 % von 450 €	=	1,08 €
Insolvenzgeldumlage:	0,06 % von 450 €	=	0,27 €
Umlagen	1,20 % von 450 €	=	5,40 €
Pauschalbeiträge + Umlagen (31,20 % von 450 €)			**140,40 €**

Buchungssatz (monatlich):

Sollkonto	Betrag (€)	Habenkonto
6035 (4195) Löhne für Minijobs	450,00	**1600** (1000) Kasse
6035 (4195) Löhne für Minijobs*	126,00	**1800** (1200) Bank
6036 (4194) Pausch. Steuern u. Abgaben an M.**	14,40	**1800** (1200) Bank

* 58,50 € (Beiträge zur KV) + 67,50 € (Beiträge zur RV) = 126,00 = 28 % von 450 €
** 9,00 € (Pauschsteuer) + 5,40 € (Umlagen) = 14,40 € = 3,20 % von 450 €

Buchung (Nettobuchung):

S	**6035** (4195) **Löhne für Minijobs**	H		S	**1600** (1000) **Kasse**	H
	450,00					450,00
	126,00					

S	**6036** (4194) **Pauschale Steuern und Abgaben an Minijobber**	H		S	**1800** (1200) **Bank**	H
	14,40					126,00
						14,40

5 Personalwirtschaft

Der Arbeitgeber hat die **Möglichkeit**, auf die Pauschalierung des Arbeitslohns zu verzichten und den Arbeitslohn nach den Merkmalen der ELSTAM zu erheben (Wahlrecht).

> **ÜBUNG →** 1. Wiederholungsfragen 14 bis 18 (Seite 263),
> 2. Aufgabe 17 (Seite 268)

5.7.1.2 Geringfügig entlohnte Beschäftigung in Privathaushalten

Eine geringfügig entlohnte Beschäftigung in einem **Privathaushalt** liegt vor, wenn sie durch einen privaten Haushalt begründet worden ist und die Tätigkeit sonst gewöhnlich durch Mitglieder des privaten Haushalts erledigt wird, z.B. Reinigung der Wohnung, Waschen, Bügeln, Zubereitung von Mahlzeiten, Gartenpflege.

Auch bei einer geringfügig entlohnten Beschäftigung in einem Privathaushalt darf das Arbeitsentgelt aus dieser Beschäftigung regelmäßig **450 Euro monatlich nicht** übersteigen.

Der Arbeitgeber hat an die **Einzugsstelle**, die **Minijob-Zentrale, 45115 Essen**, (www.minijob-zentrale.de), für die geringfügig entlohnten Beschäftigungen in Privathaushalten **Pauschalabgaben** zu entrichten.

Die Pauschalabgaben wurden zuletzt **zum 01.01.2018 geändert** und betragen seitdem insgesamt

14,74 % des Arbeitsentgelts.

Die Pauschalabgaben setzen sich wie folgt zusammen:

Pauschale	seit 01.01.2018
Krankenversicherungspauschale	5,00 %
Rentenversicherungspauschale	5,00 %
Pauschalsteuer	2,00 %
Umlage 1 (U1)	0,90 %
Umlage 2 (U2) und	**0,24 %**
Beiträge zur Unfallversicherung	1,60 %
insgesamt	**14,74 %**

BEISPIEL

Der Arbeitgeber U, Köln, beschäftigt seit 01.01.2019 in seinem Privathaushalt eine familienversicherte **Arbeiterin** (Putzhilfe) für 450 € monatlich. Sein Betrieb hat **weniger als 30 Beschäftigte**. Die Zahlung an die Putzhilfe erfolgt jeweils am Monatsende bar aus der Geschäftskasse und die Pauschalabgaben an die Minijob-Zentrale werden durch Überweisung vom betrieblichen Bankkonto gezahlt. Die Arbeiterin hat die Befreiung von der Rentenversicherungspflicht beantragt.
U hat monatlich **66,33 €** (14,74 % von 450 € = 66,33 €) **Pauschalabgaben** an die Minijob-Zentrale zu entrichten. Für die Arbeitnehmerin sind die 450 € steuer- und sozialversicherungsfrei.

Buchungssatz (monatlich):

Sollkonto	Betrag (€)	Habenkonto
2100 (1800) Privatentnahmen	450,00	**1600** (1000) Kasse
2100 (1800) Privatentnahmen	66,33	**1800** (1200) Bank

5.7 Geringfügige Beschäftigungen

Buchung (monatlich):

S	2100 (1800) Privatentnahmen	H		S	1600 (1000) Kasse	H
	450,00				450,00	
	66,33					

				S	1800 (1200) Bank	H
					66,33	

ÜBUNG → 1. Wiederholungsfragen 18 und 19 (Seite 263),
2. Aufgabe 18 (Seite 269)

5.7.1.3 Mehrere geringfügig entlohnte Beschäftigungen bei einem Arbeitgeber

Wird eine geringfügig entlohnte Beschäftigung **sowohl** im **Unternehmen als auch** im **Privathaushalt** bei **einem** Arbeitgeber ausgeübt, sind grundsätzlich insgesamt **30 %** des Arbeitsentgelts als Pauschalabgaben zzgl. der Umlagen in Höhe von bis zu **1,20 %** des Arbeitsentgelts zu entrichten. Eine Aufteilung in den unternehmerischen und den privaten Tätigkeitsbereich ist nicht vorgesehen. Die verringerten Pauschalabgaben von **14,74 %** des Arbeitsentgelts gelten nur, wenn die geringfügig entlohnte Beschäftigung **ausschließlich** in Privathaushalten ausgeübt wird.

BEISPIEL

Der Arbeitgeber U, Augsburg, beschäftigt seit dem 01.01.2019 eine familienversicherte **Arbeiterin** (Raumpflegerin) für monatlich 400 €. Die Tätigkeit der Raumpflegerin bezieht sich **sowohl** auf die Reinigung der **Büroräume als auch** auf die des **Privathaushalts** des U. Die Angestellte hat sich von der Versicherungspflicht in der gesetzlichen Rentenversicherung befreien lassen. Der Betrieb des U hat weniger als 30 Beschäftigte. Die Zahlungen an die geringfügig entlohnte Beschäftigte erfolgen jeweils am Monatsende bar. Die Minijob-Zentrale wurde ermächtigt, die Pauschalabgaben zulasten des Bankkontos von U per Lastschrift einzuziehen.

U hat monatlich **124,80 €** (30 % von 400 € = 120 € + 1,20 % von 400 € = 4,80 €) Pauschalabgaben und Umlagen an die Minijob-Zentrale zu entrichten.

Die Pauschalabgabe von 14,74 % des Arbeitsentgelt ist ausgeschlossen, weil die Tätigkeit nicht ausschließlich im Privathaushalt ausgeübt wird.

Buchungssatz (monatlich):

Sollkonto	Betrag (€)	Habenkonto
6035 (4195) Löhne für Minijobs	400,00	**1600** (1000) Kasse
6035 (4195) Löhne für Minijobs	112,00*	**1800** (1200) Bank
6036 (4194) Pauschale Steuern u. Abgaben an M.	12,80*	**1800** (1200) Bank

* 28 % (13 % + 15 %) von 400 € = 112,00 €; 3,20 % (2 %+ 0,90 % + 0,24 % + 0,06 %) von 400 € = 12,80 €

Die Reinigungsarbeiten in der Privatwohnung sind je nach Umfang noch über das Privatkonto abzugrenzen.

Buchung (Nettobuchung):

S	6035 (4195) Löhne für Minijobs	H	S	1600 (1000) Kasse	H
400,00				400,00	
112,00					

S	6036 (4194) Pauschale Steuern und Abgaben an Minijobber	H	S	1800 (1200) Bank	H
12,80				112,00	
				12,80	

> **ÜBUNG →** 1. Wiederholungsfrage 20 (Seite 263),
> 2. Aufgabe 19 (Seite 269)

5.7.1.4 Mehrere geringfügig entlohnte Beschäftigungen bei verschiedenen Arbeitgebern

Werden **mehrere** geringfügig entlohnte Beschäftigungen bei **verschiedenen** Arbeitgebern nebeneinander ausgeübt, sind zur Beantwortung der Frage, ob eine geringfügig entlohnte Beschäftigung vorliegt, die **einzelnen Arbeitsentgelte zusammenzurechnen**.

Dies gilt unabhängig davon, ob die Tätigkeiten in Unternehmen oder in Privathaushalten ausgeübt werden.

> **BEISPIEL**
>
> Der Gastwirt A beschäftigt seit 01.01.2019 in seiner Gaststätte eine familienversicherte **Arbeiterin** (Kellnerin) für monatlich **230 €**. Die Arbeitnehmerin übt neben dieser Beschäftigung noch eine weitere Tätigkeit als Kellnerin bei dem Gastwirt B für monatlich **170 €** aus. Die Arbeiterin hat sich von der Versicherungspflicht in der gesetzlichen Rentenversicherung befreien lassen. Beide Gastwirte haben weniger als 30 Beschäftigte.
>
> Bei der Zusammenrechnung beider Beschäftigungen ist die Geringfügigkeitsgrenze von 450 € nicht überschritten. Die Arbeitgeber haben insgesamt Pauschalabgaben und Umlagen von **124,80 €** (31,20 % von 400 €) monatlich an die Minijob-Zentrale zu entrichten. Davon trägt der Arbeitgeber A **71,76 €** (31,20 % von 230 €) und der Arbeitgeber B **53,04 €** (31,20 % von 170 €). Für die Kellnerin sind beide Beschäftigungen steuer- und sozialversicherungsfrei.

Bei einem **Überschreiten** der Geringfügigkeitsgrenze von 450 € monatlich führt dies zur **vollen Sozialversicherungspflicht**, wobei u. U. die **Gleitzone** von **450,01 € bis 850,00 €** (**ab 01.07.2019 bis 1.300,00 €**) zu beachten ist. Bei einem regelmäßigen Arbeitsentgelt zwischen 450,01 € und 850,00 € (**ab 01.07.2019 bis 1.300,00 €**) spricht man nicht mehr von einem Minijob, sondern von einem sogenannten **Midijob**. In dieser Gleitzone zahlt der **Arbeitgeber** für den Midijobber bereits **volle** Sozialversicherungsbeiträge, während der **Arbeitnehmer reduzierte** Beiträge übernimmt.

Steuerrechtlich haben die Arbeitgeber die Möglichkeit, den Arbeitslohn pauschal mit **20 %** zu versteuern, wenn das monatliche Arbeitsentgelt beim einzelnen Arbeitgeber **nicht mehr als 450 €** beträgt (§ 40a Abs. 2a EStG). Hinzu kommen der Solidaritätszuschlag (5,5 % der Lohnsteuer) und die pauschale Kirchensteuer nach dem jeweiligen Landesrecht.

5.7 Geringfügige Beschäftigungen

5.7.1.5 Geringfügig entlohnte Beschäftigung neben einer versicherungspflichtigen Hauptbeschäftigung

Eine geringfügig entlohnte Beschäftigung kann **neben** einer versicherungspflichtigen **Hauptbeschäftigung** erfolgen.

Dabei wird das Arbeitsentgelt der geringfügig entlohnten Beschäftigung **nicht** mit dem der Hauptbeschäftigung **zusammengerechnet**.

Der **Arbeitgeber trägt** für die geringfügig entlohnte Beschäftigung die **Pauschalabgaben** und **Umlagen allein**, während für den **Arbeitnehmer** das Arbeitsentgelt aus dieser Beschäftigung **steuer- und sozialversicherungsfrei** ist.

BEISPIEL

Der Arbeitnehmer A, München, übt als kaufmännischer Angestellter eine sozialversicherungspflichtige Hauptbeschäftigung aus.

Von Mai bis September 2019 übt er zusätzlich bei dem Arbeitgeber U als **Arbeiter** (Kellner) eine Beschäftigung aus. Sein monatliches Arbeitsentgelt beträgt **400 €**. Er hat sich von der Versicherungspflicht in der gesetzlichen Rentenversicherung befreien lassen.

Außerdem erhält er regelmäßig **Trinkgeld** von **ca. 150 €** im Monat. Weiteren Beschäftigungen geht A nicht nach. Die Betriebe des U haben **mehr als 30 Beschäftigte**. Die Zahlung an den Kellner erfolgt jeweils am Monatsende bar und die Pauschalabgaben an die Minijob-Zentrale werden durch Banküberweisung gezahlt.

Die geringfügig entlohnte Beschäftigung wird **nicht** mit der Hauptbeschäftigung zusammengerechnet. U hat für die geringfügig entlohnte Beschäftigung **121,20 €** (30 % von 400 € = 120 € + 0,30 % von 400 € = 1,20 €) monatlich an die Minijob-Zentrale zu entrichten.

Die **Umlage 1 (U 1) entfällt**, weil der Betrieb des U **mehr als 30 Beschäftigte** hat.

Das **Trinkgeld** ist **steuer- und sozialversicherungsfrei** und führt nicht zu einer Überschreitung der Geringfügigkeitsgrenze von 450 € (§ 3 Nr. 51 EStG).

Die Abzüge für die Hauptbeschäftigung sind an das Finanzamt und die Krankenkasse zu zahlen.

Buchungssatz für die geringfügig entlohnte Beschäftigung (monatlich):

Sollkonto	Betrag (€)	Habenkonto
6035 (4195) Löhne für Minijobs	400,00	**1600** (1000) Kasse
6035 (4195) Löhne für Minijobs	112,00	**1800** (1200) Bank
6036 (4194) Pauschale Steuern u. Abgaben an M.	9,20	**1800** (1200) Bank

* 28 % (13 % + 15 %) von 400 € = 112,00 €; 2,30 % (2 % + 0,24 % + 0,06 %) von 400 € = 9,20 €

Buchung (Nettobuchung):

S	**6035** (4195) **Löhne für Minijobs**	H	S	**1600** (1000) **Kasse**	H
400,00					400,00
112,00					

S	**6036** (4194) **Pauschale Steuern und Abgaben an Minijobber**	H	S	**1800** (1200) **Bank**	H
9,20					112,00
					9,20

ÜBUNG →
1. Wiederholungsfragen 21 und 22 (Seite 263),
2. Aufgaben 20 und 21 (Seite 269)

5.7.2 Kurzfristige Beschäftigung

Eine **kurzfristige Beschäftigung** im **lohnsteuerlichen** Sinne liegt vor, wenn

1. der Arbeitnehmer bei dem Arbeitgeber **nur gelegentlich**, nicht regelmäßig beschäftigt wird,
2. die Dauer der Beschäftigung **18 zusammenhängende Arbeitstage nicht übersteigt**,
3. der Arbeitslohn während der Beschäftigungsdauer **72 Euro** durchschnittlich **je Arbeitstag nicht übersteigt** oder
   die Beschäftigung zu einem unvorhersehbaren Zeitpunkt **sofort** erforderlich wird (§ 40a Abs. 1 EStG) und
4. der durchschnittliche **Stundenlohn** während der Beschäftigungsdauer **12 Euro nicht übersteigt** (§ 40a Abs. 4 EStG).

Werden Arbeitnehmer **kurzfristig** beschäftigt (sog. **Aushilfskräfte**), kann die Lohnsteuer mit einem **Pauschsteuersatz** von

25 % des Arbeitslohns

zuzüglich Solidaritätszuschlag und Kirchensteuer erhoben werden (§ 40a **Abs. 1** EStG).

Eine kurzfristige Beschäftigung ist **sozialversicherungsfrei**, wenn die Beschäftigung für eine Zeitdauer ausgeübt wird, die im Laufe eines **Kalenderjahres** auf **nicht mehr als drei Monate** oder insgesamt **70 Arbeitstage** nach ihrer **Eigenart** begrenzt zu sein pflegt oder im Voraus vertraglich begrenzt ist.

Ursprünglich war vorgesehen, dass ab dem 01.01.2019 wieder die bis zum 31.12.2014 geltenden Höchstgrenzen von 2 Monaten oder 50 Arbeitstagen gelten sollen. Mit dem am 21.12.2018 im Bundesgesetzblatt veröffentlichten Gesetz zur Stärkung der Chancen für Qualifizierung und für mehr Schutz in der Arbeitslosenversicherung (**Qualifizierungschancengesetz**) wurden die **Zeitgrenzen** für eine **sozialversicherungsfreie** kurzfristige Beschäftigung **dauerhaft** auf drei Monate oder 70 Arbeitstage **festgesetzt**.

Eine kurzfristige Beschäftigung liegt **nicht** mehr vor, wenn die Beschäftigung **berufsmäßig** ausgeübt wird. **Berufsmäßig** wird eine Beschäftigung dann ausgeübt, wenn sie für die Person von nicht untergeordneter wirtschaftlicher Bedeutung ist (Bundessozialgericht, Urteil vom 28.10.1960, 3 RK 31/56). Berufsmäßigkeit ist z.B. grundsätzlich anzunehmen bei kurzfristigen Beschäftigungen zwischen Schulentlassung bzw. Abschluss des Studiums und Eintritt in das Berufsleben oder zulässigen Teilzeitbeschäftigungen während der Elternzeit.

Für kurzfristig beschäftigte Arbeitnehmer hat der Arbeitgeber an die **Minijob-Zentrale** die **Umlage 1** (**nur** bei einer Beschäftigungsdauer von **mehr als 4 Wochen**), die **Umlage 2** und die **Insolvenzgeldumlage** sowie die **individuellen Beiträge** an den zuständigen **Unfallversicherungsträger** abzuführen.

BEISPIEL

Der Arbeitgeber U, **Bonn**, beschäftigt wegen Krankheit eines Arbeitnehmers in 2019 für 15 Tage eine **Aushilfe**. Für jeden der 15 Arbeitstage erhält die Aushilfe 75 €. Die Zahlung in Höhe von **1.125 €** (15 x 75 €) erfolgt in bar. Die Arbeitszeit beträgt 10 Stunden am Tag.

Der Arbeitgeber kann die Lohnsteuer **pauschalieren**, weil alle Voraussetzungen für eine kurzfristige Beschäftigung erfüllt sind. Wegen der unvorhersehbaren, sofortigen Beschäftigung darf der Tageslohn 68 € übersteigen. Die Umlage 1 entfällt, da die Beschäftigungsdauer 4 Wochen nicht überschreitet. Sofern die Aushilfstätigkeit nicht berufsmäßig ausgeübt wird, ist sie sozialversicherungsfrei.

5.7 Geringfügige Beschäftigungen

Die **Abrechnung** für die Aushilfe sieht für 2019 wie folgt aus (ohne Unfallversicherung):

Lohn (15 x 75 €)		1.125,00 €
+ pauschalierte LSt (**25 %** von 1.125 €)	281,25 €	
+ Solidaritätszuschlag (5,5 % von 281,25 €)	15,46 €	
+ pauschalierte KiSt (7 % von 281,25 €)	19,68 €	
+ Insolvenzumlage (0,06 % von 1.125 €)	0,68 €	
+ Umlage 2 (0,24 % von 1.125)	2,70 €	319,77 €
= Kosten des Arbeitgebers		1.444,77 €

Buchungssatz:

Sollkonto	Betrag (€)	Habenkonto
6030 (4190) Aushilfslöhne	1.125,00	**1600** (1000) Kasse
6040 (4199) Pauschale Steuer f. Aushilfen	319,77	**3730** (1741) Verb. aus LSt und KiSt

Buchung:

S	**6030** (4190) **Aushilfslöhne**	H	S	**1600** (1000) **Kasse**	H
	1.125,00				1.125,00

S	**6040** (4199) **Pauschale Steuer für Aushilfen**	H	S	**3730** (1741) **Verb. aus LSt/KiSt**	H
	319,77				319,77

Zusammenfassung zu Abschnitt 5.7:

5.8 Gleitzone bei Arbeitsentgelten zwischen 450,01 € und 850,00 € (ab 01.07.2019: 1.300,00 €)

Für Arbeitsentgelte, die zwischen **450,01 €** und **850,00 €** liegen, ist **sozialversicherungsrechtlich** eine **Gleitzone** eingeführt worden (§ 20 Abs. 2 SGB IV). Durch das Gesetz über Leistungsverbesserungen und Stabilisierung in der gesetzlichen Rentenversicherung (**RV-Leistungsverbesserungs- und -Stabilisierungsgesetz**) vom 28. November 2018 wird das Ende der Gleitzone **ab dem 1. Juli 2019** für diese sogenannten **Midijobs** auf **1.300,00 €** ausgedehnt. Statt von Gleitzone wird im Gesetz nun von einem sozialversicherungsrechtlichen **Übergangsbereich** gesprochen.

Die Gleitzone bzw. der Übergangsbereich gilt **nicht** für **Ausbildungsverhältnisse**. **Steuerrechtlich** ergeben sich im Rahmen des Übergangsbereichs keine Besonderheiten.

Die Beiträge zur **Sozialversicherung** werden bei Arbeitsentgelten zwischen 450,01 € und 850,00 € (**ab 01.07.2019: 1.300,00 €**) vom Arbeitgeber und Arbeitnehmer **nicht je zur Hälfte** getragen. Der **Arbeitgeber** hat innerhalb des Übergangsbereichs den **vollen** Beitragsanteil zu tragen, während der Beitragsanteil des **Arbeitnehmers** gleitend bis zum vollen Arbeitnehmeranteil bei 850,00 € (**ab 01.07.2019: 1.300,00 €**) ansteigt.

Die Berechnung der einzelnen Beitragsanteile innerhalb des Übergangsbereichs erfolgt in **drei Schritten**:

1. Berechnung des **Gesamtbeitrags** (Arbeitgeberanteil + Arbeitnehmeranteil),
2. Berechnung des **Arbeitgeberanteils**,
3. Berechnung des **Arbeitnehmeranteils**.

zu 1. Gesamtbeitrag

Um den Gesamtbeitrag zu berechnen, ist es erforderlich, zunächst die **Bemessungsgrundlage** für den Gesamtbeitrag zu ermitteln. Auf diese Bemessungsgrundlage wird dann der **Gesamtbeitragssatz** angewendet.

$$\text{Gesamtbeitrag} = \text{Bemessungsgrundlage} \times \text{Gesamtbeitragssatz}$$

Die **Bemessungsgrundlage** für die Ermittlung des Gesamtbeitrags zur Sozialversicherung kann für das Jahr **2019** nach folgender **Formel** berechnet werden:

> **01.01. - 30.06.: Bemessungsgrundlage** = 1,273825 x Arbeitsentgelt - 232,75125
> **01.07. - 31.12.: Bemessungsgrundlage** = 1,1288588 x Arbeitsentgelt - 167,51647

Bei der Berechnung des Gesamtbeitrags ist der kassenindividuelle Zusatzbeitrag zu berücksichtigen. Bei einem Zusatzbeitrag in Höhe von 0,9 % beträgt der durchschnittliche **Gesamtbeitragssatz** in 2019 für **nicht Kinderlose 39,65 %** (18,6 % + 14,6 % + 0,9 % + 3,05 % + 2,5 %) und für **Kinderlose 39,90 %** (18,6 % + 14,6 % + 0,9 % + 3,05 % + 0,25 % + 2,5 %).

BEISPIEL

Das Arbeitsentgelt der **nicht kinderlosen** Arbeitnehmerin A, 26 Jahre, beträgt für den Monat Juni 2019 **600 €**. Der Zusatzbeitrag ihrer Krankenkasse beträgt 0,9 %.

Die **Bemessungsgrundlage** wird wie folgt ermittelt:

Bemessungsgrundlage = 1,273825 x 600,00 - 232,75125 = **531,54 €**

Multipliziert man die Bemessungsgrundlage mit dem Gesamtbeitragssatz von 39,65 %, ergibt sich der **Gesamtbeitrag** zur Sozialversicherung von **210,76 €**.

5.8 Gleitzone bei Arbeitsentgelten zwischen 450,01 € und 850,00 €

zu 2. Arbeitgeberanteil

Der **Arbeitgeber** hat von dem Gesamtbeitragssatz von 39,65 % (inklusive durchschnittlichem Zusatzbeitrag) für nicht kinderlose Arbeitnehmer **19,825 %** (9,3 % + 7,3 % + 0,45 % + 1,525 % + 1,25 %) zu tragen.

BEISPIEL

Sachverhalt wie im Beispiel zuvor

Der **Arbeitgeber** hat **118,95 €** (600 € x 19,825 %) **zu tragen**.

zu 3. Arbeitnehmeranteil

Für die Ermittlung des Arbeitnehmeranteils an den Sozialversicherungsbeiträgen wird der Arbeitgeberanteil vom Gesamtbeitrag abgezogen:

	Gesamtbeitrag
−	Arbeitgeberanteil
=	**Arbeitnehmeranteil**

BEISPIEL

Sachverhalt wie im Beispiel zuvor

Der **Arbeitnehmeranteil** an den Sozialversicherungsbeiträgen beträgt **91,81 €**:

	Gesamtbeitrag	210,76 €
−	Arbeitgeberanteil	− 118,95 €
=	**Arbeitnehmeranteil**	**91,81 €**

Die Lohnabrechnung der Arbeitnehmerin A sieht für den Monat Juni 2019 wie folgt aus:

	Lohn		600,00 €
−	Lohnsteuer (I/0)	0,00 €	
−	Solidaritätszuschlag	0,00 €	
−	Kirchensteuer	0,00 € −	0,00 €
−	**Sozialversicherungsbeiträge (Arbeitnehmeranteil)**	−	91,81 €
=	Nettolohn		508,19 €

Der **Arbeitgeberanteil** zu Sozialversicherung beträgt **118,95 €**.

Buchungssatz (monatlich):

Sollkonto	Betrag (€)	Habenkonto
6010 (4110) Löhne	600,00	
	91,81	**3740** (1742) Verb. im Rahmen d. s. S.
	508,19	**3720** (1740) Verb. aus Lohn/Gehalt
6110 (4130) Ges. soz. Aufw.	118,95	**3740** (1742) Verb. im Rahmen d. s. S.

Buchung (Bruttomethode):

S	6010 (4110) **Löhne**	H	S	3740 (1742) **Verb. im Rahmen d. s. S.**	H
	600,00				91,81
					118,95

S	6110 (4130) **Gesetzl. soz. Aufw.**	H	S	3720 (1740) **Verb. aus Lohn/Gehalt**	H
	118,95				508,19

BEISPIEL

Sachverhalt wie im Beispiel auf Seite 250 mit dem Unterschied, dass die Arbeitnehmerin **kinderlos** ist. Entsprechend **erhöht** sich der Gesamtbeitragssatz um den **Zuschlag zur Pflegeversicherung** in Höhe von **0,25 %**, der **allein** von der Arbeit**nehmerin** zu tragen ist.

Der **Arbeitnehmeranteil** an den Sozialversicherungsbeiträgen beträgt:

	Gesamtbeitrag	212,08 €
−	Arbeitgeberanteil	− 118,95 €
=	**Arbeitnehmeranteil**	**93,13 €**

ÜBUNG → 1. Wiederholungsfragen 23 bis 25 (Seite 263),
2. Aufgabe 22 (Seite 270)

5.9 Sachzuwendungen an Arbeitnehmer

Fließt dem Arbeitnehmer **Arbeitslohn** in Form von **Sachbezügen** zu, so sind diese ebenso wie Barlohnzahlungen dem **laufenden Arbeitslohn** oder den **sonstigen Bezügen** zuzuordnen (R 8.1 Abs. 1 Satz 1 LStR 2015).

Sachbezüge bleiben **außer Ansatz**, wenn sie insgesamt **44 Euro** im Kalender**monat** (Frei**grenze**) **nicht** übersteigen (§ 8 Abs. 2 Satz 11 EStG). Eine Übertragung von nicht ausgeschöpften Beträgen in andere Kalendermonate ist **nicht** möglich.

Die Sachbezüge werden, abhängig davon, ob in ihnen Umsatzsteuer enthalten ist oder nicht, auf folgende Konten gebucht:

4947 (8611) **Verrechnete sonstige Sachbezüge 19 % USt aus Kfz-Gestellung,**
4948 (8613) **Verrechnete sonstige Sachbezüge 19 % USt** oder
4949 (8614) **Verrechnete sonstige Sachbezüge ohne Umsatzsteuer.**

Im Folgenden werden die in der Praxis **wichtigsten Sachbezüge** beispielhaft dargestellt.

5.9.1 Wohnung und Unterkunft

Wird einem Arbeitnehmer die Möglichkeit gegeben, eine Wohnung oder Unterkunft des Arbeit**gebers kostenlos oder verbilligt** zu nutzen, so handelt es sich um einen **geldwerten Vorteil**, der als **Arbeitslohn** steuerbar ist. Für die **Höhe** des geldwerten Vorteils ist zunächst zu unterscheiden, ob es sich um eine **Wohnung** oder um eine **Unterkunft** handelt.

Eine **Wohnung** ist eine in sich geschlossene Einheit von Räumen, in denen ein selbständiger Haushalt geführt werden kann. Wesentlich ist, dass eine **Wasserversorgung und -entsorgung**, zumindest eine einer Küche vergleichbare **Kochgelegenheit** sowie eine **Toilette** vorhanden sind. Danach stellt z. B. ein Einzimmerappartement mit Küchenzeile und WC als Nebenraum eine Wohnung dar (R 8.1 Abs. 6 LStR 2015).

Soweit diese **Voraussetzungen nicht** vorhanden sind, handelt es sich um eine **Unterkunft**. Danach stellt z. B. ein Einzimmerappartement bei Mitbenutzung von Bad, Toilette und Küche eine Unterkunft dar (R 8.1 Abs. 6 Satz 4 LStR 2015).

Die Gewährung der kostenlosen oder verbilligten **Wohnung oder Unterkunft** ist **umsatzsteuerfrei** (§ 4 Nr. 12a UStG).

Wohnung (Werkswohnung)

Wird einem Arbeitnehmer eine **Wohnung** des Arbeitgebers **kostenlos** zur Verfügung gestellt, so ist als **geldwerter Vorteil** die **ortsübliche Miete** anzusetzen. Für Energie, Wasser und sonstige **Nebenkosten** ist der **übliche Preis am Abgabeort** anzusetzen.

5.9 Sachzuwendungen an Arbeitnehmer

Im **Rahmen der Einkommensteuerveranlagung** kann der **Arbeitnehmer** die geldwerten Vorteile wahlweise nach § 8 Abs. 2 EStG **oder** § 8 Abs. 3 EStG bewerten lassen.

BEISPIEL 1

Der ledige, katholische, kinderlose Arbeitnehmer A, Bochum, der ein Bruttogehalt von **2.500 €** bezieht, hat 2019 von seinem Arbeitgeber eine Wohnung **kostenlos** zur Verfügung gestellt bekommen. Der **ortsübliche Mietpreis** einschl. Nebenkosten beträgt monatlich **500 €**. Der Zusatzbeitrag zur Krankenversicherung beträgt 0,9 %.

Der **steuerpflichtige Arbeitslohn** des A wird für einen Monat wie folgt ermittelt:

	Bruttogehalt	2.500,00 €
+	**geldwerter Vorteil (ortsübliche Miete)**	**500,00 €**
=	**steuerpflichtiger Arbeitslohn**	3.000,00 €

Die **Gehaltsabrechnung** des A sieht für den Monat Mai 2019 wie folgt aus:

	Bruttogehalt	2.500,00 €
+	Sachbezug (**ortsübliche Miete**)	**500,00 €**
=	steuer- und sozialversicherungspflichtiges Gehalt	3.000,00 €
−	Lohnsteuer/Kirchensteuer/Solidaritätszuschlag	− 476,98 €
−	Sozialversicherungsbeiträge (20,075 %* von 3.000 €)	− 602,25 €
	Nettogehalt	1.920,77 €
−	Sachbezug	− **500,00 €**
=	Auszahlungsbetrag	1.420,77 €

* 20,075 % = 19,625 % + 0,45 % (0,9 % : 2)

Der **Arbeitgeberanteil** zur Sozialversicherung beträgt **594,75 €** (19,825 % v. 3.000 €).

Buchungssatz (Bruttomethode):

Tz.	Sollkonto	Betrag (€)	Habenkonto
1.	**6020** (4120) Gehälter	3.000,00	
		476,98	**3730** (1741) Verb. aus LSt und KiSt
		602,25	**3740** (1742) Verb. im Rahmen d. s. S.
		500,00	**4949** (8614) **Verr. sonst. Sachb. ohne USt**
		1.420,77	**3720** (1740) Verb. aus Lohn/Gehalt
	6110 (4130) Ges. soz. Aufw.	594,75	**3740** (1742) Verb. im Rahmen d. s. S.

Buchung (Bruttomethode):

S	**6020** (4120) **Gehälter**	H	S	**3730** (1741) **Verb. aus LSt/KiSt**	H
1)	3.000,00			1)	476,98

S	**6110** (4130) **Gesetzl. soz. Aufw.**	H	S	**3740** (1742) **Verb. im Rahmen d. s. S.**	H
1)	594,75			1)	602,25
				1)	594,75

			S	**4949** (8614) **Verr. sonst. Sachb. o. USt**	H
				1)	**500,00**

			S	**3720** (1740) **Verb. aus Lohn/Gehalt**	H
				1)	1.420,77

5 Personalwirtschaft

Bei **verbilligter** Überlassung einer **Wohnung** ist als **geldwerter Vorteil** der **Unterschiedsbetrag** zwischen dem **vereinbarten Preis** und der **ortsüblichen Miete** einschließlich Nebenkosten anzusetzen.

BEISPIEL 2

Sachverhalt wie im Beispiel 1 mit dem **Unterschied**, dass A monatlich **375 €** an **Miete** zahlt, die mit seinem Gehalt verrechnet wird.

Die **Gehaltsabrechnung** des A sieht für den Monat Mai 2019 wie folgt aus:

	Bruttogehalt	2.500,00 €
	gezahlte Miete der Wohnung	375 €
	ortsüblicher Mietpreis einschließlich Nebenkosten	500 €
+	Sachbezug (**verbilligte Wohnung**)	**125,00 €**
=	steuer- und sozialversicherungspflichtiger Arbeitslohn	2.625,00 €
−	Lohnsteuer/Kirchensteuer/Solidaritätszuschlag	− 370,68 €
−	Sozialversicherungsbeiträge (20,075 %* von 2.625 €)	− 526,97 €
	Nettogehalt	1.727,35 €
−	Sachbezug	− **125,00 €**
−	Miete	− 375,00 €
=	Auszahlungsbetrag	1.227,35 €

* 20,075 % = 19,625 % + 0,45 % (0,9 % : 2)

Der **Arbeitgeberbeitrag** zur Sozialversicherung beträgt **520,41 €** (19,825 % v. 2.625 €).

Buchungssatz (Bruttomethode):

Tz.	Sollkonto	Betrag (€)	Habenkonto
2.	**6020** (4120) Gehälter	2.625,00	
		370,68	**3730** (1741) Verb. aus LSt/KiSt
		526,97	**3740** (1742) Verb. im Rahmen d. s. S.
		125,00	**4949** (8614) Verr. sonst. Sachb. ohne USt
		375,00	**4860** (2750) Grundstückserträge
		1.227,35	**3720** (1740) Verb. aus Lohn/Gehalt
	6110 (4130) Ges. soz. Aufw.	520,41	**3740** (1742) Verb. im Rahmen d. s. S.

Buchung (Bruttomethode):

S	**6020** (4120) **Gehälter**	H
2)	2.625,00	

S	**6110** (4130) **Gesetzl. soz. Aufw.**	H
2)	520,41	

S	**3730** (1741) **Verb. aus LSt/KiSt**	H
		2) 370,68

S	**3740** (1742) **Verb. im Rahmen d. s. S.**	H
		2) 526,97
		2) 520,41

S	**4949** (8614) **Verr. sonst. Sachb. o. USt**	H
		2) 125,00

S	**4860** (2750) **Grundstückserträge**	H
		2) 375,00

S	**3720** (1740) **Verb. aus Lohn/Gehalt**	H
		2) 1.227,35

5.9 Sachzuwendungen an Arbeitnehmer

Unterkunft

Wird einem Arbeitnehmer eine **Unterkunft** des Arbeitgebers **kostenlos oder verbilligt** zur Verfügung gestellt, wird der **geldwerte Vorteil** nach **amtlichen Sachbezugswerten festgelegt**.

Für **2019** gelten nach der Sozialversicherungsentgeltverordnung im gesamten Bundesgebiet folgende Sachbezugswerte:

Art des Sachbezugs	alte Bundesländer	neue Bundesländer
Unterkunft	231 €	231 €

Mit dem Ansatz der Sachbezugswerte für freie Unterkunft sind die Kosten für Heizung und Beleuchtung mit abgegolten.

Für **Jugendliche** unter 18 Jahren und **Auszubildende** vermindert sich der Wert um **15 %**. **Ebenso** wird für **diejenigen Beschäftigten** ein Abschlag von 15 % auf den Wert der kostenlosen Unterkunft vorgenommen, **die in den Haushalt des Arbeitgebers oder** in einer **Gemeinschaftsunterkunft aufgenommen** worden sind.

BEISPIEL 3

Die ledige, nicht kinderlose Helga Sabel ist Haushälterin bei Familie Schmitz in Köln.
Neben ihrem monatlichen Bruttolohn von **700 Euro** bewohnt sie **kostenlos** ein **möbliertes Zimmer mit Heizung** (ohne Bad und WC) **im Hause** der Familie Schmitz. Der Zusatzbeitrag zur Krankenversicherung beträgt 0,9 %.

Ihre **Lohnabrechnung** sieht für den Monat Juni 2019 wie folgt aus:

	Bruttogehalt	700,00 €
+	Sachbezug (**Unterkunft**) [231 € − 34,65 € (15 %)]	**196,35 €**
=	steuer- und sozialversicherungspflichtiger Arbeitslohn	896,35 €
−	Lohnsteuer/Kirchensteuer/Solidaritätszuschlag	− 0,00 €
−	Sozialversicherungsbeiträge (19,825 % von 896,35 €)	− 177,70 €
	Nettogehalt	718,65 €
−	Sachbezug	**196,35 €**
=	Auszahlungsbetrag	522,30 €

* 19,825 % = 19,375 % + 0,45 % (0,9 % : 2)

Der **Arbeitgeberanteil** zur Sozialversicherung beträgt **177,70 €** (19,825 % von 896,35 €).

Buchungssatz (Bruttomethode):

Tz.	Sollkonto	Betrag (€)	Habenkonto
3.	6010 (4110) Löhne	896,35	
		177,70	3740 (1742) Verb. im Rahmen d.s.S.
		196,35	4949 (8614) Verr. sonst. Sachb. ohne USt
		522,30	3720 (1740) Verb. aus Lohn/Gehalt
	6110 (4130) Ges. soz. Aufw.	177,70	3740 (1742) Verb. im Rahmen d.s.S.

Buchung (Bruttomethode):

S	6010 (4110) Löhne	H		S	3740 (1742) Verb. im Rahmen d.s.S.	H
3)	896,35				3)	177,70
					3)	177,70

S	6110 (4130) Gesetzl. soz. Aufw.	H		S	4949 (8614) Verr. sonst. Sachb. o. USt	H
3)	177,70				3)	196,35

S	3720 (1740) Verb. aus Lohn/Gehalt	H
	3)	522,30

ÜBUNG → 1. Wiederholungsfragen 26 und 27 (Seite 263),
2. Aufgaben 23 und 24 (Seite 270)

5.9.2 Verpflegung

Ebenso wie für die Unterkunft wird der **geldwerte Vorteil** auch für **Verpflegung** nach **amtlichen Sachbezugswerten** festgelegt.

Nach der **Sozialversicherungsentgeltverordnung** beträgt der **Sachbezugswert** von unentgeltlichen oder verbilligten Mahlzeiten **für alle Länder 2019** (BMF vom 16.11.2018):

Art des Sachbezugs	Sachbezugswert	
	monatlich	täglich
Frühstück	53 €	1,77 €
Mittagessen	99 €	3,30 €
Abendessen	99 €	3,30 €
gesamt	251 €	8,37 €

Der **geldwerte Vorteil** ergibt sich aus dem **Unterschiedsbetrag** zwischen dem **Sachbezugswert** der Mahlzeit **und** der **Zahlung** durch den Arbeitnehmer.

Hieraus ergibt sich, dass die steuerliche Erfassung der Mahlzeiten entfällt, wenn gewährleistet ist, dass der Arbeitnehmer für jede Mahlzeit mindestens einen Preis in Höhe des amtlichen Sachbezugswerts zahlt (R 8.1 Abs. 7 LStR 2015).

BEISPIEL

Die Auszubildende A, Leipzig, isst arbeitstäglich in einer Gaststätte zu Mittag.
Der Preis der Mahlzeit beträgt **3,30 €**. A zahlt für das Mittagessen nur **1,60 €**.
Der Unterschiedsbetrag wird von ihrem Arbeitgeber beglichen.

Der **geldwerte Vorteil** für A wird für **einen Tag 2019** wie folgt ermittelt:

	Sachbezugswert der Mahlzeit	3,30 €
-	Zahlung der Arbeitnehmerin	- 1,60 €
=	**geldwerter Vorteil**	**1,70 €**

In den amtlichen **Sachbezugswerten für Verpflegung** ist – im Gegensatz zu den Werten für die Unterkunft – die **Umsatzsteuer** mit **19 %** enthalten. Die Umsatzsteuer ist vom Arbeitgeber anzumelden und abzuführen. Entrichtet der Arbeitnehmer ein höheres Entgelt als der Sachbezugswert, so ist die Umsatzsteuer daraus zu errechnen.

5.9 Sachzuwendungen an Arbeitnehmer

BEISPIEL

Die 22-jährige Auszubildende A, Bonn, erhält im Juni 2019 neben ihrer Ausbildungsvergütung von **600 €** freie Verpflegung im Wert von insgesamt **245 €**. Da A für die Verpflegung nichts zahlt, ist der volle Wert nach der Sozialversicherungsentgeltverordnung anzusetzen. Der Zusatzbeitrag zur Krankenversicherung beträgt 0,9 %.

Die „**Gehaltsabrechnung**" der Auszubildenden A sieht im Juni 2019 wie folgt aus:

	Bruttogehalt		600,00 €
+	Sachbezug (**Verpflegung**), netto	205,88 €	
	+ 19 % USt	39,12 €	**245,00 €**
=	steuer- und sozialversicherungspflichtiges Gehalt		845,00 €
−	Lohnsteuer/Kirchensteuer/Solidaritätszuschlag	−	0,00 €
−	Sozialversicherungsbeiträge (19,825 %* von 845 €)	−	167,52 €
	Nettogehalt		677,48 €
−	Sachbezug	−	**245,00 €**
=	Auszahlungsbetrag		432,48 €

* 19,825 % = 19,375 % + 0,45 % (0,9 % : 2)

Der **Arbeitgeberanteil** zur Sozialversicherung beträgt **167,52 €** (19,825 % von 845 €).

Buchungssatz (Bruttomethode):

Sollkonto	Betrag (€)	Habenkonto
6020 (4120) Gehälter	845,00	
	167,52	**3740** (1742) Verb. im Rahmen d.s.S.
	205,88	**4948** (8613) Verr. Sachb. 19 % USt*
	39,12	**3806** (1776) Umsatzsteuer 19 %
	432,48	**3720** (1740) Verb. aus Lohn/Gehalt
6110 (4130) Ges. soz. Aufw.	167,52	**3740** (1742) Verb. im Rahmen d.s.S.

* Durch die Eingabe des Berichtigungsschlüssels 4 unterbleibt die Errechnung der USt. Die Gewährung von freier Verpflegung ist eine **sonstige Leistung** i. S. d. UStG.

Buchung (Bruttomethode):

S	**6020** (4120) **Gehälter**	H	S	**3740** (1742) **Verb. im Rahmen d.s.S.**	H
845,00					167,52
					167,52

S	**6110** (4130) **Gesetzl. soz. Aufw.**	H	S	**4948** (8613) **Verrechnete sonstige Sachbezüge 19 % Umsatzsteuer**	H
167,52					205,88

			S	**3806** (1776) **Umsatzsteuer 19 %**	H
					39,12

			S	**3720** (1740) **Verb. aus Lohn/Gehalt**	H
					432,48

ÜBUNG → 1. Wiederholungsfrage 28 (Seite 263),
2. Aufgabe 25 (Seite 270)

5.9.3 Gestellung von Kraftfahrzeugen

Überlässt ein Arbeitgeber seinem Arbeitnehmer ein **Kraftfahrzeug** für eine **gewisse Dauer** (mehr als fünf Tage im Monat) zur privaten Nutzung, so ist der **geldwerte Vorteil** entweder nach der **1%-Regelung**, mithilfe eines **Fahrtenbuches** oder durch **Schätzung** zu ermitteln. Dabei bleibt die monatliche Geringfügigkeitsgrenze von **44 Euro** nach § 8 Abs. 2 Satz 9 EStG **außer Betracht**.

1%-Regelung

Der Arbeitgeber hat den **privaten Nutzungsanteil** mit monatlich **1% des Bruttolistenpreises** (zuzüglich der Kosten für Sonderausstattungen, z. B. Navigationsgeräte, Diebstahlsicherungssysteme) anzusetzen, der im **Zeitpunkt der Erstzulassung** für das Kraftfahrzeug festgelegt ist. Dies gilt **auch** bei **gebraucht erworbenen** oder **geleasten** Fahrzeugen. Der **Bruttolistenpreis** ist **auf volle 100 Euro abzurunden** (R 8.1 Abs. 9 Nr. 1 Satz 6 LStR).
Dieser **prozentuale Ansatz** des privaten Nutzungsanteils umfasst die eigentlichen **Privatfahrten** (Freizeitfahrten).
Kann das Kraftfahrzeug **auch** zu **Fahrten zwischen Wohnung und erster Tätigkeitsstätte** genutzt werden, **erhöht sich der Wert um jeden Kilometer der Entfernung** zwischen Wohnung und Arbeitsstätte **um 0,03% des Bruttolistenpreises** (§ 8 Abs. 2 EStG; R 8.1 Abs. 9 Nr. 1 Satz 2 LStR 2015). Unter **bestimmten Voraussetzungen** können die Fahrten zwischen Wohnung und erster Tätigkeitsstätte **auch mit 0,002%** des Bruttolistenpreises angesetzt werden (vgl. BMF-Schreiben vom 04.04.2018, Tz. 10).

> **BEISPIEL**
>
> Der ledige, kinderlose Angestellte A, Bonn, erhält neben seinem Bruttogehalt von **2.500 €** ab 2019 einen gebraucht angeschafften Firmenwagen auch zur Privatnutzung.
> Der **Bruttolistenpreis** im Zeitpunkt der Erstzulassung hat 2018 **20.477,24 €** betragen. Die **Entfernung zwischen Wohnung und erster Tätigkeitsstätte** beträgt **30 km**.
> Der **geldwerte Vorteil** für A wird für **einen Monat** wie folgt ermittelt (Zusatzbeitrag KV 0,9 %):
>
> | | | |
> |---|---|---:|
> | | geldwerte Vorteile für Privatfahrten (1 % von 20.400 €) | 204,00 € |
> | + | **Zuschlag Fahrten zw. Wohnung und erster Tätigkeitsstätte** (0,03 % von 20.400 € x 30 km) | 183,60 € |
> | = | **geldwerter Vorteil insgesamt** | **387,60 €** |
>
> Aus dem so ermittelten Betrag ist die **Umsatzsteuer herauszurechnen**. Ein **pauschaler Abschlag von 20%** für nicht mit Vorsteuer belastete Kosten ist in diesen Fällen **unzulässig** (Abschn. 15.23 Abs. 11 Nr. 1 Satz 5 UStAE).
>
> Die **Gehaltsabrechnung** des A sieht für den Monat **Mai 2019** wie folgt aus:
>
> | | | | |
> |---|---|---:|---:|
> | | Bruttogehalt | | 2.500,00 € |
> | + | Sachbezug (**Gestellung eines Pkws**), netto | 325,71 € | |
> | | + 19 % USt | 61,89 € | **387,60 €** |
> | = | steuer- und sozialversicherungspflichtiges Gehalt | | 2.887,60 € |
> | − | Lohnsteuer/Kirchensteuer/Solidaritätszuschlag | | − 444,54 € |
> | − | Sozialversicherungsbeiträge (20,075 % von 2.887,60 €) | | − 579,69 € |
> | | Nettogehalt | | 1.863,37 € |
> | − | Sachbezug | | − **387,60 €** |
> | = | Auszahlungsbetrag | | 1.475,77 € |
>
> * 20,075 % = 19,375 % + 0,25 % + 0,45 % (0,9 % : 2)

5.9 Sachzuwendungen an Arbeitnehmer

Der **Arbeitgeberanteil** zur Sozialversicherung beträgt **572,47 €** (19,825 % v. 2.887,60 €).

Buchungssatz (Bruttomethode):

Sollkonto	Betrag (€)	Habenkonto
6020 (4120) Gehälter	2.887,60	
	444,54	**3730** (1741) Verb. aus LSt/KiSt
	579,69	**3740** (1742) Verb. im Rahmen d.s.S.
	325,71	**4947** (8611) Verr. Sachb. 19 % USt*
	61,89	**3806** (1776) Umsatzsteuer 19 %
	1.475,77	**3720** (1740) Verb. aus Lohn/Gehalt
6110 (4130) Ges. soz. Aufw.	572,47	**3740** (1742) Verb. im Rahmen d.s.S.

* Durch die Eingabe des Berichtigungsschlüssels 4 unterbleibt die automatische Errechnung der Umsatzsteuer.

Buchung (Bruttomethode):

```
S      6020 (4120) Gehälter      H     S    3730 (1741) Verb. aus LSt/KiSt   H
       2.887,60                                                    444,54

S   6110 (4130) Gesetzl. soz. Aufw.  H   S  3740 (1742) Verb. im Rahmen d.s.S. H
       572,47                                                      579,69
                                                                   572,47

                                         4947 (8611) Verrechnete sonstige
                                      S  Sachbezüge 19 % USt aus Kfz-Gest.   H
                                                                   325,71

                                         S    3806 (1776) Umsatzsteuer 19 %  H
                                                                    61,89

                                         S   3720 (1740) Verb. aus Lohn/Gehalt H
                                                                 1.475,77
```

Fahrtenbuchmethode

Der **geldwerte Vorteil** für die private Nutzung des betrieblichen Kraftfahrzeugs kann auch mit den **tatsächlichen Aufwendungen** für das Kraftfahrzeug angesetzt werden, **wenn** die für das Kraftfahrzeug insgesamt entstehenden Aufwendungen durch Belege und das Verhältnis der privaten zu den übrigen Fahrten durch ein ordnungsgemäßes **Fahrtenbuch** nachgewiesen werden (R 8.1 Abs. 9 Nr. 2 LStR 2015).

Wird bei einer **entgeltlichen** Fahrzeugüberlassung der private Nutzungswert mithilfe eines ordnungsgemäßen **Fahrtenbuchs** anhand der durch Belege nachgewiesenen Gesamtkosten ermittelt (R 8.1 Abs. 9 Nr. 2 LStR 2015), ist das aufgrund des Fahrtenbuchs ermittelte Nutzungsverhältnis **auch bei der Umsatzsteuer** zugrunde zu legen.

Die **Fahrten zwischen Wohnung und Arbeitsstätte** sowie die **Familienheimfahrten** aus Anlass einer doppelten Haushaltsführung werden **umsatzsteuerlich** den **Privatfahrten** des Arbeitnehmers **zugerechnet**.

Aus den Gesamtkosten dürfen **keine Kosten ausgeschieden** werden, bei denen ein **Vorsteuerabzug nicht möglich** ist (Abschn. 15.23 Abs. 11 Nr. 2 Satz 3 UStAE).

Die **Buchung erfolgt analog** zur **1 %-Regelung**.

Nach dem **31.12.2018** und **vor** dem **01.01.2022** angeschaffte **Elektro- und Hybridfahrzeuge** werden steuerlich gefördert, indem der für solche Fahrzeuge ermittelte **geldwerte Vorteil** nur **zur Hälfte** anzusetzen ist. Dies gilt sowohl für die 1 %- als auch die Fahrtenbuchmethode. Gleiches gilt für **Elektro-Fahrräder (E-Bikes)**, sofern sie als Kraftfahrzeuge zu behandeln sind (z. B. bei einer Motorunterstützung von mehr als 25 km/h).

Bei der Überlassung **nicht** als Kraftfahrzeuge zu behandelnder **E-Bikes** sowie **normaler Fahrräder** ist der geldwerte Vorteil im Zeitraum 01.01.2019 bis 31.12.2021 **in voller Höhe** steuerbefreit, sofern der gewährte Vorteil **zusätzlich** zum ohnehin geschuldeten Arbeitslohngewährt wird. Ein durch **Gehaltsumwandlung** finanziertes E-Bike-Leasing durch den Arbeitnehmern wird beispielsweise somit **nicht** von dieser Steuerbefreiung umfasst.

Abschnitt 15.23 im Umsatzsteuer-Anwendungs-Erlass (**UStAE**) enthält besondere Bestimmungen für die umsatzsteuerliche Behandlung der Kraftfahrzeugüberlassung, inklusive besonderer Regeln für **Elektrofahrzeuge und extern aufladbare Hybridelektrofahrzeuge**. Im **Gegensatz** zur **ertragsteuerlichen** Behandlung (§ 6 Abs. 1 Nr. 4 EStG) erfolgen für umsatzsteuerliche Zwecke weder nach der 1%-Regelung noch nach der Fahrtenbuchmethode **Kürzungen** für **Elektro- und Hybridelektrofahrzeuge** (Abschn. 15.23 Abs. 11 UStAE).

Die **umsatzsteuerrechtliche** Behandlung beider Methoden erfolgt im Abschnitt 8.1.4 der **Steuerlehre 1**, 40. Auflage 2019, Seiten 288 ff.

ÜBUNG →
1. Wiederholungsfrage 29 (Seite 263),
2. Aufgabe 26 (Seite 271)

5.9.4 Bezug von Waren und Dienstleistungen

Erhält ein Arbeitnehmer aufgrund seines Dienstverhältnisses **Waren oder Dienstleistungen**, die vom Arbeitgeber nicht überwiegend für den Bedarf seiner Arbeitnehmer hergestellt, vertrieben oder erbracht werden und deren Bezug nicht nach § 40 EStG pauschal versteuert wird, so gilt als geldwerter Vorteil der **Endpreis**, zu dem der Arbeitgeber oder der am Abgabeort nächstansässige Abnehmer die konkrete Ware oder Dienstleistung fremden Letztverbrauchern im allgemeinen Geschäftsverkehr am Ende von Verkaufsverhandlungen durchschnittlich anbietet. Bei der Ermittlung des Endpreises können **Rabatte** (Änderung der Rechtsprechung) abgezogen werden (BMF-Schreiben vom 16.05.2013, BStBl I S. 729, Rn. 8).

Auf diesen Endpreis (Angebotspreis) sind der gesetzliche Bewertungsabschlag von **4 %** und der gesetzliche Rabattfreibetrag von **1.080 Euro** zu berücksichtigen (§ 8 Abs. 3 Satz 2 EStG; BMF-Schreiben vom 16.05.2013, BStBl I S. 729, Rn. 7).

Das BMF-Schreiben vom 18.12.2009 (BStBl I 2010 S. 20) zur Ermittlung des geldwerten Vorteils beim Erwerb von Kraftfahrzeugen vom Arbeitnehmer in der Automobilbranche ist hinsichtlich des bisher zu berücksichtigenden Preisnachlasses in Höhe von 80 % nicht mehr anzuwenden. Es gilt ansonsten unverändert fort (BMF-Schreiben vom 16.05.2013, BStBl I S. 730, Rn. 8).

BEISPIEL

Ein Automobilunternehmen überlässt einem Arbeit**nehmer** ein Kraftfahrzeug zu einem Vorzugspreis von **28.000 €** brutto gegen Banküberweisung. Der Listenpreis des Kraftfahrzeugs beträgt **35.000 €**. Der Automobilhändler gewährte seinen Kunden in den letzten drei Monaten für dieses Modell durchschnittlich einen Rabatt von **10 %**.

Der Arbeit**nehmer** erhielt in diesem Jahr noch keinen Personalrabatt.

5.9 Sachzuwendungen an Arbeitnehmer

Der **geldwerte Vorteil** wird wie folgt berechnet:

Pkw-Listenpreis	35.000 €
− **10 % Rabatt** (10 % von 35.000 €)	− 3.500 €
= Endpreis i.S.d. § 8 Abs. 3 EStG	31.500 €
− **4 %** vom Endpreis (4 % von 31.500 €)	− 1.260 €
geminderter Endpreis	30.240 €
− bezahlter Preis des Arbeitnehmers	− 28.000 €
Arbeitslohn	2.240 €
− **Rabatt-Freibetrag** (§ 8 Abs. 3 EStG)	− 1.080 €
= **geldwerter Vorteil**	**1.160 €**

Als **geldwerter Vorteil** ist dem Arbeitnehmer somit der Betrag von **1.160 €** anzusetzen und entsprechend zu buchen.

Daneben hat der Arbeitgeber den **Verkauf des Pkws** an seinen Arbeitnehmer zu buchen. Dabei ist der vom Arbeitnehmer bezahlte Betrag von **28.000 €** ein **Bruttowert**, der einem **Nettobetrag** von **23.529,41 €** (28.000 € : 1,19) entspricht. Die **Umsatzsteuer** beträgt **4.470,59 €** (19 % von 23.529,41 €).

Buchungssatz:

Sollkonto	Betrag (€)	Habenkonto
1800 (1200) Bank	28.000,00	
	23.529,41	**4200** (8200) Erlöse
	4.470,59	**3806** (1776) Umsatzsteuer 19 %

Buchung:

```
S     1800 (1200) Bank        H        S    4200 (8200) Erlöse        H
      28.000,00                                              23.529,41

                                       S    3806 (1776) Umsatzsteuer 19 %   H
                                                              4.470,59
```

Nicht zum Arbeitslohn gehören Sachleistungen (**Aufmerksamkeiten**), die auch im gesellschaftlichen Verkehr üblicherweise ausgetauscht werden und zu keiner ins Gewicht fallenden Bereicherung des Arbeitnehmers führen. Aufmerksamkeiten sind Sachzuwendungen bis zu einem Wert von **60 Euro** (Freigrenze), z. B. Blumen, Genussmittel, ein Buch oder ein Tonträger, die dem Arbeitnehmer aus Anlass eines besonderen **persönlichen** Ereignisses (z. B. Geburtstag) zugewendet werden (R 19.6 Abs. 1 Satz 2 LStR 2015). **Geldzuwendungen** gehören **stets** zum **Arbeitslohn**, auch wenn ihr Wert gering ist (R 19.6 Abs. 1 Satz 3 LStR 2015).

Im Rahmen der **Einkommensteuerveranlagung** kann der Arbeitnehmer den Sachbezug auch wahlweise nach § 8 Abs. 2 EStG bewerten lassen.

> **ÜBUNG →** 1. Wiederholungsfragen 30 und 31 (Seite 263),
> 2. Aufgabe 27 und 28 (Seite 271)

5.10 Zusammenfassung und Erfolgskontrolle
5.10.1 Zusammenfassung

- Zu den **Personalkosten** gehören alle Aufwendungen, die durch die Beschäftigung von Mitarbeitern des Unternehmens verursacht werden.
- **Bruttoarbeitslohn** (Lohn, Gehalt) ist der Betrag **vor** Abzug der Steuern und Beiträge.
- **Nettoarbeitslohn** ist der Betrag **nach** Abzug der Steuern und Beiträge.
- Unter dem **Arbeitgeberanteil** versteht man den Teil des Gesamtbeitrags zur gesetzlichen Kranken-, Pflege-, Renten- und Arbeitslosenversicherung, den der Arbeit**geber** zu tragen hat. Dieser umfasst **seit dem 01.01.2019** auch die **Hälfte** des **kassenindividuellen Zusatzbeitrags** zur Krankenversicherung.
- Unter dem **Arbeitnehmeranteil** versteht man den Teil des Gesamtbeitrags zur gesetzlichen Kranken-, Pflege-, Renten- und Arbeitslosenversicherung, den der Arbeit**nehmer** zu tragen hat. **Seit 01.01.2019** trägt der Arbeitnehmer den **kassenindividuellen Zusatzbeitrag** zur Krankenversicherung **nur noch zur Hälfte**. **Kinderlose** Arbeitnehmer **zwischen 23 und 65 Jahren** haben einen **Zusatzbeitrag zur gesetzlichen Pflegeversicherung** in Höhe von 0,25 % zu tragen.
- Bei **Geringverdienern** (Arbeitsentgelt nicht mehr als 325 Euro) trägt der Arbeitgeber die **Sozialversicherungsbeiträge allein**. Dies gilt **auch** für den **Zusatzbeitrag zur Krankenversicherung**, der bei Geringverdienern in Höhe des durchschnittlichen Zusatzbeitrages (2019: **0,9 %**) erhoben wird. Geringverdiener können nur noch **Auszubildende** sein.
- **Vorschüsse** auf den später fällig werdenden Arbeitslohn stellen Forderungen dar.
- **Vermögenswirksame Leistungen** (**vwL**) werden vom Arbeitnehmer oder Arbeitgeber allein oder von beiden zusammen getragen. Der Teil, den der Arbeitgeber trägt, ist für ihn Aufwand.
- Für **geringfügig entlohnte Beschäftigungen** (monatliches Entgelt maximal 450 Euro) in **Unternehmen** beträgt die Pauschalabgabe **30 %** des Arbeitsentgelts. Daneben sind (teilweise in Abhängigkeit der Anzahl der Mitarbeiter) Umlagen vom Arbeitgeber zu entrichten, die **bis zu 1,20 %** des Arbeitsentgelts betragen können.
Für geringfügig entlohnte Beschäftigungen in **Privathaushalten** betragen die Pauschalabgaben **14,74 %** des Arbeitsentgelts.
Liegt das Arbeitsentgelt **über 450 Euro**, erfolgt die **Besteuerung** nach den **ELStAM**. **Sozialversicherungsrechtlich** besteht für Arbeitsentgelte zwischen **450,01 Euro und 850,00 Euro** eine **Gleitzone bzw. ein Übergangsbereich**, der **ab 01.07.2019** auf **1.300,00 €** ausgedehnt wird.
- **Sachbezüge** (z. B. Wohnung, Unterkunft, Verpflegung, Gestellung von Kraftfahrzeugen, Bezug von Waren) sind ebenso wie Barlohnzahlungen dem **Arbeitslohn** zuzuordnen.

5.10.2 Erfolgskontrolle
Wiederholungsfragen

1. Auf welchen Konten wird der Bruttoarbeitslohn gebucht?
2. Auf welchen Konten werden die einbehaltenen, aber noch nicht abgeführten Steuern und Beiträge gebucht?

5.10 Zusammenfassung und Erfolgskontrolle

3. Wie hoch sind die Sozialversicherungsbeiträge für 2019?
4. Wer trägt grundsätzlich die Sozialversicherungsbeiträge?
5. Welcher Unterschied besteht bei der Lohnbuchung zwischen der Netto- und Bruttomethode?
6. Was versteht man bei der Lohnbuchung unter der sog. Verrechnungsmethode?
7. Wer trägt den kassenindividuellen Zusatzbeitrag zur Krankenversicherung ?
8. In welchem Fall trägt der Arbeitgeber die Sozialversicherungsbeiträge allein?
9. Wie werden Vorschüsse buchmäßig behandelt?
10. Wie werden verrechnete Vorschüsse buchmäßig behandelt?
11. Wie wird die vwL, die der Arbeitnehmer allein trägt, buchmäßig behandelt?
12. Wie wird die vwL, die der Arbeitgeber allein trägt, buchmäßig behandelt?
13. Wie wird die vwL, die vom Arbeitgeber und Arbeitnehmer gemeinsam getragen wird, buchmäßig behandelt?
14. Was versteht man unter einer geringfügig entlohnten Beschäftigung in einem Unternehmen?
15. Wie hoch ist der Pauschalabgabensatz bei einer geringfügig entlohnten Beschäftigung in einem Unternehmen?
16. Wie setzt sich dieser Pauschalabgabensatz zusammen?
17. Wie wird eine geringfügig entlohnte Beschäftigung in Unternehmen buchmäßig behandelt?
18. Wie hoch ist der Pauschalabgabensatz bei einer geringfügig entlohnten Beschäftigung in einem Privathaushalt?
19. Wie setzt sich dieser Pauschalabgabensatz zusammen?
20. Wie wird eine geringfügig entlohnte Beschäftigung behandelt, die sowohl im Unternehmen als auch im Privathaushalt eines Arbeitgebers ausgeübt wird?
21. Werden mehrere geringfügig entlohnte Beschäftigungen bei verschiedenen Arbeitgebern zusammengerechnet?
22. Wird eine geringfügig entlohnte Beschäftigung neben einer versicherungspflichtigen Hauptbeschäftigung mit dieser zusammengerechnet?
23. In welchem Fall liegt eine kurzfristige Beschäftigung im lohnsteuerlichen Sinne vor?
24. Wie hoch ist der Pauschsteuersatz für eine kurzfristige Beschäftigung nach § 40a Abs. 1 EStG?
25. Wie werden die Sozialversicherungsbeiträge im Rahmen der Gleitzone bei Arbeitsentgelten zwischen 450,01 Euro und 800,00 bzw. 1.300,00 Euro von Arbeitgeber und Arbeitnehmer getragen?
26. Wie wird der geldwerte Vorteil einer Wohnung lohnsteuerrechtlich behandelt?
27. Wie wird der geldwerte Vorteil einer Unterkunft lohnsteuerrechtlich behandelt?
28. Wie wird der geldwerte Vorteil für Verpflegung lohnsteuerrechtlich behandelt?
29. Wie wird der geldwerte Vorteil für die Gestellung von Kraftfahrzeugen lohnsteuerrechtlich behandelt?
30. Wie wird der Bezug von Waren lohnsteuerrechtlich und sozialversicherungsrechtlich behandelt?
31. Wie wird der Bezug von Waren umsatzsteuerrechtlich behandelt?

5 Personalwirtschaft

AUFGABEN

AUFGABE 1

Bilden Sie die Buchungssätze für den konfessionslosen Angestellten A, Wiesbaden, nach der Bruttomethode. Der Zusatzbeitrag zur Krankenversicherung beträgt 0,9 %.

		€
1.	Bruttogehalt	3.000,00
	- Lohnsteuer, III/1	- 172,66
	- Solidaritätszuschlag	- 0,00
	- Kirchensteuer	- 0,00
	- Sozialversicherungsbeiträge (AN-Anteil)	- 602,25
	= Nettogehalt	2.225,09
	Das Nettogehalt wird am 28. des laufenden Monats durch Bank überwiesen.	
2.	Arbeitgeberanteil zur Sozialversicherung, noch nicht abgeführt (19,825 % von 3.000 €)	594,75
3.	Banküberweisung der Steuern zum 10. des folgenden Monats an das Finanzamt	172,66
4.	Banküberweisung der Beiträge zum gesetzlich festgelegten Termin an die Krankenkasse	1.197,00

AUFGABE 2

Bilden Sie die Buchungssätze nach der Bruttomethode.

1. Sammelbeleg über gezahlte Gehälter durch Banküberweisung:

Bruttogehalt	Abzüge		Auszahlung	AG-Anteil
€	LSt/KiSt/SolZ €	RV/KV/PV/AV €	€	€
22.000,00	2.395,00	4.361,50	15.243,50	4.361,50

2. Banküberweisung der Steuern und Beiträge

AUFGABE 3

Der ledige, kinderlose Angestellte A, Bonn, erhält für den Monat Juni 2019 ein Gehalt von 3.000 €. Die Lohnsteuer beträgt 416,58 €, der Solidaritätszuschlag 22,91 € und die Kirchensteuer 37,49 €. Der Zusatzbeitrag zur Krankenversicherung beträgt 0,9 %. Das Nettogehalt wird durch Bank überwiesen.

1. Wie hoch sind die gesamten Beiträge zur gesetzlichen RV?
2. Wie hoch sind die gesamten Beiträge zur gesetzlichen KV?
3. Wie hoch sind die gesamten Beiträge zur gesetzlichen PV?
4. Wie hoch sind die gesamten Beiträge zur gesetzlichen AV?
5. Wie hoch ist der Arbeitnehmeranteil zur gesetzlichen Sozialversicherung?
6. Wie hoch ist der Arbeitgeberanteil zur gesetzlichen Sozialversicherung?
7. Wie hoch ist der Auszahlungsbetrag?
8. Bilden Sie die erforderlichen Buchungssätze nach der Bruttomethode einschließlich der Banküberweisung der Steuern und Beiträge.

5.10 Zusammenfassung und Erfolgskontrolle

AUFGABE 4

Der ledige, kinderlose Angestellte B, Köln, erhält für den Monat Juni 2019 ein Gehalt von 6.000 €. Der Zusatzbeitrag zur Krankenversicherung beträgt 0,9 %. Die Lohnsteuer beträgt 1.398,00 €, der Solidaritätszuschlag 76,89 € und die Kirchensteuer 125,82 €. Das Nettogehalt wird durch Bank überwiesen.

1. Wie hoch sind die gesamten Beiträge zur gesetzlichen RV?
2. Wie hoch sind die gesamten Beiträge zur gesetzlichen KV?
3. Wie hoch sind die gesamten Beiträge zur gesetzlichen PV?
4. Wie hoch sind die gesamten Beiträge zur gesetzlichen AV?
5. Wie hoch ist der Arbeitnehmeranteil zur gesetzlichen Sozialversicherung?
6. Wie hoch ist der Arbeitgeberanteil zur gesetzlichen Sozialversicherung?
7. Wie hoch ist der Auszahlungsbetrag?
8. Bilden Sie die erforderlichen Buchungssätze nach der Bruttomethode einschließlich der Banküberweisung der Steuern und Beiträge an das Finanzamt und die Krankenkasse.

AUFGABE 5

Bilden Sie die Buchungssätze nach der Nettomethode für folgende Gehaltsliste einschließlich der Banküberweisungen für Steuern und Beiträge an das Finanzamt und die Krankenkasse. Die Nettogehälter werden ebenfalls durch Bank überwiesen.

	€
Bruttogehälter	15.800,00
− Lohnsteuer, Kirchensteuer, Solidaritätszuschlag	− 4.500,00
− Sozialversicherungsbeiträge (AN-Anteil)	− 3.132,35
= Nettogehälter	8.167,65
Sozialversicherungsbeiträge (AG-Anteil)	3.132,35

AUFGABE 6

Sachverhalt wie in Aufgabe 5 mit dem Unterschied, dass die Buchungssätze nach der sog. Verrechnungsmethode zu bilden sind.

AUFGABE 7

Der Gewerbetreibende Horst Eiche, Frankfurt, hat den 21-jährigen Franz Glück seit dem 01.04.2019 als Sachbearbeiter angestellt; Franz ist ledig, kinderlos und evangelisch. Gemäß dem Arbeitsvertrag erhält Franz einen monatlichen Bruttolohn in Höhe von 3.000,00 €. Der Arbeitnehmeranteil zur Sozialversicherung beträgt 602,25 €, der Arbeitgeberanteil 594,75 €.

Bestimmen Sie die monatlichen Personalkosten, die sich aus diesem Sachverhalt ergeben und kreuzen Sie die richtige Lösung an:

(a) 3.602,25 €
(b) 2.397,75 €
(c) 2.405,25 €
(d) 3.594,75 €

AUFGABE 8

Bilden Sie den Buchungssatz für eine Postbanküberweisung des Beitrags zur gesetzlichen Unfallversicherung über 1.000 €.

AUFGABE 9

Der 19-jährige Auszubildende C, Mainz, erhält für den Monat Juni 2019 eine Ausbildungsvergütung von 320 € durch Banküberweisung. Lohnsteuer, Solidaritätszuschlag und Kirchensteuer fallen nicht an.

1. Wie hoch sind die gesamten Beiträge zur gesetzlichen RV?
2. Wie hoch sind die gesamten Beiträge zur gesetzlichen KV?
3. Wie hoch sind die gesamten Beiträge zur gesetzlichen PV?
4. Wie hoch sind die gesamten Beiträge zur gesetzlichen AV?
5. Wie hoch ist der Arbeitnehmeranteil zur gesetzlichen Sozialversicherung?
6. Wie hoch ist der Arbeitgeberanteil zur gesetzlichen Sozialversicherung?
7. Wie hoch ist der Auszahlungsbetrag?
8. Bilden Sie die erforderlichen Buchungssätze einschließlich der Banküberweisung der Steuern und Beiträge.

AUFGABE 10

Bilden Sie die Buchungssätze nach der Bruttomethode. Die Nettogehälter werden durch Bank überwiesen.

		€
1.	Gehaltsvorschüsse bar	6.000
2.	Bruttogehälter	20.000
	– Lohnsteuer/Kirchensteuer/Solidaritätszuschlag	– 3.270
	– Sozialversicherungsbeiträge (AN-Anteil)	– 4.000
	Nettogehälter	12.730
	– Verrechnung Vorschüsse	– 6.000
	= Auszahlung	6.730
3.	Arbeitgeberanteil zur Sozialversicherung, noch nicht abgeführt	3.965
4.	Banküberweisung der Steuern und Beiträge	11.235

AUFGABE 11

Bilden Sie die Buchungssätze nach der Bruttomethode. Die Nettogehälter werden durch Bank überwiesen.

		€
1.	Gehaltsvorschüsse bar	4.000,00
2.	Bruttogehälter	22.000,00
	− Lohnsteuer/Kirchensteuer/Solidaritätszuschlag	− 3.270,00
	− Sozialversicherungsbeitrag (AN-Anteil)	− 4.361,50
	Nettogehälter	14.368,50
	− Verrechnung Vorschüsse	− 4.000
	= Auszahlung	?
3.	Arbeitgeberanteil zur Sozialversicherung, noch nicht abgeführt	4.361,50
4.	Banküberweisung der Steuern und Beiträge	?

AUFGABE 12

Bilden Sie die Buchungssätze nach der Bruttomethode. Alle Zahlungen erfolgen durch Banküberweisung.

		€
1.	Bruttogehalt	1.100,00
	− Lohnsteuer/Kirchensteuer/Solidaritätszuschlag	− 12,43
	− Sozialversicherungsbeiträge (AN-Anteil)	− 228,53
	Nettogehälter	859,04
	− abzuführende vwL	− 39,17
	= Auszahlungsbetrag	819,87
2.	Arbeitgeberanteil zur Sozialversicherung, noch nicht abgeführt	213,68
3.	Banküberweisung der Steuern, Beiträge und vwL	?

AUFGABE 13

Bilden Sie die Buchungssätze nach der Bruttomethode. Alle Zahlungen erfolgen durch Banküberweisung.

		€
1.	Bruttogehalt	1.060,00
	+ vwL (vom Arbeitgeber getragen)	39,17
		1.099,17
	− Lohnsteuer/Kirchensteuer/Solidaritätszuschlag	− 12,34
	− Sozialversicherungsbeiträge (AN-Anteil)	228,35
	Nettogehalt	858,48
	− abzuführende vwL	− 39,17
	= Auszahlungsbetrag	819,31
2.	Arbeitgeberanteil zur Sozialversicherung, noch nicht abgeführt	213,51
3.	Banküberweisung der Steuern, Beiträge und vwL	?

AUFGABE 14

Bilden Sie die Buchungssätze nach der Bruttomethode. Alle Zahlungen erfolgen durch Banküberweisung.

		€
1.	Bruttogehälter	18.000,00
	+ vwL (50 % von 546 € = 273 € vom AG getragen)	273,00
		18.273,00
	− Lohnsteuer/Kirchensteuer/Solidaritätszuschlag	− 2.220,00
	− Sozialversicherungsbeiträge (AN-Anteil)	− 3.850,00
	Nettogehälter	12.203,00
	− abzuführende vwL	− 546,00
	= Auszahlungsbetrag	11.657,00
2.	Arbeitgeberanteil zur Sozialversicherung, noch nicht abgeführt	3.531,26
3.	Banküberweisung der Steuern, Beiträge und vwL	?

AUFGABE 15

Sabine Roll hat eine 3-jährige Tochter Luice, die bisher von ihrer Großmutter betreut wurde. Seit dem 01.01.2019 besucht Luice den Kindergarten und der Arbeitgeber von Frau Roll zahlt den Kindergartenbeitrag in Höhe von 80 € zusätzlich zum laufenden Gehalt bar an Sabine Roll aus.

Bilden Sie den Buchungssatz für die Auszahlung des Kindergartenbeitrags.

AUFGABE 16

Der 19-jährige Auszubildende Christoph Klein erhielt bis Mai 2019 eine Ausbildungsvergütung von 320 €. Seit Juni 2019 erhält er neben den 320 € eine vom Arbeitgeber getragene vwL in Höhe von 39,17 €, die mit 9 % gefördert wird. Der Zusatzbeitrag zur Krankenversicherung beträgt 0,9 %.
Klein hat vorher nicht vermögenswirksam gespart. Lohn- und Kirchensteuer fallen nicht an.

1. Wie hoch ist das verfügbare Einkommen vor der „Lohnerhöhung"?
2. Wie hoch ist das verfügbare Einkommen nach der „Lohnerhöhung"?

AUFGABE 17

Der Arbeitgeber U, München, beschäftigt in 2019 in seinem Unternehmen für 350 € monatlich eine geringfügig entlohnte Arbeiterin. Sein Betrieb hat weniger als 30 Beschäftigte. Die Zahlungen an die Arbeiterin erfolgen jeweils am Monatsende. Die Abgaben (die Beiträge, die Umlagen und die einheitliche Pauschsteuer nach § 40a Abs. 2 EStG) werden von U pauschal an die Minijob-Zentrale durch Bank abgeführt (keine Rentenversicherungspflicht).

1. Wie hoch ist die monatliche Pauschalabgabe, die an die Minijob-Zentrale zu entrichten ist?
2. Bilden Sie den monatlich erforderlichen Buchungssatz nach der Nettomethode.
3. Wie ist zu verfahren, wenn auf die Rentenversicherungsfreiheit nicht verzichtet wird?

5.10 Zusammenfassung und Erfolgskontrolle

AUFGABE 18

Der Arbeitgeber U, Nürnberg, beschäftigt in 2019 in seinem Privathaushalt eine Arbeiterin (Raumpflegerin) für 380 € monatlich. Sein Betrieb hat weniger als 30 Beschäftigte. Die Zahlungen an die Raumpflegerin erfolgen jeweils am Monatsende vom betrieblichen Bankkonto. Die Arbeitnehmerin hat auf die Rentenversicherungspflicht verzichtet.

Die Abgaben (die Beiträge, die Umlagen und die einheitliche Pauschsteuer nach §40a Abs. 2 EStG) werden von U pauschal an die Minijob-Zentrale durch die (betriebliche) Bank überwiesen.

1. Wie hoch ist die monatliche Pauschalabgabe, die an die Minijob-Zentrale zu entrichten ist?
2. Bilden Sie den monatlich erforderlichen Buchungssatz nach der Nettomethode.

AUFGABE 19

Der Arbeitgeber U, Mainz, beschäftigt in 2019 eine familienversicherte Arbeiterin (Raumpflegerin) für 380 € monatlich. Die Tätigkeit der Raumpflegerin bezieht sich sowohl auf die Reinigung der Büroräume als auch auf die des Privathaushalts des U. Der Betrieb des U hat weniger als 30 Beschäftigte.

Die Zahlung an die Raumpflegerin erfolgt jeweils am Monatsende vom betrieblichen Bankkonto und die Pauschalabgaben an die Minijob-Zentrale werden ebenfalls durch Überweisung vom betrieblichen Bankkonto gezahlt.

1. Wie hoch ist die monatliche Pauschalabgabe, die an die Minijob-Zentrale zu entrichten ist?
2. Bilden Sie den monatlich erforderlichen Buchungssatz nach der Nettomethode. Die Privatentnahme ist nicht zu buchen.

AUFGABE 20

Die Arbeiterin (Raumpflegerin) A, Stuttgart, hat zwei geringfügig entlohnte Beschäftigungen bei verschiedenen gewerblichen Arbeitgebern.

Das Arbeitsentgelt beträgt beim ersten Arbeitgeber 400 € monatlich und beim zweiten Arbeitgeber 300 € monatlich.

Welche Folgen ergeben sich sozialversicherungs- und steuerrechtlich bei den Arbeitgebern?

AUFGABE 21

Die Arbeitnehmerin A, Koblenz, ist in 2019 halbtags als Steuerfachangestellte für monatlich 1.200 € beschäftigt.

Daneben erledigt sie – mit Zustimmung ihres Arbeitgebers – in 2019 Büroarbeiten bei einem Handwerksbetrieb und erhält hierfür monatlich 300 €. Der Handwerksbetrieb hat mehr als 30 Beschäftigte (keine Rentenversicherungspflicht).

Der Handwerksbetrieb zahlt A ihr Arbeitsentgelt jeweils am Monatsende per Überweisung. Die Pauschalabgaben an die Minijob-Zentrale werden durch die Bank überwiesen.

1. Wie hoch ist die monatliche Pauschalabgabe, die für die geringfügig entlohnte Beschäftigung an die Minijob-Zentrale zu entrichten ist?
2. Bilden Sie den monatlich erforderlichen Buchungssatz des Handwerksbetriebs nach der Nettomethode.

AUFGABE 22

Wie hoch sind in 2019 der Arbeitgeberanteil und der Arbeitnehmeranteil zur Sozialversicherung bei einem Arbeitsentgelt von 700 € ? Der Krankenkassenbeitragssatz beträgt 15,5 % (inklusive Zusatzbeitrag). Der Beschäftigte ist nicht kinderlos.

AUFGABE 23

Der ledige Angestellte A, 25 Jahre alt, (Steuerklasse I; rk), Bonn, der ein Bruttogehalt von 1.040 € bezieht, hat in 2019 von seinem Arbeitgeber eine Wohnung kostenlos zur Verfügung gestellt bekommen. Der ortsübliche Mietpreis einschließlich Nebenkosten beträgt monatlich 475 €. Die Abgaben an das Finanzamt betragen 81,29 €, der Arbeitnehmeranteil zur SV 304,15 € und für den Arbeitgeber 300,36 €.

1. Wie hoch ist der Auszahlungsbetrag für den Monat Juni 2019, der durch die Bank überwiesen wird?
2. Bilden Sie die erforderlichen Buchungssätze einschließlich der Banküberweisung der Steuern und Beiträge.

AUFGABE 24

Sachverhalt wie in Aufgabe 23 mit dem Unterschied, dass A monatlich 100 € an Miete zahlt, die mit seinem Gehalt verrechnet werden. Die Abgaben an das Finanzamt betragen 58,67 €, der Arbeitnehmeranteil zur SV 284,08 € und für den Arbeitgeber 280,54 €.

1. Wie hoch ist der Auszahlungsbetrag für den Monat Juni 2019, der durch die Bank überwiesen wird?
2. Bilden Sie die erforderlichen Buchungssätze einschließlich der Banküberweisung der Steuern und Beiträge.

AUFGABE 25

Peter Ohlig arbeitet als Angestellter bei der Frischmilch AG; er ist 30 Jahre alt, ledig, hat keine Kinder und ist konfessionslos. Ohlig erhält einen Bruttomonatslohn von 3.000 €. Peter Ohlig kann in der Kantine seines Arbeitgebers unentgeltlich Mahlzeiten einnehmen; im Juni 2019 hat er 20 Mittagessen zu sich genommen.

Die Lohnsteuer beträgt 480 €, der Solidaritätszuschlag 26,40 €, der Arbeitgeberanteil zur Sozialversicherung beträgt 608 € und der Arbeitnehmeranteil 616 €.

1. Erstellen Sie die Gehaltsabrechnung für den Monat Juni 2019.
2. Bilden Sie den Buchungssatz für die Gehaltsabrechnung.

5.10 Zusammenfassung und Erfolgskontrolle

AUFGABE 26

Der ledige Angestellte Dieter Knopp, 24 Jahre alt, (Steuerklasse I; rk; 8 %), Ulm, der ein Bruttogehalt von 2.013 € bezieht, erhält in 2019 einen Firmenwagen auch zur Privatnutzung. Der Bruttolistenpreis im Zeitpunkt der Erstzulassung des Pkws hat 30.677,51 € betragen.

Die Entfernung zwischen Wohnung und erster Tätigkeitsstätte beträgt 20 km. Dieter Knopp führt kein Fahrtenbuch. Die Lohnsteuer/SolZ/KiSt sollen 350 € betragen. Der Arbeitnehmeranteil zur SV beträgt 500 €, der Arbeitgeberanteil 490 €.

1. Wie hoch ist der geldwerte Vorteil des Steuerpflichtigen Dieter Knopp für einen Monat?
2. Wie hoch ist der Auszahlungsbetrag für den Monat Juni 2019, der durch die Bank überwiesen wird?
3. Bilden Sie die erforderlichen Buchungssätze einschließlich der Banküberweisung der Steuern und Beiträge.

AUFGABE 27

Ein Möbelunternehmen verkauft 2019 einem Arbeitnehmer einen Wohnzimmerschrank zu einem Vorzugspreis von 10.000 €. Der Endpreis dieses Schrankes beträgt für fremde Letztverbraucher 12.500 €.

Wie hoch ist der geldwerte Vorteil des Arbeitnehmers in 2019?

AUFGABE 28

Die Auszubildende Katrin Schumm, Heidelberg, erhält von ihrem Ausbilder monatlich einen Tankgutschein in Höhe von 40,00 €. Der Gutschein wurde vom Arbeitgeber an der Tankstelle erworben.

Buchen Sie den Erwerb des Tankgutscheins und die spätere Übergabe.

Weitere Aufgaben mit Lösungen finden Sie im **Lösungsbuch** der Buchführung 1.

Zusammenfassende Erfolgskontrolle

Der Unternehmer Siegfried Bieser, Köln, hat am 01.01.2019 durch Inventur folgende Anfangsbestände ermittelt:

Anfangsbestände	€
0235 (0085) Bebaute Grundstücke	40.000,00
0240 (0090) Geschäftsbauten	80.000,00
0520 (0320) Pkw	20.000,00
0640 (0430) Ladeneinrichtung	24.000,00
1140 (3980) Bestand Waren	65.300,00
1200 (1400) Forderungen aLuL	60.000,00
1340 (1530) Forderung gegen Personal	1.000,00
1406 (1576) Vorsteuer 19 %	0,00
1800 (1200) Bankguthaben	18.600,00
1600 (1000) Kasse	4.600,00
3300 (1600) Verbindlichkeiten aLuL	50.550,00
3720 (1740) Verbindlichkeiten aus Lohn und Gehalt	0,00
3730 (1741) Verbindlichkeiten aus LSt/KiSt	1.981,00
3740 (1742) Verbindlichkeiten im Rahmen der sozialen Sicherheit	6.369,00
3790 (1755) Lohn- und Gehaltsverrechnung	0,00
3806 (1776) Umsatzsteuer 19 %	15.000,00
2000 (0800) Eigenkapital	?

Außer den Bestandskonten und dem Konto **2100** (1800) Privatentnahmen sind folgende Erfolgskonten zu führen:
5200 (3200), **4200** (8200), **4730** (8730), **6020** (4120), **6110** (4130), **4645** (8921), 4639 (8924), **6220** (4830), **6222** (4832).

Zusammenfassende Erfolgskontrolle

Geschäftsvorfälle des Jahres 2019		€
1. Banküberweisung der USt-Schuld		15.000,00
2. Wareneinkauf auf Ziel, netto + USt	100.000,00 € 19.000,00 €	119.000,00
3. Warenverkauf auf Ziel, netto + USt	200.000,00 € 38.000,00 €	238.000,00
4. Banküberweisung eines Kunden nach Abzug von 2 % Skonto		34.986,00
5. Gehaltsvorschüsse bar		4.000,00
6. Bruttogehälter – Lohnsteuer/Kirchensteuer/Solidaritätszuschlag – Sozialversicherungsbeiträge (AN-Anteil) Nettogehälter – Verrechnung Vorschüsse = Auszahlung Die Nettogehälter werden durch Bank überwiesen.		22.000,00 – 3.270,00 – 4.675,00 14.055,00 – 4.000,00 ?
7. Arbeitgeberanteil zur Sozialversicherung, noch nicht abgeführt		4.251,50
8. Warenrücksendung an Lieferer, netto + USt	540,00 € 102,60 €	642,60
9. Banküberweisung der Lohn- und Kirchensteuer (nicht Tz. 6)		1.981,00
10. Banküberweisung der Sozialversicherungsbeiträge (nicht Tz. 6)		6.369,00
11. Bieser benutzt ein gemischt genutztes Fahrzeug lt. Fahrtenbuch zu 30 % für Privatfahrten. Die gesamten Kfz-Kosten einschließlich der AfA betrugen davon Kfz-Steuer davon Kfz-Versicherung		2.500,00 232,00 268,00
Abschlussangaben		**€**
12. Warenbestand laut Inventur		60.000,00
13. Abschreibung auf Geschäftsbauten		4.000,00
14. Abschreibung auf Pkw		5.000,00
15. Abschreibung auf Ladeneinrichtung		3.500,00

Aufgaben
1. Bilden Sie die Buchungssätze der Geschäftsvorfälle des Jahres 2019. Tz. 6 ist nach der sog. Verrechnungsmethode zu kontieren.
2. Tragen Sie die Anfangsbestände auf den Konten vor.
3. Buchen Sie die Geschäftsvorfälle.
4. Schließen Sie die Konten ab.
5. Ermitteln Sie den Erfolg.

6 Finanzwirtschaft

6.1 Kaufmännische Zinsrechnung

6.1.1 Zinsberechnung

<u>Zinsen</u> sind der Preis für die Überlassung von Kapital für eine bestimmte Zeit.

Zinsen werden mithilfe der **Zinsrechnung**, die eine **angewandte Form der Prozentrechnung** ist, berechnet.

Die Zinsrechnung **unterscheidet** sich von der Prozentrechnung dadurch, dass eine weitere Größe, die **Zeit**, in die Berechnung einbezogen wird.

Der Prozentsatz, bezogen auf eine bestimmte Zeit, heißt **Zinssatz bzw. Zinsfuß**.

Wird der Zinssatz **ohne Zeitangabe** angegeben, bezieht er sich immer auf **ein Jahr**.

6.1.1.1 Berechnung von Jahreszinsen

Die Formel für die Berechnung der Zinsen für **ein Jahr** ist identisch mit der Formel für die Errechnung des **Prozentwertes** bei der Prozentrechnung.

Sollen **Zinsen (Z)** berechnet werden, müssen das **Kapital (K)**, der **Zinssatz (p)** und die **Zeit (t)** gegeben sein.

Bei der Berechnung der **Jahreszinsen** wendet man üblicherweise folgende Formel an:

$$Z = \frac{K \times p \times t^*}{100}$$

* t = Jahre

BEISPIEL

Ein Sparer besitzt am **01.01.2019** ein Sparguthaben von **5.000 €**, das von der Sparkasse mit **4 %** verzinst wird.

Die **Zinsen**, die zum Ende des Jahres (**31.12.2019**) gutgeschrieben werden, sind nach der obigen Formel wie folgt zu berechnen:

$$\text{Zinsen} = \frac{5.000\,€ \times 4 \times 1}{100} = \underline{200\,€}$$

1. Wiederholungsfragen 1 bis 3 (Seite 278),
2. Aufgaben 1 bis 3 (Seite 278)

6.1.1.2 Berechnung von Tageszinsen

Da bei der Berechnung der Tageszinsen die Zeit (t) in Tagen ausgedrückt werden soll, muss der **Jahreszins** durch den **Divisor 360** auf einen **Tageszins** zurückgeführt werden.

Die **Formel** für die Berechnung der **Tageszinsen** lautet demnach:

$$Z = \frac{K \times p \times t^*}{100 \times 360}$$

* t = Tage

BEISPIEL

Der Kunde Säumig überzieht für **10 Tage** sein Bankkonto um **10.000 €**.
Die Bank berechnet ihm **12 %** Sollzinsen (Überziehungszinsen).

Die **Tageszinsen** werden nach obiger Formel wie folgt berechnet:

$$\text{Zinsen} = \frac{10.000 \, € \times 12 \times 10}{100 \times 360} = 33{,}33 \, €$$

Die **kaufmännische** Formel für die Berechnung der **Tageszinsen** lautet:

$$Z = \frac{\text{Zinszahl (\#)}}{\text{Zinsteiler}} = \frac{1\,\%\text{ des Kapitals} \times \text{Tage}}{\frac{360}{\text{Zinssatz}}}$$

BEISPIEL

Sachverhalt wie zuvor

Die **Tageszinsen** werden nach der **kaufmännischen** Formel wie folgt berechnet:

$$\text{Zinsen} = \frac{100 \, € \times 10}{\frac{360}{12}} = \frac{1.000 \, €}{30} = 33{,}33 \, €$$

ÜBUNG → 1. Wiederholungsfragen 4 und 5 (Seite 278),
2. Aufgabe 4 (Seite 279)

6.1.1.3 Berechnung der Zinstage

In der **bürgerlichen** Zinsrechnung zählt man in Deutschland das **Jahr** mit **365** (366) **Tagen** und jeden **Monat genau**.

In der **kaufmännischen** Zinsrechnung rechnet man in Deutschland das **Jahr** mit **360 Tagen** und jeden **Monat** mit **30 Tagen**. **Ausnahme**: Läuft der Zinszeitraum „**Ende Februar**" ab, so wird dieser Monat **taggenau** berechnet, also mit 28 oder 29 Tagen.
Ist der Monat Februar **in** einem Zinsberechnungszeitraum enthalten (z. B. 01.01. bis 31.03.), wird der Februar mit **30 Tagen** gerechnet.

Zu beachten ist, dass bei der Berechnung der Zinstage der **erste Tag nicht mitgerechnet** wird.

BEISPIEL

Ein Kapital von 5.000 € ist für den Zeitraum vom **04.04.2019 bis 28.05.2019** ausgeliehen.

Die **Tage** betragen:

	28.	05.	2019
−	04.	04.	2019
	24 Tage +	1 Monat (= 30 Tage)	
=	**54 Tage**		

ÜBUNG → 1. Wiederholungsfragen 6 bis 8 (Seite 278),
2. Aufgabe 5 (Seite 279)

6.1.2 Berechnung von Kapital, Zinssatz und Zeit

6.1.2.1 Berechnung des Kapitals

Die Formel zur Berechnung des Kapitals wird aus der Tageszinsformel abgeleitet und lautet:

$$\text{Kapital} = \frac{\text{Zinsen} \times 100 \times 360}{\text{Zinssatz} \times \text{Tage}}$$

BEISPIEL

Welches Kapital bringt vom 10.01. bis 18.04.2019 bei 3 % 24,50 € Zinsen?

Lösung:

$$\text{Kapital} = \frac{24{,}50\,€ \times 100 \times 360}{3 \times 98} = \underline{3.000\,€}$$

6.1.2.2 Berechnung des Zinssatzes

Die Formel zur Ermittlung des Zinssatzes wird aus der Tageszinsformel abgeleitet und lautet:

$$\text{Zinssatz} = \frac{\text{Zinsen} \times 100 \times 360}{\text{Kapital} \times \text{Tage}}$$

BEISPIEL

Zu welchem **Zinssatz** wurden **3.000 €** am **10.01.2019** ausgeliehen, wenn am **18.04.2019** **3.024,50 €** zurückgezahlt worden sind?

Lösung:

$$\text{Zinssatz} = \frac{24{,}50\,€ \times 100 \times 360}{3.000\,€ \times 98} = \underline{3\,\%}$$

6.1.2.3 Berechnung der Zeit

Die Formel zur Ermittlung der Zeit wird aus der Tageszinsformel abgeleitet und lautet:

$$\text{Zeit (Tage)} = \frac{\text{Zinsen} \times 100 \times 360}{\text{Kapital} \times \text{Zinssatz}}$$

BEISPIEL

In wie vielen **Tagen** bringen **3.000 €** zu **3 %** **24,50 €** Zinsen?

Lösung:

$$\text{Tage} = \frac{24{,}50\,€ \times 100 \times 360}{3.000\,€ \times 3} = \underline{98\text{ Tage}}$$

ÜBUNG →
1. Wiederholungsfragen 9 bis 11 (Seite 278),
2. Aufgaben 6 bis 8 (Seite 279)

6.1.3 Summarische Zinsrechnung

Werden **mehrere Kapitalien** mit verschiedenen Laufzeiten und gleichem Zinssatz verzinst, können die Zinsen in einer Rechnung (summarisch) ermittelt werden.

Bei der **summarischen Zinsrechnung** gilt die Formel:

$$\text{Zinsen} = \frac{\text{Summe der Zinszahlen}}{\text{Zinsteiler}}$$

BEISPIEL

Ein Schuldner will zum **30.06.2019** vier Rechnungen einschließlich **6 %** Verzugszinsen überweisen:

1. Rechnung über 3.100,00 €, fällig am 28.12.2018;
2. Rechnung über   550,00 €, fällig am 03.02.2019;
3. Rechnung über 2.155,50 €, fällig am 17.03.2019;
4. Rechnung über 1.570,00 €, fällig am 01.06.2019.

Auf welchen Betrag muss seine Überweisung ausgestellt sein?

Lösung:

Rechnung €	fällig am	Tage (bis 30.06.)	Zinszahl (#)
3.100,00	28.12.	182	5.642
550,00	03.02.	147	809
2.155,50	17.03.	103	2.220
1.570,00	01.06.	29	455
7.375,50			9.126 : 60 (Zinsteiler) = **152,10 €**
+ 152,10	Verzugszinsen		
7.527,60	Überweisungsbetrag		

ÜBUNG → 1. Wiederholungsfrage 12 (Seite 278),
2. Aufgaben 9 bis 11 (Seite 280)

6.1.4 Erfolgskontrolle

WIEDERHOLUNGSFRAGEN

1. Was versteht man unter Zinsen?
2. Wodurch unterscheidet sich die Zinsrechnung von der Prozentrechnung?
3. Wie lautet die Formel für die Berechnung der Jahreszinsen?
4. Wie lautet die Formel für die Berechnung der Tageszinsen?
5. Wie lautet die kaufmännische Formel für die Berechnung der Tageszinsen?
6. Mit wie vielen Tagen im Jahr rechnet man im Rahmen der kaufmännischen Zinsrechnung?
7. Mit wie vielen Tagen im Monat rechnet man im Rahmen der kaufmännischen Zinsrechnung?
8. Wie wird der Monat Februar bei der Berechnung der Zinstage berücksichtigt?
9. Wie lautet die Formel für die Berechnung des Kapitals?
10. Wie lautet die Formel für die Berechnung des Zinssatzes?
11. Wie lautet die Formel für die Berechnung der Zeit?
12. Was wissen Sie über die summarische Zinsrechnung?

AUFGABEN

AUFGABE 1

Die Angestellte Tina Brinkmann legt ihr erstes Gehalt in Höhe von 950 € für ein Jahr bei einer Bank an.

Wie viele Euro erhält sie nach dieser Zeit zurück, wenn ein Zinssatz von 4 % vereinbart wurde?

AUFGABE 2

Berechnen Sie die Jahreszinsen für

Tz.	Kapital	Zinssatz
1.	4.350 €	4,0 %
2.	4.300 €	4,5 %
3.	5.600 €	3,0 %
4.	7.500 €	3,5 %

AUFGABE 3

Berechnen Sie die Zinsen für

Tz.	Kapital	Zinssatz	Zeit
1.	2.500 €	4,0 %	3 Jahre
2.	3.000 €	3,5 %	2 Jahre
3.	4.300 €	3,0 %	3 Jahre
4.	7.500 €	4,5 %	4 Jahre

AUFGABE 4

Berechnen Sie die Zinsen für folgende Kapitalien

Tz.	Kapital	Zinssatz	Zeit
1.	2.500 €	3,0 %	14.04. bis 18.08.
2.	3.000 €	3,5 %	15.05. bis 20.09.
3.	4.500 €	4,0 %	03.06. bis 30.06.
4.	5.000 €	4,5 %	18.07. bis 01.10.

AUFGABE 5

Berechnen Sie die Zinstage für

Tz.	Zeit
1.	02.01. bis 15.06.
2.	09.05. bis 20.07.
3.	12.07. bis 05.11.
4.	23.11. bis 31.12.

AUFGABE 6

Berechnen Sie das Kapital für

Tz.	Zinsen	Zinssatz	Zeit
1.	659,13 €	12 %	127 Tage
2.	7.200,00 €	9 %	85 Tage
3.	228,00 €	6 %	190 Tage
4.	32,20 €	7 %	45 Tage

AUFGABE 7

Berechnen Sie den Zinssatz für

Tz.	Zinsen	Kapital	Zeit
1.	29,00 €	1.740 €	75 Tage
2.	3,47 €	650 €	48 Tage
3.	40,80 €	2.400 €	72 Tage
4.	13,89 €	800 €	100 Tage

AUFGABE 8

Berechnen Sie die Tage

Tz.	Zinsen	Kapital	Zinssatz
1.	172,92 €	6.194 €	5,0 %
2.	1,21 €	831 €	3,5 %
3.	4,95 €	108 €	6,0 %
4.	120,17 €	3.987 €	7,0 %

AUFGABE 9

Unternehmer U, Bonn, nimmt bei einer Bank 2019 einen Überbrückungskredit von **50.000 €** auf, über den er folgendermaßen verfügt:

10.000 € am 20.07.2019,
20.000 € am 16.10.2019 und
20.000 € am 11.12.2019.

Die Bank belastet ihn mit 9 % Zinsen.

Wie hoch ist die Bankschuld am 31.12.2019?

AUFGABE 10

Für einen Bankkunden sind am 31.12.2019 folgende Festgeldbeträge zu 4,5 % zu verzinsen:

Betrag	Anlagedatum
33.600 €	24.03.2019
27.100 €	12.06.2019
15.500 €	26.10.2019
64.950 €	06.11.2019

Wie hoch ist das Bankguthaben am 31.12.2019?

AUFGABE 11

Ein Sparer zahlt 2019 folgende Beträge auf sein Konto ein:

Betrag	Anlagedatum
1.560 €	09.02.2019
870 €	19.06.2019
1.840 €	12.10.2019

Wie hoch ist das Bankguthaben am 31.12.2019, wenn die Beträge mit 3 % verzinst werden?

6.2 Zahlungsverkehr
6.2.1 Geldverrechnungskonten

Im Rahmen der **EDV-Buchführung** erfolgt die Dateneingabe in der Praxis ausschließlich nach **Buchungskreisen**.

Buchungskreise stellen z.B. sämtliche **Kassenbuchungen** dar. Ein anderer Buchungskreis sind die **Bankbuchungen** für eine bestimmte Bank.

Weitere Buchungskreise sind: Postbank, Eingangsrechnungen, Ausgangsrechnungen, sonstige Belege.

BEISPIEL

Unternehmer U, Bonn, entnimmt 1.000 € aus der betrieblichen Kasse und zahlt sie auf das betriebliche Bankkonto ein.

Dieser Geschäftsvorfall berührt **zwei Buchungskreise**, die **Kasse** und die **Bank**.
Was geschieht, wenn bei Kasse und Bank wie folgt vorgegangen wird?

Buchungskreis Kasse:

Tz.	Betrag Soll	Betrag Haben	Gegenkonto Nr.	Konto Nr.
1.		1.000,00	**1800** (1200)	**1600** (1000)

Buchungskreis Bank:

Tz.	Betrag Soll	Betrag Haben	Gegenkonto Nr.	Konto Nr.
2.	1.000,00		**1600** (1000)	**1800** (1200)

Buchungen:

S	**1800** (1200) **Bank**	H		S	**1600** (1000) **Kasse**	H
1)	1.000,00			1)		1.000,00
2)	1.000,00			2)		1.000,00

Wie das Beispiel zeigt, wurde der Geschäftsvorfall **zweimal gebucht**. Um solche Buchungen zu vermeiden, wird in der Praxis ein **Zwischenkonto**, das Konto

1460 (1360) **Geldtransit**

eingeführt.

BEISPIEL

Sachverhalt wie zuvor mit dem **Unterschied**, dass das **Geldtransitkonto** angesprochen wird.

Buchungskreis Kasse:

Tz.	Betrag Soll	Betrag Haben	Gegenkonto Nr.	Konto Nr.
1.		1.000,00	**1460** (1360)	**1600** (1000)

Buchungskreis Bank:

Tz.	Betrag		Gegenkonto	Konto
	Soll	Haben	Nr.	Nr.
2.	1.000,00		**1460** (1360)	**1800** (1200)

Buchungen:

S	**1800** (1200) **Bank**	H		S	**1600** (1000) **Kasse**	H
2)	1.000,00				1)	1.000,00

S	**1460** (1360) **Geldtransit**	H
1)	1.000,00	2) 1.000,00

Durch das Einschalten des Zwischenkontos **Geldtransit** wird erreicht:

1. Kasse und Bank werden nur einmal angesprochen.
2. Das Geldtransitkonto gleicht sich aus.
3. Leichtere Abstimmung von Buchungen zwischen den Buchungskreisen
4. Bei der Erfassung stimmt die vom System gebildete Summe mit dem Vergleichswert (lt. Kassenbuch, Bankauszug) überein.

6.2.2 Personenkonten

Aus praktischen Gründen werden neben Sachkonten **Personenkonten** geführt.

Personen- oder Kontokorrentkonten sind Konten der Kunden (**Debitoren**) und Lieferanten (**Kreditoren**).

Die **Personenkonten** sind **Nebenbücher**. Sie haben die **Aufgabe**, die **Konten des Hauptbuches** (Forderungen aLuL und Verbindlichkeiten aLuL) **näher zu erläutern**.

Bei der doppelten Buchführung ist für Kreditgeschäfte in der Regel ein **Kontokorrentkonto**, unterteilt nach **Schuldnern** und **Gläubigern**, zu führen (R 5.2 Abs. 1 Satz 2 EStR 2012).

Das folgende Schaubild zeigt nochmals den Zusammenhang zwischen Haupt- und Nebenbuch.

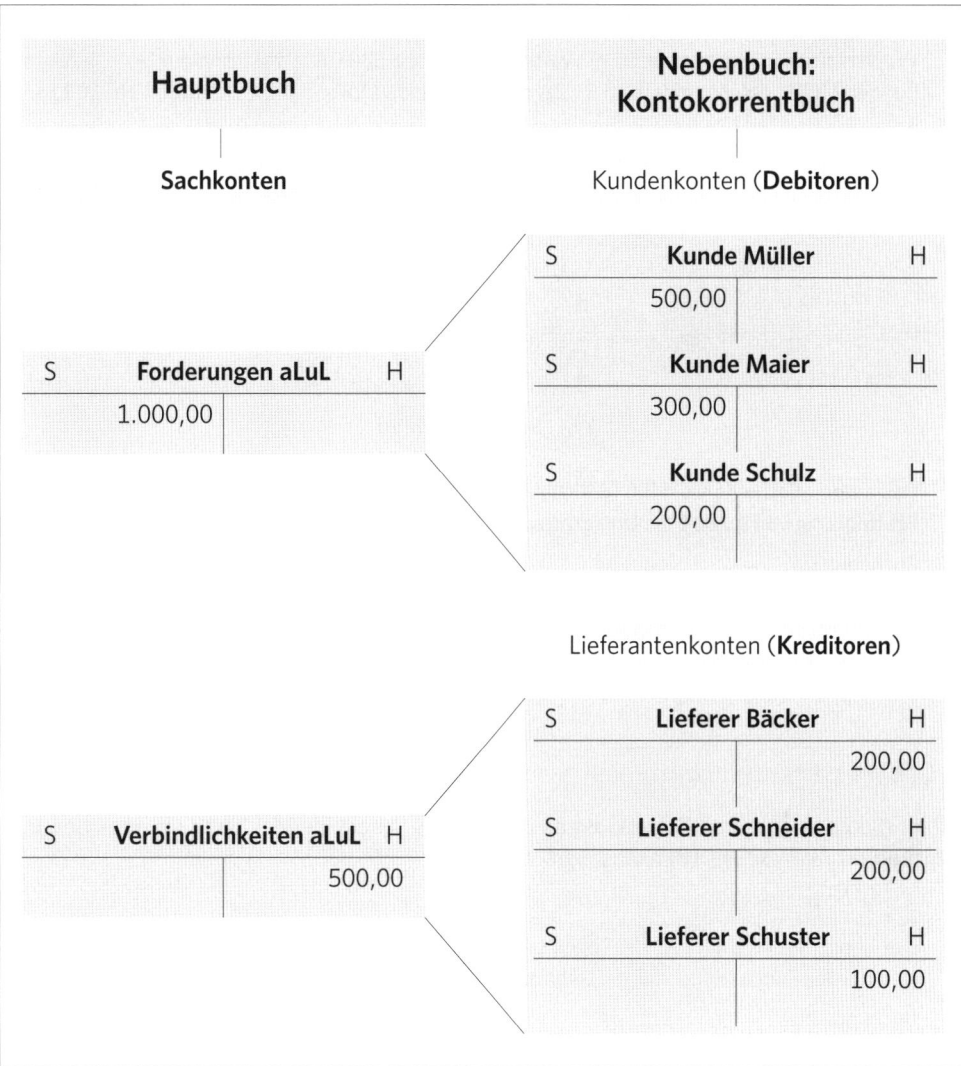

6.2.2.1 Buchen mit Debitoren

Der Unternehmer kann anhand des Sachkontos „**Forderungen aLuL**" zwar den **Gesamtbestand** seiner Forderungen feststellen, aber **nicht wer** und **wie viel** Geld der einzelne Kunde dem Unternehmer schuldet.

Dieser Nachteil lässt sich dadurch beheben, dass das Forderungskonto in **Kundenkonten** (**Debitoren**) aufgeteilt wird.

Jeder Kunde erhält ein eigenes, persönliches Konto, auf dem seine gesamten Umsätze gebucht werden (**Personenkonten**).

Bei DATEV oder bei DATEV-kompatiblen Kontenrahmen wird für die <u>**Debitorenkonten**</u> der <u>**Kontonummernbereich**</u> von <u>**10 000 bis 69 999**</u> reserviert.

6 Finanzwirtschaft

> **BEISPIEL**
>
> Wir verkaufen im September 2019 Waren für 2.000 € + 380 € USt = 2.380 € auf Ziel (an den Kunden Müller, zahlbar innerhalb 30 Tagen). Der Kunde Müller hat die **Debitoren-Nr. 10 116**.
>
> Buchungssatz:

Betrag		Gegenkonto				Konto	
Soll	Haben	K		Nr.		Nr.	
2.380,00		**1**	0	1 1	6	**4400** (8400)	

Das **automatische Konto 4400** (8400) hat eine Programmfunktion, die bewirkt, dass aus dem **Bruttobetrag** von **2.380 €** die **Umsatzsteuer** in Höhe von **380 €** errechnet und gebucht wird.

Buchung:

S	**KU 10 116 Kunde Müller**	H		S	**AM 4400** (8400) **Erlöse 19 %**	H
2.380,00						2.000,00

				S	**KU 3806** (1776) **USt 19 %**	H
						380,00

Erfolgt die Zahlung durch **Scheck**, ist es üblich, den Scheck bei der Bank einzureichen und aufgrund des Bankbelegs (Bankauszugs) zu buchen.

> **BEISPIEL**
>
> Der Kunde Müller zahlt nach 30 Tagen seine Rechnung in Höhe von 2.380 € mit einem Bankscheck. Der Kunde Müller hat die **Debitoren-Nr. 10 116**. Siehe Beispiel zuvor.
>
> Buchungssatz:

Betrag		Gegenkonto				Konto	
Soll	Haben	K		Nr.		Nr.	
2.380,00		**1**	0	1 1	6	**1800** (1200)	

Buchung:

S	**1800** (1200) **Bank**	H		S	**10 116 Kunde Müller**	H
2.380,00				2.380,00		2.380,00

Kundenschecks, die der Bank nicht sofort zum Einzug eingereicht werden, können auf dem Konto

1550 (1330) **Schecks**

gebucht werden.

6.2 Zahlungsverkehr

Wird ein Scheck zum Ausgleich einer Verbindlichkeit aLuL an einen Lieferer weitergegeben, so vermindert sich der Bestand auf dem Scheckkonto.

Am Bilanzstichtag **vorhandene** Kundenschecks sind als **Aktivposten** in der Bilanz auszuweisen.

Der Bilanzposten „**Schecks**" wurde bereits im Abschnitt 3.2.2 „Gliederung der Bilanz", Seite 37, dargestellt.

ÜBUNG →
1. Wiederholungsfragen 1 bis 6 (Seite 287),
2. Aufgaben 1 und 2 (Seite 287)

6.2.2.2 Buchen mit Kreditoren

Wie jeder Kunde, so erhält auch jeder **Lieferer** in der Praxis ein eigenes, persönliches Konto, auf dem seine gesamten Umsätze gebucht werden (**Personenkonten**).

Bei DATEV oder DATEV-kompatiblen Kontenrahmen wird für die **Kreditorenkonten** der **Kontonummernbereich** von **70 000 bis 99 999** reserviert.

BEISPIEL

Wir kaufen im August 2019 Waren für 1.000 € + 190 € USt = 1.190 € auf Ziel (vom Lieferer Bäcker, zahlbar innerhalb 30 Tagen). Der Lieferer Bäcker hat die **Kreditoren-Nr. 70 001**.

Buchungssatz:

Das **automatische Konto 5400** (3400) hat eine Programmfunktion, die bewirkt, dass aus dem **Bruttobetrag** von **1.190 €** die **Vorsteuer** in Höhe von **190 €** errechnet und auf das Konto „KU **1406** (1576) **Vorsteuer 19 %**" gebucht wird.

Buchung:

```
        AV 5400 (3400) Wareneingang
S           19 % Vorsteuer          H      S     KU 70 001 Lieferer Bäcker    H
              1.000,00                                              1.190,00

S    KU 1406 (1576) Vorsteuer 19 %   H
               190,00
```

Nachdem wir das Zahlungsziel voll ausgeschöpft haben, begleichen wir die Rechnung des Lieferanten.

BEISPIEL

Wir zahlen nach 30 Tagen die Rechnung in Höhe von 1.190 € durch Bankscheck. Der Lieferer Bäcker hat die **Kreditoren-Nr. 70 001**. Siehe Beispiel zuvor.

Buchungssatz:

Betrag		Gegenkonto					Konto	
Soll	Haben	K		Nr.			Nr.	
	1.190,00	7	0	0	0	1	**1800** (1200)	

Buchung:

S	**KU 70 001 Lieferer Bäcker**	H		S	**1800** (1200) **Bank**	H
1.190,00		1.190,00				1.190,00

6.2.2.3 Abschluss der Personenkonten

Im Rahmen der **EDV-Buchführung** erfolgen die laufenden Buchungen während des Jahres **zunächst** auf **Personenkonten** (Debitoren und Kreditoren).

Beim **Abschluss** der Personenkonten werden die **Summen** der Debitoren und Kreditoren durch das Programm **automatisch**, und zwar aufgrund der **Kontokorrentziffern** (1 bis 6 für Debitoren und 7 bis 9 für Kreditoren), auf die Sachkonten **Forderungen aus Lieferungen und Leistungen** und **Verbindlichkeiten aus Lieferungen und Leistungen** übertragen.

 Der Zusammenhang zwischen den Personenkonten und Sachkonten wurde bereits auf Seite 73 dargestellt.

 1. Wiederholungsfrage 7 (Seite 287),
2. Aufgabe 3 (Seite 287)

6.2.3 Erfolgskontrolle

WIEDERHOLUNGSFRAGEN

1. Was versteht man im Rahmen der EDV-Buchführung unter „Buchungskreisen"?
2. Welchen Zweck erfüllt das Geldtransitkonto?
3. Was sind Personen- oder Kontokorrentkonten?
4. Was versteht man unter Debitoren?
5. Was versteht man unter Kreditoren?
6. Welcher Kontonummernbereich ist für die Debitorenkonten reserviert?
7. Welcher Kontonummernbereich ist für die Kreditorenkonten reserviert?

AUFGABEN

AUFGABE 1

Bilden Sie die Buchungssätze für die folgenden Geschäftsvorfälle. Kontieren Sie EDV-gemäß.

		€
1.	Wir heben vom betrieblichen Bankkonto ab und legen den Betrag in die betriebliche Kasse.	1.000
2.	Wir entnehmen der betrieblichen Kasse und zahlen den Betrag auf das betriebliche Bankkonto ein.	500

AUFGABE 2

Bilden Sie die Buchungssätze für die folgenden Geschäftsvorfälle. Kontieren Sie EDV-gemäß. Das Personenkonto soll das Gegenkonto sein.

		€
1.	Banküberweisung des Kunden Schulz. Der Kunde Schulz hat die Debitoren-Nr. 10 150.	1.190
2.	Postbanküberweisung des Kunden Müller. Der Kunde Müller hat die Debitoren-Nr. 10 116.	2.380

AUFGABE 3

Bilden Sie die Buchungssätze für die folgenden Geschäftsvorfälle. Kontieren Sie EDV-gemäß.

		€
1.	Banküberweisung an den Lieferer Schuster. Der Lieferer Schuster hat die Kreditoren-Nr. 70 115.	4.640
2.	Postbanküberweisung an den Lieferer Bäcker. Der Lieferer Bäcker hat die Kreditoren-Nr. 70 001.	714

6.3 Darlehen

Darlehen bzw. Kredite werden von **Lieferern**, **Banken** und **Privatpersonen** mit unterschiedlicher Laufzeit gewährt.

Im Folgenden wird die **Aufnahme und Rückzahlung von Bankdarlehen** erläutert.

 Die **Bewertung** der Bankdarlehen erfolgt im Kapitel 8 „Bilanzierung der Verbindlichkeiten" der **Buchführung 2**, 30. Auflage, Seiten 188 ff.

Der **Bankkredit** ist im Unterschied zum Lieferantenkredit grundsätzlich ein **Geldkredit**. Der Kreditbetrag wird dem Kreditnehmer lt. Kreditvertrag auf dem Girokonto bereitgestellt, sodass bei der Aufnahme und Rückzahlung eines Bankdarlehens immer zwei Bankkonten beteiligt sind:

1. das **Kreditkonto** für die Gewährung eines Bankkredits
   „**3150 (0630) Verbindlichkeiten gegenüber Kreditinstituten**" und
2. das **Girokonto „1800 (1200) Bank**" zur Abwicklung der damit verbundenen Zahlungen.

6.3.1 Darlehensaufnahme

Bei der Aufnahme eines Darlehens ist zu unterscheiden, ob es sich um einen

- **kurzfristigen** Kredit **bis 1 Jahr**,
- **mittelfristigen** Kredit **1 bis 5 Jahre** oder
- **langfristigen** Kredit **über 5 Jahre**

handelt.

Entsprechend sind folgende **Verbindlichkeitskonten** zu verwenden:

3151 (0631) **Verbindlichkeiten gegenüber Kreditinstituten** – Restlaufzeit **bis 1 Jahr**,
3160 (0640) **Verbindlichkeiten gegenüber Kreditinstituten** – Restlaufzeit **1 bis 5 Jahre**,
3170 (0650) **Verbindlichkeiten gegenüber Kreditinstituten** – Restlaufzeit **größer 5 Jahre**.

In der Praxis kommt es häufig vor, dass der **Ausgabebetrag** eines Darlehens **nicht** übereinstimmt mit dem **Rückzahlungsbetrag**.

Ist der **Ausgabebetrag niedriger** als der **Rückzahlungsbetrag**, bezeichnet man den **Unterschiedsbetrag** als Darlehensabgeld (auch als Disagio, Damnum, Abschluss-, Verwaltungs- und Buchungsgebühren).

BEISPIEL

Unternehmer U nimmt zum **01.07.2019** bei seiner Bank ein Darlehen über **100.000 €** auf, das eine **Laufzeit** von **10 Jahren** hat. Der Zinssatz beträgt 5 %.
Die Bank behält bei der Auszahlung ein **Damnum** von **2 %** ein und schreibt U **98.000 €** auf dessen Girokonto gut.

6.3 Darlehen

Buchungssatz bei der Darlehensaufnahme zum 01.07.2019:

Sollkonto	Betrag (€)	Habenkonto
1800 (1200) **Bank**	98.000,00	
1940 (0986) **Damnum**	2.000,00	
	100.000,00	**3170** (0650) Verbindlichk. geg. Kreditinstituten

Buchung bei der Darlehensaufnahme zum 01.07.2019:

				3170 (0650) **Verbindlichkeiten g.**	
S	**1800** (1200) **Bank**	H	S	**Kreditinstituten – Restlaufz. gr. 5 Jahre**	H
	98.000,00				100.000,00

S	**1940** (0986) **Damnum/Disagio**	H
	2.000,00	

Der **Unterschiedsbetrag** zwischen **Rückzahlungsbetrag** und **Auszahlungsbetrag**, der auf dem Konto „**1940** (0986) **Damnum/Disagio**" erfasst wird, kann als **Rechnungsabgrenzungsposten** (siehe **erste** Spalte des DATEV-Kontenrahmens neben dem Konto Damnum/Disagio) aktiviert werden. Er ist dann durch planmäßige Abschreibung über die Laufzeit des Darlehens zu tilgen [§ 250 Abs. 3 HGB; H 6.10 (Damnum) EStH]. Die Verteilung des Damnums erfolgt im Jahr der Darlehensaufnahme zeitanteilig (taggenau). Handelsrechtlich kann das Damnum auch sofort in voller Höhe als Aufwand gebucht werden, steuerrechtlich ist dies nicht zulässig.

BEISPIEL

Sachverhalt wie zuvor.

Der **jährliche** Aufwandsbetrag beträgt **200 €** (2.000 € : 10).
Für 2019 beträgt der Aufwand für ein **halbes Jahr 100 €** (200 € : 2).

Buchungssatz zum 31.12.2019:

Sollkonto	Betrag (€)	Habenkonto
7320 (2120) Zinsaufwendungen	100,00	**1940** (0986) Damnum/Disagio

Buchung zum 31.12.2019:

S	**7320** (2120) **Zinsaufwendungen**	H	S	**1940** (0986) **Damnum/Disagio**	H
	100,00			2.000,00	100,00

Einzelheiten zur Berechnung des Zinsaufwands erfolgen im Abschnitt 8.1.2.2 der **Buchführung 2**, 30. Auflage, Seiten 190 ff.

6.3.2 Darlehensrückzahlung

Nach der **Tilgung** eines Darlehens werden folgende **Darlehensarten** unterschieden:

1. **Fälligkeitsdarlehen**,
2. **Ratendarlehen** und
3. **Annuitätendarlehen**.

Bei den verschiedenen Darlehensarten fallen unterschiedliche Belastungen an.

Zinsen und andere **Darlehenskosten** sind **nicht** auf die **Verbindlichkeitskonten** zu buchen, sondern sind gesondert auf den dafür vorgesehenen Konten (z. B. Zinsaufwendungen, Damnum/Disagio) zu erfassen.

zu 1. Fälligkeitsdarlehen

Unter einem **Fälligkeitsdarlehen** versteht man ein Darlehen, das nach Ablauf der vereinbarten Laufzeit **in einer Summe** zurückzuzahlen ist.

BEISPIEL

Das zum 01.07.2019 aufgenommene Bankdarlehen in Höhe von 100.000 € wird nach 10 Jahren am **30.06.2029** in einer Summe per Bank zurückgezahlt.

Buchungssatz zum 30.06.2029:

Sollkonto	Betrag (€)	Habenkonto
3170 (0650) Verbindlichk. geg. Kreditinstituten	100.000,00	**1800** (1200) Bank

Buchung zum 30.06.2029:

	3170 (0650) **Verbindlichkeiten g.**				**1800** (1200) **Bank**	
S	**Kreditinstituten - Restlaufz. gr. 5 Jahre**	H	S			H
	100.000,00	SV (AB) 100.000,00				100.000,00

Die **Rückzahlung** des Darlehens ist **umgekehrt** zu buchen wie die **Aufnahme** des Darlehens.

zu 2. Ratendarlehen

Unter einem **Ratendarlehen** versteht man ein Darlehen, das in **jährlich gleichbleibenden Raten** getilgt wird.

BEISPIEL

Das zum 01.07.2019 aufgenommene Bankdarlehen in Höhe von 100.000 € wird in **jährlich gleichbleibenden Raten** von **10.000 €**, beginnend am **01.07.2020** getilgt. Der Zinssatz beträgt **5 %**.

Buchungssatz im Jahre 2020 (nur Tilgung):

Sollkonto	Betrag (€)	Habenkonto
3170 (0650) Verbindlichk. geg. Kreditinstituten	10.000,00	**1800** (1200) Bank

6.3 Darlehen

Buchung im Jahre 2020 (nur Tilgung):

S 3170 (0650) **Verbindlichkeiten g. Kreditinstituten – Restlaufz. gr. 5 Jahre** H		S 1800 (1200) **Bank** H	
10.000,00	SV (AB) 100.000,00		10.000,00

Der Zinsaufwand ist auf das Konto „**7320** (2120) **Zinsaufwendungen**" zu buchen.

zu 3. Annuitätendarlehen

Unter einem **Annuitätendarlehen** versteht man ein Darlehen, bei dem die jährliche Summe aus **Tilgung und Zinsen** (= **Annuität**) **gleich groß** ist.
Da sich die Schuldsumme durch die Tilgung ständig verringert, werden die jährlichen Zinsbeträge immer kleiner und die Tilgungsbeträge entsprechend größer.

BEISPIEL

Das zum **01.01.2019** aufgenommene Bankdarlehen in Höhe von 100.000 € ist mit 5 % zu verzinsen und in 10 Jahren in jährlichen Raten, beginnend am 01.01.2020, zu tilgen.
Die **jährliche Annuität** beträgt **13.000 €** (100.000 € x 0,130). Der Faktor 0,130 ist einer sog. **Annuitätentabelle** entnommen. Hat man den Betrag der **Annuität**, lassen sich **Tilgung** und **Zinsen** leicht bestimmen. Die **Zinsen** betragen für ein Jahr **5.000 €**, folglich beträgt die Tilgung **8.000 €** (13.000 € – 5.000 €).

Buchungssatz zum 01.01.2020 (nur Tilgung):

Sollkonto	Betrag (€)	Habenkonto
3170 (0650) Verbindlichk. geg. Kreditinstituten	8.000,00	**1800** (1200) Bank

Buchung zum 01.01.2020 (nur Tilgung):

S 3170 (0650) **Verbindlichkeiten g. Kreditinstituten – Restlaufz. gr. 5 Jahre** H		S 1800 (1200) **Bank** H	
8.000,00	SV (AB) 100.000,00		8.000,00

Der **Zinsaufwand** ist durch die unterschiedliche Tilgungshöhe **jedes Jahr neu zu berechnen** und auf das Konto „**7320** (2120) **Zinsaufwendungen**" zu buchen.

Einzelheiten zur Berechnung des Zinsaufwands erfolgen im Abschnitt 8.1.2.2 der **Buchführung 2**, 30. Auflage, Seiten 190 ff.

6.3.3 Erfolgskontrolle

WIEDERHOLUNGSFRAGEN

1. Welche zwei Bankkonten sind bei der Aufnahme und Rückzahlung eines Bankdarlehens immer beteiligt?
2. Was versteht man unter einem kurzfristigen Kredit?
3. Was versteht man unter einem mittelfristigen Kredit?
4. Was versteht man unter einem langfristigen Kredit?
5. Was versteht man unter dem Darlehensabgeld?
6. Wie wird die Aufnahme eines Bankdarlehens buchmäßig behandelt?
7. Wie wird das Damnum/Disagio buchmäßig behandelt?
8. Was versteht man unter einem Fälligkeitsdarlehen?
9. Was versteht man unter einem Ratendarlehen?
10. Was versteht man unter einem Annuitätendarlehen?

AUFGABEN

AUFGABE 1

Der buchführende Gewerbetreibende A hat zum 01.10.2019 ein Bankdarlehen über 50.000 € aufgenommen (Fälligkeitsdarlehen).
Das Darlehen, das mit 7 % zu verzinsen ist, hat eine Laufzeit von acht Jahren und ist am 30.09.2027 in einer Summe zurückzuzahlen. Die Bank hat unter Einbehaltung eines Damnums von 3 % den entsprechenden Betrag dem laufenden Bankkonto des A gutgeschrieben. Das Damnum soll aktiviert werden.

1. Bilden Sie den Buchungssatz für die Darlehensaufnahme zum 01.10.2019.
2. Bilden Sie den Buchungssatz für die Zinsaufwendungen zum 31.12.2019.
3. Bilden Sie den Buchungssatz für die Verteilung des Damnums zum 31.12.2019.

AUFGABE 2

Der buchführende Gewerbetreibende B hat zum 01.01.2019 ein Darlehen mit einem Rückzahlungsbetrag von 150.000 € bei seiner Bank aufgenommen.
Die Tilgung erfolgt in zehn gleichen Raten, zahlbar jeweils am 01.01.
98 % des Rückzahlungsbetrags wurden B auf seinem Bankkonto gutgeschrieben, 2 % als Damnum einbehalten. Die Zinszahlung (Zinssatz 6 %) erfolgt jährlich nachträglich.

1. Bilden Sie den Buchungssatz für die Darlehensaufnahme zum 01.01.2019.
2. Bilden Sie den Buchungssatz für die Zinsaufwendungen zum 31.12.2019.
3. Bilden Sie den Buchungssatz für die Verteilung des Damnums zum 31.12.2019.
4. Bilden Sie den Buchungssatz für die Tilgung zum 01.01.2020.

AUFGABE 3

Der buchführende Gewerbetreibende C hat zum 01.01.2019 bei seiner Bank ein Ratendarlehen aufgenommen. Nennbetrag des Darlehens 100.000 €, Laufzeit: 01.01.2019 bis 31.12.2024, Auszahlung 95 %. Die Zinszahlung (Zinssatz 6 %) erfolgt jährlich nachträglich. Die Tilgung erfolgt jährlich, beginnend am 01.01.2020.

1. Bilden Sie den Buchungssatz für die Darlehensaufnahme zum 01.01.2019.
2. Bilden Sie den Buchungssatz für die Zinsaufwendungen zum 31.12.2019.
3. Bilden Sie den Buchungssatz für die Verteilung des Damnums zum 31.12.2019.
4. Bilden Sie den Buchungssatz für die Tilgung zum 01.01.2020.

AUFGABE 4

Der buchführende Gewerbetreibende D hat zum 01.01.2019 ein Annuitätendarlehen über 150.000 € bei seiner Bank aufgenommen. Es ist mit 6 % zu verzinsen und in 15 Jahren, beginnend ab 01.01.2020, in jährlichen Raten zu tilgen.

Der Annuitätenfaktor beträgt 0,103. Die Bank hat ein Damnum, das aktiviert werden soll, von 4.500 € einbehalten und 145.500 € dem laufenden Konto des D gutgeschrieben.

1. Bilden Sie den Buchungssatz für die Darlehensaufnahme zum 01.01.2019.
2. Bilden Sie den Buchungssatz für die Zinsaufwendungen zum 31.12.2019.
3. Bilden Sie den Buchungssatz für die Verteilung des Damnums zum 31.12.2019.
4. Bilden Sie den Buchungssatz für die Tilgung zum 01.01.2020.

AUFGABE 5

Der buchführende Gewerbetreibende E hat zum 31.03.2019 ein Fälligkeitsdarlehen (Laufzeit 12 Jahre) bei seiner Bank aufgenommen. Vertragsgemäß hat die Bank bei der Auszahlung ein Damnum in Höhe von 6.000,00 € einbehalten. Zulässigerweise hat E die Einbehaltung als Zinsaufwand gebucht.

Führen Sie die Gewinnkorrektur nach § 60 Abs. 2 EStDV durch.

6.4 Leasing

6.4.1 Begriff des Leasings

Unter **Leasing** versteht man eine mietähnliche, vertraglich besonders ausgestaltete Gebrauchsüberlassung von Wirtschaftsgütern gegen Entgelt.

Man unterscheidet in der Regel folgende **Arten des Leasings**:

Konsumgüter-Leasing ist die Vermietung von Konsumgütern (z.B. Fernsehgeräte, Videorekorder) an Endverbraucher.

Investitionsgüter-Leasing ist die Vermietung von Investitionsgütern (z.B. Industrieanlagen, Ausrüstungen) an Betriebe.

Operating-Leasing ist ein **kurzfristiges** in der Regel jederzeit kündbares Leasingverhältnis, bei dem der Leasinggeber die Risiken des Leasing-Gegenstandes trägt.

Finanzierungs-Leasing ist ein **langfristiger** Leasingvertrag über unbewegliche Gegenstände (**Immobilien-Leasing**) oder bewegliche Gegenstände (**Mobilien-Leasing**) mit unkündbarer Grundmietzeit. Während der Grundmietzeit werden über die Leasingraten die Anschaffungs- oder Herstellungskosten, die Verzinsung und Gewinnanteile des Leasinggebers voll abgedeckt (Vollamortisationsvertrag).

Der Leasingnehmer trägt hierbei die Risiken der technischen und wirtschaftlichen Entwertung des Leasing-Gegenstandes.

Im Rahmen der Buchführung ist die **Frage** zu beantworten, **wem** die Leasing-Gegenstände **zuzurechnen** sind, d.h., **wer** die Leasing-Objekte aktivieren und abschreiben darf.

Einzelheiten zur ertragsteuerlichen Behandlung von Leasingverträgen enthalten die verschiedenen BMF-Schreiben, die im **Anhang 21** des ESt-Handbuchs (**EStH**) **abgedruckt sind**.

6.4.2 Zurechnung des Leasinggegenstandes beim Leasinggeber

Die **Zurechnung** des Leasinggegenstandes ist von der von den Parteien gewählten **Vertragsgestaltung** und deren **tatsächlicher Durchführung** abhängig.

Im Folgenden wird nur der Leasingvertrag **ohne** Kauf- oder Verlängerungsoption erläutert. Die anderen Vertragsformen sind im BMF-Schreiben vom 19.04.1971 (vgl. **Anhang 21** EStH) dargestellt.

6.4 Leasing

Bei **Leasingverträgen ohne Kauf- oder Verlängerungsoption** ist der Leasing-Gegenstand regelmäßig dem Leasing**geber zuzurechnen, wenn** die **Grundmietzeit** (Zeit, in der der Leasingvertrag nicht gekündigt werden kann)

mindestens 40 % und höchstens 90 %

der **betriebsgewöhnlichen Nutzungsdauer** des Leasinggegenstandes beträgt.

Wird das Leasingobjekt dem Leasinggeber zugerechnet, ist beim Leasing**geber**

1. der **Leasinggegenstand** mit seinen AK/HK zu **aktivieren**,
2. die **AfA** nach der betriebsgewöhnlichen Nutzungsdauer **vorzunehmen** und
3. die **Leasingrate** als **Betriebseinnahme** zu behandeln.

Wird das Leasingobjekt dem Leasing**geber** zugerechnet, ist beim Leasing**nehmer**

die **Leasingrate** als **Betriebsausgabe** zu behandeln.

BEISPIEL

Der **Unternehmer A**, Duisburg, hat eine **Maschine** zum 01.01.2019 **geleast**.
Die **Grundmietzeit** beträgt **3 Jahre**. Eine **Kündigung** ist während der Grundmietzeit **nicht** möglich.
Nach Ablauf der Grundmietzeit steht A **weder** eine **Kauf- noch eine Verlängerungsoption** zu.
Die Anschaffungskosten (**AK**) der Maschine haben **250.000 €** betragen.
Die betriebsgewöhnliche Nutzungsdauer (**ND**) der Maschine beträgt **4 Jahre**.
Der Leasinggeber übernimmt alle Kosten für Kundendienst und Verschleiß von Ersatzteilen.
Der Leasing**nehmer** hat 2019 eine Leasingrate von **jährlich 60.000 € + 11.400 € USt = 71.400 €** zu zahlen.
Der Betrag wird auf das Bankkonto des Leasinggebers überwiesen.
Es liegt ein **Finanzierungs-Leasing** in Form eines **Mobilien-Leasings** vor.
Die **Grundmietzeit** beträgt **3 Jahre**, d.h. ¾ = **75 %** der betriebsgewöhnlichen Nutzungsdauer der Maschine (4 Jahre).
Die Maschine ist folglich dem **Leasinggeber zuzurechnen**.

Buchungssatz der Leasingrate beim Leasing**geber**:

Sollkonto	Betrag (€)	Habenkonto
1800 (1200) Bank	71.400,00	
	60.000,00	**4000** (8000) Erlöse aus Leasinggeschäften
	11.400,00	**3806** (1776) Umsatzsteuer 19 %

Buchung der Leasingrate beim Leasing**geber**:

```
S      1800 (1200) Bank       H        S    4000 (8000) Erlöse aus
       71.400,00 |                          Leasinggeschäften       H
                                                          | 60.000,00

                                       S    3806 (1776) Umsatzsteuer 19 %   H
                                                          | 11.400,00
```

Buchungssatz der Leasingrate beim Leasing**nehmer**:

Sollkonto	Betrag (€)	Habenkonto
6840 (4810) Mietleasing	60.000,00	
1406 (1576) Vorsteuer 19 %	11.400,00	
	71.400,00	**1800** (1200) Bank

Buchung der Leasingrate beim Leasing**nehmer**:

```
        6840 (4810) Mietleasing
   S  (bewegliche Wirtschaftsgüter)  H        S      1800 (1200) Bank       H
           60.000,00                                              71.400,00

   S      1406 (1576) Vorsteuer 19 %    H
           11.400,00
```

6.4.3 Zurechnung des Leasinggegenstandes beim Leasingnehmer

Bei **Leasingverträgen ohne Kauf- oder Verlängerungsoption** ist der Leasing-Gegenstand regelmäßig dem Leasing**nehmer zuzurechnen**, wenn die **Grundmietzeit** (Zeit, in der der Leasingvertrag nicht gekündigt werden kann)

> **weniger als 40 % oder mehr als 90 %**

der **betriebsgewöhnlichen Nutzungsdauer** des Leasinggegenstandes beträgt.

Der Leasing**nehmer** hat

1. den **Leasinggegenstand** mit den AK/HK zu **aktivieren**,
2. die **AfA** nach der betriebsgewöhnlichen Nutzungsdauer **vorzunehmen**,
3. eine **Verbindlichkeit** gegenüber dem Leasinggeber in Höhe der aktivierten AK/HK zu **passivieren**,
4. die **Leasingraten** in einen **Zins- und Kostenanteil** sowie einen **Tilgungsanteil aufzuteilen**.
   Der **Zins- und Kostenanteil** stellt eine sofort abzugsfähige **Betriebsausgabe** dar, während der **andere Teil** der Leasingrate als Tilgung der Kaufpreisschuld **erfolgsneutral** zu behandeln ist.

Der Leasing**geber** hat

1. eine **Forderung** an den Leasingnehmer in Höhe der aktivierten AK/HK zu **aktivieren**. Dieser Betrag ist grundsätzlich mit der vom Leasingnehmer ausgewiesenen Verbindlichkeit identisch.
2. die **Leasingraten** in einen **Zins- und Kostenanteil** sowie in einen **Anteil Tilgung** der Kaufpreisforderung **aufzuteilen**.

Der **Zins- und Kostenanteil** kann nach der **Barwertvergleichsmethode** oder nach der **Zinsstaffelmethode** ermittelt werden.

6.4 Leasing

Nach der **Zinsstaffelmethode** wird der **Zins- und Kostenanteil** wie folgt ermittelt:

$$\frac{\text{Summe der Zins- und Kostenanteile aller Leasingraten}}{\text{Summe der Zahlenreihe aller Raten}} \times \text{Anzahl der restlichen Raten} + 1$$

BEISPIEL

Der Fuhrunternehmer Karl Walter, Mannheim, hat von der Leasing GmbH, Frankfurt, ab 01.01.2019 einen Lkw geleast. Die beidseitig unkündbare Grundmietzeit beträgt 5 Jahre. Die Leasing GmbH hat den Lkw für 240.000 € angeschafft und die jährliche Leasingrate für Karl Walter beträgt 71.400 €, jeweils fällig am 31.12. Die gesamte Umsatzsteuer in Höhe von 57.000 € ist nur im Leasingvertrag ausgewiesen. Der Lkw hat eine betriebsgewöhnliche Nutzungsdauer von 5 Jahren. Der Lkw ist dem Leasingnehmer zuzurechnen, weil er wirtschaftlicher Eigentümer ist.

Die Buchungssätze für die Übergabe des Lkws, die Überweisung der ersten Leasingrate am 31.12.2019 und die Jahresabschlussarbeiten zum 31.12.2019 lauten:

Tz.	Sollkonto	Betrag (€)	Habenkonto
1.	**0540** (0350) Lkw **1900** (0980) Aktive RAP **1406** (1576) Vorsteuer	240.000,00 60.000,00 57.000,00 357.000,00	**3337** (1626) Verb. 1 bis 5 Jahre
2.	**3337** (1626) Verb. 1 bis 5 Jahre	71.400,00	**1800** (1200) Bank
3.	**6222** (4832) Abschr. Kfz **6250** (4815) Kaufleasing	48.000,00 20.000,00	**0540** (0350) Lkw **1900** (0980) Aktive RAP

Erläuterungen:

zu 1.

Zur Vorsteuer siehe Abschn. 3.5 Abs. 5 Satz 1 UStAE.

	Summe der Leasingraten: 5 x 60.000 €	300.000 €
−	AK des Lkws	− 240.000 €
=	Zins- und Kostenanteil für 5 Jahre	60.000 €
	Verbindlichkeiten: 5 x 71.400 € (60.000 € + 11.400 € USt)	357.000 €

zu 2.

357.000 € : 5 → 71.400 €

zu 3.

Abschreibung des Lkws: 240.000 € : 5 → 48.000 €

Auflösung der aktiven RAP nach der Zinsstaffelmethode im 1. Jahr:

$$\frac{60.000\,€}{15^*} = 4.000\,€ \times (4 + 1) = 20.000\,€$$

* 1 + 2 + 3 + 4 + 5 = 15

6.4.4 Erfolgskontrolle

WIEDERHOLUNGSFRAGEN

1. Was versteht man unter Leasing?
2. Unter welcher Voraussetzung wird der Leasinggegenstand dem Leasinggeber bei Leasingverträgen ohne Kauf- oder Verlängerungsoption zugerechnet?
3. Wie wird der Leasinggegenstand buchmäßig beim Leasinggeber behandelt, wenn ihm der Leasinggegenstand zugerechnet wird?
4. Wie wird der Leasinggegenstand buchmäßig beim Leasingnehmer behandelt, wenn der Leasinggegenstand dem Leasinggeber zugerechnet wird?
5. Wie wird der Leasinggegenstand buchmäßig beim Leasingnehmer behandelt, wenn ihm der Leasinggegenstand zugerechnet wird?
6. Wie wird der Leasinggegenstand buchmäßig beim Leasinggeber behandelt, wenn der Leasinggegenstand dem Leasingnehmer zugerechnet wird?

AUFGABEN

AUFGABE 1

Der Unternehmer Horst Schulz, Köln, hat eine Maschine zum 01.01.2019 geleast. Die Grundmietzeit beträgt 48 Monate. Eine Kündigung ist während der Grundmietzeit nicht möglich. Nach Ablauf der Grundmietzeit steht Schulz weder eine Kauf- noch eine Verlängerungsoption zu.

Die Anschaffungskosten der Maschine haben 160.000 € betragen. Die betriebsgewöhnliche Nutzungsdauer der Maschine beträgt 5 Jahre. Der Leasinggeber trägt das Investitionsrisiko. Der Leasingnehmer hat eine Leasingrate von monatlich 4.250 € + USt zu zahlen. Der Betrag wird jeweils auf das Bankkonto des Leasinggebers überwiesen.

1. Welche Art des Leasings liegt vor?
2. Wem ist der Leasinggegenstand zuzurechnen? Begründen Sie Ihre Antwort.
3. Bilden Sie den Buchungssatz für die Überweisung der ersten Leasingrate beim Leasinggeber.
4. Bilden Sie den Buchungssatz für die Überweisung der ersten Leasingrate beim Leasingnehmer.

AUFGABE 2

Der Gewerbetreibende Walter Schneider, Mannheim, hat am 01.07.2019 eine Maschine für eine Grundmiete von 4 Jahren geleast (Finanzierungs-Leasing); die Maschine ist ihm zuzurechnen. Den Zins- und Kostenanteil in Höhe von 120.000 € hat er in den Rechnungsabgrenzungsposten ausgewiesen.

Am 31.12.2019 bucht Walter Schneider wie folgt:

Sollkonto	Betrag (€)	Habenkonto
7300 (2100) Zinsaufwendungen	30.000,00	**1900** (0980) Aktive RAP

Überprüfen Sie, ob die Buchung richtig ist und bilden Sie ggf. die Korrekturbuchung.

6.4 Leasing

AUFGABE 3

Der Fuhrunternehmer Paul Intern, Koblenz, mietet ab dem 01.01.2019 einen Lkw von der Daimler AG, Stuttgart, mit einer für beide unkündbaren Grundmietzeit von 3 Jahren. Der Lkw hat eine betriebsgewöhnliche Nutzungsdauer von 4 Jahren. Nach dem Ablauf der Grundmietzeit ist eine Kaufoption vereinbart; der Kaufpreis soll dann 60.000 € zzgl. USt betragen. Die Jahresmiete ist mit 144.000 € zzgl. USt festgelegt; die Umsatzsteuer in Höhe von 93.480 € ist im Vertrag festgelegt und bei Übergabe des Lkws fällig. Die Anschaffungskosten, die der Kalkulation des Leasingvertrags zugrunde gelegt wurden, betragen netto 300.000 €. Der Restbuchwert und der gemeine Wert nach Ablauf der Grundmietzeit sind identisch.

1. Wer ist wirtschaftlicher Eigentümer des Lkws?
2. Wie ist der Zugang des Lkws bilanzmäßig darzustellen?
3. Buchen Sie die Zahlungen des Leasingnehmers in den Jahren 2019 und 2020 und die Buchungen im Jahresabschluss.
4. Paul Intern erwirbt den Lkw am Ende der Grundmietzeit zum vereinbarten Kaufpreis. Buchen Sie den Erwerb.

AUFGABE 4

Der bilanzierende Gewerbetreibende Paul Fuchs hat am 01.12.2019 einen (Miet-) Leasingvertrag über ein Kassensystem abgeschlossen. Gemäß dem Vertrag werden jährliche Leasingraten in Höhe von 480,00 € (netto) im Voraus jeweils am 01.12. überwiesen. Die einmalige Leasingsonderzahlung in Höhe von 960,00 € zzgl. 19 % USt wurde am 01.12.2019 überwiesen.

Buchen Sie alle Vorgänge, die sich aus dem Sachverhalt für das Wirtschaftsjahr 2019 ergeben.

Weitere Aufgaben mit Lösungen zum Thema Leasing finden Sie im **Lösungsbuch** der Buchführung 1.	

6.5 Wechselverkehr

Der **Wechsel** ist eine Urkunde, in der der Gläubiger (Aussteller) den Schuldner (Bezogenen) auffordert, eine bestimmte Geldsumme an eine bestimmte Person (Wechselnehmer) oder deren Order zu bezahlen.

Beim Wechselverkehr ist zwischen **Besitzwechseln** und **Schuldwechseln** zu unterscheiden.

Besitzwechsel sind Wechsel, die der Verkäufer zum Ausgleich einer Forderung vom Käufer erhält.

Schuldwechsel sind Wechsel, die der Käufer als Bezogener zum Ausgleich einer Verbindlichkeit dem Verkäufer aushändigt.

6.5.1 Buchen der Besitzwechsel

Der Inhaber eines **Besitzwechsels** kann diesen wie folgt **verwenden**:

1. bis zur Fälligkeit **aufbewahren** und dann dem Bezogenen zur Einlösung vorlegen oder
2. vor Fälligkeit als Zahlungsmittel an einen Gläubiger **weitergeben** oder
3. vor Fälligkeit bei einer Bank **diskontieren** lassen.

Im Folgenden wird dargestellt, wie die einzelnen **Verwendungsmöglichkeiten** des Besitzwechsels gebucht werden.

Vor diesen Buchungen ist noch der Besitzwechsel**eingang** buchmäßig zu erfassen.

6.5.1.1 Besitzwechseleingang

Der Verkäufer hat aufgrund seiner Warenlieferung an den Käufer zunächst eine **Warenforderung**, die auf dem Konto „**1200** (1400) Forderungen aus Lieferungen und Leistungen" gebucht wird.

Erhält der Verkäufer zum Ausgleich dieser Forderung einen **Besitzwechsel**, so tritt an die Stelle der Warenforderung eine **Wechselforderung**. Die Wechselforderung ist in der Buchführung **gesondert** von der Warenforderung **zu erfassen**.

Besitzwechsel werden auf dem Konto

> **1230** (1300) **Wechsel aus Lieferungen und Leistungen**

gebucht.

BEISPIEL

1. Wir liefern an B Waren für 5.000 € + 950 € USt = 5.950 € auf Ziel.
2. B sendet uns vereinbarungsgemäß zum Ausgleich unserer Forderung aLuL einen **Wechsel** über 5.950 €.

Buchungssätze:

Tz.	Sollkonto	Betrag (€)	Habenkonto
1.	**1200** (1400) Forderungen aLuL	5.950,00	
		5.000,00	**4200** (8200) Erlöse
		950,00	**3806** (1776) USt 19 %
2.	**1230** (1300) Wechsel aLuL	5.950,00	**1200** (1400) Forderungen aLuL

Buchungen:

S	1200 (1400) Forderungen aLuL	H		S	4200 (8200) Erlöse	H
1)	5.950,00	2)	5.950,00		1)	5.000,00

S	1230 (1300) Wechsel aLuL	H		S	3806 (1776) USt 19%	H
2)	5.950,00				1)	950,00

6.5.1.2 Besitzwechseleinzug

Der Wechselinhaber legt den Wechsel in der Regel dem Schuldner **nicht selbst** vor, sondern beauftragt seine **Bank** mit dem **Einzug (Inkasso)**. Die Bank berechnet für den Einzug eine **Inkassoprovision**.

Die Bank schreibt dem Wechseleinreicher den Wechselbetrag **abzüglich** der **Inkassoprovision** gut.

BEISPIEL

Wir lassen den Besitzwechsel über 5.950 € durch unsere Bank **einziehen**. Die Bank erteilt uns folgende Abrechnung:

	Wechselbetrag	5.950 €
−	Inkassoprovision	− 12 €
=	Gutschrift	5.938 €

Buchungssatz:

Sollkonto	Betrag (€)	Habenkonto
1800 (1200) Bank	5.938,00	
6855 (4970) Nebenkosten d. Geldverkehrs	12,00	
	5.950,00	**1230** (1300) Wechsel aLuL

Buchung:

S	1800 (1200) Bank	H		S	1230 (1300) Wechsel aLuL	H
	5.938,00				5.950,00	5.950,00

S	6855 (4970) Nebenkosten des Geldverkehrs	H
	12,00	

Dadurch, dass der Käufer mit einem Wechsel zahlt, entsteht dem Verkäufer in der Regel ein **Zinsverlust**, weil die **Fälligkeit der Warenforderung** grundsätzlich **nicht** mit der **Fälligkeit der Wechselforderung** übereinstimmt.

In diesen Fällen wird der Verkäufer dem Käufer wegen verspäteter Zahlung **Verzugszinsen** berechnen. Die berechneten **Zinsen unterliegen nicht der Umsatzsteuer** (Abschn. 1.3 Abs. 6 Satz 3 UStAE).

BEISPIEL

Wir senden unserem Kunden folgende Rechnung (Auszug):

> **8 % Zinsen** auf 5.950 € für 45 Tage = **59,50 €**

Buchungssatz:

Sollkonto	Betrag (€)	Habenkonto
1200 (1400) Forderungen aLuL	59,50	**7100** (2650) Zinserträge

Buchung:

S	**1200** (1400) **Forderungen aLuL**	H	S	**7100** (2650) **Zinserträge**	H
59,50					59,50

ÜBUNG →
1. Wiederholungsfragen 1 bis 3 (Seite 307),
2. Aufgabe 1 und 2 (Seite 307)

6.5.1.3 Besitzwechselweitergabe

Der Inhaber eines Besitzwechsels kann den Wechsel **vor** Fälligkeit als **Zahlungsmittel** an einen Gläubiger **weitergeben**. Er begleicht damit seine Verbindlichkeit.

BEISPIEL

Wir geben den Besitzwechsel über 5.950 € weiter an unseren Lieferer zum Ausgleich einer Verbindlichkeit.

Buchungssatz:

Sollkonto	Betrag (€)	Habenkonto
3300 (1600) Verbindlichkeiten aLuL	5.950,00	**1230** (1300) Wechsel aLuL

Buchung:

S	**3300** (1600) **Verbindlichkeiten aLuL**	H	S	**1230** (1300) **Wechsel aLuL**	H
5.950,00				5.950,00	5.950,00

Wenn die **Fälligkeit der Verbindlichkeit** und die **Fälligkeit des Wechsels** nicht übereinstimmen, kann der Lieferer wegen verspäteter Zahlung **Zinsen** berechnen.

BEISPIEL

Wir erhalten von unserem Lieferer folgende Rechnung (Auszug):

> **8 % Zinsen** auf 5.950 € für 45 Tage = **59,50 €**

Buchungssatz:

Sollkonto	Betrag (€)	Habenkonto
7310 (2110) Zinsaufwendungen für kurzfristige Verbindlichkeiten	59,50	**3300** (1600) Verbindl. aLuL

Buchung:

S	7310 (2110) **Zinsaufwendungen für kurzfristige Verbindlichkeiten**	H		S	3300 (1600) **Verbindlichkeiten aLuL**	H
	59,50					59,50

ÜBUNG → Aufgabe 3 (Seite 307)

6.5.1.4 Besitzwechseldiskontierung

Der Inhaber eines Besitzwechsels kann den Wechsel **vor** Fälligkeit an eine Bank **verkaufen**, d.h. ihn bei seiner Bank **diskontieren** lassen.

Die Bank gewährt dann vom Tag der Diskontierung bis zur Fälligkeit des Wechsels dem Einreicher einen **Diskontkredit**.

Die für diesen Kredit zu zahlenden **Wechselvorzinsen** (Wechsel**diskont**) werden von der Bank im Voraus belastet und mit der Gutschrift für den Wechselbetrag verrechnet.

Die Banken berechnen neben dem **Diskont** oft noch **Spesen**.

BEISPIEL

Wir senden den Besitzwechsel über 5.950 € unserer Bank zum **Diskont**. Die Bank erteilt uns folgende Rechnung:

	Wechselbetrag		5.950 €
–	**8 % Diskont für 90 Tage**	–	119 €*
–	**Spesen**	–	10 €
=	Gutschrift		5.821 €

* **Berechnung des Diskonts** nach der **Tageszinsformel** (siehe Seite 275):

$$\text{Zinsen (Diskont)} = \frac{K \times p \times t}{100 \times 360} = \frac{5.950\,€ \times 8 \times 90}{100 \times 360} = 119\,€$$

Buchungssatz:

Sollkonto	Betrag (€)	Habenkonto
1800 (1200) Bank	5.821,00	
7340 (2130) Diskontaufwendungen	119,00	
6855 (4970) Nebenkosten des Geldverkehrs	10,00	
	5.950,00	**1230** (1300) Wechsel aLuL

Buchung:

S	1800 (1200) Bank	H	S	1230 (1300) Wechsel aLuL	H
	5.821,00			5.950,00	5.950,00

S	7340 (2130) Diskontaufwendungen	H
	119,00	

S	6855 (4970) Nebenkosten des Geldverkehrs	H
	10,00	

Gewährt der Unternehmer im Zusammenhang mit einer Lieferung einen **Diskontkredit**, der als **gesonderte Leistung** anzusehen ist, so **mindern** die berechneten **Wechselvorzinsen** (Wechsel**diskont**) **nicht** das **Entgelt** für die Lieferung (Abschn. 10.3 Abs. 6 Satz 5 UStAE).

Dies hat zur **Folge**, dass die **Diskontbeträge nicht der USt** unterliegen, weil sie als gesonderte Leistung nach § 4 Nr. 8a UStG **steuerfrei** sind.

Für eine **gesonderte Leistung** ist erforderlich (Abschn. 3.11 Abs. 2 UStAE):

1. Die Lieferung oder sonstige Leistung **und** die Kreditgewährung (Diskontkredit) müssen **gesondert vereinbart** worden sein.
2. In der Vereinbarung über die Kreditgewährung muss auch der **Jahreszins** angegeben werden.
3. Die Entgelte für die beiden Leistungen müssen **getrennt abgerechnet** werden.

Berechnet der Unternehmer den ihm von der Bank berechneten **Diskont** und die **Spesen** dem Kunden **weiter** (**Regelfall**), so unterliegen **nur die Spesen der USt**, wenn – was in der Praxis heute üblich ist – beim **Diskontkredit** die Voraussetzungen einer **gesonderten Leistung** erfüllt sind.

Die in Rechnung gestellten Spesen werden aus **umsatzsteuerlichen** Gründen auf dem **besonderen** Konto

7110 (8650) Erlöse aus Diskontspesen

erfasst.

BEISPIEL

Diskont und Spesen werden von uns dem Kunden als gesonderte Leistung wie folgt in Rechnung (Auszug) gestellt:

	Diskont (8 % auf 5.950 € für 90 Tage)	119,00 €	
	Spesen	10,00 €	
+	19 % USt	1,90 €	11,90 €
			130,90 €

Buchungssatz:

Sollkonto	Betrag (€)	Habenkonto
1200 (1400) Forderungen aLuL	130,90	
	119,00	**7130** (2670) Diskonterträge
	10,00	**7110** (8650) **Erlöse aus Diskontspesen**
	1,90	**3806** (1776) USt 19 %

Buchung:

ÜBUNG →	1. Wiederholungsfragen 4 bis 6 (Seite 307), 2. Aufgabe 4 (Seite 307)

6.5.2 Buchen der Schuldwechsel

Beim Buchen der **Schuldwechsel** ist zwischen Schuldwechsel**ausgang** und Schuldwechsel**einlösung** zu unterscheiden.

6.5.2.1 Schuldwechselausgang

Der Käufer hat aufgrund der von ihm bezogenen Waren eine **Warenverbindlichkeit**, die auf dem Konto „**3300** (1600) Verbindlichkeiten aus Lieferungen und Leistungen" gebucht wird.

Zieht der Verkäufer über diese Verbindlichkeit einen Wechsel auf den Käufer und gibt der Käufer diesen Wechsel akzeptiert an den Lieferer zurück, so tritt an die Stelle einer **Warenverbindlichkeit** eine **Wechselverbindlichkeit** (= **Schuldwechsel**).

Die **Wechselverbindlichkeit** ist in der Buchführung **gesondert** von der Warenverbindlichkeit zu erfassen.

Wechselverbindlichkeiten werden auf das Konto

3350 (1660) **Schuldwechsel**

gebucht.

BEISPIEL

1. Wir haben Waren für 10.000 € + 1.900 € USt = 11.900 € bezogen.
2. Wir geben dem Lieferer vereinbarungsgemäß einen akzeptierten **Schuldwechsel** über 11.900 €.

Buchungssätze:

Tz.	Sollkonto	Betrag (€)	Habenkonto
1.	**5200** (3200) Wareneingang	10.000,00	
	1406 (1576) Vorsteuer 19 %	1.900,00	
		11.900,00	**3300** (1600) Verbindl. aLuL
2.	**3300** (1600) Verbindl. aLuL	11.900,00	**3350** (1660) **Schuldwechsel**

Buchungen:

```
S       5200 (3200) Wareneingang    H      S    3300 (1600) Verbindlichkeiten aLuL   H
1)         10.000,00  |                     2)        11.900,00 |  1)        11.900,00


S       1406 (1576) Vorsteuer 19%   H      S       3350 (1660) Schuldwechsel         H
1)          1.900,00  |                                         |  2)        11.900,00
```

6.5.2.2 Schuldwechseleinlösung

Bei Fälligkeit legt der **letzte Wechselinhaber** den Wechsel dem **Bezogenen** zur Einlösung vor.

Erfüllungsort für die Wechseleinlösung sind die **Geschäftsräume des Bezogenen** („**Wechselschulden sind Holschulden**").

Zur Vereinfachung des Einzugsverfahrens gibt der Bezogene in der Regel bereits auf dem Wechsel seine **Bank als Zahlstelle** an.

Die Bank löst dann den Wechsel zulasten des Kontos des Bezogenen ein und berechnet dafür eine **Domizilprovision**.

BEISPIEL

Unser Schuldwechsel über 11.900 € wird am Fälligkeitstag bei unserer Bank vorgelegt und eingelöst. Die Bank berechnet 10 € **Domizilprovision**.

Buchungssatz:

Sollkonto	Betrag (€)	Habenkonto
3350 (1660) Schuldwechsel	11.900,00	
6855 (4970) Nebenkosten des Geldverkehrs	10,00	
	11.910,00	**1800** (1200) Bank

Buchung:

```
S       3350 (1660) Schuldwechsel   H      S       1800 (1200) Bank               H
           11.900,00 |  11.900,00                            |  11.910,00


         6855 (4970) Nebenkosten des
S              Geldverkehrs         H
              10,00 |
```

ÜBUNG → 1. Wiederholungsfrage 7 (Seite 307),
2. Aufgabe 5 (Seite 308)

6.5.3 Erfolgskontrolle

WIEDERHOLUNGSFRAGEN

1. Welche Verwendungsmöglichkeiten gibt es für einen Besitzwechsel?
2. Auf welchem Konto wird der eingehende Besitzwechsel gebucht?
3. In welchem Fall berechnen die Banken Inkassoprovision?
4. Was versteht man unter Wechseldiskontierung?
5. Was versteht man unter Diskont?
6. Wie wird die Weiterbelastung des von der Bank berechneten Diskonts und der Spesen an den Kunden umsatzsteuerlich behandelt?
7. Was heißt: „Wechselschulden sind Holschulden"?

AUFGABEN

AUFGABE 1

Bilden Sie die Buchungssätze für folgende Vorgänge:

1. Wir verkaufen am 03.07.2019 Waren auf Ziel für netto 4.000 € + 760 € USt = 4.760 €.
2. Der Käufer sendet uns am 10.07.2019 einen akzeptierten Wechsel über den Rechnungsbetrag.
3. Wir stellen dem Käufer am 12.07.2019 200 € Zinsen in Rechnung.
4. Der Käufer überweist diesen Betrag am 19.07.2019 auf unser Bankkonto.
5. Den Besitzwechsel lassen wir durch unsere Bank einziehen. Die Bank berechnet uns 10 € Inkassoprovision.

AUFGABE 2

Bilden Sie die Buchungssätze für folgende Vorgänge:

1. Wir haben eine Warenforderung an einen Kunden in Höhe von 11.000 €. Der Kunde überweist die Hälfte unserer Forderung durch die Bank. Für die andere Hälfte sendet er uns einen akzeptierten Wechsel.
2. Diesen Wechsel legen wir ihm bei Fälligkeit über unsere Bank zur Einlösung vor. Unsere Bank berechnet 2 Promille Inkassoprovision.

AUFGABE 3

Bilden Sie die Buchungssätze für folgende Vorgänge:

1. Ein Kunde sendet uns zum Ausgleich unserer Forderung aLuL einen Wechsel über 8.000 €.
2. Wir geben diesen Wechsel an einen Lieferer als Zahlungsmittel weiter.
3. Der Lieferer berechnet uns 100 € Zinsen.

AUFGABE 4

1. Wir geben unserer Bank am 19.07.2019 einen Besitzwechsel über 20.000 € zum Diskont. Die Bank berechnet uns 8 % Diskont für 90 Tage und 30 € Spesen.
2. Die Kosten der Diskontierung, die uns die Bank berechnet hat, berechnen wir unserem Kunden vereinbarungsgemäß als gesonderte Leistung weiter.

a) Erstellen Sie die Diskontabrechnung der Bank und die Rechnung für unseren Kunden.
b) Bilden Sie die Buchungssätze.

AUFGABE 5

Bilden Sie die Buchungssätze für folgende Vorgänge:

1. Wir beziehen Waren auf Ziel für netto 12.000 € + 2.280 € USt = 14.280 €.
2. Über den Rechnungsbetrag akzeptieren wir einen Wechsel.
3. Der Wechsel wird bei Fälligkeit über unsere Bank eingelöst. Die Bank berechnet 20 € Domizilprovision.

6.6 Wertpapiere

Wertpapiere im weitesten Sinne sind Urkunden, in denen ein Vermögensrecht brieflich zugesichert wird.

Man unterscheidet folgende Wertpapier**arten**:

1. **Waren**wertpapiere (z.B. Lagerschein im Sinne des HGB),
2. **Kapital**wertpapiere (z.B. Aktie, Anleihe),
3. **Geld**wertpapiere (z.B. Scheck, Wechsel).

Gegenstand dieses Kapitels ist das Buchen von **Dividendenpapieren** (z.B. Aktien) **und festverzinslichen Wertpapieren** (z.B. Anleihen, Pfandbriefen und Obligationen), die den **Kapital**wertpapieren zugeordnet werden.

In diesem Kapitel wird erläutert, wie Wertpapier**käufe**, Wertpapier**erträge** und Wertpapier**verkäufe** zu buchen sind.

> Die **Bilanzierung** der Wertpapiere des Umlaufvermögens wird im Abschnitt 7.4 der **Buchführung 2**, 30. Auflage, Seite 182 f. dargestellt.

Steuerlich werden Erträge aus Wertpapieren (**Kapitalerträge**) des Privatvermögens, die zu den **Einkünften aus Kapitalvermögen** gehören, mit einem einheitlichen Steuersatz von 25% (zuzüglich Solidaritätszuschlag und ggf. Kirchensteuer) besteuert (**Abgeltungsteuer**; § 32d Abs. 1 EStG). Die **Abgeltungsteuer** ist keine gesonderte Steuerart, sondern der Begriff für die einheitliche **Kapitalertragsteuer von 25%** auf **private** Kapitalerträge und Veräußerungsgewinne. Die Kapitalertragsteuer hat grundsätzlich **abgeltende Wirkung**, d.h., die Kapitalerträge sind grundsätzlich **abschließend** (abgeltend) **besteuert**.

Kapitalerträge, die einer **anderen Einkunftsart** zuzurechnen sind (z.B. betriebliche Kapitalerträge, Zinsen bei Vermietung und Verpachtung) unterliegen **nicht** der **Abgeltungsteuer** (§ 20 Abs. 8 EStG).

Betriebliche Kapitalerträge sind den **Gewinneinkunftsarten** zuzurechnen. Die **betrieblichen** Kapitalerträge unterliegen auch der **Kapitalertragsteuer von 25%**; der Steuerabzug hat jedoch **keine** abgeltende Wirkung.

6.6.1 Buchmäßige Einteilung der Wertpapiere

Buch- und bilanzmäßig werden die Wertpapiere des Betriebsvermögens eingeteilt in

1. Wertpapiere des **Anlagevermögens und**
2. Wertpapiere des **Umlaufvermögens**.

6.6.1.1 Wertpapiere des Anlagevermögens

Wertpapiere des Anlagevermögens sind Wertpapiere, die am Bilanzstichtag dazu bestimmt sind, dem Betrieb dauernd zu dienen.

Die Wertpapiere des Anlagevermögens erscheinen in der **Bilanz** unter den **Finanzanlagen** und sind insbesondere von den **Beteiligungen** abzugrenzen (§ 266 Abs. 2 HGB).

Beteiligungen sind Anteile an anderen Unternehmen, die bestimmt sind, dem eigenen Geschäftsbetrieb durch Herstellung einer **dauernden Verbindung** zu jenen Unternehmen zu dienen (§ 271 Abs. 1 HGB).

Eine **Beteiligungsabsicht** liegt immer dann vor, wenn der Inhaber der Wertpapiere bestrebt und in der Lage ist, mithilfe der ihm zustehenden Anteilsrechte **aktiv** einen **Einfluss** auf das Beteiligungsunternehmen auszuüben, in den Wertpapieren also **nicht nur** eine **Kapitalanlage gegen angemessene Verzinsung** sieht.

Auf die Höhe der Beteiligung kommt es nicht unbedingt an, doch gilt im Zweifel ein Anteilsbesitz von **20 % und mehr** als **Beteiligung** (§ 271 Abs. 1 Satz 3 HGB).

> **BEISPIEL**
>
> Der buchführungspflichtige Einzelkaufmann Huber hat in seinem Betriebsvermögen **1.000 Aktien** der Deutschen Bank AG. Die Aktien dienen **nicht kurzfristigen Spekulationszwecken**, sondern sollen langfristig dem Betrieb dienen.
>
> Die Aktien der Deutschen Bank AG stellen **Wertpapiere des Anlagevermögens** dar. Sie stellen **keine Beteiligung** dar, da Huber mit der geringen Anteilshöhe keine aktive Einflussnahme auf die Deutsche Bank AG ausüben kann.

Für **Beteiligungen** und **Wertpapiere des Anlagevermögens** sehen die DATEV- Kontenrahmen u.a. folgende Konten vor:

> 0820 (0510) **Beteiligungen**,
> 0910 (0530) **Wertpapiere mit Gewinnbeteiligungsansprüchen, die dem Teileinkünfteverfahren unterliegen**,
> 0920 (0535) **Festverzinsliche Wertpapiere**.

6.6.1.2 Wertpapiere des Umlaufvermögens

Wertpapiere des Umlaufvermögens sind alle Wertpapiere, die **nicht** zum Anlagevermögen gehören. Im Allgemeinen wird erwartet, dass Wertpapiere des Umlaufvermögens jederzeit veräußerbar sind.

> **BEISPIEL**
>
> Der buchführungspflichtige Einzelkaufmann Pritzer hat in seinem Betriebsvermögen **1.000 Aktien** der Allianz SE. Die Aktien dienen **der kurzfristigen Liquiditätsanlage**.
>
> Die Aktien der Allianz SE stellen **Wertpapiere des Umlaufvermögens** dar. Sie sind nicht dazu bestimmt, dem Betrieb **dauernd** zu dienen.

Die **Wertpapiere des Umlaufvermögens**, die im Folgenden besprochen werden, sind auf das Konto

> 1510 (1348) **Sonstige Wertpapiere**

zu buchen.

> **ÜBUNG →** Wiederholungsfragen 1 bis 4 (Seite 325)

6.6.2 Buchen von Dividendenpapieren (Aktien)

Mit dem Erwerb von Aktien beteiligt sich der Käufer am Grundkapital einer Aktiengesellschaft. Während der Haltezeit der Aktien erhält der Aktionär Gewinnausschüttungen (Dividenden) und hofft auf eine positive Kursentwicklung, um bei einer Veräußerung der Aktien einen Veräußerungsgewinn zu erzielen.

Bei den Wertpapierbuchungen von Aktien sind folgende Vorgänge zu unterscheiden:

1. **Kauf** der Dividendenpapiere (Aktien),
2. Erfassen der laufenden **Dividendenerträge** und
3. **Verkauf** der Dividendenpapiere (Aktien).

6.6.2.1 Kauf von Dividendenpapieren (Aktien)

Beim **Kauf von Dividendenpapieren** (Aktien) sind die **Anschaffungskosten als Zugang** auf dem Aktivkonto

1510 (1348) Sonstige Wertpapiere

zu buchen.

Die **Anschaffungskosten** der Aktien setzen sich aus dem **Kaufpreis** (Kurswert) und den in der Regel anfallenden **Anschaffungsnebenkosten** (z. B. Bankprovision und Maklergebühr) zusammen.

BEISPIEL

Die Bretzfeld GmbH, Mannheim, kauft über ihre Hausbank 100 Aktien der Born AG, Koblenz, bei einem Kurs von 120 €. Die Aktien werden dem Umlaufvermögen zugeordnet. Die Bank erteilt der Bretzfeld GmbH folgende Abrechnung:

	100 Aktien zu je 120 € (Kurswert)		12.000,00 €
+	Bankprovision (1 % von 12.000 €)	120,00 €	
+	Maklergebühr (0,08 % von 12.000 €)	9,60 €	129,60 €
=	Lastschrift der Bank = **Anschaffungskosten**		**12.129,60 €**

Die **Anschaffungskosten** der Aktien betragen **12.129,60 €** (§ 255 Abs. 1 HGB).

Buchungssatz:

Sollkonto	Betrag (€)	Habenkonto
1510 (1348) **Sonstige Wertpapiere**	12.129,60	**1800** (1200) **Bank**

Buchung:

S **1510** (1348) **Sonstige Wertpapiere** H	S **1800** (1200) **Bank** H
12.129,60	12.129,60

ÜBUNG → 1. Wiederholungsfrage 5 (Seite 325),
2. Aufgaben 1 und 2 (Seite 325)

6.6.2.2 Dividendenerträge

Die **laufenden Erträge aus Aktien** sind die von Aktiengesellschaften ausgeschütteten Gewinne (**Dividenden**). Die ausschüttende Körperschaft ist grundsätzlich gezwungen, Kapitalertragsteuer und den Solidaritätszuschlag einzubehalten. Die einbehaltene Kapitalertragsteuer beträgt einheitlich **25 %** und der Solidaritätszuschlag **5,5 %** der Kapitalertragsteuer. In der Regel übernimmt die Bank den Einzug der Steuern und schreibt den Nettobetrag dem Dividendengläubiger gut.

Für die steuerliche Behandlung der Dividendenerträge ist es wichtig, dass die ausschüttende Stelle (in der Regel die Bank) weiß, welcher Vermögensgruppe (Privat- oder Betriebsvermögen) die Dividenden zufließen. Deshalb ist der Dividendengläubiger verpflichtet, der Bank mitzuteilen, ob es sich um **private** oder **betriebliche** Kapitalerträge handelt.

Die folgende Übersicht zeigt stichwortartig die steuerlichen Auswirkungen bei den Dividendenerträgen.

Besitzt eine **Kapitalgesellschaft** nur Aktien in Form von „Streubesitz" (Beteiligung < 10 %), werden die nach dem 28.02.2013 erhaltenen **laufenden** Erträge (Dividenden) in vollem Umfang der Körperschaftsteuer unterworfen (§ 8b Abs. 4 KStG). **Veräußerungsgewinne** von Streubesitz-Aktien bleiben für Kapitalgesellschaften **weiterhin steuerfrei**.

6.6 Wertpapiere

Im Folgenden werden nur die Erträge aus Aktien (Dividenden) im **Betriebsvermögen** erläutert, die dem **Umlaufvermögen** zuzuordnen sind.

Für den Betrieb ist die Dividende ein Ertrag, der auf dem Konto

7103 (2655) **Erträge aus Anteilen an Kapitalgesellschaften (Umlaufvermögen)**
§ 3 Nr. 40 EStG/§ 8b Abs. 1 und 4 KStG

erfasst wird.

Die buchhalterische Erfassung der anfallenden **Steuerbeträge** erfolgt **in Abhängigkeit der Rechtsform** des Empfängers unterschiedlich.

Bei **Einzelunternehmern** (natürlichen Personen) und **Personengesellschaften** werden die Steuern auf dem Konto

2150 (1810) **Privatsteuern**

erfasst.

BEISPIEL

Die bilanzierende Gewerbetreibende Simone Geyer, Mannheim, besitzt 100 Aktien der Born AG, Koblenz. Die Aktien befinden sich im Betriebsvermögen (Umlaufvermögen).
Im Juni 2019 erhält Geyer eine Dividende. Die Hausbank erteilt Geyer folgende Abrechnung:

100 Aktien x 10 € je Aktie =		1.000,00 €
− Kapitalertragsteuer (25 % von 1.000 €)	250,00 €	
− Solidaritätszuschlag (5,5 % von 250 €)	13,75 €	− 263,75 €
= Bankgutschrift		736,25 €

Buchungssatz:

Sollkonto	Betrag (€)	Habenkonto
1800 (1200) Bank	736,25	
2150 (1810) Privatsteuern	263,75	
	1.000,00	**7103** (2655) Laufende Erträge

Buchung:

S	**1800** (1200) **Bank**	H	S	**7103** (2655) **Laufende Erträge**	H
1)	736,25			1)	1.000,00

S	**2150** (1810) **Privatsteuern**	H
1)	263,75	

Steuerlich hat die Kapitalertragsteuer bei Einzelunternehmern (natürlichen Personen) aber **keine abgeltende Wirkung**, weil die Dividende bei den **Einkünften aus Gewerbebetrieb** zu erfassen ist. Nach § 3 Nr. 40 EStG sind **40 %** der Erträge **steuerfrei** (**Teileinkünfteverfahren**) und dementsprechend sind für Zwecke der **steuerlichen Gewinnermittlung außerhalb der Bilanz** die Erträge um 400 € (40 % von 1.000 €) zu kürzen. Da im Ergebnis nur **60 %** dieser Dividende **steuerpflichtig** sind, können auch nur **60 %** der entstandenen **Betriebsausgaben** steuerlich geltend gemacht werden.

Handelt es sich bei dem Empfänger der Dividende um eine **Kapitalgesellschaft**, werden die Kapitalertragsteuer auf dem Konto

7630 (2213) **Kapitalertragsteuer 25 %**

und der Solidaritätszuschlag auf dem Konto

7608 (2208) **Solidaritätszuschlag**

erfasst.

BEISPIEL

Die Bretzfeld GmbH, Stuttgart, besitzt 100 Aktien der Born AG, Koblenz (Streubesitz). Die Aktien befinden sich im Umlaufvermögen. Im Juni 2019 erhält die Bretzfeld GmbH eine Dividende. Die Hausbank erteilt der Bretzfeld GmbH folgende Abrechnung:

100 Aktien x 10 € je Aktie =		1.000,00 €
− Kapitalertragsteuer (25 % von 1.000 €)	250,00 €	
− Solidaritätszuschlag (5,5 % von 250 €)	13,75 €	− 263,75 €
= Bankgutschrift		736,25 €

Buchungssatz:

Sollkonto	Betrag (€)	Habenkonto
1800 (1200) Bank	736,25	
7630 (2213) Kapitalertragsteuer 25 %	250,00	
7608 (2208) Solidaritätszuschlag	13,75	
	1.000,00	**7103** (2655) Laufende Erträge

Buchung:

S	**1800** (1200) **Bank**	H		S	**7103** (2655) **Laufende Erträge**	H
1)	736,25				1)	1.000,00

S	**7630** (2213) **Kapitalertragsteuer 25 %**	H
1)	250,00	

S	**7608** (2208) **Solidaritätszuschlag**	H
1)	13,75	

Handelt es sich bei der ausschüttenden Kapitalgesellschaft um eine Beteiligung, an der **mindestens 10 %** vom Grund- oder Stammkapital gehalten werden, sind die Erträge bei Kapitalgesellschaften zu **100 % steuerfrei** (§ 8b Abs. 1 KStG) und für Zwecke der steuerlichen Gewinnermittlung **außerbilanziell** vom handelsrechtlichen Jahresüberschuss **abzuziehen**. Dies betrifft sowohl die laufenden Erträge als auch die gebuchten Steuerbeträge (§ 10 Nr. 2 KStG). **Pauschal** sieht § 8b Abs. 5 KStG aber **nicht abziehbare Betriebsausgaben** in Höhe von **5 %** vor, sodass im Ergebnis nur **95 %** der Dividende **steuerfrei** sind.

ÜBUNG →
1. Wiederholungsfragen 6 bis 8 (Seite 325),
2. Aufgaben 3 und 4 (Seite 325 f.)

6.6.2.3 Verkauf von Dividendenpapieren (Aktien)

Beim **Verkauf** von **Dividendenpapieren** (**Aktien**) werden deren **Anschaffungskosten** als **Abgang** auf dem entsprechenden Wertpapierkonto gebucht.

Der erzielte **Kurswert** der verkauften Aktien **abzüglich** der **Veräußerungskosten** (z.B. Bankprovision, Maklergebühr) ergibt den **Nettoerlös**.

Ist der Nettoerlös **größer** als die Anschaffungskosten, erzielt der Verkäufer einen **Veräußerungsgewinn** und somit einen betrieblichen Ertrag.

Ist der Nettoerlös **kleiner** als die Anschaffungskosten, erleidet der Verkäufer einen **Veräußerungsverlust** und somit einen betrieblichen Aufwand.

	Nettoerlös
−	Anschaffungskosten
=	**Veräußerungsgewinn/-verlust**

Veräußerungsgewinne aus Wertpapieren, die der Anleger **nach** dem **31.12.2008** erworben hat, werden grundsätzlich wie **Dividendenerträge** behandelt.

Ist der **Veräußerer** jedoch eine **Kapitalgesellschaft** wird von dem Veräußerungsgewinn von Aktien (nicht von festverzinslichen Wertpapieren) **keine Kapitalertragsteuer** einbehalten. Bei **Einzelunternehmern und Personengesellschaften** kann gem. § 43 Abs. 2 EStG eine **Freistellung beantragt** werden.

BEISPIEL

Die Bretzfeld GmbH, Mannheim, veräußert im Herbst 2019 die Anfang 2019 erworbenen Aktien der Born AG (siehe Beispiel Seite 311). Die Aktien haben am Veräußerungstag einen Kurswert von 150 € je Aktie. Die Bank erteilt in 2019 folgende Abrechnung:

	100 Aktien x 150 € (Kurswert)		15.000,00 €
−	Bankprovision (1 % von 15.000 €)	150 €	
−	Maklergebühr (0,08 % von 15.000 €)	12 €	− 162,00 €
=	Bankgutschrift (Nettoerlös)		**14.838,00 €**

Der **Veräußerungsgewinn** wird wie folgt ermittelt:

	Nettoerlös	14.838,00 €
−	Anschaffungskosten	− 12.129,60 €
=	**Veräußerungsgewinn**	**2.708,40 €**

Veräußerungsgewinne von **Aktien** unterliegen bei **Kapitalgesellschaften** nicht der **Kapitalertragsteuer** (§ 43 Abs. 2 Satz 3 EStG).
Diese Gewinne von Kapitalgesellschaften sind **steuerfrei** (§ 8b Abs. 2 KStG).
Gemäß § 8b Abs. 3 KStG sind jedoch **5 % des Gewinns** als **nicht abzugsfähige Betriebsausgaben** zu berücksichtigen.

Der **Veräußerungsgewinn** wird auf dem Konto

4901 (2723) **Erträge aus der Veräußerung von Anteilen an Kapitalgesellschaften § 3 Nr. 40 EStG/§ 8b Abs. 2 KStG**

erfasst.

Buchungssatz:

Sollkonto	Betrag (€)	Habenkonto
1800 (1200) Bank	14.838,00	
	12.129,60	**1510** (1348) Sonstige Wertpapiere
	2.708,40	**4901** (2723) Erträge aus der Veräußerung

Buchung:

```
S            1800 (1200) Bank           H      S     1510 (1348) Sonstige Wertpapiere   H
             14.838,00                         AK      12.129,60          12.129,60

                                               S 4901 (2723) Erträge a. d. Veräußerung H
                                                                            2.708,40
```

Ein **Veräußerungsverlust** wird auf das Konto

6903 (2323) **Verluste aus der Veräußerung von Anteilen an Kapitalgesellschaften § 3 Nr. 40 EStG/§ 8b Abs. 3 KStG**

gebucht.

BEISPIEL

Die bilanzierende Gewerbetreibende Simone Geyer, Mannheim, veräußert Ende 2019 die Anfang 2019 erworbenen Aktien der Born AG. Die Anschaffungskosten der Wertpapiere haben 12.129,60 € betragen. Die Aktien haben am Veräußerungstag einen Kurswert von 90 € je Aktie. Die Hausbank erteilt in 2019 folgende Abrechnung:

100 Aktien x 90 € (Kurswert)		9.000,00 €
− Bankprovision (1 % von 9.000 €)	90,00 €	
− Maklergebühr (0,08 % von 9.000 €)	7,20 € −	97,20 €
= Bankgutschrift (Nettoerlös)		**8.902,80 €**

Der **Veräußerungsverlust** wird wie folgt ermittelt:

Nettoerlös	8.902,80 €
− Anschaffungskosten	− 12.129,60 €
= **Veräußerungsverlust**	**3.226,80 €**

Buchungssatz:

Sollkonto	Betrag (€)	Habenkonto
1800 (1200) Bank	8.902,80	
6903 (2323) Verluste aus Veräußerung	3.226,80	
	12.129,60	**1510** (1348) Sonstige Wertpapiere

6.6 Wertpapiere

Buchung:

S	1800 (1200) Bank	H
	8.902,80	

S	1510 (1348) Sonstige Wertpapiere	H
AK	12.129,60	12.129,60

S 6903 (2323) Verluste a. d. Veräußerung H
3.226,80

Für Zwecke der **steuerlichen Gewinnermittlung** ist der Verlust aus dem Abgang der Aktien nur zu **60 %** abzugsfähig (**Teileinkünfteverfahren**). Außerbilanziell sind daher 1.290,72 € (40 % von 3.226,80) hinzuzurechnen.

> **ÜBUNG →** 1. Wiederholungsfragen 9 bis 11 (Seite 325),
> 2. Aufgaben 5 bis 7 (Seite 326)

6.6.3 Buchen von festverzinslichen Wertpapieren

Festverzinsliche Wertpapiere garantieren dem Inhaber eine **bestimmte Verzinsung** des **Nennwertes** der Wertpapiere. Diese Wertpapiere werden entweder **ohne** oder **mit** Zinsschein gehandelt. Der Handel **mit** Zinsschein ist der **Regelfall**.

Wird das festverzinsliche Wertpapier **vor** dem Zinszahlungszeitpunkt **mit Zinsschein** (m. Z.) verkauft, hat der Veräußerer einen Anspruch auf die bis zum Veräußerungszeitpunkt angefallenen Zinsen. Diese **zwischen** dem letzten **Zinszahlungszeitpunkt** und dem **Veräußerungszeitpunkt** entstandenen Zinsen, werden als **Stückzinsen** bezeichnet und beim Kauf oder Verkauf **vergütet**. Der Erwerber entschädigt den Veräußerer für die in diesem Zeitraum entstandenen Zinsen.

6.6.3.1 Kauf von festverzinslichen Wertpapieren

Mit dem Erwerb von festverzinslichen Wertpapieren ist üblicherweise eine **dauerhafte Halteabsicht** und keine kurzfristige Spekulationsabsicht verbunden. Der Erwerb wird daher mit den Anschaffungskosten im **Anlagevermögen** auf dem Konto

> **0900** (0525) **Festverzinsliche Wertpapiere**

gebucht.

Die **Anschaffungskosten** setzen sich – wie beim Kauf von Dividendenpapieren – aus dem **Kaufpreis** (Kurswert) **und** den **Anschaffungsnebenkosten** (z. B. Bankprovision und Maklergebühr) zusammen.

Werden festverzinsliche Wertpapiere **während** eines Zinszahlungszeitraums **mit** dem laufenden **Zinsschein** (**m. Z.**) erworben, so hat der Erwerber dem Veräußerer den Zinsbetrag zu vergüten, der auf die Zeit seit Beginn des laufenden Zinszahlungszeitraums bis zum Erwerb entfällt.

Gezahlte Stückzinsen im **Betriebsvermögen**, für die der **Verkäufer** Anspruch auf die Zinsen hat, stellen beim Erwerber einen durchlaufenden Posten dar und sind im Zeitpunkt des Erwerbs als **sonstiger Vermögensgegenstand** zu aktivieren. Bei **Erhalt der Bankgutschrift** wird der sonstige Vermögensgegenstand **ausgebucht**.

Werden festverzinsliche Wertpapiere im **Privatvermögen** erworben, werden die **gezahlten** Stückzinsen beim Erwerber **steuerlich als negative Kapitalerträge** behandelt, die zur Verrechnung mit positiven Kapitalerträgen zur Verfügung stehen (§ 43a Abs. 3 Satz 2 EStG).

> **BEISPIEL 1**
>
> Die Bretzfeld GmbH, Mannheim, kauft am 31.08.2019 festverzinsliche Wertpapiere zum Kurs von 98 % **mit Zinsschein**. Der Nennwert der Wertpapiere beträgt 10.000 €.
> Die Papiere werden mit 6 % verzinst. Der Zinszahlungszeitraum läuft vom 01.01. bis 31.12.
> Die Bretzfeld GmbH erhält am 31.12.2019 die **gesamten** Zinsen für das Jahr 2019 in Höhe von **600 €** (6 % von 10.000 € x $12/12$ = 600 €), weil sie den Zinsschein zum 31.12.2019 vorlegen kann.
> Der GmbH stehen aber **tatsächlich** nur die Zinsen für den Zeitraum vom 01.09. bis 31.12.2019 in Höhe von **200 €** (6 % von 10.000 € x $4/12$ = 200 €) zu.
> Deshalb muss sie beim Kauf dem Verkäufer die Zinsen für den Zeitraum vom 01.01. bis 31.08.2019 in Höhe von **400 €** (6 % von 10.000 € x $8/12$ = 400 €) vergüten.
> Diese Zinsen werden als **Stückzinsen** bezeichnet.

6.6 Wertpapiere

Die Hausbank erteilt der Bretzfeld GmbH folgende Abrechnung:

Kurswert (10.000 € x 98 %)	9.800,00 €
+ Bankprovision, Maklergebühr (0,575 % von 10.000 €)	57,50 €
= Anschaffungskosten der Wertpapiere	9.857,50 €
+ **Stückzinsen** (6 % von 10.000 € x 8/12)	**400,00 €**
= Bankbelastung	10.257,50 €

Die Anschaffungskosten der festverzinslichen Wertpapiere betragen 9.857,50 €.
Die gezahlten Stückzinsen von **400 €** sind als sonstiger Vermögensgegenstand zu erfassen.

Buchungssatz:

Sollkonto	Betrag (€)	Habenkonto
0920 (0535) Festverzinsliche Wertpapiere	9.857,50	
1300 (1500) Sonst. Vermögensgegenstände	400,00	
	10.257,50	**1800** (1200) Bank

Buchung:

S	**0920** (0535) **Festverz. Wertpapiere**	H		S	**1800** (1200) **Bank**	H
1)	9.857,50				1)	10.257,50

S	**1300** (1500) **Sonst. Vermögensg.**	H
1)	400,00	

Bei Erhalt der Stückzinsen am 31.12.2019 wird der sonstige Vermögensgegenstand ausgebucht und der der Bretzfeld GmbH zustehende Ertrag nach Abzug von Steuern erfasst.

ÜBUNG → 1. Wiederholungsfragen 12 bis 14 (Seite 325),
2. Aufgabe 8 (Seite 327)

6.6.3.2 Erträge aus festverzinslichen Wertpapieren

Die laufenden Erträge (**Zinsen**) aus festverzinslichen Wertpapieren im **Betriebsvermögen** unterliegen **nicht** der **Abgeltungsteuer** (§ 29 Abs. 8, § 32d Abs. 1 Satz 1 EStG).

Jedoch wird bei betrieblichen Kapitalerträgen (**Zinsen**) die **Kapitalertragsteuer** bei **natürlichen Personen** und **Personengesellschaften** erhoben (§ 43 Abs. 4 EStG).

Die Kapitalertragsteuer hat aber bei diesem Personenkreis **keine Abgeltungswirkung** und wird auf die zu zahlende Einkommensteuer angerechnet (§ 36 Abs. 2 Nr. 2 EStG), sodass die Zinserträge dem individuellen Einkommensteuersatz des Steuerpflichtigen unterliegen.

Die Kapitalerträge (Zinsen) von **Kapitalgesellschaften** unterliegen ebenfalls der **Kapitalertragsteuer** (§ 43 Abs. 1 Nr. 1 EStG).

Die Kapitalertragsteuer hat bei Kapitalgesellschaften ebenfalls **keine Abgeltungswirkung** und ist eine Vorauszahlung auf die Körperschaftsteuer.

Die folgende Übersicht zeigt stichwortartig die steuerlichen Auswirkungen der Zinserträge.

6.6 Wertpapiere

BEISPIEL 1

Die Bretzfeld GmbH, Mannheim, erhält aus den festverzinslichen Wertpapieren, die sie am 31.08.2019 mit Zinsschein erworben hat (siehe Beispiel 1 Seite 318), **Zinsen** zum 31.12.2019.

Die Hausbank erteilt der Bretzfeld GmbH folgende Abrechnung:

	Zinsen (10.000 € x 6 %)	600,00 €
−	Kapitalertragsteuer (25 % von 600 €)	− 150,00 €
−	Solidaritätszuschlag (5,5 % von 150 €)	− 8,25 €
=	Bankgutschrift	441,75 €

Die Zinsen unterliegen bei Kapitalgesellschaften der **Kapitalertragsteuer** und damit auch dem **Solidaritätszuschlag**.

Im Zeitpunkt des Erwerbs wurde für die dem Verkäufer zeitanteilig zustehenden Stückzinsen ein **sonstiger Vermögensgegenstand** in Höhe von **400 €** gebildet (siehe Seite 318 f.). Berücksichtigt man bei den Zinsen von **600 €** die dem Verkäufer zustehenden Stückzinsen (400 €), ergibt sich als **Saldo** ein Ertrag von 200 €, der dem Zinsanspruch des Käufers entspricht.

Die **Zinsen** werden auf dem Konto

7100 (2650) Zinserträge

erfasst.

Buchungssatz:

Sollkonto	Betrag (€)	Habenkonto
1800 (1200) Bank	441,75	
7608 (2208) Solidaritätszuschlag	8,25	
7630 (2213) Kapitalertragsteuer	150,00	
	400,00	**1300** (1500) Sonst. Vermögensgegenst.
	200,00	**7100** (2650) Zinserträge

Buchung:

S	**1800** (1200) **Bank**	H	S	**1300** (1500) **Sonst. Vermögensg.**	H
1)	441,75			400,00	1) 400,00

S	**7608** (2208) **Solidaritätszuschlag**	H	S	**7100** (2650) **Zinserträge**	H
1)	8,25				1) 200,00

S	**7630** (2213) **Kapitalertragsteuer**	H
1)	150,00	

Bei **Einzelunternehmern** (natürlichen Personen) und **Personengesellschaften** unterliegen die Zinsen der **Kapitalertragsteuer** von 25 % (§ 43 Abs. 4 EStG).

Die Kapitalertragsteuer hat jedoch **keine Abgeltungswirkung**; sie wird auf die zu zahlende Einkommensteuer **angerechnet** (§ 43 Abs. 5 EStG).

Außerdem wird ein **Solidaritätszuschlag** von 5,5 % auf die Kapitalertragsteuer erhoben (§ 3 Abs. 1 Nr. 5 SolZG) sowie ggf. Kirchensteuer.

BEISPIEL 2

Die bilanzierende Gewerbetreibende Simone Geyer, Stuttgart, kauft am 02.01.2019 festverzinsliche Wertpapiere, die sie ihrem Betriebsvermögen zuordnet, mit Zinsschein zum Kurs von 98 %. Der Nennwert der Wertpapiere beträgt 12.000 €. Die Papiere werden mit 6 % verzinst. Der Zinszahlungszeitraum läuft vom 01.01. bis 31.12.

Die Hausbank erteilt Frau Simone Geyer zum 31.12.2019 folgende Abrechnung:

Zinsen (12.000 € x 6 %)	720,00 €
− Kapitalertragsteuer (25 % von 720 €)	− 180,00 €
− Solidaritätszuschlag (5,5 % von 180 €)	− 9,90 €
= Bankgutschrift	530,10 €

Die Bruttozinsen können nach folgender Formel ermittelt werden:

$$\text{Bruttozinsen} = \frac{\text{Nettozinsen} \times 100}{73{,}625}$$

Probe: 530,10 € x 100 = 53.010 € : 73,625 = **720 €**

Bei **Einzelunternehmern** (natürlichen Personen) und **Personengesellschaften** werden die **Kapitalertragsteuer und** der **Solidaritätszuschlag** auf das Konto

2150 (1810) Privatsteuern

gebucht.

Buchungssatz:

Sollkonto	Betrag (€)	Habenkonto
1800 (1200) Bank	530,10	
2150 (1810) Privatsteuern	189,90	
	720,00	**7100** (2650) Zinserträge

Buchung:

S	**1800** (1200) **Bank**	H	S	**7100** (2650) **Zinserträge**	H
2)	530,10				2) 720,00

S	**2150** (1810) **Privatsteuern**	H
2)	189,90	

ÜBUNG → 1. Wiederholungsfrage 15 (Seite 325),
2. Aufgaben 9 und 10 (Seite 327)

6.6.3.3 Verkauf von festverzinslichen Wertpapieren

Beim Verkauf von festverzinslichen Wertpapieren gilt für die **Anschaffungskosten** sowie den **Veräußerungsgewinn** oder den **Veräußerungsverlust** das zum Verkauf von **Dividendenpapieren** Gesagte **grundsätzlich** entsprechend.

Der erzielte **Kurswert** der verkauften Wertpapiere **abzüglich** der **Veräußerungskosten** (z.B. Bankprovision, Maklergebühr) ergibt den **Nettoerlös**.

Ist der Nettoerlös **größer** als die Anschaffungskosten, erzielt der Verkäufer einen **Veräußerungsgewinn** und somit einen betrieblichen Ertrag.

Ist der Nettoerlös **kleiner** als die Anschaffungskosten, erleidet der Verkäufer einen **Veräußerungsverlust** und somit einen betrieblichen Aufwand.

	Nettoerlös
-	Anschaffungskosten
=	**Veräußerungsgewinn/-verlust**

Der **Veräußerungsgewinn** aus **festverzinslichen** Wertpapieren, die nach dem 31.12.2008 erworben wurden (neue Papiere), unterliegt bei **Einzelunternehmern** (natürlichen Personen), **Personengesellschaften** und bei **Kapitalgesellschaften** der **Kapitalertragsteuer** von **25 %** (§ 43 Abs. 4 EStG) und damit auch dem **Solidaritätszuschlag** von **5,5 %** (§ 3 Abs. 1 Nr. 5 SolZG). Dagegen ist der Veräußerungsgewinn von **Aktien** bei **Kapitalgesellschaften steuerfrei** (§ 8b Abs. 2 KStG).

Wie beim Kauf, so fallen in der Regel auch beim Verkauf von festverzinslichen Wertpapieren **Stückzinsen** an.

Wird der laufende **Zinsschein** beim Wertpapierverkauf **mit veräußert**, so hat der Käufer dem Verkäufer den Zinsbetrag zu vergüten, der auf die Zeit seit dem Beginn des laufenden Zinszahlungszeitraums bis zur Veräußerung entfällt.

BEISPIEL 1

Die Bretzfeld GmbH, Mannheim, verkauft am 01.10.2019 festverzinsliche Wertpapiere zum Kurs von 105 % mit laufendem Zinsschein. Die GmbH hat die Papiere, die mit 5 % verzinst werden, in 2017 erworben. Der Nennwert der Wertpapiere beträgt 2.000 €.
Die Auszahlung der Zinsen erfolgt jährlich jeweils zum 01.01. Die Anschaffungskosten der Wertpapiere haben 1.980,45 € betragen und gehören zum Anlagevermögen.
Die Hausbank erteilt der Bretzfeld GmbH folgende Abrechnung:

	Kurswert (2.000 € x 105 %)		2.100,00 €
-	Bankprovision, Maklergebühr (0,575 % von 2.000 €)	-	11,50 €
=	Nettoerlös		2.088,50 €
+	Stückzinsen (5 % von 2.000 € x 9/12)(01.01. - 30.09.)		75,00 €
=	Gesamterlös		2.163,50 €
-	Kapitalertragsteuer (25 % auf Veräußerungsgewinn und Stückzinsen)	-	45,76 €
-	Solidaritätszuschlag (5,5 % von 45,76 €)	-	2,52 €
=	**Bankgutschrift**		**2.115,22 €**

Der **Veräußerungsgewinn** wird wie folgt ermittelt:

	Nettoerlös		2.088,50 €
-	Anschaffungskosten	-	1.980,45 €
=	**Veräußerungsgewinn**		**108,05 €**

6 Finanzwirtschaft

Buchungssatz:

Sollkonto	Betrag (€)	Habenkonto
1800 (1200) **Bank**	2.115,22	
7630 (2213) **Kapitalertragsteuer**	45,76	
7608 (2208) **Solidaritätszuschlag**	2,52	
	1.980,45	**0900** (0525) Festverzinsl. Wertpapiere
	75,00	**7100** (2650) Zinserträge
	108,05	**4906** (2726) Erträge aus dem Abgang

Buchung:

S	**1800** (1200) **Bank**	H
1)	2.155,22	

S	**0900** (0525) **Festverz. Wertpapiere**	H
AK	1.980,45	1) 1.980,45

S	**7630** (2213) **Kapitalertragsteuer**	H
1)	45,76	

S	**7100** (2650) **Zinserträge**	H
		1) 75,00

S	**7608** (2208) **Solidaritätszuschlag**	H
1)	2,52	

S	**4906** (2726) **Erträge a. d. Abgang**	H
		1) 108,05

ÜBUNG → 1. Wiederholungsfrage 16 (Seite 325),
2. Aufgabe 11 (Seite 328)

6.6.4 Erfolgskontrolle

WIEDERHOLUNGSFRAGEN

1. Was versteht man unter Wertpapieren im weitesten Sinne?
2. Wie werden die Wertpapiere hinsichtlich ihres laufenden Ertrags unterteilt?
3. Wann gehören Wertpapiere zum Anlagevermögen?
4. Welche Wertpapiere werden dem Umlaufvermögen zugerechnet?
5. Wie setzen sich die Anschaffungskosten von Dividendenpapieren zusammen?
6. In welche Vermögensgruppe werden die Dividendenpapiere unterteilt?
7. Wie werden die Dividendenerträge in den einzelnen Vermögensgruppen steuerlich behandelt?
8. Auf welchem Konto werden die Dividendenerträge gebucht?
9. Wie wird der Veräußerungsgewinn bzw. der Veräußerungsverlust beim Verkauf von Dividendenpapieren (Aktien) ermittelt?
10. Auf welchem Konto wird der Veräußerungsgewinn gebucht?
11. Auf welchem Konto wird der Veräußerungsverlust gebucht?
12. Was versteht man beim Kauf von festverzinslichen Wertpapieren unter Stückzinsen?
13. In welchem Fall hat beim Kauf der Käufer die Stückzinsen zu zahlen?
14. In welchem Fall hat beim Kauf der Verkäufer die Stückzinsen zu zahlen?
15. Wie werden laufende Zinserträge gebucht?
16. Wie wird der Verkauf von festverzinslichen Wertpapieren gebucht?

AUFGABEN

AUFGABE 1

Der bilanzierende Gewerbetreibende Schmidt, Heilbronn, erwirbt zur kurzfristigen Geldanlage über seine Hausbank Aktien der Hilbert AG, Leverkusen. Seine Hausbank belastet das betriebliche Bankkonto mit dem Kurswert von 3.500 € sowie Bankprovision und Maklergebühr von insgesamt 37,80 €. Schmidt ordnet die Wertpapiere dem Betriebsvermögen zu.

1. Ermitteln Sie die Anschaffungskosten der Wertpapiere.
2. Bilden Sie den Buchungssatz für den Erwerbsvorgang.

AUFGABE 2

Dem bilanzierenden Gewerbetreibenden Schulze, Düsseldorf, werden beim Kauf von Aktien von seiner Hausbank die üblichen Anschaffungsnebenkosten (1,08 % des Kurswertes) in Höhe von 151,20 € in Rechnung gestellt.

Berechnen Sie die Anschaffungskosten gemäß § 255 Abs. 1 HGB.

AUFGABE 3

Der bilanzierende Gewerbetreibende Franz Gans, Nürnberg, besitzt im Umlaufvermögen seit 2014 500 Aktien der Lebkuchen AG, Nürnberg. Im Mai 2019 schüttet die AG eine Dividende in Höhe von 10 €/Aktie aus. Die Abzugssteuern wurden ordnungsgemäß einbehalten. Wie hoch ist die Bankgutschrift? Welche Antwort ist richtig?

(a) 3.945,00 €
(b) 3.681,25 €
(c) 3.417,50 €

6 Finanzwirtschaft

AUFGABE 4

Der bilanzierende Gewerbetreibende Frieder Frost, Böblingen, hat seit Jahren 500 Aktien der Erfolgreich AG im Umlaufvermögen. Im Mai 2019 beschloss die Hauptversammlung der AG eine Dividende in Höhe von 20 €/Aktie auszuschütten. Die Dividendengutschrift nach Abzug der KapESt und des SolZ erfolgte auf dem privaten Bankkonto des Frieder Frost.

1. Bilden Sie den erforderlichen Buchungssatz.
2. Stellen Sie fest, inwieweit sich dieser Geschäftsvorfall auf den handelsrechtlichen und den steuerrechtlichen Gewinn auswirkt.

AUFGABE 5

Bilden Sie die Buchungssätze für folgende Verkäufe von Dividendenpapieren im Geschäftsjahr 2019 über die Hausbank des Gewerbetreibenden Eifrig, Köln. Die Wertpapiere gehörten bis zum Verkauf zum Umlaufvermögen. Das Wertpapierkonto wird als reines Bestandskonto geführt. Die Aktien wurden Anfang 2019 erworben.

	Buchwert zum Zeitpunkt des Verkaufs	Kurswert zum Zeitpunkt des Verkaufs	Veräußerungskosten
a)	4.680,50 €	5.200,00 €	70,20 €
b)	5.130,00 €	5.370,00 €	72,50 €
c)	3.740,85 €	3.500,00 €	47,25 €

AUFGABE 6

Ihr Mandant, der bilanzierende Gewerbetreibende Felix Heller, veräußert am 16.12.2019 40 Aktien der GuteHoffnung AG, Stuttgart, zum Kurs von 120 €/Stück.
Die Verkaufsgebühren der Bank betragen 51,84 €. Die Bank schreibt den Verkaufserlös auf dem privaten Bankkonto gut. Felix Heller hatte im März 2019 100 Aktien der GuteHoffnung AG zum Kurs von 90 € gekauft; die Bankgebühren für diesen Kauf betrugen 97,20 €. Heller hatte damals die Aktien im Umlaufvermögen aktiviert.

1. Bilden Sie den Buchungssatz für den Verkauf.
2. Ermitteln Sie die Auswirkung auf den steuerlichen Gewinn des Einzelunternehmers Felix Heller.
3. Wie wäre der Fall zu beurteilen, wenn die Heller GmbH die Aktien verkauft hätte?

AUFGABE 7

Im Frühjahr des Jahres 2019 (Geschäftsjahr = Kalenderjahr) hat sich die Gewerbetreibende Susi Müller, Berlin, folgende Aktien der Super AG, Stuttgart, die zu ihrem Umlaufvermögen gehören, gekauft:

Kaufdatum	Stückzahl	Anschaffungskosten
07.01.2019	100	4.000,00 €
19.01.2019	200	10.000,00 €
20.02.2019	100	3.200,00 €

Am 18.12.2019 veräußert Susi Müller 200 Aktien der Super AG. Die Bankgutschrift für den Verkaufserlös beträgt 11.000 €. Weitere Veräußerungskosten sind nicht angefallen.
Bilden Sie den Buchungssatz für den Verkauf.

6.6 Wertpapiere

AUFGABE 8

Die bilanzierende Gewerbetreibende Klaus, Karlsruhe, erwirbt im Laufe des Geschäftsjahres 2019 über ihre Hausbank folgende festverzinsliche Wertpapiere:

Wertpapierart	Kurswert	Nennwert	Stückzinsen	Bankgebühren
Obligationen (m. Z.)	9.800,00 €	10.000,00 €	300,00 €	57,50 €
Anleihe (m. Z.)	5.050,00 €	5.000,00 €	200,00 €	28,75 €
Anleihe (m. Z.)	18.500,00 €	20.000,00 €	500,00 €	115,00 €

1. Erstellen Sie die jeweiligen Kaufabrechnungen der Bank.
2. Bilden Sie die Buchungssätze dazu. Die Wertpapiere gehören zum Anlagevermögen.

AUFGABE 9

Die Bank schreibt im Geschäftsjahr 2019 dem Großhändler Mayer – nach Abzug der KapESt und des SolZ – Zinsen für festverzinsliche Wertpapiere des Anlagevermögens in Höhe von 515,37 € gut. Die Papiere sind im Laufe des Geschäftsjahres 2019 gekauft worden. Beim Kauf wurden 240 € Stückzinsen gezahlt.

1. Bilden Sie den Buchungssatz für die Zinsgutschrift.
2. Stellen Sie fest, wie sich die Geldanlage auf den steuerlichen Gewinn des Geschäftsjahres 2019 ausgewirkt hat.

AUFGABE 10

Die bilanzierende Gewerbetreibende Karin Ohlig kaufte sich am 31.03.2019 eine Bundesanleihe mit Zinsschein (m. Z.). Der Nennwert der Anleihe betrug 40.000 €; der Kurs 98 %. Die Auszahlung der Festzinsen (4 %) erfolgt jährlich am 01.01.
Die Bankgebühren betrugen beim Kauf 230 €. Karin Ohlig ordnete die Wertpapiere dem Umlaufvermögen zu und buchte:

Sollkonto	Betrag (€)	Habenkonto
1510 (1348) Sonstige Wertpapiere	39.830,00	**1800** (1200) Bank

Die Zinsgutschrift zum 31.12.2019 bucht sie wie folgt:

Sollkonto	Betrag (€)	Habenkonto
1800 (1200) Bank	1.178,00	**7100** (2650) Zinserträge

1. Bilden Sie die notwendigen Korrekturbuchungssätze.
2. Ermitteln Sie die Gewinnauswirkung der Geschäftsvorfälle.

AUFGABE 11

Die X-AG, Bonn, verkauft am 03.12.2019 festverzinsliche Wertpapiere zum Kurs von 102 % mit laufendem Zinsschein. Die AG hat die Papiere, die mit 4 % verzinst werden, im Februar 2019 erworben. Der Nennwert der Papiere beträgt 10.000 €. Die Auszahlung der Zinsen erfolgt jährlich jeweils zum 01.04. Die Anschaffungskosten der Wertpapiere haben 9.442,50 € betragen und gehören zum Umlaufvermögen. Die Bankprovision und die Maklergebühren betragen insgesamt 0,575 % des Nennwerts der Papiere.

1. Wie hoch ist der Veräußerungsgewinn bzw. der Veräußerungsverlust?
2. Ermitteln Sie die Bankgutschrift der X-AG.
3. Bilden Sie den Buchungssatz der Veräußerung.

 Weitere Aufgaben mit Lösungen zu den Wertpapieren finden Sie im **Lösungsbuch** der Buchführung 1.

Zusammenfassende Erfolgskontrolle

Der Unternehmer Ulrich Weiß, München, hat durch Inventur am 01.01.2019 folgende Anfangsbestände ermittelt:

Anfangsbestände	€
0235 (0085) Bebaute Grundstücke	20.000,00
0240 (0090) Geschäftsbauten	80.000,00
0520 (0320) Pkw	20.000,00
0640 (0430) Ladeneinrichtung	25.000,00
1140 (3980) Bestand Waren	150.000,00
1530 (1349) Wertpapieranlagen	10.000,00
1200 (1400) Forderungen aLuL	20.000,00
1406 (1576) Vorsteuer 19 %	0,00
1800 (1200) Bankguthaben	20.000,00
1600 (1000) Kasse	5.000,00
3160 (0640) Verbindlichkeiten gegenüber Kreditinstituten	10.000,00
3300 (1600) Verbindlichkeiten aLuL	5.000,00
2000 (0800) Eigenkapital	335.000,00

Geschäftsvorfälle des Jahres 2019	€
1. Verkauf von Waren auf Ziel, netto 50.000 € + 9.500 € USt	59.500,00
2. Weiß nahm zum 01.07.2019 ein Darlehen bei seiner Bank in Höhe von auf. Bei der Auszahlung des Darlehens, das am 30.06.2024 in einer Summe zurückzuzahlen ist, wurde ein Damnum von 5 % einbehalten, sodass Weiß gutgeschrieben wurden. Der gesamte Vorgang ist noch nicht gebucht.	50.000,00 47.500,00
3. Ein Kunde sendet zum Ausgleich einer Forderung aLuL einen Wechsel über	2.800,00
4. Weiß gibt den Wechsel (Tz. 3) seiner Bank zum Diskont. Die Bank berechnet hierfür Diskont in Höhe von	35,00
5. Die Bank schreibt Weiß Zinsen für festverzinsliche Wertpapiere gut, netto Kapitalertragsteuer: 25 % Solidaritätszuschlag: 5,5 %	294,50
6. Kauf von Waren auf Ziel, netto 8.000 € + 1.520 € USt	9.520,00

Abschlussangaben	€
7. Warenbestand lt. Inventur	128.000,00
8. Abschreibung auf Geschäftsbauten	2.000,00
9. Abschreibung auf Pkw	5.000,00
10. Abschreibung auf Ladeneinrichtung	5.000,00

Aufgaben
1. Bilden Sie die Buchungssätze der Geschäftsvorfälle des Jahres 2019.
2. Tragen Sie die Anfangsbestände auf Konten vor.
3. Buchen Sie die Geschäftsvorfälle.
4. Schließen Sie die Konten ab und ermitteln Sie den Gewinn.

7 Anlagenwirtschaft

7.1 Sachanlagenverkehr

In diesem Kapitel wird erläutert, wie die **Anschaffung** und die **Veräußerung** von **Sachanlagegütern** buchmäßig zu behandeln sind.

 Die **Bilanzierung** der Anlagegüter wird im Abschnitt 6 der **Buchführung 2**, 30. Auflage, Seiten 91 ff., dargestellt und erläutert.

7.1.1 Überblick über die Sachanlagegüter

Das **Anlagevermögen** setzt sich zusammen aus:

I. Immateriellen Vermögensgegenständen,
II. **Sachanlagen** und
III. Finanzanlagen.

Sachanlagegüter sind bewegliche und unbewegliche körperliche Gegenstände, die zum Anlagevermögen gehören, wie

- **unbebaute** Grundstücke,
- Grundstückswerte eigener bebauter Grundstücke (**bebaute** Grundstücke),
- **Geschäftsbauten**,
- **Fabrikbauten**,
- **Wohnbauten**,
- **technische Anlagen und Maschinen**,
- **Betriebs- und Geschäftsausstattung**,
- **Anlagen im Bau**.

7.1.2 Buchen der Anschaffung von Sachanlagegütern

Unter **Anschaffung** versteht man den **entgeltlichen Erwerb** eines Vermögensgegenstandes von einem anderen.

Anschaffungen sind mit den **Anschaffungskosten** auf den betreffenden **Anlagekonten** zu buchen (zu aktivieren).

Anschaffungskosten sind Aufwendungen, die geleistet werden, um einen Vermögensgegenstand zu erwerben und ihn in einen betriebsbereiten Zustand zu versetzen, soweit sie dem Vermögensgegenstand einzeln zugeordnet werden können (§ 255 Abs. 1 HGB).
Zu den Anschaffungskosten gehören auch die Nebenkosten.
Anschaffungspreisminderungen sind abzusetzen.

7.1 Sachanlagenverkehr

Die **Anschaffungskosten** ergeben sich aus

> **Kaufpreis** (Anschaffungspreis)
> + Anschaffungs**nebenkosten**
> − Anschaffungspreis**minderungen**
> = **Anschaffungskosten (AK)**

Kaufpreis (Anschaffungs**preis**) ist alles, was der Käufer aufwendet, um den Vermögensgegenstand zu erhalten, jedoch abzüglich der anrechenbaren Vorsteuer.

Anschaffungsnebenkosten sind Kosten, die **neben** dem **Kaufpreis** anfallen, z. B.

bei Grundstücken

- Grunderwerbsteuer (3,5 % bis 6,5 % des Kaufpreises);
- Notargebühren, netto;
- Grundbuchgebühren;
- Maklerprovision, netto;
- Vermessungsgebühren, netto;

bei anderen Vermögensgegenständen

- Eingangsfrachten, netto;
- Anfuhr- und Abladekosten, netto;
- Eingangsprovisionen, netto;
- Transportversicherungen;
- Montagekosten, netto.

Anschaffungspreisminderungen sind z. B.

- Skonti, netto;
- Rabatte, netto;
- Boni, netto;
- Preisnachlässe, netto.

Nicht zu den **Anschaffungskosten** gehören die:

- **Geldbeschaffungskosten** (Zinsen, Damnum, Wechseldiskont), die für die Finanzierung einer Anschaffung aufgewendet werden,
- **anrechenbare Vorsteuer**.

> **MERKE →** Anschaffung und Finanzierung sind **zwei** verschiedene Vorgänge.

Die **nicht abziehbaren Vorsteuerbeträge** sind den **Anschaffungskosten** zuzurechnen (§ 9b Abs. 1 EStG).

Bei der **Anschaffung von Gebäuden** sind die **Anschaffungskosten aufzuteilen** auf den **Grund und Boden und** die **Baulichkeiten**, weil nur der Teil, der auf die Baulichkeiten entfällt, abgeschrieben werden kann.

Der Teil der **Anschaffungskosten**, der auf den **Grund und Boden** entfällt, wird auf dem Konto

> **0235** (0085) Grundstückswerte eigener bebauter Grundstücke **(bebaute Grundstücke)**

erfasst.

Der Teil der **Anschaffungskosten**, der auf die **Baulichkeiten** entfällt, wird auf dem entsprechenden Gebäudekonto, z. B.

> **0240** (0090) **Geschäftsbauten**

gebucht.

BEISPIEL

Der Unternehmer Weber, Bonn, hat 2019 ein Geschäftsgebäude zum **Kaufpreis** von **400.000 €** durch Banküberweisung gekauft.

Von den 400.000 € entfallen **40% von 400.000 € = 160.000 € auf Grund und Boden** und 60% von 400.000 € = **240.000 €** auf das Gebäude. Außerdem sind **Anschaffungsnebenkosten** in Höhe von **40.000 €** durch Banküberweisung gezahlt worden, die entsprechend den Kaufpreiswerten aufzuteilen sind.

Von den Anschaffungsnebenkosten sind **16.000 €** (40% von 40.000 €) dem **Grund und Boden** und **24.000 €** (60% von 40.000 €) dem **Gebäude** zuzuordnen.

Die **Anschaffungskosten betragen**:

	Kaufpreis	+	Anschaffungsnebenkosten	=	AK
Grund und Boden	160.000 €	+	16.000 €	=	176.000 €
Gebäude	240.000 €	+	24.000 €	=	264.000 €
	400.000 €		40.000 €		440.000 €

Buchungssätze:

Tz.	Sollkonto	Betrag (€)	Habenkonto
1.	**0235** (0085) **Bebaute Grundstücke** **0240** (0090) **Geschäftsbauten**	160.000,00 240.000,00 400.000,00	**1800** (1200) Bank
2.	**0235** (0085) **Bebaute Grundstücke** **0240** (0090) **Geschäftsbauten**	16.000,00 24.000,00 40.000,00	**1800** (1200) Bank

Buchungen:

S	**0235** (0085) **Bebaute Grundstücke**	H
1)	160.000,00	
2)	16.000,00	

S	**0240** (0090) **Geschäftsbauten**	H
1)	240.000,00	
2)	24.000,00	

S	**1800** (1200) **Bank**	H
		1) 400.000,00
		2) 40.000,00

7.1 Sachanlagenverkehr

Anschaffungs**nebenkosten** (z.B. Bezugskosten) und Anschaffungs**preisminderungen** (z.B. Skonti) werden bei der Anschaffung von Gegenständen des **Anlagevermögens direkt** (**ohne** Unterkonten) auf dem entsprechenden **Anlagekonto** erfasst.

BEISPIEL

Wir kaufen eine Maschine für **20.000 €** + 3.800 € USt = 23.800 € auf Ziel.
Neben dem Kaufpreis fallen an

		€
Bahnfracht, netto	1.000 €	
+ USt	190 €	1.190
Montagekosten, netto	1.500 €	
+ USt	285 €	1.785

Die Rechnung des Lieferanten begleichen wir vereinbarungsgemäß unter Abzug von **2 % Skonto** durch Banküberweisung.
Die Anschaffungs**nebenkosten** werden **ohne** Abzug von **Skonto** ebenfalls durch Banküberweisung beglichen.

Die **Anschaffungskosten** setzen sich wie folgt zusammen:

Kaufpreis, netto			20.000 €
+ Anschaffungs**nebenkosten**			
	Bahnfracht, netto	1.000 €	
	Montagekosten, netto	1.500 €	2.500 €
− Anschaffungs**preisminderungen**			
	Skonto, netto (2 % von 20.000 €)		− 400 €
= **Anschaffungskosten**			**22.100 €**

Buchungssätze:

Tz.	Sollkonto	Betrag (€)	Habenkonto
1.	**0440** (0210) Maschinen	20.000,00	
	1406 (1576) Vorsteuer 19 %	3.800,00	
		23.800,00	**3300** (1600) Verbindlichk. aLuL
2.	**0440** (0210) Maschinen	2.500,00	
	1406 (1576) Vorsteuer 19 %	475,00	
		2.975,00	**1800** (1200) Bank
3.	**3300** (1600) Verbindlichk. aLuL	23.800,00	
		23.324,00	**1800** (1200) Bank
		400,00	**0440** (0210) Maschinen
		76,00	**1406** (1576) Vorsteuer 19 %

7 Anlagenwirtschaft

Buchungen:

S	0440 (0210) Maschinen		H
1)	20.000,00	3)	400,00
2)	2.500,00		

S	3300 (1600) Verbindlichk. aLuL		H
3)	23.800,00	1)	23.800,00

S	1406 (1576) Vorsteuer 19%		H
1)	3.800,00	3)	76,00
2)	475,00		

S	1800 (1200) Bank		H
		2)	2.975,00
		3)	23.324,00

Das Maschinenkonto weist als Saldo die Anschaffungskosten in Höhe von **22.100 €** aus.

ÜBUNG → 1. Wiederholungsfragen 1 bis 5 (Seite 349),
2. Aufgaben 1 und 2 (Seite 349 f.)

7.1.3 Buchen der zu aktivierenden Eigenleistungen

Baubetriebe, Industriebetriebe, Handwerksbetriebe und andere Betriebe **mit eigenen Werkstätten** stellen neben den Vermögensgegenständen, die für andere bestimmt sind, ganz oder zum Teil auch **Anlagegüter** her, die dem **eigenen Betrieb dienen** (z. B. Gebäude, maschinelle Anlagen, Büromöbel).

Diese **selbst hergestellten** Anlagegüter sind mit den **Herstellungskosten** zu aktivieren.

Herstellungskosten sind Aufwendungen, die durch den Verbrauch von Sachgütern und die Inanspruchnahme von Diensten für die Herstellung eines Vermögensgegenstandes, seine Erweiterung oder für eine über den ursprünglichen Zustand hinausgehende wesentliche Verbesserung entstehen (§ 255 Abs. 2 HGB).

Der handelsrechtliche Umfang der Herstellungskosten wurde durch das **Bilanzrechtsmodernisierungsgesetz** (**BilMoG**) geändert. Es erfolgte eine **Anpassung an** die **steuerlichen Herstellungskosten**. Nach Handels- und Steuerrecht bestehen demnach folgende Einbeziehungs-**verbote**, -**plichten** und -**wahlrechte**:

	Handelsrecht	Steuerrecht
Material**einzelkosten**	Pflicht	Pflicht
Fertigungs**einzelkosten**	Pflicht	Pflicht
Sonder**einzelkosten** der Fertigung	Pflicht	Pflicht
Material**gemeinkosten**	Pflicht	Pflicht
Fertigungs**gemeinkosten**	Pflicht	Pflicht
Werteverzehr des Anlagevermögens	Pflicht	Pflicht
Kosten der allgemeinen Verwaltung	Wahlrecht	Wahlrecht
Aufwendung für soziale Einrichtungen des Betriebs	Wahlrecht	Wahlrecht
Freiwillige soziale Leistungen	Wahlrecht	Wahlrecht
Betriebliche Altersversorgung	Wahlrecht	Wahlrecht
Fremdkapital**zinsen**	Wahlrecht	Wahlrecht
Vertriebskosten	Verbot	Verbot
Forschungskosten	Verbot	Verbot

Einzelkosten sind Kosten, die den hergestellten Vermögensgegenständen **direkt** zugerechnet werden können.

Die **Materialeinzelkosten** umfassen den Verbrauch an Roh-, Hilfs- und Betriebsstoffen, sofern dieser Wertverzehr den hergestellten Vermögensgegenständen direkt zurechenbar ist.

Zu den **Fertigungseinzelkosten** gehören insbesondere die Fertigungslöhne, die im Rahmen der Produktion anfallen und den einzelnen Produkten unmittelbar zurechenbar sind.

Die **Sondereinzelkosten der Fertigung** umfassen u.a. Kosten für Modelle und Spezialwerkzeuge, Lizenzgebühren sowie Kosten für Materialprüfungen.

Gemeinkosten sind Kosten, die dem hergestellten Vermögensgegenstand nur **indirekt** mithilfe von Zuschlagsätzen (ausgedrückt in Prozenten, bezogen auf die Einzelkosten) zuzurechnen sind.

Zu den **Materialgemeinkosten** und den **Fertigungsgemeinkosten** gehören u.a. die Aufwendungen für folgende Kostenstellen:

- Lagerhaltung, Transport und Prüfung des Fertigungsmaterials,
- Vorbereitung und Kontrolle der Fertigung,
- Werkzeuglager,
- Betriebsleitung, Raumkosten, Sachversicherungen,
- Unfallstationen und Unfallverhütungseinrichtungen der Fertigungsstätten,
- Lohnbüro, soweit in ihm die Löhne und Gehälter der in der Fertigung tätigen Arbeitnehmer abgerechnet werden.

Durch das **Gesetz zur Modernisierung des Besteuerungsverfahrens** vom 18.07.2016 wurde klargestellt, dass für angemessene Teile der Kosten der allgemeinen Verwaltung sowie angemessene Aufwendungen für soziale Einrichtungen des Betriebs, für freiwillige soziale Leistungen und für die betriebliche Altersversorgung i.S.d. § 255 Abs. 2 Satz 3 HGB **auch steuerrechtlich** ein **Wahlrecht** zur Einbeziehung besteht. Dieses steuerrechtliche Wahlrecht ist **übereinstimmend mit dem handelsrechtlichen Wahlrecht auszuüben**, wodurch Abweichungen zwischen Handels- und Steuerbilanz vermieden werden (§ 6 Abs. 1 Nr. 1b EStG).

Die **Untergrenze** der **handels- und steuerrechtlichen Herstellungskosten** kann demnach wie folgt ermittelt werden:

		€	€
	Material**einzelkosten**	.....	
+	Material**gemeinkosten**	.....	
=	**Materialkosten**		.....
	Fertigungs**einzelkosten**	.....	
+	Fertigungsgemeinkosten	.....	
+	fertigungsbedingter Wertverzehr des AV	.....	
=	**Fertigungskosten**		.....
+	Sonder**einzelkosten** der Fertigung		.....
=	**Untergrenze Herstellungskosten (HK)**		.....

7 Anlagenwirtschaft

In der Praxis aktivieren die meisten Unternehmen handelsrechtlich wie steuerrechtlich ihre Herstellungskosten in gleicher Höhe, d. h., sie setzen die **steuerrechtlich** aktivierungspflichtigen Herstellungskosten **auch handelsrechtlich** an.

BEISPIEL

Ein Bauunternehmer mit eigenem Betonwerk, der handelsrechtlich und steuerrechtlich die gleichen Herstellungskosten aktiviert, errichtet eine **Garage** für die **eigenen Kraftfahrzeuge**. Laut Materialentnahmescheinen und Lohnzettel sind angefallen:

Material**einzelkosten**	40.000 €
Fertigunglöhne (Fertigungs**einzelkosten**)	10.000 €
Die **Zuschlagsätze** betragen:	
Material**gemeinkosten**	20 %
Fertigungs**gemeinkosten**	130 %

Die **Herstellungskosten** werden wie folgt ermittelt:

	Material**einzelkosten**	40.000 €	
+	Material**gemeinkosten**		
	(20 % von 40.000 €)	8.000 €	
	Materialkosten		48.000 €
	Fertigungs**einzelkosten**	10.000 €	
+	Fertigungs**gemeinkosten**		
	(130 % von 10.000 €)	13.000 €	
	Fertigungskosten		23.000 €
=	**Herstellungskosten**		71.000 €

Die **Herstellungskosten** der selbst hergestellten Anlagegüter sind auf dem entsprechenden **Anlagekonto** (z. B. Geschäftsbauten, Garagen, Maschinen) zu aktivieren.

Die **Gegenbuchung** wird auf einem **eigenen Ertragskonto**, dem Konto

4820 (8990) **Andere aktivierte Eigenleistungen**,

vorgenommen und gesondert in der Gewinn- und Verlust**rechnung** ausgewiesen (siehe **Posten 3** der handelsrechtlich gegliederten Gewinn- und Verlust**rechnung**).

Die <u>Eigenleistungen</u> umfassen **eigenes Material** und **eigenen Lohnaufwand**.

Zugelieferte Materialien und **Fremdleistungen** werden in der Regel **direkt als Anlagezugänge** (und nicht zunächst als Aufwand und später als aktivierte Eigenleistungen) erfasst.

Durch das Wort „andere" wird darauf hingewiesen, dass auch die im **GuV-Posten 2** erfassten Bestands**erhöhungen Eigenleistungen** sind.

BEISPIEL

Sachverhalt wie im Beispiel zuvor

Buchungssatz:

Sollkonto	Betrag (€)	Habenkonto
0270 (0110) Garagen	71.000,00	**4820** (8990) **Andere aktivierte EL**

Buchung:

S	0270 (0110) Garagen	H	S	4820 (8990) Andere aktivierte EL	H
71.000,00					71.000,00

Das Konto „**4820** (8990) **Andere aktivierte Eigenleistungen**" wird über das **GuVK** abgeschlossen und in der **GuVR** unter dem **Posten Nr. 3** ausgewiesen.

1. Wiederholungsfragen 6 bis 9 (Seite 349),
2. Aufgaben 3 bis 5 (Seiten 350 f.)

7.1.4 Buchen der Veräußerungen von Sachanlagegütern

Unter **Veräußerung** versteht man die entgeltliche Übertragung des wirtschaftlichen Eigentums an einem Vermögensgegenstand.

Die Veräußerung von Anlagegütern ist in der Regel **umsatzsteuerbar** und wenn kein Steuerbefreiungstatbestand vorliegt **umsatzsteuerpflichtig**.

Ist der **Nettoverkaufserlös** des Anlageguts **größer** als sein **Restbuchwert** im Zeitpunkt der Veräußerung, so entsteht ein **Buchgewinn**, ist er **kleiner**, so entsteht ein **Buchverlust**:

>   **Nettoverkaufserlös**
> − **Restbuchwert**
> = **Buchgewinn bzw. Buchverlust**

Aus **umsatzsteuerlichen** Gründen und wegen der Abstimmung mit dem **Anlagenverzeichnis** werden die Veräußerungen von Sachanlagegütern nach der **Bruttomethode** gebucht.

Der **Restbuchwert** bzw. **Restwert** ist der Wert, der sich für das Wirtschaftsgut im Zeitpunkt seiner Veräußerung ergeben würde, wenn für diesen Zeitpunkt eine Bilanz aufzustellen wäre.

7.1.4.1 Bruttomethode

Bei der **Bruttomethode** werden die **Erlöse** und die **Aufwendungen** aus der Veräußerung eines Anlageguts **unsaldiert** (**brutto**) erfasst.

Dies geschieht in der Weise, dass die **Nettoverkaufserlöse** (die Gegenwerte aus der Veräußerung der Wirtschaftsgüter) auf den folgenden Konten gebucht werden:

    6889 (8800) **Erlöse aus Verkäufen Sachanlagevermögen** (bei Buch**verlust**)

und

    4849 (8829) **Erlöse aus Verkäufen Sachanlagevermögen** (bei Buch**gewinn**).

Den **Erlösen** werden die **Restbuchwerte** (**Aufwendungen**) auf den folgenden Konten gegenübergestellt:

    6895 (2310) **Anlagenabgänge Sachanlagen** (Restbuchwert bei Buch**verlust**),
    4855 (2315) **Anlagenabgänge Sachanlagen** (Restbuchwert bei Buch**gewinn**).

7 Anlagenwirtschaft

Für den **Ausweis** in der Gewinn- und Verlustrechnung werden die Aufwendungen und Erlöse saldiert. Durch die **Saldierung** der Aufwendungen und Erlöse ergeben sich die **Erträge** bzw. die **Verluste** aus der Veräußerung der Sachanlagegüter, die in der Gewinn- und Verlustrechnung grundsätzlich als „**sonstige betriebliche Erträge**" bzw. „**sonstige betriebliche Aufwendungen**" erscheinen. Sollten Sachanlagegüter **regelmäßig** im Rahmen der Geschäftstätigkeit veräußert werden (sog. duales Geschäftsmodell), erfolgt der Ausweis seit Anwendung des Bilanzrichtlinien-Umsetzungsgesetzes (**BilRUG**) unter den **Umsatzerlösen** bzw. dem Materialaufwand.

Für die **Buchung** der Veräußerung von Sachanlagegütern nach der Bruttomethode empfiehlt sich folgende **Reihenfolge**:

1. Ermittlung und Buchung der **Abschreibung**,
2. Buchung des **Restbuchwerts** (des Anlagenabgangs),
3. Buchung des **Veräußerungsvorgangs**.

BEISPIEL

Wir **verkaufen** am 20.05.2019 einen **Pkw** für **4.000 €** + 760 € USt = 4.760 € durch Banküberweisung. Der Pkw wird in der Vorjahresbilanz noch mit **3.000 €** ausgewiesen. Die zeitanteilige **Abschreibung** beträgt im Veräußerungsjahr (2019) **1.000 €**.

Der Buch**gewinn** wird wie folgt ermittelt:

	Nettoverkaufserlöse		4.000 €
−	Restbuchwert (3.000 € AB − 1.000 € AfA)	−	2.000 €
=	**Buchgewinn**		**2.000 €**

Buchungssätze:

Tz.	Sollkonto	Betrag (€)	Habenkonto
1.	6222 (4832) **Abschr. auf Kfz**	1.000,00	0520 (0320) Pkw
2.	4855 (2315) **Anlagenabgänge**	2.000,00	0520 (0320) Pkw
3.	1800 (1200) Bank 1800 (1200) Bank	4.000,00 760,00	4849 (8829) **Erlöse aus Verk.** 3806 (1776) USt 19 %

Buchungen:

S	6222 (4832) **Abschreibung auf Kfz**	H		S		0520 (0320) **Pkw**		H
1)	1.000,00			SV (AB)	3.000,00	1) 2)	1.000,00 2.000,00	
					3.000,00		3.000,00	

	4855 (2315) **Anlagenabgänge**			4849 (8829) **Erlöse aus Verkäufen**	
S	(Restbuchwert bei Buch**gewinn**)	H	S	Sachanlagevermögen (bei Buch**gewinn**)	H
2)	2.000,00			3)	4.000,00

Saldo: Ertrag 2.000,00 €

S	1800 (1200) **Bank**	H	S	3806 (1776) **USt 19%**	H
3) 4.760,00					3) 760,00

Der **steuerfreie** Anlagenabgang (z.B. Abgang eines Grundstücks) mit Buchgewinn oder Buchverlust wird nach dem Buchungs-ABC der DATEV auf den Konten

6895 (2310) **Anlagenabgänge Sachanlagen** (Restbuchwert bei Buch**verlust**) oder
4855 (2315) **Anlagenabgänge Sachanlagen** (Restbuchwert bei Buch**gewinn**)

im **Soll** und auf den Konten

6900 (2320) **Verluste** aus dem Abgang von Gegenständen des AV oder
4900 (2720) **Erträge** aus dem Abgang von Gegenständen des AV

im **Haben** gebucht.

Ein **Vorteil** der **Bruttomethode** besteht darin, dass das **umsatzsteuerliche Entgelt** aus dem Erlöskonto in voller Höhe ersichtlich ist.

Nach § 22 Abs. 2 UStG sind die **steuerpflichtigen Umsätze** auf einem **gesonderten Konto** zu erfassen.

> **ÜBUNG →**
> 1. Wiederholungsfragen 10 und 11 (Seite 349),
> 2. Aufgaben 6 bis 8 (Seite 351)

7.1.4.2 Inzahlungnahme von Sachanlagegütern

Beim **Kauf eines Kraftfahrzeugs** wird oft ein **gebrauchtes Fahrzeug in Zahlung gegeben**. Dabei wird der Bruttoverkaufspreis des gebrauchten Fahrzeugs auf den Bruttoeinkaufspreis des Neuwagens angerechnet.

Aus Gründen der Übersichtlichkeit ist es zweckmäßig, die **Verrechnung über** ein **Verbindlichkeitskonto** vorzunehmen.

BEISPIEL

Wir kaufen 2019 einen neuen Pkw, der ausschließlich betrieblich genutzt wird, und geben einen Gebrauchtwagen in Zahlung. Der Autohändler rechnet wie folgt ab:

	Pkw neu, netto		22.000 €
	+ USt		4.180 €
			26.180 €
–	**Inzahlungnahme Pkw alt**, netto	4.000 €	
	+ USt	760 €	– 4.760 €
=	Restkaufpreis, brutto		21.420 €

Wir begleichen den Restkaufpreis durch Banküberweisung. Der Gebrauchtwagen stand am 01.01.2019 mit **1.500 €** zu Buch. Die **AfA** des laufenden Jahres (2019) beträgt **500 €**.

Buchungssätze:

Tz.	Sollkonto	Betrag (€)	Habenkonto
1.	**0520** (0320) Pkw **1406** (1576) Vorsteuer 19 %	22.000,00 4.180,00 26.180,00	 **3300** (1600) Verbindl. aLuL
2.	**6222** (4832) Abschr. auf Kfz	500,00	**0520** (0320) Pkw
3.	**4855** (2315) Anlagenabgänge	1.000,00	**0520** (0320) Pkw
4.	**3300** (1600) Verbindl. aLuL	4.760,00 4.000,00 760,00	 **4849** (8829) Erlöse aus Verk. **3806** (1776) USt 19 %
5.	**3300** (1600) Verbindl. aLuL	21.420,00	**1800** (1200) Bank

Buchungen:

S	0520 (0320) **Pkw**		H
SV	1.500,00	2)	500,00
1)	22.000,00	3)	1.000,00

S	3300 (1600) **Verbindl. aLuL**		H
4)	4.760,00	1)	26.180,00
5)	21.420,00		
	26.180,00		26.180,00

S	1406 (1576) **Vorsteuer 19 %**		H
1)	4.180,00		

	4849 (8829) **Erlöse aus Verkäufen**		
S	**Sachanlagevermögen** (bei Buchgewinn)		H
		4)	4.000,00

S	6222 (4832) **Abschreibung auf Kfz**		H
2)	500,00		

S	3806 (1776) **Umsatzsteuer 19 %**		H
		4)	760,00

S	4855 (2315) **Anlagenabgänge**		H
3)	1.000,00		

S	1800 (1200) **Bank**		H
		5)	21.420,00

ÜBUNG → Aufgabe 9 (Seite 351)

7.1.5 Geringwertige Wirtschaftsgüter

Der Begriff **geringwertige Wirtschaftsgüter** (GWG) stammt aus dem **Steuerrecht** und bezeichnet **bewegliche** Gegenstände des betrieblichen Anlagevermögens, die **selbständig nutzungsfähig** sind und deren Anschaffungs- oder Herstellungskosten bestimmte **Höchstgrenzen** nicht überschreiten.

Aufgrund des steuerrechtlichen Ursprungs wird im Folgenden zunächst die **steuerrechtliche** Behandlung erläutert, bevor anschließend auf die handelsrechtliche Behandlung eingegangen wird.

7.1.5.1 Steuerrechtliche Behandlung

Die steuerlichen Regelungen zu geringwertigen Wirtschaftsgütern wurden in der jüngsten Vergangenheit mehrfach geändert. Die letzte Änderung erfolgte durch das **Gesetz gegen schädliche Steuerpraktiken im Zusammenhang mit Rechteübertragungen** vom 27.06.2017 (BGBl. I S. 2074). Die daraus entstehenden Änderungen gelten für geringwertige Wirtschaftsgüter, die nach dem 31.12.2017 angeschafft, hergestellt oder eingelegt werden.

Die steuerrechtliche Behandlung richtet sich zum einen nach der **Einkunftsart** und zum anderen nach bestimmten **betraglichen Höchstgrenzen**. Die nachfolgenden Aussagen beziehen sich auf Gewinneinkünfte. Die Behandlung bei Überschusseinkünften wird in einem zusammenfassenden Schaubild dargestellt.

Geringwertige Wirtschaftsgüter i.S.d. § 6 Abs. 2 EStG müssen folgende Voraussetzungen erfüllen:

1. Die Wirtschaftsgüter müssen zum **beweglichen** abnutzbaren Anlagevermögen gehören.
2. Die Wirtschaftsgüter müssen einer **selbständigen Nutzung** fähig sein.
3. Die **AK/HK**, vermindert um einen darin enthaltenen Vorsteuerbetrag, oder der nach § 6 Abs. 1 Nr. 5 oder Nr. 6 EStG an deren Stelle tretende Wert dürfen für das einzelne Wirtschaftsgut **800 Euro** (**bis zum 31.12.2017: 410 Euro**) nicht übersteigen.

> Einzelheiten zu den einzelnen **Bestandteilen der Definition** werden in der **Buchführung 2**, 30. Auflage, Seiten 101 ff., erläutert.

7.1.5.1.1 Anschaffungs- oder Herstellungskosten bis 250 Euro

Für geringwertige Wirtschaftsgüter, die nach dem 31.12.2017 angeschafft, hergestellt oder eingelegt wurden und deren **Anschaffungs- oder Herstellungskosten netto 250 Euro** (bis zum 31.12.2017: 150 Euro) **nicht übersteigen**, besteht **steuerlich** ein **Wahlrecht**.
Sie können über die **betriebsgewöhnliche Nutzungsdauer abgeschrieben oder** im Jahr der Anschaffung oder Herstellung **in voller Höhe als Betriebsausgaben** angesetzt werden.
Der DATEV-Kontenrahmen sieht für den Betriebsausgabenabzug in voller Höhe das Konto

6260 (4855) **Sofortabschreibungen geringwertiger Wirtschaftsgüter**

vor.

BEISPIEL

Der bilanzierende Gewerbetreibende Fritz Müller, Stuttgart, kauft am 04.04.2019 eine Büromaschine für seinen Betrieb. Der Rechnungsbetrag in Höhe von 240 € zzgl. 19 % USt (insgesamt 285,60 €) wird bei der Lieferung bar bezahlt. Die betriebsgewöhnliche Nutzungsdauer schätzt Müller auf acht Jahre. Müller strebt einen möglichst geringen steuerlichen Gewinn an.

Müller entscheidet sich, die Büromaschine in voller Höhe sofort als Betriebsausgabe abzusetzen.

Buchungssatz:

Sollkonto	Betrag (€)	Habenkonto
6260 (4855) Sofortabschreibungen	240,00	
1406 (1576) Vorsteuer 19 %	45,60	
	285,60	**1600** (1000) Kasse

Buchung:

```
S   6260 (4855) Sofortabschreibungen   H        S     1600 (1000) Kasse      H
           240,00 |                                                  | 285,60

S   1406 (1576) Vorsteuer 19 %         H
            45,60 |
```

7.1.5.1.2 Anschaffungs- oder Herstellungskosten über 250 Euro bis 1.000 Euro

Für geringwertige Wirtschaftsgüter, die nach dem 31.12.2017 angeschafft, hergestellt oder eingelegt wurden und deren Anschaffungs- oder Herstellungskosten **mehr als 250 Euro und bis 1.000 Euro** (bis 31.12.2017: mehr als 150 Euro und bis 1.000 Euro) betragen, besteht steuerlich ebenfalls ein Wahlrecht.

Entweder können sie bei AK/HK **bis netto 800 Euro** (bis 31.12.2017: 410 Euro) in voller Höhe als Betriebsausgaben abgesetzt werden.

Alternativ können sie bei AK/HK von **mehr als 250 Euro bis 1.000 Euro** (bis 31.12.2017: mehr als 150 Euro und bis 1.000 Euro) in einen **Sammelposten** (Pool) eingestellt werden (§ 6 Abs. 2a **Satz 1** EStG). Dieser ist im Wirtschaftsjahr seiner Bildung und in den folgenden vier Wirtschaftsjahren **linear** mit jeweils **20 %** abzuschreiben, unabhängig von der betriebsgewöhnlichen Nutzungsdauer der einzelnen Wirtschafsgüter (§ 6 Abs. 2a **Satz 2** EStG). Scheidet ein Wirtschaftsgut aus dem Sammelposten aus, wird der Sammelposten **nicht** vermindert (§ 6 Abs. 2a **Satz 3** EStG).

Als weitere Alternative können diese Wirtschaftsgüter über ihre jeweilige **betriebsgewöhnliche Nutzungsdauer** abgeschrieben werden.

Das Wahlrecht ist **für jedes Wirtschaftsjahr einheitlich auszuüben**.

Im DATEV-Kontenrahmen ist für den Sammelposten das Konto

0675 (0485) **Wirtschaftsgüter (Sammelposten)**

vorgesehen.

Die Abschreibung erfolgt bei Bildung des Sammelpostens über das Konto

6264 (4862) **Abschreibung auf den Sammelposten Wirtschaftsgüter.**

BEISPIEL

Der bilanzierende Gewerbetreibende Holger Müller, Bonn, hat im kalendergleichen Wirtschaftsjahr 2019 folgende GWG auf Ziel erworben:

1. am 03.04. einen Schreibtischstuhl — 900 € zzgl. 19 % USt,
2. am 11.09. einen Schreibtisch — 1.000 € zzgl. 19 % USt,
3. am 07.11. eine Schreibtischlampe — 300 € zzgl. 19 % USt.

Müller entscheidet sich für die Bildung eines **Sammelpostens**. Da das Wahlrecht **einheitlich** auszuüben ist, muss er **auch** die **Schreibtischlampe**, die ansonsten in voller Höhe als Betriebsausgabe absetzbar gewesen wäre (AK unter netto 800 Euro), dem Sammelposten zuordnen und über fünf Jahre abschreiben.

Buchungssätze:

Tz.	Sollkonto	Betrag (€)	Habenkonto
1.	**0675** (0485) Sammelposten **1406** (1576) Vorsteuer 19 %	900,00 171,00 1.071,00	 **3300** (1600) Verbindl. aLuL
2.	**0675** (0485) Sammelposten **1406** (1576) Vorsteuer 19 %	1.000,00 190,00 1.190,00	 **3300** (1600) Verbindl. aLuL
3.	**0675** (0485) Sammelposten **1406** (1576) Vorsteuer 19 %	300,00 57,00 357,00	 **3300** (1600) Verbindl. aLuL

7.1 Sachanlagenverkehr

Buchungen:

S	0675 (0485) **Sammelposten**	H		S	3300 (1600) **Verbindl. aLuL**	H
1)	900,00			1)		1.071,00
2)	1.000,00			2)		1.190,00
3)	300,00			3)		357,00

S	1406 (1576) **Vorsteuer**	H
1)	171,00	
2)	190,00	
3)	57,00	

Am Ende des Wirtschaftsjahres weist der Sammelposten einen Bestand von **2.200 €** aus, der auf fünf Jahre mit jeweils **440 €** (20 % von 2.200 €) abzuschreiben ist.

Buchungssatz:

Sollkonto	Betrag (€)	Habenkonto
6264 (4862) Abschreibung Sammelposten	440,00	**0675** (0485) Sammelposten

Buchung:

S	6264 (4862) **Abschr. Sammelposten**	H		S	0675 (0485) **Sammelposten**	H
	440,00			1)	900,00	440,00
				2)	1.000,00	
				3)	300,00	

Abgänge einzelner Wirtschaftsgüter aus dem Sammelposten werden als solche **nicht erfasst** (§ 6 Abs. 2a Satz 3 EStG).

BEISPIEL

Holger Müller verkauft den am 11.09.2019 gekauften Schreibtisch am 03.04.2020 für 963,90 € (inkl. 19 % USt) bar.

Buchungssatz:

Sollkonto	Betrag (€)	Habenkonto
1600 (1000) Kasse	963,90	
	810,00	**4845** (8820) Erlöse aus Verkäufen
	153,90	**3806** (1776) Umsatzsteuer

Buchung:

S	1600 (1000) **Kasse**	H		S	4845 (8820) **Erlöse aus Verkäufen**	H
	963,90					810,00

S	3806 (1776) **Umsatzsteuer**	H
		153,90

Das ausgeschiedene Wirtschaftsgut aus dem Sammelposten vermindert **nicht** den Sammelposten. Der Sammelposten wird nach wie vor mit 440 € abgeschrieben.

7 Anlagenwirtschaft

Zusammenfassung zu Abschnitt 7.1.5.1:

7.1.5.2 Geringwertige Wirtschaftsgüter nach HGB

Das **Handelsrecht** sieht **keine Regelung** für geringwertige Wirtschaftsgüter vor.

Der steuerliche **Sammelposten verstößt** gegen den handelsrechtlichen Grundsatz der **Einzelbewertung** (§ 252 Abs. 1 Nr. 3 HGB) und gegen das **Imparitätsprinzip** (§ 252 Abs. 1 Nr. 4 HGB).

Nach Ansicht des Hauptausschusses des Instituts der Wirtschaftsprüfer (**IDW**) kann der **Sammelposten** auch in die **Handelsbilanz** übernommen werden, wenn er von **untergeordneter Bedeutung** ist.

Dies dürfte für die Mehrzahl der Fälle zu vermuten sein. Lediglich bei besonders gelagerten **Ausnahmen**, z.B. im Hotel- und Gaststättengewerbe oder in der Getränkeindustrie, soll der Sammelposten handelsrechtlich über weniger als fünf Jahre abgeschrieben werden, um eine Überbewertung zu vermeiden.

> **ÜBUNG →**
> 1. Wiederholungsfragen 12 und 13 (Seite 349),
> 2. Aufgaben 10 bis 13 (Seite 352 f.)

7.1.6 Anlagenspiegel

Die **Entwicklung** der einzelnen Posten **des Anlagevermögens** ist seit Einführung des Bilanzrichtlinienumsetzungsgesetzes (BilRUG) verpflichtend im **Anhang** darzustellen (§ 284 Abs. 3 HGB).

Aufgrund der umfangreichen Informationspflichten zum Anlagevermögen hatten Kapitalgesellschaften und Personenhandelsgesellschaften i.S.d. § 264a HGB (z.B. GmbH & Co. KG) diese Angaben bereits vor Einführung des BilRUG aus Gründen der Übersichtlichkeit überwiegend in den **Anhang** als sog. **Anlagenspiegel** (**Anlagengitter**) verlagert.

Nach **§ 284 Abs. 3 HGB** sind im **Anlagenspiegel** zu den einzelnen Posten des Anlagevermögens folgende **Angaben** zu machen:

	AK/HK der am **Beginn** des Geschäftsjahres vorhandenen Anlagegüter
+	**Zugänge** des Geschäftsjahres zu AK/HK
−	**Abgänge** des Geschäftsjahres zu AK/HK
+/−	**Umbuchungen** während des Geschäftsjahres zu AK/HK
+	**Zuschreibungen** des Geschäftsjahres
−	**Abschreibungen** gesamt (**kumuliert**)

Kleine Kapitalgesellschaften brauchen **kein Anlagengitter** aufzustellen (§ 288 Abs. 1 HGB).

Die **Abschreibungen des Geschäftsjahres** sind entweder in der **Bilanz oder** im **Anlagenspiegel** anzugeben. In der folgenden Darstellung werden die Abschreibungen des Geschäftsjahres im **Anlagenspiegel** vermerkt.

7 Anlagenwirtschaft

BEISPIEL

Die J & L GmbH, deren Geschäftsjahr mit dem Kalenderjahr übereinstimmt, verfügte am 31.12.2018 u. a. über folgende **Anlagegegenstände**:

1. Unbebaute Grundstücke (Zugang 2016):		AK	50.000 €
2. Lkw (Zugang 2017)		AK	100.000 €
	- Abschreibung 2017	-	20.000 €
	- Abschreibung 2018	-	20.000 €
	- Abschreibung 2019	-	20.000 €
	Wert 31.12.2019		40.000 €

In 2019 ist u. a. folgender **Zugang** zu verzeichnen:

Pkw		AK	30.000 €
	- Abschreibung 2019	-	6.000 €
	Wert 31.12.2019		24.000 €

Im **Anlagenspiegel 2019** werden diese Vermögensgegenstände unter Einbeziehung der **Abschreibung 2019** und der **Bilanzwerte zum 31.12.2019** wie folgt berücksichtigt:

Anlage-vermögen	historische AK/HK €	Zugänge + €	Abgänge - €	Umbuchungen +/- €	Zuschreibungen + €	Abschreibungen gesamt - €	Abschreibungen 2019 - €	Bilanzwert 31.12.2019 €
Grundstücke	50.000							50.000
Betriebs- und Geschäftsausstattung								
Lkw	100.000					60.000	20.000	40.000
Pkw		30.000				6.000	6.000	24.000

Ähnlich wird die Bilanzierungspraxis auch mit den zahlreichen Vermerkpflichten zu den **Forderungen und Verbindlichkeiten** verfahren und sog. **Forderungsspiegel** und **Verbindlichkeitsspiegel** erstellen.

Liegt ein **Anhang** vor, so ist eine Abschrift der **Steuererklärung** beizufügen (§ 60 Abs. 3 EStDV).

ÜBUNG → 1. Wiederholungsfrage 14 (Seite 349),
2. Aufgabe 14 (Seite 353)

7.1.7 Geleistete Anzahlungen und Anlagen im Bau

Als **Anlagen im Bau** sind zu aktivierende Aufwendungen anzusetzen, die für Investitionen bis zum Bilanzstichtag vorgenommen wurden, ohne dass die Anlagen bereits endgültig fertiggestellt sind.

Im Bau befindliche Anlagen können Geschäftsbauten, Maschinen, Transportmittel und sonstige Ausstattungen sein.

Aus Gründen der Klarheit sind diese am Bilanzstichtag noch nicht fertiggestellten Anlagen in der Bilanz **gesondert** auszuweisen.

Die mit der Herstellung der Anlagen beauftragten Unternehmen verlangen im Allgemeinen dem Baufortschritt entsprechend **Abschlagzahlungen**.

Die **Anzahlungen auf Anlagen** werden als **Anlagevermögen** in der Bilanz ausgewiesen. **Geleistete Anzahlungen sind** – betriebswirtschaftlich gesehen – flüssige Mittel, die in Gegenständen des Sachanlagevermögens festgelegt worden sind.

Deshalb werden die **Anzahlungen** auf dem Konto „**Anlagen im Bau**" bzw. wenn für jede Anlageart ein eigenes Konto geführt wird, auf dem entsprechenden Konto aktiviert, z. B.

0710 (0120) **Geschäftsbauten im Bau.**

BEISPIEL

Wir haben einen Bauunternehmer beauftragt, einen Geschäftsbau schlüsselfertig zu erstellen. Mit dem Bau wird im Oktober 2019 begonnen. Dem Baufortschritt entsprechend sind vereinbarungsgemäß folgende **Anzahlungen** durch Banküberweisung – nach Vorlage entsprechender Rechnungen – zu leisten:

am 02.12.2019 netto **50.000 €** + 9.500 € USt = 59.500 €,
am 16.12.2019 netto **40.000 €** + 7.600 € USt = 47.600 €.

Buchungssätze:

Tz.	Sollkonto	Betrag (€)	Habenkonto
1.	**0710** (0120) **Geschäftsbauten im Bau** **1406** (1576) Vorsteuer 19 %	50.000,00 9.500,00 59.500,00	 **1800** (1200) Bank
2.	**0710** (0120) **Geschäftsbauten im Bau** **1406** (1576) Vorsteuer 19 %	40.000,00 7.600,00 47.600,00	 **1800** (1200) Bank

Buchungen:

```
S  0710 (0120) Geschäftsbauten im Bau  H        S     1800 (1200) Bank         H
1)        50.000,00                                                 1)    59.500,00
2)        40.000,00                                                 2)    47.600,00

S     1406 (1576) Vorsteuer 19 %       H
1)         9.500,00
2)         7.600,00
```

7 Anlagenwirtschaft

Zum Bilanzstichtag (31.12.2019) wird das Konto „**0710** (0120) **Geschäftsbauten im Bau**" über das Schlussbilanzkonto abgeschlossen.

Nach endgültiger **Fertigstellung** der Anlagen werden die auf den Übergangskonten „**Anlagen im Bau**" gesammelten Beträge auf die entsprechenden **Anlagekonten umgebucht**.

BEISPIEL

Sachverhalt wie zuvor. Im **neuen Jahr** (2020) sind noch folgende **Anzahlungen** zu leisten:

am 15.01.2020 netto **60.000 €** + 11.400 € USt   = 71.400 €,
am 26.03.2020 netto **70.000 €** + 13.300 € USt   = 83.300 €,
am 23.04.2020 **Schlusszahlung**
     netto **35.000 €** + 6.650 € USt   = 41.650 €
     nach Fertigstellung, Abnahme und Endabrechnung.

Buchungssätze:

Tz.	Sollkonto	Betrag (€)	Habenkonto
3.	**0710** (0120) **Geschäftsbauten i. Bau** **1406** (1576) Vorsteuer 19 %	60.000,00 11.400,00 71.400,00	 **1800** (1200) Bank
4.	**0710** (0120) **Geschäftsbauten i. Bau** **1406** (1576) Vorsteuer 19 %	70.000,00 13.300,00 83.300,00	 **1800** (1200) Bank
5.	**0710** (0120) **Geschäftsbauten i. Bau** **1406** (1576) Vorsteuer 19 %	35.000,00 6.650,00 41.650,00	 **1800** (1200) Bank
6.	**0240** (0090) **Geschäftsbauten**	255.000,00	**0710** (0120) **Geschäftsb. i. Bau**

Buchungen:

S	**0710** (0120) **Geschäftsbauten im Bau**		H
AB	90.000,00	6)	255.000,00
3)	60.000,00		
4)	70.000,00		
5)	35.000,00		
	255.000,00		255.000,00

S	**1800** (1200) **Bank**		H
		3)	71.400,00
		4)	83.300,00
		5)	41.650,00

S	**1406** (1576) **Vorsteuer 19 %**		H
3)	11.400,00		
4)	13.300,00		
5)	6.650,00		

S	**0240** (0090) **Geschäftsbauten**		H
6)	255.000,00		

ÜBUNG → 1. Wiederholungsfragen 15 bis 17 (Seite 349),
2. Aufgabe 15 und 16 (Seite 354)

7.2 Erfolgskontrolle

WIEDERHOLUNGSFRAGEN

1. Welche Vermögensgegenstände gehören zu den Sachanlagegütern? Nennen Sie Beispiele.
2. Was versteht man unter Anschaffung?
3. Wie setzen sich die Anschaffungskosten zusammen?
4. Welche Aufwendungen gehören zu den Anschaffungsnebenkosten?
5. Was gehört zu den Anschaffungspreisminderungen?
6. Mit welchem Wert sind die Anlagegüter zu aktivieren, die selbst hergestellt wurden und dem eigenen Betrieb dienen?
7. Aus welchen Kosten setzt sich dieser Wert zusammen?
8. Was versteht man unter Einzelkosten?
9. Was versteht man unter Gemeinkosten?
10. Was versteht man unter Veräußerung?
11. Wie werden Buchgewinn bzw. Buchverlust aus der Veräußerung eines Anlagegutes berechnet?
12. Was versteht man unter einem geringwertigen Wirtschaftsgut?
13. Wie sind geringwertige Wirtschaftsgüter bei der Gewinnermittlung zu berücksichtigen?
14. Welche Angaben sind im Anlagenspiegel zu den einzelnen Posten des Anlagevermögens nach § 268 Abs. 2 HGB zu machen?
15. Warum werden Konten für im Bau befindliche Anlagen geführt?
16. Was wird auf diesen Konten gebucht?
17. Über welches Konto wird das Konto „Anlagen im Bau" zum Bilanzstichtag abgeschlossen?

AUFGABEN

AUFGABE 1

Der bilanzierende Gewerbetreibende Peter Müller, Magdeburg, hat am 29.03.2019 mit notariellem Vertrag ein bebautes Grundstück gekauft, das in vollem Umfang betrieblich genutzt wird. Das Gebäude wurde im Jahre 1993 errichtet. Im Kaufpreis ist der Wert des Grund und Bodens mit 120.000 € enthalten.
Die Grunderwerbsteuer beträgt 21.000 € (Grunderwerbsteuersatz 5 %), die Kosten für den notariellen Kaufvertrag betrugen 2.000 € + 19 % USt und die Eintragung in das Grundbuch, die am 19.07.2019 erfolgte, 1.000 €. Der Übergang von Nutzen und Lasten war vereinbarungsgemäß am 02.05.2019.

Weil der Kaufpreis vom privaten Bankkonto gezahlt wurde, erfolgte insoweit bisher noch keine Buchung. Die anderen Zahlungen überwies Müller im Juni 2019 vom betrieblichen Bankkonto und buchte wie folgt:

Grunderwerbsteuer, Notargebühren und Grundbuchgebühren:

Sollkonto	Betrag (€)	Habenkonto
7650 (4340) Sonstige Steuern	21.000,00	**1800** (1200) Bank
6825 (4950) Rechts- und Beratungskosten	3.000,00	
1406 (1576) Vorsteuer	380,00	
	3.380,00	**1800** (1200) Bank

1. Bilden Sie alle notwendigen Buchungssätze zur Aktivierung des bebauten Grundstücks.
2. Ermitteln Sie die Gewinnauswirkungen Ihrer Buchungen.
3. Ermitteln Sie die Buchwerte für das Grundstück zum 31.12.2019.

AUFGABE 2

Der Bauunternehmer Schraube, Stuttgart, hat auf seinem Betriebsgelände eine alte Fabrikhalle von dem Abbruchunternehmer Baus, Leonberg, abreißen lassen. Das Grundstück wurde am 03.04.2019 (Übergang von Nutzen und Lasten) angeschafft, das Gebäude (Anteil an den Anschaffungskosten: 240.000 €) war objektiv noch nutzbar; Schraube will jedoch auf dem Gelände eine neue Lagerhalle bauen. Mit der Errichtung der Lagerhalle wird im Januar 2020 begonnen. Baus soll für den Abbruch 80.000 € erhalten. Der Abbruch erfolgt am 19. August 2019 und Schraube erhält die entsprechende Eingangsrechnung im September 2019.

1. Wie ist der Abbruch der Fabrikhalle (betriebliche Restnutzungsdauer ca. 40 Jahre) bilanzsteuerrechtlich zu behandeln? Hinweis: H 6.4 EStH
2. Bilden Sie den Buchungssatz für die Eingangsrechnung.

AUFGABE 3

Der Bauunternehmer U mit eigener Ziegelei erstellt 2019 mit seinen Arbeitern den Rohbau eines Geschäftsbaues für seinen Betrieb. Es betragen die Materialeinzelkosten 150.000 € und die Fertigungslöhne 60.000 €. Nach den Kalkulationsunterlagen rechnet er mit einem Materialgemeinkostenzuschlagsatz von 20 % und einem Fertigungsgemeinkostenzuschlagsatz von 80 %. Einem Dritten hätte er für den Rohbau netto 320.000 € berechnet. Auf die Aktivierung der Verwaltungsgemeinkosten wird verzichtet.

1. Mit welchem Wert wird der Rohbau aktiviert? Es werden handelsrechtlich wie steuerrechtlich die gleichen Werte angesetzt.
2. Bilden Sie den Buchungssatz für den Rohbau.

AUFGABE 4

Ein Büromaschinenhersteller entnimmt 2019 der eigenen Produktion eine Büromaschine für den eigenen betrieblichen Bedarf. Es betragen deren

    Herstellungskosten   1.500 €,
    Verkaufspreis, netto   2.100 €.

Bilden Sie den Buchungssatz.

7.2 Erfolgskontrolle

AUFGABE 5

Die Schreinerei eines Kaufhauses fertigt 2019 10 neue Schränke für die Ladenräume an. Das Holz hierfür wurde dem Lager entnommen. Der Nettoeinkaufspreis des Holzes hat 6.000 € betragen. Für sonstiges Fertigungsmaterial, das ebenfalls dem Lager entnommen worden ist, sind 600 € angefallen. Zugelieferte Materialien für die Schränke wurden für netto 500 € + 95 € USt durch Banküberweisung gekauft.
An Fertigungslöhnen wurden insgesamt 2.500 € aufgewendet. Der Fertigungsgemeinkostenzuschlagsatz beträgt 50 %.
Bilden Sie alle Buchungssätze für den Kauf des Fertigungsmaterials und die Anfertigung der Schränke.

AUFGABE 6

Wir verkaufen im Juni 2019 einen Lkw für netto 15.000 € + 2.850 € USt = 17.850 € gegen Banküberweisung.
Der Lkw stand in der Vorjahresbilanz noch mit 10.000 € zu Buche.
Die AfA vom letzten Bilanzstichtag bis zum Veräußerungszeitpunkt beträgt 3.333 €.
1. Bilden Sie den Buchungssatz für die AfA.
2. Bilden Sie die Buchungssätze für die Veräußerung des Lkws nach der Bruttomethode.

AUFGABE 7

Wir verkaufen im September 2019 ein unbebautes Grundstück für 40.000 €. Das Grundstück stand mit 30.000 € zu Buche. Der Kaufpreis wird auf das betriebliche Konto überwiesen.
Bilden Sie die erforderlichen Buchungssätze für die Veräußerung nach der Bruttomethode.

AUFGABE 8

Wir verkaufen im April 2019 eine gebrauchte Büromaschine für netto 800 € + 152 € USt = 952 € gegen Banküberweisung.
Im Zeitpunkt des Verkaufs hatte die Büromaschine einen Buchwert von 1.000 €.
Die AfA für den Zeitraum vom letzten Bilanzstichtag bis zum Veräußerungszeitpunkt ist bereits gebucht.
Bilden Sie die Buchungssätze für den Verkauf der Büromaschine nach der Bruttomethode.

AUFGABE 9

Der Unternehmer Weber, der zum Vorsteuerabzug berechtigt ist, kauft im Mai 2019 einen nur betrieblich genutzten Pkw für netto 25.000 € + 4.750 € USt = 29.750 €.
Er gibt einen gebrauchten Pkw für netto 5.000 € + 950 € USt = 5.950 € in Zahlung. Dieser Pkw stand in der Vorjahresbilanz mit 3.000 € zu Buche.
Die noch zu berücksichtigende AfA im Veräußerungsjahr beträgt 2.000 €.
Den verbleibenden Kaufpreis begleicht Weber durch Banküberweisung.
Bilden Sie die erforderlichen Buchungssätze nach der Bruttomethode.

7 Anlagenwirtschaft

AUFGABE 10

Der Gewerbetreibende Thon hat im Laufe des Jahres 2019 zwei Büroschränke angeschafft. Die Rechnung lautet: 2 Büroschränke zu je 422,68 € = 845,36 € + 160,62 € USt = 1.005,98 €. Thon strebt einen möglichst hohen steuerlichen Gewinn an.
Thon hat die Rechnung wie folgt gebucht:

Sollkonto	Betrag (€)	Habenkonto
0650 (0420) Büroeinrichtung	845,36	**3300** (1600) Verbindlichkeiten aLuL
1406 (1576) Vorsteuer 19 %	160,62	**3300** (1600) Verbindlichkeiten aLuL

Zehn Tage nach der Lieferung begleicht Thon die Rechnung unter Abzug von 3 % Skonto durch Banküberweisung.
Die betriebsgewöhnliche Nutzungsdauer der Büroschränke beträgt 10 Jahre. Thon hat im Jahr 2019 zu § 6 Abs. 2a EStG optiert.
Bilden Sie die erforderlichen Buchungssätze

a) bei Zahlung der Rechnung,
b) zum Bilanzstichtag 31.12.2019.

Thon hat im Wirtschaftsjahr 2019 keine weiteren GWGs erworben.

AUFGABE 11

Der bilanzierende Marko Soldo, Fensterbau in Heilbronn, erwirbt am 03.07.2019 zwei Bürostühle (Nutzungsdauer 10 Jahre) für seinen Betrieb von der Baugut GmbH, Würzburg, für je 1.100 € netto. Die Eingangsrechnung wird ordnungsgemäß gebucht. Eine unverzügliche Prüfung ergibt, dass ein Bürostuhl leicht beschädigt, aber sonst voll nutzbar ist. Soldo erhält daraufhin von der Baugut GmbH eine Gutschrift in Höhe von 200 € netto für den beschädigten Stuhl.
Den Rechnungsausgleich bucht Soldo wie folgt:

Sollkonto	Betrag (€)	Habenkonto
3300 (1600) Verbindlichkeiten aLuL	2.618,00	
	38,00	**1406** (1576) Vorsteuer
	200,00	**0650** (0420) Büroeinrichtung
	2.380,00	**1800** (1200) Bank

1. Bilden Sie den notwendigen Korrekturbuchungssatz. Soldo hat sich für die Sammelpostenmethode entschieden, strebt aber sonst einen möglichst geringen steuerlichen Gewinn an.
2. Welche Buchungssätze sind zum Bilanzstichtag notwendig?

7.2 Erfolgskontrolle

AUFGABE 12

Der bilanzierende Gewerbetreibende Paul Allemann, Freiburg, erwirbt vom Schweizer Fabrikanten Ürli, Neuchâtel, fünf Schreibtische (ND 12 Jahre) für seine Büroräume. Ürli liefert die Schreibtische mit seinem Lkw an und stellt Allemann folgende Rechnung (Auszug):

5 Schreibtische „Senator S" je 800 €	4.000,00 €
+ Zoll	20,00 €
+ verauslagte Einfuhrumsatzsteuer	763,80 €
+ Transportkosten	60,00 €
Rechnungsbetrag	4.843,80 €

Weil Allemann am Tag der Lieferung (05.09.2019) sofort bar zahlt, erhält er von Ürli einen Nachlass auf den Warenwert in Höhe von 100 €. Allemann bucht wie folgt:

Sollkonto	Betrag (€)	Habenkonto
0650 (0420) Büroeinrichtung	4.743,80	**1600** (1000) Kasse

Bilden Sie die notwendigen Korrekturbuchungssätze. Allemann strebt einen möglichst geringen steuerlichen Gewinn an.

AUFGABE 13

Der bilanzierende Gewerbetreibende Heiner Boettinger, Mannheim, bildet im Wirtschaftsjahr 2019, das mit dem Kalenderjahr übereinstimmt, einen Sammelposten gemäß § 6 Abs. 2a EStG in Höhe von 12.000 €, im Wirtschaftsjahr 2020 in Höhe von 15.000 €, im Wirtschaftsjahr 2021 keinen und im Wirtschaftsjahr 2022 einen in Höhe von 8.000 €.

Ermitteln Sie für die einzelnen Sammelposten die jährliche AfA und die gesamte AfA bis zum Wirtschaftsjahr 2022.

AUFGABE 14

Die X-GmbH, Kiel, deren Geschäftsjahr mit dem Kalenderjahr übereinstimmt, verfügt am 31.12.2018 u. a. über folgende Anlagegegenstände:

1. Unbebaute Grundstücke (Zugang 2016)   AK   80.000 €
2. Lkw (Zugang 2018)   AK   100.000 €
   Die Abschreibung beträgt ab 2018 jährlich   20.000 €

In 2019 schafft die X-GmbH u. a. folgende Anlagegüter an:

1. Pkw   AK   50.000 €
   Die Abschreibung beträgt 2019   10.000 €
2. Maschine   AK   90.000 €
   Die Abschreibung beträgt 2019   9.000 €

Erstellen Sie nach dem Muster von Seite 346 einen Anlagenspiegel zum 31.12.2019.

7 Anlagenwirtschaft

AUFGABE 15

Wir haben einen Bauunternehmer beauftragt, ein Fabrikgebäude schlüsselfertig zu erstellen. Mit den Bauarbeiten wird im November 2019 begonnen. Dem Fortschritt der Bauarbeiten entsprechend werden folgende Abschlagzahlungen anhand von entsprechenden Rechnungen durch Banküberweisung geleistet:

am 16.12.2019   60.000 € + 11.400 € USt,
am 03.02.2020   70.000 € + 13.300 € USt,
am 15.03.2020   80.000 € + 15.200 € USt.

Der Bau wird im März 2020 fertiggestellt und abgenommen. Nach Vorlage der Endabrechnung erfolgt die Schlusszahlung durch Banküberweisung am 23.03.2020 in Höhe von 50.000 € + 9.500 € USt.

1. Bilden Sie den Buchungssatz für die Anzahlung am 21.12.2019.
2. Bilden Sie den Buchungssatz für den Abschluss des Anlagenkontos zum 31.12.2019.
3. Bilden Sie die Buchungssätze für die Zahlungen im neuen Jahr (2020).
4. Bilden Sie den Buchungssatz nach Fertigstellung des Fabrikgebäudes (März 2020).

AUFGABE 16

Der bilanzierende Marko Soldo, Fensterbau in Heilbronn, erwarb im Jahre 2017 mehrere Personalcomputer für seinen Betrieb. Die Personalcomputer hatten Anschaffungskosten in Höhe von 600 € je Stück.
Die Eingangsrechnung wurde wie folgt gebucht:

Sollkonto	Betrag (€)	Habenkonto
0675 (0485) Sammelposten	6.000,00	
1406 (1576) Vorsteuer	1.140,00	
	7.140,00	**3300** (1600) Verbindlichkeiten aLuL

Am 03.04.2019 verkaufte Marko Soldo einen Personalcomputer an den Studenten Fritz Fleißig für 300 € bar.

Bilden Sie den Buchungssatz für den Verkauf des Personalcomputers.

 Weitere Aufgaben mit Lösungen finden Sie im **Lösungsbuch** der Buchführung 1.

Zusammenfassende Erfolgskontrolle

Die Unternehmerin Karin Klein, Köln, erstellt zum 31.12.2019 folgende Summenbilanz:

	Summenbilanz	
	Soll €	Haben €
0235 (0085) Bebaute Grundstücke		
0240 (0090) Geschäftsbauten		
0520 (0320) Pkw	13.186,00	
0650 (0420) Büroeinrichtung		
0690 (0490) Sonstige Betriebs- und Geschäftsausstattung	34.888,00	
0675 (0485) Wirtschaftsgüter (Sammelposten)	358,64	
3160 (0640) Verbindlichkeiten gegenüber Kreditinstituten	8.707,57	89.368,97
2000 (0800) Eigenkapital		1.473,56
3070 (0970) Sonstige Rückstellungen	2.000,00	2.000,00
1900 (0980) Aktive Rechnungsabgrenzung	1.466,27	1.466,27
1600 (1000) Kasse	145.868,95	133.917,90
1800 (1200) Bank	126.835,09	135.764,90
1200 (1400) Forderungen aLuL		
1406 (1576) Vorsteuer 19 %	13.480,94	431,03
3300 (1600) Verbindlichkeiten aLuL	87.683,87	91.723,52
3500 (1700) Sonstige Verbindlichkeiten	385,80	385,80
3806 (1776) Umsatzsteuer 19 %	4.148,48	19.020,65
2100 (1800) Privatentnahmen	13.414,71	562,01
7310 (2110) Zinsaufwendungen für kurzfristige Verb.	3.451,61	
7320 (2120) Zinsaufwendungen für langfristige Verb.	4.065,37	
4855 (2315) Anlagenabgänge (Restbuchwert b. Buchgewinn)		
5200 (3200) Wareneingang	89.524,78	7.570,82
1140 (3980) Bestand Waren	45.943,83	
6305 (4200) Raumkosten	4.180,01	
6400 (4360) Versicherungen	1.775,90	
6500 (4500) Fahrzeugkosten	2.783,89	
6600 (4610) Werbekosten	980,22	
6220 (4830) Abschreibungen auf Sachanlagen		
6221 (4831) Abschreibungen auf Gebäude		
6222 (4832) Abschreibungen auf Kfz		
6264 (4862) Abschreibungen auf den Sammelposten WG		
6800 (4910) Porto	423,00	
6805 (4920) Telefon	659,50	
6815 (4930) Bürobedarf	468,89	
6827 (4957) Abschluss- und Prüfungskosten	914,26	
6300 (4900) Sonstige betriebliche Aufwendungen	3.011,57	180,09
4200 (8200) Erlöse	262,55	127.004,18
4849 (8829) Erlöse aus Anlagenverkäufen (bei Buchgewinn)		
	610.869,70	610.869,70

Geschäftsvorfälle des Jahres 2019	€
1. Klein erwirbt im November 2019 ein bebautes Grundstück (Geschäftsgrundstück), Baujahr 2006, zum Kaufpreis von	600.000,00
Vom Kaufpreis entfallen auf	
Grund und Boden	120.000,00
Gebäude	480.000,00
Außerdem fallen noch Erwerbsnebenkosten in Höhe von	35.950,00
an (Grunderwerbsteuer 30.000 € sowie Notar- und Grundbuchkosten von 5.000 € + 950 € USt = 5.950 €).	
Zahlungen sind bisher noch nicht geleistet, sodass der gesamte Vorgang noch nicht gebucht ist.	
2. Kauf eines neuen Pkws im Dezember 2019 bei Inzahlunggabe eines gebrauchten Pkws. Beide Pkw werden bzw. wurden nur betrieblich genutzt.	
neuer Pkw, netto	30.000,00
+ USt	5.700,00
alter Pkw, netto	10.000,00
+ USt	1.900,00
Die AfA für den alten Pkw beträgt im Veräußerungsjahr	3.600,00
Zahlungen sind bisher noch nicht geleistet.	
Der gesamte Vorgang ist noch nicht gebucht.	
3. Klein kauft im Dezember 2019 Büroeinrichtungsgegenstände (keine GWG) zum Preis von netto	5.000,00
+ USt	950,00
Klein zahlt durch Banküberweisung. Vom Kaufpreis zieht sie vereinbarungsgemäß 2 % Skonto ab.	
Der gesamte Vorgang ist noch nicht gebucht.	
Abschlussangaben	€
4. Warenbestand lt. Inventur	49.622,83
5. Abschreibung auf Geschäftsbauten	1.669,00
6. Abschreibung auf neuen Pkw	4.500,00
7. Abschreibung auf Büroeinrichtung	735,00
8. Abschreibung auf sonstige Betriebs- und Geschäftsausstattung	4.601,00
9. Abschreibung auf den Sammelposten Wirtschaftsgüter	
10. Abschluss des Privatkontos	
11. Abschluss der Umsatzsteuerkonten	

Aufgaben
1. Bilden Sie die Buchungssätze der Geschäftsvorfälle des Jahres 2019.
2. Ermitteln Sie den Erfolg über T-Konten oder mithilfe einer Hauptabschlussübersicht.

8 Buchungen im Steuerbereich

8.1 Steuern und steuerliche Nebenleistungen

Steuern sind Geldleistungen, die nicht eine Gegenleistung für eine besondere Leistung darstellen und von einem öffentlich-rechtlichen Gemeinwesen zur Erzielung von Einnahmen allen auferlegt werden, bei denen der Tatbestand zutrifft, an den das Gesetz die Leistungspflicht knüpft (§ 3 Abs. 1 AO).

Einfuhr- und Ausfuhrabgaben sind **Steuern** im Sinne der Abgabenordnung (§ 3 Abs. 3 AO).

Für Zwecke der buchmäßigen Behandlung werden die Steuern wie folgt eingeteilt:

8.1.1 Betriebssteuern

Betriebssteuern sind Steuern, die unmittelbar durch den Betrieb veranlasst sind.

Betriebssteuern sind bei der Ermittlung des **steuerlichen** Gewinns entweder **abzugsfähig** oder **nicht abzugsfähig**.

8.1.1.1 Abzugsfähige Betriebssteuern

Fallen **abzugsfähige Betriebssteuern** bei der **Anschaffung** eines Wirtschaftsgutes an, so sind sie als Anschaffungs**nebenkosten** als Teil der Anschaffungskosten **aktivierungspflichtig** (z. B. Grunderwerbsteuer, nicht abziehbare Vorsteuer).

8 Buchungen im Steuerbereich

BEISPIEL

1. Der Unternehmer U, Bonn, der zum Vorsteuerabzug berechtigt ist, hat ein **unbebautes** Betriebsgrundstück in Siegburg zum Preis von **50.000 €** durch Banküberweisung gekauft.
2. Außerdem wurden durch Banküberweisung gezahlt:

Grunderwerbsteuer (6,5 % von 50.000 €)		3.250 €
Notargebühren, netto	800 €	
+ USt	152 €	952 €
Grundbuchgebühr		650 €

Die **Anschaffungskosten** des unbebauten Grundstücks betragen:

Kaufpreis			50.000 €
+ **Anschaffungsnebenkosten**			
Grunderwerbsteuer		3.250 €	
Notargebühren		800 €	
Grundbuchgebühr		650 €	4.700 €
= **Anschaffungskosten**			**54.700 €**

Buchungssätze:

Tz.	Sollkonto	Betrag (€)	Habenkonto
1.	**0215** (0065) Unbebaute Grundstücke	50.000,00	**1800** (1200) Bank
2.	**0215** (0065) Unbebaute Grundstücke	4.700,00	**1800** (1200) Bank
	1406 (1576) Vorsteuer 19 %	152,00	**1800** (1200) Bank

Buchungen:

S	**0215** (0065) **Unbebaute Grundstücke**	H		S	**1800** (1200) **Bank**	H
1)	50.000,00				1)	50.000,00
2)	4.700,00				2)	4.700,00
					2)	152,00

S	**1406** (1576) **Vorsteuer 19 %**	H
2)	152,00	

Die als Anschaffungs**nebenkosten** behandelten **Steuern** wirken sich in der Regel bei **nicht abnutzbaren** Wirtschaftsgütern erst im Zeitpunkt der **Veräußerung** oder **Entnahme** auf den **Gewinn** aus.

  1. Wiederholungsfragen 1 bis 3 (Seite 384),
2. Aufgaben 1 und 2 (Seite 385)

Fallen **abzugsfähige Betriebssteuern** bei der **Anschaffung bebauter** Grundstücke an, so sind sie als Anschaffungs**nebenkosten aufzuteile**n in den Teil, der auf den **Grund und Boden** entfällt, und den Teil, der auf die **Baulichkeiten** entfällt.

8.1 Steuern und steuerliche Nebenleistungen

BEISPIEL

1. Der Unternehmer Thomas Schmidt, Köln, der zum Vorsteuerabzug berechtigt ist, hat ein **bebautes** Geschäftsgrundstück in Potsdam zum Preis von **450.000 €** durch Banküberweisung gekauft. Von diesem Kaufpreis entfallen **90.000 €** auf den Grund und Boden.
2. Außerdem wurden durch Banküberweisung gezahlt:

Grunderwerbsteuer (6,5 % von 450.000 €)	29.250,00 €
Notargebühren (5.000 € + 950 € USt)	5.950,00 €
Grundbuchgebühr	4.500,00 €

Die **Anschaffungskosten** betragen:

	Kaufpreis +	Nebenkosten =	AK
Grund und Boden	90.000 €	7.750 €	**97.750 €**
Gebäude	360.000 €	31.000 €	**391.000 €**
	450.000 €	38.750 €	**488.750 €**

Buchungssätze:

Tz.	Sollkonto	Betrag (€)	Habenkonto
1.	**0235** (0085) Bebaute Grundstücke	90.000,00	**1800** (1200) Bank
	0240 (0090) Geschäftsbauten	360.000,00	**1800** (1200) Bank
2.	**0235** (0085) Bebaute Grundstücke	7.750,00	**1800** (1200) Bank
	0240 (0090) Geschäftsbauten	31.000,00	**1800** (1200) Bank
	1406 (1576) Vorsteuer 19 %	950,00	**1800** (1200) Bank

Buchungen:

S	0235 (0085) **Bebaute Grundstücke**	H		S	1800 (1200) **Bank**	H
1)	90.000,00			1)	90.000,00	
2)	7.750,00			1)	360.000,00	
				2)	7.750,00	
				2)	31.000,00	
				2)	950,00	

S	0240 (0090) **Geschäftsbauten**	H
1)	360.000,00	
2)	31.000,00	

S	1406 (1576) **Vorsteuer 19 %**	H
2)	950,00	

Die als Anschaffungs**nebenkosten** behandelten Steuern wirken sich in der Regel bei **nicht abnutzbaren** Wirtschaftsgütern erst im Zeitpunkt der **Veräußerung** oder **Entnahme** und bei **abnutzbaren** Wirtschaftsgütern **während deren Nutzungsdauer** (in Form der Abschreibung) auf den **Gewinn aus**.

ÜBUNG → Aufgabe 3 (Seite 385)

Sind **abzugsfähige** Betriebssteuern **keine** Anschaffungs**nebenkosten**, dann sind sie **sofort abzugsfähig**, d.h., sie wirken sich im Jahr ihrer Entstehung voll auf den Gewinn aus.

Die **sofort abzugsfähigen (nicht aktivierungspflichtigen) Betriebssteuern** sind in der handelsrechtlichen Gewinn- und Verlustrechnung nach § 275 HGB grundsätzlich im Posten „**sonstige Steuern**" enthalten.

GuV-Posten nach § 275 HGB	Beispiele
sonstige Steuern	Grundsteuer Kfz-Steuer Ökosteuer

BEISPIEL

Der Unternehmer Karl Josef Stoffel überweist in 2019 durch Bank die betriebliche **Kfz-Steuer** in Höhe von **500 €**.

Buchungssatz:

Sollkonto	Betrag (€)	Habenkonto
7685 (4510) Kfz-Steuer	500,00	**1800** (1200) Bank

Buchung:

S	**7685** (4510) **Kfz-Steuer**	H	S	**1800** (1200) **Bank**	H
	500,00				500,00

8.1.1.2 Nicht abzugsfähige Betriebssteuern

Bestimmte **Steuern** sind zwar Betriebssteuern, aber nach § 12 EStG dürfen sie den **steuerlichen** Gewinn **nicht mindern**.

Bei den **nicht abzugsfähigen Betriebssteuern** ist wegen des Ausweises in der handelsrechtlichen Gewinn- und Verlust**rechnung** nach § 275 HGB zwischen „**Steuern vom Einkommen und Ertrag**" und „**sonstigen Steuern**" zu unterscheiden:

GuV-Posten nach § 275 HGB	Beispiele
Steuern vom Einkommen und Ertrag	Körperschaftsteuer Solidaritätszuschlag Kapitalertragsteuer Gewerbesteuer
sonstige Steuern	Vermögensteuer für Vorjahre*

* Die **Vermögensteuer** darf seit dem Veranlagungszeitraum 1997 nicht mehr festgesetzt werden.

Diese **Steuern mindern** zwar den **handelsbilanzmäßigen** Gewinn, dürfen aber den **steuerlichen** Gewinn **nicht mindern** (§§ 4 Abs. 5b, 12 Nr. 3 EStG).

Zur Ermittlung des **steuerlichen** Gewinns sind diese Steuern außerhalb der Buchführung dem Handelsbilanzgewinn wieder hinzuzurechnen.

8.1 Steuern und steuerliche Nebenleistungen

BEISPIEL 1

Die J & L Möbelfabrik GmbH überweist durch Bank in 2019 die **Körperschaftsteuer** für 2019 in Höhe von **527,50 €** einschließlich SolZ an das Finanzamt.

Buchungssatz:

Sollkonto	Betrag (€)	Habenkonto
7600 (2200) Körperschaftsteuer	500,00	**1800** (1200) Bank
7608 (2208) Solidaritätszuschlag	27,50	**1800** (1200) Bank

Buchung:

S **7600** (2200) **Körperschaftsteuer** H	S **1800** (1200) **Bank** H
500,00	527,50

S **7608** (2208) **Solidaritätszuschlag** H	
27,50	

BEISPIEL 2

Der Unternehmer Rudi Höhn überweist in 2019 durch Bank die **Gewerbesteuer-Vorauszahlung** in Höhe von **2.500 €** für das Jahr 2019.

Buchungssatz:

Sollkonto	Betrag (€)	Habenkonto
7610 (4430) Gewerbesteuer	2.500,00	**1800** (1200) Bank

Buchung:

S **7610** (4430) **Gewerbesteuer** H	S **1800** (1200) **Bank** H
2.500,00	2.500,00

Die Konten mit den **nicht abzugsfähigen** Betriebssteuern werden über das **GuVK** abgeschlossen. Damit mindern sie zulässigerweise den Handelsbilanzgewinn.

Zur Ermittlung des **steuerlichen** Gewinns sind diese Steuern außerhalb der Buchführung dem in der Gewinn- und Verlust**rechnung** ausgewiesenen Gewinn hinzuzurechnen.

8.1.2 Privatsteuern

Privatsteuern sind Steuern, die **nicht** unmittelbar durch den Betrieb, sondern **privat** veranlasst sind. **Privatsteuern** sind z.B.

- die **Einkommensteuer**,
- die **Kirchensteuer**,
- die **Erbschaftsteuer**,
- die **private Grundsteuer**,
- die **private Kfz-Steuer**,
- die **private Kapitalertragsteuer**,
- der **private Solidaritätszuschlag**.

Privatsteuern dürfen bei der Ermittlung des steuerlichen Gewinns nicht abgezogen werden (§ 12 Nr. 3 EStG).

Die **Privatsteuern** werden auf das spezielle **Privatkonto**

2150 (1810) **Privatsteuern**

gebucht.

BEISPIEL

Der Großhändler Willi Schröder zahlt die **Einkommensteuer** einschließlich der **Kirchensteuer** und des **Solidaritätszuschlags** durch Überweisung vom betrieblichen Bankkonto in Höhe von 2.550 € an das Finanzamt.

Buchungssatz:

Sollkonto	Betrag (€)	Habenkonto
2150 (1810) **Privatsteuern**	2.550,00	**1800** (1200) **Bank**

Buchung:

```
S    2150 (1810) Privatsteuern    H        S      1800 (1200) Bank        H
        2.550,00 |                                                | 2.550,00
```

8.1.3 Steuerliche Nebenleistungen

Die **steuerlichen Nebenleistungen** sind selbst **keine Steuern**, sie können aber im Zusammenhang mit der **Besteuerung** und der **Steuererhebung** auftreten.

Steuerliche Nebenleistungen sind z.B. **Verspätungszuschläge**, **Zinsen**, **Säumniszuschläge** und **Zwangsgelder** (§ 3 Abs. 4 AO).

Die **Abzugsfähigkeit** dieser Nebenleistungen bei der Gewinnermittlung richtet sich nach der **Abzugsfähigkeit** der zugrunde liegenden **Steuer** [H 12.4 (Nebenleistungen) EStH].

Ist die **Steuer** abzugsfähig, ist die **Nebenleistung** ebenfalls **abzugsfähig**.

Ist die **Steuer** nicht abzugsfähig, ist die **Nebenleistung** ebenfalls **nicht abzugsfähig**.

Die **abzugsfähigen** steuerlichen Nebenleistungen werden auf den Konten

6436 (4396) **Steuerlich abzugsfähige Verspätungszuschläge und Zwangsgelder** oder
6430 (4390) **Sonstige Abgaben**

erfasst.

Die **nicht abzugsfähigen** steuerlichen Nebenleistungen sind auf den Konten

6437 (4397) **Steuerlich nicht abzugsfähige Verspätungszuschläge und Zwangsgelder** oder
2150 (1810) **Privatsteuern**

zu buchen.

> **ÜBUNG →**
> 1. Wiederholungsfragen 4 bis 9 (Seite 384),
> 2. Aufgabe 4 (Seite 386)

8.2 Steuerliche Sonderfälle

8.2.1 Export – Import

In diesem Abschnitt werden der **innergemeinschaftliche Erwerb**, die **innergemeinschaftliche Lieferung**, die **Ausfuhrlieferung** in Drittlandsgebiete und die **Leistungen im Sinne des § 13b UStG** buchmäßig erläutert.

> Die **Einfuhr** wurde bereits im Kapitel „Beschaffung und Absatz", Seite 175, dargestellt.

8.2.1.1 Innergemeinschaftlicher Erwerb

Lieferungen zwischen vorsteuerabzugsberechtigten Unternehmern in der Europäischen Union (EU) sind als **innergemeinschaftlicher Erwerb** im **Bestimmungsland steuerpflichtig**.

Beim Import aus dem übrigen Gemeinschaftsgebiet ist **Steuerschuldner** nicht der Lieferer, sondern der **Erwerber**. Vorsteuerabzugsberechtigte Unternehmer können als Erwerber die **Erwerbsteuer** – wie die EUSt – als **Vorsteuer** abziehen (§ 15 Abs. 1 Nr. 3 UStG).

Der **innergemeinschaftliche Erwerb gegen Entgelt** ist **steuerbar**, wenn folgende **Tatbestandsmerkmale** erfüllt sind (§ 1 Abs. 1 **Nr. 5** i. V. m. § 1a **Abs. 1** UStG):

1. **Lieferung** (§ 3 Abs. 1 UStG)
2. aus dem Gebiet eines Mitgliedstaates (**übrigen Gemeinschaftsgebiet**)
3. in das Gebiet eines anderen Mitgliedstaates (**Inland**)
4. **durch** einen **Unternehmer** (keinen Kleinunternehmer), der die Lieferung gegen **Entgelt** im **Rahmen seines Unternehmens** ausführt
5. an bestimmte **Erwerber**
    - 5.1 **Unternehmer**, der den Gegenstand **für sein Unternehmen** erwirbt oder
    - 5.2 **juristische Person**, die **nicht als Unternehmer** tätig ist **oder** die den Gegenstand der Lieferung **nicht** für ihr **Unternehmen** erwirbt.

Beim **innergemeinschaftlichen Erwerb** ergibt sich folgender **Grundfall**:

Der ausländische **Lieferer** muss **Unternehmer** im Sinne des § 2 Abs. 1 oder Abs. 3 UStG sein, d.h., er darf **kein Kleinunternehmer** im Sinne des § 19 Abs. 1 UStG sein.
Der inländische Erwerber kann grundsätzlich davon ausgehen, dass ein ausländischer Lieferer **Unternehmer** ist, wenn dieser in der **Rechnung** die **USt-IdNr.** angibt, und lediglich den **Nettowert** ohne USt – unter Hinweis auf die **steuerfreie innergemeinschaftliche Lieferung** – in Rechnung stellt.
Der inländische **Erwerber** muss ebenfalls **Unternehmer** im Sinne des § 2 Abs. 1 oder Abs. 3 UStG sein, der den Gegenstand **für sein Unternehmen** erwirbt.
Verwendet der inländische Erwerber beim Einkauf seine **USt-IdNr.**, so signalisiert er damit, dass er **Unternehmer** ist und den Gegenstand **für sein Unternehmen** erwerben will.
Für die **Buchung** des innergemeinschaftlichen Erwerbs sehen die DATEV-Kontenrahmen folgende Konten (allgemeiner Steuersatz) vor:

5425 (3425) **Innergemeinschaftlicher Erwerb 19 % Vorsteuer und 19 % Umsatzsteuer,**
1404 (1574) **Abziehbare Vorsteuer aus innergemeinschaftlichem Erwerb 19 %** und
3804 (1774) **Umsatzsteuer aus innergemeinschaftlichem Erwerb 19 %.**

8.2 Steuerliche Sonderfälle

BEISPIEL

Der **französische Lieferer** Olivier Vergniolle, Paris, liefert 50 Damenmäntel an den **deutschen Erwerber** Kühlenthal und erteilt folgende **Rechnung**. Die Rechnung enthält die USt-IdNr. des französischen Lieferers, die **USt-IdNr.** des deutschen **Erwerbers** und den **Hinweis auf** die **Steuerfreiheit** der **Lieferung**:

Olivier Vergniolle, Textiles, 6 Rue Napoléon, Paris

Numéro d'identification: FR 128335655

Herrn
Textilkaufmann E. Kühlenthal
Karthäuserhofweg 30

56075 Koblenz

USt-IdNr.: DE 149637654   15.10.2019

Rechnung

Sie erhielten am 09.10.2019   Nr. 2019/007

Menge	Artikelbezeichnung	Stückpreis	Entgelt
50 Stück	Damenmäntel	200 €	**10.000 €**

Die innergemeinschaftliche Lieferung ist steuerfrei.

Kühlenthal erfasst den **innergemeinschaftlichen Erwerb** in seiner Buchhaltung wie folgt:

Buchungssätze:

Tz.	Sollkonto	Betrag (€)	Habenkonto
1.	**5425** (3425) Innergemeinschaftl. Erwerb	10.000,00	**3300** (1600) Verb. aLuL
2.	**1404** (1574) Vorsteuer aus innerg. Erwerb	1.900,00	**3804** (1774) USt. innerg. E.

Buchungen:

S	AV 5425 (3425) **Innerg. Erwerb**	H		S	3300 (1600) **Verbindlichkeiten aLuL**	H
1)	10.000,00				1)	10.000,00

S	1404 (1574) **Vorsteuer aus innerg. E.**	H		S	3804 (1774) **USt aus innerg. Erwerb**	H
2)	1.900,00				2)	1.900,00

Buchführende Unternehmer erfüllen die Aufzeichnungspflicht dadurch, dass sie in ihrer Buchhaltung die **Konten den Anforderungen des § 22** Abs. 2 Nr. 7 UStG entsprechend **gliedern** (siehe obiges Beispiel).

ÜBUNG → 1. Wiederholungsfrage 10 (Seite 384),
2. Aufgabe 5 (Seite 387)

8.2.1.2 Innergemeinschaftliche Lieferung

Eine **innergemeinschaftliche Lieferung** liegt vor, wenn der Gegenstand vom Inland in das übrige Gemeinschaftsgebiet gelangt.

Die **innergemeinschaftliche Lieferung** ist in der Regel **steuerfrei**.

Eine **steuerfreie innergemeinschaftliche Lieferung** liegt nach § 4 **Nr. 1b** i. V. m. § 6a Abs. 1 UStG vor, wenn folgende **Voraussetzungen** erfüllt sind:

1. **Beförderungs- oder Versendungslieferung** (§ 3 **Abs. 6** UStG)
2. durch den liefernden **Unternehmer** oder **Abnehmer**
3. **vom Inland**
4. in das **übrige Gemeinschaftsgebiet**.
5. **Abnehmer**:
   5.1. ein **Unternehmer**, der den Gegenstand **für sein Unternehmen** erwirbt oder
   5.2. eine **juristische Person**, die **nicht** als **Unternehmer** tätig ist **oder** die den Gegenstand der Lieferung **nicht für** ihr **Unternehmen** erwirbt oder
   5.3. eine **Privatperson**, die ein **neues Fahrzeug** erwirbt.
6. Erwerb unterliegt der **Erwerbsbesteuerung**.

Die **Voraussetzungen** für die **Steuerbefreiung** der innergemeinschaftlichen Lieferung **müssen** vom liefernden Unternehmer **nachgewiesen werden** (§ 6a Abs. 3 UStG). Dies geschieht durch **Beleg- und Buchnachweis** (§§ 17a bis 17c UStDV).

Steuerfreie innergemeinschaftliche Lieferungen werden auf dem Ertragskonto

> **4125** (8125) **Steuerfreie innergemeinschaftliche Lieferungen** § 4 Nr. 1b UStG

erfasst.

> **BEISPIEL**
>
> Der **deutsche** Unternehmer U mit deutscher USt-IdNr., Bonn, versendet im Dezember 2019 mit der Bahn eine Maschine für 10.000 € netto an den **französischen** Unternehmer A mit französischer USt-IdNr., Paris, der die Maschine in seinem Unternehmen einsetzt. U liefert auf Ziel. Entsprechende Beleg- und Buchungsnachweise liegen vor.
>
> Für U liegt eine **steuerfreie innergemeinschaftliche Lieferung** vor, weil alle Tatbestandsmerkmale des § 4 **Nr. 1b** i. V. m. § 6a Abs. 1 UStG erfüllt sind.

8.2 Steuerliche Sonderfälle

Buchungssatz:

Sollkonto	Betrag (€)	Habenkonto
1200 (1400) Forderungen aLuL	10.000,00	**4125** (8125) Steuerfreie innergemein. L.

Buchung:

S	**1200** (1400) **Forderungen aLuL**	H		S	**4125** (8125) **Steuerfreie innerg. Lieferungen**	H
10.000,00						10.000,00

Der **deutsche** Unternehmer **U** hat die **steuerfreie innergemeinschaftliche Lieferung** in seiner **Umsatzsteuer-Voranmeldung 2019** in die **Zeile 20** (**Kennzahl 41**) einzutragen:

18	Lieferungen und sonstige Leistungen (einschließlich unentgeltlicher Wertabgaben)	Kz	Bemessungsgrundlage ohne Umsatzsteuer		Steuer	
19	**Steuerfreie Umsätze mit Vorsteuerabzug** **Innergemeinschaftliche Lieferungen** (§ 4 Nr. 1b UStG)		volle EUR	Ct	EUR	Ct
20	an Abnehmer **mit** USt-IdNr.	41	10.000	—		

Über die in **Zeile 20** der **Umsatzsteuer-Voranmeldung 2019** einzutragenden **steuerfreien** innergemeinschaftlichen Lieferungen sind **monatlich**/vierteljährlich **Zusammenfassende Meldungen - ZM** - durch Datenfernübertragung dem **Bundeszentralamt für Steuern** zu übermitteln (§ 18a UStG).

BEISPIEL

Sachverhalt wie im Beispiel zuvor. Der **deutsche** Unternehmer U trägt die **steuerfreie innergemeinschaftliche Lieferung** in die **Zusammenfassende Meldung** für den Monat Dezember 2019 oder für das **4. Quartal 2019** wie folgt ein:

		1	2		3
Zeile	Länderkennzeichen	USt-IdNr. des Erwerbers / Unternehmers in einem anderen Mitgliedstaat	Summe der Bemessungsgrundlagen EUR	Ct	Hinweis auf Dreiecksgeschäfte (falls ja, bitte „2" eintragen)
1	**FR**	99999999999	10.000	—	

ÜBUNG → 1. Wiederholungsfrage 11 (Seite 384),
2. Aufgabe 6 (Seite 387)

8.2.1.3 Ausfuhrlieferung

Eine **Ausfuhrlieferung** liegt vor, wenn der Gegenstand vom Inland in das Drittlandsgebiet gelangt.

Die **Ausfuhrlieferung** in das Drittlandsgebiet ist in der Regel **steuerfrei**.

Eine **steuerfreie Ausfuhrlieferung** liegt nach § 4 **Nr. 1a** i. V. m. § 6 Abs. 1 Satz 1 Nrn. 1 und 2 UStG vor, wenn folgende **Voraussetzungen** erfüllt sind:

1. **Beförderungs- oder Versendungslieferung** (§ 3 **Abs. 6** UStG)
2. durch den liefernden **Unternehmer** oder **ausländischen Abnehmer**
3. **vom Inland**
4. **in** das **Drittlandsgebiet**.

Die **Voraussetzungen** für die **Steuerbefreiung** der Ausfuhrlieferung müssen vom liefernden Unternehmer **nachgewiesen** werden (§ 6 **Abs. 4** UStG).
Dies geschieht durch **Ausfuhrnachweis** (§§ 9 und 10 UStDV) und **Buchnachweis** (§ 13 UStDV).

Steuerfreie Ausfuhrlieferungen werden auf dem Ertragskonto

> **4120** (8120) **Steuerfreie Umsätze § 4 Nr. 1a UStG**

erfasst.

> **BEISPIEL**
>
> Der deutsche Maschinenhersteller U, Mannheim, verkauft und befördert mit eigenem Lkw eine Maschine für 15.000 € netto zum Abnehmer A nach Bern (Schweiz = Drittlandsgebiet). U liefert auf Ziel. Entsprechende Nachweise liegen vor.
>
> Für U liegt eine **steuerfreie Ausfuhrlieferung** vor, weil alle Tatbestandsmerkmale des § 4 Nr. 1a i. V. m. § 6 Abs. 1 Satz 1 Nr. 1 UStG erfüllt sind.
>
> Buchungssatz:
>
> | Sollkonto | Betrag (€) | Habenkonto |
> |---|---|---|
> | **1200** (1400) Forderungen aLuL | 15.000,00 | **4120** (8120) Steuerfreie Umsätze |
>
> Buchung:
>
> | S | **1200** (1400) **Forderungen aLuL** | H | S | **4120** (8120) **Steuerfreie Umsätze § 4 Nr. 1a UStG** | H |
> |---|---|---|---|---|---|
> | 15.000,00 | | | | | 15.000,00 |

U hat die **steuerfreie Ausfuhrlieferung** in seine **Umsatzsteuer-Voranmeldung 2019** in die **Zeile 23** (**Kennzahl 43**) einzutragen:

	Lieferungen und sonstige Leistungen (einschließlich unentgeltlicher Wertabgaben)	Kz	Bemessungsgrundlage ohne Umsatzsteuer		Steuer	
18			volle EUR	Ct	EUR	Ct
19	**Steuerfreie Umsätze mit Vorsteuerabzug** **Innergemeinschaftliche Lieferungen** (§ 4 Nr. 1b UStG)					
20	an Abnehmer **mit** USt-IdNr.	41			—	
21	neuer Fahrzeuge an Abnehmer **ohne** USt-IdNr.	44			—	
22	neuer Fahrzeuge außerhalb eines Unternehmens	49			—	
23	**Weitere steuerfreie Umsätze mit Vorsteuerabzug** (z.B. **Ausfuhrlieferungen**, Umsätze nach § 4 Nr. 2 bis 7 UStG)	43	15.000		—	

> **ÜBUNG →** 1. Wiederholungsfrage 12 (Seite 384),
> 2. Aufgabe 7 (Seite 387)

8.2.1.4 Leistungen im Sinne des § 13b UStG

Für bestimmte steuerpflichtige Umsätze schuldet der **Leistungsempfänger** nach § 13b Abs. 2 UStG die Umsatzsteuer. Hierzu gehören beispielsweise folgende Umsätze:

- Werklieferungen oder sonstige Leistungen (auch Werkleistungen) eines im Ausland ansässigen Unternehmers (§ 13b Abs. 2 Nr. 1 UStG),
- Umsätze, die unter das Grunderwerbsteuergesetz fallen (§ 13b Abs. 2 Nr. 3 UStG),
- **Bauleistungen** (Werklieferungen, Werkleistungen und sonstige Leistungen) eines „Bauleisters" (Bauhandwerkers) an einen anderen „Bauleister" (Bauhandwerker), der **nachhaltig** Bauleistungen erbringt (§ 13b Abs. 2 **Nr. 4** i.V.m. Abs. 5 Satz 2),
- Lieferung von Industrieschrott, Altmetallen und sonstigen Abfallstoffen (§ 13b Abs. 2 Nr. 7 UStG),
- Reinigungsleistungen in Bezug auf Gebäude und Gebäudeteile (§ 13b Abs. 2 Nr. 8 UStG),
- Lieferungen von Mobilfunkgeräten, Tablet-Computern und Spielekonsolen, wenn die Summe der Entgelte eines wirtschaftlichen Vorgangs mindestens 5.000 Euro beträgt (§ 13b Abs. 2 Nr. 10 UStG),
- Lieferungen der in der Anlage 4 zum UStG bezeichneten Gegenstände (Edelmetalle, unedle Metalle und Cermets), wenn die Summe der Entgelte eines wirtschaftlichen Vorgangs mindestens 5.000 Euro beträgt (§ 13b Abs. 2 Nr. 11 UStG).

Der **Leistungsempfänger** kann die von ihm nach § 13b Abs. 2 UStG geschuldete Umsatzsteuer – ähnlich wie beim innergemeinschaftlichen Erwerb – als **Vorsteuer** abziehen, wenn er die Lieferung oder sonstige Leistung **für sein Unternehmen** bezieht **und** zur Ausführung von Umsätzen verwendet, die den **Vorsteuerabzug nicht ausschließen** (Abschn. 13b.15 Abs. 1 UStAE).

> Die umsatzsteuerlichen Erläuterungen der Leistungen i.S.d. § 13b UStG erfolgen in der **Steuerlehre 1**, 40. Auflage 2019, Seiten 341 f. **S | 1**

8 Buchungen im Steuerbereich

Für die Buchung der **Leistungen im Sinne des § 13b UStG** sehen die DATEV-Kontenrahmen folgende Konten (allgemeiner Steuersatz) vor:

5925 (3125) **Leistungen eines im Ausland ansässigen Unternehmers**
   19 % Vorsteuer und 19 % Umsatzsteuer,
1407 (1577) **Abziehbare Vorsteuer nach § 13b UStG 19 %**,
3837 (1787) **Umsatzsteuer nach § 13b UStG 19 %**.

BEISPIEL

Der Bauunternehmer U in Berlin lässt in 2019 von dem russischen Subunternehmer P aus Moskau in Potsdam einen Rohbau errichten, den P mit 100.000 € in Rechnung stellt. Das Baumaterial wird von P gestellt. Die Bemessungsgrundlage beträgt **100.000 €** (§ 10 Abs. 1 UStG).

Der im Ausland ansässige Unternehmer P erbringt im Inland eine steuerbare **Werklieferung** an den Bauunternehmer U (§ 1 Abs. 1 Nr. 1 i. V. m. § 3 Abs. 4 UStG).
Ort der Werklieferung ist **Potsdam**, weil sich dort der Rohbau im Zeitpunkt der Verschaffung der Verfügungsmacht befindet (§ 3 Abs. 7 Satz 1 UStG). Die Werklieferung ist nach § 1 Abs. 1 Nr. 1 UStG steuerbar und mangels einer Steuerbefreiung (§ 4 UStG) auch steuerpflichtig. Die Umsatzsteuer für diese Werklieferung schuldet **U als Leistungsempfänger** (§ 13b **Abs. 5** Satz 1 i.V.m. Abs. 2 Nr. 1 UStG und Abschn. 13b.1 Abs. 2 UStAE).
U kann die Umsatzsteuer als **Vorsteuer** abziehen (§ 15 Abs. 1 Satz 1 **Nr. 4** UStG; Abschn. 13b.15 Abs. 1 UStAE). Er erfasst den Vorgang in seiner Buchhaltung wie folgt:

Buchungssatz:

Sollkonto	Betrag (€)	Habenkonto
5925 (3125) Leistungen eines i.A.a.U.	100.000,00	3300 (1600) Verbindlichk. aLuL
1407 (1577) VoSt. nach § 13b UStG	19.000,00	3837 (1787) USt nach § 13b UStG

Buchung:

5925 (3125) Leistungen eines im Ausland ansässigen Unternehmers
S   **19 % VoSt und 19 % USt**   H   S   **3300 (1600) Verbindlichk. aLuL**   H
     100.000,00 | | 100.000,00

S **1407 (1577) Vorsteuer n. § 13b UStG** H   S **3837 (1787) USt nach § 13b UStG** H
     19.000,00 | | 19.000,00

Bauunternehmer U hat die **Umsatzsteuer** in Höhe von **19.000 €** (19 % von 100.000 €) in seine **Umsatzsteuer-Voranmeldung 2019** wie folgt einzutragen:

			Kz	Bemessungsgrundlage ohne Umsatzsteuer		Kz	Steuer EUR	Ct
44								
45	Übertrag							
46	**Leistungsempfänger als Steuerschuldner**			volle EUR	Ct			
47	**(§ 13b UStG)**							
50	Andere Leistungen (§ 13b Abs. 2 Nr. 1, 2, 4 bis 11 UStG)		84	100.000	—	85	19.000	,00

Bauunternehmer U kann die Umsatzsteuer als **Vorsteuer** abziehen (§ 15 Abs. 1 Satz 1 Nr. 4 UStG). U hat die Vorsteuer in seiner **Umsatzsteuer-Voranmeldung 2019** wie folgt einzutragen:

56	Vorsteuerbeträge aus Leistungen i. S. d. § 13b UStG (§ 15 Abs. 1 Satz 1 Nr. 4 UStG)	67	19.000	,00

ÜBUNG → 1. Wiederholungsfrage 13 (Seite 384),
2. Aufgabe 8 (Seite 387)

8.2.2 Nicht abzugsfähige Betriebsausgaben

Betriebsausgaben sind Aufwendungen, die durch den Betrieb veranlasst sind (§ 4 **Abs. 4** EStG).

Aber **nicht alle Betriebsausgaben sind** bei der Ermittlung des steuerlichen Gewinns **abzugsfähig**.

Durch § 4 **Abs. 5** EStG wird der **Abzug von Betriebsausgaben eingeschränkt**. Diese Vorschrift soll verhindern, dass unangemessene Repräsentationsaufwendungen die Einkommensteuerschuld des Steuerpflichtigen mindern.

8.2.2.1 Art und Umfang der nicht abzugsfähigen Betriebsausgaben

Nicht abzugsfähige Betriebsausgaben (Repräsentationsaufwendungen), die nach § 4 Abs. 5 Nrn. 1 bis 7 EStG den **Gewinn nicht mindern** dürfen, sind:

1. **Aufwendungen für Geschenke** an Personen, die nicht Arbeitnehmer des Steuerpflichtigen sind, wenn die Anschaffungs- oder Herstellungskosten aller einem Empfänger in einem Wirtschaftsjahr zugewendeten betrieblichen Geschenke insgesamt **35 Euro übersteigen**;

2. **30 % der** als **angemessen** anzusehenden **Bewirtungsaufwendungen und** die **unangemessenen Bewirtungsaufwendungen**;

3. Aufwendungen für Gästehäuser, die sich außerhalb des Orts eines Betriebs des Steuerpflichtigen befinden;

4. Aufwendungen für Jagd oder Fischerei, für Segeljachten oder Motorjachten sowie für ähnliche Zwecke und die hiermit zusammenhängenden Bewirtungen;

5. Mehraufwendungen für Verpflegung, soweit bestimmte Pauschbeträge (ab 8 Std. = 12 Euro, ab 24 Std. = 24 Euro) überschritten werden;

6b. Aufwendungen für ein häusliches Arbeitszimmer sowie die Kosten der Ausstattung. Dies gilt nicht, wenn das Arbeitszimmer den Mittelpunkt der gesamten betrieblichen und beruflichen Betätigung bildet;

7. andere als die genannten Aufwendungen, die die Lebensführung des Steuerpflichtigen oder anderer Personen berühren, soweit sie nach allgemeiner Verkehrsauffassung als unangemessen anzusehen sind.

Zu den **nicht abzugsfähigen Betriebsausgaben** gehören **auch** die Geldbußen, Ordnungsgelder und Verwarnungsgelder, die von einer Behörde oder einem Gericht festgesetzt wurden und Schmiergelder (§ 4 Abs. 5 Nr. 8 und Nr. 10 EStG).

8 Buchungen im Steuerbereich

Aufwendungen zur Finanzierung staatspolitischer Zwecke (Mitgliedsbeiträge und Spenden an politische Parteien) sind **keine Betriebsausgaben** (§ 4 Abs. 6 EStG).

Die **Gewerbesteuer** und die darauf entfallenden Nebenleistungen stellen **keine Betriebsausgaben** dar (§ 4 Abs. 5b EStG).

8.2.2.2 Buchmäßige und steuerliche Behandlung von nicht abzugsfähigen Betriebsausgaben

Um die **Abzugsfähigkeit** bzw. **Nichtabzugsfähigkeit** besser prüfen zu können, sind die **Aufwendungen** im Sinne des § 4 Abs. 5 **Nrn. 1 bis 4, 6b** und **7** EStG **einzeln und getrennt** von den sonstigen Betriebsausgaben **aufzuzeichnen** (§ 4 **Abs. 7** EStG).

Das **Erfordernis** der besonderen Aufzeichnung ist **erfüllt**, **wenn** für jede der in § 4 Abs. 7 EStG bezeichneten Gruppen von Aufwendungen **ein besonderes Konto** oder eine Spalte **geführt wird** (R 4.11 Abs. 1 Satz 1 EStR 2012).

Ist diese Pflicht **nicht** erfüllt, so sind die Aufwendungen als **nicht abzugsfähige Betriebsausgaben** zu behandeln.

Vorsteuerbeträge, die auf Aufwendungen entfallen, für die das Abzugsverbot des § 4 Abs. 5 **Nrn. 1 bis 4**, **7** oder des **§ 12 Nr. 1** EStG gilt, sind **nicht abziehbar** (§ 15 Abs. 1a **Satz 1** UStG). Dies gilt **nicht** für angemessene und nachgewiesene **Bewirtungsaufwendungen** im Sinne des § 4 Abs. 5 Nr. 2 EStG (§ 15 Abs. 1a **Satz 2** UStG).

Zu den **Aufwendungen**, die nach § 15 Abs. 1a **Satz 1** UStG vom **Vorsteuerabzug ausgeschlossen** sind, gehören:

Im Folgenden werden exemplarisch die in der Praxis häufig vorkommenden **Aufwendungen für Geschenke** und **Bewirtungsaufwendungen** erläutert.

8.2.2.2.1 Aufwendungen für Geschenke

Aufwendungen für betrieblich veranlasste **Geschenke** an natürliche Personen, die nicht Arbeitnehmer des Steuerpflichtigen sind, oder an juristische Personen sind als Betriebsausgaben **abziehbar**, wenn die **Anschaffungs- oder Herstellungskosten** einschließlich eines umsatzsteuerrechtlich nicht abziehbaren Vorsteuerbetrags der dem Empfänger im Wirtschaftsjahr zugewendeten Geschenke insgesamt **35 Euro (Freigrenze) nicht übersteigen** (R 9b Abs. 2 EStR 2012).

Die Bestimmung der **Anschaffungs- oder Herstellungskosten** richtet sich nach den **allgemeinen** Grundsätzen, d.h., dass Skonti, Rabatte und andere Preisnachlässe die Anschaffungskosten mindern. **Vertriebskosten** (Verpackungs- und Versandkosten) gehören **nicht** zu den Anschaffungskosten (R 4.10 Abs. 3 EStR 2012).

Bei **Geschenken unter 35 Euro netto** kann der Vorsteuerabzug auch gewährt werden, wenn der Unternehmer die Aufwendungen für Geschenke **nicht gesondert** aufzeichnet (Streichung des § 4 Abs. 7 EStG in § 15 Abs. 1a Satz 1 UStG).

> **BEISPIEL**
>
> Unternehmer U, Bonn, der zum Vorsteuerabzug berechtigt ist, kauft im Mai 2019 ein Werbegeschenk für **30 €** + 5,70 € USt = 35,70 € bar.
>
> Wird dieses Geschenk einem Kunden in einem Wirtschaftsjahr zugewendet, sind die Aufwendungen **abziehbar**, weil die Anschaffungskosten (30,00 €) die Freigrenze von 35 Euro nicht übersteigen. Ebenso kann die **Vorsteuer** in Höhe von 5,70 € abgezogen werden.

Werden **mehrere** geringwertige Geschenke im Laufe eines Jahres demselben Empfänger zugewendet und wird dabei die **35-Euro-Grenze** überschritten, entfällt der **Vorsteuerabzug** nachträglich.

Übersteigen die Anschaffungskosten oder Herstellungskosten eines Geschenkes an einen Empfänger in einem Wirtschaftsjahr den Betrag von **35 Euro**, so sind die **Betriebsausgaben** in vollem Umfang **nicht abzugsfähig**.

Die für den Kauf eines **Geschenks über 35 Euro** (Nettobetrag ohne Umsatzsteuer) i.S.d. § 4 Abs. 5 Satz 1 **Nr. 1** EStG anfallende Umsatzsteuer ist vom **Vorsteuerabzug ausgeschlossen** (§ 15 Abs. 1a **Satz 1** UStG).

Die **Einschränkung** des Vorsteuerabzugs betrifft sowohl **höherwertige Geschenke** in Form von **Gegenständen** (z.B. eine Kiste Champagner) als auch in Form von **sonstigen Leistungen** (z.B. Eintrittskarten für Theater, Konzerte, Sportveranstaltungen oder Gutscheine für einen Restaurantbesuch).

> **BEISPIEL**
>
> Sachverhalt wie im Beispiel zuvor mit dem **Unterschied**, dass U für das Geschenk **60 €** + 11,40 € USt = 71,40 € aufwendet.
>
> Bei den Aufwendungen handelt es sich um **nicht abzugsfähige Betriebsausgaben** im Sinne des § 4 Abs. 5 Satz 1 Nr. 1 EStG, die vom **Vorsteuerabzug ausgeschlossen** sind.

Aufwendungen für Geschenke werden auf den folgenden Konten gebucht:

6610 (4630) **Geschenke abzugsfähig**,
6620 (4635) **Geschenke nicht abzugsfähig**.

Geschenke abzugsfähig (bis 35 Euro)

BEISPIEL

Unternehmer U, Bonn, der zum Vorsteuerabzug berechtigt ist, **kauft** im Juni 2019 ein Geschenk für **25 €** + 4,75 € USt = 29,75 € bar und **schenkt** es direkt einem Kunden.

Buchungssatz:

Sollkonto	Betrag (€)	Habenkonto
6610 (4630) Geschenke abzugsfähig	25,00	
1406 (1576) Vorsteuer 19 %	4,75	
	29,75	**1600** (1000) Kasse

Buchung:

```
S  6610 (4630) Geschenke abzugsfähig  H        S       1600 (1000) Kasse       H
          25,00 |                                                      | 29,75

S      1406 (1576) Vorsteuer 19 %     H
           4,75 |
```

Geschenke nicht abzugsfähig (über 35 Euro)

Werden Gegenstände **über 35 Euro** netto direkt **als Geschenke** gekauft, ist der **Vorsteuerabzug** nach § 15 Abs. 1a Satz 1 UStG **ausgeschlossen**. In diesem Fall wird der **Bruttobetrag** auf das Konto „**Geschenke nicht abzugsfähig**" gebucht.

BEISPIEL

Sachverhalt wie im Beispiel zuvor mit dem **Unterschied**, dass U für das Geschenk **50 €** + 9,50 € USt = 59,50 € aufwendet.

Buchungssatz:

Sollkonto	Betrag (€)	Habenkonto
6620 (4635) Geschenke nicht abzugsfähig	59,50	**1600** (1000) Kasse

Buchung des Kassenbelegs:

```
S 6620 (4635) Geschenke nicht abzugsfähig H      S      1600 (1000) Kasse       H
          59,50 |                                                      | 59,50
```

Geschenke aus dem Warensortiment

Werden Gegenstände im Wert von über 35 Euro **nicht** direkt als **Geschenke gekauft**, sondern aus dem **Warensortiment** bzw. aus dem **Produktionsprogramm entnommen**, sind die Aufwendungen im **Zeitpunkt der Hingabe** des Geschenks auf das Konto „**6620** (4635) Geschenke nicht abzugsfähig" umzubuchen.

Die bisher abgezogene **Vorsteuer** ist nach § 17 Abs. 2 Nr. 5 UStG zu **berichtigen**, weil durch die spätere Umwandlung zum Geschenk Aufwendungen getätigt werden, die unter das Abzugsverbot des § 15 Abs. 1a Satz 1 UStG fallen. Nach dieser Vorschrift ist die **Vorsteuer nicht abziehbar**, wenn die Aufwendungen auch nach einkommensteuerrechtlichen Vorschriften nicht abziehbar sind (§ 4 Abs. 5 Nr. 1 EStG).

8.2 Steuerliche Sonderfälle

BEISPIEL

Uhrenhändler U, Köln, hat 100 Armbanduhren zum Stückpreis von 50 € + USt (5.000 € + 950 € USt) auf Ziel erworben. Er hat diesen Vorgang wie folgt erfasst:

Tz.	Sollkonto	Betrag (€)	Habenkonto
1.	**5200** (3200) Wareneingang	5.000,00	**3300** (1600) Verbindlichkeiten aLuL
	1406 (1576) Vorsteuer	950,00	**3300** (1600) Verbindlichkeiten aLuL

Eine dieser Uhren entnimmt er seinem Warensortiment und verschenkt sie an einen Kunden. Im Zeitpunkt der Hingabe des Geschenks ist eine **Vorsteuerkorrektur** nach § 17 Abs. 2 Nr. 5 UStG vorzunehmen (Abschn. 15.6 Abs. 5 Satz 2 UStAE).

Buchungssatz:

Tz.	Sollkonto	Betrag (€)	Habenkonto
2.	**6620** (4635) Geschenke nicht abzugsf.	50,00	**5200** (3200) Wareneingang
	6620 (4635) Geschenke nicht abzugsf.	9,50	**1406** (1576) Vorsteuer

Buchung:

S **6620** (4635) **Geschenke nicht abzugsfähig** H		S **5200** (3200) **Wareneingang** H	
2) 50,00		1) 5.000,00	2) 50,00
2) 9,50			

		S **1406** (1576) **Vorsteuer 19 %** H	
		1) 950,00	2) 9,50

Werden Gegenstände im Wert bis 35 Euro **nicht** direkt **als Geschenke gekauft**, sondern aus dem **Warensortiment** bzw. aus dem **Produktionsprogramm entnommen**, sind die Aufwendungen im Zeitpunkt der Hingabe des Geschenks auf das Konto „**6610** (4630) **Geschenke abzugsfähig**" umzubuchen. Die **Vorsteuer** ist **nicht** zu **korrigieren**.
Der Vorgang ist wie folgt zu buchen:

6610 (4630) **Geschenke abzugsfähig an 5200** (3200) **Wareneingang.**

8.2.2.2.2 Bewirtungsaufwendungen

Bewirtungsaufwendungen sind Aufwendungen für den Verzehr von Speisen, Getränken und sonstigen Genussmitteln (R 4.10 Abs. 5 Satz 3 EStR 2012).
Bewirtungsaufwendungen dürfen **nur** in Höhe von **70 %** der angemessenen und nachgewiesenen Aufwendungen als Betriebsausgaben abgezogen werden.
30 % der angemessenen und nachgewiesenen Bewirtungsaufwendungen dürfen **nicht** als **Betriebsausgaben** abgezogen werden.
Ebenso dürfen die **unangemessenen** bzw. **nicht nachgewiesenen Bewirtungsaufwendungen** als Betriebsausgaben den Gewinn nicht mindern.
Der **Vorsteuerabzug** für Bewirtungsaufwendungen aus geschäftlichem Anlass bleibt zulässig, soweit die Bewirtungsaufwendungen einkommensteuerrechtlich als **Betriebsausgaben** abzugsfähig sind (§ 4 Abs. 5 Satz 1 **Nr. 2** EStG).

8 Buchungen im Steuerbereich

Nach § 15 Abs. 1a Satz 2 UStG ist der Vorsteuerabzug in vollem Umfang für die dem einkommensteuerrechtlichen Abzugsverbot des § 4 Abs. 5 Satz 1 Nr. 2 EStG unterliegenden **angemessenen und nachgewiesenen** Bewirtungsaufwendungen unter den allgemeinen Voraussetzungen des § 15 UStG zu gewähren.

Der **Nachweis** der Höhe und der betrieblichen Veranlassung der Aufwendungen durch schriftliche Angaben zu Ort, Tag, Teilnehmer und Anlass der Bewirtung sowie Höhe der Aufwendungen ist gesetzliches Tatbestandsmerkmal für den Abzug der Bewirtungsaufwendungen als Betriebsausgaben.

Bei Bewirtung in einer **Gaststätte** genügen neben der beigefügten Rechnung Angaben zu dem Anlass und den Teilnehmern der Bewirtung. Die Rechnung muss den Anforderungen des § 14 UStG genügen und maschinell erstellt und registriert sein. Die in Anspruch genommenen Leistungen sind nach Art, Umfang, Entgelt und Tag der Bewirtung in der Rechnung gesondert zu bezeichnen, die für den Vorsteuerabzug ausreichende Angabe „Speisen und Getränke" und die Angabe der für die Bewirtung in Rechnung gestellten Gesamtsumme sind für den Betriebsausgabenabzug nicht ausreichend (R 4.10 Abs. 8 EStR 2012). Den Namen des bewirtenden Steuerpflichtigen muss die Rechnung nicht enthalten, wenn der Gesamtbetrag der Rechnung **250 Euro** nicht übersteigt (R 4.10 Abs. 8 EStR 2012).

Die **Bewirtungsaufwendungen** werden auf den folgenden Konten gebucht:

6640 (4650) **(Abzugsfähige) Bewirtungskosten** und
6644 (4654) **Nicht abzugsfähig Bewirtungskosten**.

BEISPIEL 1

Der Unternehmer U, Köln, hat im August 2019 für die **Bewirtung von Geschäftsfreunden** in einer Gaststätte **250 € + 47,50 € USt = 297,50 €** bar aufgewendet. Die Aufwendungen sind **angemessen** und werden durch einen ordnungsgemäß ausgestellten Beleg **nachgewiesen**.

175 € (70 % von 250 €) sind abzugsfähige Betriebsausgaben (§ 4 Abs. 5 Nr. 2 EStG).
75 € (30 % von 250 €) dürfen **nicht** als Betriebsausgaben abgezogen werden (§ 4 Abs. 5 Nr. 2 EStG).
47,50 € kann U nach § 15 Abs. 1a Satz 2 UStG in voller Höhe geltend machen.

8.2 Steuerliche Sonderfälle

Buchungssatz:

Sollkonto	Betrag (€)	Habenkonto
6640 (4650) Bewirtungskosten	175,00	**1600** (1000) Kasse
6644 (4654) Nicht abzugsfähige Bewirtungskosten	75,00	**1600** (1000) Kasse
1406 (1576) Vorsteuer 19 %	47,50	**1600** (1000) Kasse

Buchung:

S	**6640** (4650) **Bewirtungskosten**	H		S	**1600** (1000) **Kasse**	H
1)	175,00				1)	297,50

S	**6644** (4654) **Nicht abzugsfähige BK**	H
1)	75,00	

S	**1406** (1576) **Vorsteuer 19 %**	H
1)	47,50	

BEISPIEL 2

Sachverhalt wie im Beispiel 1 mit dem **Unterschied**, dass von den Aufwendungen **50 €** als **unangemessen** anzusehen sind.

Nach § 15 Abs. 1a Satz 2 UStG kann U den vollen **Vorsteuerabzug** auf die **angemessenen und nachgewiesenen** Bewirtungsaufwendungen in Höhe von 200 € geltend machen. U kann daher **38 €** (19 % von 200 €) als Vorsteuerabzug in Anspruch nehmen.

Buchungssatz:

Sollkonto	Betrag (€)	Habenkonto
6640 (4650) Bewirtungskosten	140,00	**1600** (1000) Kasse
6644 (4654) Nicht abzugsfähige Bewirtungskosten	60,00	**1600** (1000) Kasse
6644 (4654) Nicht abzugsfähige Bewirtungskosten	59,50	**1600** (1000) Kasse
1406 (1576) Vorsteuer 19 %	38,00	**1600** (1000) Kasse

Buchung:

S	6640 (4650) Bewirtungskosten	H
2)	140,00	

S	6644 (4654) Nicht abzugsfähige BK	H
2)	60,00	
2)	59,50	

S	1600 (1000) Kasse	H
		2) 297,50

S	1406 (1576) Vorsteuer 19 %	H
2)	38,00	

Die Konten mit den **nicht abzugsfähigen Betriebsausgaben** („Geschenke nicht abzugsfähig" und „Nicht abzugsfähige Bewirtungskosten") werden über das **GuVK** abgeschlossen.

Zur Ermittlung des **steuerlichen** Gewinns sind in diesem Fall diese **Aufwendungen außerhalb der Buchführung** dem in der Gewinn- und Verlustrechnung ausgewiesenen Gewinn **hinzuzurechnen**.

BEISPIEL

Der Steuerpflichtige Müller, Köln, der seinen Gewinn durch Betriebsvermögensvergleich ermittelt, weist auf seinem **GuVK** für das Wirtschaftsjahr 2019 einen **Gewinn** von **106.420 €** aus.

Seine nach § 4 Abs. 5 EStG nicht abzugsfähigen Betriebsausgaben betragen **2.300 €**. Dieser Betrag ist ordnungsgemäß auf den Konten „**Geschenke nicht abzugsfähig**" und „**Nicht abzugsfähige Bewirtungskosten**" gebucht und über das GuVK abgeschlossen worden.

Sein **steuerlicher** Gewinn wird wie folgt ermittelt:

	Gewinn lt. GuVK (Handelsbilanzgewinn)	106.420 €
+	**nicht abzugsfähige Betriebsausgaben**	**2.300 €**
=	**steuerlicher** Gewinn	108.720 €

Die **Formel für die steuerliche Erfolgsermittlung** im Rahmen des Betriebsvermögensvergleichs wird dadurch wie folgt **erweitert**:

	Betriebsvermögen am Schluss des Wirtschaftsjahres (Wj)
	Betriebsvermögen am Schluss des vorangegangenen Wirtschaftsjahres
=	Unterschiedsbetrag
+	Entnahmen
−	Einlagen
+	**nicht abzugsfähige Betriebsausgaben** (z. B. „Geschenke nicht abzugsfähig", „Nicht abzugsfähige Bewirtungskosten")
=	**steuerlicher** Gewinn/Verlust

ÜBUNG → 1. Wiederholungsfragen 14 und 15 (Seite 384),
2. Aufgaben 9 bis 14 (Seite 387 f.)

8.2.3 Reisekosten

Reisekosten sind

1. **Fahrtkosten**,
2. **Verpflegungsmehraufwendungen**,
3. **Übernachtungskosten** und
4. **Reisenebenkosten**,

wenn diese durch eine so gut wie ausschließlich **beruflich veranlasste Auswärtstätigkeit** des **Arbeitnehmers** (**Unternehmers**) entstehen (R 9.4 Abs. 1 Satz 1 LStR 2015).

Eine **beruflich veranlasste Auswärtstätigkeit** liegt vor, wenn der **Arbeitnehmer** vorübergehend außerhalb seiner Wohnung und ersten Tätigkeitsstätte tätig wird (§ 9 Abs. 4a Sätze 2 und 4 **EStG**).

Wird ein **Unternehmer** außerhalb seiner Wohnung und von seinem dauerhaft angelegten betrieblichen oder beruflichen Mittelpunkt entfernt tätig, liegt eine **Geschäftsreise** vor.

Einkommensteuerrechtlich kann der Arbeitgeber die Reisekosten seinem Arbeitnehmer **steuerfrei** ersetzen, soweit sie bestimmte Höchstbeträge nicht übersteigen (§ 3 Nr. 16 EStG).

Umsatzsteuerrechtlich ist der **Vorsteuerabzug** für Umsätze, die aus Anlass einer **Geschäftsreise oder** einer **beruflich veranlasste Auswärtstätigkeit** im **Inland** für das **Unternehmen** ausgeführt werden, unter den allgemeinen Voraussetzungen des § 15 UStG möglich.

Bei **Reisekosten** können die

1. **tatsächlichen Aufwendungen** oder
2. **Pauschbeträge**

geltend gemacht werden.

Der Unternehmer kann aber nur bei den **tatsächlichen** Aufwendungen die **Vorsteuer** geltend machen, **nicht** bei den **Pauschbeträgen**.

Reise**neben**kosten und **Übernachtungskosten** des **Unternehmers** können **nur** in **tatsächlicher Höhe** (**nicht** als **Pauschbeträge**) geltend gemacht werden.

Verpflegungsmehraufwendungen werden **nur** als **Pauschbeträge** und **nicht** in tatsächlicher Höhe als abzugsfähige Betriebsausgaben anerkannt.

Bei den **anderen Reisekostenarten** hat der Steuerpflichtige ein **Wahlrecht**. Er kann die tatsächlichen Aufwendungen oder die Pauschbeträge ansetzen.

Die folgende Übersicht zeigt, welche Möglichkeiten im Einzelnen bestehen.

Der **Vorsteuerabzug** aus **Reisekosten** ist unter den allgemeinen Voraussetzungen des § 15 UStG **möglich**.

Ein Vorsteuerabzug ist lediglich aus den **tatsächlichen** Verpflegungskosten möglich, wenn die Umsatzsteuer auf der Rechnung **gesondert** ausgewiesen ist und auf den Namen des **Unternehmers** lautet bzw. eine **Kleinbetragsrechnung** vorliegt.

Die **über** den Pauschbeträgen liegenden **Anteile** der tatsächlichen Verpflegungsaufwendungen sind **nicht abzugsfähige Betriebsausgaben**.

Der Vorsteuerabzug aus **Reisekostenpauschbeträgen**, z.B. aus der Verpflegungspauschale, ist **ausgeschlossen**.

8.2 Steuerliche Sonderfälle

Die Reisekosten, die als Betriebsausgaben **abziehbar** sind, werden auf den folgenden **allgemeinen** Aufwandskonten gebucht:

6650 (4660) **Reisekosten Arbeitnehmer** und
6670 (4640) **Reisekosten Unternehmer**.

Reisekosten, die **nicht** als Betriebsausgaben **abziehbar** sind, werden auf den folgenden Konten erfasst:

6652 (4662) **Reisekosten Arbeitnehmer** (nicht abziehbarer Anteil),
6672 (4672) **Reisekosten Unternehmer** (nicht abziehbarer Anteil).

Die Buchung kann anhand von **Einzelbelegen** oder nach **Pauschalbeträgen** erfolgen.

8.2.3.1 Buchung anhand von Einzelbelegen

Der Unternehmer kann nur bei **Einzelnachweis** den Vorsteuerabzug aus Reisekosten geltend machen.

BEISPIEL

Der Unternehmer U, Köln, besucht in 2019 aus betrieblichen Gründen eine Messe in Leipzig. Die Dauer der zweitägigen Geschäftsreise beträgt 35 Stunden.
Dabei sind ihm folgende Aufwendungen entstanden, die er anhand von ordnungsgemäß ausgestellten Rechnungen (**Einzelbelegen**) nachweist:

	abziehbare BA	nicht abziehbare BA	Vorsteuer
1. **Fahrtkosten** für Bahnfahrt:	200,00 €		38,00 €
2. **Reisenebenkosten** für Taxifahrten:	60,00 €		4,20 €
3. **Verpflegungskosten**:	24,00 €	126,00 €	28,50 €
4. **Übernachtungskosten***:	233,64 €		16,36 €
	517,64 €	126,00 €	87,06 €

* ohne Frühstück

U kann anhand der Rechnungen (Einzelbelege) den **Vorsteuerabzug** in Höhe von **87,06 €** vornehmen, obwohl er nur Mehraufwendungen für Verpflegung von **24 €** als Betriebsausgaben absetzen kann.
Von den 150 € Verpflegungskosten sind **126 €** (150 € – 24 €) nicht abzugsfähige Betriebsausgaben.

Buchungssatz:

Sollkonto	Betrag (€)	Habenkonto
6670 (4670) Reisekosten Unternehmer	517,64	**1600** (1000) Kasse
6672 (4672) Reisekosten U (nicht abziehb. Anteil)	126,00	**1600** (1000) Kasse
1406 (1576) Vorsteuer 19 %	66,50	**1600** (1000) Kasse
1401 (1571) Vorsteuer 7 %	20,56	**1600** (1000) Kasse

Buchung:

S **6670** (4670) Reisekosten Unternehmer H	S **1600** (1000) **Kasse** H
517,64	730,70

S **6672** (4672) **Reisekosten U** (n. abz. A.) H	S **1401** (1571) **Vorsteuer 7 %** H
126,00	20,56

S **1406** (1576) **Vorsteuer 19 %** H
66,50

Der **Vorsteuerabzug** wird auch bei Fahrtkosten für **Fahrzeuge des Personals**, soweit der **Unternehmer Leistungsempfänger** (Rechnungsempfänger) ist, unter den übrigen Voraussetzungen des § 15 UStG zugelassen.

8.2.3.2 Buchung nach Pauschalbeträgen

Werden die Reisekosten nach **Pauschbeträgen** abgerechnet, können **keine Vorsteuerbeträge** mehr abgezogen werden.

8.2.3.2.1 Kilometerpauschalen bei Reisen

Benutzt der **Arbeitnehmer** für eine **beruflich veranlasste Auswärtstätigkeit** sein **eigenes** Fahrzeug, so kann der Arbeitgeber die Fahrtkosten dem Arbeitnehmer ohne Nachweis der tatsächlich entstandenen Kosten mit den **pauschalen Kilometersätzen** lohnsteuerfrei vergüten (R 9.5 Abs.1 Satz 5 LStR 2015). Wird dem **Arbeitnehmer** für die Auswärtstätigkeit ein **Kraftfahrzeug zur Verfügung gestellt**, dürfen die pauschalen Kilometersätze **nicht** steuerfrei erstattet werden (R 9.5 Abs. 2 Satz 4 LStR 2015).

BEISPIEL

Der **Arbeitnehmer** A fährt im Mai 2019 bei einer **beruflich veranlassten Auswärtstätigkeit** mit seinem **eigenen Pkw** von Frankfurt nach Kassel. Die **einfache** Entfernung beträgt **193 km**.
A erhält von seinem Arbeitgeber den **pauschalen Kilometersatz** von **115,80 €** (193 km x 0,30 € x 2) bar ersetzt.

Der Arbeitgeber kann den Betrag von **115,80 €** als **Betriebsausgabe** geltend machen.
Der Arbeitgeber kann aus diesem Betrag **keine Vorsteuer herausrechnen**.

Buchungssatz:

Sollkonto	Betrag (€)	Habenkonto
6650 (4660) Reisekosten Arbeitnehmer	115,80	**1600** (1000) Kasse

Buchung:

S **6650** (4660) **Reisekosten Arbeitnehmer** H	S **1600** (1000) **Kasse** H
115,80	115,80

8.2 Steuerliche Sonderfälle

8.2.3.2.2 Verpflegungspauschalen bei Reisen

Nimmt ein **Unternehmer** aus Anlass einer **Geschäftsreise** im **Inland** für seine Mehraufwendungen für Verpflegung einen **Pauschbetrag** in Anspruch **oder** erstattet er seinem **Arbeitnehmer** aus Anlass einer **beruflich veranlasste Auswärtstätigkeit** im **Inland** die Aufwendungen für die Mehraufwendungen für Verpflegung nach Pauschbeträgen, so kann er diese Beträge als **Betriebsausgaben** geltend machen.

Der Arbeitgeber kann aus diesen Beträgen jedoch **keine Vorsteuer** herausrechnen.

BEISPIEL

Der **Arbeitnehmer** A ist am 12.12.2019 aus Anlass einer **beruflich veranlassten Auswärtstätigkeit** 12 Stunden außerhalb seiner ersten Tätigkeitsstätte tätig. Der Arbeitgeber erstattet A für Verpflegungsmehraufwendungen den **Pauschbetrag** von **12 €** bar.

Der Arbeitgeber kann den Betrag von **12 €** als **Betriebsausgabe** absetzen. Er kann aber aus diesem Betrag **keine Vorsteuer** mehr herausrechnen.

Buchungssatz:

Sollkonto	Betrag (€)	Habenkonto
6650 (4660) Reisekosten Arbeitnehmer	12,00	**1600** (1000) Kasse

Buchung:

S **6650** (4660) **Reisekosten Arbeitnehmer** H   S   **1600** (1000) **Kasse**   H
12,00 | | 12,00

8.2.3.2.3 Übernachtungspauschale bei Reisen

Erstattet der Unternehmer seinem **Arbeitnehmer** aus Anlass einer **beruflich veranlassten Auswärtstätigkeit** im **Inland** die Aufwendungen für Übernachtung nach **Pauschbeträgen**, so kann er diese Beträge als **Betriebsausgaben** geltend machen.

Der Arbeitgeber kann aus diesen Beträgen jedoch **keine Vorsteuer** herausrechnen.

BEISPIEL

Der **Arbeitnehmer** A erhält von seinem Arbeitgeber aus Anlass einer **beruflich veranlassten Auswärtstätigkeit** im August 2019 **Pauschbeträge** für Übernachtungskosten (mit Frühstück) in Höhe von **30,40 €** [(20 € x 2) – (4,80 € x 2)] bar erstattet.

Der Arbeitgeber kann den Betrag von **30,40 €** als **Betriebsausgabe** absetzen. Er kann aber aus diesem Betrag **keine Vorsteuer** mehr herausrechnen.

Buchungssatz:

Sollkonto	Betrag (€)	Habenkonto
6650 (4660) Reisekosten Arbeitnehmer	30,40	**1600** (1000) Kasse

Buchung:

S **6650** (4660) **Reisekosten Arbeitnehmer** H   S   **1600** (1000) **Kasse**   H
30,40 | | 30,40

ÜBUNG →
1. Wiederholungsfragen 16 bis 19 (Seite 384),
2. Aufgaben 15 bis 17 (Seite 388 f.)

8.3 Erfolgskontrolle

WIEDERHOLUNGSFRAGEN

1. Was sind Steuern?
2. Was versteht man unter Betriebssteuern?
3. Wie sind abzugsfähige Betriebssteuern buchmäßig zu behandeln, die bei der Anschaffung eines Wirtschaftsgutes anfallen?
4. Wie sind abzugsfähige Betriebssteuern buchmäßig zu behandeln, die nicht zu den Anschaffungskosten gehören?
5. Welche Betriebssteuern sind steuerlich nicht abzugsfähig?
6. Was versteht man unter Privatsteuern?
7. Welche Privatsteuern kennen Sie?
8. Welche steuerlichen Nebenleistungen gibt es?
9. Wonach richtet sich die Abzugsfähigkeit der steuerlichen Nebenleistungen bei der Gewinnermittlung?
10. Wie wird der innergemeinschaftliche Erwerb buchmäßig behandelt?
11. Wie wird die innergemeinschaftliche Lieferung buchmäßig behandelt?
12. Wie wird die steuerfreie Ausfuhrlieferung buchmäßig behandelt?
13. Wie wird die Leistung im Sinne des § 13b UStG buchmäßig behandelt?
14. Wie sind die Betriebsausgaben i.S.d. § 4 Abs. 5 Nr. 1 EStG buchmäßig zu behandeln?
15. Wie werden Geschenke buchmäßig behandelt?
16. Welche Reisekosten können nur in tatsächlicher Höhe geltend gemacht werden?
17. Welche Reisekosten können nur als Pauschbeträge geltend gemacht werden?
18. Welche Reisekostenarten können entweder in tatsächlicher Höhe oder als Pauschbetrag geltend gemacht werden?
19. Wie werden Reisekosten bei der Pauschalierung buchmäßig behandelt?

8.3 Erfolgskontrolle

AUFGABEN

AUFGABE 1

Welche der nachstehenden Steuern ist in der Regel aktivierungspflichtig? Kreuzen Sie die richtige Lösung an.

(a) Grundsteuer
(b) Einkommensteuer
(c) Grunderwerbsteuer
(d) Gewerbesteuer

AUFGABE 2

Der Unternehmer Adams, der zum Vorsteuerabzug berechtigt ist, hat 2019 ein unbebautes Betriebsgrundstück zum Kaufpreis von 50.000 € durch Banküberweisung gekauft.

Außerdem wurden durch Banküberweisung gezahlt:

Grunderwerbsteuer (5 % von 50.000 €)	2.500,00 €
Notargebühren (800 € + 152 € USt)	952,00 €
Grundbuchgebühr	650,00 €

Zur teilweisen Finanzierung des Grundstücks hat Adam ein Darlehen bei seiner Bank aufgenommen. Die Bank hat ihm im Anschaffungsjahr berechnet:

Zinsen	3.400,00 €
Damnum (Bearbeitungsgebühren)	500,00 €

1. Ermitteln Sie die Anschaffungskosten des Grundstücks.
2. Bilden Sie die Buchungssätze für die Anschaffung des Grundstücks.

AUFGABE 3

Der Unternehmer Becker, der zum Vorsteuerabzug berechtigt ist, hat 2019 ein bebautes Betriebsgrundstück zum Preis von 500.000 € durch Banküberweisung gekauft. Von diesem Kaufpreis entfallen 100.000 € auf Grund und Boden.

Außerdem wurden durch Banküberweisung gezahlt:

Grunderwerbsteuer (5 % von 500.000 €)	25.000,00 €
Notargebühr (5.000 € + 950 € USt)	5.950,00 €
Grundbuchgebühr	5.000,00 €

1. Ermitteln Sie die Anschaffungskosten für den Grund und Boden und für das Gebäude.
2. Bilden Sie die Buchungssätze.

AUFGABE 4

Bilden Sie die Buchungssätze für folgende Geschäftsvorfälle:

1. Wir überweisen vom betrieblichen Bankkonto
   Einkommensteuer — 2.000,00 €
   Kirchensteuer — 180,00 €
   Solidaritätszuschlag — 150,00 €
   für den Unternehmer.

2. Wir überweisen durch Postbank
   Gewerbesteuer-Vorauszahlung — 800,00 €
   Grundsteuer für das Betriebsgrundstück — 300,00 €

3. Der Spediteur Will berechnet uns für eine Wareneinfuhr
   Einfuhrabgaben (Einfuhrzoll) — 3.000,00 €

4. Wir überweisen durch Bank Grunderwerbsteuer in Höhe von 7.000,00 €
   an das Finanzamt für den Erwerb eines unbebauten Betriebsgrundstücks.

5. Wir überweisen durch Postbank Kfz-Steuer für den betrieblichen Pkw
   an das Finanzamt — 780,00 €

6. Das Finanzamt erstattet überzahlte Einkommen- und Kirchensteuer
   des Unternehmers auf das betriebliche Postbankkonto — 3.270,00 €

7. Aufgrund einer Außenprüfung zahlen wir durch Bank
   folgende Steuern für Vorjahre nach:
   Gewerbesteuer — 600,00 €
   Einkommensteuer — 500,00 €
   Kirchensteuer — 45,00 €

8. Wir haben ein bebautes Grundstück zum Preis von 300.000 € gekauft. Vom Kaufpreis entfallen 45.000 € auf Grund und Boden und 255.000 € auf Geschäftsgebäude.
   Wir überweisen die Grunderwerbsteuer von — 10.500,00 €
   an das Finanzamt durch Bank.
   Bilden Sie nur den Buchungssatz für die Steuerzahlung.

9. Wir überweisen die Grunderwerbsteuer von — 28.000,00 €
   vom betrieblichen Bankkonto für ein Grundstück, das zum Privatvermögen des Unternehmers gehört.

10. Die Gemeindekasse erstattet auf das betriebliche Postbankkonto
    Grundsteuer in Höhe von — 200,00 €
    für das Einfamilienhaus des Unternehmers.

11. Wir überweisen vom betrieblichen Bankkonto
    Säumniszuschlag auf ESt — 70,00 €
    Säumniszuschlag auf GewSt — 80,00 €

8.3 Erfolgskontrolle

AUFGABE 5

Der niederländische Lieferer U versendet mit der Eisenbahn Ware für 15.000 € netto an den Unternehmer A in Köln, der die Ware für sein Unternehmen verwendet. Die Versendung beginnt am 22.07.2019 in Amsterdam und endet am 25.07.2019 in Köln. U und A sind Unternehmer mit USt-IdNr. U liefert auf Ziel.

Bilden Sie den Buchungssatz für den Unternehmer A.

AUFGABE 6

Der deutsche Unternehmer U mit deutscher USt-IdNr., Erfurt, versendet 2019 mit der Bahn eine Maschine für 50.000 € netto an den italienischen Unternehmer A mit italienischer USt-IdNr., der die Maschine in seinem Unternehmen einsetzt. U liefert auf Ziel.

Bilden Sie den Buchungssatz für den Unternehmer U.

AUFGABE 7

Im August 2019 liefert Einzelunternehmer Friedrich Froh aus Fürstenfeldbruck Waren auf Ziel an einen Kunden in Kanada.
Der Warenwert beträgt 1.350 € netto und die in Rechnung gestellte Luftfracht 150 € netto.

Bilden Sie den Buchungssatz für den Unternehmer Froh.

AUFGABE 8

Der in Bern (Schweiz) ansässige Unternehmer U errichtet 2019 in München für den Unternehmer A eine Montagehalle für 150.000 € netto auf Ziel.

Bilden Sie den Buchungssatz für den Unternehmer A.

AUFGABE 9

Der Büromaschinenhändler Järgen, Köln, kauft im Dezember 2019 durch Banküberweisung für 875 € (netto) zuzüglich 166,25 € USt versilberte Kugelschreiber, die er guten Kunden zu Weihnachten schenkt. Die Anschaffungskosten haben je Kugelschreiber 35 € (netto) betragen. Andere Geschenke haben die Kunden in diesem Wirtschaftsjahr von Järgen nicht bekommen.

1. Bilden Sie den Buchungssatz für den Kauf der Kugelschreiber.
2. Wie sind die Geschenke bei der Ermittlung des steuerlichen Gewinns zu behandeln?

AUFGABE 10

Der Gewerbetreibende U, Koblenz, will zu Weihnachten treuen Kunden silberne Kugelschreiber schenken. Im November 2019 kauft er 60 silberne Kugelschreiber zu je 50 € = 3.000 € + 570 € USt = 3.570 € und begleicht den Betrag durch Banküberweisung. Im Dezember 2019 schenkt U seinen Kunden die im November 2019 gekauften silbernen Kugelschreiber.

Bilden Sie den Buchungssatz für die Geschenke der Kugelschreiber.

8 Buchungen im Steuerbereich

AUFGABE 11

Der Fabrikant Willi Müller, Ulm, kauft im November 2019 von dem französischen Unternehmer Jean Filou, Metz, 100 Brieftaschen zu je 40 €. Die Lieferung geht am 04.11.2019 ein, die Rechnung liegt bei. Müller möchte die Brieftaschen seinen besten Kunden zu Weihnachten schenken.

Bilden Sie den Buchungssatz für die Eingangsrechnung. Die USt-IdNrn. der Unternehmer sind bekannt.

AUFGABE 12

Der bilanzierende Gewerbetreibende Heiner Boettinger, Mannheim, kauft im November 2019 Geschenke (35 €/Stück) für seine Geschäftsfreunde; die Eingangsrechnung wird ordnungsgemäß gebucht.

Ein Geschenk übergibt Boettinger dem Inhaber eines Fitness-Studios, weil er dort Stammkunde ist.

Bilden Sie den Buchungssatz.

AUFGABE 13

Der Großhändler Gillot, Frankfurt, hat im Mai 2019 während einer mehrtägigen Geschäftsreise zwei Kunden eingeladen und bewirtet. Dadurch sind ihm Kosten in Höhe von insgesamt 180 € (netto) zuzüglich 19 % USt entstanden, die angemessen sind. Von den Kosten entfallen 60 € auf ihn selbst. Die belegmäßig nachgewiesenen Kosten wurden bar bezahlt.

1. Bilden Sie den Buchungssatz für die Bewirtungsaufwendungen.
2. Wie sind die Aufwendungen bei der Ermittlung des steuerlichen Gewinns zu behandeln?

AUFGABE 14

Der Bauunternehmer Krank, Kiel, hat im Juni 2019 einen Kunden zum Mittagessen in ein Gourmet-Restaurant eingeladen. Dadurch sind ihm Kosten in Höhe von insgesamt 300 € (netto) zuzüglich 19 % USt entstanden. Von diesem Betrag können nach der allgemeinen Verkehrsauffassung 160 € (netto) als angemessen angesehen werden.

1. Bilden Sie den Buchungssatz für die Bewirtungsaufwendungen.
2. Wie sind die Aufwendungen bei der Ermittlung des steuerlichen Gewinns zu behandeln?

AUFGABE 15

Der Unternehmer U, Bonn, der zum Vorsteuerabzug berechtigt ist, unternimmt im Dezember 2019 mit seinem privaten Pkw eine dreitägige Geschäftsreise im Inland mit zwei Übernachtungen. Die einfache Entfernung beträgt 270 km.

Die Reisekosten werden bar aus der Geschäftskasse erstattet.

1. Ermitteln Sie den Betrag für die Kilometerpauschale, die der Unternehmer als Betriebsausgabe absetzen kann.
2. Bilden Sie den Buchungssatz.

AUFGABE 16

Sachverhalt wie in Aufgabe 15 mit dem Unterschied, dass die Reise von einem Arbeitnehmer unternommen wird. Der Arbeitnehmer bekommt von seinem Arbeitgeber die lohnsteuerrechtlich zulässige Kilometerpauschale steuerfrei bar erstattet.

1. Ermitteln Sie den Betrag für die Kilometerpauschale, die der Unternehmer als Betriebsausgabe absetzen kann.
2. Bilden Sie den Buchungssatz.

AUFGABE 17

Der Arbeitnehmer A führt im September 2019 mit seinem eigenen Pkw im Auftrag seines Arbeitgebers, der zum Vorsteuerabzug berechtigt ist, eine viertägige Dienstreise im Inland mit drei Übernachtungen durch. Die Dauer der Dienstreise beträgt am 1. Tag 14 Stunden, am 2. Tag 24 Stunden, am 3. Tag 24 Stunden und am 4. Tag 15 Stunden.

Der Arbeitgeber erstattet ihm die lohnsteuerrechtlich zulässigen Beträge bar für die Kilometerpauschale mit dem eigenen Pkw (einfache Entfernung 150 km), die Verpflegungspauschale und die Übernachtungspauschale (ohne Frühstück).

1. Ermitteln Sie den Betrag für die Kilometerpauschale, die Verpflegungspauschale und die Übernachtungspauschale, die der Unternehmer als Betriebsausgabe absetzen kann.
2. Bilden Sie den Buchungssatz.

Weitere Aufgaben mit Lösungen finden Sie im **Lösungsbuch** der Buchführung 1.

Zusammenfassende Erfolgskontrolle

Der Unternehmer Klaus Kollmann, Worms, hat durch Inventur am 01.01.2019 folgende Anfangsbestände ermittelt:

Anfangsbestände	€
0235 (0085) Bebaute Grundstücke	45.000,00
0240 (0090) Geschäftsbauten	120.000,00
0520 (0320) Pkw	45.000,00
0640 (0430) Ladeneinrichtung	65.000,00
1140 (3980) Bestand Waren	175.000,00
1200 (1400) Forderungen aLuL	133.900,00
1403 (1573) Vorsteuer aus innergemeinschaftlichem Erwerb	0,00
1406 (1576) Vorsteuer 19 %	0,00
1800 (1200) Bankguthaben	53.800,00
1600 (1000) Kasse	7.300,00
3300 (1600) Verbindlichkeiten aLuL	169.200,00
3720 (1740) Verbindlichkeiten aus Lohn und Gehalt	0,00
3730 (1741) Verbindlichkeiten aus LSt/KiSt	5.620,00
3740 (1742) Verbindlichkeiten im Rahmen der sozialen Sicherheit	6.480,00
3770 (1750) Verbindlichkeiten aus Vermögensbildung	0,00
3790 (1755) Lohn- und Gehaltsverrechnung	0,00
3803 (1773) Umsatzsteuer aus innergemeinschaftlichem Erwerb	0,00
3806 (1776) Umsatzsteuer 19 %	18.700,00
2100 (1800) Privatentnahmen	0,00
2000 (0800) Eigenkapital	?

Neben den obigen Bestandskonten sind folgende Erfolgskonten zu führen:

5200 (3200), **4200** (8200), **4639** (8924), **4645** (8921), **6020** (4120), **6080** (4170), **6110** (4130), **5425** (3425), **6640** (4650), **6644** (4654), **6220** (4830), **6221** (4831), **6222** (4832), **6805** (4920).

Geschäftsvorfälle des Jahres 2019		€
1. Banküberweisung der USt-Schuld		18.700,00
2. Kauf von Waren auf Ziel, netto	142.000 €	
+ USt	26.980 €	168.980,00
3. Verkauf von Waren auf Ziel, netto	507.000 €	
+ USt	96.330 €	603.330,00
4. Kollmann verwendet sein gemischt genutztes Fahrzeug lt. Fahrtenbuch zu 30 % für private Zwecke. Die gesamten Pkw-Kosten (einschließlich der AfA) haben in 2019 betragen. Davon entfallen auf Kfz-Steuer und Kfz-Versicherung		14.000,00 4.000,00
5. Kollmann benutzt sein Geschäftstelefon zu 20 % für private Zwecke. Die gesamten Telefonkosten haben 2019 betragen. Die Vorsteuer wurde ordnungsgemäß gekürzt.		6.000,00

Geschäftsvorfälle des Jahres 2019	€
6. Bruttogehalt	2.122,00
+ vwL (vom Arbeitgeber getragen)	39,17
steuer- und sozialversicherungspflichtiges Gehalt	2.161,17
- Lohnsteuer/Kirchensteuer/Solidaritätszuschlag	- 280,00
- Sozialversicherungsbeiträge	- 420,00
Nettogehalt	1.461,17
- abzuführende vwL	- 39,17
= Auszahlung	1.422,00
Das Nettogehalt wird durch Bank überwiesen.	
Arbeitgeberanteil zur Sozialversicherung, noch nicht abgeführt	410,00
7. Kollmann erwirbt im Dezember 2019 von einem französischen Lieferer Ware auf Ziel für netto	10.000,00
Kollmann und der Lieferer sind Unternehmer mit USt-IdNr.	
8. Kollmann wendet im Dezember 2019 in einer Kölner Gaststätte für die Bewirtung von Geschäftsfreunden bar auf 600 € + 114 € USt =	714,00
Die Aufwendungen sind angemessen und werden durch einen ordnungsgemäß ausgestellten Beleg nachgewiesen.	
Abschlussangaben	**€**
9. Warenendbestand laut Inventur	60.000,00
Der innergemeinschaftliche Erwerb von 10.000 € ist sofort verkauft worden.	
10. Abschreibung auf Geschäftsbauten	4.000,00
11. Abschreibung auf Pkw	5.000,00
12. Abschreibung auf Ladeneinrichtung	15.000,00

Aufgaben

1. Bilden Sie die Buchungssätze der Geschäftsvorfälle des Jahres 2019. Tz. 6 ist nach der Verrechnungsmethode zu kontieren.
2. Tragen Sie die Anfangsbestände auf den Konten vor.
3. Buchen Sie die Geschäftsvorfälle.
4. Schließen Sie die Konten ab.
5. Ermitteln Sie den handelsrechtlichen Gewinn.
6. Ermitteln Sie außerhalb der Buchführung den steuerrechtlichen Gewinn.

Anhang 1

Aktuelle Rechtsänderungen – Übersicht

Die folgende Tabelle fasst die in der aktuellen Auflage berücksichtigten Rechtsänderungen nach Themengebieten zusammen und dokumentiert die jeweiligen Quellen.

Berücksichtigte Rechtsänderungen

Kapitel	Thema	Art	Quelle	Paragraf	Fundstelle
3.10.1.1	Pauschbeträge für unentgeltliche Wertabgaben (Sachentnahmen)	BMF-Schreiben	BMF	§ 10 Abs. 4 Nr. 1 UStG, Abschn. 10.6 Abs. 1 Satz 4 UStAE	BMF-Schreiben vom 12. Dezember 2018, IV A 4 - S 1547/13/10001-06
3.10.1.2, 5.9.3	Förderung von Elektro(hybrid)fahrzeugen und Elektrofahrrädern bei privater Nutzung bzw. Gestellung von Kraftfahrzeugen	Gesetz	BGBl.		Gesetz zur Vermeidung von Umsatzsteuerausfällen beim Handel mit Waren im Internet und zur Änderung weiterer steuerlicher Vorschriften, (Jahressteuergesetz 2018), BGBl. 2018 I 2018, S. 2338
5.1	Beitragsbemessungsgrenzen Sozialversicherung	Verordnung	BR-Drucksache		Sozialversicherungs-Rechengrößenverordnung 2019, BGBl. 2018 I S. 2024
5.1	Aufteilung des Zusatzbeitrags zur Krankenversicherung zwischen Arbeitgeber und -nehmer	Gesetz	BGBl.		Gesetz zur Beitragsentlastung der Versicherten in der gesetzlichen Krankenversicherung (GKV-Versichertenentlastungsgesetz - GKV-VEG), BGBl. 2018 I, S. 2387
5.1	Anhebung des Beitragssatzes der sozialen Pflegeversicherung	Gesetz	BGBl.		Fünftes Gesetz zur Änderung des Elften Buches Sozialgesetzbuch (Beitragssatzanpassung), BGBl. 2018 I, S. 2587
5.1	Reduzierung des Beitrags zur Arbeitslosenversicherung	Gesetz	BGBl.		Gesetz zur Stärkung der Chancen für Qualifizierung und für mehr Schutz in der Arbeitslosenversicherung (Qualifizierungschancengesetz), BGBl. 2018 I, S. 2651
5.4	Kassenindividueller Zusatzbeitrag zur Krankenversicherung	Sonstige	Sonstiges		Bundesanzeiger vom 26.10.2018, https://www.krankenkassen.de
5.7	Zusatzbeitrag bei Geringverdienern (Auszubildenden)	Sonstige	Sonstiges		§ 242 SGB V Zusatzbeitrag
5.7.1.4, 5.8	Ausdehnung des sozialversicherungsrechtlichen Übergangsbereichs	Gesetz	BGBl.		Gesetz über Leistungsverbesserungen und Stabilisierung in der gesetzlichen Rentenversicherung (RV-Leistungsverbesserungs- und -Stabilisierungsgesetz), BGBl. 2018 I, S. 2016
5.7.2	Kurfristige Beschäftigung	Gesetz	BGBl.		Qualifizierungschancengesetz, BGBl. 2018 I, S. 2651
5.9.1, 5.9.2	Sachbezugswerte	Verordnung	BGBl.	§ 2 Abs. 1 und 3 (SvEV)	Zehnte Verordnung zur Änderung der Sozialversicherungsentgeltverordnung, BGBl. 2018 I S. 1842

DATEV-Kontenrahmen nach dem Bilanzrichtlinie-Umsetzungsgesetz
Standardkontenrahmen - Abschlussgliederungsprinzip (SKR 04)
Gültig für 2019

Bilanz-Posten[2]	Programm-verbindung[4] Abschlusszweck[4]	0 Anlagevermögenskonten	Bilanz-Posten[2]	Programm-verbindung[4] Abschlusszweck[4]	0 Anlagevermögenskonten
Sonstige Aktiva oder *sonstige Passiva*		KU 0050-0089	Grundstücke, grundstücksgleiche Rechte und Bauten einschließlich der Bauten auf fremden Grundstücken		**Sachanlagen**
		F 0050 Ausstehende Einlagen auf das Komplementär-Kapital, nicht eingefordert			**0200 Grundstücke, grundstücksgleiche Rechte und Bauten einschließlich der Bauten auf fremden Grundstücken**
		F 0051 Ausstehende Einlagen auf das -59 Komplementär-Kapital, nicht eingefordert[11)14)]			0210 Grundstücksgleiche Rechte ohne Bauten
		F 0060 Ausstehende Einlagen auf das Komplementär-Kapital, eingefordert			0215 Unbebaute Grundstücke
		F 0061 Ausstehende Einlagen auf das -69 Komplementär-Kapital, eingefordert[11)14)]			0220 Grundstücksgleiche Rechte (Erbbaurecht, Dauerwohnrecht, unbebaute Grundstücke)
					0225 Grundstücke mit Substanzverzehr
		F 0070 Ausstehende Einlagen auf das Kommandit-Kapital, nicht eingefordert			0229 Grundstücksanteil des häuslichen Arbeitszimmers
		F 0071 Ausstehende Einlagen auf das -79 Kommandit-Kapital, nicht eingefordert[11)14)]			0230 Bauten auf eigenen Grundstücken und grundstücksgleichen Rechten
					0235 Grundstückswerte eigener bebauter Grundstücke
		F 0080 Ausstehende Einlagen auf das Kommandit-Kapital, eingefordert			0240 Geschäftsbauten
					0250 Fabrikbauten
		F 0081 Ausstehende Einlagen auf das -89 Kommandit-Kapital, eingefordert[11)14)]			0260 Andere Bauten
					0270 Garagen
					0280 Außenanlagen für Geschäfts-, Fabrik- und andere Bauten
		0090 Rückständige fällige Einzahlungen auf Geschäftsanteile			0285 Hof- und Wegebefestigungen
					0290 Einrichtungen für Geschäfts-, Fabrik- und andere Bauten
		R 0095			0300 Wohnbauten
					0305 Garagen
		Anlagevermögen			0310 Außenanlagen
		Immaterielle Vermögensgegenstände			0315 Hof- und Wegebefestigungen
					0320 Einrichtungen für Wohnbauten
Entgeltlich erworbene Konzessionen, gewerbliche Schutzrechte und ähnliche Rechte und Werte sowie Lizenzen an solchen Rechten und Werten		**0100 Entgeltlich erworbene Konzessionen, gewerbliche Schutzrechte und ähnliche Rechte und Werte sowie Lizenzen an solchen Rechten und Werten**			0329 Gebäudeteil des häuslichen Arbeitszimmers
					0330 Bauten auf fremden Grundstücken
					0340 Geschäftsbauten
		0110 Konzessionen			0350 Fabrikbauten
		0120 Gewerbliche Schutzrechte			0360 Wohnbauten
		0130 Ähnliche Rechte und Werte			0370 Andere Bauten
		0135 EDV-Software			0380 Garagen
		0140 Lizenzen an gewerblichen Schutzrechten und ähnlichen Rechten und Werten			0390 Außenanlagen
					0395 Hof- und Wegebefestigungen
					0398 Einrichtungen für Geschäfts-, Fabrik-, Wohn- und andere Bauten
			Technische Anlagen und Maschinen		**0400 Technische Anlagen und Maschinen**
Selbst geschaffene gewerbliche Schutzrechte und ähnliche Rechte und Werte	HB	**0143 Selbst geschaffene immaterielle Vermögensgegenstände**			0420 Technische Anlagen
	HB	0144 EDV-Software			0440 Maschinen
	HB	0145 Lizenzen und Franchiseverträge			0450 Transportanlagen und Ähnliches
	HB	0146 Konzessionen und gewerbliche Schutzrechte			0460 Maschinengebundene Werkzeuge
					0470 Betriebsvorrichtungen
	HB	0147 Rezepte, Verfahren, Prototypen	Andere Anlagen, Betriebs- und Geschäftsausstattung		**0500 Andere Anlagen, Betriebs- und Geschäftsausstattung**
	HB	0148 Immaterielle Vermögensgegenstände in Entwicklung			0510 Andere Anlagen
					0520 Pkw
		0150 Geschäfts- oder Firmenwert			0540 Lkw
Geschäfts- oder Firmenwert		**0160 Verschmelzungsmehrwert**			0560 Sonstige Transportmittel
					0620 Werkzeuge
Geleistete Anzahlungen		**0170 Geleistete Anzahlungen auf immaterielle Vermögensgegenstände**			0630 Betriebsausstattung
					0635 Geschäftsausstattung
					0640 Ladeneinrichtung
		0179 Anzahlungen auf Geschäfts- oder Firmenwert			0650 Büroeinrichtung
					0660 Gerüst- und Schalungsmaterial
					0670 Geringwertige Wirtschaftsgüter
					0675 Wirtschaftsgüter (Sammelposten)
					0680 Einbauten in fremde Grundstücke
					0690 Sonstige Betriebs- und Geschäftsausstattung

Bilanz-Posten[2]	Programm-verbindung[4] Abschluss-zweck[4]	0 Anlagevermögenskonten	Bilanz-Posten[2]	Programm-verbindung[4] Abschluss-zweck[4]	0 Anlagevermögenskonten
Geleistete Anzahlungen und Anlagen im Bau		**0700 Geleistete Anzahlungen und Anlagen im Bau** 0705 Anzahlungen auf Grundstücke und grundstücksgleiche Rechte ohne Bauten 0710 Geschäfts-, Fabrik- und andere Bauten im Bau auf eigenen Grundstücken 0720 Anzahlungen auf Geschäfts-, Fabrik- und andere Bauten auf eigenen Grundstücken und grundstücksgleichen Rechten 0725 Wohnbauten im Bau auf eigenen Grundstücken 0735 Anzahlungen auf Wohnbauten auf eigenen Grundstücken und grundstücksgleichen Rechten 0740 Geschäfts-, Fabrik- und andere Bauten im Bau auf fremden Grundstücken 0750 Anzahlungen auf Geschäfts-, Fabrik- und andere Bauten auf fremden Grundstücken 0755 Wohnbauten im Bau auf fremden Grundstücken 0765 Anzahlungen auf Wohnbauten auf fremden Grundstücken 0770 Technische Anlagen und Maschinen im Bau 0780 Anzahlungen auf technische Anlagen und Maschinen 0785 Andere Anlagen, Betriebs- und Geschäftsausstattung im Bau 0795 Anzahlungen auf andere Anlagen, Betriebs- und Geschäftsausstattung **Finanzanlagen**	Ausleihungen an Unternehmen, mit denen ein Beteiligungsverhältnis besteht Wertpapiere des Anlagevermögens Sonstige Ausleihungen Genossenschaftsanteile Rückdeckungsansprüche aus Lebensversicherungen		0880 Ausleihungen an Unternehmen, mit denen ein Beteiligungsverhältnis besteht 0883 Ausleihungen an Unternehmen, mit denen ein Beteiligungsverhältnis besteht, Personengesellschaften 0885 Ausleihungen an Unternehmen, mit denen ein Beteiligungsverhältnis besteht, Kapitalgesellschaften **0900 Wertpapiere des Anlagevermögens** 0910 Wertpapiere mit Gewinnbeteiligungsansprüchen, die dem Teileinkünfteverfahren unterliegen 0920 Festverzinsliche Wertpapiere **0930 Sonstige Ausleihungen** 0940 Darlehen 0960 Ausleihungen an Gesellschafter 0961 Ausleihungen an GmbH-Gesellschafter 0962 Ausleihungen an persönlich haftende Gesellschafter 0963 Ausleihungen an Kommanditisten 0964 Ausleihungen an stille Gesellschafter 0970 Ausleihungen an nahe stehende Personen **0980 Genossenschaftsanteile zum langfristigen Verbleib** **0990 Rückdeckungsansprüche aus Lebensversicherungen zum langfristigen Verbleib**
Anteile an verbundenen Unternehmen		0800 Anteile an verbundenen Unternehmen (Anlagevermögen) 0803 Anteile an verbundenen Unternehmen, Personengesellschaften 0804 Anteile an verbundenen Unternehmen, Kapitalgesellschaften 0805 Anteile an herrschender oder mehrheitlich beteiligter Gesellschaft, Personengesellschaften 0808 Anteile an herrschender oder mehrheitlich beteiligter Gesellschaft, Kapitalgesellschaften 0809 Anteile an herrschender oder mehrheitlich beteiligter Gesellschaft			
Ausleihungen an verbundene Unternehmen		0810 Ausleihungen an verbundene Unternehmen 0813 Ausleihungen an verbundene Unternehmen, Personengesellschaften 0814 Ausleihungen an verbundene Unternehmen, Kapitalgesellschaften 0815 Ausleihungen an verbundene Unternehmen, Einzelunternehmen			
Beteiligungen		0820 Beteiligungen 0829 Beteiligung einer GmbH & Co. KG an einer Komplementär GmbH 0830 Typisch stille Beteiligungen 0840 Atypisch stille Beteiligungen 0850 Beteiligungen an Kapitalgesellschaften 0860 Beteiligungen an Personengesellschaften			

DATEV-Kontenrahmen SKR 04

Bilanz-Posten[2]	Programm-verbindung[4] Abschlusszweck[4]	1 Umlaufvermögenskonten	Bilanz-Posten[2]	Programm-verbindung[4] Abschlusszweck[4]	1 Umlaufvermögenskonten
		KU 1000-1179 V 1180-1189 M 1190-1199 KU 1200-1486 V 1487 KU 1488-1899	Forderungen aus Lieferungen und Leistungen oder *sonstige Verbindlichkeiten*	EÜR	F 1220 Forderungen nach § 11 Abs. 1 Satz 2 EStG für § 4/3 EStG F 1221 Forderungen aus Lieferungen und Leistungen ohne Kontokorrent – Restlaufzeit bis 1 Jahr F 1225 – Restlaufzeit größer 1 Jahr F 1230 Wechsel aus Lieferungen und Leistungen F 1231 – Restlaufzeit bis 1 Jahr F 1232 – Restlaufzeit größer 1 Jahr F 1235 Wechsel aus Lieferungen und Leistungen, bundesbankfähig F 1240 Zweifelhafte Forderungen F 1241 – Restlaufzeit bis 1 Jahr F 1245 – Restlaufzeit größer 1 Jahr
		Vorräte			
Roh-, Hilfs- und Betriebsstoffe		**1000 Roh-, Hilfs- und Betriebsstoffe** -39 **(Bestand)**			
Unfertige Erzeugnisse, unfertige Leistungen		**1040 Unfertige Erzeugnisse, unfertige** -49 **Leistungen (Bestand)** 1050 Unfertige Erzeugnisse (Bestand) -79 1080 Unfertige Leistungen (Bestand) -89			
			Forderungen aus Lieferungen und Leistungen H-Saldo		1246 Einzelwertberichtigungen auf Forderungen mit einer – Restlaufzeit bis 1 Jahr 1247 – Restlaufzeit größer 1 Jahr 1248 Pauschalwertberichtigung auf Forderungen mit einer – Restlaufzeit bis 1 Jahr 1249 – Restlaufzeit größer 1 Jahr
In Ausführung befindliche Bauaufträge		1090 In Ausführung befindliche Bauaufträge -94			
In Arbeit befindliche Aufträge		1095 In Arbeit befindliche Aufträge -99			
Fertige Erzeugnisse und Waren		**1100 Fertige Erzeugnisse und Waren** -09 **(Bestand)** **1110 Fertige Erzeugnisse (Bestand)** -39 **1140 Waren (Bestand)** -79	Forderungen aus Lieferungen und Leistungen oder *sonstige Verbindlichkeiten*		F 1250 Forderungen aus Lieferungen und Leistungen gegen Gesellschafter F 1251 – Restlaufzeit bis 1 Jahr F 1255 – Restlaufzeit größer 1 Jahr
Geleistete Anzahlungen		**1180 Geleistete Anzahlungen auf Vorräte** AV 1181 Geleistete Anzahlungen 7 % Vorsteuer R 1182 -85 AV 1186 Geleistete Anzahlungen 19 % Vorsteuer	Forderungen aus Lieferungen und Leistungen H-Saldo		1258 Gegenkonto zu sonstigen Vermögensgegenständen bei Buchungen über Debitorenkonto
Erhaltene Anzahlungen auf Bestellungen		1190 Erhaltene Anzahlungen auf Bestellungen (von Vorräten offen abgesetzt)	Forderungen aus Lieferungen und Leistungen H-Saldo oder *sonstige Verbindlichkeiten S-Saldo*		1259 Gegenkonto 1221-1229, 1240-1245, 1250-1257, 1270-1279, 1290-1297 bei Aufteilung Debitorenkonto
		Forderungen und sonstige Vermögensgegenstände	Forderungen gegen verbundene Unternehmen oder *Verbindlichkeiten gegenüber verbundenen Unternehmen*		**1260 Forderungen gegen verbundene Unternehmen** 1261 – Restlaufzeit bis 1 Jahr 1265 – Restlaufzeit größer 1 Jahr 1266 Besitzwechsel gegen verbundene Unternehmen 1267 – Restlaufzeit bis 1 Jahr 1268 – Restlaufzeit größer 1 Jahr 1269 Besitzwechsel gegen verbundene Unternehmen, bundesbankfähig F 1270 Forderungen aus Lieferungen und Leistungen gegen verbundene Unternehmen F 1271 – Restlaufzeit bis 1 Jahr F 1275 – Restlaufzeit größer 1 Jahr
Forderungen aus Lieferungen und Leistungen oder *sonstige Verbindlichkeiten*		S **1200 Forderungen aus Lieferungen und Leistungen** R 1201 Forderungen aus Lieferungen und -06 Leistungen F 1210 Forderungen aus Lieferungen und -14 Leistungen ohne Kontokorrent			
	EÜR	F 1215 Forderungen aus Lieferungen und Leistungen zum allgemeinen Umsatzsteuersatz oder eines Kleinunternehmers (EÜR)[13]			
	EÜR	F 1216 Forderungen aus Lieferungen und Leistungen zum ermäßigten Umsatzsteuersatz (EÜR)[13]	Forderungen gegen verbundene Unternehmen H-Saldo		1276 Wertberichtigungen auf Forderungen gegen verbundene Unternehmen – Restlaufzeit bis 1 Jahr 1277 – Restlaufzeit größer 1 Jahr
	EÜR	F 1217 Forderungen aus steuerfreien oder nicht steuerbaren Lieferungen und Leistungen (EÜR)[13]			
	EÜR	F 1218 Forderungen aus Lieferungen und Leistungen nach Durchschnittssätzen gemäß § 24 UStG (EÜR)[13]			
	EÜR	F 1219 Gegenkonto 1215-1218 bei Aufteilung der Forderungen nach Steuersätzen (EÜR)[13]			

Bilanz-Posten[2]	Programm-verbindung[4] Abschluss-zweck[4]	1 Umlaufvermögenskonten	Bilanz-Posten[2]	Programm-verbindung[4] Abschluss-zweck[4]	1 Umlaufvermögenskonten
Forderungen gegen Unternehmen, mit denen ein Beteiligungsverhältnis besteht oder *Verbindlichkeiten gegenüber Unternehmen, mit denen ein Beteiligungsverhältnis besteht*		**1280 Forderungen gegen Unternehmen, mit denen ein Beteiligungsverhältnis besteht** 1281 – Restlaufzeit bis 1 Jahr 1285 – Restlaufzeit größer 1 Jahr 1286 Besitzwechsel gegen Unternehmen, mit denen ein Beteiligungsverhältnis besteht 1287 – Restlaufzeit bis 1 Jahr 1288 – Restlaufzeit größer 1 Jahr 1289 Besitzwechsel gegen Unternehmen, mit denen ein Beteiligungsverhältnis besteht, bundesbankfähig F 1290 Forderungen aus Lieferungen und Leistungen gegen Unternehmen, mit denen ein Beteiligungsverhältnis besteht F 1291 – Restlaufzeit bis 1 Jahr F 1295 – Restlaufzeit größer 1 Jahr 1296 Wertberichtigungen auf Forderungen gegen Unternehmen, mit denen ein Beteiligungsverhältnis besteht – Restlaufzeit bis 1 Jahr 1297 – Restlaufzeit größer 1 Jahr	Sonstige Vermögensgegenstände		1340 Forderungen gegen Personal aus Lohn- und Gehaltsabrechnung 1341 – Restlaufzeit bis 1 Jahr 1345 – Restlaufzeit größer 1 Jahr 1349 Ansprüche aus betrieblicher Altersversorgung und Pensionsansprüche (Mitunternehmer)[28]
			Sonstige Vermögensgegenstände		1350 Kautionen 1351 – Restlaufzeit bis 1 Jahr 1355 – Restlaufzeit größer 1 Jahr 1360 Darlehen 1361 – Restlaufzeit bis 1 Jahr 1365 – Restlaufzeit größer 1 Jahr 1369 Forderungen gegenüber Krankenkassen aus Aufwendungsausgleichsgesetz
Forderungen gegen Unternehmen, mit denen ein Beteiligungsverhältnis besteht H-Saldo			Sonstige Vermögensgegenstände oder *sonstige Verbindlichkeiten*		1370 Durchlaufende Posten 1374 Fremdgeld
			Sonstige Vermögensgegenstände		1375 Agenturwarenabrechnung
Eingeforderte, noch ausstehende Kapitaleinlagen		**1298 Ausstehende Einlagen auf das gezeichnete Kapital, eingefordert (Forderungen, nicht eingeforderte ausstehende Einlagen s. Konto 2910)**	Sonstige Vermögensgegenstände oder *sonstige Verbindlichkeiten*	U U	F 1376 Nachträglich abziehbare Vorsteuer, § 15a Abs. 2 UStG F 1377 Zurückzuzahlende Vorsteuer, § 15a Abs. 2 UStG
Nachschüsse		**1299 Nachschüsse (Forderungen, Gegenkonto 2929)**	Sonstige Vermögensgegenstände		1378 Ansprüche aus Rückdeckungsversicherungen 1380 Vermögensgegenstände zur Erfüllung von Pensionsrückstellungen und ähnlichen Verpflichtungen zum langfristigen Verbleib
Sonstige Vermögensgegenstände		**1300 Sonstige Vermögensgegenstände** 1301 – Restlaufzeit bis 1 Jahr 1305 – Restlaufzeit größer 1 Jahr 1307 Forderungen gegen GmbH-Gesellschafter 1308 – Restlaufzeit bis 1 Jahr 1309 – Restlaufzeit größer 1 Jahr 1310 Forderungen gegen Vorstandsmitglieder und Geschäftsführer 1311 – Restlaufzeit bis 1 Jahr 1315 – Restlaufzeit größer 1 Jahr 1317 Forderungen gegen persönlich haftende Gesellschafter 1318 – Restlaufzeit bis 1 Jahr 1319 – Restlaufzeit größer 1 Jahr 1320 Forderungen gegen Aufsichtsrats- und Beirats-Mitglieder 1321 – Restlaufzeit bis 1 Jahr 1325 – Restlaufzeit größer 1 Jahr 1327 Forderungen gegen Kommanditisten und atypisch stille Gesellschafter 1328 – Restlaufzeit bis 1 Jahr 1329 – Restlaufzeit größer 1 Jahr 1330 Forderungen gegen sonstige Gesellschafter 1331 – Restlaufzeit bis 1 Jahr 1335 – Restlaufzeit größer 1 Jahr 1337 Forderungen gegen typisch stille Gesellschafter 1338 – Restlaufzeit bis 1 Jahr 1339 – Restlaufzeit größer 1 Jahr	Aktiver Unterschiedsbetrag aus der Vermögensverrechnung oder *Rückstellungen für Pensionen und ähnliche Verpflichtungen*	HB	1381 Vermögensgegenstände zur Saldierung mit Pensionsrückstellungen und ähnlichen Verpflichtungen zum langfristigen Verbleib nach § 246 Abs. 2 HGB
			Sonstige Vermögensgegenstände		1382 Vermögensgegenstände zur Erfüllung von mit der Altersversorgung vergleichbaren langfristigen Verpflichtungen
			Aktiver Unterschiedsbetrag aus Vermögensverrechnung oder *sonstige Rückstellungen*	HB	1383 Vermögensgegenstände zur Saldierung mit der Altersversorgung vergleichbaren langfristigen Verpflichtungen nach § 246 Abs. 2 HGB
			Sonstige Vermögensgegenstände		1390 GmbH-Anteile zum kurzfristigen Verbleib 1391 Forderungen gegen Arbeitsgemeinschaften 1393 Genussrechte 1394 Einzahlungsansprüche zu Nebenleistungen oder Zuzahlungen 1395 Genossenschaftsanteile zum kurzfristigen Verbleib

DATEV-Kontenrahmen SKR 04

Bilanz-Posten[2]	Programm-verbindung[4] Abschlusszweck[4]	1 Umlaufvermögenskonten	Bilanz-Posten[2]	Programm-verbindung[4] Abschlusszweck[4]	1 Umlaufvermögenskonten
Sonstige Vermögensgegenstände oder *sonstige Verbindlichkeiten*	U	F 1396 Nachträglich abziehbare Vorsteuer, § 15a Abs. 1 UStG, bewegliche Wirtschaftsgüter	Sonstige Vermögensgegenstände oder *sonstige Verbindlichkeiten*	U	S 1436 Vorsteuer aus Erwerb als letzter Abnehmer innerhalb eines Dreiecksgeschäfts
	U	F 1397 Zurückzuzahlende Vorsteuer, § 15a Abs. 1 UStG, bewegliche Wirtschaftsgüter			
	U	F 1398 Nachträglich abziehbare Vorsteuer, § 15a Abs. 1 UStG, unbewegliche Wirtschaftsgüter	Sonstige Vermögensgegenstände		1440 Steuererstattungsansprüche gegenüber anderen Ländern
					1450 Körperschaftsteuerrückforderung
					R 1452 -53
	U	F 1399 Zurückzuzahlende Vorsteuer, § 15a Abs. 1 UStG, unbewegliche Wirtschaftsgüter			F 1456 Forderungen an das Finanzamt aus abgeführtem Bauabzugsbetrag
					1457 Forderung gegenüber Bundesagentur für Arbeit
	U	S 1400 Abziehbare Vorsteuer			
	U	S 1401 Abziehbare Vorsteuer 7 %			F 1460 Geldtransit
	U	S 1402 Abziehbare Vorsteuer aus innergemeinschaftlichem Erwerb	Sonstige Vermögensgegenstände oder *sonstige Verbindlichkeiten*	EÜR	1480 Gegenkonto Vorsteuer § 4/3 EStG
		R 1403		EÜR	1481 Auflösung Vorsteuer aus Vorjahr § 4/3 EStG
	U	S 1404 Abziehbare Vorsteuer aus innergemeinschaftlichem Erwerb 19 %		EÜR	1482 Vorsteuer aus Investitionen § 4/3 EStG
		R 1405		EÜR	1483 Gegenkonto für Vorsteuer nach Durchschnittssätzen für § 4 Abs. 3 EStG[13]
	U	S 1406 Abziehbare Vorsteuer 19 %			
	U	S 1407 Abziehbare Vorsteuer nach § 13b UStG 19 %		U	F 1484 Vorsteuer nach allgemeinen Durchschnittssätzen UStVA Kz. 63
	U	S 1408 Abziehbare Vorsteuer nach § 13b UStG		EÜR	F 1485 Verrechnungskonto für Gewinnermittlung § 4 Abs. 3 EStG, ergebniswirksam[11]
		R 1409			
		S 1410 Aufzuteilende Vorsteuer		EÜR	F 1486 Verrechnungskonto für Gewinnermittlung § 4 Abs. 3 EStG, nicht ergebniswirksam
		S 1411 Aufzuteilende Vorsteuer 7 %			
		S 1412 Aufzuteilende Vorsteuer aus innergemeinschaftlichem Erwerb		EÜR	1487 Wirtschaftsgüter des Umlaufvermögens gemäß § 4 Abs. 3 Satz 4 EStG[13]
		S 1413 Aufzuteilende Vorsteuer aus innergemeinschaftlichem Erwerb 19 %			
		R 1414 -15			F 1490 Verrechnungskonto Ist-Versteuerung[13]
		S 1416 Aufzuteilende Vorsteuer 19 %			
		S 1417 Aufzuteilende Vorsteuer nach §§ 13a/13b UStG		EÜR	F 1491 Neutralisierung ertragswirksamer Sachverhalte für § 4 Abs. 3 EStG[1]
		R 1418			
		S 1419 Aufzuteilende Vorsteuer nach §§ 13a/13b UStG 19 %			F 1495 Verrechnungskonto erhaltene Anzahlungen bei Buchung über Debitorenkonto
Sonstige Vermögensgegenstände		1420 Forderungen aus Umsatzsteuer-Vorauszahlungen	Sonstige Verbindlichkeiten S-Saldo		
Sonstige Vermögensgegenstände oder *sonstige Verbindlichkeiten*		1421 Umsatzsteuerforderungen laufendes Jahr			F 1496 -97
					F 1498 Überleitungskonto Kostenstellen
Sonstige Vermögensgegenstände		1422 Umsatzsteuerforderungen Vorjahr	Sonstige Vermögensgegenstände oder *sonstige Verbindlichkeiten*		
		1425 Umsatzsteuerforderungen frühere Jahre			**Wertpapiere**
		1427 Forderungen aus entrichteten Verbrauchsteuern	Anteile an verbundenen Unternehmen		**1500 Anteile an verbundenen Unternehmen (Umlaufvermögen)**
Sonstige Vermögensgegenstände oder *sonstige Verbindlichkeiten*	U	S 1431 Abziehbare Vorsteuer aus der Auslagerung von Gegenständen aus einem Umsatzsteuerlager			**1504 Anteile an herrschender oder mehrheitlich beteiligter Gesellschaft**
	U	S 1432 Abziehbare Vorsteuer aus innergemeinschaftlichem Erwerb von Neufahrzeugen von Lieferanten ohne USt-Identifikationsnummer	Sonstige Wertpapiere		**1510 Sonstige Wertpapiere**
					1520 Finanzwechsel
	U	F 1433 Entstandene Einfuhrumsatzsteuer			1525 Andere Wertpapiere mit unwesentlichen Wertschwankungen
		S 1434 Vorsteuer in Folgeperiode/im Folgejahr abziehbar			1530 Wertpapieranlagen im Rahmen der kurzfristigen Finanzdisposition
Sonstige Vermögensgegenstände		1435 Forderungen aus Gewerbesteuerüberzahlungen			

DATEV-Kontenrahmen SKR 04

Bilanz-Posten[2]	Programm-verbindung[4] Abschluss-zweck[4]	1 Umlaufvermögenskonten	Bilanz-Posten[2]	Programm-verbindung[4] Abschluss-zweck[4]	2 Eigenkapitalkonten/ Fremdkapitalkonten
		Kassenbestand, Bundesbankguthaben, Guthaben bei Kreditinstituten und Schecks			KU 2000-2308 M 2359[10] V 2309[10] KU 2360-2368 KU 2310-2318 M 2369[10] V 2319[10] KU 2370-2378 KU 2320-2328 M 2379[10] V 2329[10] KU 2380-2388 KU 2330-2338 M 2389[10] V 2339[10] KU 2390-2398 KU 2340-2348 M 2399[10] V 2349[10] KU 2400-2900 KU 2350-2358 KU 2908-2999
Kassenbestand, Bundesbankguthaben, Guthaben bei Kreditinstituten und Schecks		F 1550 Schecks F 1600 Kasse F 1610 Nebenkasse 1 F 1620 Nebenkasse 2			
Kassenbestand, Bundesbankguthaben, Guthaben bei Kreditinstituten und Schecks oder *Verbindlichkeiten gegenüber Kreditinstituten*		F 1700 **Bank (Postbank)** F 1710 Bank (Postbank 1) F 1720 Bank (Postbank 2) F 1730 Bank (Postbank 3) F 1780 LZB-Guthaben F 1790 Bundesbankguthaben F 1800 **Bank** F 1810 Bank 1 F 1820 Bank 2 F 1830 Bank 3 F 1840 Bank 4 F 1850 Bank 5 R 1889 1890 Finanzmittelanlagen im Rahmen der kurzfristigen Finanzdisposition (nicht im Finanzmittelfonds enthalten) 1895 Verbindlichkeiten gegenüber Kreditinstituten (nicht im Finanzmittelfonds enthalten)			**Kapital** **Eigenkapital Vollhafter/Einzelunternehmer** F 2000 Festkapital F 2001 Festkapital[22] -09 F 2010 Variables Kapital F 2011 Variables Kapital[22] -19 **Fremdkapital Vollhafter** F 2020 Gesellschafter-Darlehen F 2021 Gesellschafter-Darlehen[11][14] -29 **Eigenkapital Einzelunternehmer** 2030 (zur freien Verfügung) -49
Rechnungsabgrenzungsposten	SB SB	**Abgrenzungsposten** 1900 **Aktive Rechnungsabgrenzung** 1920 Als Aufwand berücksichtige Zölle und Verbrauchsteuern auf Vorräte 1930 Als Aufwand berücksichtige Umsatzsteuer auf Anzahlungen 1940 Damnum/Disagio			**Eigenkapital Teilhafter** F 2050 Kommandit-Kapital F 2051 Kommandit-Kapital[11][14] -59 F 2060 Verlustausgleichskonto F 2061 Verlustausgleichskonto[11][14] -69
Aktive latente Steuern	HB	1950 **Aktive latente Steuern**			**Fremdkapital Teilhafter** F 2070 Gesellschafter-Darlehen F 2071 Gesellschafter-Darlehen[11][14] -79 **Eigenkapital (keine Abfrage)** 2080 (zur freien Verfügung)[11] -99 **Privat (Eigenkapital) Vollhafter/Einzelunternehmer** F 2100 Privatentnahmen allgemein F 2101 Privatentnahmen allgemein[22] -09 F 2110 Privatentnahmen allgemein F 2111 Privatentnahmen allgemein[22] -19 F 2120 Privatentnahmen allgemein F 2121 Privatentnahmen allgemein[22] -29 F 2130 Unentgeltliche Wertabgaben F 2131 Unentgeltliche Wertabgaben[22] -39 F 2140 Unentgeltliche Wertabgaben F 2141 Unentgeltliche Wertabgaben[22] -49

DATEV-Kontenrahmen SKR 04

Bilanz-Posten[2]	Programm-verbindung[4] Abschluss-zweck[4]	2 Eigenkapitalkonten/ Fremdkapitalkonten	Bilanz-Posten[2]	Programm-verbindung[4] Abschluss-zweck[4]	2 Eigenkapitalkonten/ Fremdkapitalkonten
		F 2150 Privatsteuern			F 2340 Grundstücksaufwand
		F 2151 Privatsteuern[22] -59			F 2341 Grundstücksaufwand[22] -48
		F 2160 Privatsteuern			2349 Grundstücksaufwand (Umsatzsteuerschlüssel möglich)[10)22]
		F 2161 Privatsteuern[22] -69			F 2350 Grundstücksertrag
		F 2170 Privatsteuern			F 2351 Grundstücksertrag[22] -58
		F 2171 Privatsteuern[22] -79			2359 Grundstücksertrag (Umsatzsteuerschlüssel möglich)[10)22]
		F 2180 Privateinlagen			F 2360 Grundstücksertrag
		F 2181 Privateinlagen[22] -89			F 2361 Grundstücksertrag[22] -68
		F 2190 Privateinlagen			2369 Grundstücksertrag (Umsatzsteuerschlüssel möglich)[10)22]
		F 2191 Privateinlagen[22] -99			F 2370 Grundstücksertrag
		F 2200 Sonderausgaben beschränkt abzugsfähig			F 2371 Grundstücksertrag[22] -78
		F 2201 Sonderausgaben beschränkt -09 abzugsfähig[22]			2379 Grundstücksertrag (Umsatzsteuerschlüssel möglich)[10)22]
		F 2210 Sonderausgaben beschränkt abzugsfähig			F 2380 Grundstücksertrag
		F 2211 Sonderausgaben beschränkt -19 abzugsfähig[22]			F 2381 Grundstücksertrag[22] -88
		F 2220 Sonderausgaben beschränkt abzugsfähig			2389 Grundstücksertrag (Umsatzsteuerschlüssel möglich)[10)22]
		F 2221 Sonderausgaben beschränkt -29 abzugsfähig[22]			F 2390 Grundstücksertrag
		F 2230 Sonderausgaben unbeschränkt abzugsfähig			F 2391 Grundstücksertrag[22] -98
		F 2231 Sonderausgaben unbeschränkt -39 abzugsfähig[22]			2399 Grundstücksertrag (Umsatzsteuerschlüssel möglich)[10)22]
		F 2240 Sonderausgaben unbeschränkt abzugsfähig			**Privat (Fremdkapital) Teilhafter**
		F 2241 Sonderausgaben unbeschränkt -49 abzugsfähig[22]			F 2500 Privatentnahmen allgemein
		F 2250 Zuwendungen, Spenden			F 2501 Privatentnahmen allgemein[11)14] -09
		F 2251 Zuwendungen, Spenden[22] -59			F 2510 Privatentnahmen allgemein
		F 2260 Zuwendungen, Spenden			F 2511 Privatentnahmen allgemein[11)14] -19
		F 2261 Zuwendungen, Spenden[22] -69			F 2520 Privatentnahmen allgemein
		F 2270 Zuwendungen, Spenden			F 2521 Privatentnahmen allgemein[11)14] -29
		F 2271 Zuwendungen, Spenden[22] -79			F 2530 Unentgeltliche Wertabgaben
		F 2280 Außergewöhnliche Belastungen			F 2531 Unentgeltliche Wertabgaben[11)14] -39
		F 2281 Außergewöhnliche Belastun- -89 gen[22]			F 2540 Unentgeltliche Wertabgaben
		F 2290 Außergewöhnliche Belastungen			F 2541 Unentgeltliche Wertabgaben[11)14] -49
		F 2291 Außergewöhnliche Belastun- -99 gen[22]			F 2550 Privatsteuern
		F 2300 Grundstücksaufwand			F 2551 Privatsteuern[11)14] -59
		F 2301 Grundstücksaufwand[22] -08			F 2560 Privatsteuern
		2309 Grundstücksaufwand (Umsatzsteuerschlüssel möglich)[10)22]			F 2561 Privatsteuern[11)14] -69
		F 2310 Grundstücksaufwand			F 2570 Privatsteuern
		F 2311 Grundstücksaufwand[22] -18			F 2571 Privatsteuern[11)14] -79
		2319 Grundstücksaufwand (Umsatzsteuerschlüssel möglich)[10)22]			F 2580 Privateinlagen
		F 2320 Grundstücksaufwand			F 2581 Privateinlagen[11)14] -89
		F 2321 Grundstücksaufwand[22] -28			F 2590 Privateinlagen
		2329 Grundstücksaufwand (Umsatzsteuerschlüssel möglich)[10)22]			F 2591 Privateinlagen[11)14] -99
		F 2330 Grundstücksaufwand			F 2600 Sonderausgaben beschränkt abzugsfähig
		F 2331 Grundstücksaufwand[22] -38			F 2601 Sonderausgaben beschränkt -09 abzugsfähig[11)14]
		2339 Grundstücksaufwand (Umsatzsteuerschlüssel möglich)[10)22]			F 2610 Sonderausgaben beschränkt abzugsfähig
					F 2611 Sonderausgaben beschränkt -19 abzugsfähig[11)14]

DATEV-Kontenrahmen SKR 04

Bilanz-Posten[2]	Programmverbindung[4] Abschlusszweck[4]	2 Eigenkapitalkonten/ Fremdkapitalkonten
		F 2620 Sonderausgaben beschränkt abzugsfähig
		F 2621 Sonderausgaben beschränkt abzugsfähig[11)14)] -29
		F 2630 Sonderausgaben unbeschränkt abzugsfähig
		F 2631 Sonderausgaben unbeschränkt abzugsfähig[11)14)] -39
		F 2640 Sonderausgaben unbeschränkt abzugsfähig
		F 2641 Sonderausgaben unbeschränkt abzugsfähig[11)14)] -49
		F 2650 Zuwendungen, Spenden
		F 2651 Zuwendungen, Spenden[11)14)] -59
		F 2660 Zuwendungen, Spenden
		F 2661 Zuwendungen, Spenden[11)14)] -69
		F 2670 Zuwendungen, Spenden
		F 2671 Zuwendungen, Spenden[11)14)] -79
		F 2680 Außergewöhnliche Belastungen
		F 2681 Außergewöhnliche Belastungen[11)14)] -89
		F 2690 Außergewöhnliche Belastungen
		F 2691 Außergewöhnliche Belastungen[11)14)] -99
		F 2700 Grundstücksaufwand
		F 2701 Grundstücksaufwand[11)14)] -09
		F 2710 Grundstücksaufwand
		F 2711 Grundstücksaufwand[11)14)] -19
		F 2720 Grundstücksaufwand
		F 2721 Grundstücksaufwand[11)14)] -29
		F 2730 Grundstücksaufwand
		F 2731 Grundstücksaufwand[11)14)] -39
		F 2740 Grundstücksaufwand
		F 2741 Grundstücksaufwand[11)14)] -49
		F 2750 Grundstücksertrag
		F 2751 Grundstücksertrag[11)14)] -59
		F 2760 Grundstücksertrag
		F 2761 Grundstücksertrag[11)14)] -69
		F 2770 Grundstücksertrag
		F 2771 Grundstücksertrag[11)14)] -79
		F 2780 Grundstücksertrag
		F 2781 Grundstücksertrag[11)14)] -89
		F 2790 Grundstücksertrag
		F 2791 Grundstücksertrag[11)14)] -99
		Gezeichnetes Kapital
Gezeichnetes Kapital	K	**2900 Gezeichnetes Kapital[17)]**
	K	2901 Geschäftsguthaben der verbleibenden Mitglieder
	K	2902 Geschäftsguthaben der ausscheidenden Mitglieder
	K	2903 Geschäftsguthaben aus gekündigten Geschäftsanteilen
	K	2906 Rückständige fällige Einzahlungen auf Geschäftsanteile, vermerkt
		2907 Gegenkonto Rückständige fällige Einzahlungen auf Geschäftsanteile, vermerkt
Gezeichnetes Kapital	K	2908 Kapitalerhöhung aus Gesellschaftsmitteln
Eigene Anteile	K	2909 Erworbene eigene Anteile
Nicht eingeforderte ausstehende Einlagen		2910 Ausstehende Einlagen auf das gezeichnete Kapital, nicht eingefordert (Passivausweis, vom gezeichneten Kapital offen abgesetzt; eingeforderte ausstehende Einlagen s. Konto 1298)
		Kapitalrücklage
Kapitalrücklage	K	**2920 Kapitalrücklage[17)]**
	K	2925 Kapitalrücklage durch Ausgabe von Anteilen über Nennbetrag[17)]
	K	2926 Kapitalrücklage durch Ausgabe von Schuldverschreibungen für Wandlungsrechte und Optionsrechte zum Erwerb von Anteilen[17)]
	K	2927 Kapitalrücklage durch Zuzahlungen gegen Gewährung eines Vorzugs für Anteile[17)]
	K	2928 Kapitalrücklage durch Zuzahlungen in das Eigenkapital[17)]
	K	2929 Nachschusskapital (Gegenkonto 1299)[17)]
		Gewinnrücklagen
Gesetzliche Rücklage	K	**2930 Gesetzliche Rücklage[17)]**
Rücklage für Anteile an einem herrschenden oder mehrheitlich beteiligten Unternehmen		2935 Rücklage für Anteile an einem herrschenden oder mehrheitlich beteiligten Unternehmen
	K	2937 Andere Ergebnisrücklagen
Satzungsmäßige Rücklagen	K	**2950 Satzungsmäßige Rücklagen[17)]**
		F 2959 Gesamthänderisch gebundene Rücklagen (mit Aufteilung für Kapitalkontenentwicklung)[26)]
Andere Gewinnrücklagen	K	**2960 Andere Gewinnrücklagen[17)]**
	K	2961 Andere Gewinnrücklagen aus dem Erwerb eigener Anteile
	K	2962 Eigenkapitalanteil von Wertaufholungen[17)]
	K HBÜ	2963 Gewinnrücklagen aus den Übergangsvorschriften BilMoG
	K HBÜ	2964 Gewinnrücklagen aus den Übergangsvorschriften BilMoG (Zuschreibung Sachanlagevermögen)
	K HBÜ	2965 Gewinnrücklagen aus den Übergangsvorschriften BilMoG (Zuschreibung Finanzanlagevermögen)
	K HBÜ	2966 Gewinnrücklagen aus den Übergangsvorschriften BilMoG (Auflösung der Sonderposten mit Rücklageanteil)

DATEV-Kontenrahmen SKR 04

Bilanz-Posten[2]	Programm-verbindung[4] Abschluss-zweck[4]	2 Eigenkapitalkonten/ Fremdkapitalkonten	Bilanz-Posten[2]	Programm-verbindung[4] Abschluss-zweck[4]	3 Fremdkapitalkonten
Andere Gewinn-rücklagen	K HBÜ	2967 Latente Steuern (Gewinnrücklage Haben) aus erfolgsneutralen Verrechnungen			KU 3000-3069 KU 3079-3084 M 3250-3299 KU 3300-3899
	K HBÜ	2968 Latente Steuern (Gewinnrücklage Soll) aus erfolgsneutralen Verrechnungen			**Rückstellungen**
	K HBÜ	2969 Rechnungsabgrenzungsposten (Gewinnrücklage Soll) aus erfolgsneutralen Verrechnungen	Rückstellungen für Pensionen und ähnliche Verpflichtungen		**3000 Rückstellungen für Pensionen und ähnliche Verpflichtungen** 3005 Rückstellungen für Pensionen und ähnliche Verpflichtungen gegenüber Gesellschaftern oder nahestehenden Personen (10 % Beteiligung am Kapital)
		Gewinnvortrag/Verlustvortrag vor Verwendung			
Gewinnvortrag oder *Verlustvortrag*	K	2970 Gewinnvortrag vor Verwendung[17]	Rückstellungen für Pensionen und ähnliche Verpflichtungen oder *Aktiver Unterschiedsbetrag aus der Vermögensverrechnung*	HB	3009 Rückstellungen für Pensionen und ähnliche Verpflichtungen zur Saldierung mit Vermögensgegenständen zum langfristigen Verbleib nach § 246 Abs. 2 HGB
		F 2975 Gewinnvortrag vor Verwendung (mit Aufteilung für Kapitalkontenentwicklung)[26]			
		F 2977 Verlustvortrag vor Verwendung (mit Aufteilung für Kapitalkontenentwicklung)[26]			
Gewinnvortrag oder *Verlustvortrag*	K	2978 Verlustvortrag vor Verwendung[17]	Rückstellungen für Pensionen und ähnliche Verpflichtungen		3010 Rückstellungen für Direktzusagen 3011 Rückstellungen für Zuschussverpflichtungen für Pensionskassen und Lebensversicherungen 3015 Rückstellungen für pensionsähnliche Verpflichtungen
		R 2979			
		Sonderposten mit Rücklageanteil	Steuerrückstellungen		**3020 Steuerrückstellungen** R 3030 3035 Gewerbesteuerrückstellung, § 4 Abs. 5b EStG 3040 Körperschaftsteuerrückstellung 3050 Steuerrückstellung aus Steuerstundung (BStBK)
Sonderposten mit Rücklageanteil		2980 Sonderposten mit Rücklageanteil, steuerfreie Rücklagen[6]			
		2981 Sonderposten mit Rücklageanteil nach § 6b EStG			
	SB	2982 Sonderposten mit Rücklageanteil nach EStR R 6.6		HB	3060 Rückstellung für latente Steuern
		2988 Rücklage für Zuschüsse	Passive latente Steuern	HB	3065 Passive latente Steuern
	SB	R 2989			
		2990 Sonderposten mit Rücklageanteil, Sonderabschreibungen[6]	Sonstige Rückstellungen		**3070 Sonstige Rückstellungen** 3074 Rückstellungen für Personalkosten 3075 Rückstellungen für unterlassene Aufwendungen für Instandhaltung, Nachholung in den ersten drei Monaten 3076 Rückstellungen für mit der Altersversorgung vergleichbare langfristige Verpflichtungen zum langfristigen Verbleib
	SB	R 2993			
		2995 Ausgleichsposten bei Entnahmen § 4g EStG			
	SB	2997 Sonderposten mit Rücklageanteil § 7g Abs. 5 EStG			
Sonderposten für Zuschüsse und Zulagen	HB	2999 Sonderposten für Zuschüsse und Zulagen			
			Sonstige Rückstellungen oder *Aktiver Unterschiedsbetrag aus der Vermögensverrechnung*	HB	3077 Rückstellungen für mit der Altersversorgung vergleichbare langfristige Verpflichtungen zur Saldierung mit Vermögensgegenständen zum langfristigen Verbleib nach § 246 Abs. 2 HGB
			Sonstige Rückstellungen		3079 Urlaubsrückstellungen 3085 Rückstellungen für Abraum- und Abfallbeseitigung 3090 Rückstellungen für Gewährleistungen (Gegenkonto 6790)
				HB	3092 Rückstellungen für drohende Verluste aus schwebenden Geschäften 3095 Rückstellungen für Abschluss- und Prüfungskosten 3096 Rückstellungen zur Erfüllung der Aufbewahrungspflichten

DATEV-Kontenrahmen SKR 04

Bilanz-Posten[2]	Programm-verbindung[4] Abschluss-zweck[4]	3 Fremdkapitalkonten	Bilanz-Posten[2]	Programm-verbindung[4] Abschluss-zweck[4]	3 Fremdkapitalkonten
Sonstige Rückstellungen	HBÜ	3098 Aufwandsrückstellungen gemäß § 249 Abs. 2 HGB a. F. 3099 Rückstellungen für Umweltschutz **Verbindlichkeiten**	Verbindlichkeiten aus Lieferungen und Leistungen oder *sonstige Vermögensgegenstände*	EÜR	F 3334 Verbindlichkeiten aus Lieferungen und Leistungen für Investitionen für § 4/3 EStG F 3335 Verbindlichkeiten aus Lieferungen und Leistungen ohne Kontokorrent – Restlaufzeit bis 1 Jahr
Anleihen		3100 **Anleihen**, nicht konvertibel 3101 – Restlaufzeit bis 1 Jahr 3105 – Restlaufzeit 1 bis 5 Jahre 3110 – Restlaufzeit größer 5 Jahre 3120 Anleihen, konvertibel 3121 – Restlaufzeit bis 1 Jahr 3125 – Restlaufzeit 1 bis 5 Jahre 3130 – Restlaufzeit größer 5 Jahre			F 3337 – Restlaufzeit 1 bis 5 Jahre F 3338 – Restlaufzeit größer 5 Jahre F 3340 Verbindlichkeiten aus Lieferungen und Leistungen gegenüber Gesellschaftern F 3341 – Restlaufzeit bis 1 Jahr F 3345 – Restlaufzeit 1 bis 5 Jahre F 3348 – Restlaufzeit größer 5 Jahre
Verbindlichkeiten gegenüber Kreditinstituten oder *Kassenbestand, Bundesbankguthaben, Guthaben bei Kreditinstituten und Schecks*		3150 **Verbindlichkeiten gegenüber Kreditinstituten** 3151 – Restlaufzeit bis 1 Jahr 3160 – Restlaufzeit 1 bis 5 Jahre 3170 – Restlaufzeit größer 5 Jahre 3180 Verbindlichkeiten gegenüber Kreditinstituten aus Teilzahlungsverträgen 3181 – Restlaufzeit bis 1 Jahr 3190 – Restlaufzeit 1 bis 5 Jahre 3200 – Restlaufzeit größer 5 Jahre 3210 (frei, in Bilanz kein Restlaufzeit--48 vermerk) 3249 Gegenkonto 3150-3209 bei Aufteilung der Konten 3210-3248	Verbindlichkeiten aus Lieferungen und Leistungen S-Saldo oder *sonstige Vermögensgegenstände* H-Saldo		3349 Gegenkonto 3335-3348, 3420-3449, 3470-3499 bei Aufteilung Kreditorenkonto
Verbindlichkeiten gegenüber Kreditinstituten			Verbindlichkeiten aus der Annahme gezogener Wechsel und aus der Ausstellung eigener Wechsel		F 3350 **Wechselverbindlichkeiten** F 3351 – Restlaufzeit bis 1 Jahr F 3380 – Restlaufzeit 1 bis 5 Jahre F 3390 – Restlaufzeit größer 5 Jahre
Erhaltene Anzahlungen auf Bestellungen	U	3250 **Erhaltene Anzahlungen auf Bestellungen (Verbindlichkeiten)** AM 3260 Erhaltene, versteuerte Anzahlungen 7 % USt (Verbindlichkeiten) R 3261 -64 R 3270 -71	Verbindlichkeiten gegenüber verbundenen Unternehmen oder *Forderungen gegen verbundene Unternehmen*		3400 **Verbindlichkeiten gegenüber verbundenen Unternehmen** 3401 – Restlaufzeit bis 1 Jahr 3405 – Restlaufzeit 1 bis 5 Jahre 3410 – Restlaufzeit größer 5 Jahre F 3420 Verbindlichkeiten aus Lieferungen und Leistungen gegenüber verbundenen Unternehmen F 3421 – Restlaufzeit bis 1 Jahr F 3425 – Restlaufzeit 1 bis 5 Jahre F 3430 – Restlaufzeit größer 5 Jahre
	U	AM 3272 Erhaltene, versteuerte Anzahlungen 19 % USt (Verbindlichkeiten) R 3273 -74 3280 Erhaltene Anzahlungen – Restlaufzeit bis 1 Jahr 3284 – Restlaufzeit 1 bis 5 Jahre 3285 – Restlaufzeit größer 5 Jahre	Verbindlichkeiten gegenüber Unternehmen, mit denen ein Beteiligungsverhältnis besteht oder *Forderungen gegen Unternehmen, mit denen ein Beteiligungsverhältnis besteht*		3450 **Verbindlichkeiten gegenüber Unternehmen, mit denen ein Beteiligungsverhältnis besteht** 3451 – Restlaufzeit bis 1 Jahr 3455 – Restlaufzeit 1 bis 5 Jahre 3460 – Restlaufzeit größer 5 Jahre F 3470 Verbindlichkeiten aus Lieferungen und Leistungen gegenüber Unternehmen, mit denen ein Beteiligungsverhältnis besteht F 3471 – Restlaufzeit bis 1 Jahr F 3475 – Restlaufzeit 1 bis 5 Jahre F 3480 – Restlaufzeit größer 5 Jahre
Verbindlichkeiten aus Lieferungen und Leistungen oder *sonstige Vermögensgegenstände*		S 3300 **Verbindlichkeiten aus Lieferungen und Leistungen** R 3301 Verbindlichkeiten aus Lieferungen und Leistungen -03			
	EÜR	F 3305 Verbindlichkeiten aus Lieferungen und Leistungen zum allgemeinen Umsatzsteuersatz (EÜR)[13]	Sonstige Verbindlichkeiten	EÜR	3500 **Sonstige Verbindlichkeiten** 3501 – Restlaufzeit bis 1 Jahr 3504 – Restlaufzeit 1 bis 5 Jahre 3507 – Restlaufzeit größer 5 Jahre 3509 Sonstige Verbindlichkeiten nach § 11 Abs. 2 Satz 2 EStG für § 4 Abs. 3 EStG 3510 Verbindlichkeiten gegenüber Gesellschaftern 3511 – Restlaufzeit bis 1 Jahr 3514 – Restlaufzeit 1 bis 5 Jahre 3517 – Restlaufzeit größer 5 Jahre 3519 Verbindlichkeiten gegenüber Gesellschaftern für offene Ausschüttungen
	EÜR	F 3306 Verbindlichkeiten aus Lieferungen und Leistungen zum ermäßigten Umsatzsteuersatz (EÜR)[13]			
	EÜR	F 3307 Verbindlichkeiten aus Lieferungen und Leistungen ohne Vorsteuer (EÜR)[13]			
	EÜR	F 3309 Gegenkonto 3305-3307 bei Aufteilung der Verbindlichkeiten nach Steuersätzen (EÜR)[13]			
		F 3310 Verbindlichkeiten aus Lieferungen und Leistungen ohne Kontokorrent -33			

DATEV-Kontenrahmen SKR 04

Bilanz-Posten[2]	Programm-verbindung[4] Abschlusszweck[4]	3 Fremdkapitalkonten	Bilanz-Posten[2]	Programm-verbindung[4] Abschlusszweck[4]	3 Fremdkapitalkonten
Sonstige Verbindlichkeiten		3520 Darlehen typisch stiller Gesellschafter 3521 – Restlaufzeit bis 1 Jahr 3524 – Restlaufzeit 1 bis 5 Jahre 3527 – Restlaufzeit größer 5 Jahre 3530 Darlehen atypisch stiller Gesellschafter 3531 – Restlaufzeit bis 1 Jahr 3534 – Restlaufzeit 1 bis 5 Jahre 3537 – Restlaufzeit größer 5 Jahre 3540 Partiarische Darlehen 3541 – Restlaufzeit bis 1 Jahr 3544 – Restlaufzeit 1 bis 5 Jahre 3547 – Restlaufzeit größer 5 Jahre 3550 Erhaltene Kautionen 3551 – Restlaufzeit bis 1 Jahr 3554 – Restlaufzeit 1 bis 5 Jahre 3557 – Restlaufzeit größer 5 Jahre 3560 Darlehen 3561 – Restlaufzeit bis 1 Jahr 3564 – Restlaufzeit 1 bis 5 Jahre 3567 – Restlaufzeit größer 5 Jahre 3570 (frei, in Bilanz kein Restlaufzeit--98 vermerk) 3599 Gegenkonto 3500-3569 und 3640-3658 bei Aufteilung der Konten 3570-3598 3600 Agenturwarenabrechnungen 3610 Kreditkartenabrechnung 3611 Verbindlichkeiten gegenüber Arbeitsgemeinschaften	Sonstige Verbindlichkeiten		3700 Verbindlichkeiten aus Steuern und Abgaben 3701 – Restlaufzeit bis 1 Jahr 3710 – Restlaufzeit 1 bis 5 Jahre 3715 – Restlaufzeit größer 5 Jahre 3720 Verbindlichkeiten aus Lohn und Gehalt 3725 Verbindlichkeiten für Einbehaltungen von Arbeitnehmern 3726 Verbindlichkeiten an das Finanzamt aus abzuführendem Bauabzugsbetrag
			Sonstige Verbindlichkeiten oder *sonstige Vermögensgegenstände*		3730 Verbindlichkeiten aus Lohn- und Kirchensteuer 3740 Verbindlichkeiten im Rahmen der sozialen Sicherheit 3741 – Restlaufzeit bis 1 Jahr 3750 – Restlaufzeit 1 bis 5 Jahre 3755 – Restlaufzeit größer 5 Jahre 3759 Voraussichtliche Beitragsschuld gegenüber den Sozialversicherungsträgern
	EÜR	3612 Neutralisierung aufwandswirksamer Sachverhalte für § 4 Abs. 3 EStG[1]	Sonstige Verbindlichkeiten		3760 Verbindlichkeiten aus Einbehaltungen (KapESt und SolZ, KiSt auf KapESt) für offene Ausschüttungen 3761 Verbindlichkeiten für Verbrauchsteuern 3770 Verbindlichkeiten aus Vermögensbildung 3771 – Restlaufzeit bis 1 Jahr 3780 – Restlaufzeit 1 bis 5 Jahre 3785 – Restlaufzeit größer 5 Jahre 3786 Ausgegebene Geschenkgutscheine
	EÜR	3613 Ergebnisneutrale Sachverhalte für § 4 Abs. 3 EStG[1]			
Sonstige Vermögensgegenstände oder *sonstige Verbindlichkeiten*		3620 Gewinnverfügungskonto stille Gesellschafter 3630 Sonstige Verrechnungskonten (Interimskonto)	Sonstige Verbindlichkeiten oder *sonstige Vermögensgegenstände*	EÜR	**3790 Lohn- und Gehaltsverrechnungskonto** 3791 Lohn- und Gehaltsverrechnung § 11 Abs. 2 EStG für § 4 Abs. 3 EStG
		3635 Sonstige Verbindlichkeiten aus genossenschaftlicher Rückvergütung	Sonstige Verbindlichkeiten	EÜR	3796 Verbindlichkeiten im Rahmen der sozialen Sicherheit (für § 4/3 EStG) S 3798 Umsatzsteuer aus im anderen EU-Land steuerpflichtigen elektronischen Dienstleistungen 3799 Steuerzahlungen aus im anderen EU-Land steuerpflichtigen elektronischen Dienstleistungen an kleine einzige Anlaufstelle (KEA/MOSS)
Sonstige Verbindlichkeiten		3640 Verbindlichkeiten gegenüber GmbH-Gesellschaftern 3641 – Restlaufzeit bis 1 Jahr 3642 – Restlaufzeit 1 bis 5 Jahre 3643 – Restlaufzeit größer 5 Jahre 3645 Verbindlichkeiten gegenüber persönlich haftenden Gesellschaftern 3646 – Restlaufzeit bis 1 Jahr 3647 – Restlaufzeit 1 bis 5 Jahre 3648 – Restlaufzeit größer 5 Jahre 3650 Verbindlichkeiten gegenüber Kommanditisten 3651 – Restlaufzeit bis 1 Jahr 3652 – Restlaufzeit 1 bis 5 Jahre 3653 – Restlaufzeit größer 5 Jahre 3655 Verbindlichkeiten gegenüber stillen Gesellschaftern 3656 – Restlaufzeit bis 1 Jahr 3657 – Restlaufzeit 1 bis 5 Jahre 3658 – Restlaufzeit größer 5 Jahre	Sonstige Verbindlichkeiten oder *sonstige Vermögensgegenstände*		S 3800 Umsatzsteuer S 3801 Umsatzsteuer 7 % S 3802 Umsatzsteuer aus innergemeinschaftlichem Erwerb R 3803 S 3804 Umsatzsteuer aus innergemeinschaftlichem Erwerb 19 % R 3805 S 3806 Umsatzsteuer 19 % S 3807 Umsatzsteuer aus im Inland steuerpflichtigen EU-Lieferungen S 3808 Umsatzsteuer aus im Inland steuerpflichtigen EU-Lieferungen 19 % S 3809 Umsatzsteuer aus innergemeinschaftlichem Erwerb ohne Vorsteuerabzug
Sonstige Vermögensgegenstände H-Saldo		3695 Verrechnungskonto geleistete Anzahlungen bei Buchung über Kreditorenkonto			

DATEV-Kontenrahmen SKR 04

Bilanz-Posten[2]	Programmverbindung[4] Abschlusszweck[4]	3 Fremdkapitalkonten		GuV-Posten[2]	Programmverbindung[4] Abschlusszweck[4]	4 Betriebliche Erträge	
Steuerrückstellungen oder *sonstige Vermögensgegenstände*	U	S 3810	Umsatzsteuer nicht fällig			M 4000-4136	KU 4838
		S 3811	Umsatzsteuer nicht fällig 7 %			KU 4137-4138	M 4839
		S 3812	Umsatzsteuer nicht fällig aus im Inland steuerpflichtigen EU-Lieferungen			M 4139-4604	KU 4840
		R 3813				KU 4605	M 4841-4842
	U	S 3814	Umsatzsteuer nicht fällig aus im Inland steuerpflichtigen EU-Lieferungen 19 %			M 4606-4618	KU 4843
		R 3815				KU 4619	M 4844-4845
	U	S 3816	Umsatzsteuer nicht fällig 19 %			M 4620-4636	KU 4846-4847
						KU 4637-4639	M 4848-4854
						M 4640-4658	KU 4855-4859
Sonstige Verbindlichkeiten		S 3817	Umsatzsteuer aus im anderen EU-Land steuerpflichtigen Lieferungen			KU 4659	M 4860-4926
						M 4660-4678	KU 4927-4929
						KU 4679	V 4932-4934
		S 3818	Umsatzsteuer aus im anderen EU-Land steuerpflichtigen sonstigen Leistungen/Werklieferungen			M 4680-4688	KU 4935-4939
						KU 4689-4699	M 4940-4948
						M 4700-4799	KU 4949
						KU 4800-4829	M 4950-4959
						M 4830-4837	
						Umsatzerlöse	
Sonstige Verbindlichkeiten oder *sonstige Vermögensgegenstände*		S 3819	Umsatzsteuer aus Erwerb als letzter Abnehmer innerhalb eines Dreiecksgeschäfts	Umsatzerlöse		4000 Umsatzerlöse -99 (Zur freien Verfügung)	
	U	F 3820	Umsatzsteuer-Vorauszahlungen		U	AM 4100 Steuerfreie Umsätze § 4 Nr. 8 ff. -04 UStG	
	U	F 3830	Umsatzsteuer-Vorauszahlungen 1/11		U	AM 4105 Steuerfreie Umsätze nach § 4 Nr. 12 UStG (Vermietung und Verpachtung)	
		R 3831				AM 4110 Sonstige steuerfreie Umsätze Inland	
	U	F 3832	Nachsteuer, UStVA Kz. 65		U	AM 4120 Steuerfreie Umsätze § 4 Nr. 1a UStG	
		R 3833			U	AM 4125 Steuerfreie innergemeinschaftliche Lieferungen § 4 Nr. 1b UStG	
	U	S 3834	Umsatzsteuer aus innergemeinschaftlichem Erwerb von Neufahrzeugen von Lieferanten ohne Umsatzsteuer-Identifikationsnummer		U	AM 4130 Lieferungen des ersten Abnehmers bei innergemeinschaftlichen Dreiecksgeschäften § 25b Abs. 2 UStG	
		S 3835	Umsatzsteuer nach § 13b UStG			AM 4135 Steuerfreie innergemeinschaftliche Lieferungen von Neufahrzeugen an Abnehmer ohne Umsatzsteuer-Identifikationsnummer	
		R 3836					
		S 3837	Umsatzsteuer nach § 13b UStG 19 %				
		R 3838			U	AM 4136 Umsatzerlöse nach §§ 25 und 25a UStG 19 % USt	
		S 3839	Umsatzsteuer aus der Auslagerung von Gegenständen aus einem Umsatzsteuerlager			R 4137	
		3840	Umsatzsteuer laufendes Jahr			4138 Umsatzerlöse nach §§ 25 und 25a UStG ohne USt	
		3841	Umsatzsteuer Vorjahr		U	AM 4139 Umsatzerlöse aus Reiseleistungen § 25 Abs. 2 UStG, steuerfrei	
		3845	Umsatzsteuer frühere Jahre		U	AM 4140 Steuerfreie Umsätze Offshore etc.	
		3850	Einfuhrumsatzsteuer aufgeschoben bis ...		U	AM 4150 Sonstige steuerfreie Umsätze (z. B. § 4 Nr. 2-7 UStG)	
	U	F 3851	In Rechnung unrichtig oder unberechtigt ausgewiesene Steuerbeträge, UStVA Kz. 69		U	AM 4160 Steuerfreie Umsätze ohne Vorsteuerabzug zum Gesamtumsatz gehörend, § 4 UStG	
Sonstige Verbindlichkeiten		3854	Steuerzahlungen an andere Länder		U	AM 4165 Steuerfreie Umsätze ohne Vorsteuerabzug zum Gesamtumsatz gehörend	
		3860	Verbindlichkeiten aus Umsatzsteuer-Vorauszahlungen			4180 Erlöse, die mit den Durchschnittssätzen des § 24 UStG versteuert werden	
Sonstige Verbindlichkeiten oder *sonstige Vermögensgegenstände*		S 3865	Umsatzsteuer in Folgeperiode fällig (§§ 13 Abs. 1 Nr. 6, 13b Abs. 2 UStG)			R 4182 -83	
						4185 Erlöse als Kleinunternehmer i. S. d. § 19 Abs. 1 UStG	
		Rechnungsabgrenzungsposten			U	AM 4186 Erlöse aus Geldspielautomaten 19 % USt	
Rechnungsabgrenzungsposten		**3900**	**Passive Rechnungsabgrenzung**			R 4187 -88	
					U	4200 Erlöse	
Sonstige Passiva oder *sonstige Aktiva*		3950	Abgrenzung unterjährig pauschal gebuchter Abschreibungen für BWA		U	AM 4300 Erlöse 7 % USt -09	
					U	AM 4310 Erlöse aus im Inland steuerpflichtigen EU-Lieferungen 7 % USt -14	

SKR 04

GuV-Posten[2]	Programm-verbindung[4] Abschlusszweck[4]	4 Betriebliche Erträge		GuV-Posten[2]	Programm-verbindung[4] Abschlusszweck[4]	4 Betriebliche Erträge	
Umsatzerlöse	U	AM 4315 -19	Erlöse aus im Inland steuerpflichtigen EU-Lieferungen 19 % USt	Umsatzerlöse		4570	Sonstige Erträge aus Provisionen, Lizenzen und Patenten
		4320 -29	Erlöse aus im anderen EU-Land steuerpflichtigen Lieferungen[3]			R 4571 -73	
		R 4330			U	AM 4574	Sonstige Erträge aus Provisionen, Lizenzen und Patenten, steuerfrei § 4 Nr. 8 ff. UStG
	U	4331	Erlöse aus im anderen EU-Land steuerpflichtigen elektronischen Dienstleistungen[5]		U	AM 4575	Sonstige Erträge aus Provisionen, Lizenzen und Patenten, steuerfrei § 4 Nr. 5 UStG
		R 4332 -34			U	AM 4576	Sonstige Erträge aus Provisionen, Lizenzen und Patenten, 7 % USt
	U	AM 4335	Erlöse aus Lieferungen von Mobilfunkgeräten, Tablet-Computern, Spielekonsolen und integrierten Schaltkreisen, für die der Leistungsempfänger die Umsatzsteuer nach § 13b UStG schuldet			R 4577 -78	
					U	AM 4579	Sonstige Erträge aus Provisionen, Lizenzen und Patenten, 19 % USt
	U	AM 4336	Erlöse aus im anderen EU-Land steuerpflichtigen sonstigen Leistungen, für die der Leistungsempfänger die Umsatzsteuer schuldet				**Statistische Konten EÜR[15]**
					EÜR	4580	Statistisches Konto Erlöse zum allgemeinen Umsatzsteuersatz (EÜR)[13][15]
	U	AM 4337	Erlöse aus Leistungen, für die der Leistungsempfänger die Umsatzsteuer nach § 13b UStG schuldet		EÜR	4581	Statistisches Konto Erlöse zum ermäßigten Umsatzsteuersatz (EÜR)[13][15]
	U	AM 4338	Erlöse aus im Drittland steuerbaren Leistungen, im Inland nicht steuerbare Umsätze		EÜR	4582	Statistisches Konto Erlöse steuerfrei und nicht steuerbar (EÜR)[13][15]
	U	AM 4339	Erlöse aus im anderen EU-Land steuerbaren Leistungen, im Inland nicht steuerbare Umsätze		EÜR	4589	Gegenkonto 4580-4582 bei Aufteilung der Erlöse nach Steuersätzen (EÜR)[13]
	U	AM 4340 -49	Erlöse 16 % USt	Sonstige betriebliche Erträge		4600	Unentgeltliche Wertabgaben
						4605	Entnahme von Gegenständen ohne USt
	U	AM 4400 -09	Erlöse 19 % USt			R 4608 -09	
	U	AM 4410	Erlöse 19 % USt		U	AM 4610 -16	Entnahme durch Unternehmer für Zwecke außerhalb des Unternehmens (Waren) 7 % USt
		R 4411 -48				R 4617 -18	
	U	AM 4449	Erlöse aus im Inland steuerpflichtigen elektronischen Dienstleistungen 19 % USt[1]			4619	Entnahme durch Unternehmer für Zwecke außerhalb des Unternehmens (Waren) ohne USt
		4499	Nebenerlöse (Bezug zu Materialaufwand)		U	AM 4620 -26	Entnahme durch Unternehmer für Zwecke außerhalb des Unternehmens (Waren) 19 % USt
			Konten für die Verbuchung von Sonderbetriebseinnahmen			R 4627 -29	
		4500	Sonderbetriebseinnahmen, Tätigkeitsvergütung[28]		U	AM 4630 -36	Verwendung von Gegenständen für Zwecke außerhalb des Unternehmens 7 % USt
		4501	Sonderbetriebseinnahmen, Miet-/Pachteinnahmen[28]			4637	Verwendung von Gegenständen für Zwecke außerhalb des Unternehmens ohne USt
		4502	Sonderbetriebseinnahmen, Zinseinnahmen[28]			4638	Verwendung von Gegenständen für Zwecke außerhalb des Unternehmens ohne USt (Telefon-Nutzung)
		4503	Sonderbetriebseinnahmen, Haftungsvergütung[28]				
		4504	Sonderbetriebseinnahmen, Pensionszahlungen[28]			4639	Verwendung von Gegenständen für Zwecke außerhalb des Unternehmens ohne USt (Kfz-Nutzung)
		4505	Sonderbetriebseinnahmen, sonstige Sonderbetriebseinnahmen[28]				
		4510	Erlöse Abfallverwertung		U	AM 4640 -44	Verwendung von Gegenständen für Zwecke außerhalb des Unternehmens 19 % USt
		4520	Erlöse Leergut				
Umsatzerlöse		4560	Provisionsumsätze		U	AM 4645	Verwendung von Gegenständen für Zwecke außerhalb des Unternehmens 19 % USt (Kfz-Nutzung)
		R 4561 -63					
	U	AM 4564	Provisionsumsätze, steuerfrei (§ 4 Nr. 8 ff. UStG)		U	AM 4646	Verwendung von Gegenständen für Zwecke außerhalb des Unternehmens 19 % USt (Telefon-Nutzung)
	U	AM 4565	Provisionsumsätze, steuerfrei (§ 4 Nr. 5 UStG)				
	U	AM 4566	Provisionsumsätze 7 % USt				
		R 4567 -68					
	U	AM 4569	Provisionsumsätze 19 % USt				

DATEV-Kontenrahmen SKR 04

GuV-Posten[2]	Programm-verbindung[4] Abschluss-zweck[4]	4 Betriebliche Erträge		GuV-Posten[2]	Programm-verbindung[4] Abschluss-zweck[4]	4 Betriebliche Erträge	
Sonstige betriebliche Erträge		R 4647 -49		Umsatzerlöse		R 4728 -29	
	U	AM 4650 -56	Unentgeltliche Erbringung einer sonstigen Leistung 7 % USt			S 4730	Gewährte Skonti
		R 4657 -58			U	S/AM 4731	Gewährte Skonti 7 % USt
		4659	Unentgeltliche Erbringung einer sonstigen Leistung ohne USt			R 4732 -35	
	U	AM 4660 -66	Unentgeltliche Erbringung einer sonstigen Leistung 19 % USt		U	S/AM 4736	Gewährte Skonti 19 % USt
		R 4667 -69			U	R 4737 S/AM 4738	Gewährte Skonti aus Lieferungen von Mobilfunkgeräten etc., für die der Leistungsempfänger die Umsatzsteuer nach § 13b Abs. 2 Nr. 10 UStG schuldet[8]
	U	AM 4670 -76	Unentgeltliche Zuwendung von Waren 7 % USt				
		R 4677 -78			U	S/AM 4741	Gewährte Skonti aus Leistungen, für die der Leistungsempfänger die Umsatzsteuer nach § 13b UStG schuldet
		4679	Unentgeltliche Zuwendung von Waren ohne USt				
	U	AM 4680 -84	Unentgeltliche Zuwendung von Waren 19 % USt		U	S/AM 4742	Gewährte Skonti aus Erlösen aus im anderen EU-Land steuer-pflichtigen sonstigen Leistungen, für die der Leistungsempfänger die Umsatzsteuer schuldet
		R 4685					
	U	AM 4686 -87	Unentgeltliche Zuwendung von Gegenständen 19 % USt		U	S/AM 4743	Gewährte Skonti aus steuerfreien innergemeinschaftlichen Liefe-rungen § 4 Nr. 1b UStG
		R 4688				R 4744	
		4689	Unentgeltliche Zuwendung von Gegenständen ohne USt			S 4745	Gewährte Skonti aus im Inland steuerpflichtigen EU-Lieferungen
		4690	Nicht steuerbare Umsätze (Innenumsätze)		U	S/AM 4746	Gewährte Skonti aus im Inland steuerpflichtigen EU-Lieferungen 7 % USt
		4695	Umsatzsteuervergütungen, z. B. nach § 24 UStG			R 4747	
		4699	Direkt mit dem Umsatz verbun-dene Steuern		U	S/AM 4748	Gewährte Skonti aus im Inland steuerpflichtigen EU-Lieferungen 19 % USt
Umsatzerlöse		4700	Erlösschmälerungen			R 4749	
	U	AM 4701	Erlösschmälerungen für steuer-freie Umsätze nach § 4 Nr. 8 ff. UStG		U	AM 4750 -51	Gewährte Boni 7 % USt
						R 4752 -59	
	U	AM 4702	Erlösschmälerungen für steuer-freie Umsätze nach § 4 Nr. 2-7 UStG		U	AM 4760 -61	Gewährte Boni 19 % USt
						R 4762 -68	
	U	AM 4703	Erlösschmälerungen für sonstige steuerfreie Umsätze ohne Vor-steuerabzug			4769	Gewährte Boni
						4770	Gewährte Rabatte
	U	AM 4704	Erlösschmälerungen für sonstige steuerfreie Umsätze mit Vorsteu-erabzug		U	AM 4780 -81	Gewährte Rabatte 7 % USt
						R 4782 -89	
	U	AM 4705	Erlösschmälerungen aus steuer-freien Umsätzen § 4 Nr. 1a UStG		U	AM 4790 -91	Gewährte Rabatte 19 % USt
	U	AM 4706	Erlösschmälerungen für steuer-freie innergemeinschaftliche Dreiecksgeschäfte nach § 25b Abs. 2, 4 UStG			R 4792 -99	
	U	AM 4710 -11	Erlösschmälerungen 7 % USt			**Erhöhung oder Verminderung des Bestands an fertigen und unfertigen Erzeugnissen**	
		R 4712 -19				4800	Bestandsveränderungen - fertige Erzeugnisse
	U	AM 4720 -21	Erlösschmälerungen 19 % USt			4810	Bestandsveränderungen - unfer-tige Erzeugnisse
		R 4722 -23				4815	Bestandsveränderungen - unfer-tige Leistungen
	U	AM 4724	Erlösschmälerungen aus steuer-freien innergemeinschaftlichen Lieferungen	Erhöhung des Be-stands an fertigen und unfertigen Erzeugnissen oder *Verminderung des Bestands an fertig-gen und unferti-gen Erzeugnissen*			
	U	AM 4725	Erlösschmälerungen aus im Inland steuerpflichtigen EU-Lieferungen 7 % USt				
	U	AM 4726	Erlösschmälerungen aus im Inland steuerpflichtigen EU-Lieferungen 19 % USt				
		4727	Erlösschmälerungen aus im an-deren EU-Land steuerpflichtigen Lieferungen[3]				

DATEV-Kontenrahmen SKR 04

4 Betriebliche Erträge

GuV-Posten[2]	Programmverbindung[4] Abschlusszweck[4]	4 Betriebliche Erträge	GuV-Posten[2]	Programmverbindung[4] Abschlusszweck[4]	4 Betriebliche Erträge
Erhöhung des Bestands in Ausführung befindlicher Bauaufträge oder *Verminderung des Bestands in Ausführung befindlicher Bauaufträge*		4816 Bestandsveränderungen in Ausführung befindlicher Bauaufträge	Sonstige betriebliche Erträge		4850 Erlöse aus Verkäufen immaterieller Vermögensgegenstände (bei Buchgewinn)
					4851 Erlöse aus Verkäufen Finanzanlagen (bei Buchgewinn)
				G K	4852 Erlöse aus Verkäufen Finanzanlagen § 3 Nr. 40 EStG/§ 8b Abs. 2 KStG (bei Buchgewinn)[9]
Erhöhung des Bestands in Arbeit befindlicher Aufträge oder *Verminderung des Bestands in Arbeit befindlicher Aufträge*		4818 Bestandsveränderungen in Arbeit befindlicher Aufträge			4855 Anlagenabgänge Sachanlagen (Restbuchwert bei Buchgewinn)
					4856 Anlagenabgänge immaterielle Vermögensgegenstände (Restbuchwert bei Buchgewinn)
					4857 Anlagenabgänge Finanzanlagen (Restbuchwert bei Buchgewinn)
				G K	4858 Anlagenabgänge Finanzanlagen § 3 Nr. 40 EStG/§ 8b Abs. 2 KStG (Restbuchwert bei Buchgewinn)[9]
		Andere aktivierte Eigenleistungen			4860 Grundstückserträge
Andere aktivierte Eigenleistungen		4820 **Andere aktivierte Eigenleistungen**	Umsatzerlöse	U	AM 4861 Erlöse aus Vermietung und Verpachtung, umsatzsteuerfrei § 4 Nr. 12 UStG
	G K	4824 Aktivierte Eigenleistungen (den Herstellungskosten zurechenbare Fremdkapitalzinsen)		U	AM 4862 Erlöse aus Vermietung und Verpachtung 19 % USt
	HB	4825 Aktivierte Eigenleistungen zur Erstellung von selbst geschaffenen immateriellen Vermögensgegenständen		R 4863 -64	
			Sonstige betriebliche Erträge	U EÜR	AM 4865 Erlöse aus Verkäufen von Wirtschaftsgütern des Umlaufvermögens 19 % USt für § 4 Abs. 3 Satz 4 EStG[13]
		Sonstige betriebliche Erträge		U EÜR	AM 4866 Erlöse aus Verkäufen von Wirtschaftsgütern des Umlaufvermögens, umsatzsteuerfrei § 4 Nr. 8 ff. UStG i. V. m. § 4 Abs. 3 Satz 4 EStG[13]
Sonstige betriebliche Erträge		4830 Sonstige betriebliche Erträge			
		4832 Sonstige betriebliche Erträge von verbundenen Unternehmen			
Umsatzerlöse		4833 Andere Nebenerlöse		U G K EÜR	AM 4867 Erlöse aus Verkäufen von Wirtschaftsgütern des Umlaufvermögens, umsatzsteuerfrei § 4 Nr. 8 ff. UStG i. V. m. § 4 Abs. 3 Satz 4 EStG, § 3 Nr. 40 EStG/§ 8b Abs. 2 KStG[9)13]
Sonstige betriebliche Erträge	U	AM 4834 Sonstige Erträge betrieblich und regelmäßig 16 % USt			
		4835 Sonstige Erträge betrieblich und regelmäßig		EÜR	4869 Erlöse aus Verkäufen von Wirtschaftsgütern des Umlaufvermögens nach § 4 Abs. 3 Satz 4 EStG[13]
	U	AM 4836 Sonstige Erträge betrieblich und regelmäßig 19 % USt			4900 Erträge aus dem Abgang von Gegenständen des Anlagevermögens
		4837 Sonstige Erträge betriebsfremd und regelmäßig		G K	4901 Erträge aus der Veräußerung von Anteilen an Kapitalgesellschaften (Finanzanlagevermögen) § 3 Nr. 40 EStG/§ 8b Abs. 2 KStG[9]
		4838 Erstattete Vorsteuer anderer Länder			
		4839 Sonstige Erträge unregelmäßig			
		4840 Erträge aus der Währungsumrechnung			4905 Erträge aus dem Abgang von Gegenständen des Umlaufvermögens außer Vorräte
	U	AM 4841 Sonstige Erträge betrieblich und regelmäßig, steuerfrei § 4 Nr. 8 ff. UStG		G K	4906 Erträge aus dem Abgang von Gegenständen des Umlaufvermögens (außer Vorräte) § 3 Nr. 40 EStG/§ 8b Abs. 2 KStG[9]
	U	AM 4842 Sonstige betriebliche Erträge steuerfrei z. B. § 4 Nr. 2-7 UStG			
		4843 Erträge aus Bewertung Finanzmittelfonds			4910 Erträge aus Zuschreibungen des Sachanlagevermögens
	U	AM 4844 Erlöse aus Verkäufen Sachanlagevermögen steuerfrei § 4 Nr. 1a UStG (bei Buchgewinn)			4911 Erträge aus Zuschreibungen des immateriellen Anlagevermögens
	U	AM 4845 Erlöse aus Verkäufen Sachanlagevermögen 19 % USt (bei Buchgewinn)			4912 Erträge aus Zuschreibungen des Finanzanlagevermögens
	R 4846			G K	4913 Erträge aus Zuschreibungen des Finanzanlagevermögens § 3 Nr. 40 EStG/§ 8b Abs. 3 Satz 8 KStG[9]
		4847 Erträge aus der Währungsumrechnung (nicht § 256a HGB)			
	U	AM 4848 Erlöse aus Verkäufen Sachanlagevermögen steuerfrei § 4 Nr. 1b UStG (bei Buchgewinn)		G K	4914 Erträge aus Zuschreibungen § 3 Nr. 40 EStG/§ 8b Abs. 2 KStG[9]
		4849 Erlöse aus Verkäufen Sachanlagevermögen (bei Buchgewinn)			4915 Erträge aus Zuschreibungen des Umlaufvermögens (außer Vorräte)

GuV-Posten[2]	Programm-verbindung[4] Abschluss-zweck[4]	4 Betriebliche Erträge	GuV-Posten[2]	Programm-verbindung[4] Abschluss-zweck[4]	5 Betriebliche Aufwendungen
Sonstige betriebliche Erträge	G K	4916 Erträge aus Zuschreibungen des Umlaufvermögens § 3 Nr. 40 EStG/§ 8b Abs. 3 Satz 8 KStG[9] 4920 Erträge aus der Herabsetzung der Pauschalwertberichtigung auf Forderungen 4923 Erträge aus der Herabsetzung der Einzelwertberichtigung auf Forderungen 4925 Erträge aus abgeschriebenen Forderungen 4927 Erträge aus der Auflösung einer steuerlichen Rücklage nach § 6b Abs. 3 EStG 4928 Erträge aus der Auflösung einer steuerlichen Rücklage nach § 6b Abs. 10 EStG			V 5000-5348 KU 5349 V 5350-5599 V 5700-5859 KU 5860-5899 V 5900-5906 KU 5907-5909 V 5910-5999 **Material- und Stoffverbrauch** 5000 Aufwendungen für Roh-, Hilfs- -99 und Betriebsstoffe und für bezogene Waren **Materialaufwand** 5100 Einkauf Roh-, Hilfs- und Betriebsstoffe
	SB	4929 Erträge aus der Auflösung der Rücklage für Ersatzbeschaffung R 6.6 EStR 4930 Erträge aus der Auflösung von Rückstellungen 4932 Erträge aus der Herabsetzung von Verbindlichkeiten 4935 Erträge aus der Auflösung einer steuerlichen Rücklage R 4936			AV 5110 Einkauf Roh-, Hilfs- und Betriebs- -19 stoffe 7 % Vorsteuer R 5120 -29 AV 5130 Einkauf Roh-, Hilfs- und Betriebs- -39 stoffe 19 % Vorsteuer R 5140 -59
			U		AV 5160 Einkauf Roh-, Hilfs- und Betriebsstoffe, innergemeinschaftlicher Erwerb 7 % Vorsteuer und 7 % Umsatzsteuer R 5161
	SB	4937 Erträge aus der Auflösung steuerrechtlicher Sonderabschreibungen	U		AV 5162 Einkauf Roh-, Hilfs- und Betriebs- -63 stoffe, innergemeinschaftlicher Erwerb 19 % Vorsteuer und 19 % Umsatzsteuer
	SB	4938 Erträge aus der Auflösung einer steuerlichen Rücklage nach § 4g EStG R 4939			R 5164 -65
		4940 Verrechnete sonstige Sachbezüge (keine Waren)	U		AV 5166 Einkauf Roh-, Hilfs- und Betriebsstoffe, innergemeinschaftlicher Erwerb ohne Vorsteuer und 7 % Umsatzsteuer
	U	AM 4941 Sachbezüge 7 % USt (Waren) R 4942 -44	U		AV 5167 Einkauf Roh-, Hilfs- und Betriebsstoffe, innergemeinschaftlicher Erwerb ohne Vorsteuer und 19 % Umsatzsteuer
	U	AM 4945 Sachbezüge 19 % USt (Waren) 4946 Verrechnete sonstige Sachbezüge			R 5168 -69
	U	AM 4947 Verrechnete sonstige Sachbezüge aus Kfz-Gestellung 19 % USt			AV 5170 Einkauf Roh-, Hilfs- und Betriebsstoffe 5,5 % Vorsteuer
	U	AM 4948 Verrechnete sonstige Sachbezüge 19 % USt 4949 Verrechnete sonstige Sachbezüge ohne Umsatzsteuer 4960 Periodenfremde Erträge 4970 Versicherungsentschädigungen und Schadenersatzleistungen 4972 Erstattungen Aufwendungsausgleichsgesetz 4975 Investitionszuschüsse (steuerpflichtig)			AV 5171 Einkauf Roh-, Hilfs- und Betriebsstoffe 10,7 % Vorsteuer R 5172 -74
			U		AV 5175 Einkauf Roh-, Hilfs- und Betriebsstoffe aus einem USt-Lager § 13a UStG 7 % Vorsteuer und 7 % Umsatzsteuer
	G K G K	4980 Investitionszulagen (steuerfrei) 4981 Steuerfreie Erträge aus der Auflösung von steuerlichen Rücklagen	U		AV 5176 Einkauf Roh-, Hilfs- und Betriebsstoffe aus einem USt-Lager § 13a UStG 19 % Vorsteuer und 19 % Umsatzsteuer
	G K	4982 Sonstige steuerfreie Betriebseinnahmen 4987 Erträge aus der Aktivierung unentgeltlich erworbener Vermögensgegenstände	U		R 5177 -88 AV 5189 Erwerb Roh-, Hilfs- und Betriebsstoffe als letzter Abnehmer innerhalb Dreiecksgeschäft 19 % Vorsteuer und 19 % Umsatzsteuer
		4989 Kostenerstattungen, Rückvergütungen und Gutschriften für frühere Jahre			5190 Energiestoffe (Fertigung) AV 5191 Energiestoffe (Fertigung) 7 % Vorsteuer
		4992 Erträge aus Verwaltungskostenumlagen			AV 5192 Energiestoffe (Fertigung) 19 % Vorsteuer R 5193 -98
Umsatzerlöse					

DATEV-Kontenrahmen SKR 04

GuV-Posten[2]	Programmverbindung[4] Abschlusszweck[4]	5 Betriebliche Aufwendungen	GuV-Posten[2]	Programmverbindung[4] Abschlusszweck[4]	5 Betriebliche Aufwendungen
Aufwendungen für Roh-, Hilfs- und Betriebsstoffe und für bezogene Waren		**5200 Wareneingang** AV 5300 Wareneingang 7 % Vorsteuer -09 R 5310 -48 5349 Wareneingang ohne Vorsteuerabzug AV 5400 Wareneingang 19 % Vorsteuer -09 R 5410 -19	Aufwendungen für Roh-, Hilfs- und Betriebsstoffe und für bezogene Waren		R 5650 -59 5660 Nicht abziehbare Vorsteuer 19 % -69 5700 Nachlässe 5701 Nachlässe aus Einkauf Roh-, Hilfs- und Betriebsstoffe AV 5710 Nachlässe 7 % Vorsteuer -11 R 5712 -13
	U	AV 5420 Innergemeinschaftlicher Erwerb -24 7 % Vorsteuer und 7 % Umsatzsteuer			AV 5714 Nachlässe aus Einkauf Roh-, Hilfs- und Betriebsstoffe 7 % Vorsteuer
	U	AV 5425 Innergemeinschaftlicher Erwerb -29 19 % Vorsteuer und 19 % Umsatzsteuer			AV 5715 Nachlässe aus Einkauf Roh-, Hilfs- und Betriebsstoffe 19 % Vorsteuer R 5716
	U	AV 5430 Innergemeinschaftlicher Erwerb ohne Vorsteuerabzug 7 % Umsatzsteuer R 5431 -34		U	AV 5717 Nachlässe aus Einkauf Roh-, Hilfs- und Betriebsstoffe, innergemeinschaftlicher Erwerb 7 % Vorsteuer und 7 % Umsatzsteuer
	U	AV 5435 Innergemeinschaftlicher Erwerb ohne Vorsteuerabzug und 19 % Umsatzsteuer R 5436 -39		U	AV 5718 Nachlässe aus Einkauf Roh-, Hilfs- und Betriebsstoffe, innergemeinschaftlicher Erwerb 19 % Vorsteuer und 19 % Umsatzsteuer R 5719
	U	AV 5440 Innergemeinschaftlicher Erwerb von Neufahrzeugen von Lieferanten ohne Umsatzsteuer-Identifikationsnummer 19 % Vorsteuer und 19 % Umsatzsteuer R 5441 -49 R 5500 -04			AV 5720 Nachlässe 19 % Vorsteuer R 5722 -23
		AV 5505 Wareneingang 5,5 % Vorsteuer -09 R 5510 -39		U	AV 5724 Nachlässe aus innergemeinschaftlichem Erwerb 7 % Vorsteuer und 7 % Umsatzsteuer
		AV 5540 Wareneingang 10,7 % Vorsteuer -49		U	AV 5725 Nachlässe aus innergemeinschaftlichem Erwerb 19 % Vorsteuer und 19 % Umsatzsteuer R 5726 -29
	U	AV 5550 Steuerfreier innergemeinschaftlicher Erwerb			S/AV 5730 Erhaltene Skonti S/AV 5731 Erhaltene Skonti 7 % Vorsteuer R 5732
		5551 Wareneingang im Drittland steuerbar			S/AV 5733 Erhaltene Skonti aus Einkauf Roh-, Hilfs- und Betriebsstoffe
		5552 Erwerb 1. Abnehmer innerhalb eines Dreiecksgeschäftes			S/AV 5734 Erhaltene Skonti aus Einkauf Roh-, Hilfs- und Betriebsstoffe 7 % Vorsteuer R 5735
	U	AV 5553 Erwerb Waren als letzter Abnehmer innerhalb Dreiecksgeschäft 19 % Vorsteuer und 19 % Umsatzsteuer R 5554 -57			S/AV 5736 Erhaltene Skonti 19 % Vorsteuer R 5737 S/AV 5738 Erhaltene Skonti aus Einkauf Roh-, Hilfs- und Betriebsstoffe 19 % Vorsteuer R 5739 -40
		5558 Wareneingang im anderen EU-Land steuerbar		U	S/AV 5741 Erhaltene Skonti aus Einkauf Roh-, Hilfs- und Betriebsstoffe aus steuerpflichtigem innergemeinschaftlichen Erwerb 19 % Vorsteuer und 19 % Umsatzsteuer R 5742
		5559 Steuerfreie Einfuhren			
	U	AV 5560 Waren aus einem Umsatzsteuerlager, § 13a UStG 7 % Vorsteuer und 7 % Umsatzsteuer R 5561 -64		U	S/AV 5743 Erhaltene Skonti aus Einkauf Roh-, Hilfs- und Betriebsstoffe aus steuerpflichtigem innergemeinschaftlichem Erwerb 7 % Vorsteuer und 7 % Umsatzsteuer
	U	AV 5565 Waren aus einem Umsatzsteuerlager, § 13a UStG 19 % Vorsteuer und 19 % Umsatzsteuer R 5566 -69			
		5600 Nicht abziehbare Vorsteuer -09			
		5610 Nicht abziehbare Vorsteuer 7 % -19			

DATEV-Kontenrahmen SKR 04

GuV-Posten[2]	Programm-verbindung[4] Abschluss-zweck[4]	5 Betriebliche Aufwendungen	GuV-Posten[2]	Programm-verbindung[4] Abschluss-zweck[4]	5 Betriebliche Aufwendungen
Aufwendungen für Roh-, Hilfs- und Betriebsstoffe und für bezogene Waren		S/AV 5744 Erhaltene Skonti aus Einkauf Roh-, Hilfs- und Betriebsstoffe aus steuerpflichtigem innergemeinschaftlichem Erwerb	Aufwendungen für Roh-, Hilfs- und Betriebsstoffe und für bezogene Waren		S/AV 5798 Erhaltene Skonti aus Einkauf Roh-, Hilfs- und Betriebsstoffe 5,5 % Vorsteuer
		S/AV 5745 Erhaltene Skonti aus steuerpflichtigem innergemeinschaftlichem Erwerb			R 5799
	U	S/AV 5746 Erhaltene Skonti aus steuerpflichtigem innergemeinschaftlichem Erwerb 7 % Vorsteuer und 7 % Umsatzsteuer			5800 Bezugsnebenkosten 5820 Leergut 5840 Zölle und Einfuhrabgaben 5860 Verrechnete Stoffkosten (Gegenkonto 5000-99) 5880 Bestandsveränderungen Roh-, Hilfs- und Betriebsstoffe sowie bezogene Waren 5881 Bestandsveränderungen Waren 5885 Bestandsveränderungen Roh-, Hilfs- und Betriebsstoffe
		R 5747			
	U	S/AV 5748 Erhaltene Skonti aus steuerpflichtigem innergemeinschaftlichem Erwerb 19 % Vorsteuer und 19 % Umsatzsteuer			
		R 5749			**Aufwendungen für bezogene Leistungen**
		AV 5750 Erhaltene Boni 7 % Vorsteuer -51			5900 Fremdleistungen
		R 5752			AV 5906 Fremdleistungen 19 % Vorsteuer
		5753 Erhaltene Boni aus Einkauf Roh-, Hilfs- und Betriebsstoffe			R 5907
		AV 5754 Erhaltene Boni aus Einkauf Roh-, Hilfs- und Betriebsstoffe 7 % Vorsteuer			AV 5908 Fremdleistungen 7 % Vorsteuer 5909 Fremdleistungen ohne Vorsteuer
		AV 5755 Erhaltene Boni aus Einkauf Roh-, Hilfs- und Betriebsstoffe 19 % Vorsteuer			**Umsätze, für die als Leistungsempfänger die Steuer nach § 13b UStG geschuldet wird**
		R 5756 -59		U	AV 5910 Bauleistungen eines im Inland ansässigen Unternehmers 7 % Vorsteuer und 7 % Umsatzsteuer
		AV 5760 Erhaltene Boni 19 % Vorsteuer -61			R 5911 -12
		R 5762 -68		U	AV 5913 Sonstige Leistungen eines im anderen EU-Land ansässigen Unternehmers 7 % Vorsteuer und 7 % Umsatzsteuer
		5769 Erhaltene Boni			R 5914
		5770 Erhaltene Rabatte		U	AV 5915 Leistungen eines im Ausland ansässigen Unternehmers 7 % Vorsteuer und 7 % Umsatzsteuer
		AV 5780 Erhaltene Rabatte 7 % Vorsteuer -81			R 5916 -19
		R 5782		U	AV 5920 Bauleistungen eines im Inland ansässigen Unternehmers 19 % Vorsteuer und 19 % Umsatzsteuer -21
		5783 Erhaltene Rabatte aus Einkauf Roh-, Hilfs- und Betriebsstoffe			R 5922
		AV 5784 Erhaltene Rabatte aus Einkauf Roh-, Hilfs- und Betriebsstoffe 7 % Vorsteuer		U	AV 5923 Sonstige Leistungen eines im anderen EU-Land ansässigen Unternehmers 19 % Vorsteuer und 19 % Umsatzsteuer
		AV 5785 Erhaltene Rabatte aus Einkauf Roh-, Hilfs- und Betriebsstoffe 19 % Vorsteuer			R 5924
		R 5786 -87		U	AV 5925 Leistungen eines im Ausland ansässigen Unternehmers 19 % Vorsteuer und 19 % Umsatzsteuer -26
		S/AV 5788 Erhaltene Skonti aus Einkauf Roh-, Hilfs- und Betriebsstoffe 10,7 % Vorsteuer			R 5927 -29
		R 5789		U	AV 5930 Bauleistungen eines im Inland ansässigen Unternehmers ohne Vorsteuer und 7 % Umsatzsteuer
		AV 5790 Erhaltene Rabatte 19 % Vorsteuer -91			R 5931 -32
	U	AV 5792 Erhaltene Skonti aus Erwerb Roh-, Hilfs- und Betriebsstoffe als letzter Abnehmer innerhalb Dreiecksgeschäft 19 % Vorsteuer und 19 % Umsatzsteuer		U	AV 5933 Sonstige Leistungen eines im anderen EU-Land ansässigen Unternehmers ohne Vorsteuer und 7 % Umsatzsteuer
	U	AV 5793 Erhaltene Skonti aus Erwerb Waren als letzter Abnehmer innerhalb Dreiecksgeschäft 19 % Vorsteuer und 19 % Umsatzsteuer			R 5934
		S/AV 5794 Erhaltene Skonti 5,5 % Vorsteuer		U	AV 5935 Leistungen eines im Ausland ansässigen Unternehmers ohne Vorsteuer und 7 % Umsatzsteuer
		R 5795			
		S/AV 5796 Erhaltene Skonti 10,7 % Vorsteuer			
		R 5797			

GuV-Posten[2]	Programm-verbindung[4] Abschluss-zweck[4]	5 Betriebliche Aufwendungen		GuV-Posten[2]	Programm-verbindung[4] Abschluss-zweck[4]	6 Betriebliche Aufwendungen	
Aufwendungen für bezogene Leistungen		R	5936 -39			V 6250-6259 M 6280-6299 V 6300-6389 V 6450-6853 V 6855-6859 M 6884-6894 KU 6895-6899 M 6930-6939	
	U	AV	5940 Bauleistungen eines im Inland -41 ansässigen Unternehmers ohne Vorsteuer und 19 % Umsatzsteuer				
		R	5942			**Personalaufwand**	
	U	AV	5943 Sonstige Leistungen eines im anderen EU-Land ansässigen Unternehmers ohne Vorsteuer und 19 % Umsatzsteuer	Löhne und Gehälter		**6000 Löhne und Gehälter** 6010 Löhne 6020 Gehälter 6024 Geschäftsführergehälter der GmbH-Gesellschafter	
		R	5944				
	U	AV	5945 Leistungen eines im Ausland -46 ansässigen Unternehmers ohne Vorsteuer und 19 % Umsatzsteuer		K	6026 Tantiemen Gesellschafter-Geschäftsführer 6027 Geschäftsführergehälter	
		R	5947 -49		G	6028 Vergütungen an angestellte Mitunternehmer § 15 EStG (mit Sonderbetriebseinnahme korrespondierend)	
		S/AV	5950 Erhaltene Skonti aus Leistungen, für die als Leistungsempfänger die Steuer nach § 13b UStG geschuldet wird		K	6029 Tantiemen Arbeitnehmer 6030 Aushilfslöhne 6035 Löhne für Minijobs 6036 Pauschale Steuern für Minijobber 6037 Pauschale Steuern für Gesellschafter-Geschäftsführer	
	U	S/AV	5951 Erhaltene Skonti aus Leistungen, für die als Leistungsempfänger die Steuer nach § 13b UStG geschuldet wird 19 % Vorsteuer und 19 % Umsatzsteuer		G	6038 Pauschale Steuern für angestellte Mitunternehmer § 15 EStG (mit Sonderbetriebseinnahme korrespondierend)	
		R	5952			6039 Pauschale Steuern für Arbeitnehmer	
		S/AV	5953 Erhaltene Skonti aus Leistungen, für die als Leistungsempfänger die Steuer nach § 13b UStG geschuldet wird ohne Vorsteuer aber mit Umsatzsteuer			6040 Pauschale Steuer für Aushilfen 6045 Bedienungsgelder 6050 Ehegattengehalt 6060 Freiwillige soziale Aufwendungen, lohnsteuerpflichtig	
	U	S/AV	5954 Erhaltene Skonti aus Leistungen, für die als Leistungsempfänger die Steuer nach § 13b UStG geschuldet wird ohne Vorsteuer, mit 19 % Umsatzsteuer			6066 Freiwillige Zuwendungen an Minijobber 6067 Freiwillige Zuwendungen an Gesellschafter-Geschäftsführer	
		R	5955 -59		G	6068 Freiwillige Zuwendungen an angestellte Mitunternehmer § 15 EStG (mit Sonderbetriebseinnahme korrespondierend)	
			5960 Leistungen nach § 13b UStG mit Vorsteuerabzug[21] 5965 Leistungen nach § 13b UStG ohne Vorsteuerabzug[21]			6069 Pauschale Steuer auf sonstige Bezüge (z. B. Fahrtkostenzuschüsse) 6070 Krankengeldzuschüsse	
	G K		5970 Fremdleistungen (Miet- und Pachtzinsen bewegliche Wirtschaftsgüter)			6071 Sachzuwendungen und Dienstleistungen an Minijobber 6072 Sachzuwendungen und Dienstleistungen an Arbeitnehmer	
	G K		5975 Fremdleistungen (Miet- und Pachtzinsen unbewegliche Wirtschaftsgüter)			6073 Sachzuwendungen und Dienstleistungen an Gesellschafter-Geschäftsführer	
	G K		5980 Fremdleistungen (Entgelte für Rechte und Lizenzen)		G	6074 Sachzuwendungen und Dienstleistungen an angestellte Mitunternehmer § 15 EStG (mit Sonderbetriebseinnahme korrespondierend)	
	G		5985 Fremdleistungen (Vergütungen für die Überlassung von Wirtschaftsgütern - mit Sonderbetriebseinnahme korrespondierend)			6075 Zuschüsse der Agenturen für Arbeit (Haben) 6076 Aufwendungen aus der Veränderung von Urlaubsrückstellungen 6077 Aufwendungen aus der Veränderung von Urlaubsrückstellungen für Gesellschafter-Geschäftsführer	

DATEV-Kontenrahmen SKR 04

GuV-Posten[2]	Programm-verbindung[4] Abschluss-zweck[4]	6 Betriebliche Aufwendungen	GuV-Posten[2]	Programm-verbindung[4] Abschluss-zweck[4]	6 Betriebliche Aufwendungen
Löhne und Gehälter	G	6078 Aufwendungen aus der Veränderung von Urlaubsrückstellungen für angestellte Mitunternehmer § 15 EStG (mit Sonderbetriebseinnahme korrespondierend) 6079 Aufwendungen aus der Veränderung von Urlaubsrückstellungen für Minijobber 6080 Vermögenswirksame Leistungen 6090 Fahrtkostenerstattung Wohnung/Arbeitsstätte	Abschreibungen auf immaterielle Vermögensgegenstände des Anlagevermögens und Sachanlagen		6232 Absetzung für außergewöhnliche technische und wirtschaftliche Abnutzung des Kfz 6233 Absetzung für außergewöhnliche technische und wirtschaftliche Abnutzung sonstiger Wirtschaftsgüter
				SB	6240 Abschreibungen auf Sachanlagen auf Grund steuerlicher Sondervorschriften
				SB	6241 Sonderabschreibungen nach § 7g Abs. 5 EStG (ohne Kfz)
Soziale Abgaben und Aufwendungen für Altersversorgung und für Unterstützung	G	**6100 Soziale Abgaben und Aufwendungen für Altersversorgung und für Unterstützung** 6110 Gesetzliche soziale Aufwendungen 6118 Gesetzliche soziale Aufwendungen für Mitunternehmer § 15 EStG (mit Sonderbetriebseinnahme korrespondierend) 6120 Beiträge zur Berufsgenossenschaft 6130 Freiwillige soziale Aufwendungen, lohnsteuerfrei 6140 Aufwendungen für Altersversorgung 6147 Pauschale Steuer auf sonstige Bezüge (z. B. Direktversicherungen)		SB	6242 Sonderabschreibungen nach § 7g Abs. 5 EStG (für Kfz)
				SB	6243 Kürzung der Anschaffungs- oder Herstellungskosten gemäß § 7g Abs. 2 EStG (ohne Kfz)
				SB	6244 Kürzung der Anschaffungs- oder Herstellungskosten gemäß § 7g Abs. 2 EStG (für Kfz)
					6250 Kaufleasing 6260 Sofortabschreibungen geringwertiger Wirtschaftsgüter 6262 Abschreibungen auf aktivierte, geringwertige Wirtschaftsgüter 6264 Abschreibungen auf den Sammelposten Wirtschaftsgüter 6266 Außerplanmäßige Abschreibungen auf aktivierte, geringwertige Wirtschaftsgüter
	G	6148 Aufwendungen für Altersversorgung für Mitunternehmer § 15 EStG (mit Sonderbetriebseinnahme korrespondierend) 6149 Aufwendungen für Altersversorgung für Gesellschafter-Geschäftsführer 6150 Versorgungskassen 6160 Aufwendungen für Unterstützung 6170 Sonstige soziale Abgaben 6171 Soziale Abgaben für Minijobber		R 6268	**Abschreibungen auf Vermögensgegenstände des Umlaufvermögens, soweit diese die in der Kapitalgesellschaft üblichen Abschreibungen überschreiten**
		Abschreibungen auf immaterielle Vermögensgegenstände des Anlagevermögens und Sachanlagen	Abschreibungen auf Vermögensgegenstände des Umlaufvermögens, soweit diese die in der Kapitalgesellschaft üblichen Abschreibungen überschreiten		6270 Abschreibungen auf sonstige Vermögensgegenstände des Umlaufvermögens (soweit unüblich hoch) 6272 Abschreibungen auf Umlaufvermögen, steuerrechtlich bedingt (soweit unüblich hoch) 6278 Abschreibungen auf Roh-, Hilfs- und Betriebsstoffe/Waren (soweit unüblich hoch) 6279 Abschreibungen auf fertige und unfertige Erzeugnisse (soweit unüblich hoch) 6280 Forderungsverluste (soweit unüblich hoch)
Abschreibungen auf immaterielle Vermögensgegenstände des Anlagevermögens und Sachanlagen	HB	6200 Abschreibungen auf immaterielle Vermögensgegenstände 6201 Abschreibungen auf selbst geschaffene immaterielle Vermögensgegenstände 6205 Abschreibungen auf den Geschäfts- oder Firmenwert 6209 Außerplanmäßige Abschreibungen auf den Geschäfts- oder Firmenwert 6210 Außerplanmäßige Abschreibungen auf immaterielle Vermögensgegenstände		U AM R 6282 -85 U AM R 6287 -88	6281 Forderungsverluste 7 % USt (soweit unüblich hoch) 6286 Forderungsverluste 19 % USt (soweit unüblich hoch)
	HB	6211 Außerplanmäßige Abschreibungen auf selbst geschaffene immaterielle Vermögensgegenstände 6220 Abschreibungen auf Sachanlagen (ohne AfA auf Kfz und Gebäude) 6221 Abschreibungen auf Gebäude 6222 Abschreibungen auf Kfz 6223 Abschreibungen auf Gebäudeteil des häuslichen Arbeitszimmers 6230 Außerplanmäßige Abschreibungen auf Sachanlagen 6231 Absetzung für außergewöhnliche technische und wirtschaftliche Abnutzung der Gebäude		G K K	6290 Abschreibungen auf Forderungen gegenüber Kapitalgesellschaften, an denen eine Beteiligung besteht (soweit unüblich hoch), § 3c EStG/ § 8b Abs. 3 KStG 6291 Abschreibungen auf Forderungen gegenüber Gesellschaftern und nahe stehenden Personen (soweit unüblich hoch), § 8b Abs. 3 KStG

GuV-Posten[2]	Programm-verbindung[4] Abschlusszweck[4]	6 Betriebliche Aufwendungen	GuV-Posten[2]	Programm-verbindung[4] Abschlusszweck[4]	6 Betriebliche Aufwendungen
Sonstige betriebliche Aufwendungen		**Sonstige betriebliche Aufwendungen**	Sonstige betriebliche Aufwendungen	G K	6394 Zuwendungen, Spenden an politische Parteien
		6300 Sonstige betriebliche Aufwendungen		G K	6395 Zuwendungen, Spenden in das zu erhaltende Vermögen (Vermögensstock) einer Stiftung für gemeinnützige Zwecke
		6302 Interimskonto für Aufwendungen in einem anderen Land, bei denen eine Vorsteuervergütung möglich ist		R 6396	
		6303 Fremdleistungen/Fremdarbeiten		G K	6397 Zuwendungen, Spenden in das zu erhaltende Vermögen (Vermögensstock) einer Stiftung für kirchliche, religiöse und gemeinnützige Zwecke
		6304 Sonstige Aufwendungen betrieblich und regelmäßig			
		6305 Raumkosten			
	G K	6310 Miete (unbewegliche Wirtschaftsgüter)		G K	6398 Zuwendungen, Spenden an Stiftungen in das zu erhaltende Vermögen (Vermögensstock) für wissenschaftliche, mildtätige, kulturelle Zwecke
		6312 Miete/Aufwendungen für doppelte Haushaltsführung Unternehmer			
	K	6313 Vergütungen an Gesellschafter für die miet- oder pachtweise Überlassung ihrer unbeweglichen Wirtschaftsgüter			6400 Versicherungen
					6405 Versicherungen für Gebäude
					6410 Netto-Prämie für Rückdeckung künftiger Versorgungsleistungen
	G	6314 Vergütungen an Mitunternehmer für die mietweise Überlassung ihrer unbeweglichen Wirtschaftsgüter § 15 EStG (mit Sonderbetriebseinnahme korrespondierend)			6420 Beiträge
					6430 Sonstige Abgaben
					6436 Steuerlich abzugsfähige Verspätungszuschläge und Zwangsgelder
	G K	6315 Pacht (unbewegliche Wirtschaftsgüter)		G K	6437 Steuerlich nicht abzugsfähige Verspätungszuschläge und Zwangsgelder
	G K	6316 Leasing (unbewegliche Wirtschaftsgüter)			6440 Ausgleichsabgabe i. S. d. Schwerbehindertengesetzes
	G K	6317 Aufwendungen für gemietete oder gepachtete unbewegliche Wirtschaftsgüter, die gewerbesteuerlich hinzuzurechnen sind			6450 Reparaturen und Instandhaltung von Bauten
					6460 Reparaturen und Instandhaltung von technischen Anlagen und Maschinen
		6318 Miet- und Pachtnebenkosten, die gewerbesteuerlich nicht hinzuzurechnen sind			6470 Reparaturen und Instandhaltung von anderen Anlagen und Betriebs- und Geschäftsausstattung
	G	6319 Vergütungen an Mitunternehmer für die pachtweise Überlassung ihrer unbeweglichen Wirtschaftsgüter § 15 EStG (mit Sonderbetriebseinnahme korrespondierend)			6475 Zuführung zu Aufwandsrückstellungen
					6485 Reparaturen und Instandhaltung von anderen Anlagen
					6490 Sonstige Reparaturen und Instandhaltung
		6320 Heizung			6495 Wartungskosten für Hard- und Software
		6325 Gas, Strom, Wasser			
		6330 Reinigung			
		6335 Instandhaltung betrieblicher Räume		G K	6498 Mietleasing bewegliche Wirtschaftsgüter für technische Anlagen und Maschinen
		6340 Abgaben für betrieblich genutzten Grundbesitz			6500 Fahrzeugkosten[18]
		6345 Sonstige Raumkosten			6520 Kfz-Versicherungen
		6348 Aufwendungen für ein häusliches Arbeitszimmer (abziehbarer Anteil)			6530 Laufende Kfz-Betriebskosten
					6540 Kfz-Reparaturen
	G	6349 Aufwendungen für ein häusliches Arbeitszimmer (nicht abziehbarer Anteil)		G K	6550 Garagenmiete
				G K	6560 Mietleasing Kfz
		6350 Grundstücksaufwendungen, betrieblich			6570 Sonstige Kfz-Kosten
					6580 Mautgebühren
		6352 Sonstige Grundstücksaufwendungen (neutral)			6590 Kfz-Kosten für betrieblich genutzte zum Privatvermögen gehörende Kraftfahrzeuge
	G K	6390 Zuwendungen, Spenden, steuerlich nicht abziehbar			6595 Fremdfahrzeugkosten
	G K	6391 Zuwendungen, Spenden für wissenschaftliche und kulturelle Zwecke			6600 Werbekosten
					6605 Streuartikel
	G K	6392 Zuwendungen, Spenden für mildtätige Zwecke			
	G K	6393 Zuwendungen, Spenden für kirchliche, religiöse und gemeinnützige Zwecke			

DATEV-Kontenrahmen SKR 04

GuV-Posten[2]	Programmverbindung[4] Abschlusszweck[4]	6 Betriebliche Aufwendungen	GuV-Posten[2]	Programmverbindung[4] Abschlusszweck[4]	6 Betriebliche Aufwendungen
Sonstige betriebliche Aufwendungen		6610 Geschenke abzugsfähig ohne § 37b EStG	Sonstige betriebliche Aufwendungen		6800 Porto
		6611 Geschenke abzugsfähig mit § 37b EStG			6805 Telefon
		6612 Pauschale Steuern für Geschenke und Zugaben abzugsfähig			6810 Telefax und Internetkosten
					6815 Bürobedarf
					6820 Zeitschriften, Bücher (Fachliteratur)
	G K	6620 Geschenke nicht abzugsfähig ohne § 37b EStG			6821 Fortbildungskosten
	G K	6621 Geschenke nicht abzugsfähig mit § 37b EStG			6822 Freiwillige Sozialleistungen
	G K	6622 Pauschale Steuern für Geschenke und Zuwendungen nicht abzugsfähig		G	6823 Vergütungen an Mitunternehmer § 15 EStG (mit Sonderbetriebseinnahme korrespondierend)
		6625 Geschenke ausschließlich betrieblich genutzt		G	6824 Haftungsvergütung an Mitunternehmer § 15 EStG (mit Sonderbetriebseinnahme korrespondierend)
		6629 Zugaben mit § 37b EStG			6825 Rechts- und Beratungskosten
		6630 Repräsentationskosten			6827 Abschluss- und Prüfungskosten
		6640 Bewirtungskosten			6830 Buchführungskosten
		6641 Sonstige eingeschränkt abziehbare Betriebsausgaben (abziehbarer Anteil)		K	6833 Vergütungen an Gesellschafter für die miet- oder pachtweise Überlassung ihrer beweglichen Wirtschaftsgüter
	G K	6642 Sonstige eingeschränkt abziehbare Betriebsausgaben (nicht abziehbarer Anteil)		G	6834 Vergütungen an Mitunternehmer für die miet- oder pachtweise Überlassung ihrer beweglichen Wirtschaftsgüter § 15 EStG (mit Sonderbetriebseinnahme korrespondierend)
		6643 Aufmerksamkeiten			
	G K	6644 Nicht abzugsfähige Bewirtungskosten			
	G K	6645 Nicht abzugsfähige Betriebsausgaben aus Werbe- und Repräsentationskosten		G K	6835 Mieten für Einrichtungen (bewegliche Wirtschaftsgüter)
		6650 Reisekosten Arbeitnehmer		G K	6836 Pacht (bewegliche Wirtschaftsgüter)
		6660 Reisekosten Arbeitnehmer Übernachtungsaufwand		G K	6837 Aufwendungen für die zeitlich befristete Überlassung von Rechten (Lizenzen, Konzessionen)
		6663 Reisekosten Arbeitnehmer Fahrtkosten			
		6664 Reisekosten Arbeitnehmer Verpflegungsmehraufwand		G K	6838 Aufwendungen für gemietete oder gepachtete bewegliche Wirtschaftsgüter, die gewerbesteuerlich hinzuzurechnen sind
	R 6665				
		6668 Kilometergelderstattung Arbeitnehmer		G K	6840 Mietleasing bewegliche Wirtschaftsgüter für Betriebs- und Geschäftsausstattung
	G	6670 Reisekosten Unternehmer[18]			6845 Werkzeuge und Kleingeräte
		6672 Reisekosten Unternehmer (nicht abziehbarer Anteil)			6850 Sonstiger Betriebsbedarf
		6673 Reisekosten Unternehmer Fahrtkosten			6854 Genossenschaftliche Rückvergütung an Mitglieder
		6674 Reisekosten Unternehmer Verpflegungsmehraufwand			6855 Nebenkosten des Geldverkehrs
		6680 Reisekosten Unternehmer Übernachtungsaufwand und Reisenebenkosten	Sonstige betriebliche Aufwendungen	G K	6856 Aufwendungen aus Anteilen an Kapitalgesellschaften §§ 3 Nr. 40, 3c EStG/§ 8b Abs. 1 und 4 KStG[9,16]
	R 6685 -86			G K	6857 Veräußerungskosten § 3 Nr. 40 EStG/§ 8b Abs. 2 KStG
		6688 Fahrten zwischen Wohnung und Betriebsstätte und Familienheimfahrten (abziehbarer Anteil)			6859 Aufwendungen für Abraum- und Abfallbeseitigung
	G	6689 Fahrten zwischen Wohnung und Betriebsstätte und Familienheimfahrten (nicht abziehbarer Anteil)			6860 Nicht abziehbare Vorsteuer
		6690 Fahrten zwischen Wohnung und Betriebsstätte und Familienheimfahrten (Haben)			6865 Nicht abziehbare Vorsteuer 7 %
					6871 Nicht abziehbare Vorsteuer 19 %
		6691 Verpflegungsmehraufwendungen im Rahmen der doppelten Haushaltsführung Unternehmer		K	6875 Nicht abziehbare Hälfte der Aufsichtsratsvergütungen
					6876 Abziehbare Aufsichtsratsvergütungen
		6700 Kosten der Warenabgabe			6880 Aufwendungen aus der Währungsumrechnung
		6710 Verpackungsmaterial			
		6740 Ausgangsfrachten			6881 Aufwendungen aus der Währungsumrechnung (nicht § 256a HGB)
		6760 Transportversicherungen			
		6770 Verkaufsprovisionen			6883 Aufwendungen aus Bewertung Finanzmittelfonds
		6780 Fremdarbeiten (Vertrieb)		U	AM 6884 Erlöse aus Verkäufen Sachanlagevermögen steuerfrei § 4 Nr. 1a UStG (bei Buchverlust)
		6790 Aufwand für Gewährleistung			

DATEV-Kontenrahmen SKR 04

GuV-Posten[2]	Programm-verbindung[4] Abschluss-zweck[4]	6 Betriebliche Aufwendungen	GuV-Posten[2]	Programm-verbindung[4] Abschluss-zweck[4]	6 Betriebliche Aufwendungen
Sonstige betriebliche Aufwendungen	U	AM 6885 Erlöse aus Verkäufen Sachanlagevermögen 19 % USt (bei Buchverlust)	Sonstige betriebliche Aufwendungen	SB	6927 Einstellungen in steuerliche Rücklagen
		R 6886 -87		SB	6928 Einstellungen in die Rücklage für Ersatzbeschaffung nach R 6.6 EStR
	U	AM 6888 Erlöse aus Verkäufen Sachanlagevermögen steuerfrei § 4 Nr. 1b UStG (bei Buchverlust)		SB	6929 Einstellungen in die steuerliche Rücklage nach § 4g EStG
		6889 Erlöse aus Verkäufen Sachanlagevermögen (bei Buchverlust)			6930 Forderungsverluste (übliche Höhe)
		6890 Erlöse aus Verkäufen immaterieller Vermögensgegenstände (bei Buchverlust)		U	AM 6931 Forderungsverluste 7 % USt (übliche Höhe)
		6891 Erlöse aus Verkäufen Finanzanlagen (bei Buchverlust)		U	AM 6932 Forderungsverluste aus steuerfreien EU-Lieferungen (übliche Höhe)
	G K	6892 Erlöse aus Verkäufen Finanzanlagen § 3 Nr. 40 EStG/§ 8b Abs. 3 KStG (bei Buchverlust)[9]		U	AM 6933 Forderungsverluste aus im Inland steuerpflichtigen EU-Lieferungen 7 % USt (übliche Höhe)
		6895 Anlagenabgänge Sachanlagen (Restbuchwert bei Buchverlust)			R 6934 -35
		6896 Anlagenabgänge immaterielle Vermögensgegenstände (Restbuchwert bei Buchverlust)		U	AM 6936 Forderungsverluste 19 % USt (übliche Höhe)
		6897 Anlagenabgänge Finanzanlagen (Restbuchwert bei Buchverlust)			R 6937
	G K	6898 Anlagenabgänge Finanzanlagen § 3 Nr. 40 EStG/§ 8b Abs. 3 KStG (Restbuchwert bei Buchverlust)[9]		U	AM 6938 Forderungsverluste aus im Inland steuerpflichtigen EU-Lieferungen 19 % USt (übliche Höhe)
		6900 Verluste aus dem Abgang von Gegenständen des Anlagevermögens			R 6939
					6960 Periodenfremde Aufwendungen
					6967 Sonstige Aufwendungen betriebsfremd und regelmäßig
	G K	6903 Verluste aus der Veräußerung von Anteilen an Kapitalgesellschaften (Finanzanlagevermögen) § 3 Nr. 40 EStG/§ 8b Abs. 3 KStG[9]		G K	6968 Sonstige nicht abziehbare Aufwendungen
					6969 Sonstige Aufwendungen unregelmäßig
		6905 Verluste aus dem Abgang von Gegenständen des Umlaufvermögens außer Vorräte			**Kalkulatorische Kosten**
	G K	6906 Verluste aus dem Abgang von Gegenständen des Umlaufvermögens (außer Vorräte) § 3 Nr. 40 EStG/§ 8b Abs. 3 KStG[9]			6970 Kalkulatorischer Unternehmerlohn
					6972 Kalkulatorische Miete/Pacht
					6974 Kalkulatorische Zinsen
					6976 Kalkulatorische Abschreibungen
					6978 Kalkulatorische Wagnisse
	EÜR	6907 Abgang von Wirtschaftsgütern des Umlaufvermögens nach § 4 Abs. 3 Satz 4 EStG[13]			6979 Kalkulatorischer Lohn für unentgeltliche Mitarbeiter
	G K EÜR	6908 Abgang von Wirtschaftsgütern des Umlaufvermögens § 3 Nr. 40 EStG/§ 8b Abs. 3 KStG nach § 4 Abs. 3 Satz 4 EStG[9][13]			6980 Verrechneter kalkulatorischer Unternehmerlohn
					6982 Verrechnete kalkulatorische Miete/Pacht
		6910 Abschreibungen auf Umlaufvermögen außer Vorräte und Wertpapiere des Umlaufvermögens (übliche Höhe)			6984 Verrechnete kalkulatorische Zinsen
					6986 Verrechnete kalkulatorische Abschreibungen
		6912 Abschreibungen auf Umlaufvermögen außer Vorräte und Wertpapiere des Umlaufvermögens, steuerrechtlich bedingt (übliche Höhe)			6988 Verrechnete kalkulatorische Wagnisse
					6989 Verrechneter kalkulatorischer Lohn für unentgeltliche Mitarbeiter
		6918 Aufwendungen aus dem Erwerb eigener Anteile			**Kosten bei Anwendung des Umsatzkostenverfahrens**
		6920 Einstellung in die Pauschalwertberichtigung auf Forderungen			6990 Herstellungskosten
	SB	6922 Einstellungen in die steuerliche Rücklage nach § 6b Abs. 3 EStG			6992 Verwaltungskosten
					6994 Vertriebskosten
		6923 Einstellung in die Einzelwertberichtigung auf Forderungen			6999 Gegenkonto 6990-6998
	SB	6924 Einstellungen in die steuerliche Rücklage nach § 6b Abs. 10 EStG			

DATEV-Kontenrahmen SKR 04

GuV-Posten[2]	Programm-verbindung[4] Abschluss-zweck[4]	7 Weitere Erträge und Aufwendungen	GuV-Posten[2]	Programm-verbindung[4] Abschluss-zweck[4]	7 Weitere Erträge und Aufwendungen
		KU 7685-7689 KU 7705 KU 7725 KU 7751 KU 7781 V 7800-7899	Sonstige Zinsen und ähnliche Erträge	G K	**Sonstige Zinsen und ähnliche Erträge** 7100 Sonstige Zinsen und ähnliche Erträge R 7102 7103 Erträge aus Anteilen an Kapitalgesellschaften (Umlaufvermögen) § 3 Nr. 40 EStG/§ 8b Abs. 1 und 4 KStG[9]
Erträge aus Beteiligungen	G K	**Erträge aus Beteiligungen** 7000 Erträge aus Beteiligungen 7004 Erträge aus Beteiligungen an Personengesellschaften (verbundene Unternehmen), § 9 GewStG bzw. § 18 EStG[23]		G K	7104 Erträge aus Anteilen an Kapitalgesellschaften (verbundene Unternehmen) § 3 Nr. 40 EStG/ § 8b Abs. 1 KStG[9]
	G K	7005 Erträge aus Anteilen an Kapitalgesellschaften (Beteiligung) § 3 Nr. 40 EStG/§ 8b Abs. 1 KStG[9]			7105 Zinserträge § 233a AO, steuerpflichtig
	G K	7006 Erträge aus Anteilen an Kapitalgesellschaften (verbundene Unternehmen) § 3 Nr. 40 EStG/ § 8b Abs. 1 KStG[9]		K	7106 Zinserträge § 233a AO, steuerfrei (Anlage A KSt)
	G K	7008 Gewinnanteile aus gewerblichen und selbständigen Mitunternehmerschaften, § 9 GewStG bzw. § 18 EStG[23]		G K	7107 Zinserträge § 233a AO, § 4 Abs. 5b EStG, steuerfrei 7109 Sonstige Zinsen und ähnliche Erträge aus verbundenen Unternehmen
		7009 Erträge aus Beteiligungen an verbundenen Unternehmen			7110 Sonstige Zinserträge 7115 Erträge aus anderen Wertpapieren und Ausleihungen des Umlaufvermögens
Erträge aus anderen Wertpapieren und Ausleihungen des Finanzanlagevermögens		**Erträge aus anderen Wertpapieren und Ausleihungen des Finanzanlagevermögens** 7010 Erträge aus anderen Wertpapieren und Ausleihungen des Finanzanlagevermögens 7011 Erträge aus Ausleihungen des Finanzanlagevermögens 7012 Erträge aus Ausleihungen des Finanzanlagevermögens an verbundenen Unternehmen 7013 Erträge aus Anteilen an Personengesellschaften (Finanzanlagevermögen)			7119 Sonstige Zinserträge aus verbundenen Unternehmen 7120 Zinsähnliche Erträge
				K	7128 Zinsertrag aus vorzeitiger Rückzahlung des Körperschaftsteuer-Erhöhungsbetrags § 38 KStG 7129 Zinsähnliche Erträge aus verbundenen Unternehmen 7130 Diskonterträge 7139 Diskonterträge aus verbundenen Unternehmen
	G K	7014 Erträge aus Anteilen an Kapitalgesellschaften (Finanzanlagevermögen) § 3 Nr. 40 EStG/ § 8b Abs. 1 und 4 KStG[9]		G K	7140 Steuerfreie Zinserträge aus der Abzinsung von Rückstellungen 7141 Zinserträge aus der Abzinsung von Verbindlichkeiten 7142 Zinserträge aus der Abzinsung von Rückstellungen 7143 Zinserträge aus der Abzinsung von Pensionsrückstellungen und ähnlichen/vergleichbaren Verpflichtungen
	G K	7015 Erträge aus Anteilen an Kapitalgesellschaften (verbundene Unternehmen) § 3 Nr. 40 EStG/ § 8b Abs. 1 KStG[9] 7016 Erträge aus Anteilen an Personengesellschaften (verbundene Unternehmen) 7017 Erträge aus anderen Wertpapieren des Finanzanlagevermögens an Kapitalgesellschaften (verbundene Unternehmen) 7018 Erträge aus anderen Wertpapieren des Finanzanlagevermögens an Personengesellschaften (verbundene Unternehmen) 7019 Erträge aus anderen Wertpapieren und Ausleihungen des Finanzanlagevermögens aus verbundenen Unternehmen 7020 Zins- und Dividendenerträge 7030 Erhaltene Ausgleichszahlungen (als außenstehender Aktionär)	Sonstige Zinsen und ähnliche Erträge oder *Zinsen und ähnliche Aufwendungen*	HB HB	7144 Zinserträge aus der Abzinsung von Pensionsrückstellungen und ähnlichen/vergleichbaren Verpflichtungen zur Verrechnung nach § 246 Abs. 2 HGB 7145 Erträge aus Vermögensgegenständen zur Verrechnung nach § 246 Abs. 2 HGB
			Erträge aus Verlustübernahme	K	**Erträge aus Verlustübernahme und auf Grund einer Gewinngemeinschaft, eines Gewinn- oder Teilgewinnabführungsvertrags erhaltene Gewinne** 7190 Erträge aus Verlustübernahme
			Auf Grund einer Gewinngemeinschaft, eines Gewinn- oder Teilgewinnabführungsvertrags erhaltene Gewinne	G K	7192 Erhaltene Gewinne auf Grund einer Gewinngemeinschaft 7194 Erhaltene Gewinne auf Grund eines Gewinn- oder Teilgewinnabführungsvertrags

DATEV-Kontenrahmen SKR 04

GuV-Posten[2]	Programm-verbindung[4] Abschlusszweck[4]	7 Weitere Erträge und Aufwendungen		GuV-Posten[2]	Programm-verbindung[4] Abschlusszweck[4]	7 Weitere Erträge und Aufwendungen	
		Abschreibungen auf Finanzanlagen und auf Wertpapiere des Umlaufvermögens		Zinsen und ähnliche Aufwendungen	G K	7318	Zinsen auf Kontokorrentkonten
					G K	7319	Zinsaufwendungen für kurzfristige Verbindlichkeiten an verbundene Unternehmen
Abschreibungen auf Finanzanlagen und auf Wertpapiere des Umlaufvermögens	HB	7200	Abschreibungen auf Finanzanlagen (dauerhaft)		G K	7320	Zinsaufwendungen für langfristige Verbindlichkeiten
		7201	Abschreibungen auf Finanzanlagen (nicht dauerhaft)		G K	7323	Abschreibungen auf Disagio zur Finanzierung
	G K	7204	Abschreibungen auf Finanzanlagen § 3 Nr. 40 EStG/§ 8b Abs. 3 KStG (dauerhaft)[9]		G K	7324	Abschreibungen auf Disagio zur Finanzierung des Anlagevermögens
		7207	Abschreibungen auf Finanzanlagen - verbundene Unternehmen		G K	7325	Zinsaufwendungen für Gebäude, die zum Betriebsvermögen gehören
	G K	7208	Aufwendungen auf Grund von Verlustanteilen an gewerblichen und selbständigen Mitunternehmerschaften, § 8 GewStG bzw. § 18 EStG[23]		G K	7326	Zinsen zur Finanzierung des Anlagevermögens
					G K	7327	Renten und dauernde Lasten
					G	7328	Zinsaufwendungen für Kapitalüberlassung durch Mitunternehmer § 15 EStG (mit Sonderbetriebseinnahme korrespondierend)
		7210	Abschreibungen auf Wertpapiere des Umlaufvermögens				
	G K	7214	Abschreibungen auf Wertpapiere des Umlaufvermögens § 3 Nr. 40 EStG/§ 8b Abs. 3 KStG[9]		G K	7329	Zinsaufwendungen für langfristige Verbindlichkeiten an verbundene Unternehmen
		7217	Abschreibungen auf Wertpapiere des Umlaufvermögens - verbundene Unternehmen			7330	Zinsähnliche Aufwendungen
						7339	Zinsähnliche Aufwendungen an verbundene Unternehmen
	SB	7250	Abschreibungen auf Finanzanlagen auf Grund § 6b EStG-Rücklage		G K	7340	Diskontaufwendungen
	G K SB	7255	Abschreibungen auf Finanzanlagen auf Grund § 6b EStG-Rücklage, § 3 Nr. 40 EStG/§ 8b Abs. 3 KStG[9]		G K	7349	Diskontaufwendungen an verbundene Unternehmen
					G K	7350	Zinsen und ähnliche Aufwendungen §§ 3 Nr. 40, 3c EStG/§ 8b Abs. 1 und 4 KStG[9][16]
		Zinsen und ähnliche Aufwendungen			G K	7351	Zinsen und ähnliche Aufwendungen an verbundene Unternehmen §§ 3 Nr. 40, 3c EStG/§ 8b Abs. 1 KStG[9][16]
Zinsen und ähnliche Aufwendungen	G K	7300	Zinsen und ähnliche Aufwendungen				
	G K	7302	Steuerlich nicht abzugsfähige andere Nebenleistungen zu Steuern § 4 Abs. 5b EStG			7355	Kreditprovisionen und Verwaltungskostenbeiträge
		7303	Steuerlich abzugsfähige andere Nebenleistungen zu Steuern			7360	Zinsanteil der Zuführungen zu Pensionsrückstellungen
	G K	7304	Steuerlich nicht abzugsfähige andere Nebenleistungen zu Steuern			7361	Zinsaufwendungen aus der Abzinsung von Verbindlichkeiten
	G K	7305	Zinsaufwendungen § 233a AO abzugsfähig			7362	Zinsaufwendungen aus der Abzinsung von Rückstellungen
	G K	7306	Zinsaufwendungen §§ 234 bis 237 AO nicht abzugsfähig			7363	Zinsaufwendungen aus der Abzinsung von Pensionsrückstellungen und ähnlichen/vergleichbaren Verpflichtungen
	K	7307	Zinsen aus Abzinsung des Körperschaftsteuer-Erhöhungsbetrags § 38 KStG				
				Zinsen und ähnliche Aufwendungen oder *sonstige Zinsen und ähnliche Erträge*	HB	7364	Zinsaufwendungen aus der Abzinsung von Pensionsrückstellungen und ähnlichen/vergleichbaren Verpflichtungen zur Verrechnung nach § 246 Abs. 2 HGB
	G K	7308	Zinsaufwendungen § 233a AO nicht abzugsfähig				
	G K	7309	Zinsaufwendungen an verbundene Unternehmen		HB	7365	Aufwendungen aus Vermögensgegenständen zur Verrechnung nach § 246 Abs. 2 HGB
		7310	Zinsaufwendungen für kurzfristige Verbindlichkeiten				
	G K	7311	Zinsaufwendungen §§ 234 bis 237 AO abzugsfähig		Zinsen und ähnliche Aufwendungen	G K	7366	Steuerlich nicht abzugsfähige Zinsaufwendungen aus der Abzinsung von Rückstellungen
	G	7313	Nicht abzugsfähige Schuldzinsen gemäß § 4 Abs. 4a EStG (Hinzurechnungsbetrag)				
	K	7316	Zinsen für Gesellschafterdarlehen				
	K	7317	Zinsen an Gesellschafter mit einer Beteiligung von mehr als 25 % bzw. diesen nahe stehende Personen				

DATEV-Kontenrahmen SKR 04

GuV-Posten[2]	Programmverbindung[4] Abschlusszweck[4]	7 Weitere Erträge und Aufwendungen	GuV-Posten[2]	Programmverbindung[4] Abschlusszweck[4]	7 Weitere Erträge und Aufwendungen
		Aufwendungen aus Verlustübernahme und auf Grund einer Gewinngemeinschaft, eines Gewinn- oder Teilgewinnabführungsvertrags abgeführte Gewinne	Sonstige betriebliche Aufwendungen		**Sonstige betriebliche Aufwendungen**
				K	R 7500
					R 7501
Aufwendungen aus Verlustübernahme	G K	7390 Aufwendungen aus Verlustübernahme			R 7550
					7551 Verluste durch Verschmelzung und Umwandlung
					7552 Verluste durch außergewöhnliche Schadensfälle
Auf Grund einer Gewinngemeinschaft, eines Gewinn- oder Teilgewinnabführungsvertrags abgeführte Gewinne	K	7392 Abgeführte Gewinne auf Grund einer Gewinngemeinschaft			7553 Aufwendungen für Restrukturierungs- und Sanierungsmaßnahmen
		7394 Abgeführte Gewinne auf Grund eines Gewinn- oder Teilgewinnabführungsvertrags			7554 Verluste aus der Veräußerung oder der Aufgabe von Geschäftsaktivitäten nach Steuern
					Aufwendungen aus der Anwendung von Übergangsvorschriften i. S. d. BilMoG
Auf Grund einer Gewinngemeinschaft, eines Gewinn- oder Teilgewinnabführungsvertrags abgeführte Gewinne oder *Erträge aus Verlustübernahme*	G K	7399 Abgeführte Gewinnanteile (Soll)/ ausgeglichene Verlustanteile (Haben) bei stiller Gesellschaft § 8 GewStG		HBÜ	7560 Aufwendungen aus der Anwendung von Übergangsvorschriften
				HBÜ	7561 Aufwendungen aus der Anwendung von Übergangsvorschriften (Pensionsrückstellungen)
					R 7562
				HBÜ	7563 Aufwendungen aus der Anwendung von Übergangsvorschriften (Latente Steuern)
					Steuern vom Einkommen und Ertrag
		Sonstige betriebliche Erträge	Steuern vom Einkommen und Ertrag	K	7600 Körperschaftsteuer
Sonstige betriebliche Erträge		R 7400		K	7603 Körperschaftsteuer für Vorjahre
		-01		K	7604 Körperschaftsteuererstattungen für Vorjahre
		R 7450		K	7607 Solidaritätszuschlagserstattungen für Vorjahre
	K	7451 Erträge durch Verschmelzung und Umwandlung		K	7608 Solidaritätszuschlag
		R 7452		K	7609 Solidaritätszuschlag für Vorjahre
		-53		G K	7610 Gewerbesteuer
		7454 Gewinn aus der Veräußerung oder der Aufgabe von Geschäftsaktivitäten nach Steuern		G K	7630 Kapitalertragsteuer 25 %
				G K	7633 Anrechenbarer Solidaritätszuschlag auf Kapitalertragsteuer 25 %
		Erträge aus der Anwendung von Übergangsvorschriften i. S. d. BilMoG		G K	7638 Ausländische Steuer auf im Inland steuerfreie DBA-Einkünfte
	HBÜ	7460 Erträge aus der Anwendung von Übergangsvorschriften		G K	7639 Anrechnung/Abzug ausländischer Quellensteuer
		R 7461			R 7640
		-63		G K	7641 Gewerbesteuernachzahlungen und Gewerbesteuererstattungen für Vorjahre, § 4 Abs. 5b EStG
	HBÜ	7464 Erträge aus der Anwendung von Übergangsvorschriften (latente Steuern)			R 7642
				G K	7643 Erträge aus der Auflösung von Gewerbesteuerrückstellungen, § 4 Abs. 5b EStG
					R 7644
				G K / HB	7645 Aufwendungen aus der Zuführung und Auflösung von latenten Steuern
				G K	7646 Aufwendungen aus der Zuführung zu Steuerrückstellungen für Steuerstundung (BStBK)
				G K	7648 Erträge aus der Auflösung von Steuerrückstellungen für Steuerstundung (BStBK)
				G K / HB	7649 Erträge aus der Zuführung und Auflösung von latenten Steuern

DATEV-Kontenrahmen SKR 04

GuV-Posten[2]	Programmverbindung[4] Abschlusszweck[4]	7 Weitere Erträge und Aufwendungen	GuV-Posten[2]	Programmverbindung[4] Abschlusszweck[4]	7 Weitere Erträge und Aufwendungen
Sonstige Steuern		**Sonstige Steuern** 7650 Sonstige Betriebssteuern 7675 Verbrauchsteuer (sonstige Steuern) 7678 Ökosteuer 7680 Grundsteuer 7685 Kfz-Steuer 7690 Steuernachzahlungen Vorjahre für sonstige Steuern 7692 Steuererstattungen Vorjahre für sonstige Steuern 7694 Erträge aus der Auflösung von Rückstellungen für sonstige Steuern	Einstellung in die Kapitalrücklage nach den Vorschriften über die vereinfachte Kapitalherabsetzung		7760 Einstellungen in die Kapitalrücklage nach den Vorschriften über die vereinfachte Kapitalherabsetzung
			Einstellungen in Gewinnrücklagen in die gesetzliche Rücklage		**Einstellungen in Gewinnrücklagen** 7765 Einstellungen in die gesetzliche Rücklage
Gewinnvortrag oder *Verlustvortrag*		**7700 Gewinnvortrag nach Verwendung** F 7705 Gewinnvortrag nach Verwendung (mit Aufteilung für Kapitalkontenentwicklung)[26]	Einstellungen in Gewinnrücklagen in die Rücklage für Anteile an einem herrschenden oder mehrheitlich beteiligten Unternehmen		7770 Einstellungen in den Ausgleichsposten für aktivierte eigene Anteile 7773 Einstellungen in die Rücklage für Anteile an einem herrschenden oder mehrheitlich beteiligten Unternehmen
Gewinnvortrag oder *Verlustvortrag*		**7720 Verlustvortrag nach Verwendung** F 7725 Verlustvortrag nach Verwendung (mit Aufteilung für Kapitalkontenentwicklung)[26]	Einstellungen in Gewinnrücklagen in satzungsmäßige Rücklagen		7775 Einstellungen in satzungsmäßige Rücklagen
Entnahmen aus der Kapitalrücklage		**7730 Entnahmen aus der Kapitalrücklage**	Einstellungen in Gewinnrücklagen in andere Gewinnrücklagen		7780 Einstellungen in andere Gewinnrücklagen
Entnahmen aus Gewinnrücklagen aus der gesetzlichen Rücklage		**Entnahmen aus Gewinnrücklagen** 7735 Entnahmen aus der gesetzlichen Rücklage			F 7781 Einstellungen in gesamthänderisch gebundenen Rücklagen (mit Aufteilung für Kapitalkontenentwicklung)[26] 7785 Einstellungen in andere Ergebnisrücklagen
Entnahmen aus Gewinnrücklagen aus der Rücklage für Anteile an einem herrschenden oder mehrheitlich beteiligten Unternehmen		7740 Entnahmen aus dem Ausgleichsposten für aktivierte eigene Anteile 7743 Entnahmen aus der Rücklage für Anteile an einem herrschenden oder mehrheitlich beteiligten Unternehmen	Ausschüttung		7790 Vorabausschüttung
		7744 Entnahmen aus anderen Ergebnisrücklagen			R 7795 7800 (zur freien Verfügung) -99 R 7900 (reserviertes Konto)
Entnahmen aus Gewinnrücklagen aus satzungsmäßigen Rücklagen		7745 Entnahmen aus satzungsmäßigen Rücklagen	Sonstige betriebliche Aufwendungen		
Entnahmen aus Gewinnrücklagen aus anderen Gewinnrücklagen		7750 Entnahmen aus anderen Gewinnrücklagen F 7751 Entnahmen aus gesamthänderisch gebundenen Rücklagen (mit Aufteilung für Kapitalkontenentwicklung)[26]			
Ertrag aus Kapitalherabsetzung	K	**7755 Erträge aus Kapitalherabsetzung**			

GuV-Posten[2]	Programm-verbindung[4] Abschluss-zweck[4]	8	Bilanz-Posten[2]	Programm-verbindung[4] Abschluss-zweck[4]	9 Vortrags-, Kapital-, Korrektur- und statistische Konten
Sonstige betriebliche Aufwendungen		8000 Zur freien Verfügung -8999			KU 9000-9998 **Vortragskonten** S 9000 Saldenvorträge, Sachkonten F 9001 Saldenvorträge, Sachkonten -07 S 9008 Saldenvorträge, Debitoren S 9009 Saldenvorträge, Kreditoren R 9060 R 9069 F 9070 Offene Posten aus 2000 F 9071 Offene Posten aus 2001 F 9072 Offene Posten aus 2002 F 9073 Offene Posten aus 2003 F 9074 Offene Posten aus 2004 F 9075 Offene Posten aus 2005 F 9076 Offene Posten aus 2006 F 9077 Offene Posten aus 2007 F 9078 Offene Posten aus 2008 F 9079 Offene Posten aus 2009 F 9080 Offene Posten aus 2010 F 9081 Offene Posten aus 2011 F 9082 Offene Posten aus 2012 F 9083 Offene Posten aus 2013 F 9084 Offene Posten aus 2014 F 9085 Offene Posten aus 2015 F 9086 Offene Posten aus 2016 F 9087 Offene Posten aus 2017 F 9088 Offene Posten aus 2018 **F 9089 Offene Posten aus 2019**[1] **F 9090 Summenvortragskonto** R 9091 -98 **Statistische Konten für Betriebswirtschaftliche Auswertungen (BWA)** F 9101 Verkaufstage F 9102 Anzahl der Barkunden F 9103 Beschäftigte Personen F 9104 Unbezahlte Personen F 9105 Verkaufskräfte F 9106 Geschäftsraum qm F 9107 Verkaufsraum qm F 9116 Anzahl Rechnungen F 9117 Anzahl Kreditkunden monatlich F 9118 Anzahl Kreditkunden aufgelaufen 9120 Erweiterungsinvestitionen F 9130 [7] -31 9135 Auftragseingang im Geschäftsjahr 9140 Auftragsbestand **Variables Kapital Teilhafter** F 9141 Variables Kapital TH[26] F 9142 Variables Kapital - Anteil Teilhafter[26] **Sammelposten anrechenbare Privatsteuern** 9143 Privatsteuern Kapitalertragsteuer (Sammelposten)[1] 9144 Privatsteuern Solidaritätszuschlag (Sammelposten)[1] 9145 Privatsteuern Kirchensteuer (Sammelposten)[1]

DATEV-Kontenrahmen SKR 04

Bilanz-Posten[2]	Programm-verbindung[4] Abschlusszweck[4]	9 Vortrags-, Kapital-, Korrektur- und statistische Konten	Bilanz-Posten[2]	Programm-verbindung[4] Abschlusszweck[4]	9 Vortrags-, Kapital-, Korrektur- und statistische Konten
		Kapitaländerungen durch Übertragung einer § 6b EStG Rücklage			**Umbuchungen auf andere Kapitalkonten: Vollhafter**
	SB	F 9146 Variables Kapital Vollhafter - Übertragung einer § 6b EStG-Rücklage[26]			F 9170 Festkapital - Umbuchungen VH[26]
	SB	F 9147 Variables Kapital Teilhafter - Übertragung einer § 6b EStG-Rücklage[26]			F 9171 Variables Kapital - Umbuchungen VH[26]
		R 9148 - 49			F 9172 Verlust-/Vortragskonto - Umbuchungen VH[26]
					F 9173 Kapitalkonto III - Umbuchungen VH[26]
		Andere Kapitalkontenanpassungen: Vollhafter			F 9174 Ausstehende Einlagen auf das Komplementär-Kapital, nicht eingefordert - Umbuchungen VH[26]
		F 9150 Festkapital - andere Kapitalkontenanpassungen VH[26]			F 9175 Verrechnungskonto für Einzahlungsverpflichtungen - Umbuchungen VH[26]
		F 9151 Variables Kapital - andere Kapitalkontenanpassungen VH[26]			R 9176 -79
		F 9152 Verlust-/Vortragskonto - andere Kapitalkontenanpassungen VH[26]			**Umbuchungen auf andere Kapitalkonten: Teilhafter**
		F 9153 Kapitalkonto III - andere Kapitalkontenanpassungen VH[26]			F 9180 Kommandit-Kapital - Umbuchungen TH[26]
		F 9154 Ausstehende Einlagen auf das Komplementär-Kapital, nicht eingefordert - andere Kapitalkontenanpassungen VH[26]			F 9181 Variables Kapital - Umbuchungen TH[26]
		F 9155 Verrechnungskonto für Einzahlungsverpflichtungen - andere Kapitalkontenanpassungen VH[26]			F 9182 Verlustausgleichskonto - Umbuchungen TH[26]
		R 9156			F 9183 Kapitalkonto III - Umbuchungen TH[26]
		Anrechenbare Privatsteuern Vollhafter, Eigenkapital			F 9184 Ausstehende Einlagen auf das Kommandit-Kapital, nicht eingefordert - Umbuchungen TH[26]
		F 9157 Privatsteuern Kapitalertragsteuer (VH)[1)26]			F 9185 Verrechnungskonto für Einzahlungsverpflichtungen - Umbuchungen TH[26]
		F 9158 Privatsteuern Solidaritätszuschlag (VH)[1)26]			**Anrechenbare Privatsteuern Teilhafter, Fremdkapital**
		F 9159 Privatsteuern Kirchensteuer (VH)[1)26]			F 9186 Privatsteuern Kapitalertragsteuer (TH), FK[1)26]
		Andere Kapitalkontenanpassungen: Teilhafter			F 9187 Privatsteuern Solidaritätszuschlag (TH), FK[1)26]
		F 9160 Kommandit-Kapital - andere Kapitalkontenanpassungen TH[26]			F 9188 Privatsteuern Kirchensteuer (TH), FK[1)26]
		F 9161 Variables Kapital - andere Kapitalkontenanpassungen TH[26]			9189 Verrechnungskonto für Umbuchungen zwischen Gesellschafter-Eigenkapitalkonten[26]
		F 9162 Verlustausgleichskonto - andere Kapitalkontenanpassungen TH[26]			**Gegenkonten zu Statistischen Konten für Betriebswirtschaftliche Auswertungen**
		F 9163 Kapitalkonto III - andere Kapitalkontenanpassungen TH[26]			F 9190 Gegenkonto für statistische Mengeneinheiten Konten 9101-9107 und Konten 9116-9118
		F 9164 Ausstehende Einlagen auf das Kommandit-Kapital, nicht eingefordert - andere Kapitalkontenanpassungen TH[26]			9199 Gegenkonto zu Konten 9120, 9135-9140
		F 9165 Verrechnungskonto für Einzahlungsverpflichtungen - andere Kapitalkontenanpassungen TH[26]			**Statistische Konten für den Kennzifferteil der Bilanz**
		R 9166			F 9200 Beschäftigte Personen
		Anrechenbare Privatsteuern Teilhafter, Eigenkapital			F 9201 [7] -08
		F 9167 Privatsteuern Kapitalertragsteuer (TH), EK[1)26]			F 9209 Gegenkonto zu 9200
		F 9168 Privatsteuern Solidaritätszuschlag (TH), EK[1)26]			9210 Produktive Löhne
		F 9169 Privatsteuern Kirchensteuer (TH), EK[1)26]			9219 Gegenkonto zu 9210

DATEV-Kontenrahmen SKR 04

Bilanz-Posten[2]	Programm-verbindung[4] Abschluss-zweck[4]	9 Vortrags-, Kapital-, Korrektur- und statistische Konten	Bilanz-Posten[2]	Programm-verbindung[4] Abschluss-zweck[4]	9 Vortrags-, Kapital-, Korrektur- und statistische Konten
		Statistische Konten zur informativen Angabe des gezeichneten Kapitals in anderer Währung			9273 Verbindlichkeiten aus Bürgschaften, Wechsel- und Scheckbürgschaften
Gezeichnetes Kapital in DM	HB	F 9220 Gezeichnetes Kapital in DM (Art. 42 Abs. 3 S. 1 EGHGB)			9274 Verbindlichkeiten aus Bürgschaften, Wechsel- und Scheckbürgschaften gegenüber verbundenen/assoziierten Unternehmen
Gezeichnetes Kapital in Euro	HB	F 9221 Gezeichnetes Kapital in Euro (Art. 42 Abs. 3 S. 2 EGHGB)			9275 Verbindlichkeiten aus Gewährleistungsverträgen
	HB	F 9229 Gegenkonto zu 9220-9221			9276 Verbindlichkeiten aus Gewährleistungsverträgen gegenüber verbundenen/assoziierten Unternehmen
		R 9230			9277 Haftung aus der Bestellung von Sicherheiten für fremde Verbindlichkeiten
		R 9232			
		R 9234			9278 Haftung aus der Bestellung von Sicherheiten für fremde Verbindlichkeiten gegenüber verbundenen/assoziierten Unternehmen
		R 9239			
		Statistische Konten für die Kapitalflussrechnung			9279 Verpflichtungen aus Treuhandvermögen
		9240 Investitionsverbindlichkeiten bei den Leistungsverbindlichkeiten			**Statistische Konten für die im Anhang anzugebenden sonstigen finanziellen Verpflichtungen**
		9241 Investitionsverbindlichkeiten aus Sachanlagekäufen bei Leistungsverbindlichkeiten			9280 Gegenkonto zu 9281-9284
					9281 Verpflichtungen aus Miet- und Leasingverträgen
		9242 Investitionsverbindlichkeiten aus Käufen von immateriellen Vermögensgegenständen bei Leistungsverbindlichkeiten			9282 Verpflichtungen aus Miet- und Leasingverträgen gegenüber verbundenen Unternehmen
		9243 Investitionsverbindlichkeiten aus Käufen von Finanzanlagen bei Leistungsverbindlichkeiten			9283 Andere Verpflichtungen gemäß § 285 Nr. 3a HGB
		9244 Gegenkonto zu Konto 9240-43			9284 Andere Verpflichtungen gemäß § 285 Nr. 3a HGB gegenüber verbundenen Unternehmen
		9245 Forderungen aus Sachanlageverkäufen bei sonstigen Vermögensgegenständen			
		9246 Forderungen aus Verkäufen immaterieller Vermögensgegenstände bei sonstigen Vermögensgegenständen			**Unterschiedsbetrag aus der Abzinsung von Altersversorgungsverpflichtungen nach § 253 Abs. 6 HGB**
		9247 Forderungen aus Verkäufen von Finanzanlagen bei sonstigen Vermögensgegenständen		HB	9285 Unterschiedsbetrag aus der Abzinsung von Altersversorgungsverpflichtungen nach § 253 Abs. 6 HGB (Haben)
		9249 Gegenkonto zu Konto 9245-47		HB	9286 Gegenkonto zu 9285
		R 9250			**Statistische Konten für § 4 Abs. 3 EStG**
		R 9255		EÜR	9287 Zinsen bei Buchungen über Debitoren bei § 4 Abs. 3 EStG[13]
		R 9259			
		Aufgliederung der Rückstellungen für die Programme der Wirtschaftsberatung		EÜR	9288 Mahngebühren bei Buchungen über Debitoren bei § 4 Abs. 3 EStG[13]
		9260 Kurzfristige Rückstellungen		EÜR	9289 Gegenkonto zu 9287 und 9288[13]
		9262 Mittelfristige Rückstellungen			9290 Statistisches Konto steuerfreie Auslagen
		9264 Langfristige Rückstellungen, außer Pensionen			9291 Gegenkonto zu 9290
		9269 Gegenkonto zu Konten 9260-9268			9292 Statistisches Konto Fremdgeld
		Statistische Konten für in der Bilanz auszuweisende Haftungsverhältnisse			9293 Gegenkonto zu 9292
		9270 Gegenkonto zu 9271-9279 (Soll-Buchung)	Einlagen stiller Gesellschafter	G K	9295 Einlagen stiller Gesellschafter
		9271 Verbindlichkeiten aus der Begebung und Übertragung von Wechseln	Steuerrechtlicher Ausgleichsposten	SB	9297 Steuerrechtlicher Ausgleichsposten
		9272 Verbindlichkeiten aus der Begebung und Übertragung von Wechseln gegenüber verbundenen/assoziierten Unternehmen			

DATEV-Kontenrahmen SKR 04

Bilanz-Posten[2)]	Programm-verbindung[4)] Abschluss-zweck[4)]	9 Vortrags-, Kapital-, Korrektur- und statistische Konten	Bilanz-Posten[2)]	Programm-verbindung[4)] Abschluss-zweck[4)]	9 Vortrags-, Kapital-, Korrektur- und statistische Konten
		F 9300 [7)] -20			F 9550 Anteil für Konto 2050 Teilhafter
		F 9326 [7)] -43			F 9551 Anteil für Konto 2051-59 -59 Teilhafter[11)14)]
		F 9346 [7)] -49			F 9560 Anteil für Konto 2060 Teilhafter
		F 9357 [7)] -60		HB	F 9561 Anteil für Konto 2061-69 -69 Teilhafter[11)14)]
		F 9365 [7)] -67		HB	F 9570 Anteil für Konto 2070 Teilhafter F 9571 Anteil für Konto 2071-79 -79 Teilhafter[11)14)]
		F 9371 [7)] -72			F 9580 Anteil für Konto 9820 Vollhafter F 9581 Anteil für Konto 9821-29 -89 Vollhafter[11)14)]
		9390 (Zur freien Verfügung)[24)] -94			F 9590 Anteil für Konto 0080 Teilhafter F 9591 Anteil für Konto 0081-89 -99 Teilhafter[11)14)]
		F 9395 (Zur freien Verfügung)[7)] -99			F 9600 Name des Gesellschafters Vollhafter
		Privat Teilhafter (Eigenkapital, für Verrechnung mit Kapitalkonto III - Konto 9840-9849)			F 9601 Name des Gesellschafters -09 Vollhafter[11)14)] F 9610 Tätigkeitsvergütung Vollhafter
		F 9400 Privatentnahmen allgemein F 9401 Privatentnahmen allgemein[11)14)] -09			F 9611 Tätigkeitsvergütung Vollhaf- -19 ter[11)14)] F 9620 Tantieme Vollhafter
		F 9410 Privatsteuern F 9411 Privatsteuern[11)14)] -19			F 9621 Tantieme Vollhafter[11)14)] -29 F 9630 Darlehensverzinsung Vollhafter
		F 9420 Sonderausgaben beschränkt abzugsfähig F 9421 Sonderausgaben beschränkt -29 abzugsfähig[11)14)]			F 9631 Darlehensverzinsung Vollhaf- -39 ter[11)14)] F 9640 Gebrauchsüberlassung Vollhafter F 9641 Gebrauchsüberlassung -49 Vollhafter[11)14)]
		F 9430 Sonderausgaben unbeschränkt abzugsfähig F 9431 Sonderausgaben unbeschränkt -39 abzugsfähig[11)14)]			F 9650 Sonstige Vergütungen Vollhafter F 9651 Sonstige Vergütungen -59 Vollhafter[11)14)]
		F 9440 Zuwendungen, Spenden F 9441 Zuwendungen, Spenden[11)14)] -49			F 9660 Sonstige Vergütungen Vollhafter F 9661 Sonstige Vergütungen -69 Vollhafter[11)14)]
		F 9450 Außergewöhnliche Belastungen F 9451 Außergewöhnliche Belastun- -59 gen[11)14)]			F 9670 Sonstige Vergütungen Vollhafter F 9671 Sonstige Vergütungen -79 Vollhafter[11)14)]
		F 9460 Grundstücksaufwand F 9461 Grundstücksaufwand[11)14)] -69			F 9680 Sonstige Vergütungen Vollhafter F 9681 Sonstige Vergütungen -89 Vollhafter[11)14)]
		F 9470 Grundstücksertrag F 9471 Grundstücksertrag[11)14)] -79			F 9690 Restanteil Vollhafter F 9691 Restanteil Vollhafter[11)14)] -99
		F 9480 Unentgeltliche Wertabgaben F 9481 Unentgeltliche Wertabgaben[11)14)] -89			F 9700 Name des Gesellschafters Teilhafter F 9701 Name des Gesellschafters -09 Teilhafter[11)14)]
		F 9490 Privateinlagen F 9491 Privateinlagen[11)14)] -99			F 9710 Tätigkeitsvergütung Teilhafter F 9711 Tätigkeitsvergütung Teilhaf- -19 ter[11)14)]
		Statistische Konten für die Kapitalkontenentwicklung			F 9720 Tantieme Teilhafter F 9721 Tantieme Teilhafter[11)14)] -29
		F 9500 Anteil für Konto 2000 Vollhafter F 9501 Anteil für Konto 2001-09 -09 Vollhafter[11)14)]			F 9730 Darlehensverzinsung Teilhafter F 9731 Darlehensverzinsung Teilhaf- -39 ter[11)14)]
		F 9510 Anteil für Konto 2010 Vollhafter F 9511 Anteil für Konto 2011-19 -19 Vollhafter[11)14)]			F 9740 Gebrauchsüberlassung Teilhafter F 9741 Gebrauchsüberlassung -49 Teilhafter[11)14)]
	HB HB	F 9520 Anteil für Konto 2020 Vollhafter F 9521 Anteil für Konto 2021-29 -29 Vollhafter[11)14)]			F 9750 Sonstige Vergütungen Teilhafter F 9751 Sonstige Vergütungen -59 Teilhafter[11)14)]
		F 9530 Anteil für Konto 9810 Vollhafter F 9531 Anteil für Konto 9811-19 -39 Vollhafter[11)14)]			F 9760 Sonstige Vergütungen Teilhafter F 9761 Sonstige Vergütungen -69 Teilhafter[11)14)]
		F 9540 Anteil für Konto 0060 Vollhafter F 9541 Anteil für Konto 0061-69 -49 Vollhafter[11)14)]			F 9770 Sonstige Vergütungen Teilhafter F 9771 Sonstige Vergütungen -79 Teilhafter[11)14)]

DATEV-Kontenrahmen SKR 04

Bilanz-Posten[2]	Programm-verbindung[4] Abschlusszweck[4]	9 Vortrags-, Kapital-, Korrektur- und statistische Konten
		F 9780 Anteil für Konto 9840 Teilhafter
		F 9781 Anteil für Konto 9841-49 Teilhafter[11)14)] -89
		F 9790 Restanteil Teilhafter
		F 9791 Restanteil Teilhafter[11)14)] -99
		F 9800 Abstimmsummenkonto für den Import von Buchungssätzen
		Rücklagen, Gewinn-, Verlustvortrag
		F 9802 Gesamthänderisch gebundene Rücklagen - andere Kapitalkontenanpassungen[26)]
		F 9803 Gewinnvortrag/Verlustvortrag - andere Kapitalkontenanpassungen[26)]
		F 9804 Gesamthänderisch gebundene Rücklagen - Umbuchungen[26)]
		F 9805 Gewinnvortrag/Verlustvortrag - Umbuchungen[26)]
		Statistische Anteile an den Posten Jahresüberschuss/-fehlbetrag bzw. Bilanzgewinn/-verlust
	SB	F 9806 Zuzurechnender Anteil am Jahresüberschuss/Jahresfehlbetrag - je Gesellschafter[26)]
	SB	F 9807 Zuzurechnender Anteil am Bilanzgewinn/Bilanzverlust - je Gesellschafter[26)]
	SB	F 9808 Gegenkonto für zuzurechnenden Anteil am Jahresüberschuss/Jahresfehlbetrag[26)]
	SB	F 9809 Gegenkonto für zuzurechnenden Anteil am Bilanzgewinn/Bilanzverlust[26)]
		Kapital Personenhandelsgesellschaft Vollhafter
		F 9810 Kapitalkonto III
		F 9811 Kapitalkonto III[11)14)] -19
		F 9820 Verlust-/Vortragskonto
		F 9821 Verlust-/Vortragskonto[11)14)] -29
		F 9830 Verrechnungskonto für Einzahlungsverpflichtungen
		F 9831 Verrechnungskonto für Einzahlungsverpflichtungen[11)14)] -39
		Kapital Personenhandelsgesellschaft Teilhafter
		F 9840 Kapitalkonto III
		F 9841 Kapitalkonto III[11)14)] -49
		F 9850 Verrechnungskonto für Einzahlungsverpflichtungen
		F 9851 Verrechnungskonto für Einzahlungsverpflichtungen[11)14)] -59
		Einzahlungsverpflichtungen im Bereich der Forderungen
		F 9860 Einzahlungsverpflichtungen persönlich haftender Gesellschafter
		F 9861 Einzahlungsverpflichtungen persönlich haftender Gesellschafter[11)14)] -69
		F 9870 Einzahlungsverpflichtungen Kommanditisten
		F 9871 Einzahlungsverpflichtungen Kommanditisten[11)14)] -79

Bilanz-Posten[2]	Programm-verbindung[4] Abschlusszweck[4]	9 Vortrags-, Kapital-, Korrektur- und statistische Konten
		Ausgleichsposten für aktivierte eigene Anteile und Bilanzierungshilfen
		9880 Ausgleichsposten für aktivierte eigene Anteile
		R 9882
		Nicht durch Vermögenseinlagen gedeckte Entnahmen
		F 9883 Nicht durch Vermögenseinlagen gedeckte Entnahmen persönlich haftender Gesellschafter
		F 9884 Nicht durch Vermögenseinlagen gedeckte Entnahmen Kommanditisten
		Verrechnungskonto für nicht durch Vermögenseinlagen gedeckte Entnahmen
		F 9885 Verrechnungskonto für nicht durch Vermögenseinlagen gedeckte Entnahmen persönlich haftender Gesellschafter
		F 9886 Verrechnungskonto für nicht durch Vermögenseinlagen gedeckte Entnahmen Kommanditisten
		Steueraufwand der Gesellschafter
		9887 Steueraufwand der Gesellschafter
		9889 Gegenkonto zu 9887
		Statistische Konten für Gewinnzuschlag
	SB	9890 Statistisches Konto für den Gewinnzuschlag nach §§ 6b, 6c EStG (Haben)
	G K SB	9891 Statistisches Konto für den Gewinnzuschlag nach §§ 6b, 6c EStG (Soll) - Gegenkonto zu 9890
		Veränderung der gesamthänderisch gebundenen Rücklagen (Einlagen/Entnahmen)
		F 9892 Veränderung der gesamthänderisch gebundenen Rücklagen (Einlagen/Entnahmen)[26)]
		Vorsteuer-/Umsatzsteuerkonten zur Korrektur der Forderungen/Verbindlichkeiten (EÜR)
	EÜR	9893 Umsatzsteuer in den Forderungen zum allgemeinen Umsatzsteuersatz (EÜR)[13)]
	EÜR	9894 Umsatzsteuer in den Forderungen zum ermäßigten Umsatzsteuersatz (EÜR)[13)]
	EÜR	9895 Gegenkonto 9893-9894 für die Aufteilung der Umsatzsteuer (EÜR)[13)]
	EÜR	9896 Vorsteuer in den Verbindlichkeiten zum allgemeinen Umsatzsteuersatz (EÜR)[13)]
	EÜR	9897 Vorsteuer in den Verbindlichkeiten zum ermäßigten Umsatzsteuersatz (EÜR)[13)]
	EÜR	9899 Gegenkonto 9896-9897 für die Aufteilung der Vorsteuer (EÜR)[13)]

DATEV-Kontenrahmen SKR 04

Bilanz-Posten[2]	Programm-verbindung[4] Abschluss-zweck[4]	9 Vortrags-, Kapital-, Korrektur- und statistische Konten	Bilanz-Posten[2]	Programm-verbindung[4] Abschluss-zweck[4]	9 Vortrags-, Kapital-, Korrektur- und statistische Konten
		Statistische Konten zu § 4 (4a) EStG			**Statistische Konten für den außerhalb der Bilanz zu berücksichtigenden Investitionsabzugsbetrag nach § 7g EStG**
	EÜR	9910 Gegenkonto zur Minderung der Entnahmen § 4 (4a) EStG			
	EÜR	9911 Minderung der Entnahmen § 4 (4a) EStG (Haben)		G K SB	9970 Investitionsabzugsbetrag § 7g Abs. 1 EStG, außerbilanziell (Soll)
	EÜR	9912 Erhöhung der Entnahmen § 4 (4a) EStG		SB	9971 Investitionsabzugsbetrag § 7g Abs. 1 EStG, außerbilanziell (Haben) - Gegenkonto zu 9970
	EÜR	9913 Gegenkonto zur Erhöhung der Entnahmen § 4 (4a) EStG (Haben)		G K SB	9972 Hinzurechnung Investitionsabzugsbetrag § 7g Abs. 2 EStG aus dem vorangegangenen Wirtschaftsjahr, außerbilanziell (Haben)
		Statistische Konten für den außerhalb der Bilanz zu berücksichtigenden Investitionsabzugsbetrag nach § 7g EStG		SB	9973 Hinzurechnung Investitionsabzugsbetrag § 7g Abs. 2 EStG aus den vorangegangenen Wirtschaftsjahren, außerbilanziell (Soll) - Gegenkonto zu 9972, 9916, 9917
	G K SB	9916 Hinzurechnung Investitionsabzugsbetrag § 7g Abs. 2 EStG aus dem 2. vorangegangenen Wirtschaftsjahr, außerbilanziell (Haben)		SB	9974 Rückgängigmachung Investitionsabzugsbetrag § 7g Abs. 3, 4 EStG im vorangegangenen Wirtschaftsjahr
	G K SB	9917 Hinzurechnung Investitionsabzugsbetrag § 7g Abs. 2 EStG aus dem 3. vorangegangenen Wirtschaftsjahr, außerbilanziell (Haben)		SB	9975 Rückgängigmachung Investitionsabzugsbetrag § 7g Abs. 3, 4 EStG in den vorangegangenen Wirtschaftsjahren - Gegenkonto zu 9974, 9918, 9919
	SB	9918 Rückgängigmachung Investitionsabzugsbetrag § 7g Abs. 3, 4 EStG im 2. vorangegangenen Wirtschaftsjahr			**Statistische Konten für die Zinsschranke § 4h EStG/§ 8a KStG**
	K SB	9919 Rückgängigmachung Investitionsabzugsbetrag § 7g Abs. 3, 4 EStG im 3. vorangegangenen Wirtschaftsjahr		G SB	9976 Nicht abzugsfähige Zinsaufwendungen gemäß § 4h EStG (Haben)
		Konten zu Bewertungskorrekturen		SB	9977 Nicht abzugsfähige Zinsaufwendungen gemäß § 4h EStG (Soll) - Gegenkonto zu 9976
Forderungen aus Lieferungen und Leistungen		9960 Bewertungskorrektur zu Forderungen aus Lieferungen und Leistungen		G SB	9978 Abziehbare Zinsaufwendungen aus Vorjahren gemäß § 4h EStG (Soll)
Sonstige Verbindlichkeiten		9961 Bewertungskorrektur zu sonstigen Verbindlichkeiten		SB	9979 Abziehbare Zinsaufwendungen aus Vorjahren gemäß § 4h EStG (Haben) - Gegenkonto zu 9978
Kassenbestand, Bundesbankguthaben, Guthaben bei Kreditinstituten und Schecks		9962 Bewertungskorrektur zu Guthaben bei Kreditinstituten			**Statistische Konten für den GuV-Ausweis in „Gutschrift bzw. Belastung auf Verbindlichkeitskonten" bei den Zuordnungstabellen für PersHG nach KapCoRiLiG**
Verbindlichkeiten gegenüber Kreditinstituten		9963 Bewertungskorrektur zu Verbindlichkeiten gegenüber Kreditinstituten			9980 Anteil Belastung auf Verbindlichkeitskonten
Verbindlichkeiten aus Lieferungen und Leistungen		9964 Bewertungskorrektur zu Verbindlichkeiten aus Lieferungen und Leistungen			9981 Verrechnungskonto für Anteil Belastung auf Verbindlichkeitskonten
Sonstige Vermögensgegenstände		9965 Bewertungskorrektur zu sonstigen Vermögensgegenständen			9982 Anteil Gutschrift auf Verbindlichkeitskonten
					9983 Verrechnungskonto für Anteil Gutschrift auf Verbindlichkeitskonten

DATEV-Kontenrahmen SKR 04

Bilanz-Posten[2]	Programm-verbindung[4] Abschluss-zweck[4]	9 Vortrags-, Kapital-, Korrektur- und statistische Konten	
		Statistische Konten für die Gewinnkorrektur nach § 60 Abs. 2 EStDV	**Erläuterungen zu den Kontenfunktionen:** **Zusatzfunktionen** (über einer Kontenklasse): KU Keine Errechnung der Umsatzsteuer möglich V Zusatzfunktion „Vorsteuer" M Zusatzfunktion „Umsatzsteuer"
	G K HB	9984 Gewinnkorrektur nach § 60 Abs. 2 EStDV - Erhöhung handelsrechtliches Ergebnis durch Habenbuchung - Minderung handelsrechtliches Ergebnis durch Sollbuchung	**Hauptfunktionen** (vor einem Konto) AV Automatische Errechnung der Vorsteuer AM Automatische Errechnung der Umsatzsteuer S Sammelkonten F Konten mit allgemeiner Funktion R Diese Konten dürfen erst dann gebucht werden, wenn ihnen eine andere Funktion zugeteilt wurde.
	HB	9985 Gegenkonto zu 9984	
		Statistische Konten für Korrekturbuchungen in der Überleitungsrechnung	**Hinweise zu den Konten sind durch Fußnoten gekennzeichnet:** [1] Konto für das Buchungsjahr 2019 neu eingeführt. [2] Bilanz- und GuV-Posten große Kapitalgesellschaft GuV-Gesamtkostenverfahren Tabelle S4004.
		9986 Ergebnisverteilung auf Fremdkapital 9987 Bilanzberichtigung 9989 Gegenkonto zu 9986-9988	[3] Diese Konten können mit BU-Schlüssel 10 gebucht werden. Das EU-Land und der ausländische Steuersatz werden über das EU-Fenster eingegeben. [4] Kontenbezogene Kennzeichnung der Programmverbindung in Rechnungswesen-Programmen zu Umsatzsteuererklärung (U), Gewerbesteuer (G) und Körperschaftsteuer (K).
		Statistische Konten für außergewöhnliche und aperiodische Geschäftsvorfälle für Anhangsangabe nach § 285 Nr. 31 und Nr. 32 HGB	Da bei Erstellung des SKR-Formulars die Steuererklärungsformulare noch nicht vorlagen, können sich Abweichungen zwischen den in der Programmverbindung berücksichtigten Konten und den Programmverbindungskennzeichen ergeben. **Abschlusszweck:**
		9990 Erträge von außergewöhnlicher Größenordnung oder Bedeutung 9991 Erträge (aperiodisch) 9992 Erträge von außergewöhnlicher Größenordnung oder Bedeutung (aperiodisch) 9993 Aufwendungen von außergewöhnlicher Größenordnung oder Bedeutung 9994 Aufwendungen (aperiodisch) 9995 Aufwendungen von außergewöhnlicher Größenordnung oder Bedeutung (aperiodisch) 9998 Gegenkonto zu 9990-9997	HBÜ Diese Konten sollten ausschließlich für die Handelsbilanz zur Anwendung von BilMoG-Übergangsvorschriften gebucht werden. HB Diese Konten sollten ausschließlich für die Handelsbilanz gebucht werden. SB Diese Konten sollten ausschließlich für die Steuerbilanz gebucht werden. EÜR Diese Konten sollten ausschließlich für die Gewinnermittlung nach § 4 Abs. 3 EStG gebucht werden. [5] Dieses Konto kann mit BU-Schlüssel 44 gebucht werden. Das EU-Land und der ausländische Steuersatz werden über das EU-Fenster eingegeben. [6] Das Konto gilt als Hauptkonto für Sachverhalte, die in diesen Kontenbereichen nicht als spezieller Sachverhalt auf Einzelkonten dargestellt sind. [7] Diese Konten werden für die BWA-Form 10 sowie Branchen-BWA-Formen mit statistischen Mengeneinheiten gebucht und wurden mit der Umrechnungssperre, Funktion 18000, belegt. [8] Kontenbeschriftung in 2019 geändert.
Sollsalden: Forderungen aus Lieferungen und Leistungen		**Personenkonten** 10000 -69999 = Debitoren	[9] An der Schnittstelle zu GewSt werden ab VAZ 2009 die Erträge zu 40 % als steuerfrei und die Aufwendungen zu 40 % als nicht abziehbar behandelt. An der Schnittstelle zur KSt werden die Erträge zu 100 % als steuerfrei und die Aufwendungen zu 100 % als nicht abziehbar behandelt. Siehe §§ 3 Nr. 40, 3c EStG, § 8b KStG.
Habensalden: Sonstige Verbindlichkeiten			[10] Diese Konten haben ab Buchungsjahr 2005 nicht mehr die Zusatzfunktion KU. Bitte verwenden Sie diese Konten nur noch in Verbindung mit einem Gegenkonto mit Geldkontenfunktion.
Habensalden: Verbindlichkeiten aus Lieferungen und Leistungen		70000 -99999 = Kreditoren	[11] Das Konto wird nur noch für Auswertungen mit Vorjahresvergleich benötigt und wird im folgenden Jahr gelöscht. [12] frei [13] Das Konto wurde für die Gewinnermittlung nach § 4 Abs. 3 EStG eingeführt. Nach § 60 Abs. 4 EStDV ist bei einer Gewinnermittlung nach § 4 Abs. 3 EStG der Steuererklärung ein amtlich vorgeschriebener Vordruck beizufügen, Einnahmenüberschussrechnung -EÜR-.
Sollsalden: Sonstige Vermögensgegenstände			[14] Ab dem Buchungsjahr 2019 dürfen die Konten nicht mehr gebucht werden. Mehr Infos dazu finden Sie im Dokument 1000273. [15] Das Konto wurde zur Aufteilung nach Steuersätzen am Jahresende eingerichtet und sollte unterjährig nicht bebucht werden. Beachten Sie die Buchungsregeln im Dokument 0906057. [16] Das Konto wird in KSt nur bei Organgesellschaften berücksichtigt. [17] Das Konto wird in Körperschaftsteuer ausschließlich in die Positionen „Eigen-/Nennkapital zum Schluss des vorangegangenen Wirtschaftsjahres" übernommen.

[18)] Da das EÜR-Formular einen differenzierten Ausweis der Reisekosten und Fahrzeugkosten fordert, darf dieses Konto von EÜR-Anwendern nicht genutzt werden.
[19)] frei
[20)] frei
[21)] Diese Konten können mit BU-Schlüssel 94 (Konto mit Vorsteuerabzug) bzw. mit BU-Schlüssel 95 (Konto ohne Vorsteuerabzug) gebucht werden. Der Tatbestand des § 13b UStG ist anschließend zu erfassen.
[22)] Ab dem Buchungsjahr 2019 dürfen die Konten nur noch für Einzelunternehmer verwendet werden. Mehr Infos dazu finden Sie im Dokument 1000273.
[23)] Diese Konten fließen im EÜR-Formular in die Zeile Ergebnisanteile aus Beteiligungen an Personengesellschaften.
[24)] Diese Konten werden für die BWA-Formen der Branchenlösung gebucht.
[25)] frei
[26)] Dieses Konto können Sie nur für die neue Kapitalkontenentwicklung nutzen. Mehr Infos dazu finden Sie im Dokument 1080582.
[27)] frei
[28)] Das Konto wird in Bilanz/GuV nur in den Zuordnungstabellen für Sonderbilanzen abgefragt.

Eine Übersicht aller Steuer-/Buchungsschlüssel erhalten Sie im Rechnungswesen-Programm über die Tastenkombination **Umschalt + F3** im Feld **BU/Gegenkonto** in der Buchungszeile. Weitere Informationen finden Sie in Dokument 9231347 in der Info-Datenbank.

Bedeutung der Steuerschlüssel:

1 Umsatzsteuerfrei (mit Vorsteuerabzug)
2 Umsatzsteuer 7 %
3 Umsatzsteuer 19 %
4 gesperrt
5 Umsatzsteuer 16 %
6 gesperrt
7 Vorsteuer 16 %
8 Vorsteuer 7 %
9 Vorsteuer 19 %

Bedeutung der Berichtigungsschlüssel:

1 Steuerschlüssel bei Buchungen mit einem EU-Tatbestand ab Buchungsjahr 1993
4 Aufhebung der Automatik
5 Individueller Umsatzsteuer-Schlüssel
9 Aufzuteilende Vorsteuer

Bedeutung der Steuerschlüssel bei Buchungen mit einem EU-Tatbestand (6. und 7. Stelle des Gegenkontos):

10 nicht steuerbarer Umsatz in Deutschland (Steuerpflicht im anderen EU-Land)
11 Umsatzsteuerfrei (mit Vorsteuerabzug)
12 Umsatzsteuer 7 %
13 Umsatzsteuer 19 %
15 Umsatzsteuer 16 %
17 Umsatzsteuer 16 % Vorsteuer 16 %
18 Umsatzsteuer 7 % Vorsteuer 7 %
19 Umsatzsteuer 19 % Vorsteuer 19 %

Bedeutung der Steuerschlüssel 91/92/94/95 und 46 (6. und 7. Stelle des Gegenkontos)

Umsatzsteuerschlüssel für die Verbuchung von Umsätzen, für die der Leistungsempfänger die Steuer nach § 13b UStG schuldet.

Bedeutung der Steuerschlüssel beim Leistungsempfänger:

91 7 % Vorsteuer und 7 % Umsatzsteuer
92 ohne Vorsteuer und 7 % Umsatzsteuer
94 19 % Vorsteuer und 19 % Umsatzsteuer
95 ohne Vorsteuer und 19 % Umsatzsteuer

Die Unterscheidung der verschiedenen Sachverhalte nach § 13b UStG erfolgt nach Eingabe des Steuerschlüssels direkt bei der Erfassung des Buchungssatzes.
Hier erfolgt auch die Eingabe, falls Sie ab Buchungsjahr 2007 noch die Steuerrechnung mit 16 % benötigen.

Beim Leistenden:

46 Ausweis Kennzahl 60 oder 68 der UStVA

Bedeutung des Steuerschlüssels 47

Umsatzsteuerschlüssel für die Verbuchung von Erlösen aus im anderen EU-Land steuerpflichtigen sonstigen Leistungen, für die der Leistungsempfänger die Umsatzsteuer schuldet.

47 Ausweis ZM und Kennzahl 21 der UStVA

Bedeutung des Steuerschlüssels 44

Umsatzsteuerschlüssel für die Verbuchung von im anderen EU-Land steuerpflichtigen elektronischen Dienstleistungen.

44 Ausweis MOSS und Kennzahl 45 der UStVA

Erläuterungen zur Kennzeichnung von Konten für die Programmverbindung zwischen Rechnungswesen-Programmen und Steuerprogrammen:

Die Erweiterung des Standardkontenrahmens um zusätzliche Konten und besondere Kennzeichen verbessert weiter die Integration der DATEV-Programme und erleichtert die Arbeit für Anwender von Rechnungswesen-Programmen, die gleichzeitig DATEV-Steuerprogramme nutzen. Steuerliche Belange können bereits während des Kontierens stärker berücksichtigt werden.

In der Spalte Programmverbindung werden die Konten gekennzeichnet, die über die Schnittstelle in Rechnungswesen-Programmen an das entsprechende Steuerprogramm Umsatzsteuererklärung (U), Gewerbesteuer (G) und Körperschaftsteuer (K) weitergegeben und an entsprechender Stelle der Steuerberechnung zu Grunde gelegt werden.

Die Kennzeichnung „G" und „K" an Standardkonten umfasst für die Weitergabe an Gewerbesteuer und Körperschaftsteuer auch die nachfolgenden Konten bis zum nächsten standardmäßig belegten Konto.

Die Kennzeichnung "U" an Standardkonten steht für die Weitergabe an das Programm Umsatzsteuererklärung. Kontenbereiche werden nur weitergegeben, wenn sie im Standardkontenrahmen ausgewiesen sind (z. B. AM 4300-09).

Nicht gekennzeichnet sind solche Konten, die lediglich eine rechnerische Hilfsfunktion im steuerlichen Sinne ausüben wie Löhne und Gehälter sowie Umsätze für die Berechnung des zulässigen Spendenabzugs im Rahmen von Gewerbesteuer und Körperschaftsteuer.

Abgebildet wird mit den Kennzeichen die Programmverbindung, nicht der steuerliche Ursprung. Die Gewerbesteuer-Berechnung für Körperschaften ist in das Produkt Körperschaftsteuer integriert. Daher ist an Konten mit gewerbesteuerlichem Merkmal auch ein „K" für diese Programmverbindung zu finden.

DATEV-Kontenrahmen nach dem Bilanzrichtlinie-Umsetzungsgesetz
Standardkontenrahmen - Prozessgliederungsprinzip (SKR 03)
Gültig für 2019

0 Anlage- und Kapitalkonten

Bilanz-Posten	Programmverbindung / Abschlusszweck	Konten
		KU 0600-0800
		KU 0809
		KU 0819-0963
		KU 0968-0969
		KU 0987-0989
		KU 0996-0999
		R 0001
		0005 Rückständige fällige Einzahlungen auf Geschäftsanteile

Immaterielle Vermögensgegenstände

Entgeltlich erworbene Konzessionen, gewerbliche Schutzrechte und ähnliche Rechte und Werte sowie Lizenzen an solchen Rechten und Werten		**0010 Entgeltlich erworbene Konzessionen, gewerbliche Schutzrechte und ähnliche Rechte und Werte sowie Lizenzen an solchen Rechten und Werten**
		0015 Konzessionen
		0020 Gewerbliche Schutzrechte
		0025 Ähnliche Rechte und Werte
		0027 EDV-Software
		0030 Lizenzen an gewerblichen Schutzrechten und ähnlichen Rechten und Werten
Geschäfts- oder Firmenwert		**0035 Geschäfts- oder Firmenwert**
Geleistete Anzahlungen		0038 Anzahlungen auf Geschäfts- oder Firmenwert
		0039 Geleistete Anzahlungen auf immaterielle Vermögensgegenstände
Geschäfts- oder Firmenwert		0040 Verschmelzungsmehrwert
Selbst geschaffene gewerbliche Schutzrechte und ähnliche Rechte und Werte	HB	**0043 Selbst geschaffene immaterielle Vermögensgegenstände**
	HB	0044 EDV-Software
	HB	0045 Lizenzen und Franchiseverträge
	HB	0046 Konzessionen und gewerbliche Schutzrechte
	HB	0047 Rezepte, Verfahren, Prototypen
	HB	0048 Immaterielle Vermögensgegenstände in Entwicklung

Sachanlagen

Grundstücke, grundstücksgleiche Rechte und Bauten einschließlich der Bauten auf fremden Grundstücken		**0050 Grundstücke, grundstücksgleiche Rechte und Bauten einschließlich der Bauten auf fremden Grundstücken**
		0059 Grundstücksanteil des häuslichen Arbeitszimmers
		0060 Grundstücksgleiche Rechte ohne Bauten
		0065 Unbebaute Grundstücke
		0070 Grundstücksgleiche Rechte (Erbbaurecht, Dauerwohnrecht, unbebaute Grundstücke)
		0075 Grundstücke mit Substanzverzehr
Geleistete Anzahlungen und Anlagen im Bau		0079 Anzahlungen auf Grundstücke und grundstücksgleiche Rechte ohne Bauten

0 Anlage- und Kapitalkonten

Bilanz-Posten	Programmverbindung / Abschlusszweck	Konten
Grundstücke, grundstücksgleiche Rechte und Bauten einschließlich der Bauten auf fremden Grundstücken		**0080 Bauten auf eigenen Grundstücken und grundstücksgleichen Rechten**
		0085 Grundstückswerte eigener bebauter Grundstücke
		0090 Geschäftsbauten
		0100 Fabrikbauten
		0110 Garagen
		0111 Außenanlagen für Geschäfts-, Fabrik- und andere Bauten
		0112 Hof- und Wegebefestigungen
		0113 Einrichtungen für Geschäfts-, Fabrik- und andere Bauten
		0115 Andere Bauten
Geleistete Anzahlungen und Anlagen im Bau		0120 Geschäfts-, Fabrik- und andere Bauten im Bau auf eigenen Grundstücken
		0129 Anzahlungen auf Geschäfts-, Fabrik- und andere Bauten auf eigenen Grundstücken und grundstücksgleichen Rechten
Grundstücke, grundstücksgleiche Rechte und Bauten einschließlich der Bauten auf fremden Grundstücken		0140 Wohnbauten
		0145 Garagen
		0146 Außenanlagen
		0147 Hof- und Wegebefestigungen
		0148 Einrichtungen für Wohnbauten
		0149 Gebäudeteil des häuslichen Arbeitszimmers
Geleistete Anzahlungen und Anlagen im Bau		0150 Wohnbauten im Bau auf eigenen Grundstücken
		0159 Anzahlungen auf Wohnbauten auf eigenen Grundstücken und grundstücksgleichen Rechten
Grundstücke, grundstücksgleiche Rechte und Bauten einschließlich der Bauten auf fremden Grundstücken		**0160 Bauten auf fremden Grundstücken**
		0165 Geschäftsbauten
		0170 Fabrikbauten
		0175 Garagen
		0176 Außenanlagen
		0177 Hof- und Wegebefestigungen
		0178 Einrichtungen für Geschäfts-, Fabrik-, Wohn- und andere Bauten
		0179 Andere Bauten
Geleistete Anzahlungen und Anlagen im Bau		0180 Geschäfts-, Fabrik- und andere Bauten im Bau auf fremden Grundstücken
		0189 Anzahlungen auf Geschäfts-, Fabrik- und andere Bauten auf fremden Grundstücken
Grundstücke, grundstücksgleiche Rechte und Bauten einschließlich der Bauten auf fremden Grundstücken		0190 Wohnbauten
		0191 Garagen
		0192 Außenanlagen
		0193 Hof- und Wegebefestigungen
		0194 Einrichtungen für Wohnbauten
Geleistete Anzahlungen und Anlagen im Bau		0195 Wohnbauten im Bau auf fremden Grundstücken
		0199 Anzahlungen auf Wohnbauten auf fremden Grundstücken

DATEV-Kontenrahmen SKR 03

Bilanz-Posten[2]	Programm-verbindung[4] Abschlusszweck[4]	0 Anlage- und Kapitalkonten	Bilanz-Posten[2]	Programm-verbindung[4] Abschlusszweck[4]	0 Anlage- und Kapitalkonten
Technische Anlagen und Maschinen		**0200 Technische Anlagen und Maschinen** 0210 Maschinen 0220 Maschinengebundene Werkzeuge 0240 Technische Anlagen 0260 Transportanlagen und Ähnliches 0280 Betriebsvorrichtungen	Ausleihungen an Unternehmen, mit denen ein Beteiligungsverhältnis besteht		0520 Ausleihungen an Unternehmen, mit denen ein Beteiligungsverhältnis besteht 0523 Ausleihungen an Unternehmen, mit denen ein Beteiligungsverhältnis besteht, Personengesellschaften 0524 Ausleihungen an Unternehmen, mit denen ein Beteiligungsverhältnis besteht, Kapitalgesellschaften
Geleistete Anzahlungen und Anlagen im Bau		0290 Technische Anlagen und Maschinen im Bau 0299 Anzahlungen auf technische Anlagen und Maschinen	Wertpapiere des Anlagevermögens		**0525 Wertpapiere des Anlagevermögens** 0530 Wertpapiere mit Gewinnbeteiligungsansprüchen, die dem Teileinkünfteverfahren unterliegen 0535 Festverzinsliche Wertpapiere
Andere Anlagen, Betriebs- und Geschäftsausstattung		**0300 Andere Anlagen, Betriebs- und Geschäftsausstattung** 0310 Andere Anlagen 0320 Pkw 0350 Lkw 0380 Sonstige Transportmittel 0400 Betriebsausstattung 0410 Geschäftsausstattung 0420 Büroeinrichtung 0430 Ladeneinrichtung 0440 Werkzeuge 0450 Einbauten in fremde Grundstücke 0460 Gerüst- und Schalungsmaterial 0480 Geringwertige Wirtschaftsgüter 0485 Wirtschaftsgüter (Sammelposten) 0490 Sonstige Betriebs- und Geschäftsausstattung	Sonstige Ausleihungen		**0540 Sonstige Ausleihungen** 0550 Darlehen
			Genossenschaftsanteile		**0570 Genossenschaftsanteile zum langfristigen Verbleib**
			Sonstige Ausleihungen		0580 Ausleihungen an Gesellschafter 0582 Ausleihungen an GmbH-Gesellschafter 0583 Ausleihungen an stille Gesellschafter 0584 Ausleihungen an persönlich haftende Gesellschafter 0586 Ausleihungen an Kommanditisten 0590 Ausleihungen an nahe stehende Personen
Geleistete Anzahlungen und Anlagen im Bau		0498 Andere Anlagen, Betriebs- und Geschäftsausstattung im Bau 0499 Anzahlungen auf andere Anlagen, Betriebs- und Geschäftsausstattung	Rückdeckungsansprüche aus Lebensversicherungen		**0595 Rückdeckungsansprüche aus Lebensversicherungen zum langfristigen Verbleib**
		Finanzanlagen			**Verbindlichkeiten**
Anteile an verbundenen Unternehmen		0500 Anteile an verbundenen Unternehmen (Anlagevermögen) 0501 Anteile an verbundenen Unternehmen, Personengesellschaften 0502 Anteile an verbundenen Unternehmen, Kapitalgesellschaften 0503 Anteile an herrschender oder mehrheitlich beteiligter Gesellschaft, Kapitalgesellschaften 0504 Anteile an herrschender oder mehrheitlich beteiligter Gesellschaft	Anleihen		**0600 Anleihen** nicht konvertibel 0601 - Restlaufzeit bis 1 Jahr 0605 - Restlaufzeit 1 bis 5 Jahre 0610 - Restlaufzeit größer 5 Jahre 0615 Anleihen konvertibel 0616 - Restlaufzeit bis 1 Jahr 0620 - Restlaufzeit 1 bis 5 Jahre 0625 - Restlaufzeit größer 5 Jahre
Ausleihungen an verbundene Unternehmen		0505 Ausleihungen an verbundene Unternehmen 0506 Ausleihungen an verbundene Unternehmen, Personengesellschaften 0507 Ausleihungen an verbundene Unternehmen, Kapitalgesellschaften 0508 Ausleihungen an verbundene Unternehmen, Einzelunternehmen 0509 Anteile an herrschender oder mehrheitlich beteiligter Gesellschaft, Personengesellschaften	Verbindlichkeiten gegenüber Kreditinstituten oder *Kassenbestand, Bundesbankguthaben, Guthaben bei Kreditinstituten und Schecks*		**0630 Verbindlichkeiten gegenüber Kreditinstituten** 0631 - Restlaufzeit bis 1 Jahr 0640 - Restlaufzeit 1 bis 5 Jahre 0650 - Restlaufzeit größer 5 Jahre 0660 Verbindlichkeiten gegenüber Kreditinstituten aus Teilzahlungsverträgen 0661 - Restlaufzeit bis 1 Jahr 0670 - Restlaufzeit 1 bis 5 Jahre 0680 - Restlaufzeit größer 5 Jahre 0690 (frei, in Bilanz kein Restlaufzeitvermerk) -98
Anteile an verbundenen Unternehmen			Verbindlichkeiten gegenüber Kreditinstituten		0699 Gegenkonto 0630-0689 bei Aufteilung der Konten 0690-0698
Beteiligungen		0510 Beteiligungen 0513 Typisch stille Beteiligungen 0516 Atypisch stille Beteiligungen 0517 Beteiligungen an Kapitalgesellschaften 0518 Beteiligungen an Personengesellschaften 0519 Beteiligung einer GmbH & Co. KG an einer Komplementär GmbH			

DATEV-Kontenrahmen SKR 03

Bilanz-Posten[2]	Programm-verbindung[4] Abschluss-zweck[4]	0 Anlage- und Kapitalkonten	Bilanz-Posten[2]	Programm-verbindung[4] Abschluss-zweck[4]	0 Anlage- und Kapitalkonten
Verbindlichkeiten gegenüber verbundenen Unternehmen oder *Forderungen gegen verbundene Unternehmen*		**0700 Verbindlichkeiten gegenüber verbundenen Unternehmen** 0701 - Restlaufzeit bis 1 Jahr 0705 - Restlaufzeit 1 bis 5 Jahre 0710 - Restlaufzeit größer 5 Jahre	Eigene Anteile	K	0819 Erworbene eigene Anteile
			Nicht eingeforderte ausstehende Einlagen		0820 Ausstehende Einlagen auf das -29 gezeichnete Kapital, nicht eingefordert (Passivausweis, vom gezeichneten Kapital offen abgesetzt; eingeforderte ausstehende Einlagen s. Konten 0830-0838)
Verbindlichkeiten gegenüber Unternehmen, mit denen ein Beteiligungsverhältnis besteht oder *Forderungen gegen Unternehmen, mit denen ein Beteiligungsverhältnis besteht*		**0715 Verbindlichkeiten gegenüber Unternehmen, mit denen ein Beteiligungsverhältnis besteht** 0716 - Restlaufzeit bis 1 Jahr 0720 - Restlaufzeit 1 bis 5 Jahre 0725 - Restlaufzeit größer 5 Jahre	Eingeforderte, noch ausstehende Kapitaleinlagen		0830 Ausstehende Einlagen auf das -38 gezeichnete Kapital, eingefordert (Forderungen, nicht eingeforderte ausstehende Einlagen s. Konten 0820-0829)
			Nachschüsse		0839 Nachschüsse (Forderungen, Gegenkonto 0845)
			Kapitalrücklage		**Kapitalrücklage**
				K	**0840 Kapitalrücklage[17]**
				K	0841 Kapitalrücklage durch Ausgabe von Anteilen über Nennbetrag[17]
Sonstige Verbindlichkeiten		**0730 Verbindlichkeiten gegenüber Gesellschaftern** 0731 - Restlaufzeit bis 1 Jahr 0740 - Restlaufzeit 1 bis 5 Jahre 0750 - Restlaufzeit größer 5 Jahre 0755 Verbindlichkeiten gegenüber Gesellschaftern für offene Ausschüttungen 0760 Darlehen typisch stiller Gesellschafter 0761 - Restlaufzeit bis 1 Jahr 0764 - Restlaufzeit 1 bis 5 Jahre 0767 - Restlaufzeit größer 5 Jahre 0770 Darlehen atypisch stiller Gesellschafter 0771 - Restlaufzeit bis 1 Jahr 0774 - Restlaufzeit 1 bis 5 Jahre 0777 - Restlaufzeit größer 5 Jahre 0780 Partiarische Darlehen 0781 - Restlaufzeit bis 1 Jahr 0784 - Restlaufzeit 1 bis 5 Jahre 0787 - Restlaufzeit größer 5 Jahre 0790 (frei, in Bilanz kein Restlaufzeitvermerk) -98 0799 Gegenkonto 0730-0789 und 1665-1678 und 1695-1698 bei Aufteilung der Konten 0790-0798		K	0842 Kapitalrücklage durch Ausgabe von Schuldverschreibungen für Wandlungsrechte und Optionsrechte zum Erwerb von Anteilen[17]
				K	0843 Kapitalrücklage durch Zuzahlungen gegen Gewährung eines Vorzugs für Anteile[17]
				K	0844 Kapitalrücklage durch andere Zuzahlungen in das Eigenkapital[17]
				K	0845 Nachschusskapital (Gegenkonto 0839)[17]
					Gewinnrücklagen
			Gesetzliche Rücklage	K	**0846 Gesetzliche Rücklage[17]**
			Andere Gewinnrücklagen	K	0848 Andere Gewinnrücklagen aus dem Erwerb eigener Anteile
			Rücklage für Anteile an einem herrschenden oder mehrheitlich beteiligten Unternehmen		0849 Rücklage für Anteile an einem herrschenden oder mehrheitlich beteiligten Unternehmen
		Kapital Kapitalgesellschaft	Satzungsmäßige Rücklagen	K	**0851 Satzungsmäßige Rücklagen[17]**
Gezeichnetes Kapital	K	**0800 Gezeichnetes Kapital[17]**		K	0852 Andere Ergebnisrücklagen
Gezeichnetes Kapital	K	0809 Kapitalerhöhung aus Gesellschaftsmitteln	Andere Gewinnrücklagen	K	**0853 Gewinnrücklagen aus den Übergangsvorschriften BilMoG**
				HBÜ K	0854 Gewinnrücklagen aus den Übergangsvorschriften BilMoG (Zuschreibung Sachanlagevermögen)
	K	0810 Geschäftsguthaben der verbleibenden Mitglieder		HBÜ	
	K	0811 Geschäftsguthaben der ausscheidenden Mitglieder		K	**0855 Andere Gewinnrücklagen[17]**
	K	0812 Geschäftsguthaben aus gekündigten Geschäftsanteilen		K	0856 Eigenkapitalanteil von Wertaufholungen[17]
	K	0813 Rückständige fällige Einzahlungen auf Geschäftsanteile, vermerkt		HBÜ K	0857 Gewinnrücklagen aus den Übergangsvorschriften BilMoG (Zuschreibung Finanzanlagevermögen)
		0815 Gegenkonto Rückständige fällige Einzahlungen auf Geschäftsanteile, vermerkt			

DATEV-Kontenrahmen SKR 03

Bilanz-Posten[2]	Programm-verbindung[4] Abschlusszweck[4]	0 Anlage- und Kapitalkonten	Bilanz-Posten[2]	Programm-verbindung[4] Abschlusszweck[4]	0 Anlage- und Kapitalkonten
Andere Gewinnrücklagen	K [HBÜ]	0858 Gewinnrücklagen aus den Übergangsvorschriften BilMoG (Auflösung der Sonderposten mit Rücklageanteil)	Rückstellungen für Pensionen und ähnliche Verpflichtungen		**Rückstellungen**
					0950 Rückstellungen für Pensionen und ähnliche Verpflichtungen
	K [HBÜ]	0859 Latente Steuern (Gewinnrücklage Haben) aus erfolgsneutralen Verrechnungen			
Gewinnvortrag o. Verlustvortrag	K	**0860 Gewinnvortrag vor Verwendung**[17]	Rückstellungen für Pensionen und ähnliche Verpflichtungen oder Aktiver Unterschiedsbetrag aus der Vermögensverrechnung	[HB]	0951 Rückstellungen für Pensionen und ähnliche Verpflichtungen zur Saldierung mit Vermögensgegenständen zum langfristigen Verbleib nach § 246 Abs. 2 HGB
	F	0865 Gewinnvortrag vor Verwendung (mit Aufteilung für Kapitalkontenentwicklung)[26]			
	F	0867 Verlustvortrag vor Verwendung (mit Aufteilung für Kapitalkontenentwicklung)[26]			
Gewinnvortrag o. Verlustvortrag	K	**0868 Verlustvortrag vor Verwendung**[17]	Rückstellungen für Pensionen und ähnliche Verpflichtungen		0952 Rückstellungen für Pensionen und ähnliche Verpflichtungen gegenüber Gesellschaftern oder nahestehenden Personen (10 % Beteiligung am Kapital)
	R	0869			0953 Rückstellungen für Direktzusagen
		Kapital			0954 Rückstellungen für Zuschussverpflichtungen für Pensionskassen und Lebensversicherungen
		Eigenkapital Vollhafter/Einzelunternehmer			
	F	0870 Festkapital	Steuerrückstellungen		**0955 Steuerrückstellungen**
	F	0871 Festkapital[22] -79			0956 Gewerbesteuerrückstellung, § 4 Abs. 5b EStG
	F	0880 Variables Kapital			R 0957
	F	0881 Variables Kapital[22] -89	Sonstige Rückstellungen		0961 Urlaubsrückstellungen
		Fremdkapital Vollhafter			
	F	0890 Gesellschafter-Darlehen	Steuerrückstellungen		0962 Steuerrückstellung aus Steuerstundung (BStBK)
	F	0891 Gesellschafter-Darlehen[11)14] -99			0963 Körperschaftsteuerrückstellung
		Eigenkapital Teilhafter	Sonstige Rückstellungen		0964 Rückstellungen für mit der Altersversorgung vergleichbare langfristige Verpflichtungen zum langfristigen Verbleib
	F	0900 Kommandit-Kapital			0965 Rückstellungen für Personalkosten
	F	0901 Kommandit-Kapital[11)14] -09			0966 Rückstellungen zur Erfüllung der Aufbewahrungspflichten
	F	0910 Verlustausgleichskonto			
	F	0911 Verlustausgleichskonto[11)14] -19	Sonstige Rückstellungen oder Aktiver Unterschiedsbetrag aus der Vermögensverrechnung	[HB]	0967 Rückstellungen für mit der Altersversorgung vergleichbare langfristige Verpflichtungen zur Saldierung mit Vermögensgegenständen zum langfristigen Verbleib nach § 246 Abs. 2 HGB
		Fremdkapital Teilhafter			
	F	0920 Gesellschafter-Darlehen			
	F	0921 Gesellschafter-Darlehen[11)14] -29			
		Sonderposten mit Rücklageanteil			
Sonderposten mit Rücklageanteil		0930 Sonderposten mit Rücklageanteil, steuerfreie Rücklagen[6]	Passive latente Steuern	[HB]	0968 Passive latente Steuern
		0931 Sonderposten mit Rücklageanteil nach § 6b EStG			
	[SB]	0932 Sonderposten mit Rücklageanteil nach EStR R 6.6	Steuerrückstellungen	[HB]	0969 Rückstellung für latente Steuern
		R 0939			
	[SB]	0940 Sonderposten mit Rücklageanteil, Sonderabschreibungen[6]			
		R 0943			
	[SB]	0945 Ausgleichsposten bei Entnahmen § 4g EStG			
	[SB]	0946 Rücklage für Zuschüsse			
	[SB]	0947 Sonderposten mit Rücklageanteil § 7g Abs. 5 EStG			
Sonderposten für Zuschüsse und Zulagen	[HB]	0949 Sonderposten für Zuschüsse und Zulagen			

DATEV-Kontenrahmen SKR 03

0 – Anlage- und Kapitalkonten

Bilanz-Posten[2]	Programm-verbindung[4] Abschlusszweck[4]	0 Anlage- und Kapitalkonten
Sonstige Rückstellungen		0970 Sonstige Rückstellungen
		0971 Rückstellungen für unterlassene Aufwendungen für Instandhaltung, Nachholung in den ersten drei Monaten
		0973 Rückstellungen für Abraum- und Abfallbeseitigung
		0974 Rückstellungen für Gewährleistungen (Gegenkonto 4790)
	HB	0976 Rückstellungen für drohende Verluste aus schwebenden Geschäften
		0977 Rückstellungen für Abschluss- und Prüfungskosten
	HBÜ	0978 Aufwandsrückstellungen gemäß § 249 Abs. 2 HGB a. F.
		0979 Rückstellungen für Umweltschutz
		Abgrenzungsposten
Rechnungsabgrenzungsposten (Aktiva)		**0980 Aktive Rechnungsabgrenzung**
Aktive latente Steuern	HB	0983 Aktive latente Steuern
Rechnungsabgrenzungsposten (Aktiva)	SB	0984 Als Aufwand berücksichtigte Zölle und Verbrauchsteuern auf Vorräte
	SB	0985 Als Aufwand berücksichtigte Umsatzsteuer auf Anzahlungen
		0986 Damnum/Disagio
Andere Gewinnrücklagen	K HBÜ	0987 Rechnungsabgrenzungsposten (Gewinnrücklage Soll) aus erfolgsneutralen Verrechnungen
	K HBÜ	0988 Latente Steuern (Gewinnrücklage Soll) aus erfolgsneutralen Verrechnungen
		F 0989 Gesamthänderisch gebundene Rücklagen (mit Aufteilung für Kapitalkontenentwicklung)[26]
Rechnungsabgrenzungsposten (Passiva)		**0990 Passive Rechnungsabgrenzung**
Sonstige Aktiva oder sonstige Passiva		0992 Abgrenzungen unterjährig pauschal gebuchter Abschreibungen für BWA
Forderungen aus Lieferungen und Leistungen H-Saldo		0996 Pauschalwertberichtigung auf Forderungen - Restlaufzeit bis zu 1 Jahr
		0997 - Restlaufzeit größer 1 Jahr
		0998 Einzelwertberichtigungen auf Forderungen - Restlaufzeit bis zu 1 Jahr
		0999 - Restlaufzeit größer 1 Jahr

1 – Finanz- und Privatkonten

Bilanz-Posten[2]	Programm-verbindung[4] Abschlusszweck[4]	1 Finanz- und Privatkonten
	KU	1000-1371
	V	1372
	KU	1373-1509
	V	1510-1518
	KU	1519-1709
	M	1710-1724
	KU	1725-1868
	V	1869[10]
	KU	1870-1878
	M	1879[10]
	KU	1880-1999

Kassenbestand, Bundesbank- und Postbankguthaben, Guthaben bei Kreditinstituten und Schecks

Kassenbestand, Bundesbankguthaben, Guthaben bei Kreditinstituten und Schecks

F 1000 Kasse
F 1010 Nebenkasse 1
F 1020 Nebenkasse 2

Kassenbestand, Bundesbankguthaben, Guthaben bei Kreditinstituten und Schecks oder Verbindlichkeiten gegenüber Kreditinstituten

F 1100 Bank (Postbank)
F 1110 Bank (Postbank 1)
F 1120 Bank (Postbank 2)
F 1130 Bank (Postbank 3)
F 1190 LZB-Guthaben
F 1195 Bundesbankguthaben
F 1200 Bank
F 1210 Bank 1
F 1220 Bank 2
F 1230 Bank 3
F 1240 Bank 4
F 1250 Bank 5
R 1289
1290 Finanzmittelanlagen im Rahmen der kurzfristigen Finanzdisposition (nicht im Finanzmittelfonds enthalten)
1295 Verbindlichkeiten gegenüber Kreditinstituten (nicht im Finanzmittelfonds enthalten)

Forderungen aus Lieferungen und Leistungen oder sonstige Verbindlichkeiten

F 1300 Wechsel aus Lieferungen und Leistungen
F 1301 - Restlaufzeit bis 1 Jahr
F 1302 - Restlaufzeit größer 1 Jahr
F 1305 Wechsel aus Lieferungen und Leistungen, bundesbankfähig

Forderungen gegen verbundene Unternehmen oder Verbindlichkeiten gegenüber verbundenen Unternehmen

1310 Besitzwechsel gegen verbundene Unternehmen
1311 - Restlaufzeit bis 1 Jahr
1312 - Restlaufzeit größer 1 Jahr
1315 Besitzwechsel gegen verbundene Unternehmen, bundesbankfähig

Forderungen gegenüber Unternehmen, mit denen ein Beteiligungsverhältnis besteht oder Verbindlichkeiten gegenüber Unternehmen, mit denen ein Beteiligungsverhältnis besteht

1320 Besitzwechsel gegen Unternehmen, mit denen ein Beteiligungsverhältnis besteht
1321 - Restlaufzeit bis 1 Jahr
1322 - Restlaufzeit größer 1 Jahr
1325 Besitzwechsel gegen Unternehmen, mit denen ein Beteiligungsverhältnis besteht, bundesbankfähig

DATEV-Kontenrahmen SKR 03

Bilanz-Posten[2]	Programm-verbindung[4] Abschlusszweck[4]	1 Finanz- und Privatkonten	Bilanz-Posten[2]	Programm-verbindung[4] Abschlusszweck[4]	1 Finanz- und Privatkonten
Sonstige Wertpapiere		1327 Finanzwechsel 1329 Andere Wertpapiere mit unwesentlichen Wertschwankungen	Sonstige Vermögensgegenstände		1373 Forderungen gegen Kommanditisten und atypisch stille Gesellschafter 1374 - Restlaufzeit bis 1 Jahr 1375 - Restlaufzeit größer 1 Jahr 1376 Forderungen gegen typisch stille Gesellschafter 1377 - Restlaufzeit bis 1 Jahr 1378 - Restlaufzeit größer 1 Jahr
Kassenbestand, Bundesbankguthaben, Guthaben bei Kreditinstituten und Schecks		F 1330 Schecks			R 1379
					F 1380 Überleitungskonto Kostenstelle
		Wertpapiere	Sonstige Vermögensgegenstände oder *sonstige Verbindlichkeiten*		
Anteile an verbundenen Unternehmen		1340 **Anteile an verbundenen Unternehmen (Umlaufvermögen)** 1344 **Anteile an herrschender oder mit Mehrheit beteiligter Gesellschaft**			
Sonstige Wertpapiere		1348 **Sonstige Wertpapiere** 1349 Wertpapieranlagen im Rahmen der kurzfristigen Finanzdisposition	Sonstige Vermögensgegenstände		1381 Forderungen gegen GmbH-Gesellschafter 1382 - Restlaufzeit bis 1 Jahr 1383 - Restlaufzeit größer 1 Jahr 1385 Forderungen gegen persönlich haftende Gesellschafter 1386 - Restlaufzeit bis 1 Jahr 1387 - Restlaufzeit größer 1 Jahr
		Forderungen und sonstige Vermögensgegenstände			
Sonstige Vermögensgegenstände		1350 GmbH-Anteile zum kurzfristigen Verbleib 1352 Genossenschaftsanteile zum kurzfristigen Verbleib 1353 Vermögensgegenstände zur Erfüllung von mit der Altersversorgung vergleichbaren langfristigen Verpflichtungen			1389 Ansprüche aus betrieblicher Altersversorgung und Pensionsansprüche (Mitunternehmer)[28]
			Sonstige Vermögensgegenstände oder *sonstige Verbindlichkeiten*		F 1390 Verrechnungskonto Ist-Versteuerung[13]
Aktiver Unterschiedsbetrag aus der Vermögensverrechnung oder *sonstige Rückstellungen*	HB	1354 Vermögensgegenstände zur Saldierung mit der Altersversorgung vergleichbaren langfristigen Verpflichtungen nach § 246 Abs. 2 HGB		EÜR	F 1391 Neutralisierung ertragswirksamer Sachverhalte für § 4 Abs. 3 EStG[1]
			Forderungen aus Lieferungen und Leistungen oder *sonstige Verbindlichkeiten*		S 1400 **Forderungen aus Lieferungen und Leistungen**
Sonstige Vermögensgegenstände		1355 Ansprüche aus Rückdeckungsversicherungen 1356 Vermögensgegenstände zur Erfüllung von Pensionsrückstellungen und ähnlichen Verpflichtungen zum langfristigen Verbleib			R 1401 Forderungen aus Lieferungen und -06 Leistungen F 1410 Forderungen aus Lieferungen und -44 Leistungen ohne Kontokorrent F 1445 Forderungen aus Lieferungen und Leistungen zum allgemeinen Umsatzsteuersatz oder eines Kleinunternehmers (EÜR)[13]
Aktiver Unterschiedsbetrag aus der Vermögensverrechnung oder *Rückstellungen für Pensionen und ähnliche Verpflichtungen*	HB	1357 Vermögensgegenstände zur Saldierung mit Pensionsrückstellungen und ähnlichen Verpflichtungen zum langfristigen Verbleib nach § 246 Abs. 2 HGB F 1358 -59		EÜR	F 1446 Forderungen aus Lieferungen und Leistungen zum ermäßigten Umsatzsteuersatz (EÜR)[13]
				EÜR	F 1447 Forderungen aus steuerfreien oder nicht steuerbaren Lieferungen und Leistungen (EÜR)[13]
				EÜR	F 1448 Forderungen aus Lieferungen und Leistungen nach Durchschnittssätzen gemäß § 24 UStG (EÜR)[13]
Sonstige Vermögensgegenstände oder *sonstige Verbindlichkeiten*		F 1360 Geldtransit F 1370 Verrechnungskonto für Gewinnermittlung § 4 Abs. 3 EStG, ergebniswirksam[11]		EÜR	F 1449 Gegenkonto 1445-1448 bei Aufteilung der Forderungen nach Steuersätzen (EÜR)[13]
	EÜR	F 1371 Verrechnungskonto für Gewinnermittlung § 4 Abs. 3 EStG, nicht ergebniswirksam		EÜR	F 1450 Forderungen nach § 11 Abs. 1 Satz 2 EStG für § 4/3 EStG
	EÜR	1372 Wirtschaftsgüter des Umlaufvermögens gemäß § 4 Abs. 3 Satz 4 EStG			F 1451 Forderungen aus Lieferungen und Leistungen ohne Kontokorrent - Restlaufzeit bis 1 Jahr F 1455 - Restlaufzeit größer 1 Jahr F 1460 Zweifelhafte Forderungen F 1461 - Restlaufzeit bis 1 Jahr F 1465 - Restlaufzeit größer 1 Jahr

DATEV-Kontenrahmen SKR 03

Bilanz-Posten[2]	Programm-verbindung[4] Abschlusszweck[4]	1 Finanz- und Privatkonten	Bilanz-Posten[2]	Programm-verbindung[4] Abschlusszweck[4]	1 Finanz- und Privatkonten
Forderungen gegen verbundene Unternehmen oder *Verbindlichkeiten gegenüber verbundenen Unternehmen*		F 1470 Forderungen aus Lieferungen und Leistungen gegen verbundene Unternehmen F 1471 - Restlaufzeit bis 1 Jahr F 1475 - Restlaufzeit größer 1 Jahr	Geleistete Anzahlungen		1510 **Geleistete Anzahlungen auf Vorräte** AV 1511 Geleistete Anzahlungen, 7 % Vorsteuer R 1512 -17 AV 1518 Geleistete Anzahlungen, 19 % Vorsteuer
Forderungen gegen verbundene Unternehmen H-Saldo		1478 Wertberichtigungen auf Forderungen gegen verbundene Unternehmen - Restlaufzeit bis 1 Jahr 1479 - Restlaufzeit größer 1 Jahr	Sonstige Vermögensgegenstände		1519 Forderungen gegen Arbeitsgemeinschaften 1520 Forderungen gegenüber Krankenkassen aus Aufwendungsausgleichsgesetz 1521 Agenturwarenabrechnung 1522 Genussrechte 1524 Einzahlungsansprüche zu Nebenleistungen oder Zuzahlungen 1525 Kautionen 1526 - Restlaufzeit bis 1 Jahr 1527 - Restlaufzeit größer 1 Jahr
Forderungen gegen Unternehmen, mit denen ein Beteiligungsverhältnis besteht oder *Verbindlichkeiten gegenüber Unternehmen, mit denen ein Beteiligungsverhältnis besteht*		F 1480 Forderungen aus Lieferungen und Leistungen gegen Unternehmen, mit denen ein Beteiligungsverhältnis besteht F 1481 - Restlaufzeit bis 1 Jahr F 1485 - Restlaufzeit größer 1 Jahr	Sonstige Vermögensgegenstände oder *sonstige Verbindlichkeiten*	U U	F 1528 Nachträglich abziehbare Vorsteuer, § 15a Abs. 2 UStG F 1529 Zurückzuzahlende Vorsteuer, § 15a Abs. 2 UStG
Forderungen gegen Unternehmen, mit denen ein Beteiligungsverhältnis besteht H-Saldo		1488 Wertberichtigungen auf Forderungen gegen Unternehmen, mit denen ein Beteiligungsverhältnis besteht - Restlaufzeit bis 1 Jahr 1489 - Restlaufzeit größer 1 Jahr	Sonstige Vermögensgegenstände		1530 Forderungen gegen Personal aus Lohn- und Gehaltsabrechnung 1531 - Restlaufzeit bis 1 Jahr 1537 - Restlaufzeit größer 1 Jahr R 1538 -39 1540 Forderungen aus Gewerbesteuerüberzahlungen 1542 Steuererstattungsansprüche gegenüber anderen Ländern F 1543 Forderungen an das Finanzamt aus abgeführtem Bauabzugsbetrag 1544 Forderung gegenüber Bundesagentur für Arbeit 1545 Forderungen aus Umsatzsteuer-Vorauszahlungen 1546 Umsatzsteuerforderungen Vorjahr 1547 Forderungen aus entrichteten Verbrauchsteuern
Forderungen aus Lieferungen und Leistungen oder *sonstige Verbindlichkeiten*		F 1490 Forderungen aus Lieferungen und Leistungen gegen Gesellschafter F 1491 - Restlaufzeit bis 1 Jahr F 1495 - Restlaufzeit größer 1 Jahr			
Forderungen aus Lieferungen und Leistungen H-Saldo		1498 Gegenkonto zu sonstigen Vermögensgegenständen bei Buchungen über Debitorenkonto			
Forderungen aus Lieferungen und Leistungen H-Saldo oder *sonstige Verbindlichkeiten S-Saldo*		1499 Gegenkonto 1451-1497 bei Aufteilung Debitorenkonto	Sonstige Vermögensgegenstände oder *sonstige Verbindlichkeiten*		S 1548 Vorsteuer in Folgeperiode/im Folgejahr abziehbar
Sonstige Vermögensgegenstände		**1500 Sonstige Vermögensgegenstände** 1501 - Restlaufzeit bis 1 Jahr 1502 - Restlaufzeit größer 1 Jahr 1503 Forderungen gegen Vorstandsmitglieder und Geschäftsführer - Restlaufzeit bis 1 Jahr 1504 - Restlaufzeit größer 1 Jahr 1505 Forderungen gegen Aufsichtsrats- und Beiratsmitglieder - Restlaufzeit bis 1 Jahr 1506 - Restlaufzeit größer 1 Jahr 1507 Forderungen gegen sonstige Gesellschafter - Restlaufzeit bis 1 Jahr 1508 - Restlaufzeit größer 1 Jahr	Sonstige Vermögensgegenstände		1549 Körperschaftsteuerrückforderung 1550 Darlehen 1551 - Restlaufzeit bis 1 Jahr 1555 - Restlaufzeit größer 1 Jahr

DATEV-Kontenrahmen SKR 03

Bilanz-Posten[2]	Programm-verbindung[4] Abschlusszweck[4]	1 Finanz- und Privatkonten	Bilanz-Posten[2]	Programm-verbindung[4] Abschlusszweck[4]	1 Finanz- und Privatkonten
Sonstige Vermögensgegenstände oder *sonstige Verbindlichkeiten*	U	F 1556 Nachträglich abziehbare Vorsteuer, § 15a Abs. 1 UStG, bewegliche Wirtschaftsgüter	Forderungen gegen verbundene Unternehmen oder *Verbindlichkeiten gegenüber verbundenen Unternehmen*		**1594 Forderungen gegen verbundene Unternehmen** 1595 - Restlaufzeit bis 1 Jahr 1596 - Restlaufzeit größer 1 Jahr
	U	F 1557 Zurückzuzahlende Vorsteuer, § 15a Abs. 1 UStG, bewegliche Wirtschaftsgüter			
	U	F 1558 Nachträglich abziehbare Vorsteuer, § 15a Abs. 1 UStG, unbewegliche Wirtschaftsgüter			
	U	F 1559 Zurückzuzahlende Vorsteuer, § 15a Abs. 1 UStG, unbewegliche Wirtschaftsgüter	Forderungen gegen Unternehmen, mit denen ein Beteiligungsverhältnis besteht oder *Verbindlichkeiten gegenüber Unternehmen, mit denen ein Beteiligungsverhältnis besteht*		1597 Forderungen gegen Unternehmen, mit denen ein Beteiligungsverhältnis besteht 1598 - Restlaufzeit bis 1 Jahr 1599 - Restlaufzeit größer 1 Jahr
		S 1560 Aufzuteilende Vorsteuer			
		S 1561 Aufzuteilende Vorsteuer 7 %			
		S 1562 Aufzuteilende Vorsteuer aus innergemeinschaftlichem Erwerb			
		S 1563 Aufzuteilende Vorsteuer aus innergemeinschaftlichem Erwerb 19 %			
		R 1564 -65			
		S 1566 Aufzuteilende Vorsteuer 19 %			
		S 1567 Aufzuteilende Vorsteuer nach §§ 13a/13b UStG			
		R 1568			**Verbindlichkeiten**
		S 1569 Aufzuteilende Vorsteuer nach §§ 13a/13b UStG 19 %	Verbindlichkeiten aus Lieferungen und Leistungen oder *sonstige Vermögensgegenstände*		**S 1600 Verbindlichkeiten aus Lieferungen und Leistungen** R 1601 Verbindlichkeiten aus Lieferungen -03 und Leistungen
	U	S 1570 Abziehbare Vorsteuer			
	U	S 1571 Abziehbare Vorsteuer 7 %		EÜR	F 1605 Verbindlichkeiten aus Lieferungen und Leistungen zum allgemeinen Umsatzsteuersatz (EÜR)[13]
	U	S 1572 Abziehbare Vorsteuer aus innergemeinschaftlichem Erwerb			
	U	S 1573 Vorsteuer aus Erwerb als letzter Abnehmer innerhalb eines Dreiecksgeschäfts		EÜR	F 1606 Verbindlichkeiten aus Lieferungen und Leistungen zum ermäßigten Umsatzsteuersatz (EÜR)[13]
	U	S 1574 Abziehbare Vorsteuer aus innergemeinschaftlichem Erwerb 19 %		EÜR	F 1607 Verbindlichkeiten aus Lieferungen und Leistungen ohne Vorsteuer (EÜR)[13]
		R 1575			
	U	S 1576 Abziehbare Vorsteuer 19 %		EÜR	F 1609 Gegenkonto 1605-1607 bei Aufteilung der Verbindlichkeiten nach Steuersätzen (EÜR)[13]
	U	S 1577 Abziehbare Vorsteuer nach § 13b UStG 19 %			
	U	S 1578 Abziehbare Vorsteuer nach § 13b UStG			F 1610 Verbindlichkeiten aus Lieferungen -23 und Leistungen ohne Kontokorrent
		R 1579			
	EÜR	1580 Gegenkonto Vorsteuer § 4/3 EStG		EÜR	F 1624 Verbindlichkeiten aus Lieferungen und Leistungen für Investitionen für § 4/3 EStG
	EÜR	1581 Auflösung Vorsteuer aus Vorjahr § 4/3 EStG			
	EÜR	1582 Vorsteuer aus Investitionen § 4/3 EStG			F 1625 Verbindlichkeiten aus Lieferungen und Leistungen ohne Kontokorrent
	EÜR	1583 Gegenkonto für Vorsteuer nach Durchschnittssätzen für § 4 Abs. 3 EStG[13]			- Restlaufzeit bis 1 Jahr F 1626 - Restlaufzeit 1 bis 5 Jahre F 1628 - Restlaufzeit größer 5 Jahre
	U	S 1584 Abziehbare Vorsteuer aus innergemeinschaftlichem Erwerb von Neufahrzeugen von Lieferanten ohne USt-Id-Nr.	Verbindlichkeiten gegenüber verbundenen Unternehmen oder *Forderungen gegen verbundene Unternehmen*		F 1630 Verbindlichkeiten aus Lieferungen und Leistungen gegenüber verbundenen Unternehmen F 1631 - Restlaufzeit bis 1 Jahr F 1635 - Restlaufzeit 1 bis 5 Jahre F 1638 - Restlaufzeit größer 5 Jahre
	U	S 1585 Abziehbare Vorsteuer aus der Auslagerung von Gegenständen aus einem Umsatzsteuerlager			
	U	F 1587 Vorsteuer nach allgemeinen Durchschnittssätzen UStVA Kz. 63			
	U	F 1588 Entstandene Einfuhrumsatzsteuer	Verbindlichkeiten gegenüber Unternehmen, mit denen ein Beteiligungsverhältnis besteht oder *Forderungen gegen Unternehmen, mit denen ein Beteiligungsverhältnis besteht*		F 1640 Verbindlichkeiten aus Lieferungen und Leistungen gegenüber Unternehmen, mit denen ein Beteiligungsverhältnis besteht F 1641 - Restlaufzeit bis 1 Jahr F 1645 - Restlaufzeit 1 bis 5 Jahre F 1648 - Restlaufzeit größer 5 Jahre
		R 1589			
		1590 Durchlaufende Posten			
		1592 Fremdgeld			
		F 1593 Verrechnungskonto erhaltene Anzahlungen bei Buchung über Debitorenkonto			
Sonstige Verbindlichkeiten S-Saldo					

DATEV-Kontenrahmen SKR 03

Bilanz-Posten[2]	Programm-verbindung[4] Abschluss-zweck[4]	1 Finanz- und Privatkonten	Bilanz-Posten[2]	Programm-verbindung[4] Abschluss-zweck[4]	1 Finanz- und Privatkonten
Verbindlichkeiten aus Lieferungen und Leistungen oder *sonstige Vermögensgegenstände*		F 1650 Verbindlichkeiten aus Lieferungen und Leistungen gegenüber Gesellschaftern F 1651 - Restlaufzeit bis 1 Jahr F 1655 - Restlaufzeit 1 bis 5 Jahre F 1658 - Restlaufzeit größer 5 Jahre	Erhaltene Anzahlungen auf Bestellungen (Passiva)	U U	**1710 Erhaltene Anzahlungen auf Bestellungen (Verbindlichkeiten)** AM 1711 Erhaltene, versteuerte Anzahlungen 7 % USt (Verbindlichkeiten) R 1712 -17 AM 1718 Erhaltene, versteuerte Anzahlungen 19 % USt (Verbindlichkeiten) 1719 Erhaltene Anzahlungen 1720 - Restlaufzeit bis 1 Jahr 1721 - Restlaufzeit 1 bis 5 Jahre - Restlaufzeit größer 5 Jahre
Verbindlichkeiten aus Lieferungen und Leistungen S-Saldo oder *sonstige Vermögensgegenstände H-Saldo*		1659 Gegenkonto 1625-1658 bei Aufteilung Kreditorenkonto	Erhaltene Anzahlungen auf Bestellungen (Aktiva)		1722 Erhaltene Anzahlungen auf Bestellungen (von Vorräten offen abgesetzt)
Verbindlichkeiten aus der Annahme gezogener Wechsel und aus der Ausstellung eigener Wechsel		**F 1660 Wechselverbindlichkeiten** F 1661 - Restlaufzeit bis 1 Jahr F 1662 - Restlaufzeit 1 bis 5 Jahre F 1663 - Restlaufzeit größer 5 Jahre	Sonstige Verbindlichkeiten oder *sonstige Vermögensgegenstände*		S 1725 Umsatzsteuer in Folgeperiode fällig (§§ 13 Abs. 1 Nr. 6, 13b Abs. 2 UStG)
Sonstige Verbindlichkeiten		1665 Verbindlichkeiten gegenüber GmbH-Gesellschaftern 1666 - Restlaufzeit bis 1 Jahr 1667 - Restlaufzeit 1 bis 5 Jahre 1668 - Restlaufzeit größer 5 Jahre 1670 Verbindlichkeiten gegenüber persönlich haftenden Gesellschaftern 1671 - Restlaufzeit bis 1 Jahr 1672 - Restlaufzeit 1 bis 5 Jahre 1673 - Restlaufzeit größer 5 Jahre 1675 Verbindlichkeiten gegenüber Kommanditisten 1676 - Restlaufzeit bis 1 Jahr 1677 - Restlaufzeit 1 bis 5 Jahre 1678 - Restlaufzeit größer 5 Jahre 1691 Verbindlichkeiten gegenüber Arbeitsgemeinschaften	Sonstige Verbindlichkeiten		S 1728 Umsatzsteuer aus im anderen EU-Land steuerpflichtigen elektronischen Dienstleistungen 1729 Steuerzahlungen aus im anderen EU-Land steuerpflichtigen elektronischen Dienstleistungen an kleine einzige Anlaufstelle (KEA/MOSS) 1730 Kreditkartenabrechnung 1731 Agenturwarenabrechnung 1732 Erhaltene Kautionen 1733 - Restlaufzeit bis 1 Jahr 1734 - Restlaufzeit 1 bis 5 Jahre 1735 - Restlaufzeit größer 5 Jahre 1736 Verbindlichkeiten aus Steuern und Abgaben 1737 - Restlaufzeit bis 1 Jahr 1738 - Restlaufzeit 1 bis 5 Jahre 1739 - Restlaufzeit größer 5 Jahre 1740 Verbindlichkeiten aus Lohn und Gehalt
	EÜR EÜR	1692 Neutralisierung aufwandswirksamer Sachverhalte für § 4 Abs. 3 EStG[1] 1693 Ergebnisneutrale Sachverhalte für § 4 Abs. 3 EStG[1] 1695 Verbindlichkeiten gegenüber stillen Gesellschaftern 1696 - Restlaufzeit bis 1 Jahr 1697 - Restlaufzeit 1 bis 5 Jahre 1698 - Restlaufzeit größer 5 Jahre	Sonstige Verbindlichkeiten oder *sonstige Vermögensgegenstände*		1741 Verbindlichkeiten aus Lohn- und Kirchensteuer 1742 Verbindlichkeiten im Rahmen der sozialen Sicherheit 1743 - Restlaufzeit bis 1 Jahr 1744 - Restlaufzeit 1 bis 5 Jahre 1745 - Restlaufzeit größer 5 Jahre
Sonstige Verbindlichkeiten	EÜR	**1700 Sonstige Verbindlichkeiten** 1701 - Restlaufzeit bis 1 Jahr 1702 - Restlaufzeit 1 bis 5 Jahre 1703 - Restlaufzeit größer 5 Jahre 1704 Sonstige Verbindlichkeiten nach § 11 Abs. 2 Satz 2 EStG für § 4/3 EStG 1705 Darlehen 1706 - Restlaufzeit bis 1 Jahr 1707 - Restlaufzeit 1 bis 5 Jahre 1708 - Restlaufzeit größer 5 Jahre 1709 Gewinnverfügungskonto stille Gesellschafter	Sonstige Verbindlichkeiten		1746 Verbindlichkeiten aus Einbehaltungen (KapESt und SolZ, KiSt auf KapESt) für offene Ausschüttungen 1747 Verbindlichkeiten für Verbrauchsteuern 1748 Verbindlichkeiten für Einbehaltungen von Arbeitnehmern 1749 Verbindlichkeiten an das Finanzamt aus abzuführendem Bauabzugsbetrag
Sonstige Verbindlichkeiten oder *sonstige Vermögensgegenstände*					1750 Verbindlichkeiten aus Vermögensbildung 1751 - Restlaufzeit bis 1 Jahr 1752 - Restlaufzeit 1 bis 5 Jahre 1753 - Restlaufzeit größer 5 Jahre 1754 Steuerzahlungen an andere Länder

Bilanz-Posten[2]	Programm-verbindung[4] Abschluss-zweck[4]	1 Finanz- und Privatkonten	Bilanz-Posten[2]	Programm-verbindung[4] Abschluss-zweck[4]	1 Finanz- und Privatkonten
Sonstige Verbindlichkeiten oder *sonstige Vermögensgegenstände*	EÜR	**1755 Lohn- und Gehaltsverrechnung** 1756 Lohn- und Gehaltsverrechnung § 11 Abs. 2 EStG für § 4/3 EStG	Sonstige Verbindlichkeiten oder *sonstige Vermögensgegenstände*		1790 Umsatzsteuer Vorjahr 1791 Umsatzsteuer frühere Jahre
		1758 Sonstige Verbindlichkeiten aus genossenschaftlicher Rückvergütung 1759 Voraussichtliche Beitragsschuld gegenüber den Sozialversicherungsträgern	Sonstige Vermögensgegenstände oder *sonstige Verbindlichkeiten*		1792 Sonstige Verrechnungskonten (Interimskonten)
Sonstige Verbindlichkeiten oder *sonstige Vermögensgegenstände*			Sonstige Vermögensgegenstände H-Saldo		1793 Verrechnungskonto geleistete Anzahlungen bei Buchung über Kreditorenkonto
Steuerrückstellungen oder *sonstige Vermögensgegenstände*	U U U	S 1760 Umsatzsteuer nicht fällig S 1761 Umsatzsteuer nicht fällig 7 % S 1762 Umsatzsteuer nicht fällig aus im Inland steuerpflichtigen EU-Lieferungen R 1763 S 1764 Umsatzsteuer nicht fällig aus im Inland steuerpflichtigen EU-Lieferungen 19 % R 1765 S 1766 Umsatzsteuer nicht fällig 19 %	Sonstige Verbindlichkeiten oder *sonstige Vermögensgegenstände*		S 1794 Umsatzsteuer aus Erwerb als letzter Abnehmer innerhalb eines Dreiecksgeschäfts
			Sonstige Verbindlichkeiten	EÜR	1795 Verbindlichkeiten im Rahmen der sozialen Sicherheit (für § 4/3 EStG) 1796 Ausgegebene Geschenkgutscheine 1797 Verbindlichkeiten aus Umsatzsteuer-Vorauszahlungen
Sonstige Verbindlichkeiten		S 1767 Umsatzsteuer aus im anderen EU-Land steuerpflichtigen Lieferungen S 1768 Umsatzsteuer aus im anderen EU-Land steuerpflichtigen sonstigen Leistungen/Werklieferungen			F 1799
Sonstige Verbindlichkeiten oder *sonstige Vermögensgegenstände*		S 1769 Umsatzsteuer aus der Auslagerung von Gegenständen aus einem Umsatzsteuerlager S 1770 Umsatzsteuer S 1771 Umsatzsteuer 7 % S 1772 Umsatzsteuer aus innergemeinschaftlichem Erwerb R 1773 S 1774 Umsatzsteuer aus innergemeinschaftlichem Erwerb 19 % R 1775 S 1776 Umsatzsteuer 19 % S 1777 Umsatzsteuer aus im Inland steuerpflichtigen EU-Lieferungen S 1778 Umsatzsteuer aus im Inland steuerpflichtigen EU-Lieferungen 19 % S 1779 Umsatzsteuer aus innergemeinschaftlichem Erwerb ohne Vorsteuerabzug			**Privat (Eigenkapital)** **Vollhafter/Einzelunternehmer** F 1800 Privatentnahmen allgemein F 1801 Privatentnahmen allgemein[22] -09 F 1810 Privatsteuern F 1811 Privatsteuern[22] -19 F 1820 Sonderausgaben beschränkt abzugsfähig F 1821 Sonderausgaben beschränkt abzugsfähig[22] -29 F 1830 Sonderausgaben unbeschränkt abzugsfähig F 1831 Sonderausgaben unbeschränkt abzugsfähig[22] -39 F 1840 Zuwendungen, Spenden F 1841 Zuwendungen, Spenden[22] -49 F 1850 Außergewöhnliche Belastungen F 1851 Außergewöhnliche Belastungen[22] -59 F 1860 Grundstücksaufwand F 1861 Grundstücksaufwand[22] -68 1869 Grundstücksaufwand (Umsatzsteuerschlüssel möglich)[10][22] F 1870 Grundstücksertrag F 1871 Grundstücksertrag[22] -78 1879 Grundstücksertrag (Umsatzsteuerschlüssel möglich)[10][22] F 1880 Unentgeltliche Wertabgaben F 1881 Unentgeltliche Wertabgaben[22] -89 F 1890 Privateinlagen F 1891 Privateinlagen[22] -99
	U U	F 1780 Umsatzsteuer-Vorauszahlungen F 1781 Umsatzsteuer-Vorauszahlungen 1/11			
	U U U	F 1782 Nachsteuer, UStVA Kz. 65 F 1783 In Rechnung unrichtig oder unberechtigt ausgewiesene Steuerbeträge, UStVA Kz. 69 S 1784 Umsatzsteuer aus innergemeinschaftlichem Erwerb von Neufahrzeugen von Lieferanten ohne Umsatzsteuer-Identifikationsnummer S 1785 Umsatzsteuer nach § 13b UStG R 1786 S 1787 Umsatzsteuer nach § 13b UStG 19 %			
		1788 Einfuhrumsatzsteuer aufgeschoben bis … 1789 Umsatzsteuer laufendes Jahr			

Bilanz-Posten[2]	Programm-verbindung[4] Abschluss-zweck[4]	1 Finanz- und Privatkonten	GuV-Posten[2]	Programm-verbindung[4] Abschluss-zweck[4]	2 Abgrenzungskonten
		Privat (Fremdkapital) Teilhafter			KU 2310-2319
		F 1900 Privatentnahmen allgemein			V 2350-2374
		F 1901 Privatentnahmen allgemein[11)14)]			M 2400-2409
		-09			M 2430-2449
		F 1910 Privatsteuern			KU 2481
		F 1911 Privatsteuern[11)14)]			KU 2660-2669
		-19			M 2707-2712
		F 1920 Sonderausgaben beschränkt abzugsfähig			M 2715
		F 1921 Sonderausgaben beschränkt abzugsfähig[11)14)]			M 2720-2722
		-29			M 2725-2726
		F 1930 Sonderausgaben unbeschränkt abzugsfähig			KU 2727-2729
		F 1931 Sonderausgaben unbeschränkt abzugsfähig[11)14)]			M 2732-2734
		-39			V 2736
		F 1940 Zuwendungen, Spenden			KU 2737-2741
		F 1941 Zuwendungen, Spenden[11)14)]			M 2750-2752
		-49			KU 2841
		F 1950 Außergewöhnliche Belastungen			KU 2865
		F 1951 Außergewöhnliche Belastungen[11)14)]			KU 2867
		-59			
		F 1960 Grundstücksaufwand	Sonstige be-triebliche Aufwendungen	K	**Sonstige betriebliche Aufwendungen**
		F 1961 Grundstücksaufwand[11)14)]			R 2000
		-69			R 2001
		F 1970 Grundstücksertrag			2004 Verluste durch Verschmelzung und Umwandlung
		F 1971 Grundstücksertrag[11)14)]			R 2005
		-79			2006 Verluste durch außergewöhnliche Schadensfälle
		F 1980 Unentgeltliche Wertabgaben			2007 Aufwendungen für Restrukturierungs- und Sanierungsmaßnahmen
		F 1981 Unentgeltliche Wertabgaben[11)14)]			2008 Verluste aus der Veräußerung oder der Aufgabe von Geschäftsaktivitäten nach Steuern
		-89			
		F 1990 Privateinlagen			**Betriebsfremde und periodenfremde Aufwendungen**
		F 1991 Privateinlagen[11)14)]			2010 Betriebsfremde Aufwendungen
		-99			2020 Periodenfremde Aufwendungen
					Aufwendungen aus der Anwendung von Übergangsvorschriften i. S. d. BilMoG
				HBÜ	2090 Aufwendungen aus der Anwendung von Übergangsvorschriften
				HBÜ	2091 Aufwendungen aus der Anwendung von Übergangsvorschriften (Pensionsrückstellungen)
					R 2092
				HBÜ	2094 Aufwendungen aus der Anwendung von Übergangsvorschriften (Latente Steuern)
					Zinsen und ähnliche Aufwendungen
			Zinsen und ähnliche Aufwendungen	G K	2100 **Zinsen und ähnliche Aufwendungen**
				G K	2102 Steuerlich nicht abzugsfähige andere Nebenleistungen zu Steuern § 4 Abs. 5b EStG
					2103 Steuerlich abzugsfähige andere Nebenleistungen zu Steuern
				G K	2104 Steuerlich nicht abzugsfähige andere Nebenleistungen zu Steuern

DATEV-Kontenrahmen SKR 03

GuV-Posten[2]	Programm-verbindung[4] Abschluss-zweck[4]	2 Abgrenzungskonten	GuV-Posten[2]	Programm-verbindung[4] Abschluss-zweck[4]	2 Abgrenzungskonten
Zinsen und ähnliche Aufwendungen	G K	2105 Zinsaufwendungen § 233a AO nicht abzugsfähig	Zinsen und ähnliche Aufwendungen oder *Sonstige Zinsen und ähnliche Erträge*	HB	2146 Zinsaufwendungen aus der Abzinsung von Pensionsrückstellungen und ähnlichen/vergleichbaren Verpflichtungen zur Verrechnung nach § 246 Abs. 2 HGB
	K	2106 Zinsen aus Abzinsung des Körperschaftsteuer-Erhöhungsbetrages § 38 KStG			
	G K	2107 Zinsaufwendungen § 233a AO abzugsfähig		HB	2147 Aufwendungen aus Vermögensgegenständen zur Verrechnung nach § 246 Abs. 2 HGB
	G K	2108 Zinsaufwendungen §§ 234 bis 237 AO nicht abzugsfähig			
	G K	2109 Zinsaufwendungen an verbundene Unternehmen	Zinsen und ähnliche Aufwendungen	G K	2148 Steuerlich nicht abzugsfähige Zinsaufwendungen aus der Abzinsung von Rückstellungen
	G K	2110 Zinsaufwendungen für kurzfristige Verbindlichkeiten			2149 Zinsähnliche Aufwendungen an verbundene Unternehmen
	G K	2111 Zinsaufwendungen §§ 234 bis 237 AO abzugsfähig			2150 Aufwendungen aus der Währungsumrechnung
	G	2113 Nicht abzugsfähige Schuldzinsen gemäß § 4 Abs. 4a EStG (Hinzurechnungsbetrag)	Sonstige betriebliche Aufwendungen		2151 Aufwendungen aus der Währungsumrechnung (nicht § 256a HGB)
	K	2114 Zinsen für Gesellschafterdarlehen			2166 Aufwendungen aus Bewertung Finanzmittelfonds
	G K	2115 Zinsen und ähnliche Aufwendungen §§ 3 Nr. 40, 3c EStG/§ 8b Abs. 1 und 4 KStG[9)16)]			2170 Nicht abziehbare Vorsteuer
					2171 Nicht abziehbare Vorsteuer 7 %
	G K	2116 Zinsen und ähnliche Aufwendungen an verbundene Unternehmen §§ 3 Nr. 40, 3c EStG/§ 8b Abs. 1 KStG[9)16)]			R 2174 -75
					2176 Nicht abziehbare Vorsteuer 19 %
	K	2117 Zinsen an Gesellschafter mit einer Beteiligung von mehr als 25 % bzw. diesen nahe stehenden Personen			**Steuern vom Einkommen und Ertrag**
	G K	2118 Zinsen auf Kontokorrentkonten	Steuern vom Einkommen und Ertrag	K	2200 Körperschaftsteuer
	G K	2119 Zinsaufwendungen für kurzfristige Verbindlichkeiten an verbundene Unternehmen		K	2203 Körperschaftsteuer für Vorjahre
				K	2204 Körperschaftsteuererstattungen für Vorjahre
	G K	2120 Zinsaufwendungen für langfristige Verbindlichkeiten		K	2208 Solidaritätszuschlag
				K	2209 Solidaritätszuschlag für Vorjahre
	G K	2123 Abschreibungen auf Disagio/Damnum zur Finanzierung		K	2210 Solidaritätszuschlagerstattungen für Vorjahre
	G K	2124 Abschreibungen auf Disagio/Damnum zur Finanzierung des Anlagevermögens		G K	2213 Kapitalertragsteuer 25 %
				G K	2216 Anrechenbarer Solidaritätszuschlag auf Kapitalertragsteuer 25 %
	G K	2125 Zinsaufwendungen für Gebäude, die zum Betriebsvermögen gehören			2218 Ausländische Steuer auf im Inland steuerfreie DBA-Einkünfte
	G K	2126 Zinsen zur Finanzierung des Anlagevermögens		G K	2219 Anrechnung/Abzug ausländische Quellensteuer
	G K	2127 Renten und dauernde Lasten			
	G	2128 Zinsaufwendungen für Kapitalüberlassung durch Mitunternehmer § 15 EStG (mit Sonderbetriebseinnahme korrespondierend)		G K	2250 Aufwendungen aus der Zuführung und Auflösung von latenten Steuern
				HB	
	G K	2129 Zinsaufwendungen für langfristige Verbindlichkeiten an verbundene Unternehmen		G K HB	2255 Erträge aus der Zuführung und Auflösung von latenten Steuern
				G K	2260 Aufwendungen aus der Zuführung zu Steuerrückstellungen für Steuerstundung (BStBK)
	G K	2130 Diskontaufwendungen			
	G K	2139 Diskontaufwendungen an verbundene Unternehmen		G K	2265 Erträge aus der Auflösung von Steuerrückstellungen für Steuerstundung (BStBK)
		2140 Zinsähnliche Aufwendungen			
		2141 Kreditprovisionen und Verwaltungskostenbeiträge			R 2280
		2142 Zinsanteil der Zuführungen zu Pensionsrückstellungen		G K	2281 Gewerbesteuernachzahlungen und Gewerbesteuererstattungen für Vorjahre, § 4 Abs. 5b EStG
		2143 Zinsaufwendungen aus der Abzinsung von Verbindlichkeiten			R 2282
		2144 Zinsaufwendungen aus der Abzinsung von Rückstellungen		G K	2283 Erträge aus der Auflösung von Gewerbesteuerrückstellungen, § 4 Abs. 5b EStG
		2145 Zinsaufwendungen aus der Abzinsung von Pensionsrückstellungen und ähnlichen/vergleichbaren Verpflichtungen			R 2284

DATEV-Kontenrahmen SKR 03

GuV-Posten[2]	Programm-verbindung[4] Abschluss-zweck[4]	2 Abgrenzungskonten	GuV-Posten[2]	Programm-verbindung[4] Abschluss-zweck[4]	2 Abgrenzungskonten
Sonstige Steuern		2285 Steuernachzahlungen Vorjahre für sonstige Steuern	Sonstige Steuern		2375 Grundsteuer
		2287 Steuererstattungen Vorjahre für sonstige Steuern	Sonstige betriebliche Aufwendungen	G K	2380 Zuwendungen, Spenden, steuerlich nicht abziehbar
		2289 Erträge aus der Auflösung von Rückstellungen für sonstige Steuern		G K	2381 Zuwendungen, Spenden für wissenschaftliche und kulturelle Zwecke
		Sonstige Aufwendungen		G K	2382 Zuwendungen, Spenden für mildtätige Zwecke
Sonstige betriebliche Aufwendungen		**2300 Sonstige Aufwendungen**		G K	2383 Zuwendungen, Spenden für kirchliche, religiöse und gemeinnützige Zwecke
		2307 Sonstige Aufwendungen betriebsfremd und regelmäßig			
	G K	2308 Sonstige nicht abziehbare Aufwendungen		G K	2384 Zuwendungen, Spenden an politische Parteien
		2309 Sonstige Aufwendungen unregelmäßig		K	2385 Nicht abziehbare Hälfte der Aufsichtsratsvergütungen
		2310 Anlagenabgänge Sachanlagen (Restbuchwert bei Buchverlust)			2386 Abziehbare Aufsichtsratsvergütungen
		2311 Anlagenabgänge immaterielle Vermögensgegenstände (Restbuchwert bei Buchverlust)		G K	2387 Zuwendungen, Spenden in das zu erhaltende Vermögen (Vermögensstock) einer Stiftung für gemeinnützige Zwecke
		2312 Anlagenabgänge Finanzanlagen (Restbuchwert bei Buchverlust)		R 2388	
	G K	2313 Anlagenabgänge Finanzanlagen § 3 Nr. 40 EStG/§ 8b Abs. 3 KStG (Restbuchwert bei Buchverlust)[9]		G K	2389 Zuwendungen, Spenden in das zu erhaltende Vermögen (Vermögensstock) einer Stiftung für kirchliche, religiöse und gemeinnützige Zwecke
		2315 Anlagenabgänge Sachanlagen (Restbuchwert bei Buchgewinn)			
		2316 Anlagenabgänge immaterielle Vermögensgegenstände (Restbuchwert bei Buchgewinn)		G K	2390 Zuwendungen, Spenden an Stiftungen in das zu erhaltende Vermögen (Vermögensstock) für wissenschaftliche, mildtätige, kulturelle Zwecke
Sonstige betriebliche Erträge		2317 Anlagenabgänge Finanzanlagen (Restbuchwert bei Buchgewinn)			**2400 Forderungsverluste (übliche Höhe)**
	G K	2318 Anlagenabgänge Finanzanlagen § 3 Nr. 40 EStG/§ 8b Abs. 2 KStG (Restbuchwert bei Buchgewinn)[9]		U AM	2401 Forderungsverluste 7 % USt (übliche Höhe)
		2320 Verluste aus dem Abgang von Gegenständen des Anlagevermögens		U AM	2402 Forderungsverluste aus steuerfreien EU-Lieferungen (übliche Höhe)
Sonstige betriebliche Aufwendungen	G K	2323 Verluste aus der Veräußerung von Anteilen an Kapitalgesellschaften (Finanzanlagevermögen) § 3 Nr. 40 EStG/§ 8b Abs. 3 KStG[9]		U AM	2403 Forderungsverluste aus im Inland steuerpflichtigen EU-Lieferungen 7 % USt (übliche Höhe)
				R 2404 -05	
		2325 Verluste aus dem Abgang von Gegenständen des Umlaufvermögens (außer Vorräte)		U AM	2406 Forderungsverluste 19 % USt (übliche Höhe)
	G K	2326 Verluste aus dem Abgang von Gegenständen des Umlaufvermögens (außer Vorräte) § 3 Nr. 40 EStG/§ 8b Abs. 3 KStG[9]		R 2407 U AM	2408 Forderungsverluste aus im Inland steuerpflichtigen EU-Lieferungen 19 % USt (übliche Höhe)
	EÜR	2327 Abgang von Wirtschaftsgütern des Umlaufvermögens nach § 4 Abs. 3 Satz 4 EStG[13]		R 2409	
			Abschreibungen auf Vermögensgegenstände des Umlaufvermögens, soweit diese die in der Kapitalgesellschaft üblichen Abschreibungen überschreiten		2430 Forderungsverluste, unüblich hoch
	G K EÜR	2328 Abgang von Wirtschaftsgütern des Umlaufvermögens § 3 Nr. 40 EStG/ § 8b Abs. 3 KStG nach § 4 Abs. 3 Satz 4 EStG[9][13]		U AM	2431 Forderungsverluste 7 % USt (soweit unüblich hoch)
				R 2432 -35	
	SB	2339 Einstellungen in die steuerliche Rücklage nach § 4g EStG		U AM	2436 Forderungsverluste 19 % USt (soweit unüblich hoch)
	SB	2342 Einstellungen in die steuerliche Rücklage nach § 6b Abs. 3 EStG		R 2437 -38	
	SB	2343 Einstellungen in die steuerliche Rücklage nach § 6b Abs. 10 EStG		G K	2440 Abschreibungen auf Forderungen gegenüber Kapitalgesellschaften, an denen eine Beteiligung besteht (soweit unüblich hoch), § 3c EStG/ § 8b Abs. 3 KStG
	SB	2344 Einstellungen in die Rücklage für Ersatzbeschaffung nach R 6.6 EStR			
	SB	2345 Einstellungen in steuerliche Rücklagen		K	2441 Abschreibungen auf Forderungen gegenüber Gesellschaftern und nahe stehenden Personen (soweit unüblich hoch), § 8b Abs. 3 KStG
		2347 Aufwendungen aus dem Erwerb eigener Anteile			
		2350 Sonstige Grundstücksaufwendungen (neutral)			

DATEV-Kontenrahmen SKR 03

GuV-Posten[2]	Programm-verbindung[4] Abschluss-zweck[4]	2 Abgrenzungskonten	GuV-Posten[2]	Programm-verbindung[4] Abschluss-zweck[4]	2 Abgrenzungskonten
Sonstige betriebliche Aufwendungen		2450 Einstellungen in die Pauschalwertberichtigung auf Forderungen 2451 Einstellungen in die Einzelwertberichtigung auf Forderungen	Einstellungen in Gewinnrücklagen in satzungsmäßige Rücklagen		2497 Einstellungen in satzungsmäßige Rücklagen
Einstellungen in Gewinnrücklagen in die Rücklage für Anteile an einem herrschenden oder mehrheitlich beteiligten Unternehmen		2480 Einstellungen in die Rücklage für Anteile an einem herrschenden oder mehrheitlich beteiligten Unternehmen	Einstellungen in Gewinnrücklagen in die Rücklage für Anteile an einem herrschenden oder mehrheitlich beteiligten Unternehmen		2498 Einstellungen in den Ausgleichsposten für aktivierte eigene Anteile
		F 2481 Einstellungen in gesamthänderisch gebundene Rücklagen (mit Aufteilung für Kapitalkontenentwicklung)[26] 2485 Einstellungen in andere Ergebnisrücklagen	Einstellungen in Gewinnrücklagen in andere Gewinnrücklagen		2499 Einstellungen in andere Gewinnrücklagen
Aufwendungen aus Verlustübernahme	G K	2490 Aufwendungen aus Verlustübernahme			**Sonstige betriebliche Erträge**
Auf Grund einer Gewinngemeinschaft, eines Gewinn- oder Teilgewinnabführungsvertrags abgeführte Gewinne		2492 Abgeführte Gewinne auf Grund einer Gewinngemeinschaft	Sonstige betriebliche Erträge	K	R 2500 R 2501 2504 Erträge durch Verschmelzung und Umwandlung R 2505 -07 2508 Gewinn aus der Veräußerung oder der Aufgabe von Geschäftsaktivitäten nach Steuern
Auf Grund einer Gewinngemeinschaft, eines Gewinn- oder Teilgewinnabführungsvertrags abgeführte Gewinne oder *Erträge aus Verlustübernahme*	G K	2493 Abgeführte Gewinnanteile (Soll)/ausgeglichene Verlustanteile (Haben) bei stiller Gesellschaft § 8 GewStG			**Betriebsfremde und periodenfremde Erträge** 2510 Sonstige betriebsfremde Erträge 2520 Periodenfremde Erträge **Erträge aus der Anwendung von Übergangsvorschriften i. S. d. BilMoG**
				HBÜ	2590 Erträge aus der Anwendung von Übergangsvorschriften R 2591 -93
Auf Grund einer Gewinngemeinschaft, eines Gewinn- oder Teilgewinnabführungsvertrags abgeführte Gewinne	K	2494 Abgeführte Gewinne auf Grund eines Gewinn- oder Teilgewinnabführungsvertrags		HBÜ	2594 Erträge aus der Anwendung von Übergangsvorschriften (latente Steuern) **Zinserträge**
Einstellung in die Kapitalrücklage nach den Vorschriften über die vereinfachte Kapitalherabsetzung		2495 Einstellungen in die Kapitalrücklage nach den Vorschriften über die vereinfachte Kapitalherabsetzung	Erträge aus Beteiligungen	G K G K G K	2600 Erträge aus Beteiligungen 2603 Erträge aus Beteiligungen an Personengesellschaften (verbundene Unternehmen), § 9 GewStG bzw. § 18 EStG[23] 2615 Erträge aus Anteilen an Kapitalgesellschaften (Beteiligung) § 3 Nr. 40 EStG/§ 8b Abs. 1 KStG[9] 2616 Erträge aus Anteilen an Kapitalgesellschaften (verbundene Unternehmen) § 3 Nr. 40 EStG/§ 8b Abs. 1 KStG[9]
Einstellungen in Gewinnrücklagen in die gesetzliche Rücklage		2496 Einstellungen in die gesetzliche Rücklage		G K	2618 Gewinnanteile aus gewerblichen und selbständigen Mitunternehmerschaften, § 9 GewStG bzw. § 18 EStG[23] 2619 Erträge aus Beteiligungen an verbundenen Unternehmen

DATEV-Kontenrahmen SKR 03

GuV-Posten[2]	Programm-verbindung[4] Abschluss-zweck[4]	2 Abgrenzungskonten	GuV-Posten[2]	Programm-verbindung[4] Abschluss-zweck[4]	2 Abgrenzungskonten
Erträge aus anderen Wertpapieren und Ausleihungen des Finanzanlagevermögens		2620 Erträge aus anderen Wertpapieren und Ausleihungen des Finanzanlagevermögens	Sonstige Zinsen und ähnliche Erträge		2670 Diskonterträge
		2621 Erträge aus Ausleihungen des Finanzanlagevermögens			2679 Diskonterträge aus verbundenen Unternehmen
		2622 Erträge aus Ausleihungen des Finanzanlagevermögens an verbundenen Unternehmen		G K	2680 Zinsähnliche Erträge
		2623 Erträge aus Anteilen an Personengesellschaften (Finanzanlagevermögen)			2682 Steuerfreie Zinserträge aus der Abzinsung von Rückstellungen
	G K	2625 Erträge aus Anteilen an Kapitalgesellschaften (Finanzanlagevermögen) § 3 Nr. 40 EStG/§ 8b Abs. 1 und 4 KStG[9]			2683 Zinserträge aus der Abzinsung von Verbindlichkeiten
					2684 Zinserträge aus der Abzinsung von Rückstellungen
	G K	2626 Erträge aus Anteilen an Kapitalgesellschaften (verbundene Unternehmen) § 3 Nr. 40 EStG/§ 8b Abs. 1 KStG[9]			2685 Zinserträge aus der Abzinsung von Pensionsrückstellungen und ähnlichen/vergleichbaren Verpflichtungen
		2640 Zins- und Dividendenerträge	Sonstige Zinsen und ähnliche Erträge oder *Zinsen und ähnliche Aufwendungen*	HB	2686 Zinserträge aus der Abzinsung von Pensionsrückstellungen und ähnlichen/vergleichbaren Verpflichtungen zur Verrechnung nach § 246 Abs. 2 HGB
		2641 Erhaltene Ausgleichszahlungen (als außenstehender Aktionär)		HB	2687 Erträge aus Vermögensgegenständen zur Verrechnung nach § 246 Abs. 2 HGB
		2646 Erträge aus Anteilen an Personengesellschaften (verbundene Unternehmen)	Sonstige Zinsen und ähnliche Erträge	K	2688 Zinsertrag aus vorzeitiger Rückzahlung des Körperschaftsteuer-Erhöhungsbetrages § 38 KStG
		2647 Erträge aus anderen Wertpapieren des Finanzanlagevermögens an Kapitalgesellschaften (verbundene Unternehmen)			2689 Zinsähnliche Erträge aus verbundenen Unternehmen
		2648 Erträge aus anderen Wertpapieren des Finanzanlagevermögens an Personengesellschaften (verbundene Unternehmen)			**Sonstige Erträge**
			Sonstige betriebliche Erträge		**2700 Andere betriebs- und/oder periodenfremde (neutrale) sonstige Erträge**
		2649 Erträge aus anderen Wertpapieren und Ausleihungen des Finanzanlagevermögens aus verbundenen Unternehmen			2705 Sonstige betriebliche und regelmäßige Erträge (neutral)
					2707 Sonstige Erträge betriebsfremd und regelmäßig
		2650 Sonstige Zinsen und ähnliche Erträge			2709 Sonstige Erträge unregelmäßig
Sonstige Zinsen und ähnliche Erträge		R 2652			2710 Erträge aus Zuschreibungen des Sachanlagevermögens
	G K	2653 Zinserträge § 233a AO, § 4 Abs. 5b EStG, steuerfrei			2711 Erträge aus Zuschreibungen des immateriellen Anlagevermögens
		2654 Erträge aus anderen Wertpapieren und Ausleihungen des Umlaufvermögens			2712 Erträge aus Zuschreibungen des Finanzanlagevermögens
	G K	2655 Erträge aus Anteilen an Kapitalgesellschaften (Umlaufvermögen) § 3 Nr. 40 EStG/§ 8b Abs. 1 und 4 KStG[9]		G K	2713 Erträge aus Zuschreibungen des Finanzanlagevermögens § 3 Nr. 40 EStG/§ 8b Abs. 3 Satz 8 KStG[9]
				G K	2714 Erträge aus Zuschreibungen § 3 Nr. 40 EStG/§ 8b Abs. 2 KStG[9]
	G K	2656 Erträge aus Anteilen an Kapitalgesellschaften (verbundene Unternehmen) § 3 Nr. 40 EStG/§ 8b Abs. 1 KStG[9]			2715 Erträge aus Zuschreibungen des Umlaufvermögens (außer Vorräte)
		2657 Zinserträge § 233a AO, steuerpflichtig		G K	2716 Erträge aus Zuschreibungen des Umlaufvermögens § 3 Nr. 40 EStG/§ 8b Abs. 3 Satz 8 KStG[9]
	K	2658 Zinserträge § 233a AO, steuerfrei (Anlage A KSt)			2720 Erträge aus dem Abgang von Gegenständen des Anlagevermögens
		2659 Sonstige Zinsen und ähnliche Erträge aus verbundenen Unternehmen		G K	2723 Erträge aus der Veräußerung von Anteilen an Kapitalgesellschaften (Finanzanlagevermögen) § 3 Nr. 40 EStG/§ 8b Abs. 2 KStG[9]
		2660 Erträge aus der Währungsumrechnung			2725 Erträge aus dem Abgang von Gegenständen des Umlaufvermögens (außer Vorräte)
Sonstige betriebliche Erträge		2661 Erträge aus der Währungsumrechnung (nicht § 256a HGB)		G K	2726 Erträge aus dem Abgang von Gegenständen des Umlaufvermögens (außer Vorräte) § 3 Nr. 40 EStG/§ 8b Abs. 2 KStG[9]
		2666 Erträge aus Bewertung Finanzmitteltelfonds			2727 Erträge aus der Auflösung einer steuerlichen Rücklage nach § 6b Abs. 3 EStG
					2728 Erträge aus der Auflösung einer steuerlichen Rücklage nach § 6b Abs. 10 EStG

DATEV-Kontenrahmen SKR 03

GuV-Posten[2]	Programmverbindung[4] Abschlusszweck[4]	2 Abgrenzungskonten	GuV-Posten[2]	Programmverbindung[4] Abschlusszweck[4]	2 Abgrenzungskonten
Sonstige betriebliche Erträge	SB	2729 Erträge aus der Auflösung der Rücklage für Ersatzbeschaffung R 6.6 EStR	Entnahmen aus Gewinnrücklagen aus der gesetzlichen Rücklage		2796 Entnahmen aus der gesetzlichen Rücklage
		2730 Erträge aus der Herabsetzung der Pauschalwertberichtigung auf Forderungen			
		2731 Erträge aus der Herabsetzung der Einzelwertberichtigung auf Forderungen	Entnahmen aus Gewinnrücklagen aus satzungsmäßigen Rücklagen		2797 Entnahmen aus satzungsmäßigen Rücklagen
		2732 Erträge aus abgeschriebenen Forderungen			
		2735 Erträge aus der Auflösung von Rückstellungen			
		2736 Erträge aus der Herabsetzung von Verbindlichkeiten	Entnahmen aus Gewinnrücklagen aus der Rücklage für Anteile an einem herrschenden oder mehrheitlich beteiligten Unternehmen		2798 Entnahmen aus dem Ausgleichsposten für aktivierte eigene Anteile
	SB	2737 Erträge aus der Auflösung einer steuerlichen Rücklage nach § 4g EStG			
		R 2738 -39			
		2740 Erträge aus der Auflösung einer steuerlichen Rücklage			
	SB	2741 Erträge aus der Auflösung steuerrechtlicher Sonderabschreibungen			
		2742 Versicherungsentschädigungen und Schadenersatzleistungen	Entnahmen aus Gewinnrücklagen aus anderen Gewinnrücklagen		2799 Entnahmen aus anderen Gewinnrücklagen
		2743 Investitionszuschüsse (steuerpflichtig)			
	G K	2744 Investitionszulagen (steuerfrei)			
Ertrag aus Kapitalherabsetzung	K	2745 Erträge aus Kapitalherabsetzung			
Sonstige betriebliche Erträge	G K	2746 Steuerfreie Erträge aus der Auflösung von steuerlichen Rücklagen	Entnahmen aus Gewinnrücklagen aus der Rücklage für Anteile an einem herrschenden oder mehrheitlich beteiligten Unternehmen		2840 Entnahmen aus der Rücklage für Anteile an einem herrschenden oder mehrheitlich beteiligten Unternehmen
	G K	2747 Sonstige steuerfreie Betriebseinnahmen			
		2749 Erstattungen Aufwendungsausgleichsgesetz			
Umsatzerlöse	U	AM 2751 Erlöse aus Vermietung und Verpachtung, umsatzsteuerfrei § 4 Nr. 12 UStG			F 2841 Entnahmen aus gesamthänderisch gebundenen Rücklagen (mit Aufteilung für Kapitalkontenentwicklung)[26]
		2750 Grundstückserträge			
	U	AM 2752 Erlöse aus Vermietung und Verpachtung 19 % USt			2850 Entnahmen aus anderen Ergebnisrücklagen
		R 2753 -54			
			Gewinnvortrag oder *Verlustvortrag*		**2860 Gewinnvortrag nach Verwendung**
Sonstige betriebliche Erträge		2760 Erträge aus der Aktivierung unentgeltlich erworbener Vermögensgegenstände			F 2865 Gewinnvortrag nach Verwendung (mit Aufteilung für Kapitalkontenentwicklung)[26]
		2762 Kostenerstattungen, Rückvergütungen und Gutschriften für frühere Jahre			F 2867 Verlustvortrag nach Verwendung (mit Aufteilung für Kapitalkontenentwicklung)[26]
Umsatzerlöse		2764 Erträge aus Verwaltungskostenumlage			
Erträge aus Verlustübernahme	K	2790 Erträge aus Verlustübernahme	Gewinnvortrag oder *Verlustvortrag*		**2868 Verlustvortrag nach Verwendung**
Auf Grund einer Gewinngemeinschaft, eines Gewinn- oder Teilgewinnabführungsvertrags erhaltene Gewinne		2792 Erhaltene Gewinne auf Grund einer Gewinngemeinschaft			R 2869
	G K	2794 Erhaltene Gewinne auf Grund eines Gewinn- oder Teilgewinnabführungsvertrags	Ausschüttung		2870 Vorabausschüttung
Entnahmen aus der Kapitalrücklage		2795 Entnahmen aus der Kapitalrücklage			

DATEV-Kontenrahmen SKR 03

GuV-Posten[2]	Programm-verbindung[4] Abschluss-zweck[4]	2 Abgrenzungskonten	Bilanz-/GuV-Posten[2]	Programm-verbindung[4] Abschluss-zweck[4]	3 Wareneingangs- und Bestandskonten
Sonstige betriebliche Aufwendungen		**Verrechnete kalkulatorische Kosten** 2890 Verrechneter kalkulatorischer Unternehmerlohn 2891 Verrechnete kalkulatorische Miete und Pacht 2892 Verrechnete kalkulatorische Zinsen 2893 Verrechnete kalkulatorische Abschreibungen 2894 Verrechnete kalkulatorische Wagnisse 2895 Verrechneter kalkulatorischer Lohn für unentgeltliche Mitarbeiter R 2900	Aufwendungen für Roh-, Hilfs- und Betriebs-stoffe und für bezogene Waren		V 3000-3106 KU 3107 V 3108-3348 KU 3349 V 3350-3599 V 3700-3949 KU 3950-3999 **Materialaufwand** 3000 Roh-, Hilfs- und Betriebsstoffe AV 3010 Einkauf Roh-, Hilfs- und Betriebs- -19 stoffe 7 % Vorsteuer R 3020 -29 AV 3030 Einkauf Roh-, Hilfs- und Betriebs- -39 stoffe 19 % Vorsteuer R 3040 -59
				U	AV 3060 Einkauf Roh-, Hilfs- und Betriebs-stoffe, innergemeinschaftlicher Erwerb 7 % Vorsteuer und 7 % Umsatzsteuer R 3061
				U	AV 3062 Einkauf Roh-, Hilfs- und Betriebs- -63 stoffe, innergemeinschaftlicher Erwerb 19 % Vorsteuer und 19 % Umsatzsteuer R 3064 -65
				U	AV 3066 Einkauf Roh-, Hilfs- und Betriebs-stoffe, innergemeinschaftlicher Erwerb ohne Vorsteuer und 7 % Umsatzsteuer
				U	AV 3067 Einkauf Roh-, Hilfs- und Betriebs-stoffe, innergemeinschaftlicher Erwerb ohne Vorsteuer und 19 % Umsatzsteuer R 3068 -69 AV 3070 Einkauf Roh-, Hilfs- und Betriebs-stoffe 5,5 % Vorsteuer AV 3071 Einkauf Roh-, Hilfs- und Betriebs-stoffe 10,7 % Vorsteuer R 3072 -74
				U	AV 3075 Einkauf Roh-, Hilfs- und Betriebs-stoffe aus einem USt-Lager § 13a UStG 7 % Vorsteuer und 7 % Umsatzsteuer
				U	AV 3076 Einkauf Roh-, Hilfs- und Betriebs-stoffe aus einem USt-Lager § 13a UStG 19 % Vorsteuer und 19 % Umsatzsteuer R 3077 -88
				U	AV 3089 Erwerb Roh-, Hilfs- und Betriebs-stoffe als letzter Abnehmer inner-halb Dreiecksgeschäft 19 % Vor-steuer und 19 % Umsatzsteuer 3090 Energiestoffe (Fertigung) AV 3091 Energiestoffe (Fertigung) 7 % Vorsteuer AV 3092 Energiestoffe (Fertigung) 19 % Vorsteuer R 3093 -98

Bilanz-/GuV-Posten[2]	Programm-verbindung[4] Abschluss-zweck[4]	3 Wareneingangs- und Bestandskonten	Bilanz-/GuV-Posten[2]	Programm-verbindung[4] Abschluss-zweck[4]	3 Wareneingangs- und Bestandskonten
Aufwendungen für bezogene Leistungen		**3100 Fremdleistungen** AV 3106 Fremdleistungen 19 % Vorsteuer R 3107 AV 3108 Fremdleistungen 7 % Vorsteuer 3109 Fremdleistungen ohne Vorsteuer **Umsätze, für die als Leistungs-empfänger die Steuer nach § 13b UStG geschuldet wird**	Aufwendungen für bezogene Leistungen		S/AV 3150 Erhaltene Skonti aus Leistungen, für die als Leistungsempfänger die Steuer nach § 13b UStG geschuldet wird
	U	AV 3110 Bauleistungen eines im Inland ansässigen Unternehmers 7 % Vorsteuer und 7 % Umsatzsteuer R 3111 -12		U	S/AV 3151 Erhaltene Skonti aus Leistungen, für die als Leistungsempfänger die Steuer nach § 13b UStG geschuldet wird 19 % Vorsteuer und 19 % Umsatzsteuer R 3152
	U	AV 3113 Sonstige Leistungen eines im anderen EU-Land ansässigen Unternehmers 7 % Vorsteuer und 7 % Umsatzsteuer R 3114			S/AV 3153 Erhaltene Skonti aus Leistungen, für die als Leistungsempfänger die Steuer nach § 13b UStG geschuldet wird ohne Vorsteuer aber mit Umsatzsteuer
	U	AV 3115 Leistungen eines im Ausland ansässigen Unternehmers 7 % Vorsteuer und 7 % Umsatzsteuer R 3116 -19		U	S/AV 3154 Erhaltene Skonti aus Leistungen, für die als Leistungsempfänger die Steuer nach § 13b UStG geschuldet wird ohne Vorsteuer, mit 19 % Umsatzsteuer R 3155 -59
	U	AV 3120 Bauleistungen eines im Inland -21 ansässigen Unternehmers 19 % Vorsteuer und 19 % Umsatzsteuer R 3122			3160 Leistungen nach § 13b UStG mit Vorsteuerabzug[21] 3165 Leistungen nach § 13b UStG ohne Vorsteuerabzug[21]
	U	AV 3123 Sonstige Leistungen eines im anderen EU-Land ansässigen Unternehmers 19 % Vorsteuer und 19 % Umsatzsteuer R 3124		G K	3170 Fremdleistungen (Miet- und Pachtzinsen bewegliche Wirtschaftsgüter)
				G K	3175 Fremdleistungen (Miet- und Pachtzinsen unbewegliche Wirtschaftsgüter)
	U	AV 3125 Leistungen eines im Ausland ansässigen Unternehmers 19 % Vorsteuer und 19 % Umsatzsteuer R 3127 -29		G K	3180 Fremdleistungen (Entgelte für Rechte und Lizenzen)
				G	3185 Fremdleistungen (Vergütungen für die Überlassung von Wirtschaftsgütern - mit Sonderbetriebseinnahme korrespondierend)
	U	AV 3130 Bauleistungen eines im Inland ansässigen Unternehmers ohne Vorsteuer und 7 % Umsatzsteuer R 3131 -32	Aufwendungen für Roh-, Hilfs- und Betriebsstoffe und für bezogene Waren		**3200 Wareneingang** AV 3300 Wareneingang 7 % Vorsteuer -09 R 3310 -48 3349 Wareneingang ohne Vorsteuerabzug
	U	AV 3133 Sonstige Leistungen eines im anderen EU-Land ansässigen Unternehmers ohne Vorsteuer und 7 % Umsatzsteuer R 3134			AV 3400 Wareneingang 19 % Vorsteuer -09 R 3410 -19
	U	AV 3135 Leistungen eines im Ausland ansässigen Unternehmers ohne Vorsteuer und 7 % Umsatzsteuer R 3136 -39		U	AV 3420 Innergemeinschaftlicher Erwerb 7 % -24 Vorsteuer und 7 % Umsatzsteuer
				U	AV 3425 Innergemeinschaftlicher Erwerb -29 19 % Vorsteuer und 19 % Umsatzsteuer
	U	AV 3140 Bauleistungen eines im Inland ansässigen Unternehmers ohne Vorsteuer und 19 % Umsatzsteuer -41 R 3142		U	AV 3430 Innergemeinschaftlicher Erwerb ohne Vorsteuer und 7 % Umsatzsteuer R 3431 -34
	U	AV 3143 Sonstige Leistungen eines im anderen EU-Land ansässigen Unternehmers ohne Vorsteuer und 19 % Umsatzsteuer R 3144		U	AV 3435 Innergemeinschaftlicher Erwerb ohne Vorsteuer und 19 % Umsatzsteuer R 3436 -39
	U	AV 3145 Leistungen eines im Ausland ansässigen Unternehmers ohne Vorsteuer und 19 % Umsatzsteuer -46 R 3147 -49		U	AV 3440 Innergemeinschaftlicher Erwerb von Neufahrzeugen von Lieferanten ohne USt-Id-Nr. 19 % Vorsteuer und 19 % Umsatzsteuer R 3441 -49 R 3500 -04

DATEV-Kontenrahmen SKR 03

Bilanz-/GuV-Posten[2]	Programm-verbindung[4] Abschluss-zweck[4]	3 Wareneingangs- und Bestandskonten	Bilanz-/GuV-Posten[2]	Programm-verbindung[4] Abschluss-zweck[4]	3 Wareneingangs- und Bestandskonten
Aufwendungen für Roh-, Hilfs- und Betriebs- stoffe und für bezogene Waren		AV 3505 Wareneingang 5,5 % Vorsteuer -09 R 3510 -39 AV 3540 Wareneingang 10,7 % Vorsteuer -49	Aufwendungen für Roh-, Hilfs- und Betriebs- stoffe und für bezogene Waren		S/AV 3730 Erhaltene Skonti S/AV 3731 Erhaltene Skonti 7 % Vorsteuer R 3732 S/AV 3733 Erhaltene Skonti aus Einkauf Roh-, Hilfs- und Betriebsstoffe S/AV 3734 Erhaltene Skonti aus Einkauf Roh-, Hilfs- und Betriebsstoffe 7 % Vorsteuer R 3735
	U	AV 3550 Steuerfreier innergemeinschaftli- cher Erwerb 3551 Wareneingang im Drittland steuer- bar 3552 Erwerb 1. Abnehmer innerhalb eines Dreiecksgeschäftes			S/AV 3736 Erhaltene Skonti 19 % Vorsteuer R 3737 S/AV 3738 Erhaltene Skonti aus Einkauf Roh-, Hilfs- und Betriebsstoffe 19 % Vorsteuer R 3739 -40
	U	AV 3553 Erwerb Waren als letzter Abnehmer innerhalb Dreiecksgeschäft 19 % Vorsteuer und 19 % Umsatzsteuer R 3554 -57 3558 Wareneingang im anderen EU-Land steuerbar 3559 Steuerfreie Einfuhren		U	S/AV 3741 Erhaltene Skonti aus Einkauf Roh-, Hilfs- und Betriebsstoffe aus steu- erpflichtigem innergemeinschaftli- chem Erwerb 19 % Vorsteuer und 19 % Umsatzsteuer R 3742
	U	AV 3560 Waren aus einem Umsatzsteuerla- ger, § 13a UStG 7 % Vorsteuer und 7 % Umsatzsteuer R 3561 -64		U	S/AV 3743 Erhaltene Skonti aus Einkauf Roh-, Hilfs- und Betriebsstoffe aus steu- erpflichtigem innergemeinschaftli- chem Erwerb 7 % Vorsteuer und 7 % Umsatzsteuer
	U	AV 3565 Waren aus einem Umsatzsteuerla- ger, § 13a UStG 19 % Vorsteuer und 19 % Umsatzsteuer R 3566 -69 3600 Nicht abziehbare Vorsteuer -09 3610 Nicht abziehbare Vorsteuer 7 % -19 R 3620 -29 R 3650 -59 3660 Nicht abziehbare Vorsteuer 19 % -69			S/AV 3744 Erhaltene Skonti aus Einkauf Roh-, Hilfs- und Betriebsstoffe aus steu- erpflichtigem innergemeinschaftli- chem Erwerb S/AV 3745 Erhaltene Skonti aus steuerpflichti- gem innergemeinschaftlichem Erwerb
				U	S/AV 3746 Erhaltene Skonti aus steuerpflichti- gem innergemeinschaftlichem Erwerb 7 % Vorsteuer und 7 % Umsatzsteuer R 3747
		3700 Nachlässe 3701 Nachlässe aus Einkauf Roh-, Hilfs- und Betriebsstoffe AV 3710 Nachlässe 7 % Vorsteuer -11 R 3712 -13 AV 3714 Nachlässe aus Einkauf Roh-, Hilfs- und Betriebsstoffe 7 % Vorsteuer AV 3715 Nachlässe aus Einkauf Roh-, Hilfs- und Betriebsstoffe 19 % Vorsteuer R 3716		U	S/AV 3748 Erhaltene Skonti aus steuerpflichti- gem innergemeinschaftlichem Erwerb 19 % Vorsteuer und 19 % Umsatzsteuer R 3749 AV 3750 Erhaltene Boni 7 % Vorsteuer -51 R 3752 3753 Erhaltene Boni aus Einkauf Roh-, Hilfs- und Betriebsstoffe AV 3754 Erhaltene Boni aus Einkauf Roh-, Hilfs- und Betriebsstoffe 7 % Vorsteuer AV 3755 Erhaltene Boni aus Einkauf Roh-, Hilfs- und Betriebsstoffe 19 % Vorsteuer R 3756 -59
	U	AV 3717 Nachlässe aus Einkauf Roh-, Hilfs- und Betriebsstoffe, innergemein- schaftlicher Erwerb 7 % Vorsteuer und 7 % Umsatzsteuer			AV 3760 Erhaltene Boni 19 % Vorsteuer -61 R 3762 -68
	U	AV 3718 Nachlässe aus Einkauf Roh-, Hilfs- und Betriebsstoffe, innergemein- schaftlicher Erwerb 19 % Vorsteuer und 19 % Umsatzsteuer R 3719 AV 3720 Nachlässe 19 % Vorsteuer -21 R 3722 -23			3769 Erhaltene Boni 3770 Erhaltene Rabatte AV 3780 Erhaltene Rabatte 7 % Vorsteuer -81 R 3782
	U	AV 3724 Nachlässe aus innergemeinschaft- lichem Erwerb 7 % Vorsteuer und 7 % Umsatzsteuer			
	U	AV 3725 Nachlässe aus innergemeinschaft- lichem Erwerb 19 % Vorsteuer und 19 % Umsatzsteuer R 3726 -29			

DATEV-Kontenrahmen SKR 03

Bilanz-/GuV-Posten[2]	Programm-verbindung[4] Abschlusszweck[4]	3 Wareneingangs- und Bestandskonten	GuV-Posten[2]	Programm-verbindung[4] Abschlusszweck[4]	4 Betriebliche Aufwendungen
Aufwendungen für Roh-, Hilfs- und Betriebsstoffe und für bezogene Waren		3783 Erhaltene Rabatte aus Einkauf Roh-, Hilfs- und Betriebsstoffe AV 3784 Erhaltene Rabatte aus Einkauf Roh-, Hilfs- und Betriebsstoffe 7 % Vorsteuer AV 3785 Erhaltene Rabatte aus Einkauf Roh-, Hilfs- und Betriebsstoffe 19 % Vorsteuer R 3786 -87 S/AV 3788 Erhaltene Skonti aus Einkauf Roh-, Hilfs- und Betriebsstoffe 10,7 % Vorsteuer R 3789 AV 3790 Erhaltene Rabatte 19 % Vorsteuer -91			V 4000-4099 V 4200-4299 V 4400-4509 KU 4510-4519 V 4520-4819 V 4900-4983 V 4985-4989
					Material- und Stoffverbrauch
			Aufwendungen für Roh-, Hilfs- und Betriebsstoffe und für bezogene Waren		4000 Material- und Stoffverbrauch -99
	U	AV 3792 Erhaltene Skonti aus Erwerb Roh-, Hilfs- und Betriebsstoffe als letzter Abnehmer innerhalb Dreiecksgeschäft 19 % Vorsteuer und 19 % Umsatzsteuer			**Personalaufwendungen**
			Löhne und Gehälter		4100 Löhne und Gehälter 4110 Löhne 4120 Gehälter 4124 Geschäftsführergehälter der GmbH-Gesellschafter 4125 Ehegattengehalt
	U	AV 3793 Erhaltene Skonti aus Erwerb Waren als letzter Abnehmer innerhalb Dreiecksgeschäft 19 % Vorsteuer und 19 % Umsatzsteuer S/AV 3794 Erhaltene Skonti 5,5 % Vorsteuer R 3795 S/AV 3796 Erhaltene Skonti 10,7 % Vorsteuer R 3797 S/AV 3798 Erhaltene Skonti aus Einkauf Roh-, Hilfs- und Betriebsstoffe 5,5 % Vorsteuer R 3799		K G K	4126 Tantiemen Gesellschafter-Geschäftsführer 4127 Geschäftsführergehälter 4128 Vergütungen an angestellte Mitunternehmer § 15 EStG (mit Sonderbetriebseinnahme korrespondierend) 4129 Tantiemen Arbeitnehmer
		3800 Bezugsnebenkosten 3830 Leergut 3850 Zölle und Einfuhrabgaben 3950 Bestandsveränderungen Waren -54 3955 Bestandsveränderungen Roh-, -59 Hilfs- und Betriebsstoffe 3960 Bestandsveränderungen Roh-, -69 Hilfs- und Betriebsstoffe sowie bezogene Waren	Soziale Abgaben und Aufwendungen für Altersversorgung und für Unterstützung	G	4130 Gesetzliche soziale Aufwendungen 4137 Gesetzliche soziale Aufwendungen für Mitunternehmer § 15 EStG (mit Sonderbetriebseinnahme korrespondierend) 4138 Beiträge zur Berufsgenossenschaft
			Sonstige betriebliche Aufwendungen		4139 Ausgleichsabgabe i. S. d. Schwerbehindertengesetzes
Roh-, Hilfs- und Betriebsstoffe		**Bestand an Vorräten** 3970 Roh-, Hilfs- und Betriebsstoffe -79 (Bestand)	Soziale Abgaben und Aufwendungen für Altersversorgung und für Unterstützung		4140 Freiwillige soziale Aufwendungen, lohnsteuerfrei 4141 Sonstige soziale Abgaben 4144 Soziale Abgaben für Minijobber
Fertige Erzeugnisse und Waren		3980 Waren (Bestand) -89			
		Verrechnete Stoffkosten	Löhne und Gehälter		4145 Freiwillige soziale Aufwendungen, lohnsteuerpflichtig 4146 Freiwillige Zuwendungen an Minijobber 4147 Freiwillige Zuwendungen an Gesellschafter-Geschäftsführer
Aufwendungen für Roh-, Hilfs- und Betriebsstoffe und für bezogene Waren		3990 Verrechnete Stoffkosten -99 (Gegenkonto zu 4000-99)		G	4148 Freiwillige Zuwendungen an angestellte Mitunternehmer § 15 EStG (mit Sonderbetriebseinnahme korrespondierend) 4149 Pauschale Steuer auf sonstige Bezüge (z. B. Fahrtkostenzuschüsse) 4150 Krankengeldzuschüsse 4151 Sachzuwendungen und Dienstleistungen an Minijobber 4152 Sachzuwendungen und Dienstleistungen an Arbeitnehmer 4153 Sachzuwendungen und Dienstleistungen an Gesellschafter-Geschäftsführer

GuV-Posten[2]	Programm-verbindung[4] Abschluss-zweck[4]	4 Betriebliche Aufwendungen	GuV-Posten[2]	Programm-verbindung[4] Abschluss-zweck[4]	4 Betriebliche Aufwendungen
Löhne und Gehälter	G	4154 Sachzuwendungen und Dienstleistungen an angestellte Mitunternehmer § 15 EStG (mit Sonderbetriebseinnahme korrespondierend) 4155 Zuschüsse der Agenturen für Arbeit (Haben) 4156 Aufwendungen aus der Veränderung von Urlaubsrückstellungen 4157 Aufwendungen aus der Veränderung von Urlaubsrückstellungen für Gesellschafter-Geschäftsführer 4158 Aufwendungen aus der Veränderung von Urlaubsrückstellungen für angestellte Mitunternehmer § 15 EStG (mit Sonderbetriebseinnahme korrespondierend) 4159 Aufwendungen aus der Veränderung von Urlaubsrückstellungen für Minijobber	Sonstige betriebliche Aufwendungen	G	4228 Miet- und Pachtnebenkosten, die gewerbesteuerlich nicht hinzuzurechnen sind 4229 Vergütungen an Mitunternehmer für die pachtweise Überlassung ihrer unbeweglichen Wirtschaftsgüter § 15 EStG (mit Sonderbetriebseinnahme korrespondierend) 4230 Heizung 4240 Gas, Strom, Wasser 4250 Reinigung 4260 Instandhaltung betrieblicher Räume 4270 Abgaben für betrieblich genutzten Grundbesitz 4280 Sonstige Raumkosten 4288 Aufwendungen für ein häusliches Arbeitszimmer (abziehbarer Anteil)
	G			G	4289 Aufwendungen für ein häusliches Arbeitszimmer (nicht abziehbarer Anteil) 4290 Grundstücksaufwendungen betrieblich 4300 Nicht abziehbare Vorsteuer 4301 Nicht abziehbare Vorsteuer 7 % R 4304 -05 4306 Nicht abziehbare Vorsteuer 19 %
Soziale Abgaben und Aufwendungen für Altersversorgung und für Unterstützung	G	4160 Versorgungskassen 4165 Aufwendungen für Altersversorgung 4166 Aufwendungen für Altersversorgung für Gesellschafter-Geschäftsführer 4167 Pauschale Steuer auf sonstige Bezüge (z. B. Direktversicherungen) 4168 Aufwendungen für Altersversorgung für Mitunternehmer § 15 EStG (mit Sonderbetriebseinnahme korrespondierend) 4169 Aufwendungen für Unterstützung	Steuern vom Einkommen und Ertrag	G K	4320 Gewerbesteuer
Löhne und Gehälter	G	4170 Vermögenswirksame Leistungen 4175 Fahrtkostenerstattung - Wohnung/Arbeitsstätte 4180 Bedienungsgelder 4190 Aushilfslöhne 4194 Pauschale Steuern für Minijobber 4195 Löhne für Minijobs 4196 Pauschale Steuern für Gesellschafter-Geschäftsführer 4197 Pauschale Steuern für angestellte Mitunternehmer § 15 EStG (mit Sonderbetriebseinnahme korrespondierend) 4198 Pauschale Steuern für Arbeitnehmer 4199 Pauschale Steuer für Aushilfen	Sonstige Steuern		4340 Sonstige Betriebssteuern 4350 Verbrauchsteuer (sonstige Steuern) 4355 Ökosteuer
			Sonstige betriebliche Aufwendungen		4360 Versicherungen 4366 Versicherungen für Gebäude 4370 Netto-Prämie für Rückdeckung künftiger Versorgungsleistungen 4380 Beiträge 4390 Sonstige Abgaben 4396 Steuerlich abzugsfähige Verspätungszuschläge und Zwangsgelder
		Sonstige betriebliche Aufwendungen und Abschreibungen		G K	4397 Steuerlich nicht abzugsfähige Verspätungszuschläge und Zwangsgelder 4400 (zur freien Verfügung) -99 4500 Fahrzeugkosten[18]
Sonstige betriebliche Aufwendungen	G K G K	4200 Raumkosten 4210 Miete (unbewegliche Wirtschaftsgüter) 4211 Aufwendungen für gemietete oder gepachtete unbewegliche Wirtschaftsgüter, die gewerbesteuerlich hinzuzurechnen sind 4212 Miete/Aufwendungen für doppelte Haushaltsführung Unternehmer	Sonstige Steuern		4510 Kfz-Steuer
	G K G	4215 Leasing (unbewegliche Wirtschaftsgüter) 4219 Vergütungen an Mitunternehmer für die mietweise Überlassung ihrer unbeweglichen Wirtschaftsgüter § 15 EStG (mit Sonderbetriebseinnahme korrespondierend)	Sonstige betriebliche Aufwendungen	G K G K	4520 Kfz-Versicherungen 4530 Laufende Kfz-Betriebskosten 4540 Kfz-Reparaturen 4550 Garagenmiete 4560 Mautgebühren 4570 Mietleasing Kfz 4580 Sonstige Kfz-Kosten 4590 Kfz-Kosten für betrieblich genutzte zum Privatvermögen gehörende Kraftfahrzeuge 4595 Fremdfahrzeugkosten
	G K K	4220 Pacht (unbewegliche Wirtschaftsgüter) 4222 Vergütungen an Gesellschafter für die miet- oder pachtweise Überlassung ihrer unbeweglichen Wirtschaftsgüter			4600 Werbekosten 4605 Streuartikel 4630 Geschenke abzugsfähig ohne § 37b EStG 4631 Geschenke abzugsfähig mit § 37b EStG 4632 Pauschale Steuern für Geschenke und Zugaben abzugsfähig

DATEV-Kontenrahmen SKR 03

GuV-Posten[2]	Programm-verbindung[4] Abschlusszweck[4]	4 Betriebliche Aufwendungen	GuV-Posten[2]	Programm-verbindung[4] Abschlusszweck[4]	4 Betriebliche Aufwendungen
Sonstige betriebliche Aufwendungen	G K	4635 Geschenke nicht abzugsfähig ohne § 37b EStG	Sonstige betriebliche Aufwendungen		4805 Reparaturen und Instandhaltungen von anderen Anlagen und Betriebs- und Geschäftsausstattung
	G K	4636 Geschenke nicht abzugsfähig mit § 37b EStG			4806 Wartungskosten für Hard- und Software
	G K	4637 Pauschale Steuern für Geschenke und Zuwendungen nicht abzugsfähig			4808 Zuführung zu Aufwandsrückstellungen
		4638 Geschenke ausschließlich betrieblich genutzt			4809 Sonstige Reparaturen und Instandhaltungen
		4639 Zugaben mit § 37b EStG		G K	4810 Mietleasing bewegliche Wirtschaftsgüter für technische Anlagen und Maschinen
		4640 Repräsentationskosten			
		4650 Bewirtungskosten			
		4651 Sonstige eingeschränkt abziehbare Betriebsausgaben (abziehbarer Anteil)			4815 Kaufleasing
					R 4820
	G K	4652 Sonstige eingeschränkt abziehbare Betriebsausgaben (nicht abziehbarer Anteil)	Abschreibungen auf immaterielle Vermögensgegenstände des Anlagevermögens und Sachanlagen		4822 Abschreibungen auf immaterielle Vermögensgegenstände
				HB	4823 Abschreibungen auf selbst geschaffene immaterielle Vermögensgegenstände
		4653 Aufmerksamkeiten			
	G K	4654 Nicht abzugsfähige Bewirtungskosten			4824 Abschreibungen auf den Geschäfts- oder Firmenwert
	G K	4655 Nicht abzugsfähige Betriebsausgaben aus Werbe- und Repräsentationskosten			4825 Außerplanmäßige Abschreibungen auf den Geschäfts- oder Firmenwert
					4826 Außerplanmäßige Abschreibungen auf immaterielle Vermögensgegenstände
		4660 Reisekosten Arbeitnehmer			
		4663 Reisekosten Arbeitnehmer Fahrtkosten		HB	4827 Außerplanmäßige Abschreibungen auf selbst geschaffene immaterielle Vermögensgegenstände
		4664 Reisekosten Arbeitnehmer Verpflegungsmehraufwand			
		4666 Reisekosten Arbeitnehmer Übernachtungsaufwand			4830 Abschreibungen auf Sachanlagen (ohne AfA auf Kfz und Gebäude)
		R 4667			4831 Abschreibungen auf Gebäude
		4668 Kilometergelderstattung Arbeitnehmer			4832 Abschreibungen auf Kfz
					4833 Abschreibungen auf Gebäudeanteil des häuslichen Arbeitszimmers
		4670 Reisekosten Unternehmer[18]			4840 Außerplanmäßige Abschreibungen auf Sachanlagen
	G	4672 Reisekosten Unternehmer (nicht abziehbarer Anteil)			
		4673 Reisekosten Unternehmer Fahrtkosten			4841 Absetzung für außergewöhnliche technische und wirtschaftliche Abnutzung der Gebäude
		4674 Reisekosten Unternehmer Verpflegungsmehraufwand			4842 Absetzung für außergewöhnliche technische und wirtschaftliche Abnutzung des Kfz
		R 4675			
		4676 Reisekosten Unternehmer Übernachtungsaufwand und Reisenebenkosten			4843 Absetzung für außergewöhnliche technische und wirtschaftliche Abnutzung sonstiger Wirtschaftsgüter
		R 4677			
		4678 Fahrten zwischen Wohnung und Betriebsstätte und Familienheimfahrten (abziehbarer Anteil)		SB	4850 Abschreibungen auf Sachanlagen auf Grund steuerlicher Sondervorschriften
	G	4679 Fahrten zwischen Wohnung und Betriebsstätte und Familienheimfahrten (nicht abziehbarer Anteil)		SB	4851 Sonderabschreibungen nach § 7g Abs. 5 EStG (ohne Kfz)
				SB	4852 Sonderabschreibungen nach § 7g Abs. 5 EStG (für Kfz)
		4680 Fahrten zwischen Wohnung und Betriebsstätte und Familienheimfahrten (Haben)		SB	4853 Kürzung der Anschaffungs- oder Herstellungskosten gemäß § 7g Abs. 2 EStG (ohne Kfz)
		4681 Verpflegungsmehraufwendungen im Rahmen der doppelten Haushaltsführung Unternehmer		SB	4854 Kürzung der Anschaffungs- oder Herstellungskosten gemäß § 7g Abs. 2 EStG (für Kfz)
		R 4685			
		4700 Kosten der Warenabgabe			4855 Sofortabschreibung geringwertiger Wirtschaftsgüter
		4710 Verpackungsmaterial			
		4730 Ausgangsfrachten			4860 Abschreibungen auf aktivierte, geringwertige Wirtschaftsgüter
		4750 Transportversicherungen			
		4760 Verkaufsprovisionen			4862 Abschreibungen auf den Sammelposten Wirtschaftsgüter
		4780 Fremdarbeiten (Vertrieb)			
		4790 Aufwand für Gewährleistungen			4865 Außerplanmäßige Abschreibungen auf aktivierte, geringwertige Wirtschaftsgüter
		4800 Reparaturen und Instandhaltungen von technischen Anlagen und Maschinen			
		4801 Reparaturen und Instandhaltung von Bauten			

DATEV-Kontenrahmen SKR 03

GuV-Posten[2]	Programm-verbindung[4] Abschluss-zweck[4]	4 Betriebliche Aufwendungen	GuV-Posten[2]	Programm-verbindung[4] Abschluss-zweck[4]	4 Betriebliche Aufwendungen
Abschreibungen auf Finanzanlagen und auf Wertpapiere des Umlaufvermögens	HB	4866 Abschreibungen auf Finanzanlagen (nicht dauerhaft)	Sonstige betriebliche Aufwendungen		4930 Bürobedarf
		4870 Abschreibungen auf Finanzanlagen (dauerhaft)			4940 Zeitschriften, Bücher (Fachliteratur)
					4945 Fortbildungskosten
	G K	4871 Abschreibungen auf Finanzanlagen § 3 Nr. 40 EStG/§ 8b Abs. 3 KStG (dauerhaft)[9]			4946 Freiwillige Sozialleistungen
				G	4948 Vergütungen an Mitunternehmer § 15 EStG (mit Sonderbetriebseinnahme korrespondierend)
	G K	4872 Aufwendungen auf Grund von Verlustanteilen an gewerblichen und selbständigen Mitunternehmerschaften, § 8 GewStG bzw. § 18 EStG[23]		G	4949 Haftungsvergütung an Mitunternehmer § 15 EStG (mit Sonderbetriebseinnahme korrespondierend)
					4950 Rechts- und Beratungskosten
					4955 Buchführungskosten
	G K	4873 Abschreibungen auf Finanzanlagen auf Grund § 6b EStG-Rücklage, § 3 Nr. 40 EStG/§ 8b Abs. 3 KStG[9]			4957 Abschluss- und Prüfungskosten
	SB			K	4958 Vergütungen an Gesellschafter für die miet- oder pachtweise Überlassung ihrer beweglichen Wirtschaftsgüter
	SB	4874 Abschreibungen auf Finanzanlagen auf Grund § 6b EStG-Rücklage			
		4875 Abschreibungen auf Wertpapiere des Umlaufvermögens		G	4959 Vergütungen an Mitunternehmer für die miet- oder pachtweise Überlassung ihrer beweglichen Wirtschaftsgüter § 15 EStG (mit Sonderbetriebseinnahme korrespondierend)
	G K	4876 Abschreibungen auf Wertpapiere des Umlaufvermögens § 3 Nr. 40 EStG/§ 8b Abs. 3 KStG[9]			
		4877 Abschreibungen auf Finanzanlagen - verbundene Unternehmen		G K	4960 Mieten für Einrichtungen (bewegliche Wirtschaftsgüter)
		4878 Abschreibungen auf Wertpapiere des Umlaufvermögens - verbundene Unternehmen		G K	4961 Pacht (bewegliche Wirtschaftsgüter)
Abschreibungen auf Vermögensgegenstände des Umlaufvermögens, soweit diese die in der Kapitalgesellschaft üblichen Abschreibungen überschreiten		4880 Abschreibungen auf sonstige Vermögensgegenstände des Umlaufvermögens (soweit unübliche Höhe)		G K	4963 Aufwendungen für gemietete oder gepachtete bewegliche Wirtschaftsgüter, die gewerbesteuerlich hinzuzurechnen sind
		4882 Abschreibungen auf Umlaufvermögen, steuerrechtlich bedingt (soweit unübliche Höhe)		G K	4964 Aufwendungen für die zeitlich befristete Überlassung von Rechten (Lizenzen, Konzessionen)
				G K	4965 Mietleasing bewegliche Wirtschaftsgüter für Betriebs- und Geschäftsausstattung
					4969 Aufwendungen für Abraum- und Abfallbeseitigung
Sonstige betriebliche Aufwendungen		4886 Abschreibungen auf Umlaufvermögen außer Vorräte und Wertpapiere des Umlaufvermögens (übliche Höhe)			4970 Nebenkosten des Geldverkehrs
				G K	4975 Aufwendungen aus Anteilen an Kapitalgesellschaften §§ 3 Nr. 40, 3c EStG/§ 8b Abs. 1 und 4 KStG[9][16]
		4887 Abschreibungen auf Umlaufvermögen außer Vorräte und Wertpapiere des Umlaufvermögens, steuerrechtlich bedingt (übliche Höhe)		G K	4976 Veräußerungskosten § 3 Nr. 40 EStG/§ 8b Abs. 2 KStG
					4980 Sonstiger Betriebsbedarf
Abschreibungen auf Vermögensgegenstände des Umlaufvermögens, soweit diese die in der Kapitalgesellschaft üblichen Abschreibungen überschreiten		4892 Abschreibungen auf Roh-, Hilfs- und Betriebsstoffe/Waren (soweit unübliche Höhe)			4984 Genossenschaftliche Rückvergütung an Mitglieder
		4893 Abschreibungen auf fertige und unfertige Erzeugnisse (soweit unübliche Höhe)	Sonstige betriebliche Aufwendungen		4985 Werkzeuge und Kleingeräte
					Kalkulatorische Kosten
			Sonstige betriebliche Aufwendungen		4990 Kalkulatorischer Unternehmerlohn
					4991 Kalkulatorische Miete und Pacht
					4992 Kalkulatorische Zinsen
					4993 Kalkulatorische Abschreibungen
Sonstige betriebliche Aufwendungen		4900 Sonstige betriebliche Aufwendungen			4994 Kalkulatorische Wagnisse
		4902 Interimskonto für Aufwendungen in einem anderen Land, bei denen eine Vorsteuervergütung möglich ist			4995 Kalkulatorischer Lohn für unentgeltliche Mitarbeiter
					Kosten bei Anwendung des Umsatzkostenverfahrens
		4905 Sonstige Aufwendungen betrieblich und regelmäßig	Sonstige betriebliche Aufwendungen		4996 Herstellungskosten
		4909 Fremdleistungen/Fremdarbeiten			4997 Verwaltungskosten
		4910 Porto			4998 Vertriebskosten
		4920 Telefon			4999 Gegenkonto 4996-4998
		4925 Telefax und Internetkosten			

DATEV-Kontenrahmen SKR 03

GuV-Posten[2]	Programm-verbindung[4] Abschluss-zweck[4]	5	GuV-Posten[2]	Programm-verbindung[4] Abschluss-zweck[4]	8 Erlöskonten	
Sonstige betriebliche Aufwendungen		5000 -5999			M	8000-8191
					KU	8192-8193
					M	8194-8603
					KU	8604
					M	8605-8613
					KU	8614
					M	8615-8904
					KU	8905-8906
					M	8907-8917
					KU	8918-8919
					M	8920-8923
					KU	8924
GuV-Posten[2]	Programm-verbindung[4] Abschluss-zweck[4]	6			M	8925-8928
					KU	8929
					M	8930-8938
					KU	8939
Sonstige betriebliche Aufwendungen		6000 -6999			M	8940-8948
					KU	8949-8999

Umsatzerlöse

GuV-Posten[2]	Prog.					
			Umsatzerlöse		8000	Umsatzerlöse
					-99	(Zur freien Verfügung)
				U	AM 8100 -04	Steuerfreie Umsätze § 4 Nr. 8 ff. UStG
				U	AM 8105	Steuerfreie Umsätze nach § 4 Nr. 12 UStG (Vermietung und Verpachtung)
				U	AM 8110	Sonstige steuerfreie Umsätze Inland
Bilanz-Posten[2]	Programm-verbindung[4] Abschluss-zweck[4]	7 Bestände an Erzeugnissen		U	AM 8120	Steuerfreie Umsätze § 4 Nr. 1a UStG
				U	AM 8125 R 8128	Steuerfreie innergemeinschaftliche Lieferungen § 4 Nr. 1b UStG
		KU 7000-7999		U	AM 8130	Lieferungen des ersten Abnehmers bei innergemeinschaftlichen Dreiecksgeschäften § 25b Abs. 2 UStG
Unfertige Erzeugnisse, unfertige Leistungen		**7000 Unfertige Erzeugnisse, unfertige Leistungen (Bestand)** 7050 Unfertige Erzeugnisse (Bestand) 7080 Unfertige Leistungen (Bestand)		U	AM 8135	Steuerfreie innergemeinschaftliche Lieferungen von Neufahrzeugen an Abnehmer ohne USt-Id-Nr.
In Ausführung befindliche Bauaufträge		7090 In Ausführung befindliche Bauaufträge		U U	AM 8140 AM 8150	Steuerfreie Umsätze Offshore usw. Sonstige steuerfreie Umsätze (z. B. § 4 Nr. 2-7 UStG)
In Arbeit befindliche Aufträge		7095 In Arbeit befindliche Aufträge		U	AM 8160	Steuerfreie Umsätze ohne Vorsteuerabzug zum Gesamtumsatz gehörend, § 4 UStG
				U	AM 8165	Steuerfreie Umsätze ohne Vorsteuerabzug zum Gesamtumsatz gehörend
Fertige Erzeugnisse und Waren		**7100 Fertige Erzeugnisse und Waren (Bestand)** 7110 Fertige Erzeugnisse (Bestand) 7140 Waren (Bestand)			8190	Erlöse, die mit den Durchschnittssätzen des § 24 UStG versteuert werden
				U	AM 8191 R 8192	Umsatzerlöse nach §§ 25 und 25a UStG 19 % USt
					8193	Umsatzerlöse nach §§ 25 und 25a UStG ohne USt
				U	AM 8194	Umsatzerlöse aus Reiseleistungen § 25 Abs. 2 UStG, steuerfrei
				U	8195	Erlöse als Kleinunternehmer i. S. d. § 19 Abs. 1 UStG
				U	AM 8196 R 8197 -98	Erlöse aus Geldspielautomaten 19 % USt
					8200	Erlöse
				U	AM 8300 -09	Erlöse 7 % USt
				U	AM 8310 -14	Erlöse aus im Inland steuerpflichtigen EU-Lieferungen 7 % USt
				U	AM 8315 -19	Erlöse aus im Inland steuerpflichtigen EU-Lieferungen 19 % USt

DATEV-Kontenrahmen SKR 03

GuV-Posten[2]	Programm-verbindung[4] Abschluss-zweck[4]	8 Erlöskonten		GuV-Posten[2]	Programm-verbindung[4] Abschluss-zweck[4]	8 Erlöskonten	
Umsatzerlöse		8320 -29 R 8330	Erlöse aus im anderen EU-Land steuerpflichtigen Lieferungen[3]	Umsatzerlöse	R 8571 -73		
	U	8331	Erlöse aus im anderen EU-Land steuerpflichtigen elektronischen Dienstleistungen[5]		U	AM 8574	Sonstige Erträge aus Provisionen, Lizenzen und Patenten, steuerfrei § 4 Nr. 8 ff. UStG
		R 8332 -34			U	AM 8575	Sonstige Erträge aus Provisionen, Lizenzen und Patenten, steuerfrei § 4 Nr. 5 UStG
	U	AM 8335	Erlöse aus Lieferungen von Mobilfunkgeräten, Tablet-Computern, Spielekonsolen und integrierten Schaltkreisen, für die der Leistungsempfänger die Umsatzsteuer nach § 13b UStG schuldet		U	AM 8576	Sonstige Erträge aus Provisionen, Lizenzen und Patenten, 7 % USt
					R 8577 -78		
					U	AM 8579	Sonstige Erträge aus Provisionen, Lizenzen und Patenten, 19 % USt
	U	AM 8336	Erlöse aus im anderen EU-Land steuerpflichtigen sonstigen Leistungen, für die der Leistungsempfänger die Umsatzsteuer schuldet				**Statistische Konten EÜR**[15]
					EÜR	8580	Statistisches Konto Erlöse zum allgemeinen Umsatzsteuersatz (EÜR)[13][15]
	U	AM 8337	Erlöse aus Leistungen, für die der Leistungsempfänger die Umsatzsteuer nach § 13b UStG schuldet		EÜR	8581	Statistisches Konto Erlöse zum ermäßigten Umsatzsteuersatz (EÜR)[13][15]
	U	AM 8338	Erlöse aus im Drittland steuerbaren Leistungen, im Inland nicht steuerbare Umsätze		EÜR	8582	Statistisches Konto Erlöse steuerfrei und nicht steuerbar (EÜR)[13][15]
	U	AM 8339	Erlöse aus im anderen EU-Land steuerbaren Leistungen, im Inland nicht steuerbare Umsätze		EÜR	8589	Gegenkonto 8580-8582 bei Aufteilung der Erlöse nach Steuersätzen (EÜR)[13]
	U	AM 8340 -49	Erlöse 16 % USt			8590	Verrechnete sonstige Sachbezüge (keine Waren)
	U	AM 8400 -09	Erlöse 19 % USt	Sonstige betriebliche Erträge	U	AM 8591	Sachbezüge 7 % USt (Waren)
	U	AM 8410 R 8411 -48	Erlöse 19 % USt		R 8594		
					U	AM 8595 R 8596 -97	Sachbezüge 19 % USt (Waren)
	U	AM 8449	Erlöse aus im Inland steuerpflichtigen elektronischen Dienstleistungen 19 % USt[1]			8600	Sonstige Erlöse betrieblich und regelmäßig
		8499	Nebenerlöse (Bezug zu Materialaufwand)			8603	Sonstige betriebliche Erträge
			Konten für die Verbuchung von Sonderbetriebseinnahmen			8604	Erstattete Vorsteuer anderer Länder
		8500	Sonderbetriebseinnahmen, Tätigkeitsvergütung[28]			8605	Sonstige Erträge betrieblich und regelmäßig
		8501	Sonderbetriebseinnahmen, Miet-/Pachteinnahmen[28]			8606	Sonstige betriebliche Erträge von verbundenen Unternehmen
		8502	Sonderbetriebseinnahmen, Zinseinnahmen[28]	Umsatzerlöse		8607	Andere Nebenerlöse
		8503	Sonderbetriebseinnahmen, Haftungsvergütung[28]	Sonstige betriebliche Erträge	U	AM 8609	Sonstige Erträge betrieblich und regelmäßig, steuerfrei § 4 Nr. 8 ff. UStG
		8504	Sonderbetriebseinnahmen, Pensionszahlungen[28]			8610	Verrechnete sonstige Sachbezüge
		8505	Sonderbetriebseinnahmen, sonstige Sonderbetriebseinnahmen[28]		U	AM 8611	Verrechnete sonstige Sachbezüge aus Kfz-Gestellung 19 % USt
Umsatzerlöse		8510	Provisionsumsätze		R 8612		
		R 8511 -13			U	AM 8613	Verrechnete sonstige Sachbezüge 19 % USt
	U	AM 8514	Provisionsumsätze, steuerfrei § 4 Nr. 8 ff. UStG			8614	Verrechnete sonstige Sachbezüge ohne Umsatzsteuer
	U	AM 8515	Provisionsumsätze, steuerfrei § 4 Nr. 5 UStG		U	AM 8625 -29	Sonstige betriebliche Erträge, steuerfrei z. B. § 4 Nr. 2-7 UStG
	U	AM 8516	Provisionsumsätze 7 % USt		U	AM 8630 -34 R 8635 -39	Sonstige Erträge betrieblich und regelmäßig 7 % USt
		R 8517 -18					
	U	AM 8519	Provisionsumsätze 19 % USt		U	AM 8640 -44 R 8645 -48	Sonstige Erträge betrieblich und regelmäßig 19 % USt
		8520	Erlöse Abfallverwertung				
		8540	Erlöse Leergut		U	AM 8649	Sonstige Erträge betrieblich und regelmäßig 16 % USt
		8570	Sonstige Erträge aus Provisionen, Lizenzen und Patenten				

SKR 03

DATEV-Kontenrahmen SKR 03

GuV-Posten[2]	Programm-verbindung[4] Abschlusszweck[4]	8 Erlöskonten	GuV-Posten[2]	Programm-verbindung[4] Abschlusszweck[4]	8 Erlöskonten
Sonstige Zinsen und ähnliche Erträge		8650 Erlöse Zinsen und Diskontspesen 8660 Erlöse Zinsen und Diskontspesen aus verbundenen Unternehmen	Umsatzerlöse	U	R 8747 S/AM 8748 Gewährte Skonti aus im Inland steuerpflichtigen EU-Lieferungen 19 % USt
Umsatzerlöse		8700 Erlösschmälerungen			R 8749
	U	AM 8701 Erlösschmälerungen für steuerfreie Umsätze nach § 4 Nr. 8 ff. UStG		U	AM 8750 Gewährte Boni 7 % USt -51 R 8752 -59
	U	AM 8702 Erlösschmälerungen für steuerfreie Umsätze nach § 4 Nr. 2-7 UStG		U	AM 8760 Gewährte Boni 19 % USt -61 R 8762 -68
	U	AM 8703 Erlösschmälerungen für sonstige steuerfreie Umsätze ohne Vorsteuerabzug			8769 Gewährte Boni
	U	AM 8704 Erlösschmälerungen für sonstige steuerfreie Umsätze mit Vorsteuerabzug			8770 Gewährte Rabatte
	U	AM 8705 Erlösschmälerungen aus steuerfreien Umsätzen § 4 Nr. 1a UStG		U	AM 8780 Gewährte Rabatte 7 % USt -81 R 8782 -89
	U	AM 8706 Erlösschmälerungen für steuerfreie innergemeinschaftliche Dreiecksgeschäfte nach § 25b Abs. 2, 4 UStG		U	AM 8790 Gewährte Rabatte 19 % USt -91 R 8792 -99
	U	AM 8710 Erlösschmälerungen 7 % USt -11 R 8712 -19			8800 Erlöse aus Verkäufen Sachanlagevermögen (bei Buchverlust)
	U	AM 8720 Erlösschmälerungen 19 % USt -21 R 8722 -23	Sonstige betriebliche Aufwendungen	U	AM 8801 Erlöse aus Verkäufen Sachanlagevermögen 19 % USt (bei Buchverlust) -06
	U	AM 8724 Erlösschmälerungen aus steuerfreien innergemeinschaftlichen Lieferungen		U	AM 8807 Erlöse aus Verkäufen Sachanlagevermögen steuerfrei § 4 Nr. 1a UStG (bei Buchverlust)
	U	AM 8725 Erlösschmälerungen aus im Inland steuerpflichtigen EU-Lieferungen 7 % USt		U	AM 8808 Erlöse aus Verkäufen Sachanlagevermögen steuerfrei § 4 Nr. 1b UStG (bei Buchverlust)
	U	AM 8726 Erlösschmälerungen aus im Inland steuerpflichtigen EU-Lieferungen 19 % USt			R 8809 -16
		8727 Erlösschmälerungen aus im anderen EU-Land steuerpflichtigen Lieferungen[3]			8817 Erlöse aus Verkäufen immaterieller Vermögensgegenstände (bei Buchverlust)
		R 8728 -29			8818 Erlöse aus Verkäufen Finanzanlagen (bei Buchverlust)
		S 8730 Gewährte Skonti		G K	8819 Erlöse aus Verkäufen Finanzanlagen § 3 Nr. 40 EStG/§ 8b Abs. 3 KStG (bei Buchverlust)[9]
	U	S/AM 8731 Gewährte Skonti 7 % USt R 8732 -35	Sonstige betriebliche Erträge	U	AM 8820 Erlöse aus Verkäufen Sachanlagevermögen 19 % USt (bei Buchgewinn) -25
	U	S/AM 8736 Gewährte Skonti 19 % USt R 8737			R 8826
	U	S/AM 8738 Gewährte Skonti aus Lieferungen von Mobilfunkgeräten etc., für die der Leistungsempfänger die Umsatzsteuer nach § 13b Abs. 2 Nr. 10 UStG schuldet[8]		U	AM 8827 Erlöse aus Verkäufen Sachanlagevermögen steuerfrei § 4 Nr. 1a UStG (bei Buchgewinn)
	U	S/AM 8741 Gewährte Skonti aus Leistungen, für die der Leistungsempfänger die Umsatzsteuer nach § 13b UStG schuldet		U	AM 8828 Erlöse aus Verkäufen Sachanlagevermögen steuerfrei § 4 Nr. 1b UStG (bei Buchgewinn)
	U	S/AM 8742 Gewährte Skonti aus Erlösen aus im anderen EU-Land steuerpflichtigen sonstigen Leistungen, für die der Leistungsempfänger die Umsatzsteuer schuldet			8829 Erlöse aus Verkäufen Sachanlagevermögen (bei Buchgewinn)
	U	S/AM 8743 Gewährte Skonti aus steuerfreien innergemeinschaftlichen Lieferungen § 4 Nr. 1b UStG			R 8830 -36
		R 8744			8837 Erlöse aus Verkäufen immaterieller Vermögensgegenstände (bei Buchgewinn)
		S 8745 Gewährte Skonti aus im Inland steuerpflichtigen EU-Lieferungen			8838 Erlöse aus Verkäufen Finanzanlagen (bei Buchgewinn)
	U	S/AM 8746 Gewährte Skonti aus im Inland steuerpflichtigen EU-Lieferungen 7 % USt		G K	8839 Erlöse aus Verkäufen Finanzanlagen § 3 Nr. 40 EStG/§ 8b Abs. 2 KStG (bei Buchgewinn)[9]
				U EÜR	AM 8850 Erlöse aus Verkäufen von Wirtschaftsgütern des Umlaufvermögens 19 % USt für § 4 Abs. 3 Satz 4 EStG[13]

DATEV-Kontenrahmen SKR 03

GuV-Posten[2]	Programm-verbindung[4] Abschluss-zweck[4]	8 Erlöskonten	GuV-Posten[2]	Programm-verbindung[4] Abschluss-zweck[4]	8 Erlöskonten
Sonstige betriebliche Erträge	U EÜR	AM 8851 Erlöse aus Verkäufen von Wirtschaftsgütern des Umlaufvermögens, umsatzsteuerfrei § 4 Nr. 8 ff. UStG i. V. m. § 4 Abs. 3 Satz 4 EStG[13]	Sonstige betriebliche Erträge	U	AM 8945 Unentgeltliche Zuwendung von -47 Waren 7 % USt R 8948
	U G K EÜR	AM 8852 Erlöse aus Verkäufen von Wirtschaftsgütern des Umlaufvermögens, umsatzsteuerfrei § 4 Nr. 8 ff. UStG i. V. m. § 4 Abs. 3 Satz 4 EStG, § 3 Nr. 40 EStG/§ 8b Abs. 2 KStG[9][13]	Umsatzerlöse		8949 Unentgeltliche Zuwendung von Waren ohne USt 8950 Nicht steuerbare Umsätze (Innenumsätze) 8955 Umsatzsteuervergütungen, z. B. nach § 24 UStG 8959 Direkt mit dem Umsatz verbundene Steuern
	EÜR	8853 Erlöse aus Verkäufen von Wirtschaftsgütern des Umlaufvermögens nach § 4 Abs. 3 Satz 4 EStG[13] 8900 Unentgeltliche Wertabgaben 8905 Entnahme von Gegenständen ohne USt 8906 Verwendung von Gegenständen für Zwecke außerhalb des Unternehmens ohne USt R 8908 -09	Erhöhung des Bestands an fertigen und unfertigen Erzeugnissen oder *Verminderung des Bestands an fertigen und unfertigen Erzeugnissen*		**8960 Bestandsveränderungen - unfertige Erzeugnisse** **8970 Bestandsveränderungen - unfertige Leistungen**
	U U	AM 8910 Entnahme durch den Unternehmer -13 für Zwecke außerhalb des Unternehmens (Waren) 19 % USt R 8914 AM 8915 Entnahme durch den Unternehmer -17 für Zwecke außerhalb des Unternehmens (Waren) 7 % USt 8918 Verwendung von Gegenständen für Zwecke außerhalb des Unternehmens ohne USt (Telefon-Nutzung) 8919 Entnahme durch den Unternehmer für Zwecke außerhalb des Unternehmens (Waren) ohne USt	Erhöhung des Bestands in Ausführung befindlicher Bauaufträge oder *Verminderung des Bestands in Ausführung befindlicher Bauaufträge*		**8975 Bestandsveränderungen - in Ausführung befindliche Bauaufträge**
	U U U	AM 8920 Verwendung von Gegenständen für Zwecke außerhalb des Unternehmens 19 % USt AM 8921 Verwendung von Gegenständen für Zwecke außerhalb des Unternehmens 19 % USt (Kfz-Nutzung) AM 8922 Verwendung von Gegenständen für Zwecke außerhalb des Unternehmens 19 % USt (Telefon-Nutzung) R 8923 8924 Verwendung von Gegenständen für Zwecke außerhalb des Unternehmens ohne USt (Kfz-Nutzung)	Erhöhung des Bestands in Arbeit befindlicher Aufträge oder *Verminderung des Bestands in Arbeit befindlicher Aufträge*		**8977 Bestandsveränderungen - in Arbeit befindliche Aufträge**
	U	AM 8925 Unentgeltliche Erbringung einer -27 sonstigen Leistung 19 % USt R 8928 8929 Unentgeltliche Erbringung einer sonstigen Leistung ohne USt	Erhöhung des Bestands an fertigen und unfertigen Erzeugnissen oder *Verminderung des Bestands an fertigen und unfertigen Erzeugnissen*		**8980 Bestandsveränderungen - fertige Erzeugnisse**
	U U	AM 8930 Verwendung von Gegenständen -31 für Zwecke außerhalb des Unternehmens 7 % USt AM 8932 Unentgeltliche Erbringung einer -33 sonstigen Leistung 7 % USt R 8934	Andere aktivierte Eigenleistungen	G K HB	**8990 Andere aktivierte Eigenleistungen** 8994 Aktivierte Eigenleistungen (den Herstellungskosten zurechenbare Fremdkapitalzinsen) 8995 Aktivierte Eigenleistungen zur Erstellung von selbst geschaffenen immateriellen Vermögensgegenständen
	U	AM 8935 Unentgeltliche Zuwendung von -37 Gegenständen 19 % USt R 8938 8939 Unentgeltliche Zuwendung von Gegenständen ohne USt			
	U	AM 8940 Unentgeltliche Zuwendung von -43 Waren 19 % USt R 8944			

DATEV-Kontenrahmen SKR 03

Bilanz-Posten[2]	Programm-verbindung[4] Abschlusszweck[4]	9 Vortrags-, Kapital-, Korrektur- und statistische Konten	Bilanz-Posten[2]	Programm-verbindung[4] Abschlusszweck[4]	9 Vortrags-, Kapital-, Korrektur- und statistische Konten
		KU 9000-9998			**Kapitaländerungen durch Übertragung einer § 6b EStG Rücklage**
		Vortragskonten		SB	F 9146 Variables Kapital Vollhafter - Übertragung einer § 6b EStG-Rücklage[26]
		S 9000 Saldenvorträge, Sachkonten		SB	F 9147 Variables Kapital Teilhafter - Übertragung einer § 6b EStG-Rücklage[26]
		F 9001 Saldenvorträge, Sachkonten -07			R 9148 - 49
		S 9008 Saldenvorträge, Debitoren			
		S 9009 Saldenvorträge, Kreditoren			**Andere Kapitalkontenanpassungen: Vollhafter**
		R 9060			F 9150 Festkapital - andere Kapitalkontenanpassungen VH[26]
		R 9069			F 9151 Variables Kapital - andere Kapitalkontenanpassungen VH[26]
		F 9070 Offene Posten aus 2000			F 9152 Verlust-/Vortragskonto - andere Kapitalkontenanpassungen VH[26]
		F 9071 Offene Posten aus 2001			
		F 9072 Offene Posten aus 2002			
		F 9073 Offene Posten aus 2003			F 9153 Kapitalkonto III - andere Kapitalkontenanpassungen VH[26]
		F 9074 Offene Posten aus 2004			F 9154 Ausstehende Einlagen auf das Komplementär-Kapital, nicht eingefordert - andere Kapitalkontenanpassungen VH[26]
		F 9075 Offene Posten aus 2005			
		F 9076 Offene Posten aus 2006			
		F 9077 Offene Posten aus 2007			
		F 9078 Offene Posten aus 2008			
		F 9079 Offene Posten aus 2009			F 9155 Verrechnungskonto für Einzahlungsverpflichtungen - andere Kapitalkontenanpassungen VH[26]
		F 9080 Offene Posten aus 2010			
		F 9081 Offene Posten aus 2011			
		F 9082 Offene Posten aus 2012			R 9156
		F 9083 Offene Posten aus 2013			
		F 9084 Offene Posten aus 2014			**Anrechenbare Privatsteuern Vollhafter, Eigenkapital**
		F 9085 Offene Posten aus 2015			
		F 9086 Offene Posten aus 2016			F 9157 Privatsteuern Kapitalertragsteuer (VH)[1][26]
		F 9087 Offene Posten aus 2017			
		F 9088 Offene Posten aus 2018			F 9158 Privatsteuern Solidaritätszuschlag (VH)[1][26]
		F 9089 Offene Posten aus 2019[1]			F 9159 Privatsteuern Kirchensteuer (VH)[1][26]
		F 9090 Summenvortragskonto			**Andere Kapitalkontenanpassungen: Teilhafter**
		R 9091 -98			F 9160 Kommandit-Kapital - andere Kapitalkontenanpassungen TH[26]
		Statistische Konten für Betriebswirtschaftliche Auswertungen (BWA)			F 9161 Variables Kapital - andere Kapitalkontenanpassungen TH[26]
		F 9101 Verkaufstage			F 9162 Verlustausgleichskonto - andere Kapitalkontenanpassungen TH[26]
		F 9102 Anzahl der Barkunden			
		F 9103 Beschäftigte Personen			
		F 9104 Unbezahlte Personen			F 9163 Kapitalkonto III - andere Kapitalkontenanpassungen TH[26]
		F 9105 Verkaufskräfte			F 9164 Ausstehende Einlagen auf das Kommandit-Kapital, nicht eingefordert - andere Kapitalkontenanpassungen TH[26]
		F 9106 Geschäftsraum qm			
		F 9107 Verkaufsraum qm			
		F 9116 Anzahl Rechnungen			
		F 9117 Anzahl Kreditkunden monatlich			
		F 9118 Anzahl Kreditkunden aufgelaufen			F 9165 Verrechnungskonto für Einzahlungsverpflichtungen - andere Kapitalkontenanpassungen TH[26]
		9120 Erweiterungsinvestitionen			
		F 9130 [7] -31			
		9135 Auftragseingang im Geschäftsjahr			R 9166
		9140 Auftragsbestand			**Anrechenbare Privatsteuern Teilhafter, Eigenkapital**
		Variables Kapital Teilhafter			F 9167 Privatsteuern Kapitalertragsteuer (TH), EK[1][26]
		F 9141 Variables Kapital TH[26]			F 9168 Privatsteuern Solidaritätszuschlag (TH), EK[1][26]
		F 9142 Variables Kapital - Anteil Teilhafter[26]			F 9169 Privatsteuern Kirchensteuer (TH), EK[1][26]
		Sammelposten anrechenbare Privatsteuern			**Umbuchungen auf andere Kapitalkonten: Vollhafter**
		9143 Privatsteuern Kapitalertragsteuer (Sammelposten)[1]			F 9170 Festkapital - Umbuchungen VH[26]
		9144 Privatsteuern Solidaritätszuschlag (Sammelposten)[1]			F 9171 Variables Kapital - Umbuchungen VH[26]
		9145 Privatsteuern Kirchensteuer (Sammelposten)[1]			F 9172 Verlust-/Vortragskonto - Umbuchungen VH[26]
					F 9173 Kapitalkonto III - Umbuchungen VH[26]

DATEV-Kontenrahmen SKR 03

Bilanz-Posten[2]	Programm-verbindung[4] Abschluss-zweck[4]	9 Vortrags-, Kapital-, Korrektur- und statistische Konten
		F 9174 Ausstehende Einlagen auf das Komplementär-Kapital, nicht eingefordert - Umbuchungen VH[26]
		F 9175 Verrechnungskonto für Einzahlungsverpflichtungen - Umbuchungen VH[26]
		R 9176 - 79
		Umbuchungen auf andere Kapitalkonten: Teilhafter
		F 9180 Kommandit-Kapital - Umbuchungen TH[26]
		F 9181 Variables Kapital - Umbuchungen TH[26]
		F 9182 Verlustausgleichskonto - Umbuchungen TH[26]
		F 9183 Kapitalkonto III - Umbuchungen TH[26]
		F 9184 Ausstehende Einlagen auf das Kommandit-Kapital, nicht eingefordert - Umbuchungen TH[26]
		F 9185 Verrechnungskonto für Einzahlungsverpflichtungen - Umbuchungen TH[26]
		Anrechenbare Privatsteuern Teilhafter, Fremdkapital
		F 9186 Privatsteuern Kapitalertragsteuer (TH), FK[1)26]
		F 9187 Privatsteuern Solidaritätszuschlag (TH), FK[1)26]
		F 9188 Privatsteuern Kirchensteuer (TH), FK[1)26]
		9189 Verrechnungskonto für Umbuchungen zwischen Gesellschafter-Eigenkapitalkonten[26]
		Gegenkonten zu statistischen Konten für Betriebswirtschaftliche Auswertungen
		F 9190 Gegenkonto für statistische Mengeneinheiten Konten 9101-9107 und Konten 9116-9118
		9199 Gegenkonto zu Konten 9120, 9135-9140
		Statistische Konten für den Kennzifferteil der Bilanz
		F 9200 Beschäftigte Personen
		F 9201 [7] -08
		F 9209 Gegenkonto zu 9200
		9210 Produktive Löhne
		9219 Gegenkonto zu 9210
		Statistische Konten zur informativen Angabe des gezeichneten Kapitals in anderer Währung
Gezeichnetes Kapital in DM	HB	F 9220 Gezeichnetes Kapital in DM (Art. 42 Abs. 3 S. 1 EGHGB)
Gezeichnetes Kapital in Euro	HB	F 9221 Gezeichnetes Kapital in Euro (Art. 42 Abs. 3 S. 2 EGHGB)
	HB	F 9229 Gegenkonto zu 9220-9221
		R 9230
		R 9232
		R 9234
		R 9239

Bilanz-Posten[2]	Programm-verbindung[4] Abschluss-zweck[4]	9 Vortrags-, Kapital-, Korrektur- und statistische Konten
		Statistische Konten für die Kapitalflussrechnung
		9240 Investitionsverbindlichkeiten bei den Leistungsverbindlichkeiten
		9241 Investitionsverbindlichkeiten aus Sachanlagekäufen bei Leistungsverbindlichkeiten
		9242 Investitionsverbindlichkeiten aus Käufen von immateriellen Vermögensgegenständen bei Leistungsverbindlichkeiten
		9243 Investitionsverbindlichkeiten aus Käufen von Finanzanlagen bei Leistungsverbindlichkeiten
		9244 Gegenkonto zu Konten 9240-9243
		9245 Forderungen aus Sachanlageverkäufen bei sonstigen Vermögensgegenständen
		9246 Forderungen aus Verkäufen immaterieller Vermögensgegenstände bei sonstigen Vermögensgegenständen
		9247 Forderungen aus Verkäufen von Finanzanlagen bei sonstigen Vermögensgegenständen
		9249 Gegenkonto zu Konten 9245-9247
		R 9250
		R 9255
		R 9259
		Aufgliederung der Rückstellungen für die Programme der Wirtschaftsberatung
		9260 Kurzfristige Rückstellungen
		9262 Mittelfristige Rückstellungen
		9264 Langfristige Rückstellungen, außer Pensionen
		9269 Gegenkonto zu Konten 9260-9268
		Statistische Konten für in der Bilanz auszuweisende Haftungsverhältnisse
		9270 Gegenkonto zu 9271-9279 (Soll-Buchung)
		9271 Verbindlichkeiten aus der Begebung und Übertragung von Wechseln
		9272 Verbindlichkeiten aus der Begebung und Übertragung von Wechseln gegenüber verbundenen/assoziierten Unternehmen
		9273 Verbindlichkeiten aus Bürgschaften, Wechsel- und Scheckbürgschaften
		9274 Verbindlichkeiten aus Bürgschaften, Wechsel- und Scheckbürgschaften gegenüber verbundenen/assoziierten Unternehmen
		9275 Verbindlichkeiten aus Gewährleistungsverträgen
		9276 Verbindlichkeiten aus Gewährleistungsverträgen gegenüber verbundenen/assoziierten Unternehmen
		9277 Haftung aus der Bestellung von Sicherheiten für fremde Verbindlichkeiten
		9278 Haftung aus der Bestellung von Sicherheiten für fremde Verbindlichkeiten gegenüber verbundenen/assoziierten Unternehmen
		9279 Verpflichtungen aus Treuhandvermögen

DATEV-Kontenrahmen SKR 03

Bilanz-Posten[2]	Programm-verbindung[4] Abschluss-zweck[4]	9 Vortrags-, Kapital-, Korrektur- und statistische Konten	Bilanz-Posten[2]	Programm-verbindung[4] Abschluss-zweck[4]	9 Vortrags-, Kapital-, Korrektur- und statistische Konten
		Statistische Konten für die im Anhang anzugebenden sonstigen finanziellen Verpflichtungen			F 9420 Sonderausgaben beschränkt abzugsfähig
		9280 Gegenkonto zu 9281-9284			F 9421 Sonderausgaben beschränkt -29 abzugsfähig[11)14)]
		9281 Verpflichtungen aus Miet- und Leasingverträgen			F 9430 Sonderausgaben unbeschränkt abzugsfähig
		9282 Verpflichtungen aus Miet- und Leasingverträgen gegenüber verbundenen Unternehmen			F 9431 Sonderausgaben unbeschränkt -39 abzugsfähig[11)14)]
		9283 Andere Verpflichtungen gem. § 285 Nr. 3a HGB			F 9440 Zuwendungen, Spenden
					F 9441 Zuwendungen, Spenden[11)14)] -49
		9284 Andere Verpflichtungen gem. § 285 Nr. 3a HGB gegenüber verbundenen Unternehmen			F 9450 Außergewöhnliche Belastungen
					F 9451 Außergewöhnliche Belastungen[11)14)] -59
		Unterschiedsbetrag aus der Abzinsung von Altersversorgungsverpflichtungen nach § 253 Abs. 6 HGB			F 9460 Grundstücksaufwand
					F 9461 Grundstücksaufwand[11)14)] -69
					F 9470 Grundstücksertrag
	HB	9285 Unterschiedsbetrag aus der Abzinsung von Altersversorgungsverpflichtungen nach § 253 Abs. 6 HGB (Haben)			F 9471 Grundstücksertrag[11)14)] -79
					F 9480 Unentgeltliche Wertabgaben
					F 9481 Unentgeltliche Wertabgaben[11)14)] -89
	HB	9286 Gegenkonto zu 9285			F 9490 Privateinlagen
					F 9491 Privateinlagen[11)14)] -99
		Statistische Konten für § 4 Abs. 3 EStG			**Statistische Konten für die Kapitalkontenentwicklung**
	EÜR	9287 Zinsen bei Buchungen über Debitoren bei § 4 Abs. 3 EStG[13)]			F 9500 Anteil für Konto 0900 Teilhafter
	EÜR	9288 Mahngebühren bei Buchungen über Debitoren bei § 4 Abs. 3 EStG[13)]			F 9501 Anteil für Konto 0901-09 Teilhafter[11)14)] -09
	EÜR	9289 Gegenkonto zu 9287 und 9288[13)]			F 9510 Anteil für Konto 0910 Teilhafter
		9290 Statistisches Konto steuerfreie Auslagen			F 9511 Anteil für Konto 0911-19 Teilhafter[11)14)] -19
		9291 Gegenkonto zu 9290		HB	F 9520 Anteil für Konto 0920 Teilhafter
		9292 Statistisches Konto Fremdgeld		HB	F 9521 Anteil für Konto 0921-29 Teilhafter[11)14)] -29
		9293 Gegenkonto zu 9292			F 9530 Anteil für Konto 9950 Teilhafter
Einlagen stiller Gesellschafter	G K	9295 Einlagen stiller Gesellschafter			F 9531 Anteil für Konto 9951-59 Teilhafter[11)14)] -39
					F 9540 Anteil für Konto 9930 Vollhafter
Steuerrechtlicher Ausgleichsposten	SB	9297 Steuerrechtlicher Ausgleichsposten			F 9541 Anteil für Konto 9931-39 Vollhafter[11)14)] -49
					F 9550 Anteil für Konto 9810 Vollhafter
					F 9551 Anteil für Konto 9811-19 Vollhafter[11)14)] -59
		F 9300 [7)] -20			F 9560 Anteil für Konto 9820 Vollhafter
		F 9326 [7)] -43			F 9561 Anteil für Konto 9821-29 Vollhafter[11)14)] -69
		F 9346 [7)] -49			F 9570 Anteil für Konto 0870 Vollhafter
		F 9357 [7)] -60			F 9571 Anteil für Konto 0871-79 Vollhafter[11)14)] -79
		F 9365 [7)] -67			F 9580 Anteil für Konto 0880 Vollhafter
		F 9371 [7)] -72			F 9581 Anteil für Konto 0881-89 Vollhafter[11)14)] -89
		9390 (Zur freien Verfügung)[24)] -94		HB	F 9590 Anteil für Konto 0890 Vollhafter
		F 9395 (Zur freien Verfügung)[7)] -99		HB	F 9591 Anteil für Konto 0891-99 Vollhafter[11)14)] -99
		Privat Teilhafter (Eigenkapital, für Verrechnung mit Kapitalkonto III - Konto 9840-9849)			F 9600 Name des Gesellschafters Vollhafter
					F 9601 Name des Gesellschafters Vollhafter[11)14)] -09
		F 9400 Privatentnahmen allgemein			F 9610 Tätigkeitsvergütung Vollhafter
		F 9401 Privatentnahmen allgemein[11)14)] -09			F 9611 Tätigkeitsvergütung Vollhafter[11)14)] -19
		F 9410 Privatsteuern			F 9620 Tantieme Vollhafter
		F 9411 Privatsteuern[11)14)] -19			F 9621 Tantieme Vollhafter[11)14)] -29
					F 9630 Darlehensverzinsung Vollhafter
					F 9631 Darlehensverzinsung Vollhafter[11)14)] -39

DATEV-Kontenrahmen SKR 03

Bilanz-Posten[2]	Programm-verbindung[4] Abschlusszweck[4]	9 Vortrags-, Kapital-, Korrektur- und statistische Konten	Bilanz-Posten[2]	Programm-verbindung[4] Abschlusszweck[4]	9 Vortrags-, Kapital-, Korrektur- und statistische Konten
		F 9640 Gebrauchsüberlassung Vollhafter		SB	F 9808 Gegenkonto für zuzurechnenden Anteil am Jahresüberschuss/Jahresfehlbetrag[26]
		F 9641 Gebrauchsüberlassung Vollhafter[11)14)] -49		SB	F 9809 Gegenkonto für zuzurechnenden Anteil am Bilanzgewinn/Bilanzverlust[26]
		F 9650 Sonstige Vergütungen Vollhafter			
		F 9651 Sonstige Vergütungen Vollhafter[11)14)] -59			**Kapital Personenhandelsgesellschaft Vollhafter**
		F 9660 Sonstige Vergütungen Vollhafter			F 9810 Kapitalkonto III
		F 9661 Sonstige Vergütungen Vollhafter[11)14)] -69			F 9811 Kapitalkonto III[11)14)] -19
		F 9670 Sonstige Vergütungen Vollhafter			F 9820 Verlust-/Vortragskonto
		F 9671 Sonstige Vergütungen Vollhafter[11)14)] -79			F 9821 Verlust-/Vortragskonto[11)14)] -29
		F 9680 Sonstige Vergütungen Vollhafter			F 9830 Verrechnungskonto für Einzahlungsverpflichtungen
		F 9681 Sonstige Vergütungen Vollhafter[11)14)] -89			F 9831 Verrechnungskonto für Einzahlungsverpflichtungen[11)14)] -39
		F 9690 Restanteil Vollhafter			
		F 9691 Restanteil Vollhafter[11)14)] -99			**Kapital Personenhandelsgesellschaft Teilhafter**
		F 9700 Name des Gesellschafters Teilhafter			F 9840 Kapitalkonto III
		F 9701 Name des Gesellschafters Teilhafter[11)14)] -09			F 9841 Kapitalkonto III[11)14)] -49
		F 9710 Tätigkeitsvergütung Teilhafter			F 9850 Verrechnungskonto für Einzahlungsverpflichtungen
		F 9711 Tätigkeitsvergütung Teilhafter[11)14)] -19			F 9851 Verrechnungskonto für Einzahlungsverpflichtungen[11)14)] -59
		F 9720 Tantieme Teilhafter			
		F 9721 Tantieme Teilhafter[11)14)] -29			**Einzahlungsverpflichtungen im Bereich der Forderungen**
		F 9730 Darlehensverzinsung Teilhafter			F 9860 Einzahlungsverpflichtungen persönlich haftender Gesellschafter
		F 9731 Darlehensverzinsung Teilhafter[11)14)] -39			F 9861 Einzahlungsverpflichtungen persönlich haftender Gesellschafter[11)14)] -69
		F 9740 Gebrauchsüberlassung Teilhafter			F 9870 Einzahlungsverpflichtungen Kommanditisten
		F 9741 Gebrauchsüberlassung Teilhafter[11)14)] -49			F 9871 Einzahlungsverpflichtungen Kommanditisten[11)14)] -79
		F 9750 Sonstige Vergütungen Teilhafter			
		F 9751 Sonstige Vergütungen Teilhafter[11)14)] -59			**Ausgleichsposten für aktivierte eigene Anteile und Bilanzierungshilfen**
		F 9760 Sonstige Vergütungen Teilhafter			9880 Ausgleichsposten für aktivierte eigene Anteile
		F 9761 Sonstige Vergütungen Teilhafter[11)14)] -69			R 9882
		F 9770 Sonstige Vergütungen Teilhafter			
		F 9771 Sonstige Vergütungen Teilhafter[11)14)] -79			**Nicht durch Vermögenseinlagen gedeckte Entnahmen**
		F 9780 Anteil für Konto 9840 Teilhafter			F 9883 Nicht durch Vermögenseinlagen gedeckte Entnahmen persönlich haftender Gesellschafter
		F 9781 Anteil für Konto 9841-49 Teilhafter[11)14)] -89			F 9884 Nicht durch Vermögenseinlagen gedeckte Entnahmen Kommanditisten
		F 9790 Restanteil Teilhafter			
		F 9791 Restanteil Teilhafter[11)14)] -99			**Verrechnungskonto für nicht durch Vermögenseinlagen gedeckte Entnahmen**
		F 9800 Abstimmsummenkonto für den Import von Buchungssätzen			F 9885 Verrechnungskonto für nicht durch Vermögenseinlagen gedeckte Entnahmen persönlich haftender Gesellschafter
		Rücklagen, Gewinn-, Verlustvortrag			F 9886 Verrechnungskonto für nicht durch Vermögenseinlagen gedeckte Entnahmen Kommanditisten
		F 9802 Gesamthänderisch gebundene Rücklagen - andere Kapitalkontenanpassungen[26]			
		F 9803 Gewinnvortrag/Verlustvortrag - andere Kapitalkontenanpassungen[26]			**Steueraufwand der Gesellschafter**
		F 9804 Gesamthänderisch gebundene Rücklagen - Umbuchungen[26]			9887 Steueraufwand der Gesellschafter
		F 9805 Gewinnvortrag/Verlustvortrag - Umbuchungen[26]			9889 Gegenkonto zu 9887
		Statistische Anteile an den Posten Jahresüberschuss/-fehlbetrag bzw. Bilanzgewinn/-verlust			
	SB	F 9806 Zuzurechnender Anteil am Jahresüberschuss/Jahresfehlbetrag - je Gesellschafter[26]			
	SB	F 9807 Zuzurechnender Anteil am Bilanzgewinn/Bilanzverlust - je Gesellschafter[26]			

DATEV-Kontenrahmen SKR 03

9 Vortrags-, Kapital-, Korrektur- und statistische Konten

Bilanz-Posten[2]	Programm-verbindung[4] Abschluss-zweck[4]	Konto
		Statistische Konten für Gewinnzuschlag
	SB	9890 Statistisches Konto für den Gewinnzuschlag nach §§ 6b, 6c EStG (Haben)
	G K SB	9891 Statistisches Konto für den Gewinnzuschlag nach §§ 6b, 6c EStG (Soll) - Gegenkonto zu 9890
		Veränderung der gesamthänderisch gebundenen Rücklagen (Einlagen/Entnahmen)
	F	9892 Veränderung der gesamthänderisch gebundenen Rücklagen (Einlagen/Entnahmen)[26]
		Vorsteuer-/Umsatzsteuerkonten zur Korrektur der Forderungen/Verbindlichkeiten (EÜR)
	EÜR	9893 Umsatzsteuer in den Forderungen zum allgemeinen Umsatzsteuersatz (EÜR)[13]
	EÜR	9894 Umsatzsteuer in den Forderungen zum ermäßigten Umsatzsteuersatz (EÜR)[13]
	EÜR	9895 Gegenkonto 9893-9894 für die Aufteilung der Umsatzsteuer (EÜR)[13]
Forderungen aus Lieferungen und Leistungen	EÜR	9896 Vorsteuer in den Verbindlichkeiten zum allgemeinen Umsatzsteuersatz (EÜR)[13]
Sonstige Verbindlichkeiten	EÜR	9897 Vorsteuer in den Verbindlichkeiten zum ermäßigten Umsatzsteuersatz (EÜR)[13]
	EÜR	9899 Gegenkonto 9896-9897 für die Aufteilung der Vorsteuer (EÜR)[13]
Kassenbestand, Bundesbankguthaben, Guthaben bei Kreditinstituten und Schecks		**Statistische Konten zu § 4 (4a) EStG**
	EÜR	9910 Gegenkonto zur Minderung der Entnahmen § 4 (4a) EStG
	EÜR	9911 Minderung der Entnahmen § 4 (4a) EStG (Haben)
Verbindlichkeiten gegenüber Kreditinstituten	EÜR	9912 Erhöhung der Entnahmen § 4 (4a) EStG
	EÜR	9913 Gegenkonto zur Erhöhung der Entnahmen § 4 (4a) EStG (Haben)
Verbindlichkeiten aus Lieferungen und Leistungen		**Statistische Konten für den außerhalb der Bilanz zu berücksichtigenden Investitionsabzugsbetrag nach § 7g EStG**
Sonstige Vermögensgegenstände	G K SB	9916 Hinzurechnung Investitionsabzugsbetrag § 7g Abs. 2 EStG aus dem 2. vorangegangenen Wirtschaftsjahr, außerbilanziell (Haben)
	G K SB	9917 Hinzurechnung Investitionsabzugsbetrag § 7g Abs. 2 EStG aus dem 3. vorangegangenen Wirtschaftsjahr, außerbilanziell (Haben)
	SB	9918 Rückgängigmachung Investitionsabzugsbetrag § 7g Abs. 3, 4 EStG im 2. vorangegangenen Wirtschaftsjahr
	K SB	9919 Rückgängigmachung Investitionsabzugsbetrag § 7g Abs. 3, 4 EStG im 3. vorangegangenen Wirtschaftsjahr

Bilanz-Posten[2]	Programm-verbindung[4] Abschluss-zweck[4]	Konto
		Ausstehende Einlagen
	F	9920 Ausstehende Einlagen auf das Komplementär-Kapital, nicht eingefordert
	F	9921 Ausstehende Einlagen auf das -29 Komplementär-Kapital, nicht eingefordert[11][14]
	F	9930 Ausstehende Einlagen auf das Komplementär-Kapital, eingefordert
	F	9931 Ausstehende Einlagen auf das -39 Komplementär-Kapital, eingefordert[11][14]
	F	9940 Ausstehende Einlagen auf das Kommandit-Kapital, nicht eingefordert
	F	9941 Ausstehende Einlagen auf das -49 Kommandit-Kapital, nicht eingefordert[11][14]
	F	9950 Ausstehende Einlagen auf das Kommandit-Kapital, eingefordert
	F	9951 Ausstehende Einlagen auf das -59 Kommandit-Kapital, eingefordert[11][14]
		Konten zu Bewertungskorrekturen
		9960 Bewertungskorrektur zu Forderungen aus Lieferungen und Leistungen
		9961 Bewertungskorrektur zu sonstigen Verbindlichkeiten
		9962 Bewertungskorrektur zu Guthaben bei Kreditinstituten
		9963 Bewertungskorrektur zu Verbindlichkeiten gegenüber Kreditinstituten
		9964 Bewertungskorrektur zu Verbindlichkeiten aus Lieferungen und Leistungen
		9965 Bewertungskorrektur zu sonstigen Vermögensgegenständen
		Statistische Konten für den außerhalb der Bilanz zu berücksichtigenden Investitionsabzugsbetrag nach § 7g EStG
	G K SB	9970 Investitionsabzugsbetrag § 7g Abs. 1 EStG, außerbilanziell (Soll)
	SB	9971 Investitionsabzugsbetrag § 7g Abs. 1 EStG, außerbilanziell (Haben) - Gegenkonto zu 9970
	G K SB	9972 Hinzurechnung Investitionsabzugsbetrag § 7g Abs. 2 EStG aus dem vorangegangenen Wirtschaftsjahr, außerbilanziell (Haben)

DATEV-Kontenrahmen SKR 03

Bilanz-Posten[2]	Programm-verbindung[4] Abschluss-zweck[4]	9 Vortrags-, Kapital-, Korrektur- und statistische Konten	Bilanz-Posten[2]	Programm-verbindung[4] Abschluss-zweck[4]	9 Vortrags-, Kapital-, Korrektur- und statistische Konten
	SB	9973 Hinzurechnung Investitionsabzugsbetrag § 7g Abs. 2 EStG aus den vorangegangenen Wirtschaftsjahren, außerbilanziell (Soll) - Gegenkonto zu 9972, 9916, 9917			**Statistische Konten für außergewöhnliche und aperiodische Geschäftsvorfälle für Anhangsangabe nach § 285 Nr. 31 und Nr. 32 HGB**
	SB	9974 Rückgängigmachung Investitionsabzugsbetrag § 7g Abs. 3, 4 EStG im vorangegangenen Wirtschaftsjahr			9990 Erträge von außergewöhnlicher Größenordnung oder Bedeutung 9991 Erträge (aperiodisch) 9992 Erträge von außergewöhnlicher Größenordnung oder Bedeutung (aperiodisch) 9993 Aufwendungen von außergewöhnlicher Größenordnung oder Bedeutung 9994 Aufwendungen (aperiodisch) 9995 Aufwendungen von außergewöhnlicher Größenordnung oder Bedeutung (aperiodisch) 9998 Gegenkonto zu 9990-9997
	SB	9975 Rückgängigmachung Investitionsabzugsbetrag § 7g Abs. 3, 4 EStG in den vorangegangenen Wirtschaftsjahren - Gegenkonto zu 9974, 9918, 9919			
		Statistische Konten für die Zinsschranke § 4h EStG/§ 8a KStG			
	G SB SB	9976 Nicht abzugsfähige Zinsaufwendungen gemäß § 4h EStG (Haben) 9977 Nicht abzugsfähige Zinsaufwendungen gemäß § 4h EStG (Soll) - Gegenkonto zu 9976			
	G SB SB	9978 Abziehbare Zinsaufwendungen aus Vorjahren gemäß § 4h EStG (Soll) 9979 Abziehbare Zinsaufwendungen aus Vorjahren gemäß § 4h EStG (Haben) - Gegenkonto zu 9978	Sollsalden: Forderungen aus Lieferungen und Leistungen		**Personenkonten**
		Statistische Konten für den GuV-Ausweis in „Gutschrift bzw. Belastung auf Verbindlichkeitskonten" bei den Zuordnungstabellen für PersHG nach KapCoRiLiG	*Habensalden: Sonstige Verbindlichkeiten*		10000 -69999 Debitoren
		9980 Anteil Belastung auf Verbindlichkeitskonten 9981 Verrechnungskonto für Anteil Belastung auf Verbindlichkeitskonten	Habensalden: Verbindlichkeiten aus Lieferungen und Leistungen		70000 -99999 Kreditoren
		9982 Anteil Gutschrift auf Verbindlichkeitskonten 9983 Verrechnungskonto für Anteil Gutschrift auf Verbindlichkeitskonten	*Sollsalden: Sonstige Vermögensgegenstände*		
		Statistische Konten für die Gewinnkorrektur nach § 60 Abs. 2 EStDV			
	G K HB	9984 Gewinnkorrektur nach § 60 Abs. 2 EStDV - Erhöhung handelsrechtliches Ergebnis durch Habenbuchung - Minderung handelsrechtliches Ergebnis durch Sollbuchung			
	HB	9985 Gegenkonto zu 9984			
		Statistische Konten für Korrekturbuchungen in der Überleitungsrechnung			
		9986 Ergebnisverteilung auf Fremdkapital 9987 Bilanzberichtigung 9989 Gegenkonto zu 9986-9988			

DATEV-Kontenrahmen SKR 03

Erläuterungen zu den Kontenfunktionen:
Zusatzfunktionen (über einer Kontenklasse)**:**

KU Keine Errechnung der Umsatzsteuer möglich
V   Zusatzfunktion „Vorsteuer"
M   Zusatzfunktion „Umsatzsteuer"

Hauptfunktionen (vor einem Konto)

AV Automatische Errechnung der Vorsteuer
AM Automatische Errechnung der Umsatzsteuer
S   Sammelkonten
F   Konten mit allgemeiner Funktion
R   Diese Konten dürfen erst dann bebucht werden, wenn ihnen eine andere Funktion zugeteilt wurde.

Hinweise zu den Konten sind durch Fußnoten gekennzeichnet:

[1] Konto für das Buchungsjahr 2019 neu eingeführt.
[2] Bilanz- und GuV-Posten große Kapitalgesellschaft GuV-Gesamtkostenverfahren Tabelle S4003.
[3] Diese Konten können mit BU-Schlüssel 10 bebucht werden. Das EU-Land und der ausländische Steuersatz werden über das EU-Fenster eingegeben.
[4] Kontenbezogene Kennzeichnung der Programmverbindung in Rechnungswesen-Programmen zu Umsatzsteuererklärung (U), Gewerbesteuer (G) und Körperschaftsteuer (K).
Da bei Erstellung des SKR-Formulars die Steuererklärungsformulare noch nicht vorlagen, können sich Abweichungen zwischen den in der Programmverbindung berücksichtigten Konten und den Programmverbindungskennzeichen ergeben.
Abschlusszweck:
  HBÜ Diese Konten sollten ausschließlich für die Handelsbilanz zur Anwendung von BilMoG-Übergangsvorschriften gebucht werden.
  HB   Diese Konten sollten ausschließlich für die Handelsbilanz gebucht werden.
  SB   Diese Konten sollten ausschließlich für die Steuerbilanz gebucht werden.
  EÜR Diese Konten sollten ausschließlich für die Gewinnermittlung nach § 4 Abs. 3 EStG gebucht werden.
[5] Dieses Konto kann mit BU-Schlüssel 44 bebucht werden. Das EU-Land und der ausländische Steuersatz werden über das EU-Fenster eingegeben.
[6] Das Konto gilt als Hauptkonto für Sachverhalte, die in diesen Kontenbereichen nicht als spezieller Sachverhalt auf Einzelkonten dargestellt sind.
[7] Diese Konten werden für die BWA-Form 10 sowie Branchen-BWA-Formen mit statistischen Mengeneinheiten bebucht und wurden mit der Umrechnungssperre, Funktion 18000, belegt.
[8] Kontenbeschriftung in 2019 geändert.
[9] An der Schnittstelle zu GewSt werden ab VAZ 2009 die Erträge zu 40 % als steuerfrei und die Aufwendungen zu 40 % als nicht abziehbar behandelt. An der Schnittstelle zur KSt werden die Erträge zu 100 % als steuerfrei und die Aufwendungen zu 100 % als nicht abziehbar behandelt. Siehe §§ 3 Nr. 40, 3c EStG, § 8b KStG.
[10] Diese Konten haben ab Buchungsjahr 2005 nicht mehr die Zusatzfunktion KU. Bitte verwenden Sie diese Konten nur noch in Verbindung mit einem Gegenkonto mit Geldkontenfunktion.
[11] Das Konto wird nur noch für Auswertungen mit Vorjahresvergleich benötigt und wird im folgenden Jahr gelöscht.
[12] frei
[13] Das Konto wurde für die Gewinnermittlung nach § 4 Abs. 3 EStG eingeführt.
Nach § 60 Abs. 4 EStDV ist bei einer Gewinnermittlung nach § 4 Abs. 3 EStG der Steuererklärung ein amtlich vorgeschriebener Vordruck beizufügen, Einnahmenüberschussrechnung -EÜR-.
[14] Ab dem Buchungsjahr 2019 dürfen die Konten nicht mehr bebucht werden. Mehr Infos dazu finden Sie im Dokument 1000273.
[15] Das Konto wurde zur Aufteilung nach Steuersätzen am Jahresende eingerichtet und sollte unterjährig nicht bebucht werden. Beachten Sie die Buchungsregeln im Dokument 0906357.
[16] Das Konto wird in KSt nur bei Organgesellschaften berücksichtigt.
[17] Das Konto wird in Körperschaftsteuer ausschließlich in die Positionen „Eigen-/Nennkapital zum Schluss des vorangegangenen Wirtschaftsjahres" übernommen.
[18] Da das EÜR-Formular einen differenzierten Ausweis der Reisekosten und Fahrzeugkosten fordert, darf dieses Konto von EÜR-Anwendern nicht genutzt werden.
[19] frei
[20] frei
[21] Diese Konten können mit BU-Schlüssel 94 (Konto mit Vorsteuerabzug) bzw. mit BU-Schlüssel 95 (Konto ohne Vorsteuerabzug) gebucht werden. Der Tatbestand des § 13b UStG ist anschließend zu erfassen.
[22] Ab dem Buchungsjahr 2019 dürfen die Konten nur noch für Einzelunternehmer verwendet werden. Mehr Infos dazu finden Sie im Dokument 1000273.
[23] Diese Konten fließen im EÜR-Formular in die Zeile Ergebnisanteile aus Beteiligungen an Personengesellschaften.
[24] Diese Konten werden für die BWA-Formen der Branchenlösung gebucht.
[25] frei
[26] Dieses Konto können Sie nur für die neue Kapitalkontenentwicklung nutzen. Mehr Infos dazu finden Sie im Dokument 1080582.
[27] frei
[28] Das Konto wird in Bilanz/GuV nur in den Zuordnungstabellen für Sonderbilanzen abgefragt.
[29] frei

Eine Übersicht aller Steuer-/Buchungsschlüssel erhalten Sie im Rechnungswesen-Programm über die Tastenkombination **Umschalt + F3** im Feld **BU/Gegenkonto** in der Buchungszeile. Weitere Informationen finden Sie im Dokument 9231347 in der Info-Datenbank.

Bedeutung der Steuerschlüssel:

1 Umsatzsteuerfrei (mit Vorsteuerabzug)
2 Umsatzsteuer   7 %
3 Umsatzsteuer 19 %
4 gesperrt
5 Umsatzsteuer 16 %
6 gesperrt
7 Vorsteuer 16 %
8 Vorsteuer   7 %
9 Vorsteuer 19 %

Bedeutung der Berichtigungsschlüssel:

1 Steuerschlüssel bei Buchungen mit einem EU-Tatbestand ab Buchungsjahr 1993
4 Aufhebung der Automatik
5 Individueller Umsatzsteuer-Schlüssel
9 Aufzuteilende Vorsteuer

Bedeutung der Steuerschlüssel bei Buchungen mit einem EU-Tatbestand (6. und 7. Stelle des Gegenkontos):

10 nicht steuerbarer Umsatz in Deutschland (Steuerpflicht im anderen EU-Land)
11 Umsatzsteuerfrei (mit Vorsteuerabzug)
12 Umsatzsteuer   7 %
13 Umsatzsteuer 19 %
15 Umsatzsteuer 16 %
17 Umsatzsteuer 16 %   Vorsteuer 16 %
19 Umsatzsteuer 19 %   Vorsteuer 19 %

Bedeutung der Steuerschlüssel 91/92/94/95 und 46 (6. und 7. Stelle des Gegenkontos)

Umsatzsteuerschlüssel für die Verbuchung von Umsätzen, für die der Leistungsempfänger die Steuer nach § 13b UStG schuldet.

Bedeutung der Steuerschlüssel beim Leistungsempfänger:

91 7 % Vorsteuer und   7 % Umsatzsteuer
92 ohne Vorsteuer und   7 % Umsatzsteuer
94 19 % Vorsteuer und 19 % Umsatzsteuer
95 ohne Vorsteuer und 19 % Umsatzsteuer

Die Unterscheidung der verschiedenen Sachverhalte nach § 13b UStG erfolgt nach Eingabe des Steuerschlüssels direkt bei der Erfassung des Buchungssatzes. Hier erfolgt auch die Eingabe, falls Sie ab Buchungsjahr 2007 noch die Steuerrechnung mit 16 % benötigen.

Beim Leistenden:

46   Ausweis Kennzahl 60 oder 68 der UStVA

Bedeutung des Steuerschlüssels 47

Umsatzsteuerschlüssel für die Verbuchung von Erlösen aus im anderen EU-Land steuerpflichtigen sonstigen Leistungen, für die der Leistungsempfänger die Umsatzsteuer schuldet.

47   Ausweis ZM und Kennzahl 21 der UStVA

Bedeutung des Steuerschlüssels 44

Umsatzsteuerschlüssel für die Verbuchung von im anderen EU-Land steuerpflichtigen elektronischen Dienstleistungen.

44   Ausweis MOSS und Kennzahl 45 der UStVA

Erläuterungen zur Kennzeichnung von Konten für die Programmverbindung zwischen Rechnungswesen-Programmen und Steuerprogrammen:

Die Erweiterung des Standardkontenrahmens um zusätzliche Konten und besondere Kennzeichen verbessert weiter die Integration der DATEV-Programme und erleichtert die Arbeit für Anwender von Rechnungswesen-Programmen, die gleichzeitig DATEV-Steuerprogramme nutzen. Steuerliche Belange können bereits während des Kontierens stärker berücksichtigt werden.

In der Spalte Programmverbindung werden die Konten gekennzeichnet, die über die Schnittstelle in Rechnungswesen-Programmen an das entsprechende Steuerprogramm Umsatzsteuererklärung (U), Gewerbesteuer (G) und Körperschaftsteuer (K) weitergegeben und an entsprechender Stelle der Steuerberechnung zu Grunde gelegt werden.

Die Kennzeichnung „G" und „K" an Standardkonten umfasst für die Weitergabe an Gewerbesteuer und Körperschaftsteuer auch die nachfolgenden Konten bis zum nächsten standardmäßig belegten Konto. Die Kennzeichnung "U" an Standardkonten steht für die Weitergabe an das Programm Umsatzsteuererklärung. Kontenbereiche werden nur weitergegeben, wenn sie im Standardkontenrahmen ausgewiesen sind (z. B. AM 8400-09).

Nicht gekennzeichnet sind solche Konten, die lediglich eine rechnerische Hilfsfunktion im steuerlichen Sinne ausüben wie Löhne und Gehälter sowie Umsätze für die Berechnung des zulässigen Spendenabzugs im Rahmen von Gewerbesteuer und Körperschaftsteuer.

Abgebildet wird mit den Kennzeichen die Programmverbindung, nicht der steuerliche Ursprung. Die Gewerbesteuer-Berechnung für Körperschaften ist in das Produkt Körperschaftsteuer integriert. Daher ist an Konten mit gewerbesteuerlichem Merkmal auch ein „K" für diese Programmverbindung zu finden.

Stichwortverzeichnis

A

Abgeltungsteuer 309, 320
Abschlagzahlungen 347, 354
Abschlussgliederungsprinzip .... 78 f.
Abschreibung 85 ff., 106 f., 109, 135, 161, 164, 168 f., 178, 181, 187, 194, 208, 225, 273, 289, 297, 329, 338, 340, 342 ff., 353, 356, 359, 391
Abschreibungsbetrag .... 86, 91 f.
Abschreibungssatz 86, 91
AfA-Tabelle 87, 142, 149
Aktiva .... 34 f., 38 ff., 55, 67, 164
Aktivkonto .... 50 ff., 60, 89, 97, 113, 311
Aktiv-Passiv-Mehrung .... 42, 44, 48 f., 53, 63
Aktiv-Passiv-Minderung .... 42, 46, 47 f., 53, 63
Aktiv-Tausch .... 42 f., 47 f., 52, 63 ff.5
Anlagengitter 345
Anlagen im Bau .... 330, 347 ff.
Anlagenkartei 26
Anlagenspiegel .... 345 f., 349, 353
Anlagenverzeichnis 26, 337
Anlagevermögen .... 19, 27, 29 ff., 34, 37 ff., 51, 78 f., 90, 309 f., 325, 330, 341, 345 ff.
Annuitätendarlehen .... 290 ff.
Anschaffung .... 34, 88, 176, 330 f., 333, 341, 349, 357 f., 385 f.
Anschaffungskosten .... 85 f., 92, 117, 119 f., 138, 153, 171 f., 175 f., 179, 189, 195 ff., 295, 298 f., 311, 315 ff., 322 ff., 349 f., 357 ff., 373, 385 f., 388
Anschaffungsnebenkosten .... 170 ff., 176 f., 217, 311, 317, 325, 331 ff., 349, 357 ff.
Anschaffungspreis 331
Anschaffungspreisminderungen 330 f., 333, 349
Anzahlung .... 117 f., 124, 354
Arbeitgeberanteil ...... 226 f., 230, 232, 237, 249 ff., 253, 255, 257, 259, 262, 264 ff., 273, 391
Arbeitgeberdarlehen 236
Arbeitnehmeranteil .... 227, 249 ff., 264 ff., 270
Arbeitslosenversicherung .... 226 f., 234, 262
Aufbewahrungsfrist 21
Aufbewahrungspflichten .... 21 f.
Aufmerksamkeiten 140, 261
Aufwand .... 65, 88, 99, 102, 228, 230, 233, 262, 289, 315, 317 ff., 321, 323, 336, 360
Aufwendungen .... 4, 19, 65 ff., 69 ff., 77 f., 85, 90, 93, 96, 105, 116, 136, 141, 148, 158, 164, 182, 215, 219, 220 f., 224, 226, 230, 233, 235, 260, 262, 330, 334 ff., 347, 349, 355, 371 ff., 388 f., 391
Aufzeichnungspflichten .... 17 f., 20, 23, 121
Ausfuhrlieferung .... 363, 368 f., 385

Aushilfskräfte 247
Auswärtstätigkeit .... 379, 382 f.

B

Barwertvergleichsmethode 296
Beruflich veranlasste Auswärtstätigkeit 379, 382 f.
Besitzwechsel .... 300 ff., 307
 – Diskontierung 303
 – Eingang 300
 – Einzug 301
 – Weitergabe 302
Bestandskonten ... 49, 52, 54, 56, 60 ff., 68, 72 ff., 84, 88, 90, 94 f., 124, 130, 134, 155, 160, 162, 164, 166, 168, 218, 221, 272, 326, 390
Bestandsmehrung .... 98 ff., 105 f.
Bestandsminderung .... 98, 102 ff., 106
Bestandsveränderungen .... 1, 27, 42, 49, 63, 78, 97, 100, 218 ff.
Bestandsverzeichnis 26
Besteuerungsgrundlagen 2, 4, 5, 15
Betriebliches Rechnungswesen 1, 2, 3, 4, 5
Betriebsausgaben .... 19, 23, 70, 148, 182, 184, 312 ff., 320, 341 f., 371 ff.
Betriebsmittel 3
Betriebsvermögensvergleich 23, 70, 136, 152, 162, 378
Bewirtungsaufwendungen .... 371 f., 375 ff., 388 f.
Bezugskosten .... 170 ff., 177, 209 f., 333
Bezugspreis .... 209 ff.
Bezug von Waren .... 260, 262 f.
Bilanzspalten 162
Bilanzverkürzung .... 46 f., 90
Bilanzverlängerung 44, 47
Bonus .... 195, 199, 203, 205 ff.
Bruttoarbeitslohn .... 230, 240 f., 262
Bruttoerlös .... 121 f.
Bruttomethode .... 228, 231 f., 251, 253 f., 257, 259, 262, 264 ff., 337 ff., 351
Bruttoverfahren .... 105, 122, 198 f., 202, 205
Buchführung ...... 1, 3 ff., 8, 13 ff., 28, 35 f., 54, 56 f., 63, 70, 80, 86, 121 f., 129, 186, 215, 219, 223, 281 f., 286, 288 f., 291, 294, 300, 305, 309, 328, 330, 336, 341, 354, 361, 378, 391
Buchführungserlass 1
Buchführungspflicht .... 7 ff., 11 f., 14 f., 20, 23, 25
Buchgewinn .... 337 ff., 349, 355
Buchinventur 26
Buchungskreis .... 281 f.
Buchungsliste 57, 82
Buchungssatz 57
Buchverlust 337, 339, 349

D

Damnum .... 288 ff., 329, 331, 386
Darlehen .... 29, 39, 62, 93, 236, 288, 290 ff., 329, 386
Dauerfristverlängerung .... 128, 131 f.
Debitoren .... 73, 78, 207, 282 ff.
Disagio .... 288 ff.
Diskontkredit .... 303 f.
Dividende .... 313 f., 326
Dividenden .... 311 f.
Dividendenerträge .... 311 f., 315, 325
Domizilprovision 306, 308

E

E-Bikes 142, 260
EDV-Journal 57
Eigenkapital .... 4, 27, 29, 33 ff., 51, 55 f., 60 ff., 84, 90 ff., 107, 109, 134, 136, 144, 152 ff., 158, 160, 164 f., 167, 169, 180, 187, 194, 208, 224, 272, 329, 355, 390
Einfuhr 15, 17, 112, 120, 140, 175, 357, 363
Einfuhrumsatzsteuer 175, 178, 353
Einlagen .... 136, 152 ff., 378
Einzelkosten 215, 335, 349
Elektrofahrräder 142, 260
Elektrofahrzeuge 142, 260
Entfernungspauschale 148
Entnahme von Gegenständen .... 136 ff., 144, 156
Erfolg 1, 4, 66, 70, 75, 84, 89, 91, 94, 96, 105, 124, 151, 161, 168, 182, 273, 356
Erfolgsbilanz 162, 164
Erfolgskonten 64, 66 f., 69, 70 ff., 84, 90, 94, 134, 155, 160, 162, 164, 166, 168, 220, 272, 390
Erfolgsvorgänge 66
Erlöse 66, 95, 96 f., 101 f., 104, 106 ff., 121 ff., 134, 160, 165, 167, 169, 179, 183 f., 186, 191 f., 201 ff., 221, 224, 261, 284, 295, 300 f., 304 f., 337 f., 340, 344, 355
Erlösschmälerungen 191
Eröffnungsbilanz .... 42, 67, 162 f.
Ertrag ...... 66, 195, 313, 315, 318 f., 321 f., 338, 360
Erwerbsbedingte Kinderbetreuungskosten 384

F

Fahrtenbuchmethode 260
Fahrten zwischen Wohnung und Betriebsstätte 148
Fahrtkosten .... 379 ff.

Fälligkeitsdarlehen 290, 292
Fertigungseinzelkosten .... 334 ff.
Fertigungsgemeinkosten .... 334 ff.
Finanzamt .. 2, 5 f., 10 f., 15, 23, 110, 112 ff., 121, 126, 128, 133, 180, 238, 247, 264 f., 361 f., 386 f.
Finanzierungs-Leasing .... 294 f., 298
Finanzwirtschaft 274
Fremdkapital .... 34 f.

G

Gehälter .... 66, 74, 76, 81, 94, 165, 169, 224 ff., 253 f., 257, 259, 264, 335
Geldentnahme .... 136 f.
Geldtransit .... 281 f.
Geldverrechnungskonten 281
Geldwerte Vorteile 258
Gemeinkosten 215, 335, 349
Geringfügige Beschäftigungen 242
Geringverdiener 234, 262
Geringwertige Wirtschaftsgüter (GWG) 340
Gesamtkostenverfahren 220
Geschäftsreise .... 379, 381, 383, 388 f.
Geschäftvorfall 49
Geschenke .... 19, 371 ff., 378, 385, 388
Gestellung von Kraftfahrzeugen .... 258, 262 f.
Gewerbebetrieb .... 7 f., 10, 12, 23, 30, 313
Gewerbesteuer .... 360, 372, 385 ff.
gewerbliche Unternehmer .... 7 ff., 11, 18
Gewinn .... 1 f., 4 ff., 21, 23 f., 30, 66, 69 ff., 73, 76, 78, 81, 89 f., 95 ff., 100, 105, 110, 136, 148, 151 ff., 162, 164 f., 168, 181 f., 184, 188, 209 ff., 326 f., 329, 336, 338, 341, 352 f., 358 ff., 371, 375, 378, 384, 391
Gewinn- und Verlustkonto .... 69 ff., 89 f., 95 ff., 105, 184
Gewinn- und Verlustrechnung .... 2, 70, 78, 81, 100, 105, 168, 336, 338, 360 f., 378
Gleitzone .... 246, 249, 262 f.
Grundbuch 57, 349
Grundsätze ordnungsmäßiger Buchführung (GoB) 13
Gründungsbilanz .... 33 f., 42, 51
Gutschrift .... 52, 173 f., 177, 180, 189, 190 f., 193, 205 ff., 216, 222, 301, 303, 352

H

Handelsgesellschaften 8
Handelsgewerbe .... 7 f., 23
Handelskalkulation 209

Stichwortverzeichnis

Handelsspanne .... 212 ff.
Handlungskosten .... 209 f., 212 f.
Hauptabschlussübersicht .... 162 f., 167 ff., 356
Hauptbuch 73, 283
Herstellungskosten .... 85, 153, 215, 219, 294, 334 ff., 340 ff., 350, 371, 373
Hilfsstoffe .... 3, 18, 215 ff., 221, 223 ff.
Hybridelektrofahrzeuge 142, 260
Hybridfahrzeuge 142, 260

I

Immobilien-Leasing 294
Industriebuchführung 215
Innergemeinschaftliche Lieferung .... 363 ff., 385
Innergemeinschaftlicher Erwerb .... 363 f.
Inventar .... 21, 25, 27 ff., 33, 35, 40,
Inventur... 25 ff., 30 ff., 61 f., 74, 84, 94, 98, 106 ff., 134 f., 160 f., 164, 168 f., 179 ff., 187, 194, 208, 218 ff., 223 f., 272 f., 329, 356, 390 f.
Investitionsgüter-Leasing 294
Ist-Besteuerung 121

J

Jahresabschluss 21, 78, 299
Jahreszinsen 274, 278
Journal 57
Just-in-time-Verfahren 95

K

Kalkulation .... 1, 5 f., 172 f., 197, 209, 212, 299
Kalkulationsfaktor 211, 213
Kalkulationszuschlag .... 105, 210 f., 213
Kapital ...... 1, 5, 33 ff., 40, 42 ff., 51 f., 67, 79, 274 ff.
Kapitalertragsteuer .... 309, 312 ff., 320 ff., 329, 360 f.
Kleinbetragsrechnung 115, 380
Kleingewerbetreibende .... 7 f.
Konsumgüter-Leasing 294
Kontenklassen .... 77 ff., 82
Kontenplan 50, 77, 82
Kontenrahmen .... 50, 77, 80, 82, 100, 172, 215, 219, 283, 285, 310, 341 f., 364, 370, 384
Konto .... 49 ff., 54, 56, 58 ff., 73, 75 f., 80, 91, 95 f., 99 f., 102, 106, 112, 117 f., 121, 124, 126 f., 129, 131, 144, 149, 151, 153, 156, 172, 175 f., 184, 186, 196 ff., 214, 220, 227 ff., 240, 272, 280 ff., 289, 291, 293, 300, 304 f., 307, 310, 313 ff., 321 f., 325, 332, 336 f., 339, 341 f., 347 ff., 372, 374 f.

Kontokorrentbuch 73, 283
Kontokorrentkonto 282
Körperschaftsteuer .... 312, 320, 360 f.
Kosten 66
Kostenrechnung 1
Kosten- und Leistungsrechnung 1
Krankenversicherungsbeitrag 161
Kreditoren .... 59, 73, 78, 207, 282 f., 285 ff.
Kurzfristige Beschäftigung 247

L

Lagebericht 2
Land- und Forstwirtschaft 7, 10, 23
Lastschrift 52, 207, 243, 245, 311
Laufende Kfz-Kosten 120
Leasing .... 294 ff.
Leasingrate .... 295 ff.
Leistungsempfänger .... 112 f., 171, 175, 369 f., 382
Leistungsentnahmen 151
Liquidität 27

M

Materialeinzelkosten .... 334 ff., 350
Materialgemeinkosten .... 215, 334 ff.
Mehrwert .... 110 f., 131
Mobilien-Leasing 294

N

Nebenbuch .... 282 f.
Netto
   –arbeitslohn 229, 232, 262
   –Bareinkaufspreis .... 209 f.
   –Barverkaufspreis .... 209 f., 213
   –Einstandspreis .... 209 f., 213
   –erlös .... 121, 315 f., 322 ff.
   –Listeneinkaufspreis .... 209 f., 213
   –Listenverkaufspreis .... 209 ff., 213
   –methode .... 228, 232, 234, 265, 268 f.
   –verfahren 121, 198, 202, 205
   –Zieleinkaufspreis .... 209 f., 213
   –Zielverkaufspreis .... 209 f., 213
Neufahrzeuge 119, 140
Nicht abnutzbare Wirtschaftsgüter 19
Nicht abzugsfähige Betriebsausgaben 148, 371
Nutzungsentnahme .... 136 f., 142, 149, 150 f.

O

Operating-Leasing 294

P

Pacioli 1
Passiva   34, 35, 38, 39, 40, 42, 43, 44, 45, 46, 47,
   48, 49, 50, 51, 52, 55, 67, 79, 164
Passivkonten .... 49 ff., 60 f., 72, 90, 155, 166
Passiv-Tausch .... 42, 45, 47 f., 63
Pauschalierung 243, 385
Pauschalsteuer 244
Personalkosten 158, 209, 226, 228,
   231, 233, 262
Personenkonten .... 72 f., 282 f., 285 f.
Pflegeversicherung 227, 234
Planung .... 1 f.
Preisabzüge .... 195 f., 200
Preisnachlässe .... 195 f., 200, 260, 331, 373
Primanota 57
Privateinlagen .... 32, 70, 136, 152 ff., 159 f.
Privatentnahmen .... 4 f., 32, 70, 136, 140, 144 ff.,
   155, 159 f., 167, 244, 272, 355, 390
Privatkonten .... 136, 144, 154 ff., 162, 166
Privatsteuern .... 144, 313, 322, 357, 361 ff., 385
Pro-rata-temporis 86
Prozentrechnung 274, 278
Prozessgliederungsprinzip 79

R

Rabatt .... 195 f., 200, 205 ff., 214, 260 f.
Ratendarlehen 290, 292
Rechnung .... 1, 7, 9, 18, 36, 54, 61, 64 f.,
   113 ff., 142, 162 ff., 171 ff., 185, 195 ff., 200,
   205 ff., 214, 277, 284 ff., 302 ff., 307, 325,
   333, 352 f., 364 f., 370, 376, 380, 384, 387 f.
Reingewinn 105, 108
Reinvermögen .... 27 ff., 39 f.
Reisekosten .... 379 ff., 389
Reisenebenkosten .... 379 ff.
Rentenversicherung 227, 234, 242
Restbuchwert .... 89, 299, 337 ff., 355
Rohgewinn .... 96 f., 101, 105, 108, 179
Rohgewinnaufschlagsatz 105, 108
Rohstoffe .... 3, 18, 26, 44 ff., 111, 131, 215 f.
Rohverlust 96, 105
Rücksendung .... 173, 177, 180, 189 ff., 221

S

Sachanlagegüter 330, 338
Sachbezüge .... 226, 236 f., 252, 257, 259 f., 262
Sachentnahme .... 136 f.
Sachzuwendungen 252, 261
Saldenbilanz .... 162 ff.
Sammelposten .... 81, 342 ff., 353, 355 f.
Säumniszuschlag 126, 387
Schlussbilanz .... 33, 61, 162 ff., 168, 181
Schlussbilanzkonto . 54 ff., 61 f., 72 f., 75, 89 f., 98,
   101, 104, 130, 133, 155, 186, 218, 348
Schonfrist 126, 128
Schuldwechsel .... 300, 305 f.
Schuldwechselausgang 305
Schuldwechseleinlösung 306
Selbstkosten .... 1, 138, 209 f., 212 f.
Sofortabschreibung 344
Solidaritätszuschlag .... 226, 234 f., 237,
   239 ff., 246 ff., 251, 253 ff., 264 ff., 270, 273,
   309, 312 ff., 320 ff., 329, 360 f., 386, 391
Sollbesteuerung 121
Sondereinzelkosten der Fertigung .... 334 f.
Sondervorauszahlung .... 128, 131 f.
Sozialversicherungsbeiträge .. 227 f., 233 ff., 237 f.,
   239 ff., 251, 253 ff., 257 f., 262 ff., 273, 391
Statistik .... 1, 5 f.
Statistische Konten 78, 384
Steuerliche Nebenleistungen 357
Steuern 2, 5, 21, 37, 78, 226, 229, 231,
   249, 262, 264 ff., 312 f., 350, 357 f., 363, 367,
   385, 387
Steuersatz .... 110, 112 f., 115, 121, 123 f., 142,
   144, 151, 309, 364, 370
Stichtaginventur 26, 31
Stückrechnung 1
Stückzinsen .... 317 ff., 323 ff.
Summarische Zinsrechnung 277
Summenbilanz .... 162 f., 165, 167 ff., 355

T

Tageszinsen .... 274 f., 278
Teileinkünfteverfahren .... 310, 312 f., 317, 320
Teilwert 153

Telefonkosten .... 136, 143, 150 f., 158, 390
Transportkosten...... 170 ff., 177, 179, 182, 186, 217, 221 f., 353

U

Übernachtungskosten 379, 381, 383
Umbuchungsbilanz .... 162 f.
Umlage 1 .... 242 ff., 247
Umlage 2 .... 242 ff.
Umlaufvermögen........ 27 ff., 31, 34, 36 ff., 51, 78 f., 311 ff., 323 ff.
Umsatzsteuerkonten 110, 112, 130, 133, 356
Umsatzsteuer-Vorauszahlungen 126, 128, 132
unentgeltliche Leistungen 17, 136, 156
Unfallversicherung 226, 233, 244, 265
Unterkunft .... 252, 255 f., 262 f.

V

Veräußerung............... 311, 315 ff., 323 f., 328, 330, 337 f., 349, 351, 358 f.
Veräußerungsgewinn ...... 311, 315, 322 f., 325, 328
Veräußerungsverlust .... 315 f., 322 ff., 328
Verlust .... 1, 4, 66, 69 f., 136, 151 f., 154 f., 164, 182, 317, 378
Vermittlungsgebühren 170, 182
Vermögensgegenstände............. 25 ff., 30, 33, 35, 37 f., 40, 79, 88, 91 f., 117, 130, 346, 349
Vermögensteuer 360
Vermögenswirksame Leistungen 81, 238, 240, 262
Verpflegung.................. 256 f., 262 f., 371, 381, 383
Verpflegungsmehraufwendungen......... 379 f., 383
Verrechnungsmethode 231, 262, 265, 273, 391
Verspätungszuschläge 363
Vertriebskosten................................ 182 ff., 334, 373
Voranmeldungszeitraum 126, 131, 133
Vorschaurechnung 1
Vorschüsse............................. 235, 262 f., 266, 273

W

Warenausgang.................................. 18, 95, 182, 191
Warenbezugskosten.................. 170, 172, 176 f., 181
Wareneinsatz .... 95, 97 ff., 105 f., 108, 179

Warenkonten........................ 95, 97, 101, 105 ff., 172
Warenrücksendungen................................. 189, 202
Warenumsatz... 96 f.
Warenvertriebskosten.................................. 182, 184
Wechsel.. 37 f., 300 ff., 329
Werkstoffe 3
Wertpapiere.... 37 f., 79, 153, 309 ff., 316 ff., 322 ff.
Wiederbeschaffungskosten...................... 138, 156
Wirtschaftsgut.......... 25, 153, 337, 341 f., 344, 349
Wohnung..................... 148, 244, 252 ff., 258, 260, 262 f., 270, 271, 379

Z

Zeitanteilig 289
Zeitnah 26
Zeitraumrechnung.. 1
Zinsrechnung... 274 f., 277 f.
Zinssatz...................... 236 f., 274 ff., 288, 290, 292
Zinsstaffelmethode.. 296 f.
Zinstage .... 275, 278 f.
Zinsteiler... 275, 277
Zinsvorteil 237
Zinszahl.. 275, 277
Zölle .... 170, 173, 175 f., 182
Zusatzbeitrag zur Krankenversicherung............. 227, 234, 250
Zwangsgeld... 15 f.

Bornhofen

Das Konzept
Aktualität, Praxisbezug und eine ausgefeilte pädagogische Aufbereitung der Inhalte kennzeichnen die Werke von Bornhofen. Die **Zweibändigkeit** und die **Vernetzung** zwischen den Steuerlehre- und Buchführungsbüchern bei ständig aktueller Rechtslage gewährleisten das sichere Verständnis der beiden Sachgebiete als auch ihres wechselseitigen Zusammenhangs. Aufgaben verschiedener Schwierigkeitsgrade bringen die notwendige Sicherheit bei der Umsetzung des erlernten Wissens.

Der Veröffentlichungsrhythmus
Buchführung 1 und Steuerlehre 1 erscheinen der **laufenden** Rechtslage angepasst stets im Juni eines jeden Kalenderjahres. Buchführung 2 und Steuerlehre 2 erscheinen mit dem **vollständigen** Rechtsstand des Vorjahres stets im **Februar** eines jeden Kalenderjahres. Gleichzeitig werden Ausblicke für das laufende Jahr geboten.

Auf www.springer-gabler.de/bornhofen erhalten Lehrer und Dozenten jeweils auf der Seite zum Buch unter „Zusätzliche Informationen" ausgewählte Schaubilder als Gratis-Download. Dort werden auch Aktualisierungen, Berichtigungen und Verbesserungsvorschläge veröffentlicht.

Die Autoren und das Team
Die inhaltliche und methodische Darstellung von *StD, Dipl.-Hdl. Manfred Bornhofen* und *WP, StB, CPA, Dipl.-Kfm. Martin C. Bornhofen* ist wesentlich geprägt durch ihre praktischen Erfahrungen in der Wirtschaft und ihre langjährigen Lehr- und Prüfungstätigkeiten.

Manfred Bornhofen gehört zu den wenigen Autoren, die Gabler zu seinem 75-Jahre-Jubiläum 2004 für seine besonderen Leistungen als Autor mit dem Gabler-Award eigens ausgezeichnet hat.

StD, Dipl.-Kfm. Jürgen Kaipf unterrichtet angehende Steuerfachangestellte in den Fächern Steuerlehre und Rechnungswesen. An der Dualen Hochschule Baden-Württemberg ist er als Dozent tätig.

StR'in, Dipl.-Finw., Dipl.-Hdl. Simone Meyer ist nach ihrem dualen Studium bei der Finanzverwaltung und dem anschließenden Studium der Wirtschaftspädagogik im Schuldienst als Steuerfachlehrerin tätig. Daneben wirkt sie bei der regionalen Lehrerfortbildung mit.

Dipl.-Ök. Karin Nickenig ist seit vielen Jahren freiberufliche Dozentin der Wirtschaftswissenschaften mit Schwerpunkt Rechnungswesen und Steuern.

Bornhofen

Die Lehrbücher

Buchführung 1
Grundlagen der Buchführung für Industrie- und Handelsbetriebe

Buchführung 2
Abschlüsse nach Handels- und Steuerrecht,
Betriebswirtschaftliche Auswertung, Vergleich mit IFRS

Steuerlehre 1
Allgemeines Steuerrecht, Abgabenordnung, Umsatzsteuer

Steuerlehre 2
Einkommensteuer, Körperschaftsteuer, Gewerbesteuer,
Bewertungsgesetz und Erbschaftsteuer

Die Lösungsbücher

Zu jedem Lehrbuch ist ein passendes Lösungsbuch mit zusätzlichen **Prüfungsaufgaben und Lösungen** erhältlich.

Steuerlehre und Buchführung
↗ Neu: **eBook inside**

Bornhofen Steuerlehre 1
Rechtslage 2019

Die 40., überarbeitete Auflage berücksichtigt die bis zum 31.05.2019 maßgebliche Rechtslage. Rechtsänderungen, die sich ab 01.06.2019 noch für 2019 ergeben, können Sie kostenlos unter www.springer.com/springer+gabler/bornhofen über „Online Plus" auf der Seite zum Buch abrufen.

Unsere Nr. 1 in der Steuerlehre !

Manfred Bornhofen/Martin C. Bornhofen
Steuerlehre 1 Rechtslage 2019
Allgemeines Steuerrecht,
Abgabenordnung, Umsatzsteuer
40., überarb. Aufl. 2019. XX, 438 S.
Br. + eBook inside, € (D) 22,98
ISBN 978-3-658-25682-1

Lösungen zur Steuerlehre 1
Rechtslage 2019

Das Lösungsbuch zur Steuerlehre 1 hilft Ihnen, Ihre selbst erarbeiteten Lösungen zu den Fällen des Lehrbuchs zu überprüfen. Um Ihnen über das Lehrbuch hinaus Übungsmaterial zur Verfügung zu stellen, ist die 40., überarbeitete Auflage des Lösungsbuchs um zusätzliche Prüfungsaufgaben mit Lösungen zur Vertiefung Ihres Wissens erweitert.

Manfred Bornhofen/Martin C. Bornhofen
Lösungen zum Lehrbuch
Steuerlehre 1 Rechtslage 2019
Mit zusätzlichen Prüfungsaufgaben und Lösungen
40., überarb. Aufl. 2019. VIII, 144 S.
Br. + eBook inside, € (D) 19,99
ISBN 978-3-658-25684-5

Bornhofen Buchführung 1
DATEV-Kontenrahmen 2019

Die 31., überarbeitete Auflage berücksichtigt die bis zum 31.05.2019 maßgebliche Rechtslage. Rechtsänderungen ab 01.06. für 2019 können Sie kostenlos unter www.springer.com/springer+gabler/bornhofen über den Service-Link „Online Plus" auf der Homepage zum Buch abrufen.

Unsere Nr. 1 in der Buchführung !

Manfred Bornhofen/Martin C. Bornhofen
Buchführung 1
DATEV-Kontenrahmen 2019
Grundlagen der Buchführung für Industrie- und Handelsbetriebe
31., überarb. Aufl. 2019. XVI, 484 S.
Br. + eBook inside, € (D) 22,98
ISBN 978-3-658-25678-4

Lösungen zur Buchführung 1
DATEV-Kontenrahmen 2019

Das Lösungsbuch zur Buchführung 1 hilft Ihnen, Ihre selbst erarbeiteten Lösungen zu den Fällen des Lehrbuchs zu überprüfen. Die 31., überarbeitete Auflage des Lösungsbuchs bietet zusätzliche Prüfungsaufgaben mit Lösungen zur Vertiefung Ihres Wissens.

Manfred Bornhofen/Martin C. Bornhofen
Lösungen zum Lehrbuch Buchführung 1
DATEV-Kontenrahmen 2019
Mit zusätzlichen Prüfungsaufgaben und Lösungen
31., überarb. Aufl. 2019. VIII, 161 S.
Br. + eBook inside, € (D) 19,99
ISBN 978-3-658-25680-7

Stand: Mai 2019. Änderungen vorbehalten.
Erhältlich im Buchhandel oder beim Verlag.
Abraham-Lincoln-Straße 46 . D-65189 Wiesbaden
Tel. +49 (0)6221/3 45 - 4301 . springer-gabler.de

Springer Gabler

Steuerlehre und Buchführung
↗ Neu: eBook inside

Bornhofen Steuerlehre 2
Rechtslage 2018

Die Steuerlehre 2 mit ihren Ertragsteuerthemen erscheint stets im Februar mit dem vollständigen Rechtsstand des Vorjahres. Die 39., überarbeitete Auflage berücksichtigt die bis zum 31.12.2018 relevanten Aktualisierungen und bietet einen zusätzlichen Ausblick auf die Rechtslage 2019.

Unsere Nr. 1 in der Steuerlehre !

Manfred Bornhofen/Martin C. Bornhofen
Steuerlehre 2 Rechtslage 2018
Einkommensteuer, Körperschaftsteuer, Gewerbesteuer, Bewertungsgesetz und Erbschaftsteuer
39., überarb. Aufl. 2019. XXI, 492 S.
Br. + eBook inside, € (D) 22,99
ISBN 978-3-658-23992-3

Lösungen zur Steuerlehre 2
Rechtslage 2018

Das Lösungsbuch zur Steuerlehre 2 hilft Ihnen, Ihre selbst erarbeiteten Lösungen zu den Fällen des Lehrbuchs zu überprüfen. Um Ihnen über die Angebote des Lehrbuchs hinaus Übungsmaterial zur Verfügung zu stellen, ist die 39., überarbeitete Auflage des Lösungsbuchs um zusätzliche Prüfungsaufgaben mit Lösungen zur Vertiefung Ihres Wissens erweitert.

Manfred Bornhofen/Martin C. Bornhofen
Lösungen zum Lehrbuch
Steuerlehre 2 Rechtslage 2018
Mit zusätzlichen Prüfungsaufgaben und Lösungen
39., überarb. Aufl. 2019. X, 206 S.
Br. + eBook inside, € (D) 19,99
ISBN 978-3-658-23994-7

Bornhofen Buchführung 2
DATEV-Kontenrahmen 2018

Die Buchführung 2 vermittelt die vertiefenden Themen des externen Rechnungswesens. Vor allem Aufgaben- und Übungsteil sind den gestiegenen Anforderungen der Praxis angepasst. Die 30., überarbeitete Auflage berücksichtigt die bis zum 31.12.2018 maßgebliche Rechtslage und bietet einen Ausblick auf 2019.

Unsere Nr. 1 in der Buchführung !

Manfred Bornhofen/Martin C. Bornhofen
Buchführung 2
DATEV-Kontenrahmen 2018
Grundlagen der Buchführung für Industrie- und Handelsbetriebe
30., überarb. Aufl. 2019. XV, 395 S.
Br. + eBook inside, € (D) 22,99
ISBN 978-3-658-23988-6

Lösungen zur Buchführung 2
DATEV-Kontenrahmen 2018

Das Lösungsbuch zur Buchführung 2 hilft Ihnen, Ihre selbst erarbeiteten Lösungen zu den Fällen des Lehrbuchs zu überprüfen. Die 30., überarbeitete Auflage des Lösungsbuchs bietet zusätzliche Prüfungsaufgaben mit Lösungen zur Vertiefung Ihres Wissens.

Manfred Bornhofen/Martin C. Bornhofen
Lösungen zum Lehrbuch Buchführung 2
DATEV-Kontenrahmen 2018
Mit zusätzlichen Prüfungsaufgaben und Lösungen
30., überarb. Aufl. 2019. VIII, 161 S.
Br. + eBook inside, € (D) 19,99
ISBN 978-3-658-23990-9

Stand: Mai 2019. Änderungen vorbehalten.
Erhältlich im Buchhandel oder beim Verlag.
Abraham-Lincoln-Straße 46 . D-65189 Wiesbaden
Tel. +49 (0)6221/3 45 - 4301 . springer-gabler.de

Springer Gabler

Ihr Bonus als Käufer dieses Buches

Als Käufer dieses Buches können Sie kostenlos das eBook zum Buch nutzen. Sie können es dauerhaft in Ihrem persönlichen, digitalen Bücherregal auf **springer.com** speichern oder auf Ihren PC/Tablet/eReader downloaden.

Gehen Sie bitte wie folgt vor:

1. Gehen Sie zu **springer.com/shop** und suchen Sie das vorliegende Buch (am schnellsten über die Eingabe der eISBN).
2. Legen Sie es in den Warenkorb und klicken Sie dann auf: **zum Einkaufswagen/zur Kasse.**
3. Geben Sie den untenstehenden Coupon ein. In der Bestellübersicht wird damit das eBook mit 0 Euro ausgewiesen, ist also kostenlos für Sie.
4. Gehen Sie weiter **zur Kasse** und schließen den Vorgang ab.
5. Sie können das eBook nun downloaden und auf einem Gerät Ihrer Wahl lesen. Das eBook bleibt dauerhaft in Ihrem digitalen Bücherregal gespeichert.

EBOOK INSIDE

eISBN: 978-3-658-25679-1
Ihr persönlicher Coupon: GBqsDDwwYWbxm5Y

Sollte der Coupon fehlen oder nicht funktionieren, senden Sie uns bitte eine E-Mail mit dem Betreff: **eBook inside** an customerservice@springer.com.